目　录

区域与文化传播

网络舆情传播

大数据时代下的新闻生产

交往·媒介·互联：
新改革时代的新闻与传播
安徽省第八届新闻传播学科研究生论坛论文集

JIAOWANG MEIJIE HULIAN XINGAIGE SHIDAI DE XINWEN YU CHUANBO

安徽大学新闻传播学院
中国广视索福瑞媒介研究　编
蒋含平　主编

合肥工业大学出版社

新媒体与社会

区域与文化传播

从唤醒到认同：作为纪念空间存在的金寨红军广场

（曾固叶　戴淑雯　蒋　强　安徽大学　金寨县林业局）

摘　要：因近代战争和自然灾害带来的巨大破坏，近些年来，战争纪念馆和灾难纪念馆在国内外逐渐建立并向公众开放，供人们回忆过去和表达情思。金寨红军广场因其地理上具有的革命渊源而成为红色记忆沉淀和物化的空间，展现它的革命意义。本文从金寨红军广场的建筑设计、路径设置和展馆的叙事语言来探讨其是如何唤醒人们记忆并且呈现1919—1949年这段革命历史的，且这种构建是如何影响人们行为的。研究发现，金寨红军广场对时空秩序的控制、叙事语言的安排以及历史场景的再现为人们重构出一段修复好的历史记忆，并且影响着人们的身份认同和政治认同。

关键词：纪念性空间；记忆；重构；身份认同；金寨红军广场

引　言

我们所处的社会里有许多标志性的建筑和场所，其中某些被称为“地标”，意指用最简单的形态和最少的笔画来唤起人们对它的记忆，人们一看到它就可以联想到其所在城市和文化背景，比如北京的天安门和西安的城墙。其本身并不具有意义，它的图景因外在赋予的意义而升华和深化，尤其是对于一些具有特定含义的地方来说，比如湖南的井冈山，它因红色革命而被称为革命的圣地。随着近年来红色旅游的兴起与红色文化的传播，革命老区开始了兴建革命纪念馆、纪念广场的浪潮。这些纪念馆和纪念广场以自己的方式，通过展览的物品、修砌的建筑刻录历史符号，再现了过去，向参观者传递信息。而纪念馆和广场本身在空间意义上也成为一种媒介，它们以物理实在的形式占用一方空间，划出属于自己的一方区域，将其范围内的建筑和人们紧紧联系在一起，引起了一种特殊的感情。

2016 年 4 月 24 日，习近平总书记在安徽考察期间，前往金寨县向革命烈士纪念塔敬献花篮，敬献地的金寨红军广场作为红色记忆的组成部分由此进入人们的视野。

一、藏在深山人未识：金寨红军广场

(一)革命摇篮——金寨县

安徽省金寨县地处鄂豫皖三省交界，位于大别山区主脉北坡，是安徽省面积最大、人口最多的山区县。[①] 革命战争年代，这里诞生了 59 位开国将军和 147 位省部级以上领导干部，革命歌曲《八月桂花遍地开》也在这里诞生并唱响全国，因此又被誉为"红军的摇篮，将军的故乡"，也被称为"将军县"。独特的自然地理环境和历史社会条件，推动其成为一个具有地域性特色的中国红色文化集聚地，山水环绕的复杂地形为战争时期进行持久作战和发展革命根据地提供了条件，为饱受地主阶级压迫的山区人民的反抗斗争提供了起义的基础。

(二)金寨红军广场

红军广场坐落在金寨县城老城区的中心，由革命烈士纪念塔、金寨县革命博物馆、红军烈士墓园、红军广场、洪学智将军纪念碑、金寨县红军纪念堂六个部分组成，形成了以烈士纪念塔为中心，融塔、馆、堂、碑、墓园、广场于一体的纪念场所。整个红军广场(见图 1)空间布局分为新建区和改建区两大部分。其中金寨革命烈士纪念塔(由刘伯承元帅题词："燎原星火")于 1964 年兴建，金寨县革命博物馆(由邓小平同志题写馆名)于 1983 年建成开放，洪学智将军纪念碑和红军广场于 2008 年竣工并对外开放，金寨县红军纪念堂(由洪学智将军题写堂名)于 2009 年 5 月重建并对外开放。红军烈士墓园占地面积 3 万平方米，已安葬红军和革命烈士 152 位，其中将军 28 位，革命烈士 23 位。金寨红军广场的修建过程见图 2，目前烈士墓园仍处于修葺状态。

金寨红军广场 1995 年被国家民政部列为全国首批百家"爱国主义教育基地"，1996 年被国务院公布为"全国重点烈士纪念建筑物保护单位"。同

① 金寨县人民政府网：http://www.ahjinzhai.gov.cn/SortHtml/1/List_7.html.

图1　金寨红军广场

时也是安徽省委、省政府、省军区的国防教育基地。2005 年其被确定为全国红色旅游百个经典景区之一,被中宣部列为全国爱国主义教育示范基地。2016 年 10 月 20 日,由安徽、江西、湖北、河南、广东、湖南等 12 个省份共同举办的“两万五千里,同升一面旗”纪念红军长征胜利 80 周年现场直播活动(安徽站)就是在金寨红军广场举行启动仪式的。

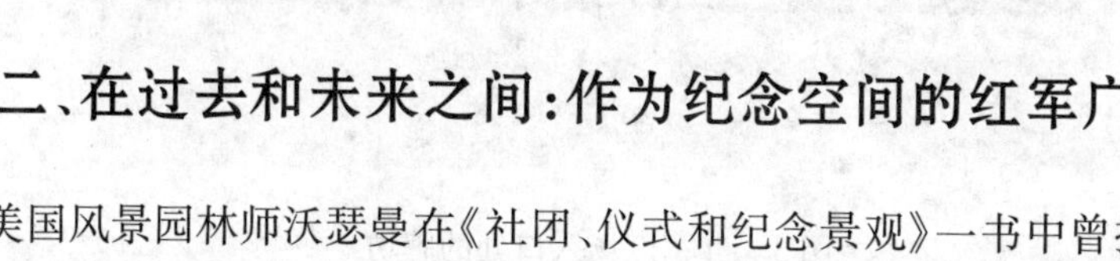

图2　金寨红军广场修建过程

二、在过去和未来之间:作为纪念空间的红军广场

美国风景园林师沃瑟曼在《社团、仪式和纪念景观》一书中曾提出纪念性空间是“一个回忆往事的地方,一个哀悼的地方,一个沉思和集会的地方”。而革命纪念馆、灾难博物馆(汶川地震博物馆)就是这样一种纪念性空间,它们是一种具备情感、思考、精神和社会功能的场所。革命纪念馆通过对物体在时间和空间秩序上的重新排列,向人们传递需要纪念的信息,以引起参与者在感情上的共鸣,重新建构起他们对于过去的记忆和认知。作为

纪念信息传播的载体通常以外在的纪念性建筑、雕塑、被纪念者的物品为主，诉诸参与者的视觉，来达到建构记忆的目的。

（一）建筑——人造的地标

金寨红军广场的入口处是一座由江泽民同志题写的牌坊，名为"金寨县烈士纪念馆"，由此进入整个红军广场（见图3）。牌坊的树立，在这里起到了一个限定空间和隔断空间的作用，同时又赋予被分界的空间某种意义，让人们在心理上和物理空间上都感觉进入一个新的区域。在红军广场，即是表明进入了一个由广场本身组成的纪念性空间，是特殊的而不是日常的生活空间。除此之外，牌坊本身即具有纪念功能，"它与碑有异曲同工之妙"，可以记载已发生的事情，而就整个红军广场来说，它位于老县城正中心的山坡上，环绕山坡修建的围栏和台阶等将这个纪念性广场从整个山坡中剥离出来，形成一个独立的空间。在规划和设计上，整个纪念塔位于红军广场的中轴线上，一条向上的台阶横亘在广场中心，可以说，红军广场通过对既有的历史纪念场所在内的历史空间的整合与控制，形成一个以历史做轴线的纪念区域。它在正常的社会空间内，整合了新的时空观念，重塑了属于自己的时空秩序。

图3　红军广场入口处的牌坊

在整个广场的中轴线上，树立着革命烈士纪念塔。纪念塔作为整个广场的中心是最早完成的建筑。它是一种本身被赋予了纪念、缅怀和昭示意义的建筑，在国内外都是作为铭记历史、感怀先烈的象征物而出现的。以中国为例，即有井冈山革命烈士纪念塔、济南革命烈士纪念塔、英雄山革命烈士纪念塔等。红军广场的革命烈士纪念塔于1964年兴建，塔高24米，塔身正上方有一颗五角星，寓意“胜利”，五角星下方为刘伯承元帅的题词“燎原星火”，寓意为从金寨走出的革命队伍以星火之势将革命进行到底的决心和无畏精神(见图4)。走过革命烈士纪念塔，即是红军纪念堂，纪念堂是典型的徽派建筑，墙体为白色，屋顶采用了灰瓦，呈三级阶梯式向上走势，总面积为444平方米。堂内两侧长廊陈列有领导人题字的碑石，正厅陈列有老红军照片、刻名、红军群像的雕塑及在金寨组建和战斗过的十一支红军队伍序列表，是祭奠老红军的祠堂，也是整个广场的制高点(见图5)。

洪学智将军纪念碑树立在红军纪念党的左上方，该碑于2008年10月竣工，是在将军骨灰运回金寨后才建造的，包括纪念碑、勋章站柱、纪念广场和长城墙，是人为建构的一个纪念重要人物的纪念性建筑(见图6)。墓园作为集中埋葬死者的场所，它在空间上连接了死者和活着的人，形成一种情感上

图4　革命烈士纪念塔

图5　红军纪念堂

图6　洪学智将军纪念碑

的联系，让双方可以在这个具有纪念性的空间内对话、交流。对于红军烈士墓园，它承担的更多是精神意义。墓园里的墓碑和坟头，它们是一个个生命的标记——表示曾经有生命存在，他们为了革命牺牲后，被埋葬在这里，被人们铭记、被人们怀念，他们是历史的参与者和见证者。需要强调的是烈士墓园里这种集体型的埋葬形式，在空间上形成一种饱满的状态，容易给人们在视觉上造成强烈的冲击，从而在心理上达到接受历史、回忆历史的目的(见图7)。

图7　红军墓园

（二）路径和浮雕设计——意义的载体

路径空间的设计在纪念性场所中有重要的作用，在金寨红军广场，浮雕是配合路径空间的意义装饰。在走过入口处的牌坊后，迎面而来的是一幅杜鹃花浮雕，杜鹃花是金寨县的县花，也是大别山区常见的山花，它是一种容易生长并迅速蔓延的植物，火红的杜鹃象征着革命在这片贫瘠土地上的燎原之势。穿插其中的11颗星星代表了在革命战争年代共有11支红军主力部队先后在这里诞生和组成。浮雕上的向日葵象征着太阳，鸽子则象征和平，意为工农红军跟随共产党，朝着和平前进。台阶两侧的浮雕由松鹤、祥云组成，右边的浮雕由32只松鹤组成，寓意在金寨县诞生的红军第11军32师，左边33只松鹤代表红军第11军33师。

在路径空间设置上，观看完浮雕之后是向上的59级台阶，寓意着在金寨县诞生的59位开国将军。59级台阶后是"浩气长存"观景台，"浩气长存"也是一幅巨型浮雕，展示了在金寨境内爆发的立夏节起义和六霍起义的情景，浮雕上人举着枪，拿着刀和棍子，呐喊奔走，浮雕中心刻着"中国工农红军第11军32师"和"中国工农红军第11军33师"。可以说，这幅浮雕以模拟再现的方式向人们传达了当时起义的情景，给人以直观的视觉感受（见图8）。"浩气长存"浮雕两侧是旋转的49级台阶，寓意为1949年金寨县全境解放。在这之后的25级台阶寓意在金寨县境内组建的红25军。红四方的图案寓意金寨地区是红四方面军的主要发源地。接着的28级台阶意指在南溪吕家大院重建的红28军。在革命博物馆内也有一幅大型浮雕《走工农武装割据的道路》，两侧放置金寨诞生和组建的11支主力红军的军旗浮雕和史迹电动图，同时刻有前言，表示金寨县是红军的故乡。在纪念塔和红军纪念堂之间，还有三层分别是 10 级、8 级、4 级，共 22 级的台阶，其象征着十年土地革命战争，八年抗日战争和四年解放战争，金寨人民在党的领导下经历了 22 年艰苦奋斗。

图 8　浩气长存浮雕

可以看出，参观者从进入红军广场后，即有着特定的参观路线，可以将这种按部就班的参观流程看成是一种仪式般的动态过程。人们的路线形式被一系列空间所规定，将不同的空间下不同的事件主题框架所统领、链接，再通过设计者规划的路径空间、过渡空间，对在参观过程中的人们进行感情上的调控，达到引起共鸣、纪念和建造初衷。如若参观者在参观过程中，不能了解他所看到的实体、所处的空间被赋予的意义，广场还会以介绍栏的方式告诉参观者（如图 9）。因为这种介绍牌随处可见，它会主动进入参观者的视线，传递想要表达的信息。

图 9　广场内随处可见的解说词

（三）博物馆——记忆的空间

革命博物馆通常都具有特定的纪念性质。作为一个专门存放标志革命意义的物件的空间，革命博物馆通过对馆内物品的摆放、时间秩序的安排、物品的选择以及展览场景的搭建，为参观者提供了一个独立于现实之外的异时空间，进入其中的参观者和博物馆里的物品一起也参与着记忆与历史的重建与形塑。

金寨县革命博物馆于1983年建成，建馆缘起于纪念立夏节起义胜利54周年。① 博物馆有四层，主楼正面有由邓小平同志亲笔题写的"金寨县革命博物馆"八个大字。馆内陈列分为序厅、革命史展、将军展、洪学智生平事迹展、金寨名人展、烈士展、今日金寨七个部分，展厅面积3750平方米，主要的展厅是革命史展和将军展。革命史厅以"光辉的历程"为起点，对1921年至1949年的历史进行展示。作为链接过去和现在的一个特定空间，展示厅是从以下几方面来对过去进行建构并完成纪念行为的。

1. 照片

照片记录了过去的某个瞬间，却在此刻向人们展现当时的场景，具有扰乱时空的特性。相比于文字资料，照片作为图像资料，具有不可抗拒的说服性效果，"它能提供证据"②。在南京大屠杀纪念馆中，照片作为"证史"的资料，向全世界诉说着日军的暴行。在金寨革命博物馆中，一些老照片被作为历史的瞬间陈列在馆内。视觉信息可以在人脑中重新组合、形成新的图景，又因为心理学上的移情作用，人们在脑海中可以对过去的事件重新定义。

革命史厅以"光辉的历程"对展厅做出了总结，以照片《沿路乞讨的妇女儿童》拉开农民反抗的序幕(见图10)。照片上的儿童衣衫褴褛，和妇女坐在路边等着路人施舍。儿童和妇女处于弱势的地位，容易引发参观者的同情。在按照四个期间分阶段展示时，每个时期都使用了大量照片，或是过去的场景照，或是人物的照片，黑白的照片标志着过去，极具历史感。以"抗击日军坚持胜利"这一主题为例，展厅在墙上使用了10张旧照片，分成"日军暴行"(3张照片)、"英勇抗敌"(3张照片)、"反顽抗日"(4张照片)三小组对抗击日军这一事件进行叙述。"日军暴行"组的照片展示的是日军在金寨县杀人的三处场景，"英勇抗敌"组和"反顽抗日"组的照片是红军的作战旧址和革命根据地旧址(见图11)。而在"重建根据地"这一主题下，展厅用9张图片展现了当时的刘邓大军重建根据地的过程。照片中的野战军旧址(汤家汇廖氏祠)、刘邓大军行军驻地(沙河罗坪)、邓小平行军驻地(关王庙)都是作为曾经存在的地理实在出现于历史事件中，展厅将这些旧址用照片的

---

① 金寨县革命博物馆：http://www.jzgmbwg.cn/SortHtml/375465171.html.

② 苏珊·桑塔格弄：《论摄影》，黄灿然译，上海译文出版社，2010，第13页.

形式展现，是试图以再现“遗迹”的方式唤醒人们对于历史事件的记忆。

图 10　沿路乞讨的妇女儿童

图 11　革命展厅内“抗击日军　坚持胜利”展示墙

2. 雕像与遗物

展厅将已经牺牲的人通过雕像重现在参观者的眼前。在革命展厅内有两座雕像，分别是革命烈士徐向前和周维炯，这两尊雕像以凝固的实体向人们诉说着流逝的生命参与革命。周维炯是红军早期军事领导人，鄂豫皖根据地创立者之一，1931 年被错杀时年仅 23 岁。雕像非常清晰，可以看出革命烈士逝去时年轻的面容。年轻的脸庞和刚毅的线条，也在感情上给予参观者刺激，使其对革命进行再次认知。在洪学智将军展厅中也有将军身着军装的雕像。洪学智将军作为从金寨走出的开国将军代表，在博物馆中专门有一个将军展厅来纪念他的戎马一生。将军雕像位于将军展厅入口处的正中心，展馆者只要进入展厅，便能看到雕像（见图12）。军装也向参观者传递着将军的身份信息，象征着将军从革命岁月中走过。虽然将军已经故去，但雕像使他处于"在场"的状态。①

图12　洪学智将军雕像

博物馆里的革命烈士的遗物是来自过去时代的文献与证据，是记忆本质的原始物质化身，是可信的存在，是对过去的一种允诺。这些被烈士们使用的物品在展览柜里摆放，成为参观者和逝去的人之间联系的桥梁。参观者通过这些物品以及对物品的想象来建构过去的事是如何发生的。在革命展厅里，摆放的有作战时使用的手枪、望远镜、钢笔（刘世模用过的望远镜、钢笔）、布鞋、斗笠（林维先在陕南时期用的斗笠）、召开会议的桌子（穿石庙会议桌）等（见图13）。这些物品因此也成为历史事件的代言人、叙述者。另外，从符号学的角度来讲，这些物品在博物馆这个空间内成为一种身份的代表，它象征着拥有或者使用过这个物品的人，代替使用者或者拥有者出席——烈士们此刻和我们在一个空间沟通、交流。② 在纪念馆特殊的展示氛围中，遗物以一种无声却震撼的力量凸显着遇难者的缺席，透过遗物的斑驳锈迹、岁月痕迹，我们得以想象那段苦难历史、红色历程。

① 孙江：《事件·记忆·叙述》，浙江人民出版社，2004，第169页.

② 转引自陈佳利：《被展示的伤口：记忆与创伤的博物馆笔记》，典藏艺术家庭股份有限公司，2007，第72页.

图 13　烈士们使用过的物品

3. 再现的“实景”

在博物馆里有四处被复原的实景。这些精心复制的场景成为展区内的凝固的历史，它们代表着不同于展区空间内的另一个“异时空间”。这些活生生的历史，意味着复活一种失去的时空、一段线性的过去。而将这一时空展示给参观者，意味着在现实世界中修了一条通向过去的时光隧道，它让历史变得可以触摸、可以感知、可以参观、可以解读。在革命史厅内有两处被复原的实景，一处是“穿石庙会议”，另一处是“下楼房会议”（见图 14 和图 15）。“穿石庙会议”搭建了木质门窗，用四尊雕像象征参与会议的领导人（起义领导人为：徐子清、肖方、周维炯、徐其虚、李梯云、漆德玮），墙上还贴有马克思和列宁的照片以凸显受到马克思主义的影响，表明工农红军的身份。“下楼房会议”复原了当时的泥土房、木门和木窗，再现了当时以邓小平和李先念为首的领导们召开会议、收听延安新华社广播的场景。窗影上清

图 14　穿石庙会议

图15　下楼房会议

晰地映着三个身着红军军服的身影，好像这一场景正发生在展区内，正发生在参观者眼前。在洪学智将军展厅内也有两处实景搭设，都是将军故居的场景，摆设了床、书柜、书桌甚至是将军常用的台灯等物品，完全是按照洪学智将军生前的房屋进行的复制。可以说这些场景是不应该出现而又被强制安放的另类空间，它们串联起两个异态的空间，而参观者就在这些异态的空间中穿行，体验一段被构建的历史。

4. 叙事语言

博物馆有它自己的叙事语言，从入口到出口，有固定的顺序，参观的人流是一条流动有序的动线。在博物馆解说员的带领下，参观者阅读资料、倾听介绍。在革命展厅内，博物馆将整个展厅以隔墙分为三个小隔间，分段展示1921年至1949年金寨县的革命史。在入口处，以“光荣的历程”作为总结话语开启对这段历史的呈现。“风起云涌　孕育革命”主题板块（1919年5月—1927年7月）展出了金寨建党活动和农民运动的兴起。“燎原星火　红军摇篮”（1927年7月—1937年7月）主题板块展出立夏节起义和六霍起义，红11军32师和33师的建立，豫东南和皖西根据地的开创，鄂豫皖苏区的形成，三次反围剿的胜利和红军主力转移，创建和重建红25军、红28军，这一主题在叙述革命历程的同时也从侧面反映了金寨是“红军的故乡”。“国共合作　抗日救亡”（1937年7月—1945年8月）主题板块展出金寨人民响应征召，加入新四军的四支队伍，并进行抗日。“驱散黑暗　胜利解放”

(1945 年 8 月—1949 年)展出刘邓大军挺进大别山重建根据地,迎来全国解放的胜利。①

每个时间段又被划分为几个阶段,加以标题,通过照片、文字资料等按照一定的时序结构排列呈现在参观者眼前。可以看出,参观者在博物馆中了解到的关于 1919—1949 年发生在金寨的这段历史,实际上是被安排过的历史。博物馆通过物品的摆放、叙述的逻辑以及相关材料的安排,甚至是整个展厅内空间和参观路径的设计,对参观者的行为加以控制。被设计过的空间具有引导性与昭示性,它一方面可以让参观者对自己的参观场所定位,确立空间的起点与终点,另一方面也有利于修复和唤醒参观者对于过去的记忆。这种观展流线也可以看成是一个仪式般的动态过程。就像是古代在陵墓、神庙等纪念性建筑空间内,人们为了完成祭奠而进行的仪式性活动,有着严格的规制,不允许有超出规制的行为。在革命展厅内,参观者走入这个被构建好的特定空间,情感的收放也被调控,在入口处将内心世界打开,随着步步深入,则慢慢参与,最后走到出口,体验过程结束,走出展馆,那么经历也随之结束。

三、从唤醒到认同:作为红色记忆的红军广场

伯得那曾说,"记忆是一种认识的工具,历史行动者通过它来解释现实——而且这还表明,他们必须借助于社会环境,而不能单独做这些事"②。在金寨红军广场,代表着过去的物理实在如展品、照片等,将参观者的原有记忆(包括知识经验及被遗忘的记忆)不断唤起;但是广场作为链接过去的现在的空间,又指向着现在与将来,参观者在此又不断地建构着新的记忆,对历史事件产生更为全面和深刻的理解。参观者在这里被唤醒,去纪念。金寨红军广场实际上是作为一个纪念性的场所存在,据博物馆资料显示每年参观、瞻仰革命遗迹的人多达50 万次,它也是多家高校和单位的爱国主义教育基地。③

然而革命博物馆、纪念馆并不是民间性的场所,它由国家主导建设并制定运行章程。本尼迪克特·安德森曾经提过"政治的博物馆化"概念,旨在说明作为历史回溯与记忆的博物馆,表面看来是对历史时间的叙述,实际上

① 资料来自金寨革命博物馆革命厅.

② 转引自周海燕:《记忆的政治》,中国发展出版社,2013,第 251 页.

③ 资料来自金寨革命博物馆网站:http://www.jzgmbwg.cn/SortHtml/375465171.html.

它的叙事和内部的陈列甚至是开放运行都受到国家话语的严密掌控。[①] 从前文我们可以知道，博物馆物品的陈放、选择以及厅内格局的设计都有特殊的含义，这实际上表明了国家话语在利用这一空间对人们的社会记忆进行建构，在这一过程中，有些事实被凸显，有些事实被遗忘。但是无论如何，金寨红军广场确实存在，被人们参观、拜谒。它的存在、它的展示到底为参观者留存了什么？笔者认为，有两种东西是金寨红军广场要传递给人们的，第一是追思感，第二是认同感。

（一）追思感

汉代应劭在《风俗通·正失·叶令祠》中提出，“及其终也，叶人追思而立祠”，可以说利用祠堂、牌坊等建筑来追思故人是古来有之的。[②] 金寨红军广场作为纪念性场所，广场内的设计都极为强调纪念性，在其大部分场所空间中，呈现出了一种追思感。比如，在红军纪念堂中悬挂红军的照片、记录逝者的姓名和详细的信息，甚至红军的遗物都是在营造缅怀氛围和追思情感，照片都是黑白色调，整个纪念堂呈现的是黑白的悼念基调，这些都配合营造缅怀、追思的情境。当然对于伟人和平民，是通过两种不同的方式来获得参观者的纪念和追思的。对伟人的纪念需要追溯伟人的丰功伟绩，对英雄烈士的纪念要表现出他们超出常人的精神与毅力，对无辜平民的追思则要突出生命的脆弱、战争的沉重与残酷。而人们就在参观过程中不断地追忆、思考和联想，逐渐学习并恢复已经遗忘的历史知识经验，对革命烈士表达出敬畏和追思。

（二）认同感

参观者从金寨红军广场获得的认同感分为两种，一种是身份认同，另一种是政治认同。首先，参观革命纪念地是一种“移情”式的体验。前文已经描述，金寨红军广场通过照片、遗物和实景搭建，为参观者构建了一段历史，而参观者则按照安排入内体验，穿梭在烽火艰难的异时空间，和真正经历过的人产生感情上的共鸣。然而他们以何种身份参与其中呢？所以说，参与本身就代表了参观者已经定义了自身的身份，和烈士们是站在一条线上的，是生活在备受侵略的这片土地上的后人，共有一种民族身份。另外，参观本身即包含着对彼此的认同。像金寨红军广场、南京大屠杀纪念馆一类的场馆是由国家主导建设的，它们是主流意识形态下的产物，意义在于整合当代的民众，达到规训的目的。站在广场内，即表示参观者接受了红军广场赋予

---

① 转引自周海燕：《记忆的政治》，中国发展出版社，2013，第318页.

② 应劭：《风俗通·正失·叶令祠》，中华书局.

他的身份和地位，是当代社会的人民，不是其他人，要接受红军广场及其背后的话语权的代表者对其进行的教化。在红军广场的参观者，不是一个人，而是无数的人构成的一个集体，他们共有一个集体记忆。集体记忆和个体记忆不同的是，前者强调的是共性，分享一个集体记忆证明了自己的身份。政治认同是先确立了身份认同后才形成的。原因是金寨红军广场作为革命圣地，是一种革命符号，是红色记忆中的重要组成部分。它倍受关注，国家领导人曾到红军广场参观、拜谒。这种参观、拜谒的行为可以唤起人们对于革命的记忆，也传达着强烈的政治寓意。当参观者到达一个国家领导人曾经参观的地方（也许有很多人就是因为领导人曾经参观过，所以也去参观），他的行为本身就表明了其愿意成为国民中的一位，在革命纪念地接受教化，规范行为。而且红军广场内部包含着很多政治符号，比如红军纪念堂和革命博物馆内部悬挂着许多国家领导人、国家干部的题词，革命展厅和将军展厅内随处可见的红星和旗帜等，这些都是红色记忆的符号和红色话语的象征。展厅内的文字资料和图片也是经过选择、编辑的结果，包括解说员的解说词，都是精心编制的。这些都具有浓厚的规训色彩，是为了将某些记忆刻入参观者的脑海中而人为制造的。

我们可以从参观者的行为窥得这种认同感。首先参观者依照顺序参观，在参观过程中不自觉地维护广场内的庄严肃穆的气氛，并且不会在参观过程中发出不和谐的话语，他们自愿拍照，聆听讲解员的演说，在参观行为中表现出了对广场代表的政治话语的服从。其次是金寨红军广场作为爱国主义教育基地，成为多家单位的宣誓入党的活动地点。笔者在前往该地进行调查时就有两家单位在纪念塔进行入党宣誓，见前文图4。他们自带党旗，发言者先进行简短有力的发言，表达对革命历程的追忆、对党的忠诚，然后做出期望性的总结，而队员们站在纪念塔下配合发言者宣誓入党。成员们声音洪亮，动作整齐，表情严肃。在这仪式性的活动中，成员们通过声音、表情和动作来定义自己的身份，表示对党和组织的认同，对权威和信仰的忠诚，表明自己在这里继承了光辉神圣的革命传统。

如同耶尔恩·吕森所言，“集体的认同扎根于事件的表述之中，也扎根于这些事件语最终延伸到现在和将来的其他事件的叙事联系中”[①]。金寨红军广场及其背后的国家话语通过构建出一种记忆文化在人们的脑海中构建了自我形象，引发了追思感，也延续着人们对其的认同感。可以说，随着时间的流逝，参与历史的人慢慢老去、逝去，而现在的人们关于记忆也经历着

---

① 转引自周海燕：《记忆的政治》，中国发展出版社，2013，第29页.

重构的过程，在这个过程中，个人对于历史的记忆慢慢变得模糊，又被“唤醒”，变得“清晰”，也是在这种变化中，历史的断裂出现，集体的记忆产生。

结 语

历史在时间的长河中慢慢发生变化，现代的人们通过参观、游览历史性的建筑或者场地希冀能够感知、触摸它。对于大多数的参观者来说，他们并没有意识到在参观过程中感受到的历史记忆并不是最初的模样。历史老街、革命博物馆等因其展现出的文化记忆而被称作是纪念性的空间，人们在这里与被陈列的物品、安排过的叙事语言和历史进行对话，唤醒已有的记忆，重新构建关于过去的记忆，并且随之定义了自己的身份，而掌控着社会的主流意识形态就在个人记忆向集体记忆转化的过程中确立了正统的地位。正如景军在《神堂记忆》里曾说，“要使过去为现在服务，需要不断使用文化的创造，将神圣的传说、历史的变形和想象的现实综合起来，把他们转变为集体信仰”，而这种信仰，“一旦被嵌入一个社会的记忆中，就代表了这个社会中很多成员的绝对真理”，由此，社会主流意识形态被确立并被支持。

参考文献：

[1] 齐康．纪念的凝思[M]．北京：中国建筑工业出版社，1996.

[2] 陈住利．被展示的伤口：记忆与创伤的博物馆笔记[M]．台北：典藏艺术家庭股份有限公司，2007：51-57.

[3] 姜军．纪念性建筑形式创作中的哀悼情感表达研究[D]．哈尔滨：哈尔滨工业大学，2009.

[4] 胡良友．从“红色首府”到“红色纪念地”——关于大别山革命博物馆、纪念馆建构的人类学研究[D]．北京：中央民族大学，2012.

[5] 段书晓．创伤记忆的话语建构——以侵华日军南京大屠杀遇难同胞纪念馆为例[D]．上海：复旦大学，2012.

[6] 金其桢．论牌坊的源流及社会功能[J]．中华文化论坛，2003，01：71-75.

[7] 王彬．地域文化视角下城市广场设计初探——以金寨县红军文化广场设计为例[J]．中外建筑，2016，04：116-118.

[8] 周海燕．记忆的政治[M]．北京：中国发展出版社，2013.

[9] 钟靖．空间、权力与文化的嬗变：上海人民广场文化研究[D]．上海：华东师范大学，2014.

[10] 杜莉．战争题材纪念性景观环境塑造研究[D]．哈尔滨：东北林业大学,2013.

[11] 李志强,袁蕊,宋伟,等．浅析城市广场文化的确立与表达——以延安市胜利广场为例[J]．南方农业,2009,06:42-45.

[12] 杨华．地域文化视野下的城市广场设计探析[D]．西安：西安建筑科技大学,2006.

[13] 柯文．历史三调——作为事件、经历和深化的义和团[M]．南京：江苏人民出版社,2000.

[14] 刘黎明．祠堂·灵牌·家谱[M]．成都：四川人民出版社,2003.

[15] 许珂．纪念性景观的意义体验与表达[D]．济南：山东建筑大学,2006.

[16] 杨扬．空间、仪式与社会记忆[D]．南京：南京师范大学,2007.

[17] 罗锋．文化·建筑·传播——传播文化学视野中的徽州牌坊[J]．安徽大学学报,2006,02:108-113.

[18] 郭戈理．论纪念性建筑的"场所精神"[J]．湖南大学学报,1998,12:34-36.

[19] 孙才博．纪念性景观设计的体验与表达[D]．武汉：武汉理工大学,2010.

[20] 赵洁．当代纪念性景观设计探析[D]．北京：北京林业大学,2011.

[21] 陈舒捷．纪念性公园景观设计与研究[D]．西安：西安建筑科技大学,2009.

[22] 邓建新．解读徽州祠堂：徽州祠堂的历史和建筑[M]．北京：当代中国出版社,2009.

[23] [日]芦原义信．外部空间设计[M]．尹培桐,译．北京：中国建筑工业出版社,1985.

[24] 郭红艳．基于叙事法的事件型纪念建筑空间设计研究[D]．北京：北京建筑大学,2013.

[25] 杨震．纪念碑的六种新建法——德国公共艺术家约亨·伽茨介绍场[J]．雕塑,2013.

[26] 刘婷．纪念性景观的情境营造探究——以纪念性展馆外部空间为主研究对象[D]．长沙：中南林业科技大学,2006.

[27] 沈超．徽州祠堂建筑空间研究[D]．合肥：合肥工业大学,2009.

[28] 刘禹舒．纪念性空间的研究[D]．北京：北京林业大学,2006.

[29] 黄颖．当代战争纪念性景观情感表达设计研究[D]．哈尔滨：哈

尔滨工业大学,2012.

[30] 林卫宁. 空间、形象与纪念性的表达——福建省革命历史纪念馆创作[J]. 建筑学报,2001,02:14-16.

[31] 高巍,赵玫. 纪念空间与城市形态建构——百色城市纪念空间形态初探[J]. 规划师,2007,05(23):75-78.

[32] 赵星宇. 历史事件纪念馆空间场景化设计研究[J]. 建筑论坛与建筑设计,2013,(10).

[33] 张四维. 城市纪念性空间的功能整合与空间套——雨花台烈士陵园江苏公安英烈纪念墙及纪念广场剖析[J]. 现代城市研究,2008,(09):71-74.

[34] 丁奇. 纪念性景观研究[D]. 南京:南京林业大学,2003.

[35] 侯长志. 现代纪念性空间设计的发展趋势探析[J]. 美与时代旬刊,2010,(12).

[36] 张川. 基于地域文化的场所设计[D]. 南京:南京林业大学,2006.

[37] 何小欣. 当代博物馆的复合化策略研究[D]. 广州:华南理工大学,2011.

[38] 王明远. 台儿庄古城的重建:记忆建构、公共记忆和国家话语[J]. 民俗研究,2016,123(01):136-142.

[39] 周正楠. 建筑的媒介特征——基于传播学的建筑思考[J]. 华中建筑,2001,01:29-31.

[40] 吕珊. 纪念下建筑与城市空间环境的相容性研究——以莱芜战役纪念馆为例[D]. 青岛:青岛理工大学,2014.

论孟京辉先锋戏剧在传播中的符号建构与呈现

（杨　磊　南京师范大学）

摘　要：孟京辉是当今中国剧坛最具影响力的著名先锋戏剧导演。他的作品具有鲜明的个性气质和多元的艺术特征，为中国当代戏剧开拓了新局面。无论观众能否看得懂，上演孟京辉先锋戏剧的剧场里总能座无虚席，这已然成为一种值得瞩目的文化现象。符号作为戏剧传播的关联物在很大程度上决定了演出的质量。孟京辉戏剧在符号的构建与呈现的方式上具有独特的先锋性。

本文以活跃在中国剧坛近三十年的孟京辉先锋戏剧为主体，从戏剧传播的视角出发，以索绪尔语言符号学中的能指和所指理论为依托，探究孟京辉先锋戏剧在语言动作、舞台造型及人物形象三个方面的符号建构特征与呈现效果，从而提炼出孟京辉先锋戏剧在创作上的艺术特征和美学特质，探寻符号对于戏剧传播的影响和意义。

关键词：孟京辉；先锋戏剧；传播；符号

"文学即人学"，那么戏剧更是人学。因为它不但同文学一样，以人类的生存、活动、矛盾冲突为创造内容，是表达情感的符号形式，而且是直接以人的行动这一直观的手段来表达人类情感的符号形式，它反映人、感动人、以人的灵魂健全和活力为其旨归。[①] 人类的戏剧本能和天赋使得他们能够用极其有限的事物作为符号，表达无比丰富的人类情感和情绪。作为演出的艺术，在剧场里进行的观演环节就成了戏剧艺术最关键的传播行为，观众对于戏剧作品的初次认识和理解是自入场至离场期间积累的。著名传媒学者郭庆光认为，在传播过程中，传播者通过符号化活动来"建构"意义，而受传

① 袁立本．演出符号学导论．北京：中国广播电视出版社，2009：31.

者则通过符号解读来理解意义。那么从这个角度上看，戏剧演出的过程也可以被视为戏剧传播的过程，戏剧观演交流的过程实际上就是一个符号的交流过程。

"先锋"，最初源自18世纪，属一种军事术语，释义为拼杀在前线的先头部队。"先锋"真正与戏剧产生关联和反应是在20世纪。先锋就是指打破传统束缚的全新的艺术形式。先锋派不仅要内容激进，也要形式激进，必须用新瓶装新酒，甚至用新瓶装空气也是一种新的"酒"。[①] 简而言之，把新的内容以新的形式表现，言说想说的话，便是先锋艺术创作者的首要任务。戏剧作为演绎人类行动和情感的综合艺术，与生俱来就拥有人类社会的各种符号的印记。[②] 无论是先锋探索的创作需要，还是戏剧艺术的传播本质，都要求创作者在符号运用上做出更多的努力与尝试，尽可能地在戏剧传播中发挥符号的作用。孟京辉是当今中国剧坛最具影响力的著名先锋戏剧导演，他以独具个性且多元化的艺术风格著称。他的创作手法多变，演出风格迥异，尤其是对戏剧符号的运用颇有讲究。本文力图从语言动作、舞台造型及人物形象三个方面的符号建构与呈现来提炼出孟京辉先锋戏剧在创作上的艺术特征和美学特质。

一、孟氏戏剧符号之行动性符号

戏剧行动性符号包括语言动作符号和肢体动作符号两大类，这是演员表演的两大基本表现手段。两者是既对立又统一的，并且共同服务于情节故事的叙述和演员角色的行动。西汉学者毛亨为《诗经》所作的《大序》里写道："在心为志，发言为诗。情动于中，而形于言。言之不足，故嗟叹之。嗟叹之不足，故咏歌之。咏歌之不足，不知手之舞之，足之蹈之也。"语言动作即台词，其语法语义的构成和风格在很大程度上决定了叙事、抒情的格调，此为"言叹咏歌"；肢体动作即姿态，其对现实情境的模仿程度和变形力度奠定了演出风格的基础，此为"手舞足蹈"。从这两大类型符号系统的建构与呈现上来看，就可以恰当地定位戏剧的归属与审美，是导演二度创作的重要体现。

---

① 孙惠柱．先锋戏剧的成就与局限．南大戏剧论丛(叁)．上海：中华书局，2007：54.

② 袁立本．演出符号学导论．北京：中国广播电视出版社，2009：6.

(一)语言动作符号的多重叠唱

语言是一种表达观念的符号系统。① 在导演处理中,语言(台词)必然是创作之重。不同的剧本呈现出不同的语言特征,导演需要将文本“音像化”并赋予其戏剧的审美功能,具体的操作就是语言动作符号的建构。在处理演出时,导演应该使语言具有行动性,使行动具有语言性。② 所谓语言具有行动性,就是指人物的语言要有力地表现其欲望、意志和内心的冲突,使其附着于语言这一表意符号之上,进行说明和解释,将台词背后的弦外之音加以挖掘和展现,具有一种推动剧情发展的张力。演员道出,观众接收的语言内容,即是能指;通过戏剧化处理后的意味和内涵,则是所指。语言是线条性的,语言符号在使用时只能相继出现,不能倒反。将事物按照一定的规律排列,即可获得美感。孟京辉在语言方面的敏感度和创造力就表现在语言动作符号的排列组合上。

1. 多声部配合

多声部概念取自音乐领域,即在音乐进行过程中,同时出现一个以上的不同声部。它的主要特征是主调鲜明突出,支声仅起陪衬作用。孟京辉在戏剧当中的多声部运用,没有严格遵循这一特征,声部与声部的主次关系时常转换或对等,相互配合行进,反映出深层的韵味和意义。

在《恋爱的犀牛》的恋爱训练课上,一个个学员接连倾诉着自己的故事,语言的交织制造了明显的混乱。此时的重点并不在于语言内容本身,而是众生喧哗的本质现象。马路沉默许久的爆发使其他声部瞬间停止,嘈杂后的清晰具有强大的冲击力。他理所当然地是这段恋爱倾诉的主声部,道出了个体孤独的真相。依据中国明朝无名氏传本《思凡·双下山》和意大利薄伽丘《十日谈》有关内容改编的先锋话剧《思凡》,小和尚本无与小尼姑色空的一段台词如下:

和尚:我前日,打从一家门首经过——

尼姑:见几个子弟们——

和尚:见几个年少娇娥——

尼姑:游戏在山门下——

和尚:生得十分标致——

尼姑:他把眼儿瞧着咱——

和尚:看她脸似桃腮——

① 费尔迪南·德·索绪尔. 普通语言学教程. 高名凯译. 北京:商务印书馆,1980:37.

② 袁立本. 演出符号学导论. 北京:中国广播电视出版社,2009:170.

尼姑：咱把眼儿觑着他——

和尚：鬓若堆鸦，十指尖尖，袅娜娉婷——

尼姑：他与咱，咱与他——

和尚：莫说是个凡间女子，就是那月里嫦娥，那月里嫦娥也赛不过她。因此上心中牵挂，暮暮朝朝我就撇她不下！

尼姑：两下里，都牵挂！

（合男声激情喷涌）暮暮朝朝我就撇他不下！

本无和色空在木鱼声的节奏中，纯情地念着台词，从各说各话到和声共发，男女声部都在讲述下山后的“艳遇”，句与句之间相互渗透而补充，杂而不乱，巧妙地完成表情达意的功能。在思凡之心按捺不住之际，本无和色空在舞台中央急促惶恐接连不断地念出“南无阿弥陀佛”以压制内心欲望，把矛盾冲突附着于台词本意之上，通过演员言语的轻重急缓加以呈现，达到了良好的传播效果，观众能直观地感受到人物的心理活动。

2. 重复式表达

孟京辉在戏剧语言上还惯用重复的方法，具体表现为内容的重复和句式的重复，都起到了强化情感的效果。重复，是通过语言结构的外部形式强调语言承载的表意信息的重要手段。

在《思凡》中，本无和色空的自我介绍式的独白之后，众人紧接着和声重复独白，在听觉上给观众强有力的冲击。本无和色空绝不是单独的个体，而是和尚和尼姑的群体缩影，众人的重复不仅具有强调功能，而且代表着万千僧尼的整体呈像。通过台词处理，导演充分发挥了语言动作符号的行动性。不仅如此，单句的重复语法结构也有此功效。“啊呀，由他！则见那活人受罪，哪曾见死鬼带枷？啊呀，由他！火烧眉毛，且顾眼下，火烧眉毛，且顾眼下。”从畏缩地忍气吞声到大胆地放声控诉，“由他！且顾眼下”的态度成了观众的体验总结，更是导演和演员共同阐释的主题理念。

重复也是一种最常见的幽默技巧，很简单也很有效。无论是《我爱XXX》中六百多句以“我爱”开头的台词，还是《恋爱的犀牛》里众多新闻事件的机械式报道，都体现出孟京辉戏剧的喜剧性。

简而言之，孟京辉先锋戏剧的语言动作符号并不精于内容的循循善诱，而是乐于形式的一鸣惊人。在语言动作符号的运用上，他擅用演员的多声部配合，语句的重复式结构和内容的幽默化处理，来改变传统戏剧语言的叙述模式，让语言具有流行化和通俗化的特征。语言的多重叠唱凸显了人物的内心活动，强调了戏剧内部存在的矛盾冲突，充分调动观众的听觉系统，松弛之间表情达意，起到了“一咏三叹”的连锁效果。然而，毕竟“言有尽而意无穷”，语言的表达能力纵使强大，也具有局限性，戏剧并非只是语言构成的艺术，动作的辅助将开发人体表意的可能。

（二）肢体动作符号的再现重组

根据亚里士多德在《诗学》中对于悲剧的阐述可知，戏剧是行动的人为模仿。作为导演处理的两大内容之一，舞台调度成了符号关照的重点，它天生就是外部造型。它通过演员的体态（身段）、演员与演员以及演员与舞台景物间的组合，通过演员在舞台上活动位置的安排与转换，或通过一组形体动作过程，构成艺术语汇，使舞台生活形体化、视觉化。① 对于舞台调度的处理，体现在肢体动作符号的呈现上。演员可以对其表现力度加以控制，但却不能随意更改其程式，这一点与中国传统戏剧是相承的。在孟京辉的剧场里，观众每每为之震撼的，大多时候都来自于令人咋舌和出人意料的肢体动作符号。肢体动作本身即是能指，其所指的体现往往取决于演出呈现中的动作对实际生活中的动作的还原程度。

1. 细节动作的夸张

夸张是一种表现手法，指运用丰富的想象力，在客观现实的基础上有目的地放大或缩小动作的形象和幅度，以达到表情达意的效果。生活中容易被忽视或被看淡的细节动作在孟京辉戏剧中得到了重视和凸显。细节动作往往是人物心理活动微观变化的不经意表现，是最接近真实状态的。对细节动作的夸张演绎有助于戏剧情绪的把控和渗透，在一定程度上影响观众的审美习惯。

《一个陌生女人的来信》由孟京辉于 2013 年执导改编，很好地体现了他的“离经叛道”。在女人少女时期与 W 先生对话时，无论对方问什么，她总是打喷嚏。这样的处理是刻意的，但对于角色来讲是无心的。她是多么希望自己的爱能让这个男人把自己与其他女人区分开来，她所渴望的不过是能用 W 先生的爱来定义自己的存在，摆脱内心的孤独。但是她却在与 W 先生交欢之后，面对关于自己的问题也只是以喷嚏结束。打喷嚏通常是指鼻子过敏或深入外道的痒感不自主地喷发而释放的声音。女人在打喷嚏时动作夸张，把对 W 先生的迷醉转化为生理上的一种过敏和痒感，外化而夸张地体现出来，既有声亦有形。人一生在扮演不同的角色，但无论处于哪个时期，都丢不开最原始的生理反应，当这一动作被强调的时候，自然而然具有意义。

在女人与 W 先生的床戏段落，孟京辉空前大胆地使用了 DV。这台实时

① 中国大百科全书．戏剧卷．北京：中国大百科全书出版社，2002：406.

拍摄的机器在保证独角戏的封闭性上建构了全新的对话关系。虽然孟京辉彻底悬置了小说中的 W 先生，让他从未现身于剧场，但随着演员黄湘丽把被单盖住，观众的视觉焦点开始从演员身上转移到屏幕上，观众得以窥见被单的内部。演员以 DV 自拍的方式，模拟了 W 先生的性爱视角。我们看到女人凌乱的头发、躁动的身体，特别是高度清晰的那张脸。面部表达思想情感的能力几乎仅次于语言的口头表达①。这一通过多媒体技术实现的组合动作解构了女人的孤独和爱。

人本身的动作表达也是有局限性的。孟京辉意识到了这点，在经典先锋话剧《恋爱的犀牛》里有所体现。当受伤的马路因为明明为自己擦去脸上的血迹而感动，因为与明明只相隔微小的物理空间而心动时，一位演员走到作为背景的大钟前开始跳绳，跳动的身影让人联想到秒针的飞走，着地的声音让人联想到马路的心跳。在舞台明亮之处是马路深情的凝望，鼓起勇气躺在明明的腿上，如孩子一般。角色与角色之间的动作配合，构筑了舞台上难得的浪漫情境。

2. 经典剧作的戏拟

根据《美国传统辞典》里的撰述，戏拟是一种表现手法，指为取得喜剧或嘲讽效果，而模仿某一作家或作品的独特风格的文学或艺术作品，即戏谑模仿、滑稽模仿。一般来说，一位作家运用戏拟创作作品的目的在于通过夸大另一作家的风格或观点来嘲讽其作品。在戏剧作品中，戏拟表现为对其他作品的滑稽性模仿，将既成的、传统的东西打碎加以重新组合，赋予新的内涵。

《思凡》中，在皮奴乔以借宿为理由进入客店主人的房间后，尼可罗莎欣喜不已，两人凑上前去摆出八大样板戏之一的舞剧《红色娘子军》的经典造型，伴着原剧的主题曲表演了一小节，具有强烈的喜剧效果，摆出为了爱情甘愿冲锋陷阵的架势。《红色娘子军》讲述的是丫鬟琼花反抗恶霸南霸天压迫的蜕变过程，与《思凡》的思想内核是极为相符的。这一组肢体动作，不仅具有表现"皮奴乔和尼可罗莎两情相悦"的叙事功能，而且是对封建保守势力的打击和嘲讽。

另外，在《一个无政府主义者的意外死亡》中，由动作带动的时空跳跃无疑是前卫和富有创意的。它讲述了一个意大利警局的故事，警察局长及警员将一个在押的无政府主义分子刑讯致死。局长找来一个疯子编排无政府主义分子的死亡过程，以期掩盖其死亡真相。疯子跳入观众中的举动，让观

① 刘宁．动作——无声的语言．戏剧艺术，2003，(3)：90.

众忽而变成意大利当时的外界群众。值得注意的是那一段对《茶馆》的模仿。疯子变身为“吴爷”，警察局长变身为“小丸儿”。两人夸张地模仿了“请安”桥段，使众人乐不可支。疯子气宇轩昂，警察局长低声下气，并且掐着兰花指。熟悉《茶馆》的人都知道，《茶馆》反映的是清朝末年的时局动荡，孟京辉只是将国家和时代进行改装，就完成了一个嫁接，使得观众仿佛穿越至清朝，目睹着镇压与阴谋的交错上演。娱乐大众之余，反映了对于政治阴谋的嘲讽，荒谬滑稽的情节动作使观演关系近乎微妙，既告诉观众“我们在玩”，又提醒观众“我们在说”。

肢体动作传达的是二度创作者的解释立意，在本质上是人自身行为的写照。戏剧作为一门演出的艺术，通过外部动作表现心理活动是至关重要的。而与传统戏剧惯用写实的手法不同的是，孟京辉敢于大篇幅动用夸张和戏拟达到戏剧传播效果。

二、孟氏戏剧符号之舞台造型符号

戏剧舞台造型符号包括舞台美术符号和音乐音响符号两大类，这是戏剧符号系统中表现时空环境的造型性符号。舞台美术符号起着说明、营造剧场空间假定性的作用。剧场为戏剧传播提供了空间，表演与舞台的统一必须以空间为基础。合理巧妙地利用有限空间制造戏剧氛围，推进戏剧行动，成为所有舞台剧导演必须攻克的难题。音乐音响符号则更多发挥着写意、揭示人物心理活动、抒发情感的作用。非语言传播在传播信息的功能方面逊于语言传播手段，然其自然性、含蓄性方面则优于语言符号①。随着观众审美观的发展和变化，孟京辉在舞台美术符号和音乐音响符号的使用上调节着与观众交流的质感和速度。

（一）舞台美术符号的假定说明

舞台是人们采取一定的方式，从大自然中切分出来，用于演戏的一个空间。不加装饰的舞台，严格地说只是一个“空的空间”。而当演员在上面敷衍一个虚构的故事时，舞台空间便被组织到戏剧当中，获得了审美的意蕴。②舞台美术符号包括被关联意义的布景、灯光、服装、化妆、道具等，符号和意义之间的关联具有任意性的特点。假定性的舞台空间是一种非真实的生活空间，布景灯光符号是其重要的塑造手段。孟京辉戏剧在舞台空间的利用

① 王政挺．传播：文化与理解．北京：人民出版社，1998：73.

② 董健，马俊山．戏剧艺术十五讲．北京：北京大学出版社，2012：186.

上，往往不是填充式的，而是镂空式的。

1. 简约的艺术风格

以简洁的表现形式来满足人们对空间环境那种感性的、本能的和理性的需求是简约主义的目标和追求。孟京辉深谙其道，并且承袭了中国传统戏曲在置景上的假定性和写意性特征。无论是在舞台置景还是在人物造型上，简约风格都能派上用场，既使观众获得视觉上的美感，又让情感意义有所依附。符号的所指范畴不仅不会受到简约风格的限制变得匮乏，反而充满更多的可能性。

在《思凡》中，用白布以软雕塑手法在黑色墙面上勾勒出似是而非的形态，就成了整部戏剧从始至终的舞台背景设计。没有将背景布置成寺院，也没有布置成客店和王宫。在本无和色空的故事中，背景便是远山和寺院，在之后的戏剧进行当中，背景便依次转变为客店和王宫。观众具有配合戏剧演出的基本能力，故事情节的进展引导着他们的思维走向。孟京辉注意把握着诗意浓郁、感情奔放、带有象征性因素以及剧本要求的舞台假定性。一盏孤灯悬垂在舞台中部，一则为灯光照明需要，二则象征佛门禁地，多少寡人，颤颤微动，度过一生。台侧有粗硕的蛇形水管及木盆，盆中有活鲤鱼一条，盆中的鲤鱼更是说明了被禁锢的可悲、被圈养的无助。众生平等而有别，于是孟京辉让演员们统一着装，不论男女均为白色T恤、花色彩裤，正经堂堂。《思凡》是要求解放天性、大胆追爱的，简洁的舞美和化妆突出了演员的表演，给予了观众足够的想象空间，"此处省去XXX字"的标语道具也有异曲同工之妙。

另外，在《一个无政府主义者的意外死亡》中，警察局是一个三把椅子形成的舞台和一面有一个诙谐人脸的背景墙。试想，如果真的布置成意大利警察局，就会忽视时而跳出时空，跳进晚清时代的戏剧时空需要，制约演员的"穿越"以及观众的想象。

2. 生活场景的深层意味

艺术是来源于生活而高于生活的，戏剧艺术亦是如此。戏剧舞台之上对于生活场景的搭建时常是一种写实的表现手段，但孟京辉戏剧对于生活场景的运用却别出心裁。他使用的服装或道具是日常生活当中屡见不鲜的，但是通过多重考虑而选择呈现于舞台上的那部分就成了能指与所指的统一性符号。

福柯曾在《性史》中多次提及性伦理和饮食伦理之间的联系：厨房和卧室是一个家庭里最为隐秘的空间，也是女人向男人贡献自己的两个场所，她们提供食物和身体，满足着男性的食欲和性欲。孟京辉在接受采访时说道：

“如果在我们的戏剧舞台上还要对原著进行亦步亦趋的复刻，那实在是太没意义了，这部戏我们要站在原著的主题之上，来发挥自己的想象。大家都知道食色性也，那么这次我们就将爱情与做饭联系起来。事实上，剧中每一次的做饭和交欢，都是对爱的误导、伤害与折磨的外化表现。”为了实现这种效果，他不仅在语言和肢体动作的运用上毫不避讳，而且让演员黄湘丽真正地在舞台上做饭。炸煳的牛排、过量的橄榄油和番茄汁的味道充斥着剧场的每一个角落，那种味道是浓郁的、复杂的、难过的。这是一种调动观众视觉、听觉、嗅觉甚至是味觉的表现方式，传递出女人对孤独的抵抗、对爱情的祈祷。当菜刀将柠檬劈成两半的时候，所有的观众感动的并不是她爱他这件事，而是她在爱他这件事上付出的努力与牺牲。此时，人物也充当了符号，她就是符号性的女人这一群像。

并非所有的舞台美术符号都传递给观众固定的情绪类型，比如位于坡面后方的电视机，从头到尾闪烁着雪花点，直到女人生命的终结，这是一种刺激的表达。那些雪花点是有表情的，就像草原上的满天繁星一样。如果你心情尚佳，看到繁星会给你带来美的感受；如果你心情惆怅，看到繁星则会让你感到忧伤。

（二）音乐音响符号的象征写意

音乐音响是帮助戏剧的“场”形成的有效技能，常常被导演用来渲染气氛、解释剧情，所以，音乐音响符号当属于舞台造型的一部分。戏剧演出是立体的、多维的，音乐音响的加入一定是对戏剧进展有助推作用的。视觉与听觉是戏剧艺术需要对观众呈现的两个主要部分。肢体动作和舞台美术给予观众视觉体验，语言动作和音乐音响则照拂听觉体验。孟京辉在音乐音响符号上的选择跨度非常大，风格不一。音乐音响符号的所指一般被认为是其引发的思想，或为观众的解释。

1. 多种音乐类型杂糅

杂糅对于语言来说是一种病态，但运用于艺术创作中则成为一种技巧。多种音乐类型的实验性杂糅是孟京辉戏剧在音乐音响符号建构上的特点之一。它表现为同种音乐的不同形式呈现和不同音乐的排列组合呈现两种。

《思凡》中孟京辉对于音乐的初期探索还是比较“常理”的。《南无阿弥陀佛》之歌在整出戏中有着主题曲的地位，每当人物情绪达到高潮的时候，这首歌都会响起。如果说由现场音响放出音乐是一种渲染气氛的手段的话，那么由台上的众人集体演唱的部分绝对是十分明显的戏剧音乐符号。在尼姑色空欲逃下山去寻找机缘时，众人扮诸佛和色空一同唱起《南无阿弥陀佛》。音乐节奏由缓渐快，之后色空开始独白，声声诉说着凄苦，质问着神灵，与本该是心无杂念、神圣庄严的佛歌叠合，形成了极强的对比，烘托出色空内心情绪的高涨。众人扮演的诸佛与佛歌相融，形成了外在压力，似一直束缚着色空情爱之心的佛门戒律。这段音乐的运用形式深刻地反映了戏剧内部的冲突和人物心理的矛盾。在第一段"双下山"结束时，静场之后庄严肃穆的佛乐再次响起，众人似雕塑一般，沉静其中，产生仪式化的效果。

《恋爱的犀牛》中体现了孟京辉在音乐采用上的丰富性。第一场众人举着旗帜的大合唱《爱情是多么美好，可是不堪一击》颇具形式感，是集体意识的表达和抒发。这像是展开一场关于爱情的战争，打击那些美化爱的能人，揭露爱的真相。孟京辉还乐于在戏剧中融入多种传统曲艺，其中山东快书尤为经典。山东快书以韵诵为主，间有说白，长于叙事，风格刚健明快、质朴风趣。在老师给同学们教授恋爱秘籍时，老师突然的消停，让观众莫名其妙，正在这时，老师来了一段快板。这种对于传统艺术形式的吸收和使用，表现出孟京辉作为先锋戏剧的领头人所拥有的担当，与其说他是反叛倒不如说是挑战和传承。当然，在此处，快板的出现改变了授课的节奏，不至于使大量台词有枯燥之感。快板里讲述的故事是粗俗得近乎猥琐的，但偏偏放在恋爱培训这个情节中，使本来头头是道的说辞显得毫无说服力，爱情本就无迹可寻、无计可施，这是对所有妄求学会控制爱情的人的讥讽和嘲笑。

《两只狗的生活意见》更是直接把摇滚乐队搬上了舞台。嘈杂喧闹的摇滚乐带来了不一样的观剧体验，并且在一定程度上反映了社会人的黑暗和煎熬。但是这一做法只能说是一种实验手段，过度地让观众出离，几次三番的剧烈躁动，多少对观众的一般观演习惯是一种挑战。孟京辉曾说，"真正的艺术家对不求上进的观众和无法提高的观众是不负责任的；同样，对于长着真正耳朵、真正眼睛、心脑健全、神志清醒的观众是绝不需要低就的"①。

2. 环境声的戏剧化

配乐和歌曲之外，环境声对营造戏剧的行动场是很有讲究的。雷鸣电闪、风雨之声、鸡鸣狗叫之类，一般都由专门人员用特殊的材料或设备现场制造效果或播放录制好的音响。这些音响效果，既可以是观演环境的一部分，也可以起到渲染气氛、支持动作的作用。可是，孟京辉在其作品中很少为了营造戏剧真实而运用音响效果，因为他不求写实于舞台。就像《一个陌生女人的来信》中，刻画女人站在男人门外的寒冷，没有播放出风声来表现这层意思一样，他更多的是通过演员本身模拟音响，制造类似效果，将生活中的音响尽可能地组织到人物的舞台动作之中。

① 孟京辉．先锋戏剧档案．北京：作家出版社，2000：376.

在《思凡》中，和尚本无在蹑手蹑脚溜出山门的时候，众人模拟狂犬群吠，本无大惊奔窜，龟缩一隅。继而，众人又模拟寺外凡尘的嘈杂喧闹，包括百鸟鸣唱、鸡鸭牛羊、马蹄踏响，等等，一派热闹景象。虽然需要表现的都是自然环境下的声响，但是孟京辉并未使用任何的机器音响来表现，而是借用人声模拟，乐趣横生。尽管不逼真，但却足够写意，凭借人声的模拟就营造出了山上和山下两种截然不同的戏剧环境。在另外两个故事中，也有这样的处理方式，如皮奴乔和客店老板一家人吃饭的场景，咀嚼饭菜的声音和婴儿的啼哭和吮吸声；再如马夫为了混淆视听，把所有正在熟睡的仆人的头发剪得和自己一样，其间的剪刀声和心跳声。

孟京辉的戏剧作品总会在某个瞬间吸引观众的注意，他不会墨守成规，而是充满冒险，这是先锋戏剧探索人应该具有的基本品质。一个好的舞台绝不会是一幅画，它不只是被看到，同时也能主动传达情感、唤醒记忆①。现如今，舞台造型语言和行动性语言的地位渐趋平等，甚至在审美体验上，舞台造型的设计在一定程度上控制着演员润饰和变化的表情范围。它一句话也没说，但它呈现了所有的一切。

三、孟氏戏剧符号之人物形象符号

人物是不可或缺的，否则，文本便无独立于演出而存在的任何合理性了。人物的先在性是保证意义先在的手段之一②。导演处理语言动作、肢体动作和舞台造型，都是导演对演员和人物的处理。它们的目的在于创造个性鲜明的人物形象，共同组成戏剧人物的演出形象。法国戏剧符号学家于贝斯菲尔德曾指出，人物是严格意义上的诗学场所，在演出领域里表现为各种符号集聚的抛锚点。人物形象符号，顾名思义，指的是以人物形象为唯一所指，多次出现在戏剧当中，与人物外形、性格、命运具有映射关系的符号。人物形象符号是没有限定其能指的物理性的，只要符合上述定义要求，则可称其如是。孟京辉在人物形象符号上有两种运用手法，一是直接呈现在舞台上，以布景、道具等形式出现；二是无实物呈现，由语言、动作和音乐音响共同塑造而成。

（一）人物形象符号之显性呈现

戏剧传播过程中的符号建构都是围绕人物展开的，人物是事件发展和

① 罗勃·爱德蒙·琼斯．戏剧性的想象力．王世信译．台北：原点出版社，2009：41.

② 袁立本．演出符号学导论．北京：中国广播电视出版社，2009：189.

冲突展开的支点和目标。语言动作、肢体动作、舞台美术和音乐音响符号等都有助于塑造人物形象的作用，但并非所有服务于人物的符号都是人物形象符号。作为人物形象符号，它必须在多方面具备与戏剧人物相同的属性。能指与所指之间的关系不是联想式的，而是关联性的。其中，显性的人物形象符号是较为常见的，也是容易混淆的。它往往以舞台美术符号的形式呈现，兼具其附属功能。

在《一个陌生女人的来信》中，孟京辉选择把人物形象符号搬上舞台，让观众看到它在表演中的位置、形态，它就是女人送给W先生的白玫瑰。白玫瑰在原著中是存在的，至于是否以实物的形式展现于舞台之上，就取决于导演对其符号功能的拟定。女人年年同日都会匿名送W先生一捧白玫瑰，她心里是希望能够让他好奇追问的。她把手持DV对着白玫瑰，试探地问："也许是一个被你遗忘的女人送给你的?"然后将镜头转向自己，W先生依旧只是不经心地回应着。显然，白玫瑰是女人的人物形象符号，它指示着女人的精神品质和命运走向。

白玫瑰的花语是纯洁、高贵、天真和纯真的爱。她一生只爱一个人，即使有别的男人愿意对她好，接纳她和她的孩子，但是她仍然不为所动。她忠于那个对自己分毫不知的男人，忠于信仰，表现出心甘情愿的奴性。她的爱是顽强的，即使穷困潦倒，也只想着她与他之间存在的联系和回忆。从始至终，演员更换了六套服装，但每一次都不缺少白色服饰，尽管是表现其卖身的段落也不例外。连衣裙、短裙、衬衫、内裤、短袖接连以白色呈现，象征着女人一直没有失去过纯洁的内心，没有改变过对W先生的爱。每一束白玫瑰都是女人精心挑选和赠予的，而W先生只是习惯性地接受着别人的礼物，并没有要珍惜打理的意思，纵使玫瑰枯萎，也只有他的仆人会发现。而女人自己对W先生来说也是毫无记忆点的，纵使同处一室，缠绵悱恻，也是陌生的。在女人心灰意冷地离开男人的公寓时，反倒是那个仆人认出了她。观剧到此，悲剧意味已然浓厚。玫瑰适应性较强，对土壤要求不严，在肥沃的中性或微酸性轻壤土中生长良好，开花多。女人的生命意义是围绕W先生而成立的，这也就是她独自生下孩子，拼尽全力为其营造良好环境的原因。花开终有时，当失去绽放的条件时，自然选择了凋落。她的孩子因为传染病死了，他们之间唯一的关联没了，她的爱无处放置了，所以她也死了。"爱过知情重，醉过知酒浓，花开花谢终是空"，一切都流于自然和恬静之中。

(二)人物形象符号之隐性存在

显性的人物形象符号和其他类型的戏剧符号一样，能指都是确定的、唯一的。而隐性的人物形象符号是没有固定形态的，是通过描述性语言、假定性动作、相似性音响等符号类型共同呈现的。它不需要以实物形式出现在舞台上，但始终与故事、人物保持着依存关系，甚至会影响戏剧的发生发展，是隐性的演出角色。

《恋爱的犀牛》中，“黑犀牛”是没有出现在舞台上的，是抽象的，但却深深地影响着戏剧情节的发展。图拉是动物园里面被铁笼囚禁，只被观看而不被理解的黑犀牛，它被赋予了马路在追爱过程中的所有情绪。马路在动物园工作，图拉是他的伙伴，马路把图拉当作倾诉的对象。明明根本不在乎他的时候，马路告诉图拉一个坏消息，那就是动物园不打算给它配一头雌犀牛，原因是它年纪老，怀疑它是否还具备生殖的能力。在此映射的便是，明明喜欢的新鲜感是他所不具有的，他的爱是无力的，是任人宰割的。通过演员有对象感的说话和犀牛发怒时的闷响，所有观众都承认了犀牛图拉的存在，在共时态的演出过程中，观众需要配合戏剧的假定性。

抽象有利于类似生命空间中纵向深入过程中的意义压缩①。在性格上，马路和犀牛是相互影响的。现存犀牛中脾气最坏、攻击性最强的就属黑犀牛了，黑犀牛发起怒来，可以说是“势如破竹”，再加上它们本来视力就差，有时候甚至敢冲撞飞驰的火车。“黄昏是我一天中视力最差的时候，一眼望去满街都是美女，高楼和街道也变幻了通常的形状、像在电影里……”马路对明明的爱在近乎盲目中开始，他是偏执的，和明明一样。这样的爱让他最后对明明进行绑架，对图拉进行屠杀，疯狂无畏的举动像极了黑犀牛。可以说，马路就是社会上的图拉。他只是想选择一次，未曾意料，当世界运转的时候，个人的欲求是微不足道的，他无法获得明明的爱，始终是卑微的、低下的、可悲的。当没有东西可以证明无所顾忌的爱时，只有选择用毁灭爱的方式对爱进行证明。由众人顶起的红布是犀牛图拉在舞台上最具体的表现，红布被塑造成犀牛轮廓般的形状，马路的尖刀致使其倒地。马路走到明明面前，献上了图拉的心和自己，恳求她接受。图拉死了，马路终究是得不到好结局的，他逃脱不掉警察的围堵，他只能唱完那首为明明写的诗。

无论是白玫瑰还是黑犀牛，它们与故事中的人物总有着千丝万缕的相似性，包括外貌、精神、性格、命运等方面，它们的出现是戏剧作为诗的最初体现。找到此物与彼物之间的意指关系，灌注以戏剧的想象力，引发观众的审美思考与联想，构建美的感应场是戏剧创作者的目标和追求。效果是不上台的演员，是戏剧艺术的重要组成部分，而精妙的戏剧符号能引发效果。

① 王政挺．传播：文化与理解．北京：人民出版社，1998：176.

符号是被认为携带意义的感知：意义必用符号才能解释，符号用来解释意义。① 戏剧符号有几大功能：突显人物关系，揭示冲突内涵；调动观众注意力，激发观众想象和思考；疏通交流障碍，提高观演接受效果。纵观孟京辉先锋戏剧符号在传播中的建构和呈现效果，具有以下特点：孟氏先锋戏剧注重形式意义，强调内容与形式的应和。在行动性符号上，具有多声部、重复、夸张、戏拟等特点；在舞台造型符号上，具有假定、说明、象征、写意等特点；在人物形象符号上，又具有极强的自由性和创作力。以多种符号系统共同完成的戏剧传播是具有观赏性和思辨性的。戏剧艺术表意的特点是对象指称尽量少，专注于解释项；外延尽量少，才能让内涵丰富。孟京辉先锋戏剧的力量，正是在符号与符号、能指与所指之间的精心建构中呈现出来的。

参考文献：

[1] [法]于贝斯菲尔德. 戏剧符号学[M]. 宫宝荣译. 北京：中国戏剧出版社，2004.

[2] 袁立本. 演出符号学导论[M]. 北京：中国广播电视出版社，2009.

[3] 赵毅衡. 符号学[M]. 南京：南京大学出版社，2012.

[4] 刘富华，孙维张. 索绪尔与结构主义语言学[M]. 长春：吉林大学出版社，2003.

[5] [美]罗勃·爱德蒙·琼斯. 戏剧性的想象力[M]. 王世信译. 台北：原点出版社，2009.

[6] 魏立新. 做戏：戏剧人说[M]. 北京：文化艺术出版社，2003.

[7] 孙惠柱. 先锋戏剧的成就与局限[M]//南大戏剧论丛(叁). 北京：中华书局，2007.

[8] 陈吉德. 中国当代先锋戏剧研究[D]. 南京：南京大学，2002.

[9] 应文. 孟京辉先锋戏剧艺术探析[D]. 南京：南京艺术学院，2012.

[10] 尹庆一. 从先锋反叛到与大众狂欢——论孟京辉先锋实验戏剧[D]. 上海：上海戏剧学院，2001.

① 赵毅衡. 符号学. 南京：南京大学出版社，2012：1-2.

弹幕亚文化的后现代特征研究

(方格格 中国传媒大学)

摘 要:随着新媒体时代的到来,小众亚文化出现了"民众化"转向,并与主流文化发生碰撞、交融,许多弹幕文化中衍生出的典故已经成为全民讨论的热点话题,这一过程中,本身属于网络小众亚文化的弹幕文化以一种"叛逆"的姿态出现在大众面前,受到广泛关注和认可。

本文通过对弹幕文化的传播模式、受众体验、风格特征三方面的分析,阐述了弹幕文化的后现代主义特征,如狂欢性、娱乐化和虚无性。同时探究了弹幕亚文化与主流文化之间的博弈关系,追溯了弹幕亚文化的后现代主义特性所产生的时代背景以及其传播目的。通过研究,本文主要得出两个结论:一是在亚文化的起源上,反抗性是弹幕文化的基本特征,而权利互换机制是其生命力的保障,只要社会权力结构还存在不公平的现象,弹幕文化的意义就不会消散;二是在亚文化与主流文化之间存在一种博弈关系,弹幕文化在与主流文化的碰撞过程中不断进行自我改造和完善,我们有希望看到一个多元文化并存的社会。

关键词:后现代主义;弹幕文化;主流文化;狂欢;反抗性

一、特征之一:主体性的消解

"主体性"一词,是现代主义的说法,自20世纪60年代西方社会发起的一股针对现代主义的后现代主义反叛潮流后,"主体性"成为划分现代和后现代的重要标准。对于后现代主义而言,最大的意义在于不追求意义,在于其对主体性、思想性、使命感这些精英词汇的反抗,后现代主义要发起一场自由的、平民的狂欢。反观兴起于后现代主义文化背景下的弹幕文化,其最重要的后现代特征也是对主流文化的反抗，集中体现在消解主体、消解意义、消解历史感三个方面。

首先，在消解主体性方面，弹幕具有得天独厚的技术优势，同以往的大众媒介传播模式相比，网络传播的“去中心化”模式打破了信息流的单向性，每一个网民都可以以自己为中心发起一次信息传播，处于传播链末端的受众，通过及时反馈完成了一次次反客为主，创作者的主体性就这样被草根舆论所拆解了。

后现代主义认为主体性必然导致认识局限在主体的创作思维之内，忽视了不同主体之间的交流，不具备兼容性和多元性。因此弹幕文化的兴起，恰恰迎合了民众对话语权的高需求，在这场集体二次创作的派对中，不同的想法在视频页面上碰撞激荡，原作者的声音已经被多元论调所掩盖了。弹幕文化怎样消解了原视频的主体性，本文从传播模式和文化载体两个方面来分析：传播模式上，通过话语权的下放把表达的权利分散给每一个受众，形成百家争鸣的态势。而文化载体上，弹幕文化以吐槽文化、恶搞文化、解构文化为主体，创造了一场对主流文化的审判大会。

（一）权力互换机制

弹幕传播中的权利互换机制，是亚文化反叛性赖以生存的基础，而这样的权利互换，通过传受关系的调转和吐槽行为来实现。弹幕文化的笑点、趣味几乎都来自对主流文化中某些问题的解构和讥讽，亚文化群体通过这样的方式建构群体归属感以及自身认同感。另一方面，也正是在吐槽中，人们发现彼此的观点不谋而合，才会产生“我们是同一类人”的认同。由此发散开来，亚文化圈的边界才得以确立。根据绪论中提到的亚文化发展历史中的“问题解决”理论，弹幕文化产生的初衷是调解社会权力分配不公的状况，因此在传播模式上，弹幕把本属于主流文化的话语权夺回到广大草根民众的手中。

1. 传受关系的互换

在弹幕的传播过程中，不再有特定的传播者和受众的角色定位，每一个参与者，既是传播者，也是受众。

首先，网民发表的弹幕评论从屏幕上飘过，已经成为弹幕视频有价值、有看点的一部分，早期专业弹幕网站的兴旺依靠的是受众自生产能力——即 UGC①，用户通过自己上传视频资源，并自发添加弹幕内容，完成了娱乐效果自生成。弹幕视频中的看点、笑点都是集体二次创作的结晶。

---

① UGC（User-generated Content）指用户生产内容。

为了明晰 UGC 生产模式的概念，本文将其与另外两组类似概念做对比：PGC（Professionally - generated Content）与 OGC（Occupationally - generated Content）。PGC 代表专业生产内容，其重点在于生产者拥有专业的资格和资质。OGC 代表职业生产内容，最大特征内容生产者有报酬，比如门户网站的职业记者。在早期的专业弹幕网站中，由于用户身份的双重性，许多宅文化资深爱好者本身也是内容生产的用户，因此 PGC 和 UGC 这两种生产模式在此处融合。在弹幕技术被引入主流网站之后，UGC、PGC、OGC 之间的界限被彻底消解了（见图 1），因为门户网站的视频内容大多数来源于职业的传统媒体，比如电视台、网络自制剧团队等，再由专业或非专业的用户在此类视频上进行的二次创作。

弹幕文化的翻新速度非常快，UGC 模式下，弹幕用户能够体验到一种权力互换的快感，首先弹幕用户的身份从被动的受众一跃成为极具主动性和创造力的生产者，获得生产者般的快感，其次是掌握了对视频内容的解释权，虽然视频内容本身是不可更改的，但弹幕用户通过弹幕在屏幕上叠加一层文本，将自身意志附着其上，并且这一层弹幕文本往往吸引更多的眼球，获得更多的共鸣。

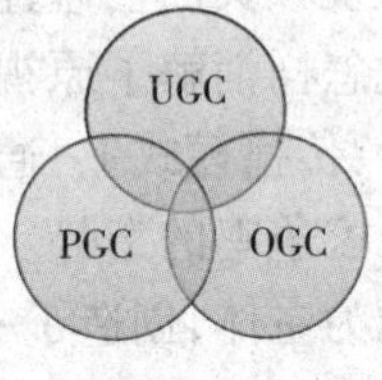

图 1 UGC、PGC、OGC 关系

传受关系互换，导致原视频的主体性消失，人们的注意力不再集中在视频内容上，更加关注的是其他用户对其的评价。同时，原视频创作者的主体身份也被隐去了，他的形象、人格和思想不再是受众想要接近和探索的目标。在传统的大众传媒时代，麦克姆斯和肖曾说：“大众媒介迫使人们将注意力投向特定的问题。它们持续不停地展现客体以暗示大众应该想什么，知道什么和感受什么。”①此刻的创作者显然是作品的主体，他能够控制受众所知所想。然而在弹幕传播模式中，作为“客体”的受众不再安分于这一身份，他们通过发送弹幕覆盖视频内容，使弹幕评论和视频画面合为一体从而产生一个新的影像，而受众也从“客体”成为这一新影像的“主体”创作者中的一员。

其次，对于专业的弹幕网站而言，其用户——UP 主也成为内容的上传者和分享者，UP 主有权利决定网站的用户观看什么内容。从这一角度，UP

① Maxwell McCombs, Donald Shaw. The agenda setting function of mass communication[J]. Public opinion quarterly, 1972.

主群体也成了网站内容的创作者,网站的管理者的主体性在权力下放的过程中逐渐消逝。由于这一原因,专业的弹幕视频网站非常具有凝聚力,作为御宅文化的聚集地,御宅族能够在此掌握主动权并找到归属感,他们为网站的用户自生产力做出了巨大贡献。

2. 解构权威的姿态

弹幕文化最初是以一种反权威、反传统的姿态出现在大众视野的。据调查显示,97%弹幕的使用者在13~30岁,其中19~24岁的使用者占到了总人数的60%①。由此看出弹幕使用人群集中在年轻一代,这一亚文化主体本身的兴起就包含着对父辈文化定式的反抗。

"解构"是后结构主义提出的一种批评方法,现在常用来形容后现代主义对现代主义的反叛。在弹幕文化中,网民的解构方式可以用赫伯迪格提出的"噪音"概念来解释,弹幕用户曲解原视频的意义,制造了自己的意义这一行为就是在生产"噪音"。"噪音"的主要目的是对抗主流文化,比如主角光环这个词,在主人公跳楼、车祸、被绑架等发生任何意外时,屏幕上就会飘过大量的"主角光环开启,不会死"这样的评论,这表明受众对于电视剧的剧情已经有了免疫能力,不再跟随人物惊心动魄的经历而紧张或悲伤,这就是对通俗编剧模式的一种解构。弹幕文化中的解构形式多种多样,本文论述最为普遍的两种形式:恶搞和吐槽。

恶搞文化通常通过对主流视频资料进行二次创作,利用剪辑、配音、拼贴等手段,创作出具有解构性的新作品,常用反复、变声来起到夸张和强调的娱乐效果,具有明显的狂欢特性。比如2015年红遍网络的成龙代言洗发水视频,通篇充斥着突兀的"Duang",同年,Bilibili弹幕视频网站上还出现了一则小米印度发布会的鬼畜视频,创作者将小米科技创始人雷军的一段英文讲话编成了一首歌,并强调他的初衷是"希望雷军好好学英语"。由于不受平台的限制,鬼畜视频的流传范围非常广,是弹幕恶搞极具代表性的形式之一。

而常年飘荡在视频上方的"吐槽评论",则是弹幕文化的另一种表现形式。"吐槽"一词最早出现在日本的一种被称为"漫才"的表演中,这种站台喜剧的表演形式类似于中国的相声,而吐槽在其中的含义根据江浙沪英语网的解释是:"从对方的语言或行为中找到一个漏洞或关键词作为切入点,

---

① 高雪. 抵抗与收编:弹幕亚文化与主流文化的关系研究[D]. 广州:暨南大学硕士学位论文,2015.

发出带有调侃意味的感慨或疑问"①。这样的艺术形式被运用到动漫领域并开始广泛传播。"吐槽"这个词汇经由台湾翻译传入内地以后，近年来发展为一个网络热词，它不仅仅是表示一种行为，"吐槽文化"本身也成为一种亚文化类型，吐槽的含意变得更加广泛。

弹幕文化中的吐槽，主要是指抓住原视频内容中某一个问题或画面，点明其笑点，达到娱乐的效果。这体现的依旧是亚文化对主流文化的反叛、拆台和嘲讽。同时通过吐槽和批评，弹幕受众的个体自恋心理得到满足，也有助于亚文化群体"观赏共同体"的形成，"槽点"相同成为他们辨别同类的重要标准。弹幕的狂欢中，参与者仿佛欣赏了一场完美的自导自演的戏剧，在吐槽中聚焦目光，完成反客为主。吐槽机制可以说是弹幕文化兴起、从小众走向大众的重要功臣。

2014 年 9 月，电影大数据分析平台"idatage 数太奇"公布了一组针对《秦时明月》弹幕电影观众观影行为的研究数据，当在问到是否愿意再次观看弹幕电影时，有 92.6% 的观众表示只要有好片就会一直支持弹幕电影，不过这个"好片"的首要标准却是"能让人有吐槽热情"。

无论是恶搞还是吐槽，重点都在于对主流文化严肃性的解构，通过挖掘细枝末节的笑点，扭曲作者原意来达到反讽和嘲笑的优越感。亚文化群体的参与者正是通过这样的方式达到一种权力的互换，对社会权威价值观发起挑战。但这样的挑战并不是撕裂性的，网友们大多数情况只是在弹幕视频中通过吐槽、恶搞的方式来表达自身的不满，达到情绪宣泄的效果，这样的适度宣泄，对社会矛盾能够起到缓解作用。亚文化和主流文化之间的博弈关系是长久的、相互依存的，可以这么说，只要社会上还存在权力结构不平衡的现象，亚文化的反叛性就不会消失，解构和反讽也不会停止。

（二）主体之间的博弈

主体间性一词由拉康提出，最早出现在 20 世纪西方哲学领域，本意上是指主体与主体之间的统一性，后来被运用到多个领域因而衍生出不同的含意。本文采用其在社会学领域中的内涵：即作为社会主体的人与人之间的关系。

在后现代文化消解主体性的同时，哈贝马斯提出了交往行为理论，他不认为作为现代性核心的主体性在后现代主义文化中销声匿迹了，主体性在此只是发生了某种转换，后现代的主体性不再是以某个个体为中心，而是建

① 沪友 amanda8205. 沪江网－沪江知识库［EB/OL］. http://www.hjenglish.com/q/pl03299/, 2012.

立在“主体间性”之上的主体性①。这一理论同样适用于弹幕文化，当用户通过发送弹幕的方式对作品做出即时反馈时，实际上也是创作者和受众之间的交流过程。两者通过这种实时互动的方式共同完成了一个作品，并且双方各自保有独立性。

弹幕文化的主体性并未完全消失，它不再有确定的某一个主体，而是各方诉求之间的一种博弈与平衡。弹幕形式被引入主流文化后，这一倾向更加明显，比如一部具有崇高思想的历史正剧，网民在观看时则可能发送“女主角的发型好像哪吒”这样的评论，反讽、戏谑、夸张多种手法使视频严肃高尚的原意被消解。受众不再亦步亦趋地跟着创作者的规定路线走，他们更愿意以一种“叛逆”的表演姿态来凸显自身的主体性。创作者和接受者之间的新型关系在质疑和抵抗中建立了。

二、特征之二：狂欢化的仪式

狂欢是弹幕文化重要的后现代风格特征，而风格对于亚文化意义，可以用霍尔等人在《仪式抵抗》一文中的这句话来阐释：“亚文化群体开发了群体内部生活的核心关切、惯例和禁忌一系列社会仪式，依靠它们建立了群体的认同。”由此可见，风格是小众亚文化独树一帜、招贤纳士的标志。关于弹幕文化的狂欢化风格，本文从以下方面具体来阐释。

第一是狂欢的表现形式：视觉，弹幕文化运用文字消除了历史的深度，创造了视觉的平面感。五颜六色的弹幕评论从屏幕上飘过时，视频的原本内容已经不那么重要了，参与者将更多的注意力放在有趣的点评上，并享受着拥有话语权的快感。

第二是狂欢仪式所反映的心理需求：消除孤独感，年轻群体作为弹幕用户的主要构成部分，他们的心理状态值得关注，一方面对父辈文化呈现出反叛的姿态，另一方面自身也感到成长的迷茫、孤独。而弹幕营造的众人观影的虚拟情景，使人有极强的代入感，同时与志趣相投的人相互交流，也让他们加强了自身认同。消除孤独感，成为许多年轻人选择弹幕视频的重要理由。

（一）视觉刺激下平面上的狂欢

小米的联合创始人黎万强曾在《参与感》这本书中提到过自己初次观看弹幕视频的体验：前十五分钟眼睛都是花的，三十分钟后却惊奇地发现自己

① 哈贝马斯．哈贝马斯精粹[M]．曹卫东选译．南京：南京大学出版社，2004：378.

能够将眼前的内容分开来看，想看弹幕的时候看弹幕，想看视频内容的时候看视频。也许正是因为弹幕技术能够最大限度地丰富我们的视觉元素，才使得互联网时代有着海量信息诉求的受众不至于觉得无聊。丹尼尔·贝尔曾在《资本主义文化矛盾》中提出“对于渴望行动、追求新奇、贪图轰动的当代倾向，最能满足这些的莫过于艺术中的视觉成分了”①。在弹幕视频的屏幕上，每分每秒，都有无数新鲜的内容飘过，受众的感知率在此被重新分配，听力的内容少了，而弹幕文字加视频图像的双重视觉刺激让人们将大部分注意力放在眼球。

弹幕文化是一场视觉的狂欢。除去视频内容的千变万化，弹幕符号本身也有许多花样，字体的颜色、大小不同，滚动方式不同，还有大量表情符号和数字符号的穿插。本文截取了在爱奇艺网站上播放的电视连续剧《少帅》中的弹幕屏幕（见图2），给人的视觉体验是：整个屏幕像一幅流动的五彩斑斓的剪贴画。这种最新推出的弹幕表情很受网友欢迎，神态各异卡通表情颜色鲜艳，形状呈正方形，给人巨大的视觉冲击。

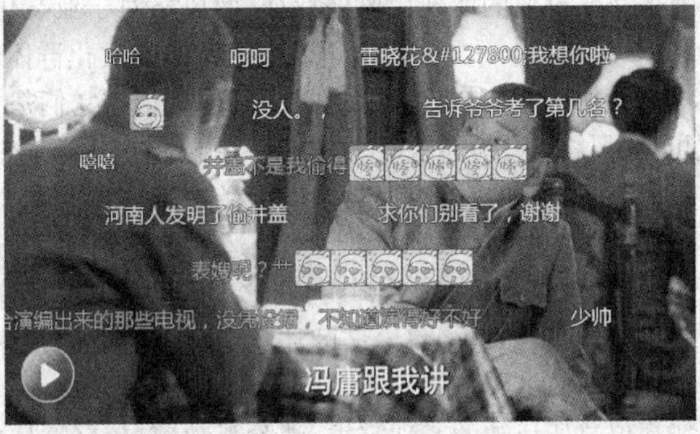

图2 《少帅》27集弹幕截屏

在追求视觉刺激的弹幕评论中，平面感成为其重要的后现代主义特征之一，在这里，传统观影的深度模式被削平，虽然弹幕的即时反馈特性给用户发现话题创造了绝佳的语境，但是这样的语境是碎片化的、视觉化的，譬如针对某一个情节、某一个画面的评论，缺乏历史的深度和宏观的纵向感。弹幕用户更多地享受感官的快感，更少地进行严肃的思考，这使弹幕亚文化的娱乐性特质更加突出。

---

① ［美］丹尼尔·贝尔．资本主义文化矛盾［M］．严蓓雯译．北京：人民出版社，2010：76.

(二)拼贴艺术下距离感的消散

拼贴的手法是弹幕文化更新的重要动力之一,通过借鉴、引用、改写来产生新的句式、新的典故。通过拼贴,不同时间、地点、语境下的内容被巧妙地杂糅在一起,比如文言文和现代流行语、英文和中文等,破解了时空跨度带给人的距离感,历史的纵深感也在大杂烩的融合模式中消散了。

1. 拼贴

拼贴一词源自绘画艺术,后被后现代主义文学借用,用来形容文学作品将各种典故、文体、句法等糅合在一起,产生一部新的作品。在大众媒介兴起之后,电视节目在拼贴手段下形成的大杂烩也曾引起社会广泛的讨论。有观点认为,拼贴艺术是后现代主义的创作核心,其体现了后现代主义对权威的嘲弄、反叛和颠覆。而弹幕文化中的拼贴艺术,可以通过拆字来解读。

拼——随意选取,指弹幕文化中随意选取、改编文本的现象。比如弹幕用户在听到与视频内容不协调的配乐时会评论:"BGM 你又抽风了!"这里的"BGM"指的是"background music",背景音乐的意思。用户习惯于随意地选取对象,表达自己想表达的意思,不受语法规则和语境的约束。

贴——大量复制以及流行文化的内容移植。"贴"的特性首先体现在弹幕中网民喜爱跟风的现象,当一个人发表了获得共鸣的见解时,往往随后的屏幕上方会飘过一大片类似的词语。这是指弹幕文字的重复性,比如在视频开头的部分,由于大多数用户都在加载网络,所以屏幕上通常会出现大量的诸如"卡死了""一秒卡一次"的评论。另外,"贴"还体现在对于流行文化的移植,网友通过对已经耳熟能详的典故的改编,创造新的句式,比如前文中提到的"犯我河南者,井盖虽远必偷",其原文出自西汉陈汤递交给汉元帝的一封上书,用"明犯强汉者,虽远必诛"这句话来表明击退匈奴的决心。只要网民能够想起来,就没有什么内容不可能在弹幕文化中出现。一方面,拼贴象征着弹幕用户在创作方面的自由;另一方面,大量的拼贴复制也造成了距离感的消失。在似曾相识的弹幕文字下,原视频内容的陌生感、独立性已经被消解了。

2. 互文

"互文性"的定义最早是由法国符号学家和文艺批评家朱莉娅·克里斯蒂娃(Julia Kristeva)提出的。在 1969 年出版的《符号学》一书中,她认为互文性是指"任何文本都是由马赛克式的引文拼嵌而成,每个文本都是对其他文本的吸收和转化"①。从字面含义来看,互文即"互为文本",指的是文本内

---

① 朱莉娅·克里斯蒂娃. 符号学:符义分析探索集[M]. 上海:复旦大学出版社,2015:6.

容之间相互引用、参照、牵连的一种关系。而弹幕评论从形成、表现形式到传播方式都具有明显的互文性特征。

弹幕是一种基于原视频内容的二次创作，一方面，视频内容充当了弹幕评论的源文本；另一方面，用户发送的弹幕文字本身也可以转换成第二层的源文本，在视频和吐槽、吐槽和吐槽之间形成多重关系链。除此之外，弹幕文化还非常善于借用其他领域的流行用语以及历史文化典故，与不同时空、语境的其他文本形成一种有趣的互文效应。

对于弹幕互动模式作用机制，我们可以用兰德尔·柯林斯的互动仪式链理论来阐释。柯林斯指出，互动仪式是一个由多种要素共同构成的反馈与关联过程，互动仪式链的形成需要具备四个要素：1. 两个或两个以上的人聚集在同一场所。2. 对局外人设定了界限。3. 人们将注意力集中在共同的对象或活动上。4. 人们分享共同的情绪或情感体验。① 当这四个要素被满足时，参与者会产生群体归属感，并使个人情感能量得到提升，更加积极地在群体中发挥作用。

弹幕视频提供了一个聚集参与者的共同场所。首先，人们在这一平台上同步观看某一部影片，而没有点进这一部影片的网民就被排除在交流语境之外；其次，弹幕视频的视频本身就充当了集中人们注意力的角色；最后，通过弹幕评论的方式，所有参与者都能够零时差地反馈个人情感和体验。正是由于弹幕文化满足了互动仪式链的四大要素，因此用户在体验过程中能够感受到在拥有了共同语境之后，交流变得亲密和轻松，从而产生聊天的兴致，更乐意于在这个公共平台上进行实时互动。

三、特征之三：严肃性的缺席

针对弹幕使用者调查问卷的结果显示，当被问及他们使用弹幕网站的动机时，有 77.27% 的受众认为可以围观和吐槽是他们选择弹幕网站的原因，49.68% 的人认为能够让心情愉悦是他们的使用动机。② 由此可见，弹幕视频吸引受众的重要原因之一是吐槽和围观带来的刺激感、愉悦感。因此，追求网络世界的虚拟又真实的快感成为受众选择弹幕媒介的原因。

（一）以快乐为宗旨

史蒂芬森提出的大众传播游戏理论认为，存在这样一类传播，它的目的

① ［美］兰德尔·柯林斯．互动仪式链［M］．北京：商务印书馆，2009：217.

② 郭磊．我国弹幕视频网站的受众研究［D］．云南：云南大学硕士研究生学位论文，2015.

不是传递信息,而是纯粹地给人带来愉悦感,并且这类作为玩乐的传播特征是"允许人们沉浸于主动地游戏之中"①。玩乐传播必须是高度主观性的传播,信息内容的重复和通俗易懂能够让受众不费力气地理解,使他们获得一种掌握主动权的力量,可以随意解读自己所看到的一切从而感到轻松快乐。在强调受众自生产能力的弹幕文化中,大众传播的游戏理论同样适用。这可以解释为什么用户喜欢在弹幕中发送吐槽文字,吐槽既可以宣泄内心情感,又可以轻易地娱乐大众,其功能与弹幕使用者的动机非常吻合。因此弹幕视频中的受众状态是闲适而放松的,在他们与其他用户之间的交流过程中,信息的交换不再是第一目的,获得快感成为首要目标。文本符号的虚无性恰好是为了满足这一需求而诞生,弹幕文化创造了许多风格化的经典句式,比如弹幕评论中经常出现的"233333"这一串数字代表大笑的意思。"XX 你妈叫你回家种菜",人们在前面加上自己熟悉的人的名字,表达对一个人略带嘲讽的戏弄。我们会发现,在任何弹幕视频中都有几种占主导地位的经典句式,这样的句式经过网友大量的复制、拼贴,形成一种潮流,已经无人深究其内涵到底是什么,人们条件反射性地在弹幕狂欢中复制它们、使用它们以达成群体归属感和情绪的释放。

(二)以闲聊为常态

以"愉悦感"为重要追求的弹幕传播,形成了一种让人感到放松、惬意、无压力的"唠家常"状态。人们规避深奥偏僻的词汇、复杂的思维,尽量采用口语化的表达方式,就好像日常生活中有一搭没一搭的闲聊。为了追求单纯的快感,用户本能地排除深度思考带来的焦虑和吃力,越是肤浅的内容,理解起来越容易,也更能够被其他用户接受。弹幕参与者将鼠标放置在弹幕评论上时,会出现一个"回复此评论"的按钮,按下这个按钮之后输入的内容,是针对原评论的专门回复,但是词条回复也会显示在大屏幕上供所有人观看。参与者通过这样的方式同其他用户进行一对一、一对多、多对一的即时交流。大多数情况下,人们互相回答一些非常琐碎的问题,甚至因此发生分歧和争吵。同样用在爱奇艺播放的电视剧《少帅》中的例子,当大量弹幕用户在刷屏嘲讽河南人时,会有许多人提出自身的反对意见,比如"你们不要再骂河南人了""全国人民都一样"等。这些表达形式非常口语化,由于流动的弹幕评论转瞬即逝,出现得快也消失得快,所以弹幕文化中人们并不追求有理有据的讨论,只需要表达情绪和倾向就足够了。其语言具有口语化、

---

① Stephenson W.. The play theory of mass communication[M]. New Jersey: Transaction Books, 1988: 46-47.

日常化的倾向,出现大量的语气词。

人们在网络世界寻找茶余饭后休闲娱乐般的轻松感,随意地发布所能捕捉到的一切思维的碎片,因而失去了把关人的弹幕屏幕上,诞生了虚无性符号的叠加的潮流。一些符号即使本身并无意义,在被大量复制、转发后也形成了一种特殊的意义。当一个人表达高兴的情绪时,他会在屏幕上打出一长串"哈哈哈哈哈哈哈哈哈",以符号的叠加来表达情绪的强烈。单个的"哈"对于信息的传递也许是没有多大意义的,其他用户顶多知道这一段视频可能很有趣,但是当一个人发了一连串的"哈",而其他用户也跟风排队发出更多的"哈"时,屏幕上出现密集的"哈"的盛况,这一情绪被强调到一个高潮点,形成了一种仪式化的狂欢景象。它所传递的更深层的含意是这个集中在弹幕视频前的虚拟网络团体,具有了一种共同语境下理解上的共鸣,每个参与者都感受到了团体的凝聚力和舆论导向的强大力量。

四、特征之四:历史感的断裂

网络社交平台的普及加剧了青少年思维的碎片化,而弹幕凭借其"即时反馈""多点传播"的特点营造了一场碎片信息的大合唱。舍恩伯格认为:"对于人类而言,遗忘一直是常态,而记忆才是例外,然而由于数字技术与全球网络的发展,这种平衡已经被打破了。"弹幕屏幕上长年累月不间断的刷屏,不断在强调着每时每刻发生着的海量的事件信息。过去或现在、千里之外或近在咫尺,时空被杂糅在一起,让人不知今夕何夕。

(一)碎片化的注意力

弹幕传播导致碎片化的注意力,这似乎非常符合社交媒体时代人们的浅阅读习惯。首先,人们关注的主题变得零散化,原视频的整体内涵被弹幕用户拆解,每个观看者不再拥有一个统一的有创作者规定的主题,而是随着时间的流动不停地被新事物吸引。另外,弹幕用户喜欢针对某一帧图像进行吐槽,视频中人物的一句台词、一个动作都可以成为他们发表评论的契机,观影行为充满断裂感,原视频语境中的深层次蕴含的历史感和社会性被消解了。观看历史剧《少帅》,张歆怡扮演的赵四小姐出场时,弹幕评论的导向主要分为两个阵营:一种是在讨论女演员的相貌,评论"为什么十五岁长得这么成熟啊";另一种在骂河南人,并且想出了押韵的段子,比如"有奖问答　井盖之乡　打一地名""犯我河南者,井盖虽远必偷"等,并且在不间断地复制粘贴。笔者很疑惑,特地去查阅了历史,发现本集的男主角张学良和女主角赵四小姐都不是河南人,而骂河南人这个话题从第一集一直持续到了最后一集。可见弹幕评论有时完全与视频内容和历史背景脱节,纯粹沦为用户们发泄情绪的工具。

(二)循环更新的评论模式

在传统的网络平台中心裂变式的传播机制下,观看者写的评论独立于视频之外,通常是在网页下方的留言区域进行留言,用户通常是在独立、完整地观看了全片之后,把一个视频放置在历史语境下进行分析,站在宏观角度具有整体性的评述。而弹幕视频的传播模式从中心裂变式转变为循环更新式,不断更新的线性流动使评论需要和视频内容保持进度统一,不脱离具体的语境才有看点。因此观影者的关注点往往跟随着时间线不断转换,不断被浅层次的视觉刺激所吸引,无兴趣进行理性的、深度的宏观思考。

同时,不断从屏幕上跃出来的弹幕评论文字,采用夸张的表情、鲜艳的颜色和符号的叠加来吸引观看者的注意力,许多弹幕用户观看弹幕视频的第一需求并不是原视频内容,而是观看大家的"神评论",感受到热闹的、娱乐的观影氛围。在不断刷屏的评论中,原视频情景所营造的虚拟时空感已经不复存在了,同时弹幕参与者也与自身现实时空脱节,沉浸在文字评论和网络流行文化平面、零散、肤浅的虚拟世界中。

五、结语

纵向上,本文从弹幕以及弹幕文化的概念说起,以后现代主义潮流以及Web 2.0时代为背景,试图分析弹幕文化的后现代主义特征表象,并深入探究这一特征产生的原因以及弹幕文化传播的动力。通过分析得出,权利互换机制是弹幕文化葆有生命力的根本动因,此机制运作下表现出来的后现代主义特征以反叛性为共性。追溯文化发展史,后现代主义潮流缘起于对现代主义的反叛,而小众亚文化兴起的重要原因之一也是表达对占统治地位主流文化的不满,弹幕的权利互换机制赋予了草根阶级和年轻群体更多的话语权从而受到追捧。

横向上,本文也对弹幕文化所处的时代背景以及与其他文化分支之间的关系进行了概述,站在后现代主义的宏观角度关照弹幕文化这一青年亚文化分支,以其与主流文化的博弈关系为线索,具体分析了弹幕文化所呈现的三个后现代主义特征:主体性的消解、狂欢化的仪式、娱乐性的本质。本文希望通过有理有据的层层推进,全面地展现弹幕的文化的反叛特征以及意义,为亚文化的归宿和发展做出展望,给当前网络亚文化的研究提供一些参考。

关于弹幕文化的归宿的预测，目前存在商业收编与异化排斥两种说法，笔者认为首先不必纠结于小众文化在与主流文化或商业模式的融合的过程中是否会丧失反叛性这一命题。基于弹幕文化本身并不完善这一前提，与主流文化的碰撞，被商业模式的引进，可以看作亚文化一次自我修正、广泛传播的机遇。通过弹幕电影、电视直播弹幕等多种形式的尝试能够更精确地了解受众需求，不断完善传播机制。同时不同文化圈的用户群体的广泛参与能够给弹幕亚文化带来新的活力，使它不再局限于 AGC 文化的狭窄圈子，而是作为一种观影模式被广泛地接受，创造更大的价值。其次，就当前多元文化并存的社会现状来看，主流文化不具备将亚文化"异类化"并排除在外的可能性。文化融合是小众亚文化发展壮大的必经之路，新鲜血液的融入能够使其保有长久的生命力，保持亚文化的活力才是发展多元文化的动力。

参考文献：

[1] 诸葛达维．互联网时代的弹幕电影分析——基于互动仪式链视角[J]．东南传播，2015，02：28–31.

[2] 彭婷．间离形式与主体间性——弹幕电影的观影模式分析[J]．当代电影，2014：146–149.

[3] 常昕，李庚轩，朱莹．媒介融合视角下的"弹幕"传播[J]．传媒，2015，01：52–54.

[4] 史蓉蓉，张宁．"四元律"理论下的弹幕视频分析[J]．传媒，2015，04：75–77.

[5] 江含雪．传播学视域中的弹幕视频研究[D]．武汉：华中师范大学，2014.

[6] 肖玮颉．从弹幕看群体传播时代传播主体的心理特征[J]．今传媒，2015，08：20–21.

[7] 秦思思，李佳．电视弹幕在媒介融合背景下的传播与监管[J]．中国有线电视，2015，05：642–645.

[8] 王佳琪．基于弹幕视频网站的弹幕文化研究[D]．济南：山东师范大学，2015.

[9] 张聪，常昕，陈颖．浅析"弹幕"对大众传播模式的革新与影响[J]．东南传播，2014，12：12–14.

[10] 付砾乐．试析弹幕视频的视觉修辞特色——以"哔哩哔哩"弹幕

网为例[R]. 北京:第16届韩中教育文化论坛暨第4届世界汉语修辞学会年会论文集,2014.

[11] 郭磊. 我国弹幕视频网站的受众研究[D]. 昆明:云南大学,2015.

[12] 张楠. 巴赫金狂欢理论视域下的弹幕文化[J]. 今传媒,2015,10:121-122.

[13] 肯·格尔德. 伯明翰学派:开创亚文化研究新领域[J]. 子玉,译. 国外理论动态,2013,10:49-52.

[14] 屈一平. 弹幕:亚文化的逆袭[J]. 小康,2015,04:89-91.

[15] 胡疆锋,陆道夫. 抵抗·风格·收编——英国伯明翰学派亚文化理论关键词解读[J]. 文化研究,2014,04:87-92.

[16] 程良友. 论拼贴是后现代主义的创作核心[J]. 安阳师范学院学报,2007,03.

[17] 丁依宁. 受众的表演与想象:弹幕使用族群研究[J]. 新闻春秋,2015,04:87-95.

[18] 张宸语."微"时代,大狂欢——移动传播时代的网络狂欢现象研究[D]. 吉林:吉林大学,2015.

[19] 徐媛. 新媒介青年亚文化:弹幕族文化现象研究[J]. 学理论,2015,03:166-168.

[20] 胡疆锋. 中国当代青年亚文化:表征与透视[J]. 文化研究,2013,14:4-24.

[21] 戴颖洁. 弹幕:狂欢时代的伦理反思[J]. 编辑之友,2016,02:62-64.

[22] 吴君. 抵抗与表演:吐槽文化的传播研究[D]. 兰州:兰州大学,2015.

[23] 马凯文. 弹幕——视频互动的新形式[D]. 南京:南京师范大学,2015.

[24] 高雪. 抵抗与收编:弹幕亚文化与主流文化的关系研究[D]. 广州:暨南大学,2015.

[25] 秦莹. 后现代文化思潮下亚文化群体的文化建构——以国内网络字幕组为例[D]. 太原:山西大学,2012.

[26] 李虹. 论娱乐作为青年亚文化的感觉结构[D]. 苏州:苏州大学,2015.

[27] 魏葳. 视觉文化传播时代观众身份的嬗变[D]. 南京:南京艺术学院,2014.

[28] 范晓杰．文化视野下弹幕网站的流行及发展研究[D]．苏州:苏州大学,2015.

[29] 郝永华．“互文性”理论的后现代文化语境[J]．玉溪师范学院学报,2015(11).

[30] 付伟忠．互文性与后现代主义[J]．安徽文学,2008,10:60-61.

[31] 赵志立．网络文本的“互文”特征及意义[J]．成都大学学报(社科版),2006(05).

[32] 李晶晶．后现代视域中的互文性研究[D]．武汉:湖北大学,2012.

[33] 林洛羽．互文性理论视角下微博吐槽现象研究[D]．西安:西北大学,2015.

[34] 张雪．网络文本传播中的互文性研究[D]．成都:电子科技大学,2007.

[35] 谢梅,何炬,冯宇乐．大众传播游戏理论视角下的弹幕视频研究[J]．广播电视与电影,2014,02:37-40.

[36] 李蓝蓝．弹幕视频的传播学浅析[J]．传播与版权,2015,03:92-03.

[37] 李琳琳．弹幕影像:一场主体消解的狂欢[J]．新闻研究导刊,2015,07(6-14):239-240.

[38] 王颖．对弹幕视频网站受众的主动性分析——以 AcFan 和 Bilibili 为例[J]．新闻研究导刊,2015,01(6-01):54-55.

[39] 陈新儒．反讽时代的符号狂欢:广义叙述学下视域下的网络弹幕文化[J]．符号与传媒,2015,11:60-73.

[40] 邓昕．互动仪式链视角下的弹幕视频解析——以 Bilibili 网为例[J]．新闻界,2015,13:14-19.

[41] [法]朱莉娅·克里斯蒂娃．符号学:符义分析探索集[M]．上海:复旦大学出版社,2015:6.

[42] [美]兰德尔·柯林斯．互动仪式链[M]．北京:商务印书馆,2009.

[43] [德]哈贝马斯．哈贝马斯精粹[M]．曹卫东,选译．南京:南京大学出版社,2004:378.

[44] [英]迪克·赫伯迪格．亚文化:风格的意义[M]．陆道夫,胡疆锋,译．北京:北京大学出版社,2009:16.

[45] Maxwell. McCombs, Donald. Shaw. The Agenda Setting Function of Mass Communication[J]. Public Opinion Quarterly, 1972.

[46] Stephenson. W. The Play Theory of Mass Communication[M]. New Jersey: Transaction Books,1988:46-47.

[47] Nwalozie C J. Rethinking Subculture and Subcultural Theory in the Study of Youth Crime—A Theoretical Discourse[J]. Journal of Theoretical and Philosophical Criminology,2015,7(1):1-16.

[48] Ruihui Han. Commercialization of Chinese Youth Network Subculture and Its Social Effects[J]. Asian Social Science,2014,9(10):234-239.

从工具性功能到仪式性功能：文化遗产的记忆变迁与历史重构

——以寿县古城墙为例

（李静贤　安徽大学）

摘　要：物质文化遗产在现代社会的复兴，是一种脱离原生文化环境而与现代文明相适应的过程，通过对其原始意义和文化传统进行再造形成新的社会记忆，从而服务于它在当下的发展。本文以安徽寿县古城墙的重建与开发为例，对其发展演变进行描述性阐释，探究其从古代御敌和防洪的工具性功能到今天作为历史文化和共同体认知的仪式性功能，人们的记忆发生了怎样的变迁。政府和民众时如何参与再造古城墙新的意义功能等。最后超越个案本身，在这种不同时空的勾连中探究物质文化遗产开发的生成逻辑和历史文明在现代土壤中的再生。

关键词：城墙；记忆；功能；文化遗产；改造

一、引言

建立一个开端的企图，不可避免要回溯一种社会记忆模式。

——保罗·康那顿

在现代化发展进程中，不仅仅是文本信息，许多客观实在的物质景观也具有了文化传播的意义。近年来，全国各地兴起一阵复古之风，传统古村落、古城、古镇纷纷开发，或再造传统，或积极申请文化遗产保护，开发旅游带动当地经济发展。王霄冰说，当日常传统在突飞猛进的现代化浪潮下无所适从时，人们往往借助历史遗址、节日、风俗、传说等文化遗产帮助自身找寻认同，但这一再现的过程往往伴随着社会记忆的改造与重塑。当下的需求对过往的记忆进行着框架性的修正，通过对古遗址的重建与修复、对历史文化的再加工以及重构完成它在现代社会的归属。

笔者的家乡寿县就是这样一个历史悠久并依托于旧日传统和历史积淀谋求发展的古城。作为一座尚未开发成功的历史文化名城①,它的原生性得到较好保存。一方面,传统的社会记忆拥有深厚的底蕴;另一方面,它在现代社会发展中新的记忆正在不断生成。砖瓦斑驳的古城墙,正是人们进入寿县县城看到的第一个触目怀古的景象。据考古资料显示,寿春城始建于楚,旧说"楚地三重"即廓城、相城、金城合为一体,"其周绵延曲折三十余里"。今城系宋熙宁年间重建,嘉定年间续修,石基砖砌,形方角圆,"周十三里有奇"②。城墙设有四个城门,东为宾阳,南为通淝,西为定湖,北为靖淮,其中三面内壁上都刻有根据古代传说和历史故事描绘的石画。整个城墙不仅历时悠久,其中的典故和精神内核更是蕴藏着丰厚的文化价值。寿县,襟江而扼淮,千百年来一直是兵家争夺的军事重镇。因此,历代对其城垣修筑颇为讲究,屡毁屡建,日益坚固。寿春镇县城就处在由城墙包裹的围城里,大部分居民就生活于此。

笔者选取古城墙这一物质景观,将它作为承载历史文化的客观载体,通过它从古至今的功能转变和社会记忆的更迭,透视整个文化遗产在脱离发源环境的现代空间,如何注入新的内核并逐渐在人们的记忆中完成形象的变迁。

二、记忆理论溯源

保罗·康那顿说,"所有开头都包含回忆的因素"。记忆是人们与生俱来的机能和体验,人们通过记忆能够跨越时间,穿越回过去的情境,也能够通过记忆搭建沟通的桥梁与他人形成认同。自哈布瓦赫将记忆研究从早期的心理学、精神分析学领域引入社会学领域之后,记忆研究新世界的大门便被打开,"集体记忆""社会记忆""文化记忆""历史记忆"等诸多领域开始汲取记忆理论的养分进行自我完善和发展。

(一)哈布瓦赫:集体记忆理论

法国社会学家莫里斯·哈布瓦赫被认为是社会记忆理论的开创者,他最早提出"集体记忆"的概念。与传统对记忆的研究仅限在个人的精神与心

---

① 1986年12月,国务院批准寿县城为国家历史文化名城,它是安徽省最早入选国家历史文化名城的三座城市之一。2004年,寿县古城墙被国务院批准为第四批全国重点文物保护单位。

② 寿县地方志编纂委员会. 寿县志. 黄山书社,1996,P10.

理层面不同，哈布瓦赫将个人记忆放置于外在社会的框架之中。集体记忆又称群体记忆，哈布瓦赫将其定义为“一个特定社会群体之成员共享往事的过程和结果，保证集体记忆传承的条件是社会交往及群体意识需要提取该记忆的延续性”①。哈布瓦赫强调“当下性”与“社会建构性”是“集体记忆”的两个重要特征。每个人对过去的记忆可能不尽相同，但人们在记忆唤起时，都会受到当下社会框架的制约。于是，人们在不同的社会环境中，会根据时代的主题、个人的需求、意识形态的灌输等，对记忆进行修正和重构。

（二）保罗·康那顿：社会记忆理论

康那顿用社会记忆取代了集体记忆的概念。和哈布瓦赫相比，他更多地关注了社会记忆的传递性与连续性，着重强调了个人记忆的社会性特质，即社会记忆是如何产生、如何传递的。康那顿提到，社会记忆是为支持现存社会秩序合法化而存在的。被选择作为社会记忆内容的部分就是建立在这种权力关系的基础之上的，这就意味着，一旦时间、场合与社会情境发生了变化，那么，被选作社会记忆内容的部分也就会发生相应的变化，这即是他所说的权力关系决定社会记忆。可见在记忆的传递与分享中，渗透着福柯“话语权力”的影响。

（三）阿斯曼夫妇：文化记忆理论

20世纪80年代，扬·阿斯曼和阿莱达·阿斯曼夫妇正式提出了以客观的物质文化符号为载体、以超越日常生活的距离为特点的文化记忆理论，从而开辟了透过文化记忆来考察历史变迁与社会变动的新视角与新途径。在扬·阿斯曼看来，文化记忆最为重要的内容包括涉及一个民族、国家等的创始神话和奠基史，它们对相关机构或群体的延续起到定型性和规范性的作用。它带有明确的政治和意识形态色彩。对于文化记忆来说，重要的不是有据可查的历史，而只是被回忆的历史。阿斯曼夫妇的理论创新在于，除了社会交往之外，把文化这一指标纳入记忆的考察范畴之内并觉察到过去对当下记忆产生的影响。

记忆理论传入中国后，社会学、人类学、历史学等领域的专家学者等利用这一理论展开相关研究。他们多是依托于哈布瓦赫和阿斯曼的理论内核，结合话语理论或人类学等相关理论，立足国内本土问题进行现实解读或意义的再建构。周海燕的《记忆的政治》、景军的《神堂记忆》、台湾学者王明珂的《华夏边缘：历史记忆与族群认同》等都是这一代表。但相对来说，记忆

---

① 莫里斯·哈布瓦赫．论集体记忆．毕然，郭金华，译．上海人民出版社，2002，P335.

理论在当下中国的运用尚未达到成熟阶段，目前还比较边缘化。笔者之所以选用记忆理论论证物质文化遗产的发展，是在当下重唤传统的背景下一种研究尝试，文化遗产在跨越历史长河时如何在新的社会背景下生存并得到认可，与其中社会记忆的变化密不可分。

三、两重记忆：城墙的古与今

（一）发挥实用功能的工具性城墙

1. 金城汤池：御敌城外的战略要地

据《寿州志》称，“寿州当长淮之冲，东据淮河，西据淠颖，襟江而带河……南人得之，则中原失其屏障；北人得之，则江南失去咽喉……故楚人既尽大江以南，欲窥中原，逐迁都于是，以为进取之资。汉魏扬州之治，皆取于兹，以均南北之势”。由于背山临江的特殊地理位置，寿县城在古代是各路兵家争夺的战略要地。所有者都十分重视对这片土地的保护。御敌于城外，便是古城墙服务于军事需要的首要功能。

正如前文提及，城墙始建于楚，宋金时期，为抵御金兵南下，宋神宗熙宁年间（1068）重筑城，中经哲宗、徽宗、钦宗、高宗、孝宗至宁宗嘉定年间（1224）建康都统许俊终完成浩大的建筑工程。[①] 至此，城墙的风貌得以呈现，今城内仍可见到印有“建康都统许俊”字样的墙砖。

寿县城墙设有“宾阳”“通淝”“定湖”“靖淮”四个城门，每门均有云梯与城内联通。各城门外驻有瓮城，也称“月城”，是古代驻兵的地方，取“瓮中捉鳖”之意。即使敌人攻破城门的防守，进入瓮城内仍可被城楼上的守军临高挟制，两门皆关则能将孤立无援的敌军一网打尽。可见，城墙的建造形态是出于军事防御需要。各瓮城及城门有外层护铁的木质巨门，门内两侧凿有杠槽，后置闸槽。这样，古城墙以瓮城、城门、护城河、敌楼、警铺以及城垛组成一个完整的防御体系，因此古称寿春城是“金城汤池”。[②]

随着朝代的更替和不同势力集团的地域争夺，城墙在漫漫历史进程中经历了硝烟，见证了战乱，历经反复的破损和重修，承担着保护城内百姓的军事效用。拥有话语权力的当朝者通过历史书写传递着城墙作为战略要地的记忆，而普通民众则在战争的亲身经历中获得这种记忆并通过代际的口

---

① 徐家久．寿县古城墙溯源．

② 寿县古城墙．寿县政府网．http://www.shouxian.gov.cn/content/detail/578f2eb4592c207658383b4c.html.

述史巩固这种记忆。文本记忆弥补并修正着眼于个体生命长河的经验记忆，如此，城墙作为防御性工具的表征便印刻于古代社会的整个记忆体系之中。城墙上残破的断垣和斑驳的墙体似是在无声诉说着一切。这种可视化的遗迹如今也被作为一种勾连记忆的文本，本身也被赋予古老的意义，甚至成为一种超越文本记忆偏向性的客观符号表征而存在。

2. 崇墉障流：防洪排涝的精巧屏障

除却御敌城外的军事作用，古城墙的另一个重要作用便是防洪。县城两面环水，地势低平，每遇大雨，则易遭受洪水侵袭。寿县从西汉文帝二年（前178）至1987年的2165年中，有史志记载的灾害379次，其中水灾184次，占总灾害的48.6%。由于县城位于淮淝交汇处，洪水决城、毁城、淹城在历史记载中达到10次。明永乐七年（1409）至正统元年（1436）的27年间，决、毁城就达4次。[①]

由于客观环境的限制，历来当任者十分重视对水患的防御和治理。城墙形态的完善，伴随着防涝泄洪的经验和需求不断成型。数百年间，每逢水患，必修城堤。嘉靖十七年，御史杨瞻率知州钱雍熙、州同吴邦相、指挥张官、刘庆佑创建护城御水石岸。万历元年，知州杨涧修涵洞。万历四年，知州郑琉增培土城。乾隆十二年，知州刘焕重修，并修涵洞创建月坝……[②]这种设置在城市水系中具有治水的功能，人们可自由启闭闸门，既可以防止城内积水成涝，又可以抵御城外洪水倒灌。

抗击洪水侵袭，维护地方平安，是官民协同、目标一致的共同愿景。在这一过程中，官方和民间两个阶层的身份界限被“寿州人”这一更广大的群体内涵所包容。与此同时，拥有地缘关系的乡民们也在共同防御洪水、修葺城墙、保卫家园的行为参与中形成共同体意识，群体的身份得到巩固。根据哈布瓦赫的观点，人们正是在社会活动之中才获得记忆，之后经过与拥有相同经历的人的社会交往，被另外一些记忆唤起或重建自己的记忆。在他看来，如果没有社会交往这一环节，个人的记忆终将淡化或遗忘，共同的集体记忆也就无法达到凝聚社会共同体的作用。关于城墙的记忆里，正是通过士绅阶层的历史书写以及乡民阶层的个体记忆和交互，才共同构筑成为城墙“崇墉障流”[③]的记忆形象。

---

① 寿县地方志编纂委员会．寿县志．黄山书社，1996，P85.

② （清）光绪．寿州志．P151-161.

③ “崇墉障流”（吴中钱禄曾题）、“金汤巩固”（莘庵彭城孙题）分别为涵洞上的楷书石刻。

（二）塑造文化形象的仪式性城墙

1. 典故丛生：墙壁石刻的文化意义

如前文所述，寿县古城墙于东、南、西三个城门内壁刻有石画，其中，东门内北壁刻有“人心不足蛇吞象”和“凤凰落毛不如鸡”的典故；南门瓮城内东壁紧贴门后刻有一石人像，谓之曰“门里人”；西门石刻鼓与锣，反映“当面锣对面鼓”的说法。今人到城墙旅游观赏，当地导游除了会介绍城墙的建成年代与历史作用，还会向游客介绍墙壁上的石刻画，将其中的典故和神话故事进行解读，进行文化意义的输出。“人心不足蛇吞象”出自《山海经·海内南经》，“巴蛇食象，三岁而出其骨”，比喻人贪心不足，就像蛇想吞食大象一样，是一句劝世名言。“凤凰落地不如鸡”是一句俗语，形容不在其位就受人冷落，体现世事苍凉。“门里人”取之战国李园藏刺客于寿春荆门，刺死春申君黄歇的故事。“当面鼓对面锣”则是当地谚语，意为有话当面讲，说话要算数。几个故事背后的文化记忆并不囿于特定的时代背景和社会形态，不仅在古代适用，在现代化的今天同样拥有普遍意义。因而在旅游宣传中，这种文化传统得到继承并增添地方文化的厚重之感。

另一方面，隐性的文化意涵附着于城墙这一物态化的实体形态上，成为游离于文本记忆之外的文化组成部分。卡西尔在《人论》中总结，在印刷文化生成之前，人类早已通过其他形式尝试组织自己的情感、愿望和思想，这样一些组织化和系统化的工作包含在语言、神话、宗教以及艺术的创造和积累中。[①] 从这种具有超凡意识的神话故事以及根据历史典故而总结的民间谚语之中，当代人可以遥望先前的人类文明，并通过城墙这一个千百年来不变的物质载体对传统文化进行跨时空的感知。

其次，地缘性要素尤其作为地方文化的代表而被放大。在城壁上记载的典故中，发源于当地的故事具有强烈的构建地域形象的色彩。从战国四公子之一博学善辩的春申君，到言行合一、廉洁奉公的知县，这种具有传统美德、流传至今的人物故事是寿县树立对外形象的一面文化旗帜。将他们作为崇高的精神代表进行宣传也是当地人寻求群体意义与进行身份标榜的方式。

2. 旅游名片：作为物质遗产的古城墙

2011 年 4 月，寿县古城墙与江苏南京、陕西西安、浙江临海、湖北荆州等八处明清城墙被打包列入《中国世界文化遗产预备名单》，河南开封、广东肇庆、福建长汀等地也已加入城墙联合申遗项目。寿县古城墙正式列入更新

① 卡西尔．人论．甘阳，译．上海译文出版社，2004，P90.

的《中国世界文化遗产预备名单》。[①] 2013年6月8日，寿县文物局在新公布的第七批全国重点文物保护单位"寿县孔庙"院内举办了"中国明清古城墙"8座城市申遗联展。2014年，寿县政府网发布信息称寿县古城墙冲刺申报国家考古遗址公园……可见，在现代话语体系中，城墙的文化意义被行政权力通过程序化保护进行强调。

世界遗产是一个从国外引进的保护体系，是目前世界上价值最为突出、得到普遍认同和受到严格保护的对象，我国从20世纪80年代后开始接受并迅速普及此种体系，并在2000年前后形成了"申遗热"。[②] 进行申遗活动，一方面是通过对其合法地位的确认进行更好的保护，另一方面也是利用"世界文化遗产"的权威性扩大宣传效用。申请物质文化遗产，进行旅游资源开发，是依托于城墙历史文化进行经济建设的现代化诉求。

当古城墙作为一种世界文化遗产而存在于公共空间时，城墙本身便作为现代文化景观的一种形式存在于当下社会，与现实的日常融为一体。也就是说，申遗活动连接了城墙过去的历时性存在和现实文化复兴的符号性存在，完成了传统与现实的融合。

四、变亦不变：城墙记忆的留存与改造

（一）传统的加固：记忆之所的留驻

在现代化社会突飞猛进地迈向后现代主义之时，人们越来越感到茫然和无所依从。为了确定身份认同，重拾共同体的想象，人们将目光从眼下投射到过去。遗产便在这个时候受到广泛追捧。对遗产的追忆和怀古需要靠物质形态来承载，因此，人们进行记忆唤起的首先条件是对其实体空间的留存和保护。

1. 空间记忆留存与风貌完善

为加强寿县古城墙的保护和管理，充分发挥古城墙的综合效益，政府采取了一系列行之有效的举措办法，尽可能将寿县城墙的外在形态予以完好保留。1986年县政府恢复了东门宾阳城楼，随后又恢复了北门靖淮城楼，斥资1000万元依照原形式恢复西门、瓮城及城楼，使城墙形制与古代相同；制

---

① 2012年11月17日，国家文物局公布：兴城城墙（辽宁省兴城市）、南京城墙（江苏省南京市）、临海台州府城墙（浙江省临海市）、寿县城墙（安徽省寿县）、凤阳明中都皇城城墙（安徽省凤阳县）、荆州城墙（湖北省荆州市）、襄阳城墙（湖北省襄阳市）、西安城墙（陕西省西安市）以"中国明清城墙"名义列入更新的《中国世界文化遗产预备名单》。

② 李茉．城市历史文化街区的保护与再生．

定出台《寿县古城墙保护管理办法》,严把古城墙维修工程质量关,在古城墙基础设施、古排水涵整修整治、防洪墙维修、雉堞复建、城门城楼城台防渗维修、护城河整治等举措下,城墙形态被完好保存。

修复过程坚持保真性原则,尊重城墙的原始面貌,现代技术的运用只是作为一种工具手段作用其间,并不会覆盖原始的设计理念和审美。这也是符合我国古建筑保护一直遵守的修旧如旧的原则。因而,城墙客体具有很大程度的真实性。空间记忆的留存使城墙的历史记忆得以最大程度地还原,有利于后世对过去的情感想象和记忆投射。

2. 防洪作用的记忆延续

诚如前文所述,寿县地处淮河与南淝河交接处,县城地势低洼,极易积水。自中华人民共和国成立后到 1987 年,涝灾几乎 2 年一遇,中涝 3 至 4 年一遇,大涝约 5 年一遇①,在夏季雨水多发期整个县城常常受到洪水的威胁。虽历史发展到今天,科技进步迅猛,城市发展日益成熟,但因地理环境带来的限制仍未解除。1991 年,寿县遇到了百年不遇的特大洪涝灾害,寿县古城被水围困达 3 个月之久。至今在东城墙外壁还有一块刻有"公元 1991 年最高水位线:海拔 24. 46 米"字样的牌匾。在寿县政府网页面上,可以看到对 1991 年洪水这样的总结:由于城墙独具的防洪功能和抢险的及时,大水在围城 50 余天后退去。这里,城墙作为防洪效用的存在在现代社会再次发挥重要的作用。如今 20 多年过去了,再没发生过那种程度的大水,但在人们心中,只要城墙不受威胁,寿县城就保得住。在经过漫长的历史发展之后,城墙的防洪记忆在一次又一次经验性的实际效用之后在日常生活中被保留下来,并与当代人的个体记忆相融合。

(二)记忆的弥散:古文化在现代社会的重构

1."规划"的历史文本:行政权力的开发

在城墙今天的发展中,县政府的宣传规划在其中起到举足轻重的作用。一方面,作为地方权力的代表,政府部门是进行申遗活动的行为主体。同时,政府为开发旅游拉动地区经济增长,又进行着一系列与时俱进的活动,对城墙本身的记忆进行开发性创造。

2009 年,寿县政府启动全民健康生活方式行动暨"千人走城墙万米健身行"活动,采取市民喜闻乐见的方式,全面普及群众健康知识和技能,让全县人民积极参与到全民健康生活方式行动中来,形成全面健康生活、和谐生活的良好社会氛围。同时,这一活动旨在通过日常化的活动,让城区市民增强

① 寿县地方志编纂委员会. 寿县志. 黄山书社,1996,P85.

对城墙的认识和了解,感受古城新貌,增强群体认同感。这是官方权力介入开发古城墙现代意义的一个典型。为了迎合移动互联时代游客的旅游方式,县政府还利用微信公众号开启“智慧旅游”。游客只要扫一扫城门的二维码,就可以获知城门的简介。这种方式把各个景点的介绍通过语音来植入手机微信的客户端,让广大游客体验新技术条件下对历史遗址的现代化旅游方式,是赋予城墙新生文明的一个尝试。

通过政府组织对城墙旧有的记忆内容进行再造和完善,将城墙变为一种带有展演功效的工具,是传统文化在脱离原生环境的另一社会环境里继续生存的适应性策略。

2. 日常的乡情表征:民众的群体归属

对于广大居民来说,城墙的存在已经与现代生活日常融为一体,具体体现在城墙作为休闲散步的空间场所。据笔者调查,寿县城内没有面积较大的公园、广场等适合群体性社会活动的场所,仅有一处近 3 万平方米的春申广场,远不能满足城区 10 万余人的业余社会需求生活。因此,周长 7. 1 公里且环境优良的城墙,被选为最适宜散步的地点。每到夏天的清晨和傍晚,居民们经常结伴于城墙上漫步。在行走的过程中同时伴有人际交流,意义在这里得到生成,城墙在这里成为人与人、人与空间交流的物质载体。

对于许多在异乡的外出者而言,城墙作为家乡最醒目的标志,通常伴随着怀乡之情与强烈的群体归属感。在笔者加入的多个老乡群里(包括 QQ 群和微信群),人们会经常分享拍摄的城墙夜景、雪景等照片,这是远离家乡的人们对遥远故乡表达怀念的方式。人们在网络的虚拟空间,通过线上的交流与图像语言的生成,强化大家同源同地的归属感,从而在他乡依然与故土保持情缘上的联系。此外,还有许多居民选择在朋友圈发布关于城墙的旅游信息,借以宣传家乡文化。网络节点上的个人,通过自身的关系传播将城墙这一物质形态作为地域文化的符号化代表,在传播社交网络的传播圈扩大城墙的传播效应。

五、结语

“在传统社会向现代社会过渡的过程中,人们试图寻找到一种方式,来弥补在过去和现在、经验(历史)和期望(记忆)之间所产生的巨大间距。人们把留住过去的期望寄托在各种遗留物上,并对此加以恢复和重构。”①由于

① Nora P. Erinnerungsorte Frankreichs. München: C H Beck, 2005.

后现代主义思潮的影响和网络化时代的特征，人们的个体记忆变得零碎而有限，我们对于我们是谁以及我们从哪里来这样的终极问题认知模糊，往往需要从历史的长河中找寻存在的意义。历史遗产正是我们通往过去、审视当下、展望未来的一个途径。

文化遗产已经失去了原来的社会背景和文化体系，而且在社会功能上也发生了变化。这种孤立的文化元素的复兴，是不可能完全把我们带回过去的历史当中的；它最多只能通过一些在特定的场所与场合的表演性行为，来激活共同体成员的文化记忆。只有将镌刻在其中的文化意义进行现实性再造，才能使其在今天拥有继续存在的合理性。当传统已经成为日常化生活时，共同体的重造便在其间悠然展开，意义也完成了在新文化场域的流变。

参考文献：

[1] (清)光绪. 寿州志[Z].

[2] 寿县地方志编纂委员会. 寿县志[M]. 合肥:黄山书社,1996.

[3] 王霄冰. 礼贤城隍庙:地方历史与区域文化的"记忆之所"[J]. 温州大学学报,2009,9.

[4] 连连. 历史变迁中的文化记忆[J]. 江海学刊,2012,7.

[5] 张意. 非物质文化遗产与历史记忆的重述[J]. 文化遗产研究,2011,9.

[6] 王明远. 台儿庄古城的重建:记忆重构、公共记忆与国家话语[J]. 民俗研究,2016,1.

[7] 程振翼. 文化遗产与记忆理论:对文化遗产研究的方法论思考[J]. 广西社会科学,2014,2.

[8] 宋峰,熊忻凯. 国家遗产·集体记忆·文化认同[J]. 中国园林,2012,11.

[9] 高利华. 古老而鲜活的地域文化记忆——论绍兴的非物质文化遗产[J]. 绍兴文理学院学报,2008,11.

[10] 莫里斯·哈布瓦赫. 论集体记忆[M]. 毕然,郭金华,译. 上海:上海人民出版社,2002.

[11] 扬·阿斯曼. 文化记忆:早期高级文化中的文字、回忆和政治身份[M]. 金寿福,黄晓晨,译. 北京:北京大学出版社,2015.

[12] 景军. 神堂记忆:一个中国乡村的历史、权力与道德[M]. 福州:福建教育出版社,2013.

[13] 阿莱达·阿斯曼. 回忆空间:文化记忆的形式和变迁[M]. 北京:北京大学出版社,2016.

[14] 周海燕. 记忆的政治:大生产运动再发现[D]. 南京:南京大学,2012.

[15] 谭晓静. 文化失忆与记忆重构——海南黄道婆文化解读[D]. 武汉:中南民族大学,2011.

[16] 李茉. 城市历史文化街区的保护与再生——以大连地区春满街历史文化街区为例[D]. 大连:大连理工大学,2009.

[17] 黄云峰. 寿县古城研究[D]. 泉州:华侨大学,2006.

少数族群的新媒体接触与族群交往研究

——基于彭水苗族土家族自治县的田野调查

（刘　行　南京大学）

摘　要：彭水苗族土家族自治县是重庆市下辖的少数民族自治县，坐落于渝东南武陵山区，地理环境复杂，经济发展较为滞后，境内有汉族、苗族、土家族等十二个民族。选取彭水县作为此次少数族群的新媒体接触研究地点，研究其境内以苗族、土家族为代表的少数族群的新媒体使用习惯，有助于了解西部地区少数族群的新媒体接触情况。通过在当地乡镇发放调查问卷，进行深度访谈，了解当地少数族群的新媒体使用习惯，收集整理一手资料，并进行数据分析，分析当地少数族群的新媒体接触渠道和接触内容，并就新媒体接触与族群交往问题进行探析。

关键词：彭水；少数族群；新媒体；族群交流

一、绪论

（一）选题来源及意义

我国是一个幅员辽阔的多民族国家，五十六个民族以“大杂居，小聚居”的特点分布在全国各地。随着社会的快速发展，新媒体成为社会信息主流传播工具的趋势越来越明显，了解少数族群的新媒体接触情况，将有利于促进民族和谐，推进国家的基层治理体系的现代化。作为一名少数民族（苗）大学生，我将以自己所学，结合在生于斯长于斯的故乡重庆市彭水苗族土家族自治县的调研，探析当地以苗族、土家族为主的少数族群新媒体接触情况，了解新媒体接触与族群交往之间的惯性。

（二）研究现状综述

根据笔者收集整理的资料，目前学界普遍赞同在民族研究中运用“族群”概念①，故本文中少数族群指重庆市彭水苗族土家族自治县中除汉族之外的其他民族。目前在学界较为关注少数族群的民族文化如何通过新媒体进行传播，探索新媒介环境下少数民族文化的传播渠道和途径，同时一些学者也在关注如何通过新媒介对少数民族传统文化进行“修补”，以期更好地让民族文化传承发扬。

有学者认为新媒体时代的到来为少数民族文化传播带来机遇的同时，也带来了困境与挑战。新媒体拓宽了少数民族文化传播渠道，打破了传播的时空限制，为少数民族文化传播赢得了更多话语权，有利于少数民族文化的保护与传承。与此同时，传播弱势地位明显、传播功利化娱乐化与同质化形式化、地区发展不平衡、资金人才缺乏形成少数民族文化传播困境。加大投资、培养人才、加强监管、构建多元传播机制、缩小各民族与区域差距、保护与开发相结合的产业化是少数民族文化传播在新媒体时代的出路②。

也有学者以特定的民族村落为研究对象，用民族志的方法呈现村民的社会生活变迁及新媒介接触经验，讨论大众媒介在帮助少数民族“抵御”现代化冲击波中发挥的“文化修补”作用。正如以往许多研究中提到的那样，大众媒介加速了移民的现代化进程，而笔者发现，另一方面，产生了文化自觉的移民利用新媒介对本族群的传统文化进行了“修补”，通过大众媒介空间对断裂的传统文化进行再发现。而大众媒介充当了“文化修补”的工具，通过记录和再现使得传统文化得以存续，整合各个亚文化群体的文化，弥补了在世代相传和现代化进程中逐渐遗失、断裂的文化，一定程度上修补着整个少数民族族群的文化系统③。

21世纪伊始，以网络为代表的新媒体在信息传播领域对传统媒体发起了咄咄逼人的进攻，各传统媒体纷纷采取必要的措施积极应对挑战。对于起步相对较晚的少数民族传统媒体，要尽快适应、融合并发展新媒体，就无异于是一次艰难的蜕变。且由于各种内外因素，其蜕变过程比之内地其他

① 罗柳宁．族群研究综述［J］．西南民族大学学报（人文社科版），2004(04)．

② 李达．新媒体时代少数民族文化传播的困境与策略［J］．湖北民族学院学报（哲学社会科学版），2015(02)．

③ 张瑞倩．电视对少数民族传统文化的“修补”——以青海“长江源村”藏族生态移民为例［J］．新闻与传播研究，2009(01)．

传统媒体也更加艰难①。

有学者认为在我国以网络媒体、手机媒体等为代表的新媒体的快速发展和应用，使得文化的存在形态、功能和传播渠道发生了史无前例的变化，尤其是对我国少数民族丰富的传统文化及其建设带来了巨大的危机和挑战。但与此同时，新媒体技术的发展对该区民族文化的传播也带来了机遇，为特定少数民族区域的民族文化的传播提供了崭新的平台。选择具有民族文化特色的少数民族试验区为个案，探讨新媒体时代民族文化的传播及新媒体平台的建构，具有重要意义②。

目前，有学者对国内部分区域的少数族群的新媒体使用情况进行了调查研究，包括陈丽芳对黔中少数民族地区网络媒体使用情况调查、卢思蕊以新宾满族自治县为例对少数民族地区新媒体使用现状调查研究、李卓谦以乌鲁木齐天山区为例对新疆少数民族聚居区城市受众接触本地主流媒体情况研究等。在这些调查中，我们可以在一定程度上了解我国不同区域内的少数族群的新媒体接触研究，但由于其发表刊物版面有限，研究人员无法全面深入地了解少数族群的新媒体使用情况。

(三)研究目的与方法

目前，西部地区高校力量相对薄弱，针对西部地区的新媒体接触研究较少。同时学界相对更为关注如何运用新媒体来进行少数民族的文化传播。在翻阅了大量相关的前期研究成果后发现，目前还没有以西部地区特定县域为例的新媒体接触调查研究这一现象，笔者希望通过此次调查，能够以彭水县为例进行深入研究，对少数族群的新媒体接触以及使用情况进行调研，进而考察新媒体传播在当下少数族群生活中所扮演的角色以及可能对少数族群文化传播、族群身份认同以及族群之间的人际交往所产生的影响。同时，关注少数民族地区网络媒体使用状况，提高信息发布和传播效率，对于改善传播环境、构建和谐社会、进一步促进民族发展具有一定的现实意义。

本文基于重庆市彭水苗族土家族自治县的少数族群的民族志调查，深入观察了解少数族群的日常生活并参与其中，通过大量的访谈和问卷调查，试图描绘新媒介对少数族群民族文化传播、人际关系网络等方面的影响，旨在找出少数族群与新媒介的关系，探讨新媒介在少数族群日常生活中所扮演的角色。

1. 个案研究

以重庆市彭水苗族土家族自治县苗族和土家族为主的少数族群群体为

---

① 白润生，丁艳丽．我国少数民族新媒体建设的困境与出路[J]．浙江传媒学院学报，2011(03).

② 杨光宗，龙亚莉．建构传播少数民族文化新媒体平台的思考——以武陵民族地区为例[J]．中南民族大学学报(人文社会科学版)，2012(04).

研究对象，通过这一群体的个案分析，探讨少数族群与新媒介的关系。

2. 定量研究

通过问卷调查，定量分析当地少数族群的新媒介使用情况。

3. 质化研究

通过深入当地少数族群，运用民族志的方法，观察、参与及访谈，试图描绘新媒介对少数族群民族文化传播、族群交往等方面的影响，旨在找出少数族群与新媒介的关系，探讨新媒介在少数族群日常生活中所扮演的角色。

（四）田野调查

1. 田野地点

重庆市彭水苗族土家族自治县是全国155个民族自治地方中的120个自治县（旗）之一，地处西部欠发达地区，既是国家级贫困县，也是少数民族地区，有汉族、苗族、土家族、蒙古族、侗族等12个民族聚居于此。根据《重庆市彭水县2010年第六次全国人口普查主要数据公报》，彭水县常住人口中，汉族人口为251560人，占总人口的46.15%；各少数民族人口为293534人，占总人口的53.85%。由于彭水县特殊的地理位置和族群构成，有利于通过了解聚居于此的少数族群新媒体接触情况，窥一斑而见全豹，了解西部地区少数民族自治地方少数族群的新媒体接触的相关情况，为推动当地社会的基层治理现代化提供决策依据。

彭水县社会经济发展较为落后，但是近年来兴建了大量基层设施，正大力发展旅游经济。汉葭街道位于彭水县西南部，为县城所在地，属于经济发达地区。靛水街道位于彭水县西南部，距县城15公里，正在修建彭水县新城区，经济正快速发展，属于经济发展较为发达地区。润溪乡位于彭水县西南部，距县城50公里，属于全县经济发展中等水平。大垭乡位于彭水县西南角，距县城62公里，属于经济较为落后地区。而且笔者从小在此区域生活，在当地拥有一定的人际关系网络有助于此次调研，因此，笔者为本次调查选取了彭水县汉葭街道、靛水街道、润溪乡、大垭乡，根据当地经济发展水平、人口分布、民族成分等因素发放问卷。

2. 田野经历

笔者从2016年1月至3月，在彭水苗族土家族自治县汉葭街道、靛水街道、润溪乡、大垭乡进行了2个月的田野调查。通过同学、朋友的帮助，笔者在上述地区发放了208份问卷，其中有效问卷196份，并通过闲聊的方式以朋友、晚辈的身份对当地的居民、政府官员、了解当地民族文化的老者进行了多次访谈，并参与到他们的生活中去，观察了解他们的新媒体接触情况，了解新媒介对其生活的真实影响。

此外笔者借助自己本地人的身份，加入了当地人的微信群组，在笔者3月回到学校后，仍然通过微信等即时聊天工具与受访对象们保持联系。

二、少数族群的新媒体接触

（一）研究对象的群体特征

笔者在彭水苗族土家族自治县（以下简称彭水县）四个乡镇、街道发放了208份问卷，其中有效问卷196份，有效率94.2%，并利用统计软件SPSS（Statistical Product and Service Solutions，全称为"统计产品与服务解决方案"）对收集的数据进行了量化分析。

在196位受访对象中，共有167名苗族群众，占受访对象的85.2%；共28名土家族群众，占受访对象的14.3%；仅有1名蒙古族群众，占受访对象的0.5%，接近当地少数族群中各民族所占比例（见图1）。根据《重庆市彭水县2010年第六次全国人口普查主要数据公报》，彭水县常住人口中，苗族人口为236613人，占总人口的43.41%；土家族人口为54363人，占总人口的9.97%；蒙古族人口为1291人，占总人口的0.24%；侗族人口为804人，占总人口的0.15%。

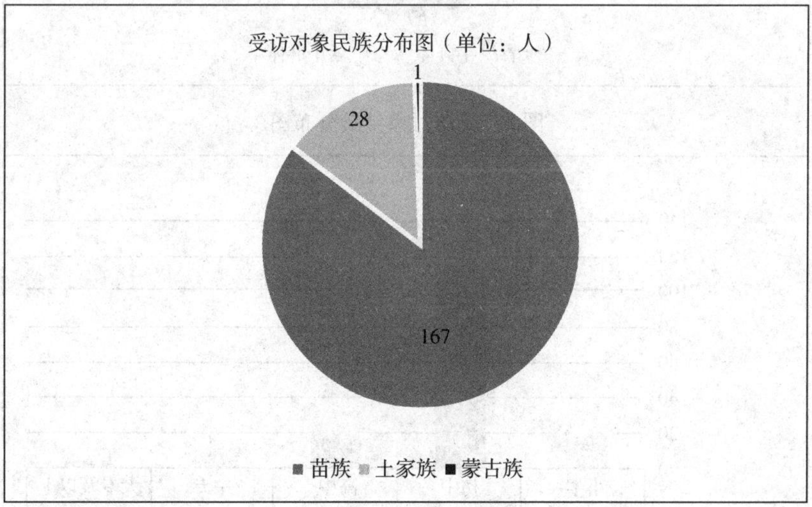

图1　受访对象民族分布图

在受访的少数族群中，笔者将45岁以下人员视为青少年群体，将45岁及以上人员视为中老年群体。在196份有效问卷中，属青少年群体的共147

人，占75%；属中老年群体的共49 人，占25%（见图2、图3）。青少年群体的文化程度普遍高于中老年群体，青少年群体中初中学历者最多，中老年群体中小学学历者最多。总体而言，此次受访对象中高学历者相对较少。根据《重庆市彭水县2010 年第六次全国人口普查主要数据公报》，全县常住人口中，具有大学（指大专以上）程度的16168 人；具有高中（含中专）程度的36995 人；具有初中程度的180439 人；具有小学程度的219380 人（以上各种受教育程度的人包括各类学校的毕业生、肄业生和在校生）。每10 万人中具有大学程度的为2966 人；具有高中程度的为6787 人；具有初中程度的为33102 人；具有小学程度的为40246 人。文盲人口（15 岁及以上不识字的人）为39871 人，文盲率为7. 31%。

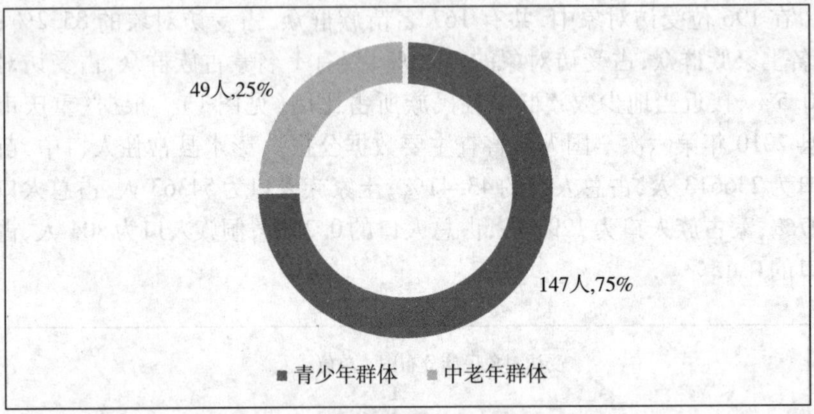

图2　受访对象年龄分布图

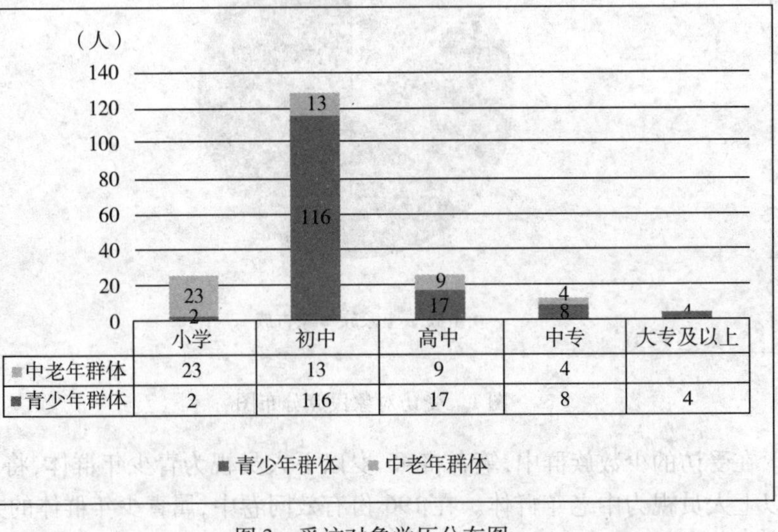

	小学	初中	高中	中专	大专及以上
中老年群体	23	13	9	4	
青少年群体	2	116	17	8	4

图3　受访对象学历分布图

上网设备是接触新媒体的媒介工具，拥有上网设备才有接触新媒体的可能，经济因素成为影响上网设备保有量的主要因素。在受访对象中，拥有上网设备的共112人，占调查总量的57.1%（见图4）。拥有上网设备的112人中，79人是城镇人口（本文将城镇人口视为居住在街道、乡镇的居民），占70.5%；33人是农村人口（本文将农村人口视为非居住在街道、乡镇的居民），占29.5%（见图5）。而在受访的196人中，城镇人口102人，其中拥有电脑、智能手机等上网设备的共79人，上网设备保有率77.5%；农村人口94人，其中拥有电脑、智能手机等上网设备的共33人，上网设备保有率35.1%。

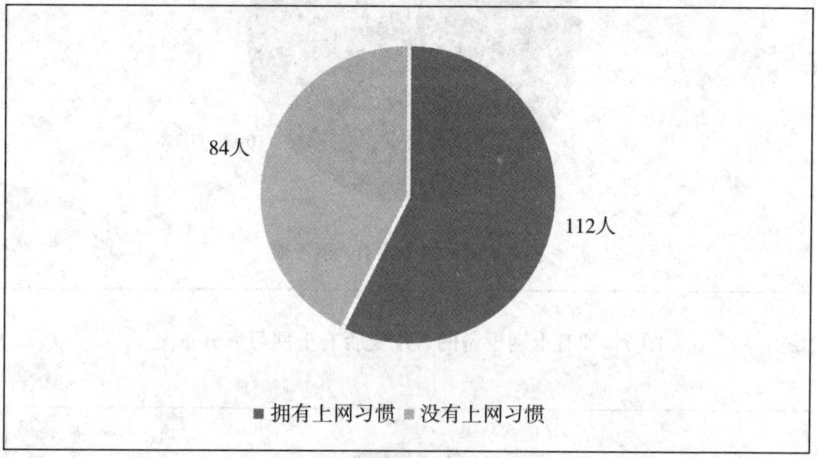

图4　受访对象上网设备保有量

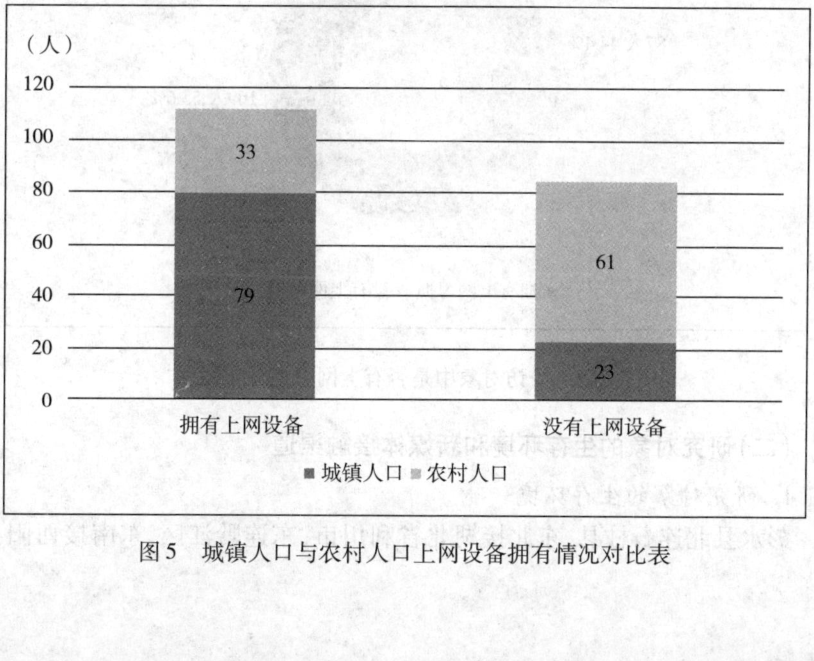

图5　城镇人口与农村人口上网设备拥有情况对比表

在拥有上网设备的 112 人中，有 109 人拥有上网习惯，会通过上网设备连接互联网进行聊天、娱乐，占拥有设备的群体的 97.3%（见图 6）。这 109 名拥有上网习惯的人占总体受访对象的 55.6%（见图 7）。

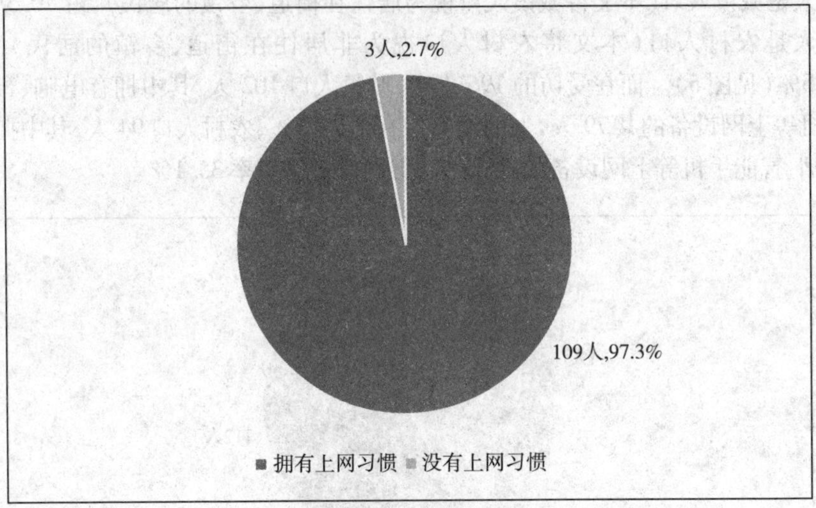

图 6 拥有上网设备的人中是否有上网习惯分布图

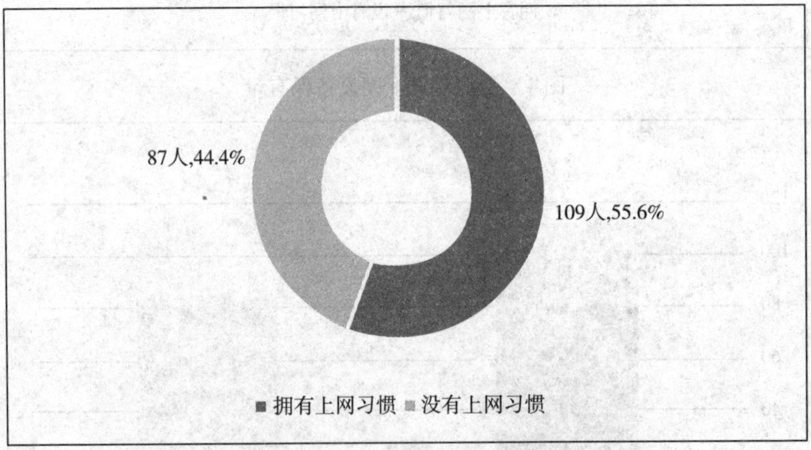

图 7 受访对象中是否有上网习惯分布图

（二）研究对象的生存环境和新媒体接触渠道

1. 研究对象的生存环境

彭水县北连石柱县，东北接湖北省利川市，东连黔江区，东南接酉阳县，南邻贵州省沿河县、务川县，西南连贵州省道真县，西连武隆县，西北与丰都县接壤。截止到2013年，彭水县辖区面积3903平方公里，辖3街道、18镇、18乡，是典型的“小城市带大农村”的地区。

笔者调研的汉葭街道、靛水街道、润溪乡、大垭乡四个地点均在彭务二级路沿线，交通通达程度较高。汉葭街道为彭水县老城区，是全县商业最发达的地区；靛水街道是彭水县新近规划的新城区所在地，距离老城区较近，开始承接老城区的产业转移，但是还在建设期间；润溪乡形成了以烟草种植业为主的种植经济；而大垭乡也在努力发展特色农业。总体而言，该地区均缺乏大型工业企业，经济发展水平不高，只存在部分石料厂、沙厂、烟草烘烤等低端加工厂矿，但该地区近年来大力发展旅游经济，建设蚩尤九黎城、摩围山等景区，推动了当地基础建设，带动了大量劳动力就业。不过，该地区每年仍有大部分青壮年外出务工。

该地区乡镇均有商业店铺，可满足当地居民日常所需，但除汉葭街道外明显缺乏商业娱乐设施。村村通硬化工程的实施，显著提高了该地区交通通达程度。而实行农网升级后，大大提高了该地区乡镇农村的电力保障程度。移动互联网3G信号基本已实现全境覆盖，4G信号也覆盖了乡镇重点区域，网络宽带也已实现通达各个乡镇，但是大部分农村地区仍未实现网络宽带覆盖。

2. 研究对象的新媒体接触渠道

随着社会的快速发展，与大众生活息息相关的媒介环境也随着众多新媒体的出现而快速改变。除了传统的报刊、电视、广播等媒体外，随着互联网的发展，以智能手机、电脑、数字电视、手机报为代表的新媒体对大众生活影响越来越深。

与传统媒体有别的是，新媒体几乎都需要通过互联网才能使用。虽然网络宽带已经通达到了这一地区的各个乡镇，但是部分农村地区仍然无法接入有线网络宽带，这使得该地区的电脑保有量较低，且集中在乡镇街道上，部分地区甚至存在有电脑却没有宽带网络的情况。在此次调研中，笔者发现手机在当地少数族群的日常生活中扮演着十分重要的角色。有线宽带网络的低覆盖率和电脑较为昂贵的价格，而移动互联网信号的全境覆盖和智能手机的降价，促进了手机的普及，微信和QQ成为当地居民使用最多的软件，当地居民基本上都是通过手机来使用微信和QQ。当地居民不仅仅将手机作为通信工具，一些居民开始使用手机上网，浏览网页、观看电视剧、电影、购物等。

与传统电视相比，数字电视拥有良好的交互体验和更丰富的频道资源，目前彭水县城区主要使用重庆有线电视网络，而各乡镇则主要使用移动通信运营商的ITV等网络数字电视服务，但是乡镇数字电视受网络宽带覆盖和收费影响普及度不高。手机报是当地居民接触较多的一种新媒体，以《彭水手机报》为例，它由政府部门主导创办，从各乡镇收集信息，面向全县手机订阅用户发布新闻。一些行业也开始创办具有行业特色的手机报。近年来，彭水县创办了面向全县教育系统的《彭水教育手机报》和面向全县政法系统的《平安彭水手机报》。该类手机报以短信的形式发送给用户，图文并茂，不收取用户任何费用，但是手机报缺乏互动功能，用户无法进行反馈。

（三）少数族群的新媒体接触内容

彭水县地处武陵山区，以前交通不便时，各乡镇连报刊的发放都要延后数月，当地少数族群的信息获取主要依靠人际传播和传统媒体（主要是电视）。随着近年来互联网的快速发展，当地少数族群也开始越来越多地利用新媒体来获取信息。

1. 交流与通讯

在此次调研中，笔者发现微信和QQ是当地少数族群使用频次最高的软件，而且多数人第一次上网行为就是使用QQ进行聊天。不过近年来随着微信的迅速火爆，越来越多的人开始使用微信进行聊天。以大垭乡为例，最初当地居民建立了名为“彭水大垭老乡汇”的QQ群，近年来已经沉寂。不过去年当地居民又新建了一个“大垭人”的微信群，群成员超过300人，其中有苗族、汉族、土家族等民族的成员。当地居民在群内交流务工信息和日常生活，日均群信息数量超过1000条，加速了当地信息流通。笔者在调研期间发现大多数使用智能手机的受访对象的上网行为都是使用微信或者QQ进行聊天，微信和QQ内置的语音聊天功能相较于传统的手写输入法和拼音输入法转换成汉字进行聊天更被当地居民所接受。

在访谈中笔者发现，由于当地外出务工人员较多，当他们逢年节返乡过后会为家中的老人和小孩带回一些礼物，而近年来这些礼物中频频出现智能手机的身影。海飞，18岁的土家族男孩，初中毕业后外出务工，今年过年回家为父母亲一人买了一台智能手机。他告诉笔者：“这两年手机越来越便宜，我买这两个手机才花了800多块钱，屋头老汉（父亲）他们说原来的手机坏了，我就给他们买了两个手机，等我走之前教他们学会用QQ了，后头我出去打工他们联系我就用不着打长途电话了，应该会节约不少话费。”而海飞的父母则在抱怨海飞：“这手机我们两个啷个（怎么）用得成嘛，就是在浪费钱，听说流量要嘿（很）多钱，我又搞不懂，二天（过阵子）怕话费用得都比手机钱贵哟。”[1]而38岁的苗族汉子张福强则喜欢用微信来联系生意，他说：

“我们跑运输的司机建了个群，有啥子（什么）业务就在群里头说，要方便得多。”[2]

调查问卷结果显示，在拥有上网习惯的群体中，61.4% 的受访对象第一次上网使用的是 QQ、微信等即时聊天工具，83.4% 的受访对象通常使用的新媒体是 QQ、微信等即时聊天工具。

2. 休闲与娱乐

彭水县经济发展较为滞后，广大农村地区缺乏休闲娱乐设施，除去传统的打牌、打麻将等娱乐活动，其他休闲娱乐活动较少。随着互联网的普及，当地少数族群群众开始接触新媒体，在网络上看电影、看电视剧、听音乐、看电子书等。

在调研中笔者发现，受访对象中使用电脑的部分群体更喜欢看电视剧、电影等视频。靛水街道 43 岁的王文福是一名苗族个体户，在街上开了一个百货商店谋生，他经常通过电脑看电视剧。他说：“用电脑看电视剧，想看哪集就放哪集，想暂停就暂停，广告又少，舒服得很。”[3] 而受访对象中使用智能手机的群体更喜欢听音乐和看电子书。据笔者了解这是因为智能手机用户家中少有安装网络宽带，选择用移动互联网来看电影、电视剧的花费太高，所以他们选择耗费流量较少费用较低的看电子书、听音乐等娱乐活动。

网络游戏是受广大青少年群体所喜爱的一项娱乐活动，在彭水县也不例外。由于大型网络游戏对电脑配置和宽带网速的要求较高，当地群众大部分选择在网吧玩游戏。由于网吧基本都开在县城，所以笔者对汉葭街道地区的受访者进行了访谈，了解他们玩网络游戏的行为。18 岁的李爽是一名苗族的高中生，在课余他喜欢玩一款名叫穿越火线的射击类游戏，他说：“CF 玩起来还是蛮刺激的，我从初中开始跟同学去网吧上网就跟着玩，后来家里装了电脑也偶尔在家玩，现在家里管得紧，偶尔出来网吧玩一会放松一下。”

3. 信息的需求和获取

当今社会又被称为信息社会，新媒体的出现使得信息传播发生了革命性的转变。在调研中笔者发现，受访对象中的学历较高者喜欢通过新媒体去了解新闻、政府公告、种植技术等信息。李洪，45 岁的苗族人，在大垭乡和人合伙开办了一个蔬菜种植基地，他经常会通过互联网登录彭水农业农村信息网，去查阅政府部门的一些政策公告。他说：“通过登录这个网站就可以看到政府的最新惠农政策，了解这些政策对我们种菜来说有很大的好处，去争取政府的扶持可以提高我们的竞争力。前几年是没有那个条件，既不了解政策，交通又不发达，现在路修通了，政策也可以及时在网上查询了，我们也就可以在家做点事情了。"[4]

手机报是彭水县政府主导推动的一种新媒体，以《彭水手机报》为例，2009年11月开通以来，由最初的140户以党政干部为主体的用户，到2012年已增至30000余户涵盖社会各类群体。目前，彭水县以《彭水手机报》为依托，打造了面向全县政法系统的《平安彭水手机报》和面向全县教育系统的《彭水教育手机报》。以《平安彭水手机报》为例，该平台以彩信的形式，每周一期发送有关全县政法综治工作的重要新闻、工作亮点、先进典型以及突发事件等信息。该手机报面向政法系统全体干警，县级各部门主要领导、分管领导和信息员，各乡镇街道党政主要领导、政法书记、综治办全体工作人员以及各村（社区）书记、主任、综治专干和各网格管理员，共计约2500人①。

在调研中笔者发现，受访对象中高学历人员一般就职于党政事业单位，因为工作的要求，他们相较于其他人更早接触新媒体，并通过新媒体去了解信息。而低学历人员中，当地个体经营户和有过外出务工经历的人员相较于长期留守当地的人员上网设备保有量和新媒体使用频率更高。究其原因，笔者发现个体经营户和有过外出务工经历的人员因为经济状况的提高，有能力拥有上网设备，且由于思想活泛，更有意愿探索网络世界，获取致富信息。而长期留守当地的低学历人员，由于经济情况相对更差，无力承担拥有上网设备的费用，且思想僵化，没有条件使用新媒体，也就无法获取新媒体发展浪潮中的红利。

目前，以"彭水"为关键字在微信公众号进行搜索，共出现168个公众号，其中主要分为政府部门开设的微播彭水、彭水旅游、彭水交巡警等在内的公众号；商业公司开设的大唐国际彭水水电、彭水在线、彭水影城等在内的公众号；各类中小学开设的彭水一中、彭水县大垭乡中心校等在内的公众号以及个人开设的彭水微友圈等公众号。但是以上账号均存在阅览量少、影响力小的现象，以彭水县宣传部主办的微播彭水为例，微信推送主页日均浏览量少有超过300次。而以"彭水"为关键词在微博中进行搜索则更能反映这一现象，微博账号"微播彭水"是所有彭水政府部门开设的微博账号中粉丝数量最多的，达到86319名。但是笔者发现在其每日更新的微博中互动者寥寥无几，转发、评论、点赞者均在个位数以下，且分析其微博粉丝中前五页关注粉丝的账号，笔者发现了大量的僵尸账号。而其他如"平安彭水""彭

① 马飞，彭水.《平安彭水手机报》正式开通[EB/OL]. http://www.pacq.gov.cn/sjjs/2013/1230/8735.html，2013-12-30.

水交巡警”“彭水旅游”等微博账号，粉丝数量均未超一万，互动者更是寥寥无几。

三、新媒体接触与族群交往

在以往关于族群交往的研究中，少有关注新媒体对少数族群交往影响的研究，然而随着互联网的快速发展，少数族群的新媒体接触使得其族群交往方式发生了巨大的转变。研究新媒体接触与少数族群的族群交往将有利于构建良性的族群关系，促进民族和谐，推动建设社会主义和谐社会。

（一）族群内的交往

在彭水县，主要分布有苗族、土家族两个少数民族，其中苗族占全县常住人口的43.41%，占比远高于其他少数族群，是彭水县内除汉族（根据《重庆市彭水县2010年第六次全国人口普查主要数据公报》，全县常住人口中，汉族人口为251560人，占总人口的46.15%）外最大的族群。因此，笔者以彭水县地区的苗族族群作为新媒体接触对少数族群内交往影响的分析对象。

彭水县境内的苗族族群以“大杂居、小聚居”的形式散布在全县各乡镇，多与其他族群杂居，也有部分以村落的形式聚居形成了苗寨。罗家沱苗寨是保存较为完好的苗寨，它由石磨岩苗寨、神皇岍苗寨、云盘苗寨等组成，现在还居住着56户罗姓苗族人家共三百余人。2009年，重庆市开展“少数民族特色村寨保护与发展”试点工作，罗家沱苗寨作为首批三个试点之一，着力打造苗寨民族风情旅游景区。当地政府巧借资源优势，大力发展乡村旅游，促进当地百姓增收致富[①]。随着当地大力发展旅游经济，当地政府陆续开发了以“不墨乌江画，无弦苗乡音”为主题的阿依河风景区、蚩尤九黎城每年等带有苗族特色的旅游景点和娇阿依民族歌舞，并每年一度举办“一节一赛”（中国乌江苗族踩花山节暨中国彭水水上运动大赛），邀请国内外参赛队伍，形成了极具苗族特色的旅游品牌。

美国学者迈尔威利·斯图沃德认为当个体将自己和其他人视为同一民族共同体成员的时候，并且该民族共同体成员都形成了对于该民族的物质

---

① 刘飞．电视对西南少数民族村落的影响研究——以川贵渝三个民族村寨为例［D］．重庆：重庆大学，2012.

文化和精神文明相类似的态度的时候，就形成了民族认同①。在政府大力开发富有苗族特色的旅游景区的背景下，彭水县地区的数字电视、政府微博、政府微信公众号、新闻网站、手机报等新媒体开始大力宣传苗族文化，使得中华人民共和国成立以来在文化传承中逐渐"失位"的苗族文化得以"修补"，当地苗族族群通过新媒体重新接触到本族群断裂的传统文化，重构了其对苗族族群身份的认同。

由于彭水县"地无三尺平，天无三日晴"的地理环境，改革开放以前境内分布在各乡镇的苗族族群联络较少，往往需要联络人员以口信的形式进行信息传递。随着媒介技术的发展，以微信、QQ 为代表的网络即时通信工具构建起的信息交互平台，更是加速了当地苗族群体的内部交往。在这个平台上，相关的信息从四面八方汇集过来，有交流有反馈，甚至还支持多人共时在线讨论，信息交流无论在范围上还是在深度上，都要比传统的大众媒介更符合个人的兴趣和需求，构成了一个带有人际传播特点的族群信息网络②。

调查显示，新媒体接触有效提高了少数族群内部交流的频率，促进了其对自身少数族群的身份认同，有利于其族群文化的传承。但是，我们需要关注参与到网络信息交互平台中的多是当地苗族族群中的青少年群体，而大量的中老年群体无法参与其中进行交流。面对这一问题，在无法快速提高当地苗族族群的上网设备保有率和中老年群体的媒介参与能力的情况下，数字电视的存在成为解决这一问题的可能。相较于传统电视，数字电视拥有交互功能，可以实现交流。在实际操作中，仅需接入数字信号即可将传统电视转换成数字电视，且熟悉传统电视的中老年群体也更易于掌握相应技能。但目前，除去彭水县县城地区覆盖有重庆有线电视网络和部分乡镇接入有移动通信运营商提供的数字电视外，大部分农村地区并未开通数字电视服务。

(二)族群间的交往

彭水县境内共有汉族、苗族、土家族等十三个民族杂居，族群之间的个体交往频繁，促进了当地的民族融合。媒介技术快速发展改变了族群间交往的方式，以微信、QQ 为代表的即时通信工具构建起的信息交互平台同时也为族群间的交往提供了条件。

---

① ［美］迈尔威利·斯徒沃德．当代西方宗教哲学［M］．周伟驰，等译．北京：北京大学出版社，2001：86.

② 孟伟．"族群"(Group)式传播形态的网络萌芽——兼论"族群"传播理念［J］．河南社会科学，2006(03).

在调查中，笔者发现在微信、QQ 上以地域标准划分的群组远多于以民族标准划分的群组。以“大垭人”微信群组为例，群中共300余人，均为大垭乡居民，群中成员民族成分包含有汉族、苗族、土家族、仡佬族等多个民族。“大垭人”微信群是以地域认同为前提而在线聚合的微信群组，群成员都认同自己大垭人的身份，根据笔者长期在群中观察发现，群成员在微信使用习惯方面无明显差异，群内讨论内容也多与日常生活、务工信息有关，在涉及一些民族民俗文化的话题时，成员也是各抒已见、兼容并包，并不因自身的民族成分而受影响。就某种程度上讲，以微信、QQ 为代表的即时通信工具构建的信息交互平台在弱化当地少数族群的民族之分，加深了其对居住地的地域认同。

在我国，基于历史、文化、传统、语言、心理和风俗习惯等因素的民族差异依然存在，并且在相当长的时期内不可能消除①，所以各民族间彼此存在着刻板印象。而在彭水县，以微信、QQ、论坛、数字电视等为代表的新媒体为当地少数族群提供了良好的学习渠道和交流空间，通过良性的沟通互动，减少了当地族群间的隔阂。在“书同文，语同音”的情况下，当地少数族群认为“他族”成员和自己一样，同属彭水人，没有太大差异。

在公共领域，政府部门利用数字电视、政务微博、微信公众号、手机报等新媒体，以汉语、汉字面向境内各族群众进行宣传，为当地各族群营造了统一语言文字的社会环境，使得全县各族群众习惯使用汉语、汉字，为各族群众交流提供了条件。在私人领域，以微信、QQ 为代表的即时通信工具，为以地域、行业为纽带的各族群成员的私人交往提供了更为便捷的渠道和方式。

研究显示，促进族群间的交往，可以打破族群间的偏见，增加族群之间的信任，减少族群之间的隔阂，使各族群和谐共处。族群和谐建立在族群成员间的接触、交往、交流之上，提高少数族群成员的新媒体接触频率，促进各族群成员交往有利于建设社会主义和谐社会。

（三）代际交往

彭水县属于劳务输出大县，大量年轻劳动力外出务工，目前在彭水县的常住人口中，有很大部分是少数族群中的留守儿童和留守老人。在这种情况下，研究少数族群在新媒体影响下的代际交往有着重要的意义。

受时代环境影响，少数族群中的留守老人群体中少有人接触过新媒体，而留守儿童则可能在学校接受新媒体相关的教育，但缺少接触新媒体的上网设备。外出务工的群体大多“既为人子，又为人父”，他们在少数族群的代

---

① 梁玉春．族际交往：实现族群和谐的关键[N]．中国教育报，2014-04-18.

际交往中担任着极为重要的角色。每逢年节务工人员返乡后，很多人不仅会为父母儿女带上一台智能手机，还会教他们如何使用智能手机。在这个过程中，留守老人和留守儿童可以通过新媒体和外出务工的亲人进行语音聊天、视频聊天等，有助于解决留守老人和留守儿童的问题。甚至当少数民族家庭成员共同使用新媒体时，如果老一辈不了解新媒体传播的内容，但在和年轻一辈讨论之后，会增加老一辈对社会主流文化的了解。主流媒介的内容在家庭中通过成员之间的互动，人际传播与大众传播相互渗透，共同牵引着对主流文化的理解，并且在此过程之中加深对国家的认同①。

继续加大教育投入，提高办学条件，确保适学儿童全部入学接受教育，将有效提高当地群众的新媒体使用频率，促进少数族群代际交流。彭水县属少数民族地区，教育资源匮乏，城乡学生教育发展不均衡。近年来，在政府的大力支持下，边远山区的"爱心午餐"、留守儿童全覆盖的"营养促进工程"、高中教育免学费等行动切实地提高了当地各教育阶段的适龄儿童入学率。但是，除县城所属地区以外，大部分乡镇学校的计算机基础教育都是空白。

笔者认为加强建设乡镇学校的计算机基础教育，以学生带动家长学习使用计算机，可以有效提高当地居民的新媒体使用频率，当家长学会使用计算机通过新媒体获取信息后，又将进一步促进当地居民文化素质的提高。同时，利用好乡镇文化中心、村文化室，开办中老年群众上网培训班，向当地居民普及上网知识，让他们参与到网络生活中来，既可以丰富他们的晚年生活，也可以促进少数族群的代际交流，有利于少数族群文化传承。

四、结束语

本次论文的形成基于笔者在重庆市彭水苗族土家族自治县的田野调查。从2016年的1月开始，笔者在彭水县汉葭街道、靛水街道、润溪乡、大垭乡在内的四个乡镇街道进行问卷发放和深度访谈，共发放问卷208份，回收有效问卷196份，受访对象民族成分以苗族、土家族为主。通过对彭水当地的问卷调查和走访调研，笔者发现影响当地新媒体使用的因素，较为突出的有以下三个。

第一是经济发展水平。彭水县各乡镇经济发展不均衡，在经济较为发

---

① 张媛．媒介、地理与认同：中国西南地区少数民族国家认同的形成与变迁[D]．杭州：浙江大学，2014.

达的乡镇街道，例如调查中的汉葭街道、靛水街道地区的民众新媒体使用频率明显高于润溪乡、大垭乡地区。当地区经济发展水平越高，当地民众的上网设备保有量也就越高，同时这些地方的宽带网络通达程度和移动互联网信号覆盖程度也越高，而上网设备、宽带网络通达程度、移动互联网覆盖程度是民众接触新媒体的硬性前提。同时经济发展水平较高地区的低学历人员相较于经济发展水平较低地区的低学历人员使用新媒体的频率更高。

第二是文化教育水平。彭水县作为少数民族自治地方，通过长期以来对教育事业的重视，当地文化教育水平已经高于大多数西部同类地区。但是受时代大环境影响，当地群众中，高中以上学历者相对数量较少，在全县常住人口中占比不高。随着文化教育水平的提升，提高高中以上学历者在常住人口中的占比，将显著提高当地民众的新媒体使用频率。

第三是媒介参与和使用能力。彭水县当地民众的媒介参与和使用能力与使用者的年龄相关性更大。青少年群体中，即使学历相对较低者，由于其在校学习、外出务工期间接触使用过相关新媒体，于是保留了这些习惯。而中老年群体中，即使是高学历者也少有使用新媒体的习惯，因为无相关受教育经历，且彭水地区信息相对闭塞，当地群众接受新媒体相关信息的渠道较少。

在调查中笔者发现，彭水县当地群众新媒体使用习惯有以下特点：①新媒体使用者中，城镇人口占比显著高于农村人口。②新媒体使用者中以青少年群体为主，但其总量在常住人口中占比较低。③在中老年群体中，学历程度成为影响其使用新媒体的主要因素。④在青少年群体中，学历程度并非影响其使用新媒体的主要因素。⑤青少年群体无法通过新媒体辨识当地民族民俗文化，中老年群体有能力辨识当地民族民俗文化却缺乏新媒体媒介参与和使用能力。

笔者认为新媒体对于少数族群的交往有着深刻影响，有效促进了少数族群内的交流，使得少数族群散布各地的成员间可以互通有无“修补”自身“失位”的传统文化，构建身份认同，而这种身份认同并不与“他族”对立，这有利于少数族群通过新媒体接触主流价值观。同时，在新媒体提供的“书同文，语同音”的信息潜移默化下，不同族群间的交往并没有呈现出明显的族群之分，这有利于民族团结及社会和谐。以新媒体为介质为少数族群中的代际交往提供了新的渠道，有助于解决留守儿童与空巢老人问题，同时可以促进当地经济社会发展。

访谈记录：

[1] 访谈时间：2016 年 1 月 11 日下午 4 点；访谈地点：大垭乡海飞家；访谈内容：笔者和海飞及海飞父母填写问卷并闲聊。

[2] 访谈时间：2016 年 1 月 9 日上午 10 点；访谈地点：大垭乡张福强租房；访谈内容：笔者在张福强家做客，让他帮忙填写问卷，并进行了访谈。

[3] 访谈时间：2016 年 1 月 16 日下午 2 点；访谈地点：靛水街道王文福商店；访谈内容：笔者和朋友一起，请他帮忙填写问卷并进行了访谈。

[4] 访谈时间：2016 年 1 月 13 日下午 1 点；访谈地点：大垭乡李洪家；访谈内容：笔者在李洪家做客，就问题进行了访谈。

传统文化的媒介嬗变

——以微信红包的符号流变为考察

（邱慧明　华南师范大学）

摘　要：新媒体时代来临，带来全民社交与互动的同时，也对我国传统文化带来冲击，中国的传统文化亟须寻找一个与时俱进的方式来继承和发展。近几年微信红包的出现与流行使得传统民俗文化再现生机和活力。本文通过分析微信红包文化的符号流变来分析传统红包文化在新媒体环境下的发展，以期管窥新媒体社交视域下传统文化是如何流变与传承发展的。

关键词：新媒体；红包文化；符号；流变

一、引言

“摇一摇，摇到手酸只有一块五；咻一咻，咻到没电还差敬业福。”2016年网上流传的一副对联道出了猴年春节的“新民俗”：以“咻一咻”“摇一摇”“点一点”为代表的“电子红包”正和吃年夜饭、看春晚一样成为除夕夜重要的节庆活动。从某种意义上说，中国的传统红包习俗已经进入了“数字化时代”①。而在众多电子红包当中，微信红包更是脱颖而出，成为其中的佼佼者。

2014年1月27日，微信推出了“微信红包”应用，可以实现收发红包、提取现金、查询收发记录的功能。2015年，微信红包与“春节联欢晚会”合作，进行线上线下的互动，真正使“抢红包”成为全民狂欢，与春晚一道成为当年年夜饭的主菜单。

“有红包才叫过节”，微信红包收发次数从2014年除夕的0.16亿个，增长到2015年除夕的10亿个，再增长到2016年除夕的80.8亿个。微信红包

---

① 姜奇平．新论：互联网红包重构人际网络[N]．人民日报，2016-2-16(5)．

引爆春节，为春节带来不一样的“新味道”。不少网民收发微信红包，乐此不疲，微信红包已经成功取代手机短信，成为重要的拜年方式和名副其实的“新民俗”。“发红包”“抢红包”也已经取代简单的节日问候形式，成为微信环境中新的节日文化现象。

“无红包，不社交”，“互联网+红包”的媒介形式为节日增添了新的娱乐方式，同时也成为人们进行人际互动、联络情感的重要手段。电子红包让人际交往更为频繁，也更加平等，甚至使长辈与孩子的隔代交流也能变得像朋友间的对等交流一样。微信红包已经成为重要的社会交往方式。

二、微信红包盛行的原因分析

为何微信红包会得到大家的青睐，微信甚至不费一兵一卒就将微信红包“病毒式”传播？更令其他支付应用妒忌的是，微信用户甚至在支付环境未确保的情况下将银行卡与微信账号绑定，用于微信红包的收发。以下为四点原因分析。

（一）产品功能设计遵循人性

人性的需求从根本上来说就是人心理最大的需求，本质可以说是向往快乐，回避苦痛；而快乐一般夹杂着欲望、贪念、惰性等人性的弱点，人总想着用最小的付出得到最大的回报。谁能洞察人性，谁就能笑到最后。微信红包之所以能够吸引大量的用户，产生裂变式的用户分享，原因之一是它抓住了人性的弱点，尊重用户体验，顺从用户心理。

首先微信拼手气红包具有游戏功能。威廉·史蒂芬森提出“大众传播游戏理论”，认为作为娱乐的传播即允许人们沉浸在主动的游戏中。在大家的日常生活当中，传播活动是带有传播目的的传播信息，但是也存在着一些没有传播特征的传播活动，因为它本身就是传播目的。具体表现在传播者在这个传播活动过程中，感受到快乐和愉悦，忘我地投入其中，尽管在这个过程中他没有得到任何信息。正如人们反复阅读一则信息，反复阅读的过程中他没有得到任何额外的信息，但是重复的阅读就像进行着某种仪式性的动作，我们可以从自己喜欢的角度解读这则信息，这个过程也属于玩乐。

大众传播游戏理论注重的就是这种主动参与带来的娱乐感，微信红包游戏正是利用了这种心理体验实现病毒式的传播。用户使用微信红包，参与“拼手气抢红包”得到的就是一种愉悦的心理体验，他们大多本身不在乎抢到的金额有多少，参与的过程中抢到红包带来的心理满足才是他们真正的诉求。

支付宝曾经有过"讨红包"功能，但是却收不到预期效果，原因在于性格内敛的中国人很爱面子，很少有人可以拉下面子向不熟悉的人讨红包，因此传播范围有限。而微信红包的"抢红包"功能却十分巧妙，有时因为红包个数的限制，必须用抢才能得到红包，而且通过随机分配的红包金额记录对比，金额的不确定性更增加趣味性，减少金钱关系的功利性。这样就避开了"包多少钱合适"的大众心理障碍，更容易传播。通过抢红包这种趣味性活动得到的小利无形中也会相当于"老天下馅饼"，不劳而获谁不喜欢，这正体现出人性中的贪欲。"如果个体的某个行动越是经常受到报酬和奖励，那么他就越有可能有经常类似的行动"，霍斯曼的交换理论基本命题之成功命题符合这个过程；如果一个人经常抢红包不用付出努力就能得到回报，他就会倾向于经常发生这个动作，或者会作为"发红包者"坐庄引导大家出来进行发红包活动。

其次，对于发红包的人也可以满足类似当一回"土豪"的某种虚荣心理，抢完红包后朋友圈的答谢会让他愉悦的同时也会活跃气氛，稳固社交关系；这也符合霍曼斯的交换理论基本命题之价值命题，"如果某种行动所产生的结果对一个人来说越有价值，那么他就越有可能采取同样的行动"，得到相应的价值利益会支持他继续进行发红包活动。

（二）集体狂欢化

俄国的哲学家、文艺理论家巴赫金曾经提出过狂欢化理论，理论来源于古希腊、古罗马时盛行的欧洲狂欢节。节日庆典上，人们穿着古怪的衣服，戴上面具，在广场上疯狂跳舞至通宵达旦。在狂欢节广场上，人们自由接触，不分等级，不论老少，一律平等。巴赫金狂欢化理论对两个世界的划分是理论前提。第一个世界是秩序森严、等级明确、严肃的世界，人们的生活受到压迫和恐惧，屈从于权利之下；第二个世界是平民大众自由自在地在广场尽情跳舞，打破职业和等级身份的界限，平等对话，平等交往。新媒体平台构建的就是自由自在的第二世界，人们的等级关系变得不再界限分明，模糊了边界，道德伦理的秩序变得没那么明显。受众用户对微信红包的喜爱就像是在狂欢节的民众，打破了生活中的等级，人与人之间平等对话。发红包的人不一定是长辈、领导，可以是未成年人；抢红包的人也可以是平时高高在上的领导、长辈。不同于传统红包的发放的等级秩序界限分明，抢红包活动每个人都可以参与，拼手气的过程充满未知和趣味，手气最佳的人也能够分享自己好运气的喜悦，使这种喜悦感染别人。[①] 沙莲香的《社会心理学》

① 沙莲香．社会心理学［M］．北京：中国人民大学出版社，2011：158．

中明确提到“人群由于福利，成功或者好运气，或者得到某人所希望之物的前景而唤起的情绪”，可以形容为集体情绪；而抢红包得到福利和运气的欢乐也可以转化为集体情绪。这种欢乐的集体情绪迅速蔓延，造成微信红包的“病毒式”传播。

（三）基于移动社交的关系链延伸

微信红包的“病毒式”传播在于它依托在一个拥有6亿用户量的社交应用平台上，它具备了“拼爹”的实力。

2016年3月企鹅智酷发布的《微信数据化报告》显示，94%的用户每天登录微信，而且61%的用户每天打开微信超过10次，每天超过30次的重度用户占36%。使用时长方面，55%的用户每天使用微信超过1小时，使用时长超过2小时的用户占比32%，无论整体使用频率还是时长，微信都表现出了强大的用户黏性。当一个人将大量的情感和精力投入微信社群后，这个社群慢慢地就会变成他生活不可分割的一部分，与每一个人互动的哀乐喜怒都会牵动着他的情绪。人是群居的动物，需要获得社会归属感和认同感。通过收发红包，实际上是用户受众的一种社交行为、一种传播信息的手段。在新媒体这个社交环境下，红包这个符号，不一定代表一种祝福或感谢，有时只是用户通过发红包这个行为去联结社交，产生群体认同感，通过抢红包产生群体归属感。新型的互联网红包文化是一串有温度的数据。

微信作为一个社交媒体，关系链就是它的撒手锏。它是一个熟人社交圈，用户的朋友圈一般都是亲戚、朋友、同事，他们都具有共同的成长经历或职业背景，具有私密性、小众化等特征，可以很好地满足人们的社交需求。但是互联网社交降低沟通成本的同时，对人际沟通的效果也有不少的限制。基于人们的防备心理，或者是矜持、缺乏互信等，人们在微信群很多时候都是“潜水党”，这时候微信拼手气红包的出现就极大地弥补了微信的不足之处。通过在微信群发拼手气红包，可以唤醒“装睡的人”，拼手气红包金额未知的趣味性符合人们的心理；其次通过朋友圈的分享满足人们的炫耀心理。它贴近于真实的社交关系，在发红包和抢红包的互动中，增强了人际关系的黏合性，拉近人们之间的距离。马云曾称微信红包对于支付宝来说，简直就是“偷袭珍珠港”。归根到底，支付宝的社交属性输给了微信，限制了红包的传播。

（四）满足用户特定需求和条件

E·卡茨在其著作《个人对大众传播的使用》提出“使用和满足”理论，理论指出受众接触媒介主要是基于娱乐需要、认知需要、情感需要等多方面的需求而主动进行的。该理论站在受众的立场上，利用媒介主动地满足需要，并以需要是否被满足来判断接触媒介行为。用户对微信红包的接触，也是有多方面的需求的。

首先，微信红包满足受众的娱乐需求。“拼手气红包”先到先得的玩法具有刺激性，金额的随机性也符合人们的心理，通过抢红包拼手气的互动使微信红包的趣味性大增。曾经湖南电视台的一个节目做过一个关于“微信红包为什么这样火”的话题，受访者大多表示“抢红包”玩得开心，就算是一分几毛也觉得心情愉快。

其次，微信红包满足受众的心理需求。传统的红包习俗从明清开始延续多年，至今仍是我国灿烂的民俗文化。然而当传统的民俗文化符号与当今潮流的新媒体社交结合，就会引起群众求新的欲望，熟悉的界面设计和新颖的操作方式，利用微信社交用户交互需求会迅速引爆朋友圈，产生病毒式传播。

最后，微信红包满足受众的社交需求。当微信红包变成一个新话题在自己的朋友圈传播，自己却毫不了解，肯定会激发求知的欲望去体验一番。况且群体压力也是一个重要因素，当面临群体压力时，多数人会采取选择服从多数意见的态度。当微信红包在朋友圈掀起浪潮的时候，受众为了避免孤立和给人造成落后的印象，迫于群体压力而产生趋同心理参与到红包游戏中。

“使用和满足”理论还需要满足两个条件：一是媒介接触的可能性。微信作为拥有6.2亿用户群的社交平台，每天大多数用户登录微信的时长高达1~2小时，它有着高度的媒介接触可能性。二是媒介印象，即受众使用媒介后能否很好地满足自身的特定需求，这影响到受众对媒介的持续使用。据腾讯数据显示，2014年微信红包上线，当年即有500万人参加红包活动；2015年，羊年春节红包收发32.7亿次；2016年参与人数达到5.16亿，几乎覆盖全国四分之三的网民。上升的数据显示用户对微信红包的满意度十分高，愿意积极投入微信红包的体验中。

三、红包文化符号的传承与超越

（一）新媒体时代下的符号文化

英国剑桥大学的社会学家汤普森曾经提出“文化的媒介化”这一概念，认为“文化的系统演变，知识和学习在现代社会变得世俗化，媒介工业兴起并日益成为符号权力的主要基础”。根据这个定义，所谓文化媒介化就是现代媒介深入影响并主导文化符号的生产与消费。① 新媒体作为大众媒介，是社会辐射力很强的一个文化装置，它影响到了文化传播的内容、速度和范围，成为文化发展和传播的推动力；新媒体的诸多特性已经深入当代文化的深层结构，使符号文化呈现媒介化的特点。

符号是文化的传播形式和传播通道，符号使文化得以传承和发展。一般来说，符号学将符号这个文化载体分为语言符号和非语言符号，而新媒体就是一个强大而全面的符号传播系统。文化可以以符号的形式在新媒体环境下进行多种途径的文化输出，通过新媒体环境对符号文化进行重新编码，以其特有的编码规则去呈现文化现象；受众在接收信息的过程中解读编码，并对其形成一种新的印象。

新媒体不仅仅是受众进行信息交流的工具和载体，更是获取信息的快捷渠道。所以，新媒体对大众知识文化的构成有着重要的影响。新媒体是信息交流的中介载体，是文化符号传播的桥梁，它为人与人、人与社会、人与文化之间建立起一种符号关系。新媒体可以扩大我们的知识范围和认知渠道，但是同时高速的信息流通也让我们对现实世界的理解和解读逐渐趋向符号化。

新媒体在生产符号的同时，人们对这个文化符号的认知、接受和消费也受到它的深度影响。新媒体通过对文化符号的大批量复制粘贴，并进行轰炸式传播，传播范围广，声势浩大，产生了大面积的共鸣效果和累积效果。这可以极大地提高受众对文化符号的接受度和认可度。

对此，鲍德里亚提出了“消费社会”这个概念。他认为当代资本主义“消费”已经取代“生产”占主导地位，人们消费的“物”不只是单纯的器物，而是“物”背后的符号价值。新媒体通过重新的编码赋予物品不同的社会意义和符号价值，人们通过消费获得身份的认同和等级的界定。这个后现代社会景观正是由形形色色的符号组成，符号文化无时无刻不在我们身边。

在后期，鲍德里亚进一步思考符号消费社会的符号秩序，把当今现实归结为由符号和模型构成的“超真实”，提出“模拟和仿真”理论。所谓仿真不是对真实的仿照，模拟也不是对真实的模仿；相反，真实反而是由模拟和仿真所构造。例如城市建设要根据一系列的规划，人际交往要根据传播学理论模型进行……模拟与仿真的世界中，一切图像和真实的界限变得模糊不清，我们就生活在一个模拟的时代。

① 陈辉，张淑华．文化媒介化中现代传媒的角色和责任初探[J]．郑州大学学报：哲学社会科学版，2013，(1)：165-168.

"鲍德里亚指出，大众传媒是最重要的仿真机器。它不断生产出大量的形象、符号和符码，它又在我们的日常生活中发挥了关键性的作用，构造出一个自律的'超真实'世界，在这个意义上，我们可以说，大众传媒的时代就是仿真的时代。"[①]大众传媒生产文化符号，在这个日益符号化的世界如何利用新媒体进行符号文化的传播也将是我们需要思考的。

（二）传统文化中红包的符号意义

红包起源于"压岁钱"的概念。传统的"压岁钱"又称为"压祟钱""压胜钱""押岁钱""守岁钱"等，是年俗的节物之一。[②] 压岁钱最初的用意是镇邪驱恶，宋代以后，人们开始使用现实流通的钱币作为"压岁钱"。明清时期，压"祟"钱正式转变为压"岁"钱，当时的人们用红绳串着铜钱，在年夜饭后直接给予晚辈，或者在晚辈睡下后挂置在其床脚或枕边，压岁钱由信仰性的压岁巫术活动正式演变为节日的特别经济来源。[③] 民国以后，人们开始用红纸包裹钱币，[④]"包红包"的习俗就此沿袭下来。

红包文化是我们生活中人际交往礼尚往来的一部分，一直出现在我们的生活中，在不同的情境下，它有不同的符号意义。红包一般需要用红色封套装着，这种红色封套又称为"利是封"，取其大吉大利、好运连连之意。它的表面会印有花纹和吉祥的祝福词句，如大吉大利、如意吉祥、身体健康等，预示着美好。红包形式一般分为三种：第一种是春节或者生日，长辈给晚辈红包，代表着长辈对晚辈的美好祝愿，希望他平安吉祥，在接下来的一年万事如意，体现自古以来封建传统家庭的伦理观念和等级秩序。第二种是当婚礼、新屋入伙、孩子满月等喜事大摆筵席款待客人时，客人往往赠送红包，有喜有贺，表示对主人家祝贺的意思。第三种就是表示出自内心感激之情的酬谢，往往是朋友帮助了你一件很重要的事而表达出感激，一般就用到红包作为答谢。还有一个特别的事例，在进行影视拍摄时，在剧中饰演"死者"的人会额外得到一个红包，寓有消灾祛邪、祈求平安吉祥与恻悯怜恤慰藉精神之意。

而从红包的传播过程来看，传统红包的发放是单方面的，通常是长辈发放给没有经济收入的晚辈，而且它的传播是面对面、一对一的。红包的相赠者和红包的接受者同处于一个空间，两者是面对面有交流的，反馈是及时

---

① 俞吾金，等．现代性现象学：与西方马克思主义者的对话［M］．上海：上海人民出版社，2002：274.

② 萧放，许明堂．春节［M］．北京：中国社会出版社，2008：109.

③ 萧放，许明堂．春节［M］．北京：中国社会出版社，2008：111－112.

④ 冯琳．微信红包走红情况探究［J］．新闻传播，2015，9：18.

的，不在场而通过转递的情况是基本不存在或不必要的。因为一般双方都会在接收红包这个动作的时候都会说着祝福的话语，寓意吉祥如意。这个动作具有仪式性，是千百年来红包文化的文化传统，是一种分享意义，共享信仰的表征。与此同时，红包的接收者不能立即当着馈赠者的面拆开红包，这是一种不礼貌和不尊重他人的行为，会使场面十分尴尬。另外，红包的发放以血缘关系为纽带，一般是家庭范围内小范围进行，红包的金额一般代表着亲疏关系，对于关系不是特别亲厚的晚辈，给予的红包金额大小和给自己的亲人的是无法比的。

所以，传统意义上的红包包含着长辈对于晚辈的一种关爱，是在长幼有序的伦理守望中诞生的重要节庆仪式，同时也是在春节这一时间编码下的寓意喜庆的贺岁之礼，更是节日拜年文化的重要表征。

（三）网际传播下微信红包的超越

历经千年的时代传承与变迁，传统春节发红包早已在历史与时代的沉淀中融合延伸，在概念、场景与方式上迎合新时代潮流与内涵。

微信红包最早的出处是腾讯财付通名叫“新年红包”的公众账号，微信用户通过关注公众账号就可以实现收发红包或者拼手气抢红包，后来经过微信团队优化功能后，微信对话框和微信摇一摇都可以实现红包功能，主要有“普通红包”和“拼手气红包”两种方式。“普通红包”是一对一收发红包，而“拼手气红包”是在微信群中设定发放的金额和个数，系统会随机将金额分到抢红包的群成员中，但红包的提现和发放需要通过微信支付绑定银行卡。

微信称，从内部“小乐子”到“现象级”产品，只三年时间，微信红包就已深入中国人的节日与生活。2016 年 1 月，企鹅智酷在春节期间对 1.7 万多名城市手机网民的“红包生活”调查显示，互联网红包在城市手机网民中的渗透率为 89.5%，从 2015 年到 2016 年 1 月，互联网红包的用户增速呈高速增长趋势，尤其是货币电子红包；对于互联网红包成为我们新的生活方式和社交内容，68% 以上的受众表示欢迎，并且将会继续使用。以上数据表明，互联网红包已经深入我们的生活，红包文化符号从狭隘的年俗文化符号演变成大众互联网生活的传播符号和交流方式（见图 1、图 2、图 3）。

相较于传统的红包长辈单向发给晚辈的传播方式，微信红包的亮点就是每个人都可以向朋友圈的好友发放红包，同时可以接受好友给自己发来的红包，且人数不受限制。这种传播活动中，微信红包传播者和接受者的身份随时可以互换，是双方的。这种方式具有互动性，人们可以随时随地在微信群里发放红包来证明自己的存在或者活跃气氛。这种方式也超越了传统红包的长幼亲疏的仪式，其社交属性明显加强。

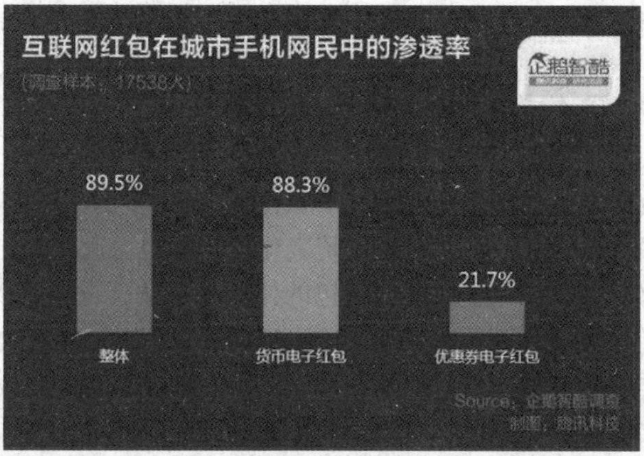

图 1　互联网红包在城市手机网民中的渗透率

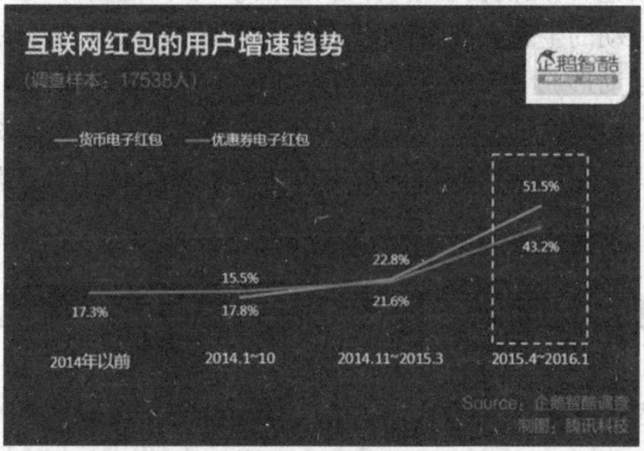

图 2　互联网红包的用户增速

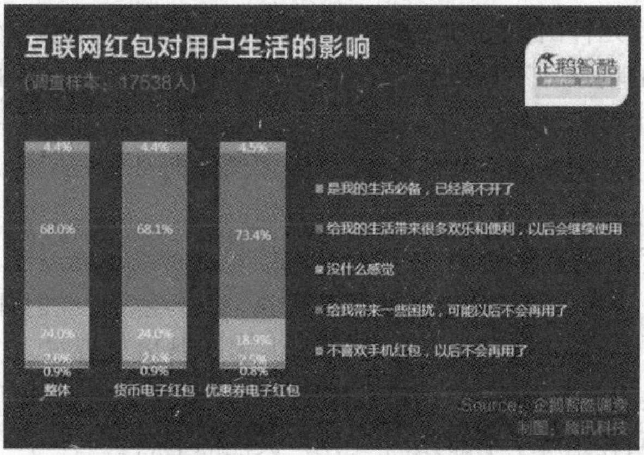

图 3　互联网红包对用户生活的影响

与此同时，微信红包的发放者不局限传受双方的身份地位，打破现实中等级的关系，传受双方的关系是平等的。就算是晚辈，也能给长辈发红包孝敬长辈，或者是图个乐子。所以在微信朋友圈中，微信红包的传播可以发生在亲戚朋友、同事同学，甚至是陌生人。现实中身份的局限不再是限制条件，这使得微信红包的传播更加具有广泛性。当更多的人参与到微信红包的这个简单的仪式性游戏中，对于传统文化的传承也会起到促进作用。

而在新媒体视域下，重视微信红包的体验意义大于物质意义，人们重视的就是抢红包的乐趣，而不太在乎红包的金额。如果有人在微信群里发出一个红包，群成员会争先恐后地抢红包，尽管红包的金额只有几分几角。人们追求的是抢到红包的喜悦。微信红包在“抢红包”的设计中很有亮点，首先抢红包具有游戏性质的刺激性，抢到后金额的比较符合人类的炫耀心理。在抢完一轮红包后，人们会吐槽、答谢、显摆手气等，这些方式能够很好地激活形成一个互动的生态交流圈，能够很好地活跃氛围，其本身的娱乐性也有利于群体的互动形成。微信团队在个人红包的额度设置为不超过200元，群红包不超2000元，这也避开了“要发多少好”的心理障碍。在这个红包游戏中，我们重视的是游戏的体验，谁是最幸运的拥有最佳手气，而不是具体有多少金额。

四、新媒体下微信红包的符号意义流变

(一)流变中的符号与意义

传统的春节红包背后承载的符号意义一般表达祝贺、祝福、感激等一系列语境，但是当传统的实体红包演化为微信红包，在微信社交大平台下代表的符号意义就延伸出不少内容。根据图2企鹅智酷的红包数据分析，用户使用互联红包的场景并不局限在春节或者其他节日，反而超过四分之三的在非节假日发生，这表明新媒体下的社交使红包从节日走到了日常。

微信红包从刚开始的节日引爆，已经逐渐走向日常长尾的延长覆盖，社交媒体的强度用户黏性使其成为一种“日需品”。

从图4我们可以了解到，收发互联网红包的场景多种多样，从点赞拉票到小额支付，从喜事祝福到单纯的调节气氛，它已经成为我们日常生活的一部分。但是用户使用微信红包最重要的诉求还是情感诉求，它强调开心好玩；其次到人际关系的互动，用于放松解压，升温社交关系；最后，属于交易性质的红包回礼则属于小部分，不是用户关注的重点。

传统的实体红包转变成为新型的互联网微信红包后，新的社会形态赋

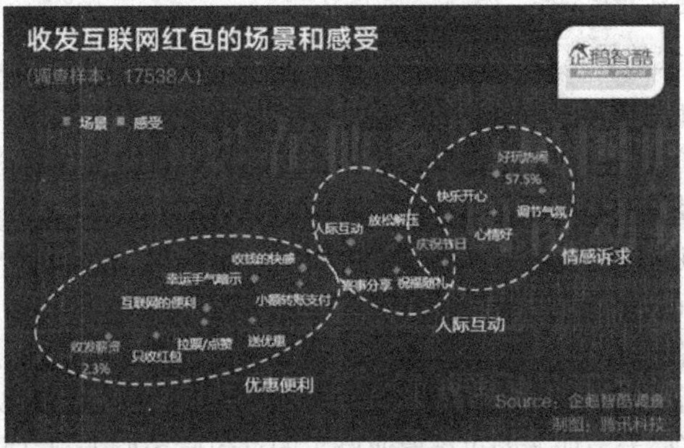

图4　收发互联网红包的场景和感受

予了它新的符号意义。

首先，微信红包继承了红包文化的符号意义。它在某一种场景中仍然代表着具有血缘关系间内部成员互动的符号，寄托着长辈最真挚的关怀与祝福，体现着中国传统的封建家庭伦理观和等级秩序。

其次，在新的社会形态下，微信红包对传统红包做了新的补充，它有了新的符号意义。微信红包除了包括血缘关系，还有业缘和地缘之间的符号互动。例如很多人的微信群有同事群、同乡群、同学群，这些都是“你”的社会关系网络。“你”可以在里面发新年红包祝福，心情好的时候也可以发红包调节氛围，发红包的理由多种多样，并不局限于传统的红包意义。红包不再是春节特有的仪式和民俗符号，不完全是传递感情、维系关系的礼物；它成为日常生活的传播符号，在大众生活的其他场域下发挥优势，不停地增加存在价值。

从传统的实体红包到新媒体社交平台微信红包的发展，也体现出符号互动论的基本思想。布鲁默在《符号互动论：观点与方法》中提到“事物的这些意义不是一成不变的，而是在解释的过程中随时加以修正的……因此，所谓意义、解释不是事先就存在的，而是一个形成过程”[①]，红包文化所蕴含的符号意义也是在发展的过程中不停被修改，从最初的“压祟钱”，到新年祝福的“利是”，最后发展成为互联网微信红包，每一个阶段都有当时的社会形态所赋予给它的符号意义。如今传统红包和微信红包的结合使红包文化的意义不断被完善，红包发放对象范围的扩大更体现了当今时代人们对人际交

① 贾春增．外国社会学史[M]．北京：中国人民大学出版社，2007：272.

往的关注，更具开放性。

（二）突变的异化

微信红包的兴起一方面为群众的社交生活带来不少欢乐，也在互联网商业发展中出现异化，使之借助传统的红包异化成新的社会诟病。

一方面是其过度娱乐化商业化令送祝福的味道变淡了。当所有的祝福通过微信红包传达，微信界面的“新年快乐，恭喜发财”也变得平平淡淡。人类丰富的情感不能统一通过电子的方式去表达，每个人的表情、声音、动作里都能轻易传播情感。若是实现情感共振的方式被抛却，“能用红包解决的，不要说话”，那么我们的红包社交朋友圈只会是冷冰冰的社交链，没有任何温度。另外，春节朋友圈也被商业巨头的红包营销所占领，商业化的性质明显，人情味明显被减淡。再者春节大量的“红包雨”几乎让所有人紧盯着手机屏幕，生怕错过任何一个红包，即使红包金额不高。此时此刻，人们的全部心绪都牵连在一个小小的红包中，错过了与家人共聚的大好时光。

另一方面，有些人却利用微信红包作为赌博的工具，谋求不正当利益。“拼手气红包”是微信红包成为违法犯罪工具的根源，因其随机性和不确定性可以刺激人们产生赌博心理，让红包赌博有机可乘。就目前来说利用微信红包进行赌博的方式普遍有两种，首先是微信红包接龙赌博，由手气最佳者发所得金额的固定倍数进行接力发红包；第二种是微信红包“诈金花”，有一个主导人利用微信 AA 收款的功能向每一个人收取相同的金额后，再以拼手气红包的方式发出，赌客拼手气获得金额。另外利用微信红包进行隐秘的行贿送礼也在不少行业存在。

五、总结

文化是一个民族的灵魂和血脉。每一次传播媒介的改变都会为文化的传播带来无限的可能。由于新媒体的开放性、共享性，跨越了地区和民族的界限，达到全球性的信息交流，世界各民族文化也在激烈地碰撞、融合。如何在新媒体的形势下更好地继承和传播中华文化亦成为当前的一个重要议题。

自国家“十三五”规划开始，传统文化得到力挺。习近平主席及李克强总理曾在多个场合指出，要始终坚持保护、传承和发扬优秀传统文化，让悠久文明的精髓融入现代生活。也有越来越多的人认识到，亿万国人期待的“中国梦”，若无中华优秀传统文化作为内核与支撑是难以成就的。处于社会转型期的中国人开始追求文化身份、文化价值的归属感。

自从新媒体时代到来，一些传统的具有民族特色的民俗文化符号像是失去了植根的土壤，浮浮沉沉。传统文化的传承似乎遇到了前所未有的挑战和难题。但有些文化习俗却经历了“互联网+”的华丽转身，更具时代感，在新的民族文化潮流里红红火火、发光发热。传统春节的红包文化，利用互联网进行文化创新，加入了不少新时代的元素，衍生出微信红包这个新媒体产品。微信红包这个红包符号更是成为我们的日常生活的社交传播符号，是对红包文化的一种延伸和补充，赋予了它新的符号意义。红包文化寓意吉祥祝福，是中国特色春节文化年俗不可分割的一部分。新媒体对红包文化的文化创新，是对中国古老和谐文明的传承，也是新时代新的社会形态对传统文化发展的要求。微信红包从节日祝福发展到替代短信、请柬、贺卡，成为大众表达情感的社交娱乐工具。发红包、抢红包、讨红包、晒红包一系列的简单动作构成了红包完整的人际社交互动新场景。在当前新媒体强社交弱关系环境下，微信红包已从传统庄重的情感表征仪式流变成日常社交符号，在带来社交娱乐的同时也在弥合着传统文化与互联网新媒体时代的鸿沟，成为一种新的传承方式。

参考文献：

[1] 姜奇平．新论：互联网红包重构人际网络[N]．人民日报，2016-2-16(5)．

[2] 沙莲香．社会心理学[M]．北京：中国人民大学出版社，2011．

[3] 陈辉，张淑华．文化媒介化中现代传媒的角色和责任初探[J]．郑州大学学报：哲学社会科学版，2013，(1)．

[4] 俞吾金，等．现代性现象学：与西方马克思主义者的对话[M]．上海：上海人民出版社，2002．

[5] 萧放，许明堂．春节[M]．北京：中国社会出版社，2008．

[6] 贾春增．外国社会学史[M]．北京：中国人民大学出版社，2007．

断裂与延续：合肥城隍庙空间功能和文化记忆的变迁

（宋晨露　曾固叶　安徽大学）

摘　要：城隍信仰在中国是一种非常特殊的社会文化现象，城隍信仰可以追溯到周代，在宋朝呈现繁盛之势，城隍遍布大城小镇。合肥现存的城隍庙就始建于北宋皇祐三年（庐州府城隍庙），历史悠久，蕴含着丰富的历史文化内涵。随着商品经济和社会现代化进程的不断推进，城隍庙在长久的历史发展过程中，其空间功能和文化意义也发生变迁，观察现在的合肥城隍庙，俨然已经超越了单一的信仰文化，而形成了以城隍信仰象征为基础的集商业、文化、娱乐于一体的公共活动空间。“在人类的城市生活中，空间、记忆、交流往往是交织在一起的，而实体空间，诸如广场、街道、建筑物，等等，除去本身的‘城市景观’的功能作用，还在建构意义、传播文化方面发挥着作为媒介的传播作用。”城隍庙作为一个有着特殊历史文化的城市空间，在它的历史变迁中，其空间功能和文化记忆如何发生改变？这些变化又怎样影响着市民生活和城市文化的传承呢？

关键词：合肥城隍庙；城市空间；集体记忆

引　言

夜幕降临，城市华灯初上，合肥这座年轻而又古老的城市夜生活刚刚开始。沿着安庆路顺着人潮，踏着青石街道，迎面是城隍庙夜市，灯火通明，人潮涌动。这是2016年7月16日合肥城隍庙夜市开业首日的情景，城隍庙二期改造后开业的美食夜市吸引了大量市民，直到晚上10点多人流都未退去。

城隍庙在中国是一种非常特殊的社会文化现象，城隍信仰可以追溯到周代，在宋朝呈现繁盛之势，城隍庙遍布大城小镇，合肥现存的城隍庙就始建于北宋皇祐三年（庐州府城隍庙），历史悠久，蕴含着丰富的文化记忆。从城建档案来看，合肥城隍庙经历了战乱、1949年后的"破四旧"以及"文革"期间的破坏，已经面目全非，直到20世纪80年代初，才在合肥市文物管理处的主持下进行了修复，其后，经过多次修复重建，逐渐变成了合肥市"个私经济发源地和小商品集散中心"。随着商品经济和城市现代化进程的不断推进，城隍庙的空间功能和文化意义已经发生变迁，观察现在的合肥城隍庙，俨然已经超越了单一的信仰文化，而形成了以城隍信仰象征为基础的集商业、文化、娱乐于一体的公共活动空间。随着城市现代化建设的发展，很多城市都在进行大规模的旧城改造和新城建设，城市公共空间形态和功能都相应地不断发生着改变，很多原有的城市、老街旧巷都逐渐失去了特色，包含丰厚历史记忆和文化内涵的城市记忆不断流失。

本文拟从空间的功能变迁与文化记忆传承的角度出发，通过对合肥城建历史的梳理，综合运用文献分析法和田野调查法，分析合肥城隍庙从单纯信仰文化的载体到现代商业活动空间转变的过程，探究空间文化功能和集体记忆的转变对市民城市生活和文化传播的影响。

一、信仰文化的历史流变

（一）作为自然神的信仰起源

关于城隍的记述最早可追溯到《周易》"城复于隍，勿用师"，"城"指挖土筑的高墙，"隍"指没有水的护城壕。《礼记》中有关于"天子大蜡八"的记载中，天子需要祭祀的八大神中就有城隍神，第七神为水庸神，水即隍，庸即城，水庸神即城隍神。真正出现"城隍"一词是在六朝时期，《北齐书·慕容俨传》载："（俨）镇郢城。始入，便为梁大都督侯瑱、任约率水陆军奄至城下……于上流鹤踏洲上造荻洪竟数里，以塞船路……城中先有神祠一所，俗号城隍神，公私每有祈祷。"这表明当时已经出现城隍庙了。

唐朝之后，城隍信仰在江浙、皖赣闽、两湖地区颇为流行，关于城隍庙的记载也增多。宋朝的时候城隍神庙已经遍布府州县各地了，合肥现存的城隍庙就始建于宋朝。根据城隍庙里的碑文记载，北宋皇祐三年（1051），首任庐州府知府孙觉在其任内为百姓尽职尽责，深受百姓爱戴。百姓为了纪念他，始建城隍庙（庐州府城隍庙），并被尊称为庐州府第一城隍。

明洪武二年（1369），朱元璋下诏加封天下城隍，按照都、府、州、县的等级将城隍分为王、公、侯、伯，并对城隍的祭祀等仪式活动进行管理。各朝各代官府和民间都会对城隍庙进行修建，从道光年间开始，城隍庙的修建记录就逐渐减少，到咸丰时期达到最低。主要是因为清末政治腐败，内忧外患，中央集权已经迅速衰弱，依靠地方和中央政府主持的修缮工作自然也就得不到重视。到了咸丰年间，太平天国和战乱的兴起，让国内局势更加混乱，连年的战乱破坏使很多城隍庙遭到损毁。直到同治五年(1865)，各地才陆续将城隍庙的修建提到日程上来。庐州府城隍庙在清同治十年(1871)，李鹤章(李鸿章之弟)遵照李鸿章的意思仿照北京颐和园内戏楼式样重修。

"对于城市居民来说，城隍神是他们的守护神；而对于城隍神来说，城市则是它赖以生存的空间，城市居民是它的'衣食父母'，城市经济发展了，居民生活富庶了，就有人出钱给它修建富丽堂皇的庙宇，就有源源不断的香火和供品；反之，则庙宇破败冷清。"由此可见，城隍信仰作为一种宗教信仰文化，其发展与城市经济和社会的稳定有很大关系。

(二)信仰文化的断裂

昔日，围绕着城隍信仰文化，有很多祭祀和庙会活动，安徽民俗学者牛耘先生曾在他的《城隍庙旧话》中提到"三巡会"。"旧时民俗，城隍每年三次出巡，最为隆重。第一次是农历二月清明节，出巡任务是捉拿危害地方的恶鬼，加以专政，叫收鬼。第二次是农历七月十五日中元节，城隍出巡接访冤鬼屈魂的申诉，并现场处理，叫访鬼。第三次是农历七月二十九日，为庐州府城隍生日，这天出巡是超度孤魂野鬼，并对改恶从善之鬼予以宽大释放，叫放鬼。""三巡会"是城隍庙比较重大的活动，各地的城隍庙都有"三巡会"，只是城隍"出巡"的时间有所不同。庐州府城隍庙"三巡会"的线路，经城隍庙、三孝口、现今的长江路和淮河路，最后到卫衙大关(霍邱路附近)；随后进行开坛诵经等仪式，然后散会。可见当时活动的热闹情景。

"民国后，由于军阀混战，民不聊生，城隍出巡每年只能保持中元节一次。抗战爆发后，人民共赴国难，城隍出巡也就暂时停止。以后便再未恢复。"这一民俗活动在抗日战争之前每年都进行，1937年前尚有记载，此后皆不见有记录于世。"文革"时期，城隍庙与其他宗教庙宇一样经历了重大遭难，神像被毁，木雕焚烧，很多庙宇都被移作他用，合肥城隍庙就被改建为工厂了。

由此，城隍信仰在文化的延续中出现断裂。建筑在记忆延续的过程中起着"象征物"的作用，例如纪念碑、墓碑、庙宇和神像等，都是对于某种历史或者文化的再现。城隍庙庙宇是与城隍信仰的起源勾连在一起，扬·阿斯曼将埃及神庙描述为"石头构筑的回忆"，建筑表达了埃及人特殊的历史意识和身份感，记载和传播了埃及悠久的历史和文明。那么同样，周期性的灾难将城隍庙建筑毁于一旦，使得这一信仰文化出现断裂和遗忘。与建筑物起着同样作用的还有相关的仪式性活动，例如庙会和祭祀活动是作为仪式性的活动，只有按照固定的时间地点，一遍一遍地重复循环，才能让文化长久地延续下去。“文化意义的循环和再生产必须借助外力，它必须要进入循环并且被展演”，“节日和仪式定期重复，保证了巩固认同的知识的传达和传承，并由此保证了文化意义上的认同的再生产”。① 在重要的建筑载体被摧毁、仪式性活动长时间停止举办之后，文化意义就很难延续下去，渐渐地人们的相关记忆就会消退。

二、地域变迁和空间功能演变

每一个城市空间都以其独特的方式记录着城市文明的进程，记录着城市文化的变迁。雅各布斯是最早将“公共空间”引入城市研究领域的学者之一，他指出应该关注“城市空间”中的“公共空间”，把它当成重新塑造传统城市街区中的人际交往和城市生活的重要途径和空间纽带。而每一个特殊的城市空间都凝结着市民在漫长的城市历史发展过程中积累的对于城市的记忆和情感。“城市记忆凝固于城市空间环境，反映在人们的记忆之中，是人对城市空间环境意义的认识；同时，由于在城市发展的过程中，人们不断地对城市空间环境进行能动的改造，因而，城市记忆又处于不断发展变化之中，并不是一成不变的。”②城市记忆包含城市环境、空间功能以及文化意义，而作为基础的城市环境显然不是一成不变的，无论是自然环境还是经过人们改造的人工环境都在不断变化着，相应的空间功能和文化意义也就随之不断变化。

（一）城市经济建设背景下的重建

合肥城隍庙在经历了战乱后，原始的信仰记忆出现断裂。随着城市的建设和发展，新的记忆被重新建构起来。20 世纪 80 年代，改革开放初期，是中国从计划经济向市场经济转型的一个重要的历史阶段，而合肥作为中部省会城市，也期望着在改革的春风下抓住机遇，实现经济转型和城市发展。在这样的大环境下，政府制定了各个方面的改革发展计划，合肥城隍庙就被列入了改建计划中。

---

① 扬·阿斯曼．文化记忆：早期高级文化中的文字、回忆和政治身份[M]．北京：北京大学出版社，2015：148.

② 于波．城市记忆研究[D]．武汉：华中科技大学，2004：16.

1982 年合肥市以城隍庙为中心，进行综合开发，建设城隍庙市场，开设了 1000 多家商店。1986 年 1 月 15 日，合肥城隍庙市场一期工程建成开业，经营面积约 4 万平方米，是旧城改造中的画龙点睛之笔。经营之始，管理部门就确定改革兴市的方针，确立“多种经济成分并存、多种经营方式并举、多种流通渠道并行”的发展思路，市场很快活跃起来，开业时登记入场的经营单位（经营户）达 921 家，当年销售额 1.02 亿元。至此城隍庙已经成为“合肥市的个私经济发源地及小商品集散中心”，在当时产生了很大影响。① 随着城隍庙市场的建成，形成了以城隍信仰象征为基础的集商业、文化、娱乐于一体的公共活动空间。

（二）作为公共空间的功能演变

随着 1986 年城隍庙一期工程的顺利完成，和后来的多次扩建改造和布局调整，形成庙前时装新潮一条街，九狮楼、微光阁皮鞋城、毛线鞋帽城，庐阳宫布匹、搪铝塑制品批发区，环宫街大众服装，西入口古玩城，旅游纪念品，东入口缝纫、修理一条街的楼中街、街中店、门类多、品种全的小商品世界。由此城隍庙由单一的信仰文化载体，逐渐演变为商贸交易的多元文化空间。“在人类的城市生活中，实体空间，诸如广场、街道、建筑物等等，都是非常重要的构筑意义、传递信息的媒介”②，比如北京天安门、上海外滩、成都茶馆，我们可以从建筑、街道、交往活动等方面来观察城隍庙空间的演变过程。

1. 打破隔绝的街道

孙玮在《作为媒介的外滩——上海现代性的发生与成长》中提到“打破隔绝促进交流在都市空间的安排上，最直接的表现就是道路建设”③。在城隍庙的改建过程中，首先进行的就是街道的改建。经过多次改建和扩建之后的城隍庙街区形成了北至淮河路、南到安庆路、东至六安路、西至蒙城路的片区，从每一个街口都可以进入。淮河路连接老市府广场和淮河路步行街，安庆路向东可以到乐普生商场，向西连接的是环城公园，六安路向南可以到长江中路，而蒙城路则是城市主干道。这样的布局将城隍庙街区与其他繁华街区连接在一起，也为城隍庙商业文化的发展提供了空间环境。

除了周围的主街道外，街区内部的格局也体现了这一文化功能的转变。

---

① 合肥市地方志编纂委员会办公室．合肥市志（1986 ~ 2005）［M］．北京：方志出版社，2012：780.

② 孙玮．作为媒介的城市：传播意义的再阐释［J］．新闻大学，2012，（02）：43.

③ 孙玮．作为媒介的外滩：上海现代性的发生与成长［J］．新闻大学，2011，（04）：68.

东西向的霍邱路从整个城隍庙街区的中心穿过，从人和门进入，左边是文化馆，右边是庙前街，向前则是城隍庙大世界。从空中俯瞰整个街区以庙前街、花戏楼、文化馆、娘娘殿和思惠楼为中心线，周围是庙宇建筑和商品市场，街区内部的街道小巷纵横交错，将庙宇景点与商业空间融合在一起。从总体来看，整个街区既与周围重要商业街区连接方便，同时内部各个小的商业空间又相互贯通。

2. 重塑文化的建筑物

建筑是文化的一种记载和传承方式，只要建筑空间存在，人们就能在它构筑的环境中回忆过去，人们在参观古建筑的时候就是通过其来回忆历史。城隍庙整个街区是以白墙灰瓦的徽派建筑风格为主，庙宇建筑多是红墙灰瓦，颜色相间很有独特风格。

整个街区的建筑可以分为两个部分：庙宇和商业建筑。第一部分，20 世纪 80 年代的重建基本上保留了庙宇原来的风貌，只是将原来的砖木建材多数换成石混结构，并在此基础上进行扩建。在文化的历时性传播中，文化断裂的现象不可避免，人类的记忆具有社会性，需要依赖相应的媒介和载体。这些庙宇实际上是作为一种媒介和载体，在记录和传承城隍信仰中起着重要的作用。在经历了文化断裂之后，想要重新唤醒人们的记忆，恢复标志性的建筑是最直接的方式。比如古埃及神庙对于埃及文化传承的意义，“王朝后期的埃及人借助神庙把他们独具特色的文化记忆奉为法则并加以制度化，埃及文化因此得以经受住当时出现的具有深远影响的文化断裂，并且像往昔文化时代的纪念碑一样在轴心时代之后的世界里存续很长一段时间”①。神庙建筑为文化的生长提供空间，只要你进入建筑里面，有关的记忆就会被唤醒。同样，恢复城隍庙宇也是恢复一个特殊空间的各种功能。

另一部分，庐阳宫、城隍庙大世界和城隍庙商城等则呈现出迥异的建筑风格，完全是现代商业建筑，也一直成为市民休闲购物中心。这部分建筑主要承载商业功能，从空间布局到设计风格都是以商业功能为基础。例如庙前街，整条街呈南北走向，长 200 多米，中间是街道两边是商铺，形成双街连廊式格局，楼下主要以服装、特产等小商品为主；二楼是美食街，汇集了各个地方的特色美食，中间又有“桥”将两街连通。这种双街连廊式格局形成的商业空间能够为游客提供各种需要，满足各种消费需求。

在城隍庙重建的过程中，除了对原庙宇的修复之外，新的商业建筑也兴

---

① 扬·阿斯曼．文化记忆：早期高级文化中的文字、回忆和政治身份[M]．北京：北京大学出版社，2015：210.

建起来，城隍庙作为公共空间不再承载着单一的城隍信仰，它的空间功能不断扩大，并且与信仰文化关联不大，从而改变了人们在这个空间里的交往活动。

3. 展现身份的交往活动

实际上城隍庙的商业文化起源很早，明清时期开始城隍庙的发展繁荣就与当地的经济有很大的关系，朱梅在分析上海城隍信仰的流变时就指出“上海城隍信仰的持续流播，庙宇的一度重建，信仰扩展到乡镇，主要得益于‘以市兴庙’之类的经济活动的推动”①。以城隍庙为中心，每当庙会等活动的时候，商贩云集，百戏陈杂，清代末年的《沪江商业市景词》中有《城陛庙》诗描述了旧时的上海城隍庙与祭祀相关的演戏、集市等活动，“城陛庙内去烧香，百戏纷陈在两廊。礼拜回头多买物，此来彼往掷钱忙”②。当时的城隍庙就已经充当着为市民商业活动提供便利的公共空间，但是当时的商贩都还是零散的、不稳定的，城隍庙还没有发展成固定的商业场所，并且由于后期的战乱和政治原因，城隍庙被毁坏，庙会等活动不能定期举行，类似的经济活动就不能发展延续下去。

20 世纪 80 年代重建之后，“个私经济发源地，小商品集散中心”是媒体报道和官方宣传中经常出现的对城隍庙的描述，重建后的城隍庙在二三十年的发展中，“形成庙前时装新潮一条街，九狮楼、微光阁皮鞋城、毛线鞋帽城，庐阳宫布匹、搪铝塑制品批发区，环宫街大众服装，西入口古玩城，旅游纪念品，东入口缝纫、修理一条街的楼中街、街中店、门类多、品种全的小商品世界”③，一时间，城隍庙成了市民甚至周围郊县的人们休闲购物的去处，繁多的商品能够满足多样化的需求。市民去城隍庙不再是在特定的庙会或者敬香的时间，目的也不再限于参拜城隍爷。

“2004 年交易额达 20 亿元。2005 年，城隍庙小商品批发市场已经成为占地 10 万平方米、云集客商 4000 家、从业人员近万人、经营品种 4 万余，拥有服装鞋帽、日用百货、布匹、低压电器、古玩、文化用品、工艺美术品、旅游纪念品、糖酒食品等十大专业批发区的大型综合批发市场，成为合肥小商品集散中心和市民理想的购物场所。”在这里商业交易每时每刻都在发生，有人依靠着狭小的店面养活着一家子，有人从这里低价批发商品售卖到其他地方，有人来这里购买自己需要的物品。如果在街区中转一圈，你会发现这

① 朱梅．上海地区城隍庙：变迁中的民间信仰（1369 ~ 1930）［D］．上海：复旦大学，2009：22.

② 朱梅．上海地区城隍庙：变迁中的民间信仰（1369 ~ 1930）［D］．上海：复旦大学，2009：29.

③ 合肥市地方志编纂委员会办公室．合肥市志（1986 ~ 2005）［M］．北京：方志出版社，2012：780.

里的日常：店主熟练地推销着自己的东西，“我这是全市场最低价了，你绝对吃不了亏”，顾客也深知老板的“生意经”，不紧不慢地讨价还价“前面那家就比你家便宜”“都是老主顾（老顾客）了，还卖给我这么贵”，他们的交谈是完全的商人和顾客角色。汉娜·阿伦特在《人的条件》中说道：“人们在言行中表明他们是谁、积极地展现其个性，从而使自己出现在人类世界中”，人们的身份职业常常很明显地反映在他们的交往言行中，当开始工作时这种固定的交往方式和语言表达就会自然地、熟练地运用起来。

经过多次的实地调查，笔者发现城隍庙沿街的商家每天的开业时间很早，早上八九点钟就陆续开业，下午三点左右到晚上是一天中生意最好的时候，节假日的时候游客会大大增多。另外，城隍庙经过整修的小吃街2016年夏天重新开业，这里也成为市民游客最热门的去处，7月16日首日夜市开业，城隍庙就创下了5万人流量。这里每天从晚上7点营业到11点半，很多人会选择在下班的时候逛逛夜市，所以傍晚时分城隍庙附近道路经常出现拥堵，通明的灯火，喧闹的人声，如果你初次到来一定不会知道一墙之外就是庄严的庙宇。

三、“失忆”与“重构”

在合肥老城区建设中，我们常常会听到“城市记忆”这个词，其中有关城隍庙城市记忆的表述也非常的多。但是经过仔细分析发现，有关合肥城隍庙的城市记忆却不仅限于原始的城隍信仰文化，更多指的是20世纪80年代随着城隍庙重建而重新建构和传播的商业文化。

“城市记忆”作为一个概念，涉及的学科领域非常广，学术界还没有一个权威统一的定义。周玮在《城市记忆的概念辨析与理论阐释》中将城市记忆解释为“在城市空间中产生的对历史的记忆，是反映城市中社会群体对城市各个时间断面内所有有形物质环境和无形精神文化的共同记忆”。根据这一解释，城市记忆首先是集体记忆，是与城市空间相关的社会群体关于这个空间的集体记忆，城市空间又与社会环境的变化密切相关，随着社会大环境的发展，城市空间在各个历史节点都呈现出不同的状态，因而城市记忆具有显著的时空性，它总是处于不断更新变化中。在这不断的更迭变化中，记忆的断裂和缺失就必不可免，这就是文化“失忆”，郭凌在《城市文化的失忆与重构》将它解释为“导致城市文化失忆的原因不是大脑损伤，而是社会发展、环境改变致使某一段时间后文化环境或是符号文化发生潜移默化的变化，使人们想不起原来文化的意象”。随着城隍庙空间功能的变化，人们的交往活动和市民生活也随之改变。在城隍庙街区中出现了不同身份、不同角色的人，而他们之间被商业活动紧密联系在一起，这里出现了固定的商店、商人，流动的顾客、游客，周围充斥着叫卖声、讨价还价声，人们仅仅是为了买卖而来到这个空间。在这个过程中，人们亲历的文化与历史传承的记忆存在差异，在不断的现实践行过程中，现存的文化意义不断强化，久远的记忆不断削弱。

为了了解人们在城隍庙公共空间中交往活动和人们关于这个空间的记忆，笔者进行了实地调研和人物访谈。深度访谈的对象主要有娘娘庙的道长、居士，城隍庙街区的商家、游客、周围市民等，共50人，年龄在15～55岁，对于娘娘庙的道长和居士访谈的内容主要集中在城隍庙的信仰文化发展和现状，对于商家、游客、市民的访谈主要涉及他们对于城隍庙的认知、交往活动以及对城隍庙的文化记忆。

虽然近些年庙宇经过多次修缮，文化传播也得到政府的扶持，但是随着社会环境的发展，城隍信仰文化依然面临着衰退。访谈对象中游客共有30人，其中，没有进庙参观过的有12人，没有进过香火的有23人。张道长是娘娘庙的主持，主管庙中的日常事务，他提到“城隍爷是一个城的管理者，以前府城的新官上任、‘三巡会’的时候，城中大小官员都是要来祭拜城隍爷”，“现在庙中还会定期举办一些庙会、讲经等活动，但主要是一些信徒来参加”。笔者在调研过程中曾两次去到娘娘庙，每次都是小半天时间，据观察，香火并不旺，张道长告诉笔者：“现在来到庙里祭拜的主要是一些信徒在庙会或者特定日子里来进香火，大多是一些年纪稍长的人，年轻人有来参观的，虔诚烧香的少。”

相对于信仰文化，人们似乎更熟悉这里的商业文化。W女士今年53岁，在娘娘庙旁边的街道经营着一家珠宝古玩店，店面不大，据W女士介绍，她在这做生意已经二十多年了，“那会儿城隍庙市场刚刚起来，很多朋友都来这里做生意赚了很多钱，生意最好的时候是90年代末”。Z先生夫妇也是做生意的，他做的是批发零售，从城隍庙批发小商品送货到周围的县镇里的商店，从中间赚差价，“我们老家是肥西农村的，家里的地不要了来这里做小生意，现在住在肥西县城，每个月都要来这里进几次货”。他们都是受益者，Z先生说：“要不是做这点小生意挣钱，我现在还在老家种地，怎么也不可能住到县城里还买房。”对于依赖着这里的商业活动生存的商人而言，他们并不在意那些信仰文化，城隍庙所提供的空间功能改变了他们的生活。

在和游客的访谈过程中，笔者发现大多数游客对于城隍庙的印象就是琳琅满目的小商品和种类繁多的各类小吃。W先生是外地人，现在在合肥工作，第一次来城隍庙是和同事一起，之后经常和同事朋友在下班后来这里的夜市，但是从来没有去庙里参观过。Y 女士是合肥市民，说到对城隍庙的印象，她说到小时候跟妈妈去过一次春节庙会，“庙会很热闹，现在都记不清了，已经很多年没有再去过了，不知道现在过年还有没有庙会了”，Y 女士现在来城隍庙都是来逛逛小市场、小吃街。无论是年轻人还是年纪稍长的游客，都不太了解城隍庙的历史文化，在他们的印象中用“个私经济的发源地和小商品集散中心”来描述城隍庙更为贴切。

“人类记忆在自然状态的最基本形式是遗忘而非回忆”，扬·阿斯曼这里所说的当然是针对群体而非个人，记忆是需要不断重复和建构的，而记忆的建构和重构又是一个不断选择的过程。社会环境的变化带来空间功能的改变，进而改变了人们的交往活动，城隍庙就是都市文化兴起和城市经济发展的大环境选择的结果，形成了人们对这个空间新的记忆。

小　结

关于城市公共空间。一方面，城市是由一个个相对独立又相互关联的城市空间构成的，每一个城市空间都凝聚了市民的情感和集体记忆，在了解一个城市空间的历史文化过程中我们能够更加清晰地了解城市的过去、现在和将来。另一方面公共空间物质载体和空间功能的转变，又影响着市民在其中的交往活动，随着社会环境和城市生活的不断发展，公共空间的功能总是顺应时代发展和市民生活的需要，相应的只有适应不断发展的市民生活的文化内涵才会留存在人们的记忆中。城隍庙作为一个城市公共空间，从建筑、街道等实体空间为商业活动提供了场所，从而影响着人们在这个空间中的行为、交往。城隍庙空间功能经历了大众化、商业化的过程，逐渐形成其独特的文化，在这一过程中人们的相关记忆也随之改变，也形成了它独特的文化。

关于城隍庙的发展。在城隍信仰的历史发展中，信仰文化的繁荣总是与社会经济社会环境密不可分，现今在精神信仰和经济经营的互动中，商业经济的发展占据优势。城隍庙由单一的信仰文化载体转变为多元的商业文化空间是很多城市城隍庙发展的一个普遍趋势，很多地方城隍庙发展成为了集商业、旅游、娱乐等于一体的独特公共活动空间，这与原始的信仰文化相去甚远，但是却在全国范围内成为普遍现象。合肥城隍庙在 20 世纪 80 年代的重建是在改革开放的政治和经济大环境下进行的，在以经济建设为中心的浪潮中，城隍庙历史发展过程中的精神信仰与商业经济互动的传统成为发展建设的重点。虽然城隍信仰并没有消失，但是城隍信仰显然已经不是城隍庙街区发展的主导力量。目前随着我国城市化进程的不断深入，依托城隍庙空间发展起来的商业经济面临着发展瓶颈，城隍庙街区已经不复当年的繁荣。城隍庙街区特殊的历史文化是它的优势所在，如何发挥这样的传统文化的作用形成“以文带商，文商互荣”的发展模式是城隍庙街区谋求新发展、传播城隍信仰文化的关键。

参考文献：

[1] [美]王迪．街头文化：成都公共空间、下层民众与地方政治(1870—1930)[M]．李德英，等，译．北京：商务印书馆，2013.

[2] [美]王迪．茶馆成都的公共生活的微观世界(1900—1950)[M]．李德英，等，译．北京：社会科学文献出版社，2010.

[3] 王汉生，刘亚秋．社会记忆及其建构：一项关于知青集体记忆的研究[J]．社会，2006，26(03)：46-68.

[4] [美]卢汉超．霓虹灯外世纪初日常生活中的上海[M]．上海：上海古籍出版社，2004.

[5] 史明正．走向近代化的北京城：城市建设与社会变革[M]．北京：北京大学出版社，1995.

[6] 刘亚秋．“青春无悔”：一个社会记忆的建构过程[J]．社会学研究，2003(02)：65-74.

[7] 朱梅．上海地区城隍——变迁中的民间信仰(1369—1930)[D]．上海：复旦大学，2009.

[8] 李欧梵．上海摩登：一种新都市文化在中国[M]．北京：人民文学出版社，2010.

[9] 李文．城市公共空间形态研究[D]．哈尔滨：东北林业大学，2007.

[10] 汪苑菁．发现“城市”：重构近代报刊史之城市与报刊关系[J]．国际新闻界，2013(05)：137-144.

[11] 陈旭清．心灵的记忆：苦难与抗争——山西抗战口述史[D]．杭州：浙江大学，2005.

[12] 张可君．成都“东郊记忆”公园的城市记忆传承与延续初探[D]．成都：四川农业大学，2015.

[13] 赵世瑜．狂欢与日常——明清以来的庙会与民间社会[M]．北京：生活·读书·新知三联书店，2002.

[14] 周海燕．记忆的政治[M]．北京：中国发展出版社，2013.

[15] 林峥．从禁苑到公园——民初北京公共空间的开辟[D]．北京：北京大学,2015.

[16] 董义雷．合肥城隍庙片区历史演变及发展研究[D]．北京：清华大学,2014.

[17] 景军．知识、组织与象征资本——中国北方两座孔庙之田野研究[J]．社会学研究,1998(01):5-22.

[18] 薛颖,权东计,张园林．农村社区重构过程中公共空间保护与文化传承研究——以关中地区为例[J]．城市发展研究,2014,21(05):117-124.

[19] 孙玮．作为媒介的外滩：上海现代性的发生与成长[J]．新闻大学,2011(04):67-77.

[20] 周玮,朱云峰．近20年城市研究综述[J]．城市问题,2015(03):2-10.

[21] [美]保罗·康纳顿．社会如何记忆[M]．纳日碧力戈,译．上海：上海人民出版社,2000.

[22] [德]扬·阿斯曼．文化记忆——早期高级文化中的文字、回忆和政治身份[M]．金寿福,黄小晨,译．北京：北京大学出版社,2015.

[23] [法]莫里斯·哈布瓦赫．论集体记忆[M]．毕然,郭金华,译．上海：上海人民出版社,2002.

[24] [美]罗威廉．汉口：一个中国城市的冲突和社区(1796—1895)[M]．鲁西奇,罗杜芳,译．北京：中国人民大学出版社,2008.

“在他乡”：民国时期乡绅阶层的舆论动员研究

——以江西婺源地区“回皖运动”为例①

（戴淑文　卜凡娜　安徽大学）

摘　要：《人民日报》发表评论文章《地名是回家的路，“徽州”不妨考虑恢复》，呼吁将安徽“黄山”复名“徽州”，引起了广泛共鸣。基于此议题，并根据当下婺源行政区划上隶属于赣，历史文化仍旧从属于皖（徽州）的状况，回望当地历史，重新研究民国时期的“回皖运动”，试图探析彼时婺源地区乡绅阶层在“回皖运动”中进行的舆论动员。婺源自宋代以来是徽州府所辖的六县之一，是徽文化的重镇，没有婺源，徽文化难成体系；不回徽州，婺源的“徽”色也会逐渐减淡。随着现代社会的不断变迁，倘若没有采取有益的规避措施，传统的徽文化有可能与婺源地区在一定程度上发生断裂。

关键词：回皖运动；乡绅阶层；舆论动员

引　言

唐开元二十八年(740)，婺源建县，因“地近婺水之源”[1]而得名婺源，隶属安徽歙州，宋朝以后隶属于安徽徽州，与黟县、祁门、休宁、歙县、绩溪统属徽州府，并称“一府六县”，长达千年。由于历史文化的积淀，无论是村庄选址还是建筑格局，无论是社会生产还是日常生活，无不带有明显的徽派特征。随着政治格局的演变，“一生痴绝处，无梦到徽州”的图景不再，追溯民国时期发生在徽州婺源的“回皖运动”，便能探寻徽州民众对徽州文化强烈的归属与认同。

---

①　本文系安徽大学舆情与区域发展协同创新中心学生项目研究成果。

一、"回皖运动"

民国二十三年(1934 年),蒋介石出于"剿共"的需要,将原属徽州的婺源县改隶江西,徽州六县在历史上第一次被分省而治。婺源划归江西省所辖的消息被传出后,随即遭到了徽州民众尤其是婺源民众的强烈反对,婺源各界纷纷以不同的形式进行政治抗争,这拉开了"回皖运动"的序幕。但由于战争的原因,蒋介石驳回了各方的请求,"回皖运动"暂时沉寂。抗战胜利后,以婺源县参议会为首,联合原属徽州的各县同乡,发起了更为激烈的抗争,婺源当地的民众与乡绅、民间社团,在外的婺源籍人士纷纷以上书、游行、散发传单等各种形式来表示自己的不满,集体发出"男要回皖,女要回皖,男男女女都要回皖;生不隶赣,死不隶赣,生生死死决不隶赣"[2]的口号,更有甚者,以"头可断,血可流,不回安徽誓不休"来表明归皖的决心。通过上层的请愿、中层的呼吁、下层的发动,在各方的激烈抗争下,婺源终于于1947 年返皖。总体而言,这场持续 13 年之久的"回皖运动",是一场自觉维护文化统一性的政治抗争运动,此次集体的政治诉求,显示了婺源民众有着强烈的历史与文化认同。

二、"回皖运动"中乡绅阶层舆论动员的因素

(一)关于乡绅

"乡绅"一词在宋代已经出现[3],但在明代文献中出现的同类用语中,绝大多数场合用的是"缙绅"[4],至明清时期,缙绅又用来通称"乡宦之家居者"[5]。明末清初颜茂猷说过:"乡绅,国之望也,家居而为善,可以感郡县,可以风州里,可以培后进,其为功化比士人百倍。"然而,经笔者查阅资料发现,乡绅不仅包括隐退的官员,还应包括本籍的现任官员,例如"本地乡绅,有任京外者,有告假在籍者,有闲废家居者"[6]及"那乡绅如中堂、部院、科道、九卿、督抚、司道、有司,无论出仕与林下,毕竟比平常人有力量,所以乡绅尤当急急为善"[7]均有所指。

关于"乡绅"的内涵,学术界迄今未取得一致看法,但大多数学者认为,"乡绅"与"缙绅"相关,有的解释为"在乡的缙绅"[8]。在乡的缙绅也就是退居在乡的官员,最多也只能扩及那些具有科举功名的尚未或尚无资格进入官僚阶层的准官僚成员。在这样的前提下去解读乡村社会结构,视角未免有些局限。因此,笔者认为,凡是在地方社会享有较高名望和地位并能在权

力结构中发挥较大影响的社会人士都应该被视为乡绅。

（二）乡绅阶层舆论动员的原因及条件

徽州文化是古徽州一府六县物质文明和精神文明的总和，婺源民众对其有着强烈的归属感与认同感。婺源由于政治因素被划归江西后，从上层的请愿、中层的呼吁到下层的反抗，近乎达到了全民反抗的境地。乡绅阶层是通过学校和科举而产生的特殊阶层，拥有文化知识，其作为基层权力的核心，发挥了重要的中介作用。因此，"回皖运动"中乡绅阶层所进行的政治抗争及舆论动员是政治、经济、文化、教育等因素相互作用的结果。

1. "文化共同体"：地域归属引发的本土文化认同

徽州文化由山越文化演变而来，在不断地移民过程中，促进了与汉族的交往和融合，孕育了徽州文化教育的产生和发展，于是汉族和汉化的山越人逐渐地同化为徽州人。从古徽州的自然环境与人口变迁来看，这里重峦叠嶂，土地贫瘠，环境相对闭塞，随着社会的不断发展，民族成员日益增多。这样，以部落为基础的宗族不断融合而逐渐形成。

"至朱子得河洛之传，以居敬穷理启迪乡人，由是学士争自濯磨以冀闻道，风之所渐，田野小民亦皆知耻畏义"[9]，徽州人尊朱子为"圣人"，崇尚"理学渊源"，注重文化根基，彼此认同感很强。"读朱子之书，服朱子之教，秉朱子之礼"，所有人都奉行相同的文化准则。就这样，他们都被紧密地联系在一起，尤其作为徽文化重镇的婺源更是如此。当根深蒂固的文化被强势剥离滋养它的土壤，必然会遭受异域文化的"摧残"，甚至毁灭性的打击。故而当婺源被蒋介石因军事需要划到江西的那一刻，婺源民众全都奋起反抗，试图用自己的力量阻止这一切的发生。

2. "政治使命"：乡绅阶层居于基层权力的核心

在中国两千多年的中央专制集权的权力架构中，由于传统官僚制度的特质，已不可避免地造成了国家与乡村基层社会的分离、行政机构与平民百姓的脱离。这就需要一个阶层充当官民的中介，以便上传下达，联络官民。乡绅阶层正是为了适应这一需要而出现的。

乡绅阶层是中国传统社会一个独特的社会阶层，他们拥有一定的社会特权，享有特殊的生活方式，是沟通官民的中介和桥梁，"皇帝任命的任何县官只有获得当地士绅的合作才能进行治理"[10]。乡绅阶层是地方自治的领导人士，他们的组织起到了准官僚机构的作用。在封建统治秩序下，县一级政权实属皇权下达的末梢，而县级以下的乡村多由乡绅等地方精英阶层参与治理，封建统治的政令、法令，无论采取何种传播方式，欲使之传遍乡村社会，都必须经由乡绅阶层晓知于民，同样地，乡村民众的意见首先反馈至乡绅，听从乡绅的建议、取得乡绅的认同后，再由乡绅传达至官府。

纵观徽州社会，其基层权力空间由乡绅与宗祠来填补，宗族里有影响力的人一般由乡绅担任。作为宗族中的成员，凭借特殊的身份和地位，在宗族组织中起领导支配作用，有着巨大的权力空间[11]。总体而言，乡绅阶层在国家与地方民众的互动中起着关键的中介作用，其对维系地方社会的稳定亦有重大影响。

3.“经济主体”：徽商的鼎力支持

恩格斯认为，“政治、法律、哲学、宗教、文学艺术等发展，是以经济为基础的”[12]。文化作为物质的外在表现形式，经济基础对其无疑有相当大的影响。徽州文化发达的物质支撑就是徽州发达的经济[13]，因此绝对不可以忽视徽商对徽州文化及“回皖运动”的贡献。“虽士大夫之家，皆以畜贾游于四方”[14]，谈及徽商，始终与仕途相勾连。科举成功的机会很少，因此弃儒从商成为读书人除入仕之外最值得选择的职业。因此，婺源商人多是儒商，很多当地的成功商人都是知名乡绅。由于徽州人的宗族观念较强，他们往往“挈其亲戚知交而与共事，以故一家事业，不独一家食焉而已”[15]，相互援引迅速扩大了徽商队伍。同时，徽商亦与族内“缙绅先生”情投意合，于是不惜捐助资金，为本族修宗祠、立族规、续宗谱、置族田及从事其他“义举”[16]。回皖运动中，为联系各方势力，给祖籍婺源的汪大成五万元活动经费正是由徽商募集而成。因此，由于徽商的作用，回皖运动在经济上有了物质的支撑，徽商对于回皖运动的积极影响不言而喻。

4.“东南邹鲁”：教育的繁荣发展

徽州自古以来文风昌盛，名流辈出，故有“东南邹鲁”之称，其重视教育，学馆书院无以计数。徽州比较正规的教育始于汉代，“忠以丹阳越俗不好学，嫁娶礼仪，衰于中国，乃为起学校，习礼容，春秋乡饮，选用明经，郡中向慕之”，可见儒学已经开始传布。隋唐时期，由于战争导致中原大族大规模地南迁徽州，促进了当地社会经济文化的发展。唐代徽州教育繁荣，县学与私学纷纷出现，“唐学盛矣”；至宋代，书院大盛；明清时期，徽州教育在经济的作用下呈现繁荣的景象。经查阅相关资料，笔者对唐代至清代徽州地区的教育情况进行如表1统计。

表1　唐代至清代徽州地区办学情况统计表

时间	办学性质	数量	备注
唐代	县学	—	官办的县学与私学纷纷出现

（续表）

时间	办学性质	数量	备注
宋代	书院	22 所	安徽全省书院 28 所，仅徽州就有 22 所，占全省近 80%
元代	社学	县以下所属村庄 50 户为一社，每社均设学校一所	除社学外，民间书院与私学也颇为兴盛
	书院	29 所	安徽全省书院 44 所，徽州地区占 65% 以上
明代	社学	562 所	除社学和书院外，还有官办的府学和县学
	书院	46 所	—
清代	社学	462 所	特点：初等教育普及，私塾林立
	书院	58 所	—

乡绅阶层是通过学校和科举而产生的特殊阶层，其之所以能实现对宗族组织的控制，主要原因是乡绅拥有文化，拥有知识。由于乡绅对文化和教育的占有，使得乡绅集教化、伦理、祭祀、宗族等一切社会职能与权力于一体，成为控制乡村社会的实际权威。此外，由于徽州地区对教育的重视，使得民众对于基本知识有一定的掌握，为“回皖运动”中全体民众的政治抗争及舆论动员奠定了基础。

三、“回皖运动”中乡绅阶层的舆论动员

“回皖运动”，一场持续了长达 13 年之久的政治抗争运动，其“历经磨难”，乡绅阶层在这场运动中的舆论动员也显得历久弥坚。婺源划归江西省管辖的消息一出，立刻遭到了婺源民众的反对，但由于抗战的原因，不得已将归皖暂时搁浅，舆论动员也由激烈转为温和并渐渐沉寂。抗战胜利后，婺源民众士气高涨，立即进行了更为激烈的舆论动员，“回皖运动”最终取得胜利。

(一)“一波三折”：乡绅阶层舆论动员的过程

在“回皖运动”的舆论动员过程中，乡绅阶层上传下达，联系各方，其作用不可低估。他们通过在报刊上发文、推举代表赴京请愿、发出通电、组织实施“回皖运动”周、发动全县民众进行游行示威、组织罢市罢工罢课等，同时委托徽州籍知名人士胡适向国民大会递交请愿书等方式，向南京国民政府施加压力，事态进一步扩大化后，“回皖运动”获得胜利。

1. *初次失利*

1934年6月，国民政府内政部发布公告，把婺源划归江西省管辖，随即引发了徽州民众的反对，婺源民众反应更为强烈。于是婺源的乡绅阶层结合民众意愿，与上海、南京的商人及知识分子取得联系，以舆论为工具，以整个徽州的名义在报纸上撰文制造压力，历数婺源在经济、政治、文化等方面和安徽的不可分离，这拉开了“回皖运动”的序幕。

由于军事需要将婺源划至江西省管辖，这对婺源或徽州来说影响较大，因此，为了能回到安徽，婺源乡绅阶层进行多方动员，并依托同乡会网络进行舆论扩散。就乡绅阶层来说，对上他们通过告知政府民众的意愿及联系旅外同乡会，对下他们通过传达政令及呼吁民众等方式来进行属于他们形式、符合他们身份的政治抗争。运动期间，婺源民众在乡绅阶层的引导下通过报纸不断表明自己的归皖决心，有的甚至在多处物品上公开刻有“返徽”字样，以表示自己的不满。乡绅阶层利用同乡网络的力量，将事态进一步扩大，除婺源外，同属于徽州的其他五县（包括黟县、祁门、休宁、歙县、绩溪）纷纷参与进来，因此，原本由婺源地区的行政归属问题引发的政治抗争渐而扩散至整个徽州地区。

1934年9月，乡绅阶层通过与婺源旅外同乡会取得联系，恳请他们向蒋介石和“行政院”致请愿书。旅外同乡会辗转将请愿书递交但遭到蒋介石的驳回。蒋介石随即在给婺源县政府的训令中提出政治、军事、公路三方面改划理由，并针对请愿书所写内容予以逐项批驳，令婺源县政府“无条件执行”。因此，安徽省和江西省于9月4日办理了婺源管辖权的交接，这是婺源历史上第一次被划隶江西省管辖。归赣期间，婺源各阶层并没有因为政府决策的权威性和强制性而放弃归皖的目标，继续利用媒体舆论、提交议案、游说等多途径对政策进行影响。1935年9月，婺源县政府在《徽州日报》上刊文对婺源改隶一周年进行纪念，但此事遭到了婺源乡绅阶层及民众的反对，其随即在《徽州日报》上刊登名为《婺各界为“九四”纪念告旅外同乡书》的文章澄清此事，强调此为政府而非民众的意思，以坚定各界进行政治抗争的信心。随后，由于抗战的爆发，婺源民间仍有回皖的呼声，但重庆政府无暇顾及，“回皖运动”舆论暂时沉寂。

2. 二次努力

抗战胜利后，南京国民政府于 1946 年 5 月 5 日还都南京，并计划于 11 月 15 日召开国民大会。婺源各界均认为此时是再次争取回皖的绝佳时机，因此，在乡绅阶层的呼吁下，于 1946 年 1 月成立婺源县参议会，并纷纷联合各界代表于 4 月 20 日举行婺源县参议会会议，[17] 会议最后通过四项决议：一是给祖籍婺源的汪大成五万元活动经费，委托他在国民大会召开之前，在南京开展活动，游说国会代表，力争把婺源回皖的议案在大会提出，给国民政府施加民意的压力；二是为配合婺源回皖运动委员会的各项行动，致电徽州各县参议会，希望大家可以通电响应，同时联合婺源在各地的同乡会，希望各同乡会可以鼎力支持；三是为扩大婺源“回皖运动”的声势，决定组织开展回皖运动周；四是制定详细完备的“回皖运动”计划大纲。[18]

1946 年 4 月 22 日，婺源召开了“回皖运动”扩大筹备会议，在大会上议决了计划大纲，回皖运动委员会正式成立。同时，根据婺源参议会制定的决议，派代表进京游说。在乡绅阶层和同乡会的共同商议下，于 1946 年 10 月下旬推选教育界的老前辈江植棠担当游说重任，并拜访胡适。祖籍徽州的胡适对“回皖运动”颇为关注，并拟函于江植棠让其拜访婺源在国会任职的同乡，寻求帮助。在江植棠进京游说之际，全县范围内进行了大规模游行示威活动，数千人扛着“回皖运动大游行”的旗帜，高呼口号：“我们要回到安徽去！”乡绅阶层将民众的请求上传至回皖运动委员会，委员会以“为吁请将婺源划回安徽管辖，以解民困”为由，致电国民政府、行政院、国民大会，之后又由县参议会和旅外同乡会推选代表向国民党政府呈文请愿，当时，《中国日报》《大公报》《首都晚报》均以“婺源回皖运动，推选代表晋京请愿”为题予以报道。

在国民大会召开之际，婺源县内又掀起了“回皖运动”的新高潮，全县“罢工、罢市、罢课”，游行示威，并召开民众讲演会，以示请愿。其间，婺源县乡绅郑玉衡公开发表言论：“婺源自从改隶江西后，一切种种都没有在安徽好。我们的理由是充足的，用意是纯正的。我们要以良好的秩序、整齐的步伐，一致向政府请愿，坚持到底，不达目的不止。”民众的情绪被带动起来，“台下沉默着每个人显出紧张的脸。每个人抑制着内心的苦楚；每个人思想起昔日隶皖的情景，想起目前隶赣的情景，也想起了未来的希望”[19]。

3. 最后胜利

“罢工、罢市、罢课”示威游行事件的发生，婺源县内基层民众、知识分子均参与其中，旅外同乡会则通过致电国民大会、行政院等方式让国民政府知晓民众的心声。随着事态的不断扩大，蒋介石对此事有所耳闻，意图采取相应措施。与此同时，胡适委托国民大会主席团代表张厉生上呈“婺源回皖之请愿书”：“徽州的婺源，朱夫子的出生地……划给江西省，可是全徽州的人都不愿意，一直闹到复员之后国大代表开会时，徽州同乡会作好呈文要向蒋介石请愿。我说：‘给我吧。’我交给国大主席团代表张厉生。那时张厉生是内政部长，他就照办了。”先生笑着说：“这是帝国主义的做法，徽州人岂肯把朱夫子的出生地划归江西，他们还把二程先生的祖先算是徽州人呢！”[20]

内政部长张厉生将请愿书呈递至蒋介石手中，蒋介石随即对请愿书予以批复。该请愿书由江植棠撰写，并经过国民大会安徽籍61位代表修改后，胡适带头签名，因此，该书对“回皖运动”起了绝对作用。1946年11月23日，内政部拟函回复胡适“适之先生并转国民大会安徽代表诸先生勋鉴：展奉大牍，承示赣属婺源县划还皖省各节，敬悉一一，除饬司详加研究，并拟派员实地查勘以便处理外，特先奉复，并颂仪祯”[21]。

1947年春，南京国民政府行政院派人前往婺源进行实地查勘，以解决婺源的归属问题。当内政部派遣的观察员来到婺源勘察当地情况时，婺源人民极力欢迎，乡村各处均张贴楹联和标语，此外，还有“事齐事楚，全凭人心所向；属赣属皖，应以民意为归”“不回安徽誓不休”等激昂的口号。观察员所到之处，婺源民众纷纷在门前摆设香案，燃放鞭炮，将回皖的愿望与决心向其陈述，如此种种，均表达了婺源民众期望回归安徽的强烈愿望。

历经十余年的不懈抗争，婺源各界最终迎来了回皖的希望。1947年8月4日，安徽和江西两省正式办理交接手续，婺源由赣返皖，隶属安徽省第七专区，消息公告之时，婺源乃至徽州人奔走相告，击掌相庆，这也标志着“回皖运动”的最后胜利。

（二）“同乡网络”：乡绅阶层舆论动员的力量

“政府鉴于商战不利，惧将无以自存于生计竞争之世也，于是创立商部”[22]。于是，商会在全国各地迅速发展起来。同时，商人为顺应潮流建立起属于自己的新式自治组织——同乡会。徽州人在各省区的同乡会都建立了联席会，而各联席会之间也建立了网络联系，互通信息，互相支持，从而覆盖了天下。这是在充满矛盾与冲突的社会环境下，建立起来的地缘性的自治组织。同乡会在地方有着崇高的威望，因此他们发出的公共舆论颇有影响力。

在“回皖运动”中，各界同乡会发挥了巨大的作用。经笔者查找资料发现，徽州在上海的同乡会多达7所，均成立于抗战前，分别是歙县旅沪同乡会、徽宁旅沪同乡会、祁门旅沪同乡会、婺源旅沪同乡会、绩溪旅沪同乡会、休宁旅沪同乡会、黔县旅沪同乡会。其中，婺源旅沪同乡会成立于1927年，“窃查婺源旅沪同乡会，经营工商业者，为数甚伙。民十六，曾由同乡江家珺、金里仁等组立同乡会，联络乡谊，举办公谊”[23]。旅沪同乡会为了加强与桑梓之地之间的联系，还在乡绅和绅商中推选名誉会员，作为同乡会在本土的代理人。据《申报》1924年1月29日《安徽旅沪同乡会立案》载：“沪地为通商要区，安徽人士……无虑十余万人，若无同乡会组织，实不足以联络感情，合群互助。爰集乡人，公同发起安徽旅沪同乡会。”参与同乡会的除商人外，还有社会各界人士，尤其是乡绅。

在“回皖运动”的舆论动员过程中，旅沪同乡会起了非常关键的作用。在这个过程中，他们紧密联系各方，上传下达，为回皖运动做出了巨大的贡献。同时，各大报纸，尤其是《申报》，对沪徽两地信息的沟通也起了重要的作用。在同乡会的联结上，血缘也是重要的纽带，畅通的信息和血缘、地缘纽带，把旅沪同乡会与桑梓之地紧密联系在一起，休戚相关[24]。总体而言，血缘与地缘在客地与本土间的双向沟通，编织起同乡会疏而不漏、庞大无比的网络，依托这张网络，同乡会为维护同乡的利益，在具体事务中所表达的公众舆论及对国家权力与国家事务的批评与监督，展现了独立、自治的市民公共空间。

四、结语

“回皖运动”是一场民众致力于改变政府决策的政治抗争运动，几乎所有婺源民众均被卷入其中，影响较大，各方在不同时段显示出博弈、合作或对抗的互动关系。其中，乡绅阶层扮演着沟通官民的中介作用，同时发动各方，联系政界、商界、学界的知名人士支持、发声。经过各方努力，“回皖运动”取得了最后的胜利。一直以来，婺源的行政归属问题为社会所争议。徽州文化生态历来是一个整体空间，然而由于历史和现实的原因，婺源被划入江西，而后又将绩溪从徽州之域割离，将其划入宣州。从此，徽州文化生态整体空间破散，历史“徽州”不复存在。就婺源而言，脱离了徽州这个母体，就无法汲取文化养分，婺源的“徽色”逐渐减淡。因此，关于徽文化的延续及发展，我们还有很长的路要走。

参考文献：

[1] 舒新城. 辞海[M]. 北京：中华书局，1981：129.
[2] 江平. 徽州，我们的故乡——三代婺源学人的徽州情结[J]. 江淮

文史,2006(05):153-168.

[3] 徐祖澜. 乡绅之治与国家权力——以明清时期中国乡村社会为背景[J]. 法学家,2010(06):111-127.

[4] 李巨澜. 试论民国时期新乡绅阶层的形成及其影响[J]. 华东师范大学学报(哲学社会科学版),2003(04):16-21.

[5] 王先明. 乡绅权势消退的历史轨迹——20世纪前期的制度变迁、革命话语与乡绅权力[J]. 南开学报(哲学社会科学版),2009(01):95-107.

[6] 黄六鸿. 福惠全书[M]. 北京:北京出版社,1998:142.

[7] 胡俊生. 晚晴陕西士绅研究(1862—1912)[D]. 西安:西北大学,2006.

[8] 徐茂明. 明清以来乡绅、绅士与士绅诸概念辨析[J]. 苏州大学学报,2003(01):98-101.

[9] 何建木. 晚清民国徽州基层社会问题管窥——以档案资料"詹礼恭演戏聚赌案"为例[J]. 徽州社会科学,2013(07):49-55.

[10] 陈绍方. 清代地方乡村治理的传统特征[J]. 晋阳学刊,2006(03):83-88.

[11] 唐力行,张翔凤. 国家民众间的徽州乡绅与基层社会控制[J]. 上海师范大学学报(哲学社会科学版),2002(06):58-66.

[12] [德]弗里德里希·恩格斯. 家庭、私有制和国家的起源[M]. 北京:人民出版社,1972:160.

[13] 张晓锋. 明清时期徽州宗族的权力支配及其在徽州村治中的作用[D]. 北京:中国政法大学,2010.

[14] 梁仁志. "弃儒就贾"本义考——明清商人社会地位与士商关系问题研究之反思[J]. 中国史研究,2016(02):163-180.

[15] 穆林娟. 现代作家视野中的徽州文化转型[D]. 苏州:苏州大学,2011.

[16] 冯剑辉. 近代徽商研究——以1830—1949年为中心[D]. 济南:山东大学,2008.

[17] 徐建平. 互动:政府意志与民众意愿——以民国时期婺源回皖运动为例[J]. 中国历史地理论丛,2007(01):39-50.

[18] 婺源县回皖运动委员. 婺源回皖运动特辑:1946-07[B]. 婺源:婺源县档案馆藏(卷宗号26-53-14).

[19] 徐建平. 政治地理视角下的省界变迁——以民国时期安徽省为例[D]. 上海:复旦大学,2007.

[20] 胡颂平. 胡适之先生晚年谈话录[M],北京:中国友谊出版公司,1993:156.

[21] 李训洲. 婺源回皖运动实录[N]. 中华日报,1947.

[22] 李忠. 商会与中国近代教育研究[D]. 保定:河北大学,2005.

[23] 沈树永. 徽宁同乡会研究[D]. 上海:上海师范大学,2008.

[24] 唐力行. 徽州旅沪同乡会与社会变迁(1923—1953)[J]. 历史研究,2011(03):48-65.

[25] 孙杰远. 文化的断裂与教育的使命[J]. 当代教育与文化,2009(01):45-49.

[26] 徐松如. 都市文化视野下的旅沪徽州人(1843—1953)[D]. 上海:上海师范大学,2012.

[27] 孙伟祥. 政治政治博弈与省籍矛盾——以婺源回皖运动为中心的考察[J]. 黑龙江史志,2009(24):50-51.

[28] 杨国强. 论晚清中国的绅士、绅权和国家权力[J]. 华东师范大学学报(哲学社会科学版),2011(01):95-102.

[29] 徐松如. 试析同乡网络在婺源回皖运动中的社会动员能力[J]. 江西师范大学学报(哲学社会科学版),2014(01):106-112.

[30] 何建木. 商人、商业与区域社会变迁——以清民国的婺源为中心[D]. 上海:复旦大学,2006.

[31] 卞利. 明清时期徽州的乡约简论[J]. 安徽大学学报,2002(06):34-40.

新视野下网络青年亚文化的媒介镜像研究

——以“VICE 中国”的视频节目为例

（曹　钺　南京师范大学）

摘　要：“青年亚文化”总是被过往研究者视为客体对象以与主导文化区分，主流媒体中这种“他者化”的媒介镜像更加明显。然而互联网时代下，无论是亚文化本身，还是媒介呈现的话语主导方都发生了变化。本文将青年群体作为实践主体，并以 VICE 中国视频为案例展开研究，对新视野下的表征系统和文化意义进行探讨，得出结论：VICE 通过网络视频的传播建构亚文化群体的身份认同，并积累文化资本争夺话语权，塑造了新的媒介镜像。一方面它积极地与商业资本展开合作，更好地扩大了影响力；另一方面它也为异质青年群体与社会的对话搭建起了桥梁。

关键词：青年亚文化；网络视频；媒介镜像；VICE

一、青年亚文化与媒介镜像

“亚文化”（Sub-culture）的概念最早由美国社会学家弥尔顿·戈登在《亚文化概念及其应用》中提出，“青年”（Youth）则被认为是亚文化实践的主体。20 世纪 60 年代，芝加哥社会学派以“代际”“偏离”“越轨”等话语编织了一套理论体系，认为城市边缘的青年因为积贫积弱被社会主体人群驱逐，他们与社会规范、伦理道德格格不入，在自我放逐中形成了吸毒、滥交等反社会性的实践活动。伯明翰文化研究学派则持不一样的观点，他们认为青年群体是在用独特的方式对统治权力话语进行“风格化的仪式抵抗”，并由此建构起一套以“阶级结构”“符号化”“收编”等为关键词的话语体系，赋予了青年亚文化积极的价值判断。20 世纪 80 年代以来，随着冷战结束、苏联解体和全球化，后现代主义思潮和多元文化观影响日益深远。当“抵抗”失去了具体的对象，CCCS(The Center for Contemporary Cultural Studies)的理论逐渐式微。亚文化围绕个人生活方式和消费方式对社会群体进行选择和建构的价值则被挖掘出来，由此形成了以“生活方式”“新部落”“场景”等话语为核心的“后亚文化主义”。而这套学说的缺陷，在于忽视了阶级、分工、家庭、地域等结构背景和物质因素对文化认同的影响。今天，“青年亚文化”这一概念被认为是青年群体基于共同兴趣和价值追求，创造性自我表达的文化实践。它是一种与社会主导文化既相异又互动的文化形态，是社会总体文化不可或缺的一部分①。

以上研究均将青年亚文化纳入社会总体文化中加以考察，但局限性在于它们更多代表的是社会主导文化的立场，而将青年亚文化视为客体。大众传媒在这方面的表现更为显著，“青年亚文化”在主流媒体的新闻生产中有着显著的“他者化”印记。

“镜像理论”最早由拉康提出，他认为主体是通过“镜中自我”确认自己的身份，从而完成真实身体认同“镜中自我”的身份确定过程②。李普曼在《公众舆论》中提出，媒体有“拟态环境”的作用，它就如同是公众眼前的一面镜子。而新闻生产在本质上是一种文本，大众传媒即是通过话语运作的文本再现或隐或现建构不同群体形象的③。观察青年亚文化案例的报道，无论是“杨丽娟追星”事件、李俊制造的“熊猫烧香”病毒事件，还是“郑州耽美小说网抓捕案”，都体现了媒体营造“道德恐慌”的镜像，将亚文化群体建构为明显区别于主流的“他者”的过程。

然而，互联网的技术革命彻底改变了媒介生态。在全球化、数字化和ICT革命的推动下，新闻行业发生了巨大的变化。一方面全球范围内大量报纸、杂志等传统媒体逐渐消亡，另一方面Buzzfeed这样的互联网新闻公司正着手聚拢年轻人才。技术赋权极大地冲击了主流媒体的垄断地位，普通民众享有了更便捷的话语表达手段，一个“大众麦克风时代”已经来临。基于网络互联的UGC(用户生产内容)和PGC(专业生产内容)的模式颠覆了传统媒体采编、生产、发布的体系，“把关人”模式的路径也被彻底重构了④。

---

① 马中红，陈霖．无法忽视的另一种力量——新媒介与青年亚文化研究[M]．北京：清华大学出版社，2015：1，142.

② [法]拉康·雅克．拉康选集[M]．上海：上海三联出版社，2001：25.

③ 童兵，潘荣海．“他者”的媒介镜像——试论新闻报道与“他者”制造[J]．新闻大学，2012(2).

④ 陆晔，曾薇．互联网究竟为新闻业带来些什么？——以在线视频新闻网站VICE News为个案的讨论[J]．新闻记者，2015(9).

卡斯特认为,"我们个人和集体存在的所有过程都直接受到新技术媒介的塑造"①。而新技术的革新和进步本质上包含了对现存体制、价值观念的"反抗"和"突破",那种对权威的反抗、对新奇的追捧以及对中心的颠覆和瓦解,也正是青年亚文化血液里流淌的东西。一方面,媒介刺激、建构和塑造着具有新表征系统的网络青年亚文化;另一方面,青年群体利用互联网与主流叙事进行博弈,努力夺取属于自己的话语权。

在这种语境下,媒介镜像所面向的客体改变了,网络青年亚文化注定呈现出新的表征和精神内涵。它的主体更是发生了大改变,技术革命带来的话语权下放让青年群体们拥有了主动发声,塑造关于自己、同类群体的媒介镜像的机会。新媒介视野下的青年亚文化不再是一个单纯的"他者",而逐渐转向"主体"和"自我"。对于研究者,更应该从青年亚文化自身的视角出发,在强调亚文化作为文化实践主体的价值框架内,对其表征和意义进行考察。

二、视频新闻:VICE中国的亚文化实践

海德格尔在《世界图像的时代》中说道:"从本质上看来,世界图像并非意指一幅关于世界的图像,而是指世界被把握为图像了。"过去二十年,从文字、图片到视频,媒介技术让内容不断更新迭代,其中信息量越来越大,可视性越来越强,互动、实时性的趋势越发明显。马中红、陈霖教授在研究中,把"视觉系"青年亚文化分为了"拍客""恶搞"和"微视频"三类。前两者偏向UGC,后者更偏向PGC,不过它们都以戏仿、拼贴的符号策略解构着主流影像,表达自己的情感和体验。而这种文化实践也已渗透进了大众的日常生活。根据皮尤研究中心2014年的报告显示,美国成年人中观看在线视频的人数达到了63%,这个比例在青年人中更高。与此同时,视频新闻也已作为新闻业的新景观出现。数据显示,18~29岁的人群中,有48%的人观看在线新闻视频。另外,12%的社交媒体用户在其社交网站上发布过自己拍摄的新闻事件视频②。更有VICE这样的青年亚文化群体把自己做成了专业新闻生产者,他们打破了主流叙事中"千禧一代"不关心时事、不看新闻的"刻板印象",并向传统媒体抛出了有力的质疑:问题的关键在于媒体能不能提供给他们喜闻乐见的新闻产品。

---

① [美]曼纽尔·卡斯特. 网络社会的崛起[M]. 北京:社会科学文献出版社,2006:64.

② Pew Research Center(2014). State of the News Media 2014[EB/OL]. http://www.journalism.org/packages/state-of-the-news-media-2014/.

VICE Media 创立于 1994 年，前身是加拿大的一家小型免费独立杂志《蒙特利尔之声》，关注从饶舌与朋克摇滚到毒品交易的青少年街头文化。1996 年，刊物改名为《原罪》(Vice)，将总部迁至纽约布鲁克林区。2006 年，VICE 确定以互联网视频为核心传播媒介，并在 2011 年与 YouTube 展开合作，开设了超过 30 个在线栏目，积累了超过 3 亿的点击量。2013 年，VICE 在完成初期资本积累后决定涉足新闻领域，并于次年上线了 VICE News 的新闻频道，以独特的视角涉足众多敏感议题，其中"罗德曼朝鲜之行"的报道使其名声大噪，让众多主流媒体惊叹不已。如今，VICE 已经成长为全球化的新锐媒体集团，它遍布 38 个国家，拥有 1200 名全职员工，和超过 4000 名自由职业者进行不定期的合作，是 UGC 模式与 PGC 模式的混合体。VICE 的内容涵盖了事件、音乐、旅行、体育、科技、时尚等诸多领域，通过多媒介形式在不同视角下审视这个奇异的世界，已然成为名副其实的全球青年文化之声。

VICE 中国(www. vice. cn)于 2013 年 5 月上线，打出了"世界在下沉，我们在狂欢"的口号，目前包括了主站、新浪微博、微信公众号、优酷频道、腾讯视频、豆瓣小站和译言网个人空间以及移动端的 APP，建立起了完备的新媒体矩阵。VICE 中国同样以视频传播为主，在优酷和腾讯上都拥有了超过 1.4 亿的视频播放量。视频内容虽不如英文站多，但也囊括了 8 个标签，共有 700 多个视频节目，在带来世界各地 VICE 精彩内容的同时，也在努力致力本土青年文化的创造和传播。考虑到其自身特有的媒体属性、庞大的视频资料库以及在青年群体中卓越的影响力和声望，我们认为选取"VICE 中国"作为新视野下网络青年亚文化媒介镜像研究的考察对象是典型且合适的。

三、新媒介镜像下的新表征系统

本文主要采用内容分析和在线民族志的研究方法对 VICE 中国的视频节目进行考察。我们选取了从 2016 年 1 月 1 日至 2016 年 11 月 9 日间共 83 个视频样本(除去预告片部分)进行判读，并对内容的题目、一级标签、二级标签、时长、浏览量(腾讯视频的数据)、故事梗概等关键信息做了记录；另外通过网络社区、论坛等地收集、整理了对 VICE 的评价和看法，以期全方位地剖析考察对象(见表 1)。

表 1　VICE 中国视频节目标签信息(节选)

视频一级标签	内容时长(s)	平均浏览量(万)
VICE 报道	1003.1	97.3

（续表）

视频一级标签	内容时长(s)	平均浏览量(万)
VICE 肖像	1010.2	27.9
大厨小吃	901.7	11.5
年轻人们	1048	68.4
消费时代	975.7	293.4
Unspoken Self	195.1	6.6
VICE 呈现	1095.2	7.3

(一)猎奇、对抗、消费:身份认同的构建

自 CCCS 以来,认同问题就被视为青年亚文化实践的内在驱动力量。马中红、陈霖教授等认为,网络新媒介空间下青年亚文化的认同呈现出混杂的构成,包括虚拟与现实的混杂、他者镜像的混杂、对象构成的混杂以及价值诉求的混杂。① 总的来说,身份认同的建构变得复杂化了。

与前代的青年亚文化实践相比,在网络时代它们不再局限,或者说越来越少地聚集、停驻于固定的、具体的场所。梅罗维茨在《消失的地域》中提到了“场景地理”的概念,他认为“我们身体所处的地方不再决定我们在社会上的位置以及我们是谁,媒介通过改变地点的信息特征,重塑了社会场景和社会身份”②。这种特征在网络空间下表现得更为显著,虚拟社区的崛起为那些在现实中受到忽视、无法确立身份认同的诉求提供了渠道和出口。在后现代的社会语境下,人们重新开始寻求联结,但是群体的辨识不再仅仅依托于阶层、性别、宗教等传统结构因素,正如马索菲里提出的“新部落”概念所阐述的,“部落没有我们熟悉的组织形式和硬性标准,它更多的是指一种气氛,一种意识状态,并且是通过促进外貌和‘形式’的生活方式来完美呈现的”。VICE 这类全球性青年媒体的出现,无疑为跨越地理、阶层、民族,而更侧重于群体趣味、行为的新聚合提供了机会(见表 2)。

---

① 马中红,陈霖. 无法忽视的另一种力量——新媒介与青年亚文化研究[M]. 北京:清华大学出版社,2015:1,142.

② [美]约书亚·梅罗维茨. 消失的地域[M]. 肖志军,译. 北京:清华大学出版社,2002:112.

表2　VICE 中国“身份认同建构”类视频(精选)

视频标题	时长(s)	浏览量(万)	内容梗概
年轻人们|青年入殓师	1335	129	跟入殓师冯磊吃过一顿饭后,我发现比起那些无关痛痒的问题,更让我着迷的是他对生命和死亡的思考。毕竟不是谁都“有机会”每天面对数百具尸体的
VICE 肖像|狠妹:巴西监狱选美大赛	2341	94.7	圣保罗女子监狱里固定举行着选美比赛。参加角逐的选手都是判处了长期徒刑的重犯。VICE 团队来到那里,拍下了选手们准备比赛的过程
VICE 肖像|错位:亚洲跨性别者(第一集)	1355	91.6	我们来到了香港,准备和 Bobbie 一起经历一段奇妙却又艰难的旅程。我们还见到了她那对年轻的跨性别情侣朋友 Damon 和 Kay,聊了聊属于他们的爱情故事。在内地,作为国内第一例跨性别歧视案的主人公 C 先生
年轻人们|单身妈妈	903	62.6	我们找到了包括乐子在内的三个单身妈妈,她们的平均年龄是 25 岁。她们中有因为对教育体制不满而从名牌大学退学的,也有在不同城市生活过很年轻就赚到第一桶金却撒手不做的,还有身为同性恋者而选择自主受孕的
VICE 肖像|银座高级女公关	416	40.5	陪酒俱乐部(夜总会)是日本的一种娱乐场所,男人们在这里付费与漂亮女孩喝酒聊天。“女公关”们与客人吞云吐雾,推杯换盏;为讨欢心,暧昧调情的话也不少说

梳理 83 个视频样本,我们发现题材的猎奇性是一个重要表征。“猎奇”在主流话语中已或多或少被污名化了,它的本义仅仅是指寻求、探索新鲜事物来满足好奇心,而这正是青年群体血液里天然流淌的因子。“科技”标签下,关于黑客、人类冷冻技术、克隆、机器人、特效等内容涌现出来,就是现在的流行语境中我们统称的“黑科技”。这些以往存在于科幻小说、电影中的事物在现实场景中发展到了什么程度,是青年们着重关注的。另外,“新奇”暗含了“边缘”的隐喻,即在传统媒体的叙事框架中所忽视或扭曲的对象。“VICE 肖像”“年轻人们”标签聚焦关注的入殓师、女公关、女囚犯、跨性别者

以及单身妈妈，都是在社会主流话语中受到严重偏见的群体。对于他们的职业歧视、性别歧视、性向歧视已经成为"刻板印象"。与传统媒体通常以"俯视"视角展现"教化与规训"不同，VICE 往往选择了"平视"视角，希望呈现他们寻常、本真的一面。在 VICE 的镜头前，他们开始用一种自信甚至有些骄傲的姿态来面对世界。我们当然不排除这种影像叙述有"美化"之嫌，但其对以往主流媒体的矫正是颇具价值的。

我们观察发现，针对异质群体的纪录片受到了较高的浏览量，这是大众关注度的一种反馈。验尸网红、亚洲跨性别者、银座高级女公关、单身妈妈、巴西监狱女囚，这些专题都获得了远超平均值的浏览量，背后是青年群体广泛的关注和共鸣。而这种呈现实质上早已暗含了"对抗"的意味。而这种抵抗，与时下流行的恶搞狂欢式文化实践过度消费符号资源，丧失明确的所指而止于虚无却大不相同。他们以纪录片这种更具严肃态度的叙述来阻止主流媒体的"他者化"报道。这显然是更具对话价值的一种尝试。

拉康在镜像理论中用"凝视"代替了一般意义上的"观看"。首先在凝视的过程中，观者同时携带了投射自我的欲望，从而在某种程度上逃离象征秩序而进入想象关系之中。① 其次是认同的建构，即通过媒介连接自我与他者、内部世界与外部世界。而在后现代社会中，认同问题变得更具戏剧性和休闲性，消费成为构筑认同的关键力量。比如，VICE 视频的"大厨小吃"栏目展现了美食、旅行这两种广受年轻人喜爱的消费因素。"人在旅途，吃在路上"成为这一代人的享乐口号。而他们同样选取了小众的题材视角，比如昆虫饕餮、醉后早餐、成人玩具食物等，与主流视角下《舌尖上的中国》构成鲜明的对比。"消费时代"专题更是聚焦中国当下最新鲜的消费产品，探索这些产业里有趣的人和故事，包括女性成人玩具、网络美女主播、电子烟、恋爱培训班等主题。在他们的消费实践中，我们看到商品的使用价值逐渐让渡于交换价值，人们在符号的世界中消费以建构身份地位、品位旨趣，这一方面展现出青年群体旺盛的精力与张扬的自我主张，另一方面也隐隐地流露出关于消费所指指向的迷茫。

媒介对其传播的内容永远不是简单的传输，而是再现与表征。VICE 视频以"猎奇"为题材诉求，以"对抗"为鲜明旗帜，以"消费"为精神内涵塑造了新的媒介镜像，它打破了过去主流叙事框架下对青年亚文化群体"他者化"的迷思，为广大青年群体关于身份认同的建构提供了借鉴。

---

① 戴锦华. 电影理论与批评[M]. 北京：北京大学出版社，2007：183.

（二）浸入式报道：文化资本与话语权力

“他者化”从根本上来说就是一种权力对立关系。我族与他族，我群与（对）他群之间的他者化也可以说是自我群体身份认同的过程。反过来讲，新闻报道中的“他者化”又是对主流群体权力的合法化。① 在新媒介与青年亚文化研究中，文化实践与权力的关系是另一重要的表征。基于亚文化实践主体的媒介镜像虽然建构起来了，但它仍然需要在场域中与主流媒体争夺话语空间来保证自己的生存合法性及继续传播、扩散的可行性。

布迪厄在《资本的形式》中完整将资本划分为经济资本、社会资本和文化资本三大类，资本的作用又取决于它在不同的场中与其他资本的转换率。其中文化资本被认为是“一种标志行动者社会身份的，被视为正统的文化趣味、消费方式、文化能力和教育资历等的价值形式”②。相对于其他两种资本，只有文化资本留有初始空间给予青年人施展才华。

在前互联网时代，大众传媒牢牢把控着话语的主导权，而网络新媒介时代给予了青年人更多的机遇。回到 VICE 案例的讨论中，他们在完成了初期资本积累后决定大胆涉足新闻领域，开辟 VICE News 以与传统主流媒体争夺青年文化上的叙述话语权。在本次选取的样本中，“VICE 报道”“VICE 直击”和“VICE 面会”的内容可以算作是新闻报道的典型（见表 3）。

表 3　VICE News 视频节目（精选）

视频标题	时长（s）	浏览量（万）	内容梗概
VICE 直击丨探寻特朗普老婆的时尚之路	177	129.1	梅拉尼娅·特朗普是美国总统候选人特朗普的妻子，同时也是有着火辣身材的名模。VICE 此次前往她的家乡斯洛文尼亚的塞夫尼察，拜访了最初发现梅拉尼娅的时尚伯乐，再听听当地人都怎么说
VICE 报道丨保加利亚处女新娘集市	1301	63.9	每年春天，保加利亚中部城市旧扎戈拉都会开办备受争议的新娘集市，年轻的女孩们会花重金精心打扮自己，穿着盛装赶集。男人们则在一旁出价，只要价钱合适就能将这些“年轻的处女”娶回家

① 童兵，潘荣海．“他者”的媒介镜像——试论新闻报道与“他者”制造［J］．新闻大学，2012（2）．
② 陈爱国．论布迪厄文化资本的形态构造［J］．学术论坛，2006（6）．

（续表）

视频标题	时长(s)	浏览量(万)	内容梗概
VICE 报道丨体验东欧人体悬挂	846	41.9	今日人体悬挂演变成了一种近似灵修的仪式蔓延向全球。我们的同事前往克罗地亚里耶卡，亲身体验了这种"痛并(不知道是否)快乐"的亚文化行为
VICE 直击丨探访英国青年"脱你妈欧"集会	209	6.3	英国全民公投结果出炉，正式决定离开欧盟。然而脱欧派的主要势力是老年人，年轻人们认为是老头老太太们剥夺了他们留在欧盟的权利。VICE 采访了英国青年"脱你妈欧"集会(Fuck Brexit Rally)，听听年轻人怎么评论
VICE 报道丨切尔诺贝利之旅	814	3.3	史上最严重的核电事故发生三十年后，切尔诺贝利成为一个旅游景点。而在去年，仍有 17000 名游客参观了这片隔离区。我们的主持人也去到了那里，亲身验证了所谓"隔离区"到底是否安全

VICE 记者的采访方式与传统媒体大相径庭，他们提倡"浸入式报道"，即由采访人员深入题材和事件本身，进行体验式的采访。相对于普通采访而言，这种方式极具主观性，因此也经常受到主流媒体关于客观性的批评。这种新闻实践的前身是 20 世纪 70 年代风靡美国的"刚左"新闻学传统，非常强调采用第一人称进行"原画复现"式的报道。而今天的 VICE 不再依托纸媒，更侧重视频的呈现方式。除此之外，VICE 还非常注重报道的"平视"视角和"在现场"感。正如中国区总经理孟金辉所说："体验和对等交流对 VICE 很重要。对于我们感兴趣的人和事，无论主流还是边缘，他们的故事和观点在真实状态下带来的启发，就是我们认可的媒体方式和有价值的信息。"①报道保加利亚新娘集市，VICE 的记者就深入了三位当地姑娘的家庭，与她们同吃同住，并一同前往参加、体验新娘集市的另类风俗；报道尘封的切尔诺贝尔利，记者 Simon Ostrovsky 亲身验证了所谓"隔离区"到底是否安全；探寻东欧的人体悬挂仪式，他们在克罗地亚就亲身感受了这种"痛并'快乐'着"的古老习俗。VICE 招募的记者团队遍布全国，他们都具有这样的共

① 陈栩．科技湃丨对话 VICE 总经理：年轻人对主流媒体叙事失去兴趣[EB/OL]．上海：澎湃新闻，http://www.thepaper.cn/newsDetail_forward_1365924.

性:态度开放、有独立思考能力,喜欢并敢于体验异质文化。

在这种报道风格的统摄下,VICE 还大胆地涉足敏感议题和争议性很强的领域,关注时下发生的热点事件。《朝鲜与罗德曼和 VICE 是好基友》的纪录片让他们在新闻业一炮而红,这种“硬核议题的软传播”让“千禧一代”的年轻人们大为兴奋和好奇。近些年他们还派遣记者深入 ISIS、东非叛军等神秘组织的身后,拍摄了不少揭示其内幕的影像资料,让业界大佬们刮目相看。[①] “VICE 直击”标签下的一些视频,比如《探访英国青年“脱你妈欧”集会》、《英国二战老兵谈脱欧》在有限篇幅内展现了两代人观念上的冲突与对峙,《探寻特朗普老婆的时尚之路》提供了理解政治的新视角,都很好地捕捉到了热点。

所有这些聚合成了 VICE 叙事风格的特色。他们是玩世不恭、鬼扯成性的,却又同时是凌厉迅捷、严肃认真的。朋克式的叛逆、冷峻被大胆地融进了视频报道中,用他们自己的话来说就是“不装”,这也是对西方传统主流媒体精英主义说教调性的一种反讽。正如 VICE Media 的首席执行官 Shane Smith 所言:“主流媒体每次都说我们做得不对,我们回答,当然,因为我们按自己的方式去做,做让年轻人产生共鸣的报道。如果那不能让老一辈守护者们满意,那他们可以去死了。”[②]这种咄咄逼人、毫不掩饰的新闻态度,获得了年轻一代的大力肯定。知乎社区里,不少回答者认为“他们做的事酷毙了”,“在 VICE 实习的经历非常难忘”,更有人这样形容他们的节目:“面向年轻人,报道不怕死,不怕钻牛角尖,拍了就剪,剪了就上。”毫无疑问,VICE 已经逐渐在话语权力场中建立起文化资本的优势,而且这种优势也逐渐通过商业变现转换为资本上的优势,目前公司估值超过 25 亿美元。另一方面,VICE 又不排斥与主流媒体的合作,他们借助 CNN 和 HBO 推广了许多原创纪录片,为他们吸引了年轻人的流量,从而实现了向精英阶层的“反向输出”。这些都有助于他们建构起来的属于青年人主体的新媒介镜像的强化和巩固。

四、关于文化意义的阐释

现有研究对青年亚文化实践活动的肯定主要着眼于两方面:第一是对

---

① 史安斌,全梅君.“异视异色”入主流:VICE 的成功之道[J]. 青年记者,2016(3).

② 陈栩. 科技湃|对话 VICE 总经理:年轻人对主流媒体叙事失去兴趣[EB/OL]. 上海:澎湃新闻,http://www.thepaper.cn/newsDetail_forward_1365924.

于青年自身的意义，包括解决集体聚合的困境、建构身份认同以及争夺文化话语权；第二是将青年亚文化置入社会结构关系中进行考察的意义。而前代的研究主要集中在亚文化的“抵抗”价值和“收编”价值层面，均站在主导文化的视角上对亚文化客体作出论断，有失偏颇。马中红教授的研究团队指出需要将青年们作为文化实践的主体来探究其在社会中的文化意义，才是更适宜的。本文对 VICE 的分析，主要将从青年亚文化与社会的关系以及与商业的关系这两方面进行阐释。

（一）预防接种与鲶鱼效应：社会发展的润滑剂

罗兰·巴特在《神话学》中提出了“预防接种”的概念，意思是说迷思（原意指神话）的世界并非完美无缺，当一些“小邪恶”进入迷思领域时实质上反而可以起到修补裂缝的作用。一方面，青年亚文化实践在现实社会中常常以“恶作剧者”（Trickster）的形象出现，他们总是追求对既定边界的跨越，撼动现实，参与反叛行为，助长模棱两可、矛盾、冲突和悖论。但是另一方面，“这实际上又是一种社会所容忍的偏离，一种缺乏毁灭性的偏离”①。所以他们只可能是捣蛋者，而不会是倾覆者。

VICE 视频节目中给出了很多这样的例子，《年轻人们|搏击少年》的片子就非常典型，一方面真实展现了社会青年的“越轨”面貌。他们逃课、泡吧、飙摩托车、打架斗殴，崇尚“江湖”文化；另一方面，地下搏击俱乐部给予了他们释放社会规训所带来压力的机会。从影像本身来说，这些异质化人群愿意被镜头记录，愿意呈现在屏幕前，本身也是一种暗示——它们更多不是一种抵抗形式，而是一种自由选择的表达。《银座高级女公关》和《亚洲跨性别者》的片子同样如此，它们展现真实的自我，更多想获得社会主流的尊重。而“黑客”的媒介镜像则展现出一种“炫技”，而且希望畅通地传递自己创造的文化，这些都反映出他们在试图寻找沟通的诉求。与主导文化“向上”和大众文化“往下”的确定性构成比照，青年亚文化是一种流动的相对性，它们的作用会在社会主导文化与大众文化的裂隙处渗透、弥散、黏合，起到“修补”的作用。

青年亚文化充沛的创造力也能引发鲶鱼效应，在社会发展中刺激、推动主导文化的求变和创新。过去以赫伯迪格为代表的伯明翰学派严重低估了青年亚文化群体的创造力，在“收编”观的视角下他们认为亚文化实践是主导文化的一种“偷猎者”，单向地改造主导文化符号。而时至今日，我们以 VICE 为例清醒地看到，青年亚文化已经具备了建构新媒介镜像的能力。

① 康斯坦丁，曹兴，姜丽萍．亚文化与青年文化[J]．青年探索，1990(5).

Hosi Simon(VICE 全球总经理)接受澎湃采访时说:“大家可以给 VICE 贴任何标签,但我们想要传递的是我们认为有价值的信息。”①在那些诸如“酷”“与众不同”“朋克”“叛逆”背后,“其实 VICE 是在帮助人们拓宽世界的边界,这个世界比你想象的大不少”②。其实无论亚文化如何冲撞主导文化,大多数情况下两者并不是你死我活的关系。亚文化的创造力给予了主导文化压力,前文提到的 CNN、HBO 主动与 VICE 谋求合作的例子就是一个“文化反哺”的证明。

(二)合作与博弈:商业逻辑下的生存策略

然而要成为社会发展的润滑剂,首先最基础的需要面临如何“活下去”的问题,商业逻辑不可避免地成为青年亚文化实践需要面临的考题。CCCS 学派对此的看法是悲观的,他们认为亚文化风格一旦被商业所利用,必然会抛开原初的独创性和对立性,抹杀其颠覆性的力量,最终被“收编”。这类观点长期在学界占据主导,因此也引发了关于青年亚文化结局的疑问:资本力量的入局是否一定会导致青年亚文化的“死亡”?

麦克罗比通过研究后从正面肯定了亚文化与商业的关系。他认为通过商业活动能使亚文化更好地生存下去,而这恰恰能推动前者文化实践的发展。托马斯·弗兰克也认为,过往的青年亚文化研究都夸大了亚文化对主流文化的侵略性、革命性,同时将商业行为简单地视为一种没有变化的、静态机械的、千篇一律的“绑架”和“收编”,而这实际上是不合理的。应该说,在当今新媒介传播的语境中,商业文化与青年亚文化实践之间的关系日趋复杂和微妙化。

通过对 VICE 这个案例的分析和解读,我们得到了一些启示。首先在内容的定位上,VICE 高层不止一次强调过“做年轻人的媒体”。“Y 一代”青年们由于从小在广告包围的环境中长大,很早就意识到自己是商业营销的目标,有着比前代强得多的免疫力,很难被营销说服。而 VICE 却以其冷峻而不失幽默、粗粝而不失精致、特立独行的调性俘获了大量粉丝。这对广告主来说,是一个极具诱惑的“利基市场”。根据皮尤研究中心的估算,“千禧一代”用户仅在新闻产品上的花费就可达到 2000 亿元。另一方面,VICE 在较早时候就将战略重心定位在互联网视频业务上,并且强调内容原生创造力

---

① 陈栩. 科技湃|对话 VICE 总经理:年轻人对主流媒体叙事失去兴趣[EB/OL]. 上海:澎湃新闻,http://www.thepaper.cn/newsDetail_forward_1365924.

② 牙韩翔. 世界在下沉,VICE 在狂欢[EB/OL]. 上海:第一财经周刊,http://www.cbnweek.com/v/article? id=8239.

的扶植。这种具有前瞻性的定位让它在互联网蓬勃发展的大潮下获益匪浅。据悉，VICE每月拥有超过2亿的点击量、超过5亿的视频访问量，其频道在YouTube上的订阅量已经超过了550万。[①] 他们的收入正以每年翻一番的速度增长，预计2016年将达到10亿美元，而估值已超25亿美元。这些巨大优势都让VICE有了和商业资本进行博弈的底气。VICE会和许多年轻人相关的时尚、消费、科技、汽车等品牌进行合作，还会提供策略咨询、创意制作、内容传播等服务。而在内容独立性方面，VICE做的最大突破便是首先不推销产品，只表达品牌理念；其次改变了传统的植入式广告，而是事先把自己的内容呈现出来，让品牌商选择是否赞助。

这些做法保证了商业逻辑下的话语自主权，使内容尽可能不受资本的影响。当然，现状都是基于VICE目前在垂直领域的巨大优势，未来他们与商业的博弈会如何演变，还不好说。不过，我们还是可以看到亚文化并非注定要被资本力量收编，或在全球化与消费主义的大潮下妥协，也有可能凭借自身的话语优势让资本辅佐以更好地发展，这些都应该具体情况具体分析。不可否认的是，当今亚文化与商业逻辑之间的关系不再是伯明翰学派固守的风格抵抗，或赫伯迪格担忧的“收编即死亡”，而是一个充满张力的动态场域。

① 唐云路．10张图帮你了解Vice为什么值20亿美元[EB/OL]．北京：好奇心日报，http://www.qdaily.com/articles/1121.html.

人间的狂欢：公共空间与神性空间的塑造

——基于对池州地区传统傩戏的研究

（高思琪　安徽大学）

摘　要：傩戏是在长久以来的以宗族制为根基、以“礼”为契约的乡土社会中，位于僻静山区的池州乡民在现实的困顿中形成的极具地域性的祈求与告解仪式。对自然与神鬼的敬畏造就了当地这种独特的戏曲文化，而相对闭塞的地理环境是其仍旧保持着古朴原貌的必要条件。本文试图以茅坦乡的山湖村为例，通过文献资料法与访谈法呈现出正月傩戏展演期间的庆祝与狂欢场景，重点从空间的视角对其中所呈现出的公共空间与神性空间做解释性说明，描绘出空间中人与人、人与神交流相交织的传播网络并分析公共空间和神性空间是如何转化甚至交融，认为演出时使用的器具与音乐扮演了联结两个空间的媒介角色，神性空间实质上是民间信仰透过媒介塑造出的虚拟场域。

关键词：傩戏；公共空间；神性空间；仪式

在长久以来的以宗族制为根基、以“礼”为契约的乡土社会中，位于僻静山区的池州乡民在现实的困顿中形成的极具地域性的祈求与告解仪式。傩戏因其悠久的历史沿革而被冠以“戏曲活化石”之称，却在形式与诉求上更趋近于带有宗教色彩的传统祭祀活动。池州市茅坦乡属于皖南山区的典型代表，在长期相对闭塞与孤立的环境中生存繁衍的傩戏保持了古朴、粗犷的风貌。茅坦乡的山湖村每至年初正月间便会以家族为承办单位进行傩戏表演，村民通过献供仪式求神祭祖，驱邪纳福，祈求风调雨顺，神灵则在歆享这些供品之后为乡民提供庇佑与保护。

一、研究缘起与背景概述

（一）傩戏的起源

傩戏作为自古便一直绵延流传下来的一种文化形式，自然与其所处的生态与社会历史环境有着密不可分的关联，这些对池州傩戏的传承与发展起到了举足轻重的作用。

从地域上来看，池州位于安徽省西南部，多丘陵，北临浩荡长江，南接雄奇黄山，是长江中下游重要的滨江港口城市和省级历史文化名城，温和的气候与良好的光照条件非常适宜水稻的生长，再加上背山邻水，不仅生态环境良好，渔业资源也很丰富，所以自古便有“鱼米之乡”的美誉。由于过去交通工具的落后，身处相对封闭山区的乡民与外界接触的机会很少，傩戏充满野性与古朴的面貌得以完好地保存下来。

封建社会时期的池州地区隶属江南，施行以家庭为生产单位的自给自足的小农经济。这种经济形式脆弱，在生产方式较落后的宗族社会里，即使是很微小的灾祸对于乡民来说也可能是灭顶之灾。这种情况下，乡民往往是以通过祭拜傩神期望来达到风调雨顺、子嗣绵延、幸福安康的人生目标。

池州因山水秀美一直颇得古今文人的钟情，而身为历史文化名城，它的文化积淀也很丰厚。境内的九华山作为四大佛教名山之一，吸引了众多的佛教信徒。山湖村由于地处佛教圣地九华山北麓30公里，故受佛教影响较深；与古徽州的交邻使其受到程朱理学的影响颇深，所以重传统宗法，常常是聚族而居，地方的大姓宗族多起源于唐，大多有祖先居官于此，数千百年的世系比比皆是①；对于道教来说，虽然正统的道教活动不复盛行，但它的影响已经浸入了民间宗教的神灵体系与信仰活动中②。就这样，池州傩戏在与儒、释、道共生共存的过程里相互交织与渗透，最终成了吸收三教的纷纭繁复的民间信仰体系的载体，形成了诸如阴骘大会以及娘娘会等各具特色与风格的民间活动。

（二）研究现状的梳理

对于池州傩的研究，最早可回溯至20世纪50年代，王兆乾在1953年7月的《文艺月报》中刊发了《谈傩戏》一文，这是傩戏这一独特的民间戏曲艺术形式第一次出现在大众的视野里。但由于时人科技知识的匮乏与国内政治环境的晦暗不明，傩戏一度被认为是封建迷信与愚昧无知的代表从而被禁演，相关的研究也被迫叫停。

此后的傩戏一直归隐在沉寂与失落的境况里，直至20世纪80年代“全国首届傩戏学术研讨会”在贵池成功召开。来自北京、上海、湖南、贵州、云南等十四个省市的学者参与了探讨，并深入山区实地考察了几个村社家族

---

① 陆焱．村落社区的傩仪与象征——以贵池傩为中心[D]．北京：中央民族大学，2005.

② 陆焱．村落社区的傩仪与象征——以贵池傩为中心[D]．北京：中央民族大学，2005.

的原生态的傩戏表演①，这种文化形态至此重回世人的视野，并由于其文化内涵与价值的丰富而呈现出与美学、与多学科和领域交叉研究的态势。

在中国知网中以“傩戏”为关键词进行检索，得到2965条相关结果。纵观目前着眼于傩戏的研究文献，发现傩戏的研究领域很广泛，视角也比较多样，有着各自不同的研究指向，但主要集中于艺术审美、文化以及民俗等方向。笔者经过粗略的梳理，大致将这些探究分为四类，以求为傩戏与傩文化的研究提供一些借鉴和参考。

第一类是对傩戏的历史追溯以及情况概述，属于开拓型的研究。此类文章对傩戏的历史源头进行了追问，以厘清傩戏嬗变的过程为主旨，抑或是对其作为一种戏曲与文化的探微，为池州傩戏宏观上的整体风貌的呈现提供了重要的依据，同时历史脉络的勾勒也为之后的研究奠定了坚实的基础。

王兆乾在《从贵池对昭明太子的祭祀看傩戏的形成》一文中提出了傩戏的成戏年代应“推向变文产生时代——唐代”，或是最迟也要“定在元明之际”的观点②，这是较早的对傩戏的形成时间进行界定的文章。之后又在《池州傩戏与明成化本〈说唱词话〉》中通过对贵池傩戏中一些剧目的具体分析以及与将其明成化年间刊刻的《说唱词话》进行对比，进一步认定“池州傩戏与明成化刊本说唱词话为同一时代的产物”，提出了傩戏剧本源于民间的讲唱词话的观点③。何根海的《安徽贵池傩戏——中国最古老的戏曲》一文则更加深入全面，不仅追溯了傩戏萌生的时间，还从傩戏演出的行当、剧目及唱腔、傩戏演出前的繁复仪典、傩戏演出的三段体形式、别具特色的“吃邀台”习俗等方面作了全方位的精炼的概括，认为它是中国文化史上的奇迹，展示了古老中国民间艺术的风采④。

如果说前一类的研究更多地从宏大的视角来建构池州傩戏的世间镜像，那么第二种类型则着眼于微观层面具体形式的探索，其中大部为对服饰、面具以及音乐等方向的考察，立足点主要聚焦于其艺术造型与审美等方面。

以汪胜水的《池州傩戏面具艺术的美学内涵解读》为例，他认为面具是人神交接的实物符号，是一种通灵媒介并且具有隐己屏障的功能，尽管被赋予了复杂而神秘的宗教和民俗的含义，但它本身就是一种造型艺术，体现出

① 谈家胜．近二十年来安徽贵池傩戏研究综述[J]．池州学院学报，2007.

② 王兆乾．从贵池对昭明太子的祭祀看傩戏的形成[C]//傩戏·中国戏曲之活化石——全国首届傩戏研讨会论文集．合肥：黄山书社，1992：56-77.

③ 王兆乾．池州傩戏与明成化本《说唱词话》[C]//傩戏·中国戏曲之活化石——全国首届傩戏研讨会论文集．合肥：黄山书社，1992：30-55.

④ 檀雨桐．池州傩戏面具文化研究——以池州市贵池区梅街镇的傩戏面具为例[D]．安徽：安徽大学，2014.

富有东方美学色彩的特殊审美定势①。同样作为媒介的一种，周显宝也在《安徽贵池傩戏中乐器和音乐的仪式性功能》探究了傩戏表演中音乐与乐器使用中所凸显出来的独特的文化意义与内涵②，认为其功能表现为祭祀的仪式性作用与娱神娱人的艺术载体。

傩戏在发展的历史进程中吸收了民间神话传说、歌舞百戏乃至地方风俗民情的特点演变为一种戏曲形式，但其是由以驱鬼逐疫为主要目的傩仪蜕变而来的。如今我们仍旧可以从中窥见佛与道的蛛丝马迹，所以对其宗教与仪式类的研究也不胜枚举。

何根海就在《困顿与消解——贵池山湖村傩神会之巫术仪式解构》中以山湖村傩神会作为实证个案对其巫术遗存及其宗族乡民跳傩的原始文化内涵进行解构分析，将傩文化与神秘的巫术相联系，旨在加深对傩仪、傩舞、傩戏的深层理解。陆炎在《论傩戏仪式与结构》一文中，仍旧将仪式看作傩的核心，提出正是因为信仰的履行使傩戏得以经久不绝，另外以贵池傩戏为例，对其中傩荤与禁荤共存的有趣矛盾进行了阐释，从文化人类学和宗教仪式的结构理论角度分析，认为这是傩仪中结构与反结构共存的表现，表面上矛盾而内在一致，傩荤与禁荤是同一事物处在不同的位置所产生的区别，都具有驱邪避害的神力，这种矛盾的傩事现象背后"其实是辩证性极强的人类逻辑思维"③。对于这种说法的正确性笔者不敢苟同，然而这种颇具新意的解释确实为我们的研究生涯提供了另一种辩证的思路。

最后对池州傩戏的文化内涵、外延及其传承的研究也渐渐趋于成熟，如王义彬的《池州傩戏艺术及其文化研究》就是通过实地考察，融合民俗学、历史学与人类学的理论于一体，说明了"摊戏及其仪式的展演，在民众的日常生活与精神家园之间建立起稳定的联系，即想象的共同体家园，实现现实与理想、苦难与愉悦的转化"④。

二、公共空间与神性空间的转化与交融

（一）演出的场所和空间的界定

山湖村作为以农耕为主体的传统村落，人们依赖于上天赐予的风调雨

---

① 汪胜水．池州傩戏面具艺术的美学内涵解读[J]．沙洋师范高等专科学校学报，2006(6)：55-58.

② 周显宝．安徽贵池傩戏中乐器和音乐的仪式性功能[J]．中央音乐学院学报，2003(3)：29-37.

③ 陆燚．论傩戏仪式与结构[J]．中华文化论坛，2005(1)：40-43.

④ 王义彬．池州傩戏艺术及其文化研究[D]．福建：福建师范大学，2004.

顺和五谷丰登，因此产生了对天地自然的崇拜，宗族傩事活动也顺势而生，如今在山湖村的众多自然村中，只有新屋唐、老屋唐、阳春王和项家会在春节期间举行表演。老屋唐和新屋唐以唐姓为主，由于唐姓祖辈兄弟分家比邻而居，一年一轮交替承办。王、项两姓的祖辈是自青阳、桐城方向迁徙而来的，后来共同在阳春落户定居，这里年年都会举办傩事活动。

傩戏的演出场地主要为宗族祠堂、唐家旧庙等开阔而又具有特殊意涵的空间。这里所说的空间是一种作为仪式承载的特殊场域，大致有三个层面的含义。单从物理空间的角度来说，这些场地作为承载演出的自然空间，既是傩艺人进行展演的舞台，也是观众参与的平台；从公共空间来看，这些场地又是乡土村民活动的交往空间，人们借傩戏这种古老的艺术形式建构了一种新型的人际传播的方式，在共同的参与下沟通维系族众宗法关系，这也是村民从事宗族活动的特殊场合；从精神空间来看，人为地建构营造出了一种请神祭祖、娱神娱人的"神圣空间"，人们赋予了这种空间以神人共处、人神对话的神秘文化内涵，使这种有形的空间和场地蕴藏了无形文化的实用意义。空间可以作为承载体的这一自然属性是"公共空间"和"神圣空间"产生的先决条件，而后者也并非处于隔绝和孤立存在的状态，而是呈现出两者互相联系互相转化的特性。

（二）空间的转化与交融

傩戏虽起源于图腾崇拜与神鬼信仰，因百姓渴望驱逐苦难而生，但不同地域的傩戏也折射出各个宗族的村社经济结构与自然环境等方面的诸多差异，傩文化也因此更加丰富充实。池州山湖村一年一度的活动号角自正月初七开始吹响，作为春节期间颇具风味与特色的民俗展演，对步入科技化与现代化的中国而言在传统文化的传承等方面也有着相当重要的意涵。政府为了文化形象的建构也越发重视傩戏的延续，地方部门一定程度上的资助，偕同外界和村民自发的捐款是傩戏发展主要的经济来源，可以说，地方政府的扶持与乡民们的维护是使其不致没落的核心力量。从村庄的层面来说，但凡成为活动的主办方，也就是俗称的"坐堂"村，除了负责整年的菩萨香火以及供品费用之外，踩马舞狮以及傩戏的演出人员也要在本村选派，各宗族按照房头选派男丁担任演员。村民一般都持有积极态度，这里也许有宗法社会的规范性力量在起作用，主要还是长期的宗族意识的教化以及对宗教仪式的虔敬心理在起作用①。

"坐堂"村中最德高望重的前辈一般是傩事的主持者。正月初七用过早

① 陆焱．村落社区的傩仪与象征——以贵池傩为中心[D]．北京：中央民族大学，2005.

饭后约莫八九点，在主持者的带领下村民们聚在祠堂向神拜年。燃灯点烛，烧香献供，在鞭炮声中将封存面具的神柜从阁楼上搬下，俗称“马菩萨下地”。之后将面具供奉于神案前，由各家族长辈及村落中各家各户的一家之主轮流祭拜，三拜九叩请神迎圣，此后香火不断。演员们也从这一天开始进行排练，踩高跷马者若已成家，则初一至十六禁房事，在踩马前一日要更衣沐浴，演出前再次沐浴并静坐于室内等待表演，不得谈笑。

正月十四日晨，以土铳为号，所有男丁及表演人员齐聚神堂，鸣炮拈香向面具进行朝拜，并由主持朗诵“请神词”，由四位不满十六岁的童子带上一马、二马、三马、四马的脸谱开始表演“踩地马”[①]，随后是“出圣”的环节，按照既定的路线巡行各村，为村民驱逐苦难，送纳福祉。巡行的场面蔚为壮观，呈现出类似于盛大节日和庆典的游行画面，前面一人提灯引路，两侧锣鼓开道，后跟童男童女组成的彩旗队数十人，另有伞盖与踩马童子依次排列，热闹而不失庄严。踩马童子结束以后是四位青年踩高跷马的时间，去年得子和得女人家开始“献马子”，即向四位踩高跷马者献红蛋。为答谢头马和四马神赐给这一对夫妻儿女，所以称献马子，也称“献马盃”。最后捧四块踩马面具到本村的神庙朝圣，表演者依次行礼敬酒，则白天的踩马活动告一段落。

晚饭后以铳为号，主持吟诵请神词，带头礼拜，求愿者也纷纷手捧香烛上前跪拜。迎神点通常选择最为开敞的广场空间，主要是经过翻修的庙前广场。先是由四位踩高跷的青年在广场表演“踩正马”，踩正马要将全部套数踩完，四匹马先舞令旗，后舞刀枪，作征战势，红脸的头马执大刀，与执斧的二马、执枪的三马和舞双剑的四马交战，有对阵、三人阵和四人阵，最后舞四马的女将用红布条抛向头马。踩正马的难度大，观赏性高，全程跟随锣鼓的节奏，没有音乐伴奏，演毕面具需要回归神案，并再享三拜九叩。散了踩正马就到了傩戏正戏的表演时间，上演着《孟姜女》《刘文龙》《花关索》等剧目，其中蕴含的忠孝节义的思想也随之在民间传承下来。表演一直持续到次日凌晨方止，另一轮值村将前来神堂迎神，将神供奉于本村神堂，按相同的流程演完傩戏之后举行送神仪式，将面具重新置于神柜中，恭送神灵上天。

傩事表演在当地算是一年一度最为盛大的民俗活动，这是属于全体村

---

① 童子穿武将服，腰间扎竹马。竹马用竹篾编成椭圆形的无底筐为马身，再扎马头捆扎于筐的一侧，根据马的颜色糊以色纸（今改用绒布）。如关索骑红马，鲍三娘骑白马，还有黄马、黑马。踩地马有“发令”（舞令旗）、“溜马”、“交战”等动作，尽展古代战将风采。

民的祭祀狂欢。作为祈愿的主体，乡民们都早早地等候在道路两旁或是跟随在游行队伍的最后，在全年的辛勤劳作结束之际，人们祈求上天的赐福，希望来年风调雨顺，户户子嗣绵延。出外打工的年轻人也在喧天的锣鼓声与鞭炮声里，与熟悉的人述说着重逢的喜悦，孩子追逐仪式的热闹，三五成群地嬉戏，直至最后到达目的地。这也赋予了神庙以及巡行空间最广泛的公共性，村民也在其中通过一系列的仪式活动在彼此之间建立起情感联系，增强了社区归属感，同时提供了交流的平台，通过人与人的传播方式维系了乡民之间的精神纽带，强化了地缘和血缘的联系。

另外，作为戏台之下的观众，日常紧张与繁重的社会劳动，已经使他们的心理极为压抑，而在台下观赏戏曲表演缓和了民众平日里压抑和无法释放的情绪。因此戏台作为娱乐的公共场所的作用是不能替代的，民众修建戏台除了娱神，更重要的是娱人。同时台下观众因为感受到气氛的渲染也开始入戏，甚至开始情不自禁地哼唱之时，就完成了自围观者到表演者的转化，这样的转化中不仅体现了台下与台上的交流互动，也是缓解压力的途径之一。

吴毅曾在他的《记述村庄的政治》一书中阐释了所谓村庄公共空间的概念："村庄是一个社会有机体，在这个有机体内部存在着各种形式的社会关联，也是村庄人际交往的结构方式，当这些社会关联和结构方式具有某种公共性，并以特定空间形式相对固定的时候，它就构成了一个社会意义上的村落公共空间。"①在以农业为主要生产方式的山湖村，地缘与血缘关系是构成人际交往格局的主要依据，诚如前文所言，村中的居民大多同根同源，聚族而居，长久以来的繁衍生息，地缘与血缘早已渐渐交织融合，地缘成为血缘的"投影"。于是在傩事中约定俗成的信仰风俗与行为禁忌开始形成固定的模式和人际交往格局，诸如表演中的庙前广场这样的地域也被打上公共空间的印记。

在公共空间的基础之上，傩戏的表演空间被另外附上了一层神圣的意味。经过人为的布置，原本的世俗空间被施加了仪式空间的属性，通过供桌、供品、香烛等供奉神灵的物件以及面具音乐等联结两个空间的媒介，使得神圣性与世俗性的边界逐渐模糊。在这里一个祭祀傩神的场地出现，而它是区别于世俗空间的、不可触碰的、具有神圣性的地域。人们通过进行礼祀活动与歌舞表演祈求达到神灵降临、驱鬼逐疫的目的，并出于感激与敬意进行酬神活动，在这样的空间之中实质上体现的是人渴望与神进行交流的愿景。表演者带上具有神性的面具之后就已然成为神灵的化身，具有庄严

① 吴毅．记述村庄的政治[M]．武汉：武汉人民出版社，2007：14-15.

肃穆与威慑性的效果，充当了人们想象中的神，在这种虚构的神性空间中，乡民通过歌舞的展演与真诚的告解来进行人与神的交流。又由于展演本身所带有的娱人性质，表演空间成为村民参与和释放以及进行人际交往的公共空间，娱乐性与神性兼具，亦庄亦谐的氛围与空间的转化让仪式的参与者在欣赏释放之余，又保存了一份对傩神的敬畏之情，而这种人与人、人与神之间的交流也交织汇聚，共同形成了相互转化不可界分的公共空间与神性空间。

三、世俗的器物与神性的媒介

神性空间是无法独立于公共空间而存在的，需要依附于普通的世俗空间，实质上是依附于现实中信徒的精神信仰，在这种信仰中空间得以升华到神性的层次。一方面，神灵作为一种想象存在于乡民的脑海里。从原始社会开始，人们开始将生活中遭遇的包括自然因素导致的破坏与阻碍归因于神秘的鬼神，在敬畏与无助之下选择将精神寄托在神灵的庇佑之上，但归根结底是在寻求一种精神上的安慰，相对的神性空间也是一种虚构的场域，通过人们的想象被实体化了。另一方面，神性空间需要借助媒介来与世俗空间进行联系和转化，这里的媒介是广义上的媒介，麦克卢汉曾在《理解媒介：论人的延伸》中提出一个泛化的媒介概念，不仅仅包括像口语、文字、报纸、广播、电视等狭义的传播媒介，还包括人类生活中所使用到的一切工具，比如道路、服装、住宅等，同样，在傩戏的仪式中也存在这样的媒介。

（一）作为媒介与象征的面具

面具是傩戏中的核心象征符号，这也是傩戏同其他戏曲区别开的最基本的特征之一。面具又称“脸子”，造型多夸张迥异，同京剧中的脸谱有一定的相似之处，但脸谱是在演员进行舞台演出时施加在脸上的化妆造型艺术，具有极高的艺术观赏价值。而面具相比之下则更具乡村的那种野性与灵性，材质多为杨木和柳木，民间传说柳木可以辟邪，质地也较轻软易刻，不仅适合在脸上佩戴，而且情态也相当逼真。山湖村的傩戏中的面具具有典型的江南气息，人物形象以清秀为主，如孟姜女、刘文龙等普通人的角色一般都是柳叶眉、弯月眼，高而挺直的鼻梁，除了极少部分凶相运用了夸张与扭曲的表现手法之外，大多面目温和，亲切慈善。

面具在傩戏中扮演了沟通人神两界的桥梁作用，即起到了笔者上文所述的媒介的功能。之所以称之为媒介，是因为在乡民的眼中，面具是世俗空间与神性空间的唯一通道，神灵降临世间除了通过面具之外别无他法，一旦表演者戴上面具，则如同按下了按钮，世俗空间就开始向神性空间的层面转化。利用面具人们可以建立能够使人与神之间建立某种“超自然”的联系，将神灵请至人间，受百姓祝祷，为百姓消灾解难。从这个意义上来说，傩面具营造出了一种精神意境，这种意境是以人的精神为依据，注入了人的意识、情感与愿望的[①]。

所以人们对面具的崇敬与畏惧心理实质上与对待神的态度是一致的，面具成为承载神灵精神与本体的器物。平日里村民将面具收纳在神柜中，只有需要傩戏表演时再抬出神柜，称之恭请神灵“下地”。神灵是乡民精神中虚构出来的一种信仰和寄托，没有实体，于是人们制造出面具，作为这种虚拟意识的现实的物质载体，其实也是神的替身，代替神接受供奉与祭拜。一旦傩戏表演者佩戴面具，那么即成为神的化身，被视为神灵下凡，神通过傩艺人的耳朵听取人间的祷告，通过他们的眼睛看世俗的疾苦，面具就是神本体的表达者。又因为祀神之歌舞演剧手段本身所具有之娱人效果，使其从信仰中萌生出节庆意识，神圣性中孪生出世俗性，神的空间被人的想象触摸并延展，整个空间因为人的狂欢而又极具世俗的属性[②]，两个空间开始交织、融合成为共同的场域。

(二)作为媒介与信号的音乐

如果说面具是世俗的公共空间向神性空间转变的象征，那么火炮与音乐就是这一过程开始的信号。傩戏表演时的主要乐器为锣鼓，通过富有节奏感的鼓点和锣声，营造出神秘而庄重的氛围，乡民企图以锣鼓高亢变化的强烈节奏配合鞭炮火铳达到震慑驱赶邪祟的目的。在仪式的开始，总要以村民自制的土铳警示，不仅是为神灵鸣声开道，更是提醒人们心怀诚敬，起到安民告示的作用。乐器主要有低音锣、大锣、小锣、堂鼓、板鼓、唢呐等，是傩戏表演不可或缺的配乐工具，也是请神祭祖仪式活动中必不可少的仪式法器。

贵池傩戏中使用的音乐由唢呐曲（现代已不常用）、傩腔、高腔和伴奏锣鼓等几个部分组成[③]。在演唱曲目上，演唱的曲目极具池州的地方特色，如《孟姜女》《刘文龙》的旋律就是源自当地传统采茶歌与劳动号子，富有浓烈的劳动特色与生活气息，可见神性空间的塑造也是深深地植根于当地传统

---

① 檀雨桐．池州傩戏面具文化研究——以池州市贵池区梅街镇的傩戏面具为例[D]．安徽：安徽大学，2014.

② 曾澜．民间傩仪式的空间特性与人神角色的偏移——傩艺人身份的艺术人类学探究[J]．兰州学刊，2010.

③ 周显宝．安徽贵池傩戏中乐器和音乐的仪式性功能探究[J]．中央音乐学院学报，2003.

民俗文化中的。当极具民间风格特色的旋律响起在人们耳边，神性空间似乎又回归到世俗，回归到每一个观众的生活中。

另外，摆放傩神面具的神案与摆放的香烛供品改变了地形与光线；渲染另一个空间的即视感直指天穹，迎接下凡的神灵；表演时穿的服饰同面具一起促成了傩艺人向神的转化。傩戏中的各种器物不仅寄托了民间的信仰，贯穿了请神送神的整个仪式进程，也反映了当地区别于其他地域的本土文化与传统风俗，既是祭神仪式中的必备法器，也是人神相互沟通的特殊媒介，同时还联合了世俗空间与神性空间，具有娱神娱人的功能特征，在岁末年初之际，促成全体的节日狂欢，共同沉浸在祈福禳灾的欢愉与喜庆之中。

四、结语

傩戏自古以来就是民间自发的活动，其基本模式的建构与之后漫长的变迁过程都具有自觉性，是凝练了当地文化与历史的有力象征，不仅体现了当地民间社区的活力，还反映了传统封闭的乡土社会一直以来的走向。在本文的论述中，笔者立足于空间的视角，以茅坦乡的山湖村为例重点对傩戏展演中所呈现的公共空间与神性空间做了阐释，认为在傩事活动中同时存在着人与人的传播和人与神的交流，它们相互勾连形成了空间中的传播网络，并将演出时使用的器具与音乐视为沟通人神两界的媒介，从公共空间和神性空间是什么到两者究竟是如何通过媒介进行转化甚至表现出交织与融合的趋势。不可否认的是，神性空间仍旧是乡民想象中的存在，无法独立存在，需要依附人们的精神，具有虚构的意味，不是现实生活中的真实的物质存在，而是世俗的投影，所以神性空间实质上是民间信仰与精神力量透过譬如面具等作为媒介的载体而塑造成的。王义彬也在对傩戏的研究中说过，“池州傩戏正是通过集体意识将众多的生活原型投射为各种表征。在许多看似无关的对象间建立联系、唤醒民众的认知、联想，从而在另一境界（傩戏的神灵时空）里处于协调的状态，无论如何，在这样的时空转换之后，新的平衡点被确立了”①。

或许我们可以将傩戏放置在社会结构的变迁中等更为广阔的背景中加以观察，作为一种延续不灭的古老文化和吸收多种宗教意识与民俗内容的极富地域风情的戏曲形式，傩戏的历史与文化价值应当被更多的人熟知。在城市化的进程与科技飞速发展的背景之下，虽然傩戏已渐渐地得到重视，

---

① 王义彬．池州傩戏艺术及其文化研究[D]．福建：福建师范大学，2004.

有些甚至被搬上城市的演出舞台，但幕帘背后其传承与发展仍旧面临着空前的困境。首先，城市化导致了村落的萎缩与消失，传统傩文化的生存空间受到排挤与压缩；其次，很多年轻人不愿继承老传统，傩艺班子的青黄不接使得这种传统的民间游艺文化正在逐渐失传，随着老的傩艺人的相继去世，一些难度较大的绝活也无人传承；再次，科技的发达与进步之下，驱邪逐疫与神灵庇佑的说法是否还能得到人们的认可，是否今后的傩戏中，其宗教性将逐渐淡化直至隐去，还是纯粹以观赏的艺术性存在下去？故步自封，因循守旧自然不是发展的套路，如同在漫长的历史中傩戏一次次突破囹圄一样，笔者认为今人更应看到傩戏在增强当地民众对共同的民俗文化的认同与凝聚力中发挥的效力，也当寻求时下利用技术促成傩戏走出村落、走向城市的新路径。

参考文献：

[1] 陆焱．村落社区的傩仪与象征——以贵池傩为中心[D]．北京：中央民族大学，2005.

[2] 敖依娜．空间、仪式与信仰——湖南张谷英村聚落景观"神性空间"研究[D]．湖南：中南林业科技大学，2014.

[3] 谈家胜．近二十年来安徽贵池傩戏研究综述[J]．池州学院学报，2007.

[4] 王兆乾．从贵池对昭明太子的祭祀看傩戏的形成[C]//傩戏·中国戏曲之活化石——全国首届傩戏研讨会论文集．合肥：黄山书社，1992：56-77.

[5] 王兆乾．池州傩戏与明成化本《说唱词话》[C]//傩戏·中国戏曲之活化石——全国首届傩戏研讨会论文集．合肥：黄山书社，1992：30-55.

[6] 曾澜．民间傩仪式的空间特性与傩艺人人神角色的偏移——傩艺人身份的艺术人类学探究[J]．兰州学刊，2010.

[7] 汪胜水．池州傩戏面具艺术的美学内涵解读[J]．沙洋师范高等专科学校学报，2006(6)：55-58.

[8][加] 麦克卢汉．理解媒介——论人的延伸[M]．何道宽，译．北京：商务印书馆，2000.

[9] 陆焱．论傩戏仪式与结构[J]．中华文化论坛，2005(1)：40-43.

[10] 王义彬．池州傩戏艺术及其文化研究[D]．福建：福建师范大学，2004.

[11] 何根海．村落镜像与神圣砌末——安徽池州荡里姚宗族傩神会的文化生态考察[J]．安徽史学，2014(3)：102-108.

［12］吴秋林．仪式与傩戏的神性空间［J］．贵州民族学院学报（哲学社会科学版），2007（6）．

［13］朱佩佩．审美文化视域下的池州傩戏［D］．四川：四川师范大学，2014．

［14］吴毅．记述村庄的政治［M］．武汉：武汉人民出版社，2007：14-15．

［15］檀雨桐．池州傩戏面具文化研究——以池州市贵池区梅街镇的傩戏面具为例［D］．安徽：安徽大学，2014．

［16］周显宝．安徽贵池傩戏中乐器和音乐的仪式性功能探究［J］．中央音乐学院学报，2003．

［17］王义彬．池州傩戏艺术及其文化研究［D］．福建：福建师范大学，2004．

［18］杨冰．池州傩变迁的人类学考察［D］．安徽：安徽大学，2013．

网络舆情传播

媒介化社会视域下公众风险感知

——基于“魏则西事件”的考察

（鲍宪伟　安徽大学）

摘　要：在转型期的中国社会，风险搭乘媒介化社会的快车日益可感，并呈现多发性。纵观近年来网络舆论事件的发展过程，深感其背后遮蔽的社会公众的心理因素却少有关注，风险具有不确定性、不安全性、不可预测性和突发性，处在时代裂变期的公众极易受到风险感知后“我们”的感染与召唤。本文主要以2016年引起网络舆论热潮的“魏则西事件”为切入口，考察医疗风险在媒介化社会视域下的传播图景，公众在风险感知召唤下的行动逻辑的变迁，窥测风险扩散的影响因素，力图探寻规避风险或将风险伤害最小化的路径。

关键词：风险感知；媒介化社会；魏则西事件；博弈

一、引言

在现代风险社会的环境下，风险不只表现为物质实在性，建构的风险场也成为其显性表征。1992年，贝克将后现代社会诠释为“风险社会”，指出科技发展在带来社会进步的同时，也对生态、环境甚至人类自身造成了威胁。在风险社会中，风险已经代替物质匮乏，成为社会和政治议题关注的中心。[①]中国正处于社会矛盾频发的转型期，经济的急速发展也促使着社会结构的深刻变革，对社会的政治、经济、文化乃至生态环境的影响必将是潜移默化、深远持久的。“风险”具有不确定性、不安全性、不可预测性和突发性，在转型期的社会公众极易受到风险的感染与召唤。

---

① ［德］乌尔里希·贝克．风险社会［M］．何博闻，译．南京：译林出版社，2004：15－19.

观照中国社会，媒介化的社会日益成为当前中国社会的真实写照，也日益渐进演化为当前中国社会发展的强劲动力。童兵等人认为，媒介化社会的形成有三重逻辑：以媒介融合为特征和趋势的媒介技术演化的结果提供了媒介化社会的技术推动力，为社会的不断媒介化提供了可能性；受众对于信息永无止境的需求甚至依赖构成了媒介化社会形成的主体牵引力，是媒介化社会的必要性前提；而现代社会信息环境的不断“环境化”，恰恰展示了媒体的巨大影响力和建构性，是社会媒介化的必然后果，是媒介化社会的外部表征。①

风险的传播在于受众感知到风险的存在，进而在其所在群体中传播、告知，用以规避与发挥集体智慧寻求解决途径。受众感知到风险的威胁方能传播，而受众感知、传播风险的渠道无疑依赖于现代媒介这一技术工具。“风险”的感知与传播有其源流，古有口口相传沟通模式，现在即时性、互动性强的 web3.0 时代的媒介化社会中，受众不仅能够透过自身体验并且借助媒介感知到风险，甚至在感知风险的过程中与媒介合谋不断的层级演化为风险源，进一步建构并扩散，成为飓风的暴风眼，带来诸多的次生风险。

本文主要以 2016 年引起网络舆论热潮的“魏则西事件”为切入口，梳理事件的来龙去脉，考察医疗风险在媒介化社会视域下的传播图景，公众在风险感知召唤下的行动逻辑的变迁，窥测风险的影响因素，力图探寻规避风险或将风险伤害最小化的解决路径。

二、中国式求医的悲剧：“魏则西事件”梳理

2016 年 4 月 12 日，年仅 21 岁的西安电子科技大学学生魏则西因患滑膜肉瘤，在家中去世。魏则西生前曾在知乎网发帖详述了他所受到的欺骗性搜索及治疗经历，他的死旋即引发了舆论对百度医疗广告监管、医疗欺诈等诸多问题的思考。“魏则西事件”的相关舆情量在 5 月 3 日达到顶峰，百度搜索指数一跃直指 195232 次，比今年 3 月初召开的两会搜索量还高出近 70000 次，公众较高关注度的背后是对于医疗风险的感知、信息平台“义”的缺失以及造就这种风险的深因值得反思与探究（见图 1）。

笔者试图梳理“魏则西事件”的发展脉络，透视事件发展的各个舆论期，从“众声喧哗”的舆论场域中厘清公众舆论的指向，拨开遮蔽于事件之上的

① 童兵，等．科学发展观与媒介化社会构建［M］．上海：复旦大学出版社，2010：9.

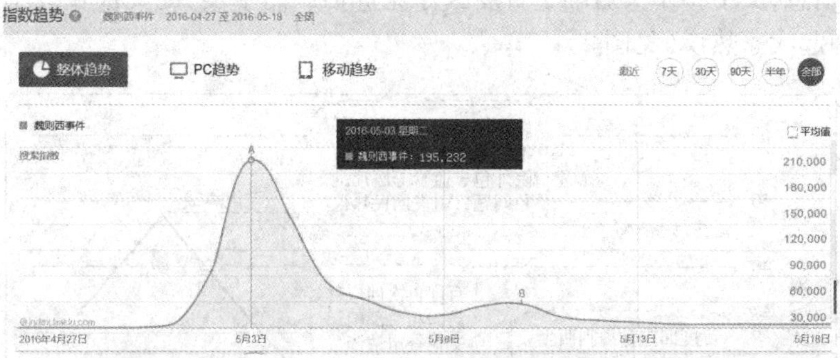

图1　百度指数

“迷雾”，于情绪化的表达中廓清事件深处公众对于“谁是下一个魏则西”的焦虑与恐慌，从社会心理入手，分析公众的风险感知的影响因素，疏通社会矛盾的“毛细血管”。

2014 年 4 月，西安电子科技大学学生魏则西被查出得了滑膜肉瘤，一种恶性软组织肿瘤，5 年生存率是 20% ~50%。魏则西一家四处奔波求医，但均被告知治疗希望渺茫。

2014 年 9 月，魏则西一家通过百度搜索获悉武警北京总队第二医院（武警二院）的生物免疫疗法能够治疗他所患的病，遂前去就医，先后进行了 4 次治疗，未见好转。同时魏则西也开始了在网络平台知乎上记录自己的治疗过程，查看他人的经验分享、病友的建议等。

2015 年 8 月，魏则西在知乎上发帖提问：“21 岁癌症晚期，自杀是否是最好的选择？”那时候，他做完 4 次在武警北京二院的生物免疫疗法，没有达到预期效果，这个疗法曾被他和父母视为救命稻草。

2016 年 2 月，魏则西在知乎平台网友的分享中得知生物免疫疗法是被国外临床淘汰的技术，并在知乎一则“你认为人性中最大的恶是什么？”的帖子下面，将这根“救命稻草”的故事作为回答，详细记述了自己就医的遭遇以及他所遭遇的欺诈性治疗。

2016 年 4 月 12 日，年仅 21 岁的魏则西治疗无效在家中去世。在知乎网友帖子“魏则西怎么样了？”的问题下，魏则西父亲用魏则西的知乎账号回复称：“我是魏则西的父亲魏海全，则西今天早上八点十七分去世，我和他妈妈谢谢广大知友对则西的关爱，希望大家关爱生命，热爱生活。”至此“魏则西”就医受到欺诈事件进入网友视野。

然而真正进入公众关注的事件节点是 2016 年 4 月 27 日，新浪微博用户@孔狐狸发文声称，通过知乎获悉魏则西遭到欺诈就医遭遇并治疗无效去世的消息，文中将矛头对准了百度医疗竞价推广的事实，此文被转载1万多次，引起大家热议（见图2）。

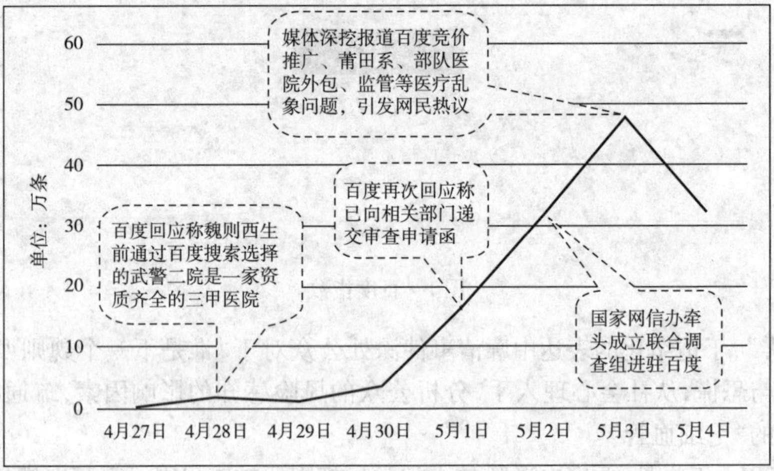

图2　鹰眼舆情观察室①

2016年4月28日，针对自媒体曝出"魏则西"之死事件存在的涉事医院外包诊所给民营机构、百度竞价排名等问题，百度对此事进行回应称，魏则西去世后，百度第一时间对武警二院进行了搜索结果审查，从提交的搜索资质来看，是一家资质齐全的公立三甲医院，不存在违规推广和虚假搜索情况。

2016年5月1日起，随着自媒体的不断关注与爆料，《一个死在百度和部队医院之手的年轻人》等微信推文迅速刷爆了朋友圈，主流媒体也积极跟进报道，《人民日报》评论《魏则西之死拷问企业责任伦理》、人民网评《别忽略魏则西之死背后的双重垄断》和《魏则西事件，舆论更应关注什么》、《新京报》的《青年魏则西之死》和《这件事关乎我们每个人的切身利益》、界面新闻《究竟谁"害死"了魏则西?》等文章，将隐蔽在技术背后的百度医疗竞价排名推广、医疗欺诈的风险一览无遗地曝光在公众面前。百度先后发文回应，要求展开调查，随后武警二院贴出停诊通知，接受调查，百度推广的最后一块遮羞布也被无情地扯下。

"魏则西事件"中医疗欺诈风险和百度竞价推广成为事件全局的高频词（见图3），主流媒体以及社交媒体双重舆论共生共振，直指百度搜索背

① 鹰眼舆情观察室[EB/OL]. http://www.eefung.com/hot-report/20160506141733-92964.

后，信息技术平台在追“利”的路上将公众投之以信任的初心“义”的沦落与缺失。

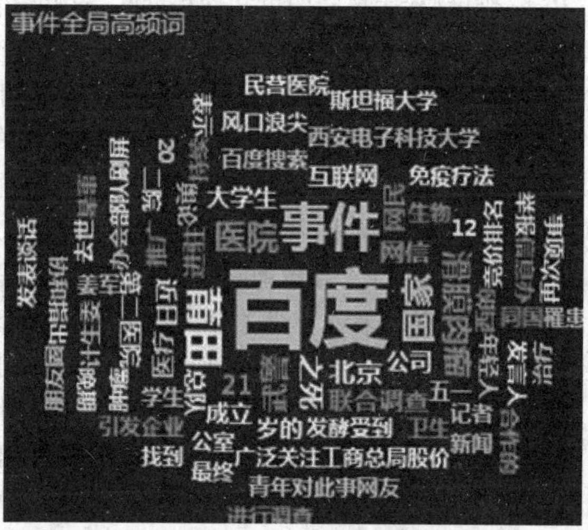

图 3　人民网①

三、失控的舆论：媒介报道陷入风险漩涡

（一）社交媒体热议与发酵：风险感知的双重维度

“风险感知”（perception of risk，也有学者译作“风险认识”）研究肇始于心理学领域，在 20 世纪 80 年代后才出现跨学科（社会学、经济学、人类学等）研究的趋势。② 风险感知指“个体对存在于外界各种客观风险的感受和认识，且强调个体由直观判断和主观感受获得的经验对个体感知的影响”③。

Starr 首先提出了“风险—利益”的理论解释。④ 之后，Slovic、Lichtenstein 通过大量的实证研究，认为风险是受到心理、社会、制度和文化等诸多因素制约的个人主观定义，并逐步发展了该领域的问卷调查法。Slovic 在问卷调

---

① 人民网．魏则西事件．舆论更应关注什么[EB/OL]．http://yuqing.people.com.cn/n1/2016/0503/c403914-28322266.html.

② [美]罗杰·E·卡斯帕森概述[A]//[美]珍妮·X·卡斯帕森，罗杰·E·卡斯帕森．风险的社会视野（上）[M]．童蕴芝，译．北京：中国劳动社会保障出版社，2010：3.

③ 谢晓非，徐联仓．风险认知研究概况及理论框架[J]．心理学动态，1995，3(2)：17-22.

④ Starr. C. Social benefit versus technological risk. What is sociaty willing to pay for safty?[J]. Science，1969，(165)：1232-1238.

查的基础上，提出了风险感知的两个基本维度：忧虑风险（Dread Risk，也有学者将 dread 译为恐惧）维度（与风险的灾难性与不可控制性相联系）和未知风险（Unknown Risk）维度（代表风险的可知性程度）。这些学者还运用词语联系和情境发生等方法，测量被调查者对于风险、收益和其他维度的感知。[①]自身利益在现在或将来受到或将受到侵害是公众对风险深切的认知，当然公众对于事件的风险感知还源于其对于事件真相背后的未知的忧虑与恐惧的主观个体体验的双重因素。

参照"魏则西事件"的发展始末，事件发端于网络社区，个人迫切的就医治疗诉求遭遇信息搜索无良推广，导致散尽家财终无效治疗去世。医疗问题在中国转型期的社会一直以来就备受关注。当前，西方国家在一百多年中陆续出现的变迁性社会问题（传统社会向工业社会变迁中出现的问题，如工业生产事故、贫困、农村剩余劳动力转移等）、转轨性社会问题（政府干预经济过程中出现的问题，如经济滞胀、官员腐败等）和全球性问题（全球化过程中出现的问题，如全球金融危机、环境问题等）在近几年内叠加爆发，形成"风险共生"现象。[②] 权力寻租、官员腐败、仇富仇官心理、扶老人被讹事件等不断刺激着公众的神经。这类舆论事件一般发端于网络社区，在网络社区引起热议，社交媒体不断疯传刷屏报道后，生活在即时互动的媒介化社会，公众毫无例外地成为信息爆炸的受害者、风险感知后积极参与者、热议寻求风险解决的围困者。"风险共生"的互联网时代，我们无路可逃，变成了"惊弓之鸟"，一有风吹草动，便拿起弱者的武器在网络社区中发声与持续的关注，把个体的相关体验嵌置于处在舆论热潮中的事件漩涡里，试图为郁积在心理上的阴影找到发泄口。而"魏则西事件"便毋庸置疑地成为有类似求医经历的网民的"发泄口"，在网络社区中网民的热议可以窥见一二。

首先，作为事件的亲述者魏则西在知乎平台上记录自己的就诊遭遇涉及医院以及企业的"人性的恶"的一面，引起一定关注。然后，新浪微博@孔狐狸发文，将魏则西的去世背后"百度医疗推广"和"外包医院"的责任暴露在外，在微博社区中旋即引起大家转载热议。随后，百度避重就轻的发声，引起网民的不满，事件持续发酵。最后主流媒体的密集报道与评论和监管部门的调查，把事件推向最高潮，针对事件的调查处理结果达到话题的最高潮。

---

① Slovic. Perception of risk[J]. Science, 1987, 236(17): 280-285.

② 童星，张海波，等. 中国转型期的社会风险及识别：理论探讨与经验研究[M]. 南京：南京大学出版社，2007：58-60.

笔者在新浪微博话题栏中搜索整理了关于“魏则西事件”的相关话题(见表1)，根据网民对于事件的阅读量和讨论数，可以透视出网友在事件发生后对其的关注陷入了“人人都可能是下一个魏则西”的风险担忧困境中。

表1　魏则西事件相关话题阅读量

#话题#	阅读量
#魏则西事件#	4.2亿
#魏则西死亡事件#	2万
#魏则西事件调查#	4363.2万
#魏则西事件追踪#	803万
#魏则西事件你怎么看#	65万
#魏则西百度推广事件#	12.9亿
#魏则西事件百度冤吗#	2万
#魏则西事件对百度的影响#	5万

医疗保障、信息搜索在任何时代都处于至关重要的地位，与每一个人的利益是切身相关的。社会中个体利益受到侵害，如若不加警惕与制止，就会陷入“人人都可能是魏则西”的“塔西佗陷阱”。网友@俗家方丈就提到：“魏则西只是一个个体，他得到了死后迟来的公正，我们活着的人呢？”这样的感叹与反思，就可谓是聚焦舆论事件中网民人人自危群体图像的真实描摹。

(二)主流媒体的高歌猛进：风险沟通与风险呈现

大多数学者认同美国国家科学院的定义：“风险沟通是个体、群体以及机构之间交换信息和看法的相互作用过程；这一过程波及多侧面的风险性质及其相关信息，它不仅直接传递与风险有关的信息，也包括表达对风险事件的关注、意见以及相应的反应，或者发布国家或机构在风险管理方面的法规和措施等。”①风险信息的传递与互换是风险沟通的第一步，在现代社会媒介往往承担了这一重任，既是承载信息的平台，又是沟通群体与机构之间的桥梁。

在“魏则西事件”中社交媒体引爆舆论带来热议的狂潮，而主流媒体捕获了风险事件中值得关注的焦点，深挖事实真相，以专家权威式的解读追问

① National Research Council(U.S.). Committee on Risk Perception and Communication. Improving risk communication[M]. Washington, D.C.: National Academy Press, 1989:1.

事件背后深意，不断触摸风险源，以达到廓清事实的作用。然而，处在风险“暴风眼”地带，稍有不慎媒介也会卷入风险事件中进而建构风险，加大社会恐慌。

被誉为“风险沟通之父”的 Sandman 认为，传统的风险沟通蠢化公众，并企图教育公众，这种策略在现实中屡遭挫败。他主张“风险=危害+愤怒”，风险沟通必须重视公众的愤怒、专家对危害的认识和公众对愤怒的感知，往往都是有理有据的。因此，双向的、平等的风险沟通才是正确的策略。① 重视受众对于事件的危害认知以及触及最深处“为何受众会感到愤怒”的原因便是主流媒体进行风险沟通与呈现的最好的方式。

笔者针对事件持续发酵阶段，整理了主流媒体的相关报道与评论（见表2）。主流媒体在事件传播的过程中，不断发起追问是谁“害死”了魏则西，“魏则西事件”是否会再发生。这些追问直视公众内心最深处的恐慌，从企业、医院、监管这三者利益体的视角全方位展示了该事件所混杂的医疗风险、媒介风险，破解公众对事件的恐慌。呈现交换信息并不能完全消解受众的担忧，消除受众的恐慌还得对该事件做出公正客观的调查与惩处。

表2　主流媒体的相关报道与评论

发布时间	标题	来源
5月2日	魏则西事件激起民愤媒体：政府再不能姑息养奸	中国青年网
5月3日	“魏则西事件”：丢掉责任，企业还能走多远	《人民日报》
5月3日	魏则西事件，问到深处是监管	人民网
5月3日	“魏则西之死”刷疼了我们内心的恐慌	中青在线
5月3日	究竟谁“害死”了魏则西	界面新闻
5月4日	期待“魏则西事件”问责有始有终	《京华时报》
5月6日	魏则西留下的生命考题	《新京报》
5月9日	给网络戴上法制的“紧箍咒”避免“魏则西事件”再发生	央广网
5月14日	审视“魏则西事件”：是什么造成了冰山之下的医学乱象	今日头条

① Sandman. P. M. Responding to community outrage: Strategies for effective risk communication[M]. New York: America Industrial Hygiene Association, 1993: 1-12.

四、拨动风险神经：风险感知的影响因素

（一）想象的共同体："我们"的感染与召唤

"想象的共同体"是本尼迪克特·安德森针对民族国家提出的概念。遵循着人类学的精神，我主张对民族作如下的界定：它是一种想象的政治共同体，并且它是被想象为本质上有限的，同时也享有主权的共同体。① 概念的应用与嬗变，其内涵的半径得到了充分的置换与扩展。在新媒介环境下，传统的共同体身份仍然透过媒介渠道被想象与建构，虚拟社区的群体在媒介化社会搭建的"拟态环境"中完成了由个人到集体身份的转换与集结。

同时，需要注意的是，安德森发现"想象的共同体"不是虚构的共同体，不是政客操纵人民的幻影，而是一种与历史文化变迁相关，根植于人类深层意识的心理的建构。② 在中国利益冲突多元化的社会中，日益多发的突发事件经由媒介传播扩散，个体基于内心深入的安全感与归属感的需求，融入虚拟社区中分享信息、沟通风险、参与解决，呈现"集体抱团"的"共同体"状态，"我"的利益受损适时地演化为"我们"利益的侵害。

透视"魏则西事件"，我们就不难理解"谁是下一个魏则西""人人都将成为魏则西"的言论与报道其深处所暴露的作为"想象的共同体"所产生的深深的恐慌与担忧。

本文分析了"魏则西事件"话题微博用户（新浪微博）关注人群性质的数据，发现网络言论主要来自普通阶层（78.7%），即网络上的草根阶层以及网络达人（11.2%）共达到了89.9%的比例（见图4）。这部分用户正是处在社会的中产阶级抑或底层阶级，受到阶层、收入、知识等因素的客观限制以及自我阶层认同的自我限制，自然演化为社会结构、社会矛盾变动与激化的易感人群，亦是突发事件爆发后风险感知最强烈，通过虚拟社区中的信息达到集体认同迅速集结受到情绪感染与召唤的易达群体。

从贴在魏则西本身的群体标签来看：年仅21岁、大学生、患恶性疾病、独生子女、举全家之力、散尽家财、治疗受骗这些标签无疑刺激了在社会转型期的中国求医的固定模式。"一病回到解放前"的时代阵痛透过个体的遭遇诉说着"我们"的无奈与担忧，是整个时代群体自画像的缩影。

---

① [美]本尼迪克特·安德森．民族主义的起源与散布[M]．上海：上海世纪出版集团，2005：23.

② [美]本尼迪克特·安德森．想象的共同体——民族主义的起源与散布[M]．吴叡人，译．上海：上海世纪出版集团，2008：17.

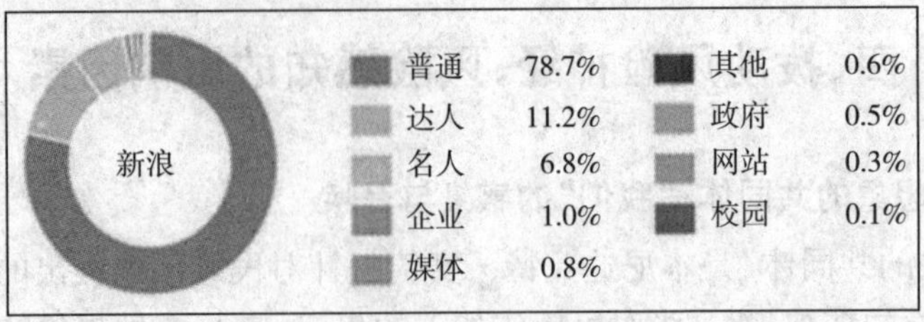

图4 鹰眼舆情观察室

(二)公地的悲剧:信息平台"义"的失守

马歇尔·麦克卢汉提出的"媒介即讯息",天才地洞见了技术尤其是媒介技术对于信息获取、排列、控制的过程中重构了现代主体构成的参与序列。现代信息技术高速发展,现代媒介正在以"润物细无声"的强大攻势全方位地影响着"地球村"中的每一个个体,日益媒介化的社会,极度依赖媒介信息的"媒介依赖症"的"手机人""容器人",媒介化社会业已把全社会的公众浓缩进了自身的运行体系中,而公众对于信息永无止境的需求与依赖是媒介化社会信息媒介平台生存、繁荣的原生动力。从数据规模可见,截至2016年6月,我国搜索引擎用户规模达5.93亿,使用率为83.5%,在整体网民、手机网民中,搜索引擎都是第二大互联网应用。[①] 这是一个规模巨大的用户群体同时其背后隐秘着巨大的经济价值。

提供信息搜索服务平台借助受众对信息的需求与依赖成长起来,信息搜索平台不管是作为企业还是媒介都富有强烈的社会责任,然而现在却出现了这样一种社会陷阱:公众将信息获取的信任交给了平台,平台在"利"与"义"的博弈中,日益追逐利益的最大化,造成社会责任的丢失与沦陷,最终演化为这样的对于企业、公众、平台三者俱损的"公地悲剧"。[②] "公地悲剧"反映的是当公共利益与个体利益在使用资源过程中发生冲突后,利己动机驱使下所产生的一系列社会后果。

---

① CNNIC报告称中国搜索引擎用户规模达5.66亿[EB/OL]. http://tech.163.com/16/0122/12/BDUERH8J000915BF.html.

② "公地的悲剧"即哈丁(C·Hardin)在美国《科学》杂志上发表了《公地的悲剧》一文,文中提出了一个理论模型:公地的悲剧。哈丁在《公地的悲剧》中设置了这样一个场景:一群牧民一同在一块公共草场放牧。一个牧民想多养一只羊增加个人收益,虽然他明知草场上羊的数量已经太多了,再增加羊的数目,将使草场的质量下降。牧民将如何取舍?如果每人都从自己私利出发,肯定会选择多养羊获取收益,因为草场退化的代价由大家负担。每一位牧民都如此思考时,"公地悲剧"就上演了——草场持续退化,直至无法养羊,最终导致所有牧民破产。Garrett Hardin. The Tragedy of the Commons[J]. Science,1968,(162).

反观当下中国的媒介化社会,网络世界作为"公共牧场",信息搜索平台是将公众信息汇集起来,网民、企业以及信息平台都是这条价值链上分布的节点,平台通过信息搜索将企业与公众勾连汇聚,发挥着至关重要的连接作用。信息平台试图不断追求利益的最大化,将众多虚假信息,有偿推广放置网上,从而造成了"公共草场"中的各行为主体的实在抑或隐形伤害,形成了网络空间的"公地悲剧"。

网络成为医疗广告的重灾区,而百度推广早在"血友吧"被卖事件中也已不是新鲜事。对比魏则西事件,我们可以窥视到之所以引起大范围的百度声讨中,其事件的独特之处在于公众对风险的切身感受。微博网友说出了真相:"网民吐槽网站,是因为网民离不开搜索引擎;网民吐槽医院,是因为网民同样离不开医院。"

百度在事件中成为公众重要责任人的指向源于其作为当下中国社会中公众获取信息的主要搜索引擎,我国搜索引擎用户规模达 5.93 亿。谷歌退出中国,加速成就了百度一家独大的局面,用百度搜索似乎是公众的习惯但也无更好产品替代别无选择的无奈。如果把在百度上搜索信息比喻成空气、水源,那么魏则西事件中暴露出了百度背后资本与技术的合谋,一家外包医院通过竞价推广的方式优先排在最显眼、最重要的位置,其错误医疗信息的导向导致一个年轻生命的逝去,公众惊醒人类赖以生存的基本条件都被剥夺与污染,促成了人人自危的恐惧感,将风险源归咎于赖以生存的信息平台,纷纷声讨就不难理解了。

(三)医疗议题:多元媒介环境下"不变"的关注

现代媒介技术加速更迭,网络将错综复杂的利益诉求加以整合编织甚至放大形成了主要利益群体的"共鸣效应"。一系列"医疗""健康""环境污染"等类目的问题由于信息不对称、主流话语缺失总能夹杂着公众的不满情绪在情感宣泄中加以展演,网络个案总能在公众与媒体的呈现与建构中吸引着眼球,解构了公众对社会稳定与自我安全的信心。从社会心理效应入手,来解读多元化媒介环境衍生的媒体和公众失序言论及行为的表征就能够探析出"医疗议题"成为"不变"的关注背后整个社会的心理结构。网络群体性事件的社会心理效应主要包括不满心理、不信任心理、无助心理、宣泄心理、责任分散心理、盲从心理、道德权威心理和仇视心理。① 网络群体性舆论事件深度刻画了社会成员对其投入关注的社会心理根源,"没有人一生能

---

① 刘启刚,乔明明. 网络群体性事件的社会心理效应及其防控[J]. 河北公安警察职业学院学报,2011(4):68-71.

够独立于医院生活”的事实以及医护人员存在或被建构的自身形象双重作用于阶段性爆发的危机事件中。

网络成为公众日常生活展演的舞台，继而成为研究者观察人心的绝好场地。魏则西事件关涉“医疗风险”“欺诈搜索”等字眼，无疑激起了公众的危险预警、迅速进行程式化的归因咎责。根据蚁坊软件舆情检测系统抓取的网络媒体新闻报道约5300篇，进行的关键词提取、主题聚类分析得出，网民言论多集中在质疑、反思医疗乱象，话题所占比达到70%（见图5）。“质疑”“反思”医疗机构及其体制显露的是公众借由个人际遇表达对于公共诉求、公共安全的渴求，这也是当下社会风险中治理中需要紧抓的源头之一。

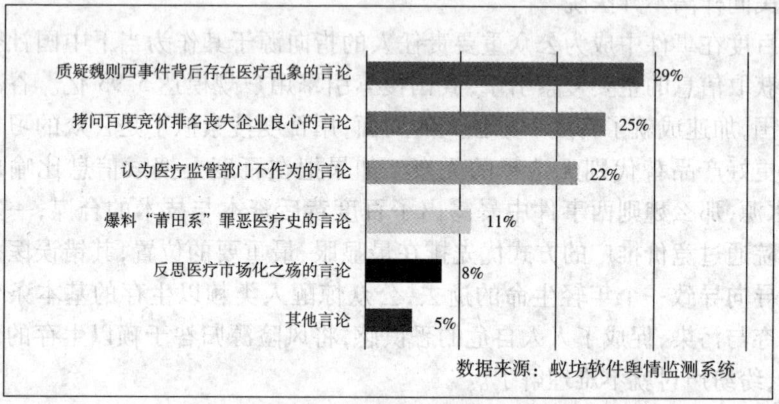

图5 “魏则西事件”网民话题分析图

五、结语

散落在网络舞台的众多利益群体通过突发的舆论危机事件触发公众的风险感知，媒体对于事件的呈现与建构有助于廓清风险的传播源头与传播路径，但稍有不慎也会卷入对于风险的建构与放大的框架逻辑体系中。结合社会普遍关注的魏则西医疗欺诈事件，窥视在媒介多棱镜下折射的社会结构性矛盾以及社会普遍社会心理的变迁，从社会心理的角度入手洞察舆论事件找寻新的解决出口。

转换到社会风险感知的受众视角，可以看见有三重因素：群体心理、信息平台和医疗议题起着重要作用，相互交织作用拨动了社会公众风险感知的发条。风险事件的变奏与发展是网络舆论自身张力的体现，也是技术、资本、心理三者勾连、融合、异化的结果。因此，针对舆论事件所波及的次生风险需要强化技术平台的社会责任，规避资本的盲目逐利行为、重视并积极疏导社会不满情绪，有助于预防和消解社会舆论事件所产生的风险状况。

参考文献：

[1][德] 乌尔里希·贝克．风险社会[M]．何博闻，译．南京：译林出版社，2004：15 - 19.

[2] 童兵，等．科学发展观与媒介化社会构建[M]．上海：复旦大学出版社，2010：9.

[3] 鹰眼舆情观察室[EB/OL]．http://www. eefung. com/hot - report/20160506141733-92964.

[4] 人民网．魏则西事件，舆论更应关注什么[EB/OL]．http://yuqing. people. com. cn/n1/2016/0503/c403914-28322266. html.

[5][美] 罗杰·E·卡斯帕森概述[A]//[美]珍妮·X·卡斯帕森，罗杰·E·卡斯帕森．风险的社会视野(上)[M]．童蕴芝，译．北京：中国劳动社会保障出版社，2010：3.

[6] 谢晓非，徐联仓．风险认知研究概况及理论框架[J]．心理学动态，1995，3(2)：17 - 22.

[7] Sarr. C. Social Benefit Versus Technological Risk. What is Sociaty Willing to Pay for Safty? [J]. Science，1969，(165)：1232 - 1238.

[8] Slovic. Perception of Risk[J]. Science，1987，236(17)：280 - 285.

[9] 童星，张海波，等．中国转型期的社会风险及识别：理论探讨与经验研究[M]．南京：南京大学出版社，2007：58-60.

[10] National Research Council(U. S.). Committee on Risk Perception and Communication. Improving Risk Communication [M]. Washington, D. C.: National Academy Press，1989：1.

[11] Sandman. P. M. Responding to Community Outrage: Strategies for Effective Risk Communication [M]. New York: America Industrial Hygiene Association，1993：1 - 12.

[12][美] 本尼迪克特·安德森．民族主义的起源与散布[M]．上海：上海世纪出版集团，2005：23.

[13][美] 本尼迪克特·安德森．想象的共同体——民族主义的起源与散布[M]．吴叡人，译．上海：上海世纪出版集团，2008：17.

[14] CNNIC 报告称中国搜索引擎用户规模达 5.66 亿[EB/OL]．http://tech. 163. com/16/0122/12/BDUERH8J000915BF. html.

[15] Garrett Hardin. The Tragedy of the Commons[J]. Science, 1968, (162).

[16] 真象·调研. 魏则西事件后,中国网民如何看待网上就医?[EB/OL]. http://tech.qq.com/a/20160503/006393.htm#p=1.

[17] 刘启刚,乔明明. 网络群体性事件的社会心理效应及其防控[J]. 河北公安警察职业学院学报,2011(4):68-71.

想象的角色:社会互动视角下的边缘人形象的建构
——基于"杨改兰事件"个案分析

(崔 雯 安徽大学)

摘 要:近年,随着要求社会公平正义的呼声日益强烈,媒体的新闻报道发挥了重要作用,社会中的边缘人群逐渐走进了公众的视野,主流媒体因为强大的影响力,曾改变着这类人群的生活。新媒体的兴起,对此更是起着助推作用,随着杨改兰事件的发生,笔者发现新闻报道常常将这一类人群符号化处理,形成具有固定特征的人群,站在特有的立场对此类新闻运用修辞手段进行处理。本文从社会互动视角出发,通过个案分析法、文本分析法去研究边缘人角色在媒体与群体互动过程中出现了什么样的异化,不断异化的原因是什么,分析媒体对边缘人群新闻报道过程中的刻板化建构。

关键词:社会互动;边缘人角色;刻板建构;想象的角色

一、研究背景

改革开放的30年来,我国的社会利益格局发生了剧烈的变革——中国由总体性社会向分层性社会转变,随之而来的社会阶层也发生了相应的变化,日益分化成了社会主流群体和边缘群体。主流群体掌握着话语权,有一定的经济政治权利,属于当代的文化精英。被社会边缘了的人群往往扮演着附属的角色,受到强势群体的偏见、歧视、隔离等形式的不平等。由于意识到自己的附属地位,他们产生强烈的族群孤立感。

随着社会公平正义呼声的不断提出,此类人群的相关研究不在少数。这一人群的窘迫现状和弱势地位,无不是学者们关注的焦点,但就其概念在中国本土化的界定,学术界却没有一个清晰的界定。

"边缘人群"这个概念最早由帕克提出,边缘人群的前身是格奥尔格·

齐美尔在1908年提出的“陌生人”。20世纪初,芝加哥学派首创了边缘人理论,20世纪30年代趋于成熟。由于我国与西方国家的文化传统存在较大差异,所以在研究时要考虑到更多的社会环境及人文因素。黄剑在《“边缘人”角色的建构——身体缺陷者社会歧视的文化社会学分析》中提出:“边缘人人”“弱者”等角色并不是与生俱来的,而是社会建构的产物。这种建构的过程与机制借助着符号—权力的关系,通过这种关系,符号建构现实的权力,使得“边缘人”角色在社区的日常话语系统中得到强化,而这种建构大多是借助于大众传播媒介在社会中的互动加以完成的。

在我国,边缘人在新闻报道中的建构主要集中在农民工群体上,汪黎黎在《“城市边缘人”报道的边缘化倾向》一文中通过分析近年有关农民工的媒体报道内容发现:农民工报道很大程度上来自媒介自身的议程设置,农民工的形象在媒体中被刻板呈现,由于没有话语权,主流视角框架既是隔膜的体现,同时也加剧了二者的隔阂。王志涛的硕士论文《“城市边缘人”报道的叙事学分析——以南方周末新闻版的两篇报道为例》则将农民工直接称为“城市边缘人”,认为目前国内的相关报道大多简单、粗暴、片面。整理可以得知,相关研究的侧重点大多集中在媒体新闻报道过程中对边缘群体角色的污名化现象。

二、研究问题与研究方法

8月26日《西部商报》率先报道康乐县阿姑山村老爷湾社一农户家5口人中毒,其中2人已死亡。28岁的老爷湾社女村民杨改兰杀死4个幼小孩子,之后自杀身亡。丈夫在得知消息后,也选择自杀身亡。事件一出,引起了各大媒体的报道。随着案件的更多细节被呈现,笔者发现媒体报道中存在着严重的主观呈现以及刻板建构。一些网络自媒体专注于寻找案件的缘由,或剖析杀人自杀的深层逻辑,或通过各种文学的表现途径构建出杨改兰一家的个体形象,主观逻辑性明显。

新媒体环境下对于边缘群体角色的建构不在少数,以往的研究主要集中在媒介对边缘人进行污名化的报道,但是本文切入的角度是边缘人角色存在着定向的悲情刻板建构,其中的人物形象在媒体的符号化互动与受众的互动过程发生了什么样的异化、异化的原因又是什么,这些是本文所要解决的问题。

为了回答上述问题,本文选取杨改兰这一具有代表性的边缘人物作为个案研究的对象,该事件的典型性、轰动性及影响力都是令人非常震惊的。

报道的规模和舆论影响力也席卷了大众传媒。本文侧重于边缘群体本身和受众，探究人物角色异化的因素，对随机抽取的新闻报道进行文本分析。

三、研究内容

象征性互动理论的创始人乔治·赫伯特·米德把象征性符号定义为强制性的标签和现象的表征，人们根据他人赋予人、物和事件的意义行动。意义是由人们与他人交流中和自己思考中所使用的语言创造的。拉尔夫拉罗萨和唐纳德·C·赖茨提出，象征性互动理论"本质上提供了一个帮助我们理解人类如何与他人共同创造符号世界，这些世界又如何反过来影响人类行为的理论框架"①。新闻报道过程中的杨改兰这一边缘群体角色也是被赋予了各种符号的意义加工而成。笔者以"杨改兰"为关键词输入百度得出约605000个相关结果。随着事件的发酵，新媒体环境下的讨论更是居高不下。大量的媒体报道过程也是对杨改兰这一人物符号的不断建构和深化的过程，媒介通过社会传播和互动将这些意义传递给受众，受众与受众互动的过程中存在的社会讨论，反过来又会影响人们的认知、态度和行为（见图1、图2）。本文从受众、边缘群体本身、媒体三个场域出发探讨边缘角色被建构的成因及特征。

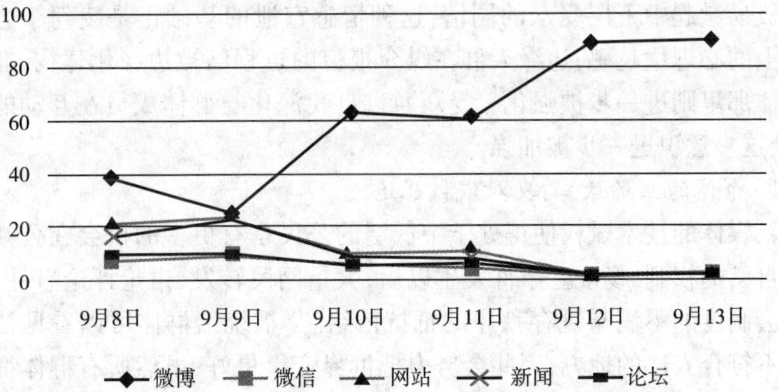

图1 "杨改兰杀子案"舆情统计折线图（图片来源：天涯舆情监控）

① ［美］理查德·韦斯特，林恩·H·特纳．传播理论导引：分析与应用［M］．刘海龙，译．北京：中国人民大学出版社，2007：101.

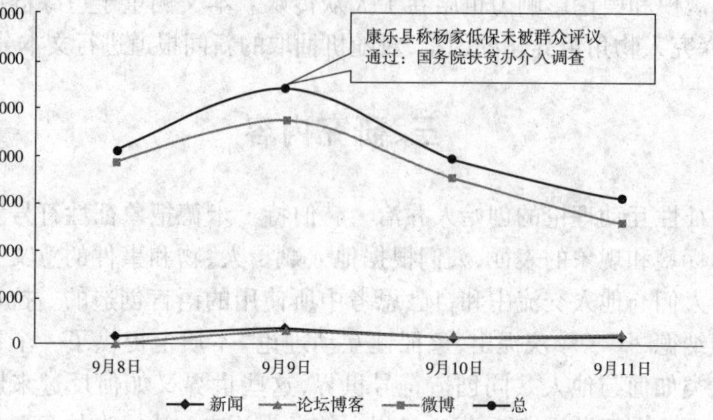

图2 “杨改兰杀子案”事件舆情关注度趋势图

注:单位:条,数据来源于北京本果舆情监测系统,数据时间段为2016年9月8日至9月11日

(一)公众互动化的产物

中国的社会城市化进程中,出现大量的像杨改兰一样年轻的农民群体,社会巨变,思想复杂。他们在城市文化与山村文化的夹缝中生存。但是在媒介报道的过程中本已被边缘化的人群很容易被刻板化呈现,悲情主义的叙事极易激起中下层受众的同情,这种情感宣泄的基础正是凌驾于边缘群体之上的心理优越感,边缘人群在媒介报道的过程已被边缘化建构,在中低层群体那里则进一步被强化。受众通过自我深化与群体成员在互动的过程中,使这一意识进一步被加强。

1. 个体的立场认知:反对威权压迫

新媒体的技术赋权使得处于中低层的公民享有更多的机会在公共领域行使自己的权利,杨改兰事件发生以后,大量网民转发、讨论评论事件,表达对社会制度的不满与现存秩序的抵抗情绪。“被统治群体可以看见社会秩序中不符合人性的地方,因此会努力把世界变得更好,虽然所有群体都具有自己的立场,但是被压迫群体的立场比统治群体或主导群体的立场更加清晰。”因为大量受众生存在社会的中下层,他们生活的周边以及感受到的不公让受众本身对“边缘群体”的新闻报道更加感同身受。尤其是在互联网络上,存在着大量的“三低”网民,他们与杨改兰本身的境遇十分相似,或者说他们自己就是“杨改兰”。“三低”网民在表达对杨改兰事件的情绪和意见的过程中,实则也在表达着自身的权利和需求。而这种表达的方式通常是极端不理性的。这实则也加剧了对杨改兰这一悲情的人物角色的塑造。

2. 群体的权力建构：争取正当的利益

在传播过程中，群体对传媒的内容同时存在着一种“对抗式解读”，按照社会惯例和准则的新闻反而会让受众产生一种反感的情绪，在社会公民意识的影响下，“杨改兰”的形象成为群体心中反对威权压迫的一纸讨伐书。公众基于公平、正义的立场不断去建构自己想象中的“杨改兰”角色，即这是一个被社会迫害致死的悲剧女性，公众需要联合起来争取权利，为了避免自己陷入类似的境地而抗争。

语言作为一种工具或媒介，其所使用的象征符号是一种建构现实的权力，它往往能够建立社会世界的秩序。对于这种人物角色的符号化建构，也并不是一个个例，在这个过程中。杨改兰是值得同情的吗？问题真的全是社会和制度造成的吗？这是大打问号的。对于受众来说，杨改兰事件本身的对与错已经不重要，重要的是，通过受众的努力可以让扶贫和救助制度有所改变，公众通过发表言论可以获得参与公共事务的权利。

媒体在新闻报道中对杨改兰事件原因的探究缺乏深刻解析，新媒体中网民媒介素养不高，这一度引起了网络空间不小的骚动，受众在自己建构杨改兰形象的过程中，通过个人和群体的互动，将这一悲剧性的形象铭刻于心。这对于正常运转的社会秩序无疑是一种破坏。杨改兰“弱者”的形象被公众一手建立的同时，我们离真相也渐行渐远。

（二）媒体刻板化的产物

大量的新闻报道中，媒介对客观现实在数量上和时间上占有优势地建构，但是这种呈现并不是镜子式的再现，而是通过表征符号对事物予以加工，受众接触到的媒介现实往往是各种社会张力和场域相互作用的结果。[①]所以大众传媒反复向受众传播的事实和观点，深刻地影响着受众对某一事物、某一形象的认知、态度和行为。通过社会各界的广泛报道和深刻讨论，“杨改兰”的表征形象在社会群体的互动过程中深入人心。

1. 刻板传播：媒介的有意为之

20世纪，美国著名的记者、专栏作家李普曼发表了著作《公众舆论》，在其中提出了“刻板印象”，媒体在报道新闻过程中总会按照其既定的模式对新闻进行处理，似乎一遇到“弱者”就会报道其境遇的悲观，其生活的不幸。在公民意识不断崛起的今天，这种新闻报道方式准确地迎合了受众阅读新闻的兴趣，更深层地说，在激烈的市场竞争过程中赚得了巨额财富。这是长

---

① [美]沃尔特·李普曼. 公众舆论[M]. 阎克文，江红，译. 上海：上海世纪集团出版社，2005：72.

期以来媒体新闻报道的不正确解读。对某一形象的再现过程中常常存在筛选新闻事实、突出某一报道对象,甚至将媒介话语的意义赋予新闻本身,杨改兰新闻报道过程中对于这一“弱者”形象的塑造无不存在微观权力与强势权力的抵抗与消解等问题。可见,媒介通过对社会某一事物或者某一形象的再现构建了受众对这一事物的感知,受众又在社会互动过程中不断形成特有的观点。而在这一过程中,媒体常常使用各种手段对新闻进行技术化处理。

2. 叙述式报道:不合逻辑的煽情

本文抽取了一篇典型的新闻报道,即格隆的《盛世的蝼蚁》。

全文主题思想显而易见:社会的不公是导致这场悲剧的根本原因,全篇新闻,与其说是一篇新闻报道,不如说是一篇好故事,杨改兰及其被杀害的孩子被认为是社会体制下的牺牲品。纵观整个阶段的新闻报道,这种主观意识不断地在受众的思想中得到强化,而且不断消极暗示这一切无法改变。费希尔认为:“故事只要看上去具有内在一致性并且可信,人们就会相信。”① 该文看似前后非常符合逻辑要求,然而却经不起仔细推敲。杨改兰的穷真的可以为其残忍的行为辩护吗?贫穷能成为弱者将屠刀举向更弱者头上的借口吗?虎毒尚且不食子,杨改兰一家的悲剧想必不是作者简单的感情渲染就可以解释清楚的。但是此文对社会的影响已经显而易见了。受此文乃至类似新闻报道的影响,大量受众的转发和评论直指整个社会的不公,带有情感色彩的词语随处可见于这一时段的网络空间。

象征性行为、词语对于他人的理解具有重要性,人们根据大众传媒的新闻报道赋予杨改兰“可怜女性”“弱者”“同情对象”“无助的母亲”这样一个个令人悲悯的角色标签。在社会互动机制的作用下,新闻媒体不恰当的报道对其角色建构起到了推波助澜的作用。而这种刻板报道在某种程度上又潜移默化地影响着受众的认知。

(三)边缘群体的被动呈现

在社会等级中居于顶端的群体决定着文化的传播系统,社会的无权群体必须学会在顶端群体创造的传播系统中行动。报道过程中,由于缺乏接近媒介的条件和能力,边缘群体只能被动地、无条件地接受来自大众传媒的

① [美]理查德·韦斯特,林恩·H·特纳. 传播理论导引:分析与应用[M]. 刘海龙,译. 北京:中国人民大学出版社,2007:383.

选择性呈现。①

1. 传播失语：形象被选择性处理

不管是人民网、澎湃新闻还是《中国青年报》几家媒体的报道，笔者发现了共性：生活环境贫困的刻画、家庭无助的描写、当事人细节的采访、悲情主义的渲染以及贫穷的归因。这些细节和因素构成了系列新闻报道的重要组成部分，在这里，也被用于杨改兰。由于当事人已死，新闻当事人无法采访到，所以主要的关键人是逝者的家属，而这些家属的回答均是在记者预设的社会话语框架之下进行，部分采访答案由于是方言还被记者本人给予转译，这种转译是否遵循了采访材料的本来面目则不得而知。回答的问题均是从记者的角度所使用的语言。记者在采访过程中就已经对事实进行了选择性的处理。所以强烈的权利的对比之下，杨改兰的家属无法怅然地表达自己的想法，更多的是按照记者有目的的提问进行的回答。

2. 自我的丧失：诠释权的转让

属于边缘文化的人们通常希望和他人保持一致，当事人在采访过程中是否遵循记者的预先设置不得而知。很多媒体甚至在案件发生的第一时间就深入当地进行采访，多次的沟通，外界对于这个贫困家庭的理解，实则潜移默化构建出了受害家属对于自己的理解。社会一般群体的表达对于他们在理解自己的过程中形成了重要的参照。新闻当事人都处于一种文化程度不高的状况，杨改兰的奶奶更是80多岁的高龄，他们是否可以清晰表达自己的思想都是一个疑问。在这样一个信息时代，失去了传播能力与传播工具，就等于失去说话与表达的能力，甚至导致自我本质的丧失，并且将自我形象的诠释权，拱手交于媒介掌控者的手中。所以这种形象的诠释通过传播至受众，形象的意义作为一个社会的产物正是通过人们互动时的定义活动产生和形成的。对于杨改兰的新闻报道，我们不能说这种模式化呈现方式有什么对与错，一涉及弱势群体，就不断地悲情渲染，不仅掩盖了事件的本来真相，刻板的人物建构更是转移了公众的注意力。贫穷不能成为杨改兰在道德和伦理层面犯罪的挡箭牌，弱者必不天然正义。

当事人的失语，与传播者的预设呈现，成为边缘群体形象被选择性建构的重要因素，这些表征性符号在某种程度上影响着社会群体的意义互动，受众根据其意义的呈现，在思维当中构建符合自身意志的边缘群体形象。所以边缘者的失语在某种程度上加剧了这一行为。

① ［美］理查德·韦斯特，林恩·H·特纳．传播理论导引：分析与应用［M］．刘海龙，译．北京：中国人民大学出版社，2007：536.

四、结语

这是一个最好的时代，也是一个最坏的时代，各种思想在新兴的媒介环境下交锋，媒体在触及广大的现实的同时，受众也被赋予了前所未有的权利，但是我们越来越容易被表象所迷惑，缺乏理性的智慧。

越来越多的问题在新媒体环境下尤其显著，杨改兰事件就是触及笔者心灵的一个案例。为何一个母亲将屠刀砍向自己孩子的时候，有那么多人都在讨伐社会体制，而不是深思其背后的原因？笔者探寻媒体对杨改兰形象的塑造在社会互动机制的作用下对受众产生的影响，受众在自我互动与群体互动的过程中，其行为、态度和认知对杨改兰形象产生的异化建构。本是一个值得深刻追问的事件，在报道的过程中被简单化地归因，对正常的社会秩序产生了不利影响。新闻工作者是社会的瞭望者，新闻报道要发挥守望、整合和教育功能，但在市场机制的作用下，媒体的日常报道行为却时常呈现出这般令人不安的扭曲。

任何试图将她的杀子行为引到阶层分化、引到贫富悬殊上的人都是别有用心的。尽管，今天依旧存在贫富悬殊，但是现在的贫困已与过去截然不同。如果杨改兰依旧活着的话，恐怕她自己也无法理直气壮地说是“穷”让她选择屠杀孩子。人们只会从表面上去观察一个人，哪怕是一个恶魔，只要行为举止符合社会标准，那么就可以轻易骗过所有人的眼睛，我们却忘记了弱者必不天然正义。各种事情的原因都是遵循“多元决定”的法则，不管是在自然界还是在人文社会，我们都应多元地去分析处理问题。

参考文献：

[1] 理查德·韦斯特，林恩·H特纳．传播理论导引：分析与应用[M]．刘海龙，译．北京：中国人民大学出版社，2007：92-105.

[2] 沃尔特·李普曼．公众舆论[M]．阎克文，江红，译．上海：上海世纪集团出版社，2005：72.

[3] 黄剑．“边缘人”角色的建构——身体缺陷者社会歧视的文化社会学分析[J]．江西师范大学学报（哲学社会科学版），2009（02）：31-36.

[4] 汪黎黎．“城市边缘人”报道的边缘化倾向[J]．传媒观察，2005（06）：38-39.

[5] 朱丹．社会标签下的同化与回归——中外影视中的同性恋边缘人建构[A]//武汉大学第二届华中地区新闻与传播学研究生论坛优秀论文集

[C]. 武汉:武汉大学,2011:20-26.

[6] 陈昌凤,虞鑫. 网络时代的盛世危言——互联网与社会变迁[M]. 北京:北京出版社,2012:155.

[7] 阿拉坦宝力格,贾爽. 论“边缘人群”[J]. 财经理论研究,2015(06):1-9.

[8] 张黎呐. 美国边缘人理论流变[J]. 天中学刊,2010(08):64-65.

[9] 王志涛.“城市边缘人”报道的叙事学分析——以《南方周末》新闻版II的两篇报道为例[D]. 苏州:苏州大学,2006:1-4.

[10] 赵一非. 乔治·赫伯特·米德的符号互动理论与芝加哥学派[D]. 吉林大学,2015:2.

[11] 石蓬波. 与“边缘人”交往的传播行为研究——以结构主义符号学为研究视域[D]. 济南:山东师范大学,2015:12-18.

[12] 姚坤泽. 纪实摄影与社会边缘人——在当代中国语境下探讨纪实摄影的社会角色[D]. 上海:复旦大学,2015:14.

[13] 严建峰. 新生代农民工形象建构研究——以《华西都市报》和《南方都市报》为例[D]. 成都:西南交通大学,2010:9.

什么在影响新闻价值：互联网时代的新闻价值与社会情绪

——“医生蹲地喝葡萄糖刷爆朋友圈”事件背后的新闻价值再思考

（严　康　安徽大学）

摘　要：在长期的新闻报道实践中，新闻从业者进行新闻选择时，首要考虑的就是新闻价值。所谓新闻价值，指的是新闻事实本身所包含的满足社会需求的素质的总和。新闻价值要素包括真实性、时新性等不变要素和重要性、显著性、接近性、趣味性等可变要素。但是在今天，由互联网技术带来的交往革命以及社会的发展所带来的社会转型，使得新闻传播的媒介生态环境发生了质的变化。在这个时代，传统的新闻价值已经无法包办一切，在网民实现发声的前提下，产生了许许多多的社会情绪，而这些社会情绪深刻地影响着受众对信息的选择和接收，也影响着媒体的报道策略和叙事方法。

关键词：新闻价值；公众情绪；情感策略；互联网；诠释社群

一、选题来源

随着移动互联网技术的迅速发展和普及，媒介的生态环境已经发生了巨大的变化。在新闻业，很多操作原则和操作方法都是基于工业社会的产物，它们长时间以来被传统媒体所实践和验证，但是到了后现代主义的移动互联时代，情况便有所不同。在这其中，新闻价值是职业新闻人进行信息选择的重要价值标准，他们根据这一原则选择受众关心的事实进行新闻加工。但是时至今日，那种基于结构和功能主义视角下宏观和微观的二元对立结构正在发生变化，新媒体的普及使得网民群体崛起，也使得庞大的网民拥有了信息的发布权，信息选择更加自主。伴随着多元化的社会转型，公共兴趣也在发生变化，这要求学界和业界需要对新闻价值等这些基于工业社会环境下的新闻职业操守和原则进行重新思考。

二、文献综述

（一）新闻价值

新闻价值的概念最早出现在大众化报刊兴起的美国，1833 年 9 月 3 日美国大众化报纸《太阳报》创刊，推动了面向全社会的“便士报”的迅速发展。在报业竞争中，各报社老板和主编为扩大报纸发行量，十分重视对新闻事实的选择。美国著名报人 J. 普利策要求记者采访“与众不同的、有特色的、戏剧性的、浪漫的、动人心魄的、独一无二的、奇妙的、幽默的、别出心裁的”新闻，认为符合上述要求的，是有价值的新闻。到 20 世纪初，美国和日本的新闻学者开始提出系统的新闻价值概念，1903 年出版的美国新闻学专著《实用新闻学》，提出“新闻必是以动社会全体之兴趣者，当注意新闻价值”。到 20 世纪 20 年代，美国和日本的新闻学著作对新闻价值已有较完整的论述。

在中国，新闻价值的概念最早由徐宝璜从美国、邵飘萍从日本引进。1918 年，他们在北京大学新闻学研究会上各自讲述了新闻价值问题。从 20 世纪 30 年代起，这一概念在中国新闻界得到普遍应用。1957 年，新闻价值曾被认为是资产阶级新闻学观点遭到批判。1978 年中国共产党第十一届三中全会以后，中国新闻界重新讨论新闻价值问题，并确认按新闻价值来选择新闻事实是新闻工作的客观规律。

（二）公共情绪

研究公共情绪和社会情感，既是社会学、心理学的任务，也是新闻传播学的学术任务。传播学的实证研究印证了传播中受众态度的存在并非一战期间所盛行的“魔弹论”。社会学家特纳（Turner，J. H.）在他的著作《情感社会学》中讨论了社会交往中的情感因素。情感社会学从理论取向上可划分为拟剧与文化、交互仪式、符号互动、交换、结构和进化等七种基本的研究取向。美国学者林郁沁（Eugenia Lean）在其著作《施剑翘复仇案——民国时期公众同情的兴起与影响》中围绕着 1935 年施剑翘在佛堂射杀军阀孙传芳这一扣人心弦的历史事件，通过对媒体、政治和法律档案的详尽调查，展示了施剑翘设法为父复仇、吸引媒体注意并争取公众同情的策略。

国内对于公共情绪研究的主要是南京大学新闻传播学院的袁光锋，他的几篇期刊论文主要围绕“夏俊峰案”讨论媒介交往当中所充斥的“弱势感”

情绪，并且讨论公众情感和公共舆论如何形成一种微妙的辩证关系。

三、研究方法

本文采用的研究方法主要有案例分析、文本分析，并以一定的数据为支持来说明本文的主题。文章引入前不久在安徽合肥发生的“医生蹲地喝葡萄糖刷爆朋友圈”事件来说明新闻价值的问题是由于该事件的曝光者有着传统媒体摄影记者的特殊身份，而该事件发酵于微信朋友圈，是他的无心之举，却引发了巨大的网络关注。因此是一件十分典型的对传统新闻价值进行重新思考的案例。与此同时，国内外学界、业界对于新闻价值的研究已经相对成熟，但是之于特殊语境的研究才刚刚起步不久。因此可以在分析既有的文本和文献基础上结合现有的语境对新闻价值进行重新思考。

（一）案例分析

以“李福凯照片爆红事件”引出问题：新闻价值和公共情绪在移动互联语境下存在何种关系。围绕案例，对文章所提问题进行论述。

（二）文本分析

分析国内外既有研究的关于公共情绪和新闻价值的文献，放置于当下语境和案例中分析文章所需解决的问题。

四、意料之外的热度：一张意外走红的朋友圈照片

2016 年 5 月 19 日，一张医生在手术室门口累倒坐地口服葡萄糖注射液的照片红遍网络，中央电视台也对该照片进行报道与追踪。照片的主角名叫陈磊，是安徽医科大学第二附属医院的一名主治医师。而照片的拍摄者是安徽《江淮晨报》的摄影记者李福凯。拍照当天，安医二附院要进行一场器官捐献手术。李福凯听说后，便带着采访设备过去采访，就在手术室的门口，他看到了精疲力竭的医生陈磊。李福凯说，当时自己在手术室外等候，发现有名医生靠在墙上坐着，很虚弱，“有护士长给这名医生送来两瓶葡萄糖，说你赶紧喝一下，这名医生用注射器打开了葡萄糖，直接就口服”。李福凯看到此情此景，深受感动，立刻拿起相机记录下了这个瞬间。回去之后，李福凯将照片传至微信朋友圈，结果第二天一觉醒来，他发现这张照片已近爆红朋友圈。其实这张照片只是李福凯本人传到微信朋友圈的，并没有用于发稿，这样的看似无心的有心之举，却赢来了意料之外的热度，随之而来的是一系列发生于网络中的讨论和挖掘。

该照片爆红之后,在网络上尤其是微信和微博等社交客户端上似乎在一段时间内有许多类似的照片被爆出,网友们纷纷在响应,同时也有很多对于医患工作者职业本身的崇敬甚至是同情的情感表达充斥网络。许多医生在工作间隙席地而睡,角落里吃饭的照片一波又一波地让网友们动容。央视新闻也喊出了"医者仁心,致敬!"的声音。这与以往医患问题中所建构的医生强势而欺弱的形象有着截然不同的话风。

可见李福凯这张意外爆红的朋友圈照片不仅仅有着庞大的关注度,同时也具备了出乎意料的高参与度。作为传统纸媒的摄影记者,李本人具有新闻从业者高度的职业敏感,但是当天关于安医二附院的那次器官手术仅仅见于《江淮晨报》中,它的关注度当然是无法和李发于朋友圈中的照片相比。可以说,互联网时代的受众的眼光是尖锐的、口味是刁钻的,我们如果仅仅用传统的新闻价值来满足当下以网民为主的受众群体,可能会事倍功半。移动互联的传播方式、转型下的社会、多元化的社会阶层等,这一切都对于传统新闻价值提出了新的要求。我们现在继续问一个老生常谈的问题:是谁在决定新闻?也许赫伯特·甘斯活在我们这个时代,他会对这个问题作出不同的解答。不过,我们必须面对这样一个现实:传统的新闻价值在今天的语境下有必要进行一次重新的思考和建构。

五、问题意识:社会转型、交往变迁与新闻价值

欧文·戈夫曼提出的一个重要社会学概念称为"情景合宜",即行动或概念的意义取决于它们产生于其中的背景。因此,每一种作用的因素并不是在任何时候都可以发挥作用,更不会在任意的时空节点上将它的功能发挥最大化。这一切必须要十分认真和深刻地了解当时的社会情境。结构和功能主义社会学也反思过这样的问题,事物的价值和功能必须契合一个社会所处时空的特殊结构。新闻价值的概念本身是新闻学教育的鼻祖之一徐宝璜先生从美国引进的,同时就当时美国业界提出新闻价值的概念也是基于大众化报纸产生和发展的浪潮的现实。从时空两个维度来看,新闻价值也必须结合特殊的情境进行思考。近年来,随着互联网技术的迅速发展,传统的传授结构发生了革命性变化,尤其是自媒体的普及,受众不仅仅可以更加自由地接触媒介和选择内容,也可以通过 UGC 的方式创造信息,进行发布,同时也因此参与到舆论的作用机制当中。这一系列的浪潮和变化使得当前的情境与传统媒体时代的媒介生态有着很大的区别。同时一系列案例也说明在这样特殊情境中,传统新闻采写中决定新闻选择的因素可能已经

不能像以往那样发挥作用，新闻选择尤其是新闻价值值得反思。

（一）传播的无奈：传统新闻价值在今天

受众是自主的，经典的传播学研究已经从多个层面证明了受众具有选择性，他们对于信息的选择是基于个人喜好、文化水平、职业和社会关系、民族和时代性等因素。而在传统的大众传播时代，即使受众可以根据以上因素来自主地选择，但是受众的选择范围依旧是有限的。首先，媒体要进行信息选择，然后进行采访和编辑，最后才可以进行呈现。信息或者新闻的选择和把关在传统媒体时期，其社会组织的特征极其突出，受众所可以接触和选择的信息是经过专业化媒体及其工作人员重新筛选，重新编码的。而到了移动互联时代，由于新技术的推广和普及，媒体和受众的关系发生了重构。由于一系列变化，公共的兴趣和新闻价值在某些方面并不契合，那些传统宏大叙事的国内外事件逐渐让位于那些社会情感共鸣的内容，或者那些捕风捉影、满足人们窥私欲的娱乐八卦，或者以轻松愉快而通俗的叙事手法而展现出来的政治新闻。

笔者从新浪"微舆情"中找到了新浪网对于 2016 年 8 月网络热点事件的统计图表（见图 1）。

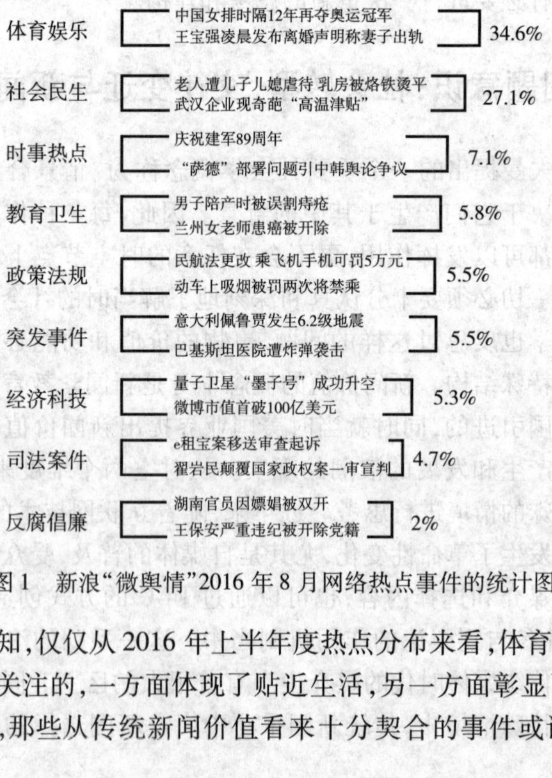

图 1　新浪"微舆情"2016 年 8 月网络热点事件的统计图

由图 1 可知，仅仅从 2016 年上半年度热点分布来看，体育娱乐和社会民生是人们最为关注的，一方面体现了贴近生活，另一方面彰显了娱乐消费的时代性。同样，那些从传统新闻价值看来十分契合的事件或话题的热度不尽人意。人民网舆情监测室数据也显示，2016 年上半年社会热点事件（话题）频发，网上舆论跌宕起伏，但舆情态势总体平稳、积极向好。其中，习近平总书记“2 · 19”“4 · 19”等重要讲话、全国两会召开、网络红人 papi 酱及网络直播、魏则西事件、雷洋案、和颐酒店女生遇袭事件、济南非法经营疫苗系列案件、蔡英文当选台湾地区领导人、“帝吧”网民境外社交媒体表情包大战、中国著名女作家杨绛去世成为舆情热度排名前十位的热点事件。[①] 前新华社社长南振中提出了“两个舆论场”概念，即官媒代表的官方舆论场和网络等媒介为代表的民间舆论场，在今天看来，已成事实。从近期王宝强离婚案所引起的巨大舆论漩涡，到“蓝瘦香菇”、神州十一号载人飞船的发射成功，再到对于诺贝尔奖的关注，网民总会非常活跃地参与到事件当中，甚至可以对事件产生巨大的影响。显然，至少从 2016 年上半年的热点事件的分布来看，传统新闻价值遭遇了尴尬和无奈。这一切都是移动互联的情境之下所产生的多米诺骨牌效应。

我们再回到《江淮晨报》摄影记者李福凯这张意外爆红的朋友圈照片上来，媒体上关于医生或者医疗相关的报道由来已久，一直以来，都是体现在医患关系的二元对立上，而这样关于医疗、卫生和健康方面的话题也一直为人们所关注。虽然，在这张照片上体现的情感是人们对于医生群体的理解、崇敬和同情，但可以隐隐约约地感受到照片背后一种群体发出的情感，并由情感发出的一种共鸣，这已经远远超出传统新闻价值所能彰显出的新闻事实所包含的价值。

（二）社会转型中的公众注意力与公共价值

“社会转型”的概念源自于西方发展社会学和现代化理论，是对一种社会形态特征和规律的描述。当下的中国，处在一个社会转型的时期，这不仅仅是政治体制和经济体制的转型，更体现在社会结构、意识形态和价值观层面的转型。而意识形态和价值观层面的变化在新闻传播领域会直接影响到受众的行为或者说影响公众的注意力。周俊认为，在我国社会转型时期，各种欲望、情感和意识不断地膨胀和涌现出来，使日常生活世界充满着、纠缠着各种新的感受和体验，各种不同的价值观、信仰、对生活的态度交织在一起，构成了极为复杂的生活图景。[②] 这就使得社会的结构呈现多元化的特征，每个个体既是独一无二的，有特点的个人，也会由于某种意识或者价值

① 转载自《人民日报》2016-05-23.

② 周俊，《离散与失范：我国转型时期新闻的价值理念变迁与职业道德》，国际新闻界，2010(4)：65.

观置身于某个小群体当中。

根据结构和功能主义社会学的原理，作为一种社会行为和社会子系统的新闻传播活动同样会受到社会转型的影响。湖南大学彭菊华认为，转型期的新闻传媒、新闻受众、新闻报道和新闻观念、新闻思维、报道范式，都发生了深刻的变革。[①] 最重要的是传受关系的变化以及社会思潮和文化变革背景下的受众变迁。从传统到现代，从被动接受到主动选择、创造和传播，受众随着传播技术的革命而发生角色的转型。而传播技术的赋权使得受众拥有了释放声音的渠道，无数个观点和声音进入了所谓的公共领域，也产生了多个思想流和意识流。因此，转型时期的社会思潮和文化氛围是多元的，在多元的社会思潮的作用下，公众注意力也会体现出万花筒般的斑斓。

新闻价值就是事实本身包含的引起社会各种人共同兴趣的素质，[②]因此，新闻价值的致效作用在于引起公众的兴趣，吸引公众的注意力。传统意义上的新闻价值是由职业记者进行操作，选择事实，制作出新闻，再由受众接受。而今天的新闻价值一方面打破了新闻传播的技术垄断，一方面超出了传统的内涵，在多元社会的环境下被重新建构。反观李福凯拍摄的那张照片，如果不考虑他职业记者的身份，这张照片仅仅是一张通过微信终端制作的 UGC（User Generated Content，指用户原创内容，是伴随着以提倡个性化为主要特点的 Web2.0 概念而兴起的[③]）。和大部分参与自内容生产的网民一样，这个看似很平常不过的行为只是个人情感通过自媒体渠道进行的一次表达，照片本身是一种叙事手段，就如同我们说话和写日记一样，而在社会转型期，我们可以看到网上许许多多这些充斥个人情感却拥有极大关注度的信息。例如最近很火的“蓝瘦香菇”，一位南宁小伙失恋而录制的自拍视频流传到网上却一夜爆红。还有前不久很火的“友谊的小船”，这些信息的热度似乎远远地超越了传统新闻价值意义上的新闻。

社会的转型，交往关系的变迁，使得公众注意力在发生变化，公众的口味越来越复杂，可谓是众口难调，而基于多元诉求基础上的公共价值也在发生着变化，群体的分化要求我们将理性和感情的因素同时考虑进去，重新塑造一种新的价值诉求。

---

① 彭菊华，肖志，邱铮，《论社会转型时期的新闻价值取向》，湖南大众传媒职业学院学报，2008(1)：5-12.

② 李良荣，《新闻学概论》，复旦大学出版社，2011：332.

③ 百度百科：UGC http://baike.baidu.com/link? url=mwkesuNW3zxM2jchUTlGam9xFEdAoatDxfCBf_8an2aktlnr4G7P_xyGmt6EKQUEpXtYDfn8DekWC-zZtkBFoq.

六、现实的分析：传播中的情感与信息的选择

(一)传播空间中的情感

在前文中，笔者论述了当下社会的转型和传播方式的变迁带来的多元诉求以及在多元诉求基础上所引发的新的公众注意力。从李福凯拍摄的照片中，我们可以体会到一种个人的情感，而照片的大量关注，似乎又是群体对于个体情感的共鸣。在自媒体时代，每个掌握自媒体传播的人都是信息的传播者、情感的宣泄者、故事的诉说者，当然每个人也是聆听者和观众。传统记者的采编权限似乎已经被打破，在业界和学界，我们已经听到了两个概念：公民记者和UGC。公民记者是角色，而UGC是信息生产方式，在本文的案例中，抛开李福凯本人的职业媒体人身份，这张照片本身就是UGC的产物，它的传播没有体制的权限，没有把关的筛选，是完全自主的，内容也是去中心的。因此，受众可以根据自己的价值判断来进行内容生产，当然受众也可根据自己的价值判断来进行选择和关注。新闻价值已经超越了职业的权限，但是这里的信息生产和信息选择的价值诉求已经超出了传统新闻价值的范畴，因为网络空间的交往是伴随一种文化和一种情感的，这是一种虚拟的人际传播。

在众声喧哗的网络时代，人与人之间、人与群体之间、群体与群体之间的交往日趋活跃。法国群体心理学家莫斯科维奇认为，一个骚动的、情绪高昂的群体，这些就是人群的真正特点。① 在网络公共领域中，交往不仅仅是机械性的，更是情感的交往，而有些情感通过传播的方式进入公共领域，很可能演变成为一种公共情绪，而这种公共情绪很可能会影响到受众对于信息的选择。

本文案例中的照片就是私人领域通过网络传播的方式进入公共领域而引起人们的关注和共鸣。公共领域理论的提出者哈贝马斯强调公共领域中公共辩论及其机制的重要性，他认为人们在公共领域中的交往应该遵循一种交往理性。但是，随着众多学者的深入研究，哈贝马斯公共领域中的局限性也逐渐显露出来。南京大学袁光锋认为，哈贝马斯忽略了公共领域中的“情感”。② 林郁沁在其著作《施剑翘复仇案：民国时期公众同情的兴起与影

---

① [法]塞奇·莫斯科维奇，《群氓的时代》(许列民等译)，江苏人民出版社，2003.

② 袁光锋，《互联网空间中的“情感”与诠释社群——理解互联网中的“情感”政治》，中国网络传播研究，2014(8)：89-96.

响》中探讨了民国时期的公共同情。她认为不应该仅仅从空间方面理解公众(或是公共领域)，更应该把它理解为一种过程和实践。① 不同于哈贝马斯所担忧的消极，媒体炒作所推动的城市大众积极地消费着信息并争相发表言论，表现出了热烈参与的热情。② 在网络传播的公共空间里，情感已经无孔不入。笔者认为，在网络空间的交往和讨论中，情感不仅仅具有助推作用，更有可能成为公共讨论的主题，而这样的情感我们可以称之为公共情绪。

(二)情感结构与公共舆论

学者吴靖认为，在中国互联网迅猛发展的21世纪，多元话语的大量出现形成了对于主流意识形态的强烈冲击，反权威的论述与情绪激荡在获得充分释放的网络言论之中，各种亚文化与边缘群体也得以通过网络来进行自我表述和加入多元话语的碰撞、争论与融合。在网络空间中存在的情感繁多复杂，因此只有个人情感进入某一特定情境或者结构中才可以成为公共情绪，影响网络公共空间中的交往。

英国文化学者雷蒙·威廉斯提出了"情感结构"(Structure of Feelings)的概念，这个理论被用来描述某一个特定时代人们对于现实生活的普遍感受，这种感受包含着人们共享的价值观和社会心理。③ 在传统社会里，由于传播、交通等方式的限制，人与人之间的交流没有现在这么频繁，仅仅是基于现实的熟人圈而进行的，但是互联网时代的交流已经突破了时空的限制。无论是在"熟人圈"，还是在素昧平生的陌生人中间，只要拥有一部终端，就能形成交往的关系。在李福凯的照片中，我们可以体会到一种公众对于照片的情感共鸣、一种公众对于照片人物本身的理解和同情。

媒体对于医生群体形象的建构由来已久，起初，媒体的报道逐渐把医患关系背后的对抗性矛盾显示出来，并且从一种并不公正客观的媒介框架进行解读，而这样的叙事使得医生的形象在社会二元对立的框架中处于强者的位置。在这样的背景下，公众置于医生群体的情感是厌恶和怨恨，医生被建构出一种欺凌弱小的形象。而随着医患关系向"医闹"事件的恶化以及社交媒体的普及，大批的医生群体借社交媒体进行发声，甚至引发一系列群体性行为。2016年5月5日下午，广东省人民医院口腔科主任医师陈仲伟被

---

① [美]林郁沁，《施剑翘复仇案：民国时期公众同情的兴起与影响》(陈湘静译)，江苏人民出版社，2011.

② 袁光锋，《互联网空间中的"情感"与诠释社群——理解互联网中的"情感"政治》，中国网络传播研究，2014(8)：89-96.

③ 周刊，《雷蒙德·威廉斯的"情感结构"与几个相关概念的比较研究》，社会科学论坛，2010(4).

25年前的病人持刀砍成重伤，最终医治无效死亡。而在社交网络端，许多医护人员发动了一场“黑丝带运动”，不少人将自己的头像换成了黑丝带。与此同时，在互联网和社交媒体上，大量的网友也纷纷响应，参与到“黑丝带运动”中，自此大量的医闹事件被曝出，医生群体的形象由强者变为弱者，公共情绪中对于医生群体置于了一种同情感和弱势感。虽然说公民和媒体开始意识到客观公平地去看待医患关系，但是这里面依旧受到了一种“情感结构”影响，公众要么充斥一种“同情感”，要么抱有一种“怨恨感”。

袁光锋认为，公众是带着自己的“情感”走进公共空间的。“情感”也影响了公众的表达特征。[①] 毋庸置疑，情感是源自于个体的一种感性层面，但是它既可以被公共舆论所建构，也可以影响公共舆论，被架构成一种具有公共性的情感，如果这样，势必会影响到公共兴趣和公共的价值诉求。媒体的传播不仅拥有一种操作层面的框架，更具有一种媒介自身层面上的情感结构，而受众自己也有一套情感结构，尤其在新媒体的环境下，人人都是记者的前提下，媒体与公众的情感结构有许多交叉的地方。媒介的情感本身会受到社会上公众情感的塑造，媒介的情感与当前中国社会的基调性情感具有很强的同质性。中国的社会转型时期，公众的情感表达是基于二元对立的框架之上，媒介对于情感结构的建构也要遵循这一框架。

本文案例中，公众在关注的背后，更多体现出一种对于医生群体的“同情感”，而这种情感也是由于社交媒体的普及，医生群体的集体发声，打破了医生传统上强势的印象，而体现出一种弱势感。虽然我们知道在传统医患关系的报道中，新闻媒体尤其是都市报对于医生群体的报道并不客观公正，甚至这一种强势的形象也由于媒体的建构，而医生的处境也确实不尽人意，但是这种弱势感的背后，依然得益于媒体的建构。

当个人破碎化的情绪通过社交媒介进入公共领域，很可能被公共化和仪式化，从而形成一种公共情绪。我们可以说，当下的时代是一个“人人都有麦克风”的时代。近日，中国互联网络信息中心（CNNIC）发布《2015年中国手机网民网络安全状况报告》显示，截至2015年底，国内手机网民规模已达6.2亿，随着移动4G网络的普及，O2O服务、手机购物和移动支付等业务快速发展，越来越多的用户个人信息通过互联网流向各类应用服务商，网民的手机信息安全环境日趋复杂。[②] 每个人只要介入互联网的情境就可以尽

---

① 袁光锋，《公共舆论建构中的“弱势感”——基于“情感结构”的分析》，新闻记者，2015(8)：47-53.

② 中国互联网络信息中心（CNNIC），《2015年中国手机网民网络安全状况报告》.

情表达。移动互联网似乎是一个神奇的场域，无论多么碎片化的信息，包括情感在内，都可以在其中被筛选，被整合，被仪式化。在情感、媒体与公共舆论发生反应之后，情感便再次回归公众，对公众产生影响。

（三）公共情绪与诠释社群

袁光锋认为，“情感”应当是网民形成另类论述和对抗性论述的重要方式。“情感”、消费文化、媒体炒作等恰恰可能成为公共领域建构的动力机制，推动公众的讨论。我们应该把“情感”纳入网络公共舆论的研究中来。“情感”表达了网民的某种期待，它还可以推动网民的政治参与。[①] 笔者认为，情感是公众某些诉求的表达，即使基于某些诉求会出现类似“反转新闻”这样和传统新闻价值真实性相矛盾的新闻，但是公众的情感诉求是真实的，他们需要一种渠道进行表达，被关注，达成共鸣和讨论。今天，我们必须改变传统的新闻观念，报纸与网络的媒介逻辑有着明显的区别：报纸的逻辑呈现一种一点对多点的线性表达，是一种制度化的传播，而互联网则是一种开放式的网状的信息系统，信息分享呈现平等化，可以进行交互讨论。因此，新闻不仅仅单纯犹如我们传统事实上对于新近事实的报道，新闻更是一种对于正在发生的事实的呈现，一种表演和仪式。

立足于网络媒介的逻辑，基于上文，我们知道当一种“情感”进入公共领域可以被塑造成为一种公共情感或者公共情绪。“情感”尤其是公共情绪一旦被渲染可以吸引公众的注意力，制造一种轰动效应。公共情绪是一种在公共领域被建构和仪式化的情感，仪式和个体的认同具有一种紧密关系，在这种共有性质下的情感体验中，个体和社会认同会被同时建构，这就是情感对于公共兴趣影响的作用机制之一。社会学家涂尔干认为，仪式能够激发、维持和重塑群体生活。[②] 伴随着这样的逻辑起点，在网络传播尤其是社交媒体的传播中，通过网民群体而言，通过仪式性的情感表达，即公共情绪，网民形成了一个临时的进行共同行动的社群，我们可以称之为“诠释社群”。

叶芷娴认为，诠释社群是一个看不见的社群，它的成员生活在相同社会位置里，并共享着一些偏好的意义。[③] 在李福凯的照片背后，那些关注照片以及照片背后故事的个人也好，媒体也好，他们是因为一种情绪而临时建构起来

---

① 袁光锋，《公共舆论建构中的“弱势感”——基于“情感结构”的分析》，新闻记者，2015(8)：47-53.

② 王海洲，《政治仪式：权力生产与再生产的文化分析》，南京大学博士论文，2009.

③ 叶芷娴，《新闻记者与电视谈话性节目：诠释社群的观点》，世新大学硕士论文，2006.

的诠释社群，他们彼此陌生，但是在媒介行为上却是一致的。在诠释社群中，分散的网民分享着一些相似的情感。塑造这样的社群，也是媒介的一种情感策略。诠释社群中的情感即是该群体中公共兴趣所关注的情感因素。

七、新闻价值的反思

在多元化的社会里，我们很难再提那种宏观维度上的公共价值与价值诉求，因此基于宏观视角和传统媒介生态环境下的新闻价值需要反思。前文中，笔者论述了在当下移动互联的环境之下，公众的信息传播和表达权限被放开，在这样的三千年未有之巨变之下，媒介场域内众声喧哗。公众表达情感，情感在公共领域内被仪式化和公共化，吸引那些有情感共鸣的公众关注和参与。公众更喜欢一种情感叙事，那种和自身密切或共鸣的情感更容易激发公众对于信息的关注。

（一）价值与情感

笔者认为，多元化时代的价值诉求更应该深刻回应社会情绪。在社会转型时期，各类矛盾显现出来。人们更加愿意关注与自身相关的内容。而很多时候，公众是通过一种情感策略来实现自己的关注点的。新闻框架已经分化出一种情感框架，媒介自身的情感框架和受众的情感框架发生作用才能影响媒介的接触行为。

因此，新闻价值需要呼唤社会情绪，尽量考虑到公众的情绪，而不是机械地遵循传统意义上那种宏大叙事般的价值诉求。职业媒体人不仅仅需要有一种基于新闻价值的新闻敏感，更要有一种敏锐的社会敏感，精准地洞察社会环境中的结构、矛盾以及其背后的公共情绪。塑造新的新闻价值标准。当然，当我们诉诸情感的时候，也要认识到，很多情感也是非理性的。因此对于新闻价值、对于社会情绪的回应和呼唤，职业媒体人需要形成一种专业主义视域下的策略。

（二）呼吁理性的情感聚合：适度宣泄和理性建构

社会转型的背景下，社会框架是二元对立的，除了本文语境中社会情绪当中的“同情感”和“弱势感”，也有对于强势集体的“怨恨感”。这种负面情绪如果把握不好，势必导致情感失范。当前公共情感失范已经成为一个严重的社会问题。[①] 不是所有情感和案例中一样，即使是一种同情，但是充斥

① 成伯清，《从同情到尊敬：中国政治文化与公共情感的变迁》，探索与争鸣，2011(9).

的是一种正面的情绪。很多情况下，很多社会情绪是以一种悲情叙事的方式呈现的。很多抱怨，仇视的狭隘民粹主义和狭隘民族主义的情绪正在侵蚀公共领域。在二元对立框架下所建构的社会情绪，有的对于弱者来说，是对于正义的呼唤，那些转化为群体极化的情感却带来了媒介暴力。在这样的环境和现实下，职业媒体人需要对新闻价值、新闻框架和叙事策略进行重新整合。

首先，我们必须树立一个意识，即使众声喧哗，全民狂欢，公民记者的崛起，但是职业记者永远不死，公共领域的信息秩序依旧需要他们来维护。新闻价值要呼唤社会情绪，回应社会情绪，但是前提是，职业媒体需要进行合理引导和理性筛选，建构理性交往的网络舆论场域，实现哈贝马斯笔下交往理性的公共领域。坚守新闻专业主义仍然是职业媒体进行此类整合的不二法门。媒体不能扮演新闻当事人的角色，不能参与到事件当中，即使职业媒体人自身也有同样的情感共鸣，但是仍然要保持客观冷静的态度。

其次，关于如何整合社会情绪和公共价值的问题，即使情绪是一种民意，但还是要紧扣公共性，否则就是一种伪公共情绪。职业记者需要将社会情感作为议题引入公共性当中，维护一种公序良俗，同时凸显出公共理性。

再次，基于公共理性，记者需要对事件和情绪本身进行再反思。

最后，我们还需注意，在职业媒体人之后，还有许多网络舆论领袖，他们在网络上也可以影响公众的注意力，他们的信息生产和发布也会引发围观和参与。笔者认为，一个自由而理性的网络讨论空间亟待建立，职业媒体人和非职业的网络舆论领袖需要这样一个对话的平台，从结构和内容层面达成共识，在此基础上，积极引导网民的理性情感。

八、结语

交往革命，移动互联，社会转型，众声喧哗。在这样的时代背景下，公众的兴趣点在发生变化。本文引入一张意外爆红的朋友圈照片的案例，反思互联网环境下新闻价值和公共情绪的关系。传统宏观层面上新闻价值诉求需要正确面对当下多元化的社会结构变迁。新闻价值需要合理而理性地呼唤社会情绪，反应社会情绪。但是，职业媒体人依旧要坚守住新闻专业主义的信仰阵地，用悲天悯人的情怀和客观冷静的职业态度审时度势。新潮逐浪高，发现情感不是目的，挖掘情感背后的价值诉求，合理架构公共性，这是我们对于新媒体时代新闻事业的价值追求最衷心的期盼。

参考文献:

[1] 人民日报[N]. 2016-05-23.

[2] 周俊. 离散与失范:我国转型时期新闻的价值理念变迁与职业道德[J]. 国际新闻界,2010(4):65.

[3] 彭菊华,肖志,邱铮. 论社会转型时期的新闻价值取向[J]. 湖南大众传媒职业学院学报,2008(1):5-12.

[4] 李良荣. 新闻学概论[M]. 上海:复旦大学出版社,2011:332.

[5] [法] 塞奇·莫斯科维奇. 群氓的时代[M]. 许列民,等,译. 南京:江苏人民出版社,2003.

[6] 袁光锋. 互联网空间中的"情感"与诠释社群——理解互联网中的"情感"政治[J]. 中国网络传播研究,2014(8):89-96.

[7] [美] 林郁沁. 施剑翘复仇案:民国时期公众同情的兴起与影响[M]. 陈湘静,译. 南京:江苏人民出版社,2011.

[8] 吴靖. 精英控制互联网议程的机理分析[J]. 人民论坛·学术前沿,2013(12).

[9] 周刊. 雷蒙德·威廉斯的"情感结构"与几个相关概念的比较研究[J]. 社会科学论坛,2010(4).

[10] 袁光锋. 公共舆论建构中的"弱势感"——基于"情感结构"的分析[J]. 新闻记者,2015(8):47-53.

[11] 中国互联网络信息中心(CNNIC). 2015 年中国手机网民网络安全状况报告.

[12] 王海洲. 政治仪式:权力生产与再生产的文化分析[D]. 南京:南京大学,2009.

[13] 叶芷娴. 新闻记者与电视谈话性节目:诠释社群的观点[D]. 台北:世新大学,2006.

[14] 成伯清. 从同情到尊敬:中国政治文化与公共情感的变迁[J]. 探索与争鸣,2011(9).

“何以引爆？”：媒介建构与社会情绪共振中的中国游客形象——以2015年新浪网媒介报道为例

（印心悦　安徽大学）

摘　要：社会发展不断催生新的社会群体，中国游客正是中国社会新生群体中的一支。2015年中国出境旅游人数位居世界第一，以“中国游客”为主体的热点事件频发，中国游客受到媒体持续关注。然而，舆论聚焦的中国游客形象与媒介呈现的中国游客形象并不完全趋同，移动互联时代的奇观偏好、反向情绪的遮蔽效果、流动中的认同危机、礼俗失范中的集体耻感，这些弥漫的社会情绪实际上成为这二者间的勾连所在。近年来备受关注的中国游客热点事件，正是在媒介建构与社会情绪的共振中得以引爆。本文以2015年新浪新闻关于中国游客的报道为研究对象，综合大量文本数据，试图回答以下问题：一、媒介如何呈现中国游客形象？二、媒介呈现出怎样的中国游客形象？三、媒介对中国游客形象的建构如何与社会情绪产生共振进而将中国游客推向舆论风口？最终总结中国游客媒介形象建构与社会情绪之间的互动、互构关系，为中国游客形象的舆论引导提供参考。

关键词：中国游客；媒介形象；社会情绪；舆论引导

一、引言

随着中国经济的高速发展，自2013年以来，我国出境游人数、境外旅游消费总额连续三年位居全球第一，中国游客群体不断壮大，成为国内外媒体关注的对象。与此同时，近年来中国游客的不文明行为屡屡成为媒体报道的焦点和舆论负面情绪的发泄点，“中国游客”成为舆论热词。

2015年，以“中国游客”为主体的热点事件频发，国内关于中国游客的境外形象及其行为的关注与讨论热度居高不下：2015 年春节中国游客日本抢购马桶盖风波、9 月中国游客曼谷机场高唱国歌维权事件、10 月中国游客被曝日本碰瓷后事件反转、11 月美国《世界日报》报道黄石公园马桶频被中国游客蹲坐踩坏……至 2015 年年末，“爆买”一词当选日本年度流行语，折射出中国游客的巨大影响力。

在媒介化社会，媒介形象是人们认识外部世界的重要桥梁、渠道和参照①。目前，诸如经济增长的“拉动者”、不通文化的“外来者”、行为失范的“游客”等，提到中国游客，人们往往对其有着复杂的形象认知、价值评判和情感倾向，这不仅与媒介对于中国游客的形象呈现息息相关，还与目前弥漫的社会情绪以及这种情绪背后的社会结构原因渊源颇深。本文以新浪新闻 2015 年关于中国游客的新闻报道为研究文本，探讨媒介对中国游客的形象建构，试图回答以下问题：一、媒介如何呈现中国游客形象？二、媒介呈现出怎样的中国游客形象？三、媒介的中国游客形象建构如何与社会情绪产生共振进而将中国游客推向舆论风口？

二、研究综述

栾轶玫在《媒介形象学导论》中提出媒介形象研究的两个范畴，一是以媒介自身为研究对象进行的媒介组织形象研究，二是以诸如公众人物、社会团体、国家机器等通过媒介衍生出公开形象的社会中的具象为研究对象进行的媒介形象研究②。本文的研究涉及第二种。

西方传播学界对群体的媒介形象研究一度十分关注，诸如妇女儿童、黑人、艾滋病患者都是他们关注的研究对象③。近年来，我国对某一群体媒介形象的描述性研究增多，多集中于具有某种特定身份的社会群体，如农民工、大学生、留守儿童等，也有部分对“剩女”“中国大妈”“拆二代”等新兴群体的研究。

笔者以“中国游客”为关键词在中国知网进行主题搜索，搜得 11394 篇相关文献。其中期刊数据库 5072 篇，优秀硕士学位论文全文据库 2038 篇，大多以经济学、旅游管理学、人文地理学等学科为研究切入点，将中国游客与新闻传播相结合的文献很少。剔除诸多非新闻传播专业相关论文，笔者

① 王朋进．“媒介形象”研究的理论背景、历史脉络和发展趋势［J］．国际新闻界，2010(6)．

② 栾轶玫．媒介形象学导论［M］．北京：中国人民大学出版社，2007：45．

③ 张晓莺．论框架理论与媒介形象之建构［D］．广州：暨南大学，2008．

发现目前对于中国游客这一群体的研究主要分为三类：第一类以内蒙古大学白杰华的《旅游纠纷报道存在的问题及对策——以大陆游客香港便溺事件为例》为代表，针对旅游突发事件的报道进行的内容分析和提出解决对策；第二类以西南政法大学袁媛为代表，研究中国游客在境外媒体形象的呈现及成因；第三类以李丹珉的《"中国游客泰国铲虾"舆论反转事件背后的社会心态》为代表，以关于中国游客的某一舆论热点为例研究中国游客形象的呈现和舆论反转背后的社会心态，类似研究还有对中国游客日本碰瓷、中国游客泰国机场唱国歌维权等反转新闻及其成员等进行的个案研究。

通过文献梳理笔者发现，目前对于中国游客的研究集中于媒介形象的呈现和建构，但少有对其媒介形象的本质和其背后的生成机制的深入思考。基于此，本文以中国游客的媒介形象为切口，分析媒体如何建构中国游客媒介形象，并结合对当前社会情绪的思考，旨在考查这种形象建构与中国游客频繁成为国内舆论关注焦点和舆论负面情绪的引爆点之间的内在关系。

三、研究方法和样本选择

本文选择中国四大门户网站之一的新浪网作为研究平台，在新浪新闻中设定"中国游客"为关键词进行高级检索，并限定搜索频道为新闻且关键词位于标题；在时间选择上，以关于中国游客的讨论成井喷式增长的 2015 年为搜索时间，确定搜索间跨度为 2015 年 1 月 1 日至 2015 年 12 月 31 日，搜索结果显示相关新闻 2301 篇。经过筛选，剔除评论文本、纯图片新闻、视频新闻、内容完全重复新闻以及标题中含有中国游客但内容却是景区宣传或商品广告等的不相关的文本，得到有效样本 464 篇，对这些新闻报道进行内容分析和文本分析。

四、中国游客的媒介报道分析
——基于 2015 年新浪网的报道

根据上述研究方法，笔者对所收集的新闻样本进行整理，从报道标题、报道主题、消息来源和报道性质四个方面对文本进行划分。

（一）报道标题的关键词分析

此节将使用武汉大学 ROST 中文分词软件，对所选新浪新闻标题进行词频分析，分析材料总长度为 9340 字。在过滤掉"在""是""将"等无意义词汇后，本文截取出现频度前 20 位的高频词进行分析（见表 1）。

表 1　标题高频词统计

词汇	词频	词汇	词频
中国游客	464	购物	30
爆买	161	经济	30
日(本)	92	支柱	17
增长	57	挤爆	16
澳(洲)	44	飙升	16
美国	36	马桶盖	16
消费	24	扰民	12
不文明	24	大闹	12
韩(国)	21	国庆	12
抢(购)	20	机场	9

首先，除了本文的检索词“中国游客”之外，我们可以从表 1 中发现，标题中的高频词汇以动词出现频次最高，如“爆买”“抢购”“挤爆”“大闹”“飙升”等，同时这类动词中极大一部分含有描述动词程度的副词。含有这类动词的标题通常带有明显的冲击性和主观性，如国庆期间的几则新闻报道标题《美感恩节促销引中国游客狂购：衣服买了整整一箱》《中国游客去日本再买爆：不抢马桶盖狂扫感冒药》，塑造出一种中国游客冲动、盲目和非理性的消费形象。

其次，出现频次较高的是与经济议题相关的名词，如“消费”“经济”“支柱”，这类词汇在标题中的频繁出现表示出中国游客与当地经济和行业发展之间的密切关系。

另外值得注意的是，标题中还出现一类高频词汇，以“马桶盖”“机场”为代表，这类词汇往往与某次热点事件有关，集中体现在一天或者某几天的多条报道中，呈现出“刷屏”的态势。

(二) 报道主题分布

梵·迪克在《作为话语的新闻》中指出：“相较于其他话语类型，新闻话语的主题组织发挥着更为关键的作用。”①新闻的主题代表着记者想要表达的核心内容，同时制约着新闻写作材料、结构、风格的选择，是新闻报道的灵魂所在，通过甄选报道主题是媒介实现影响受众的第一步。本文将 2015 年

① [荷]图恩·梵·迪克．作为话语的新闻[M]．北京：华夏出版社，2003：33.

新浪网关于中国游客的报道主题划分为以下几类：消费活动、经济影响、矛盾冲突、政策计划、其他（见表2）。

消费活动包括两方面，一是中国游客在境外的购物、就诊、体验等消费行为；二是与中国游客消费活动相关的需求偏好，共132篇，占总报道量的28%。此类主题中最为典型的是对2015年中国游客在日本“爆买”的一系列报道，如12月2日的《日本年度流行词“爆买”：专供形容中国游客买买买》、12月6日的《中国游客日本疯抢马桶盖买后发现产自杭州》等。

中国游客的经济影响指的是中国游客出境旅游的行为给目标国家中的地区、部门、行业的经济态势和发展带去的影响，如11月13日《济州服务业发展领跑韩国韩媒称系中国游客效应》、9月26日《中国长假将至韩旅游零售业打响“游客保卫战”》等。此类报道共120篇，占报道总量的26%。

中国游客境外的矛盾冲突指的是中国游客在旅游目标国家或地区出现的不文明行为、违法违规行为以及各类意外事故，这类报道主题中含有明显的冲突性质。诸如11月25日《日媒：中国游客占领日本居民公寓噪音扰民引发不满》、10月28日《中国游客在大马景点裸拍马警方建议禁止再入境》等，共196篇，占总报道量的42%。

政策计划是各国或各地区针对中国游客设立的政策或者计划，包括各国对中国游客的签证政策、旅游优惠政策以及各地区针对中国游客的服务计划和项目，共12篇，占总报道量的3%，如9月14日的《中国团体游客入境马来西亚免签证》。需要说明的是关于各国针对中国游客推出的政策的报道篇数很多，但是由于其中大部分是涉及当地对中国游客带去的经济影响做出的反映，所以划归经济影响的报道主题中；同时此类主题报道的重复率很高，通常一国某一个签证政策会被多家媒体同时转载，故本文剔除了大量重复文本。

表2　主题分类统计

主题分类	内容	数量	占比
矛盾冲突	不文明行为、违法违规行为以及各类意外事故	196	42%
消费活动	境外的购物、就诊、体验等消费行为	132	28%
经济影响	对目标国家中的地区、部门、行业的经济态势和发展带去的影响	120	26%
政策计划	针对中国游客设立的政策或者计划	12	3%
其他	无法划归以上四类的少量报道	4	1%

从表2可以看出，在新浪网对中国游客报道的主题选择中，以矛盾冲突为报道主题的占比最多，其次是描摹中国游客的消费行为和呈现中国游客的经济影响的报道主题。政策计划类主题涉及较少，另外还有少量诸如游客的奇闻异事等无法划归以上四大类主题的其他类型报道。

（三）消息来源分析

新闻报道的消息来源即新闻中的事实、材料和观点的出处，为记者报道的事实给予佐证，体现着新闻记者对于材料的选择取舍①。本文将涉及的消息来源划分为五类，分别是：当地居民及相关从业者、中国游客、政府或机构发言人、专家、其他，其中其他指的是没有消息来源或者消息来源不明的文本，以“据悉”“据了解”等为标志词。（见表3）

表3　消息来源统计

消息来源	数量	占比
当地居民及从业者	162	35%
中国游客	56	12%
政府或机构	122	26%
专家	20	4%
其他	104	23%

从表3中可以看出，在新浪新闻对于中国游客的相关报道中，消息来源的主体部分是当地居民及相关从业者、当地政府或机构，此类消息的提供者大多是站在当地居民和当地政府的立场发言的，数量分别为162和122，在消息来源中占比61%。与此同时，样本中来自中国游客的消息来源仅占消息来源总数的12%，作为报道主体的中国游客，处于一种集体失声的状态中。样本中以“据悉”等模糊指称代替消息来源的共有104处，占总量的23%，这表明中国媒体在报道时，大量援引国外媒体报道而没有进行实际采访。这也是导致对中国游客的相关报道中事实信息疏漏甚至错误的情况时而发生的重要原因。

（四）报道性质划分

本文根据报道的性质将样本划分为正面、负面和中性三类，如图1。

样本选取中正面报道所占比例最多，共192篇，占比41%。此类报道主

① 郭娟．新闻报道中的消息来源和转述动词浅析[J]．现代传播，2007(6)．

要关于中国游客为当地带去的经济增长、行业扩大以及当地政府或者机构对中国游客表示的欢迎和制定的优惠政策，如《中国游客人数飙升为澳洲经济增长做贡献》《日本仙台瞄准春节假期大力宣传吸引中国游客》《中国游客提振韩国免税店销售额望破10万亿韩元》。负面立场数量与正面立场的报道数量相当，较之稍少，共180篇，占比39%。集中于中国游客在海外的不文明行为和冲动盲目的购买行为，如《中国游客新西兰度假带走宾馆拖鞋和菜刀》《中国游客占领日本居民公寓噪音扰民引发不满》《中国游客挤爆韩国免税店》。中性立场的报道主要是对中国游客出境游现象、当地的政策措施的描述，共92篇，占比20%。

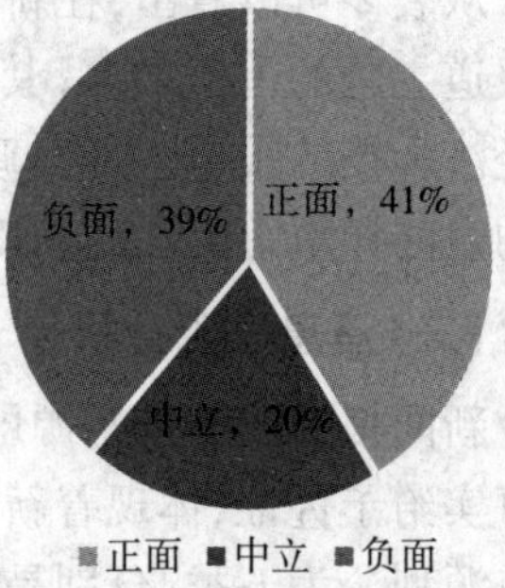

图1　报道性质统计

虽然正面和中性立场的报道在数量上占多数，但是我们可以从新闻的评论互动区看出，这类新闻受到的关注和引发的互动较少，评论数维持在0到100之间。与此相反，负面立场的报道，尤其是中国游客境外不文明行为的新闻常常引发成千乃至上万数的讨论。最为典型的是12月14日《中国游客乘邮轮拿光自助餐外国夫妇投诉》和9月27日《中国游客在日便利店殴打店员被逮捕称受到侮辱》两则新闻，分别引发了5.4万和7.0万的参与量。

五、中国游客的媒介形象特征分析

根据对2015年新浪新闻中国游客的报道进行的分析，发现其呈现的中国游客形象主要可以划分为以下四类：行为失范，素质低下的中国游客；疯狂购物，缺乏理性的中国游客；提振经济，受到欢迎的中国游客以及权益受损，受到侵犯的中国游客。（见表4）

表4　中国游客的形象特征分类

形象划分	数量	占比
行为失范，素质低下	130	28%
疯狂购物，缺乏理性	84	18%
消费力强，提振经济	190	41%
权益受损，受到侵犯	56	12%
其他	4	1%

媒体对中国游客行为失范、素质低下的形象投入了极大的关注，共有130篇，占比28%。除了部分中国游客本身的素质问题外，走出国门的中国游客，常因摆脱国内熟人社会环境的凝视和监控而产生了行为的失范。如报道中，“5名中国游客在马来西亚仙本那一群岛屿裸拍”，“7名中国女游客跑进首尔饭店男厕洗手化妆”。另外，值得注意的是，习俗或文化差异成为中国游客这类形象生成的诱因之一。比如在一篇题为《中国游客蹲坐公共厕所频频踩坏美国黄石公园马桶盖》的报道中，协助中国游客游览公园的居民表示对这一现象并不意外，问题出在中国和亚洲的如厕习惯与美国不同。

疯狂购物，缺乏理性和提振经济，受到欢迎的中国游客形象都与中国游客的消费行为与经济影响有关，两者共占比高达59%，但却呈现出正、负两种形象。研究文本消息来源可以发现，“爆买”的中国游客形象常出自当地居民和当地商场服务人员之口，他们认为中国游客抬高物价、抢夺资源，扰乱了当地的生活秩序。而提振经济的中国游客形象多来自当地政府和行业，其渴望更多的中国游客带来消费需求，从而十分欢迎中国游客。但同时，这两种形象通常都引发舆论的负面评价。

权益受损的中国游客形象虽在媒介报道中占比较少，但却真实存在，随着出境游客人数的逐年攀升，旅游纠纷、境外侵权和意外事故频繁发生。诸如《干3个月可挣15.9万人民币　日本“黑导游”专坑中国游客》《中国游客日本退货难维权》《中国游客在泰姬陵遭骚扰被印度男孩缠住买票》等报道，反映出中国游客在境外的一定程度上的弱势群体形象。

六、何以引爆？双重解释中的媒体建构与社会情绪

社会情绪潜在于社会结构及其变动之中，是一个群体和社会中多数成员共享的情绪体验。陈力丹教授认为，社会情绪通常较为含糊地表达了公众对于舆论客体的态度，是显舆论的原始阶段[①]。本文研究发现，就中国游客这一舆论热点而言，媒介对于中国游客的形象建构与社会关于中国游客持有的普遍情绪之间不是谁决定谁的关系，而是存在一种“双重解释”，即在二者交互解释、交互影响的过程中引爆了舆论对于中国游客的讨论。

（一）移动互联时代的奇观偏好

“奇观”一词源于电影分析理论中的一种反叙事的修辞结构。劳拉·穆

---

① 毛湛文．新媒体事件研究的理论想象与路径方法——“微博微信公共事件与社会情绪共振机制研究”开题研讨会综述[J]．新闻记者，2014(11)：88.

尔维认为，在基本的叙事系统中，奇观是一种"越轨"，是一种被观赏或者目击到的令人印象深刻、非比寻常、被打断的现象或者事件①。网络媒体中信息过载与碎片化现象同时存在，移动互联时代下，想要抓住人们越来越涣散的注意力，就只能通过制造"奇观"来给读者带来冲击，从而获得关注。这一点集中体现在新浪新闻关于中国游客报道的标题拟定上。12 月 28 日的一则报道题为《信息量稍大！中国女游客抢吞钻石被抓时狂飙日语》，其中"信息量稍大""抢吞""狂飙"这样的标题用语塑造出这一中国游客在海外的行为奇观；再如《中国游客日本疯抢马桶盖买后发现产自杭州》，"疯抢"一词已经带有主观倾向，又将"买后发现产自杭州"这一戏剧性的结果加以强调。

目前中国处在一个急剧变动的时代，经济高速发展、社会持续转型、文化不断重塑，加之互联网带来的巨大冲击，旧有价值观受到冲击和解构；与此同时，新的价值体系的形成并未与社会变迁保持同步，这就造成了在新旧交替的大变革时代的社会价值体系断裂，进而产生了一个惶恐、无所适从的时期。在这个时期，社会弥漫着人们敏感、紧张、不安和无所适从的情绪，这种情绪表现在网络上成为网民或悲愤或戏谑的民意。

媒介建构中的中国游客的种种"奇观"式行为，恰好成为这种社会情绪的出口。一方面媒体对于中国游客海外不文明行为的报道激发了民众的震惊和悲愤，认为中国游客素质低下影响了中国人的海外形象；另一方面对于中国游客的疯狂购物行为怀着一种仇富情绪进行戏谑调侃。同时，由于国内媒体难以在第一时间获得关于中国游客境外行为的第一手资料，消息来源经常语焉不详，"据悉""网爆"等模糊指称在所选 2015 年报道样本的消息来源中占比达 23% 已说明了这一点。2015 年 9 月 4 日发生"中国游客大闹曼谷机场"事件，新浪新闻一则题为《网曝中国游客大闹曼谷机场高唱国歌》获得了 6634 个评论和跟帖，跟帖内容大部分是对于游客的行为的戏谑与谩骂。事实上，这则新闻仅仅以短讯的形式报道了中国游客在曼谷机场高唱国歌的"奇观"，并没有提供事件原因、当事人的采访等全面信息；事后证明游客并非无故大闹，存在机场人员的失职因素。这种不充分的报道，促使读者无法做出理性分析，转而发出大量情绪化的评价。媒介中的"奇观"成为社会情绪的发泄口，同时这种情绪发泄带来的集聚效应，成为媒体进行大量的追踪报道，并对同类事件做出同样的报道处理的重要原因之一。

（二）反向情绪中的多元遮蔽

网络传播中社会的反向情绪得到释放和扩散，这种情绪指的是一种指

① 涂光晋．社会价值观重构中的媒介影响刍议[J]．新闻与传播研究，2014(7)：37-38.

向仇恨、敌意、愤怒的负面情绪，其导致的结果是一种与社会发展相悖的反向态度，表现为本该同情却欣喜、本该愤恨却钦佩、本该谴责却赞美等①。通过对2015年新浪新闻的报道可以发现，正面和中性的中国游客形象分别占到41%和20%，诸如《中国游客对当地文化体验的需求在增加》《澳洲旅游业对华敞怀抱居民说"你好"迎中国游客》这样的报道在以平均每天一篇的频次出现在新浪新闻的报道中。媒介建构中的中国游客呈现多重形象，但是反应在舆论场中却集中呈现为中国游客的负面形象，反向社会情绪造成国人的偏向选择，是中国游客正面形象形成遮蔽的导火线之一。同时，在前文的分析中，中国游客经济影响上的正面形象与当地政府和行业有关，这种由经济发展需求产生的好感很难延伸到作为个体观看者的国人中去；相反，负面报道中的不文明行为却关系到每个中国人的形象，在反向情绪的作用下，正面形象极易被抵消。

媒介对中国游客不文明行为的相关报道中对消息来源的选择也暗合了这种反向情绪。与前文统计样本中的消息来源总体比例相一致，新浪新闻在报道中国游客的负面形象时，极少给中国游客发声的机会。如2015年12月28日新浪新闻《中国游客新西兰度假带走宾馆拖鞋和菜刀》的报道，全文长798字，出现采访5处，消息来源均为该中国游客入住的新西兰旅馆的店主，中国游客作为事件主体没有发声的机会。这违背了最基本的新闻报道的平衡性原则，但是在此类报道中成为惯常现象——以中国游客为主体的报道中却缺失了中国游客的声音，中国游客的形象通过当地居民、相关机构、政府代表和一些不明确的消息来源得以形塑。

（三）加速流动中的身份认同危机

中国游客这一群体的壮大是伴随着中国经济发展和对外开放发生的。从20世纪70年代末开始，中国的人口流动加速，物理空间上的"横向流动"使国人走出国门②，与此同时渴望得到世界的认可。但是，现实情况是，中国游客海外不文明行为和素质低下的媒介形象，诸如"中国游客在大马景点裸拍""中国游客在韩扰民：闯民宅拍照乱扔垃圾"等，打破了中国群众在世界人民心中建立和维持美好形象的愿望，时刻冲击着中国群众的敏感神经，引发了走向世界的中国社会情绪的深度焦虑。

与此同时，社会阶层的"纵向流动"也逐渐打破其经济发展初期的狭隘通道，开始加速。中国社会的新生力量开始对"土豪""暴发户"以及现在伴

① 许莹．网络群体传播中反向社会情绪的放大效应及其疏导[J]．中州学刊，2013(6)：174.
② 涂光晋．社会价值观重构中的媒介影响刍议[J]．新闻与传播研究，2014(7)：36.

随土地拆迁而出现的富裕“拆二代”的刻板形象进行反思。一方面，媒体中中国游客的“爆买”“狂购”和“素质低下”的媒介形象恰好契合了社会情绪中对以上群体的诟病；另一方面中国群众也在媒体建构的中国游客形象中寻找自己对应的位置，这种挣扎和反抗，表现为舆论对中国游客态度在讽刺批判和解释维护之间的游移不定。

在中国社会变迁、阶级流动以及西方文化冲击的共同作用下，中国社会群体不仅要面对陌生的他者，还产生了陌生的自我。在走出国门的世界场景下，中国游客身上的国家身份天然凸显，成为这种双重流动下显性的群体代表，在交织的民粹主义和身份认同危机的社会情绪中走向舆论的风口。

（四）礼俗失范中的耻感反思

中国媒体言论与公共舆论呈现出的激进源于一种旧有礼俗规范被打破，而新的意识形态性质的价值认同尚未成熟的社会困境。自改革开放以来，国人亲身经历了传统与现代、计划与市场、东方与西方多元价值观念的剧烈碰撞，中国社会进一步从礼俗社会过渡到法理社会。在这一过程中，一些优秀礼俗传统被消耗，引发国人追思。

中国游客的不文明行为，使得中国游客这个词不断与负面新闻联系起来，形成了带有舆论敏感的负面标签。国人不再怀着民族主义情绪去看待国外对中国游客的批评，抵抗这一标签，而是产生了一种集体羞耻感，实际上也是一种社会情绪回归理性的萌芽。国人不再从他者的角度围观和抨击“中国游客”，而开始从自我进行反思，希望在中国传统礼俗规范和现代公共秩序的勾连中找到改善这一现状的出路。

结　语

中国游客在媒介的持续关注和中国社会情绪的共振中成为舆论关注的焦点。本文通过对 2015 年新浪新闻关于中国游客的 464 篇报道的文本分析，从报道的标题、主题、消息来源和报道性质四个方面对文本进行划分，得出新浪新闻关于中国游客报道的几个特征，即标题中带有大量激发主观情绪的描述词语，主题以中国游客的消费行为、经济影响和不文明行为为主，消息来源缺失中国游客且常出现指称模糊，正面和负面报道占比相当。文章总结了中国游客的四种媒介形象特征，分别为：行为失范、素质低下的中国游客；疯狂购物、缺乏理性的中国游客；提振经济、受到欢迎的中国游客；权益受损、受到侵犯的中国游客。

在急剧转型的中国社会中，伴随着高度社会化媒体的影响，社会情绪对于奇观的偏好、反向情绪对中国游客多元形象的遮蔽，横纵双向的加速流动造成国人的身份认同危机以及集体羞耻感对传统礼俗失范和现代公共秩序建构带来的反思，共同影响了中国游客形象的社会体征。媒介对于中国游客的形象建构与之形成互动、互构，引爆了社会舆论对于中国游客的高度关注，并使中国游客的形象成为社会情绪的发泄口。

社会的发展，催生了新的社会群体，中国游客这一群体形象，正是中国经济发展和对外开放的衍生品。诚然，中国游客这一群体的负面形象与其自身行为失范存在直接关系，但是必须注意到媒介建构对其形象的影响以及社会情绪对引爆舆论的重要作用，从而在舆论引导中，疏通社会情绪，带动国人的理性反思和自我规范，型塑走向世界的多元健康的中国游客形象。

参考文献：

[1] 罗伯特·K. 默顿. 社会理论和社会结构[M]. 上海：译林出版社，2008：67.

[2] 罗坤瑾. 微博公共事件与社会情绪共振的研究综述[J]. 学术论坛，2013，10.

[3] 袁媛远. 香港媒体对大陆游客形象的呈现[D]. 重庆：西南政法大学，2015.

[4] 韩佳宁. 网络媒体中“城管”的媒介形象研究——基于凤凰网的框架分析[D]. 吉林：吉林大学，2014.

[5] 李普曼. 公众舆论[M]. 上海：上海世纪出版集团，2014.

[6] 涂光晋. 社会价值观重构中的媒介影响刍议[J]. 新闻与传播研究，2014(7).

[7] 栾轶玫. 媒介形象学导论[M]. 北京：中国人民大学出版社，2007：45-60.

[8] 张晓莺. 论框架理论与媒介形象之建构[D]. 广州：暨南大学，2008.

[9] 毛湛文. 新媒体事件研究的理论想象与路径方法——“微博微信公共事件与社会情绪共振机制研究”开题研讨会综述[J]. 新闻记者，2014(11).

[10] 徐晓婷. 当代中国大妈的媒介形象研究——基于新浪网的框架分析[J]. 视听，2016，3.

[11] 陈力丹. 舆论学——舆论导向研究[M]. 北京：中国广播电视出版社，1999：20-28.

来去匆匆:社交媒体时代热点事件的后续性关注探析

(叶章亚 安徽大学)

摘 要:随着微博、微信等社交媒体的兴起与不断发展,我们进入了社交媒体时代。在社交媒体时代,技术性的突破带来了传播方式的转变,对于热点事件的报道方式也发生了转变。web2.0 时代为信息传播提供了更多的可能性,相对于传统媒体的传播方式而言,社交媒体时代的受众呈现出新的特征。受众与媒体、社交平台之间对于热点事件的关注有何种关系,呈现怎样的特征,这是值得关注和探讨的问题。

关键词:社交媒体;热点事件;后续性关注;传受关系;社会责任

一、引言

随着微博、微信等社交媒体的兴起与不断发展,我们进入了社交媒体时代。人际传播更多地转移到了虚拟的网络空间,形成虚拟社区。截至 2015 年底,数据显示微信月活跃用户达 6.97 亿[①];截至 2016 年一季度末,微博月活跃用户达到 2.61 亿[②]。

本文所指的社交媒体(Social Media)是互联网上基于用户关系的内容生产与交换平台。社交媒体指允许人们撰写、分享、评价、讨论相互沟通的网站和技术平台,现阶段主要包括 SNS(社交网站)、微博、论坛等。简而言之其就是社会化媒体与社交网络的结合体[③]。

---

① 数据来源:http://news.zol.com.cn/523/5237369.html,《腾讯发布 2015 微信用户数据报告》.

② 数据来源:http://www.askci.com/news/chanye/20160513/1451556198.shtml,《2016 年新浪微博第一季度财报》.

③ 百度百科词条"社交媒体",贡献者为西南大学电子信息工程学院李华青副教授.

在传统媒体时代，对新闻事件的报道一经刊发，就完成了对一个新闻事件的传播。但是也有部分新闻事件或者持续时间较长，或者意义重大，传统媒体会对其进行连续性报道或者后续性报道。受众的反馈在这一过程中处于极为次要的地位。但是就传播过程而言，整个过程是"断点"式的，不会也没有条件对一个新闻做持续、不间断的报道和关注。但是在社交媒体时代，技术性的突破带来了传播方式的转变，在社交媒体平台上对一个热点事件的报道可以是不间断的。媒体可以利用多种方式对一个事件进行不间断的报道，并通过引发讨论以及转发的方式，提高事件的关注度，从而形成"热点事件"。

每天都有热点事件的出现，那么究竟什么是热点事件呢？我们把那些引发民众大规模关注并具有一定社会影响力的事件称为"热点事件"。反映在媒体报道中，某个事件引发媒体在短时间内大规模报道，那么这就是传统意义上的热点事件。在社交媒体时代，热点事件的"热"表现得更加复杂。除了媒体报道之外，网民在社交媒体上对事件的关注与讨论对热点事件的发展起着推波助澜的作用，同时，也会影响媒体对热点事件的跟进报道。但是，热点事件"热"的过程有多长呢？能够成为热点的事件通常都有较为深刻的社会意义，热点事件的发展是否对推动相关问题的解决具有积极意义？

一个事件能够成为热点事件通常是经过舆论发酵的。通常热点事件会在一个比较短的时间范围内被迅速讨论，形成舆论影响。但并不是每一个事件都能够成为"热点事件"，也并不是具有较强社会意义的新闻都能够成为热点。"热点新闻"的出现本身就是偶然性与必然性结合的产物。

社交媒体时代，"热点事件"层出不穷，大量受众对于一个热点事件的集中关注可能在非常短的一个非常时间段内。那么，对于这些具有社会意义的"热点新闻"在"集中爆发"之后，其后续性关注情况是怎么样的？媒体对热点新闻的后续性报道情况以及受众对于热点事件的关注（包括话题讨论、转发、评论等）又有怎样的特征？对于热点事件的后续性关注有何种价值？

二、热点事件后续性关注

对于热点问题的后续性关注，笔者选取了2016年发生的三个热点事件，即"魏则西事件""雷洋案""徐玉玉事件"作为样本事件进行分析。通过对这些事件的媒体后续性报道以及网民关注情况进行搜集和整理，得出对于热点事件的后续性关注的初步认识。对于网民的关注情况，笔者将从搜索指数和微博话题讨论两方面来进行梳理。本文中所探求的社交媒体主要是微博。

(一)媒体报道分析的互联网呈现

1.“魏则西事件”

2012年,魏则西考入西安电子科技大学计算机专业,2014年被查出得了滑膜肉瘤。这是一种恶性软组织肿瘤,目前没有有效的治疗手段,生存率极低。

魏则西通过百度搜索得知“武警北京总队第二医院”可治疗该病后,在该院接受四次治疗。但该院是通过百度竞价排名的“莆田系”医院,采取的“生物免疫疗法”并不正确。魏则西于2016年4月去世。

魏则西事件引爆舆情,源自他在网络问答社区“知乎”上针对“你认为人性最大的恶是什么?”的回答①。

魏则西的回答是在2016年2月26日完成的,他发长文详述了他的求医过程。4月27日早上,新浪微博网友“孔狐狸”发布了一则消息称,其在逛知乎网时,看到了魏则西的患癌帖子,进一步了解到魏则西已经病故的消息,“然后百度了这个疾病,发现那家竞价排名的医院依旧在首位”。

孔狐狸真名孔璞,是《新京报》原知名调查记者,现为一家与购物相关网站的内容运营总监。孔璞说,这条微博第一时间没什么人转,一位医生转载后,才引起了医生群体的注意。“想过微博可能会引起热议,但后期舆论发酵的过程出乎意料。”

这条微博转载上万后,被孔璞设为仅自己可见,但网友认为微博“神奇消失”,顿时激起了好奇心,舆论的矛头也由此一步步指向百度。

在微信上,相关话题也被迅速引爆。4月29日之后,《医疗竞价排名,一种邪恶的广告模式》《一个死在百度和部队医院之手的年轻人》等文章开始热传。第二天,此话题逐渐形成热度。随着这些阅读数上十万的文章纷纷涌现,矛头又逐渐指向了“莆田系”及武警医院科室外包问题。

尤其在4月12日魏则西去世之后,舆情在短短的时间内迅速发酵,舆论的巨大压力引发人们对莆田系医院以及百度的声讨,致使巡视组入驻百度,并责令整改。

目前搜索“魏则西”新闻共有20多万条,“魏则西事件”相关内容共63800篇。其中绝大部分新闻在4月中旬到5月中旬发布,5月10号以后至今,只有几十条内容。“魏则西”事件经历了一个月的集中爆发之后,迅速地沉寂下来。

---

① https://www.zhihu.com/question/26792975/answer/88170767.

如图1是2016年3月至今的“魏则西”词条的搜索指数及媒体指数。搜索顶峰值为5月3日，941053次，然后迅速回落。自6月份至今，日均搜索量稳定在1000次左右。媒体指数与搜索指数保持了一致性①。

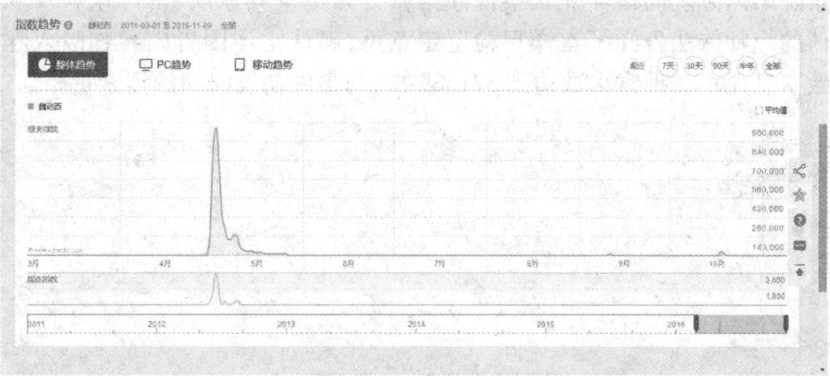

图1　魏则西事件百度指数2016.03-2016.11

2.“雷洋案”

2016年5月7日晚，雷洋离家后身亡，昌平警方通报称，警方查处足疗店过程中，将“涉嫌嫖娼”的雷某控制并带回审查，此间雷某突然身体不适，经抢救无效身亡。

2016年5月14日10时，雷洋尸检工作在结束第一阶段的初步尸检后，进入下一阶段工作。

2016年5月19日11点33分，北京市公安局通过微博发布雷洋案情况通报，北京市公安局对雷洋案高度重视，事发后立即责成昌平分局及时通报检察机关，并积极配合开展调查工作，相关人员接受调查②。

2016年6月30日，北京市人民检察院第四分院向雷洋死亡案件涉案警务人员及其家属、雷洋家属及双方聘请的律师依法告知了雷洋尸检鉴定意见。

截至目前，“雷洋案”为关键词搜索相关的报道共4130条。由于雷洋案相关案情仍在审理过程中，当审理进程发展的时候会有相关的后续性报道出现，最近一条相关信息为新华网9月9日名为“北京市检察院第四分院依法听取‘雷洋案’有关律师意见”的报道。

如图2是2016年5月至今“雷洋”词条的搜索指数和媒体指数。不同

---

① 百度指数“魏则西”：https://index.baidu.com/? tpl = trend&type = 0&area = 0&time = 20160401%7C20161127&word = % CE% BA% D4% F2% CE% F7.

② 信息来源：微博账号“平安北京”.

于魏则西事件，雷洋案的案情还在进行中，因此，有两个比较明显的搜索高峰。5 月 11—14 日，经过几天的舆论发酵，雷洋案的搜索达到第一个高峰，最大搜索量在 399210 次。6 月 30 日，搜索达到第二个高峰，即北京市人民检察院第四分院向雷洋死亡案件涉案警务人员及其家属、雷洋家属及双方聘请的律师依法告知了雷洋尸检鉴定意见，确认雷洋因胃内容物吸入呼吸道致窒息死亡。搜索次数达到 371689 次，与事件初发时期的搜索量相当。

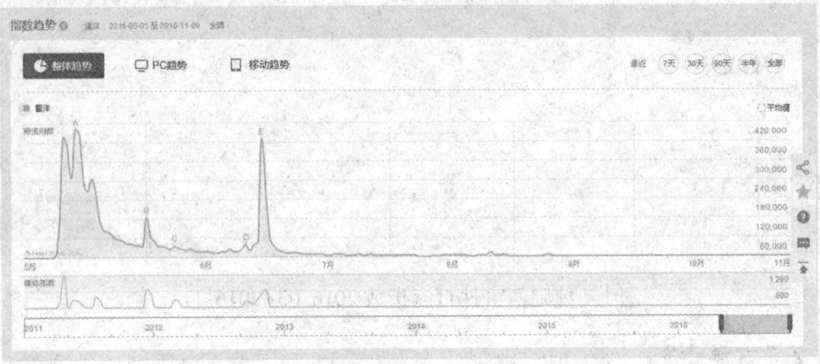

图 2　雷洋事件百度指数 2016. 05—2016. 11

3.“徐玉玉事件”

2016 年，山东青岛准大学生徐玉玉以 568 分的成绩被南京邮电大学录取。8 月 21 日，其因被诈骗电话骗走上大学的费用 9900 元，伤心欲绝，郁结于心，最终导致心脏骤停，虽经医院全力抢救，但仍不幸离世。

2016 年 8 月 23 日，临沂公安部门已成立专案组，全力侦破此案。8 月 26 日下午，公安部发布 A 级通缉令，公开通缉此案 3 名在逃犯罪嫌疑人。8 月 28 日，嫌疑犯全数落网。

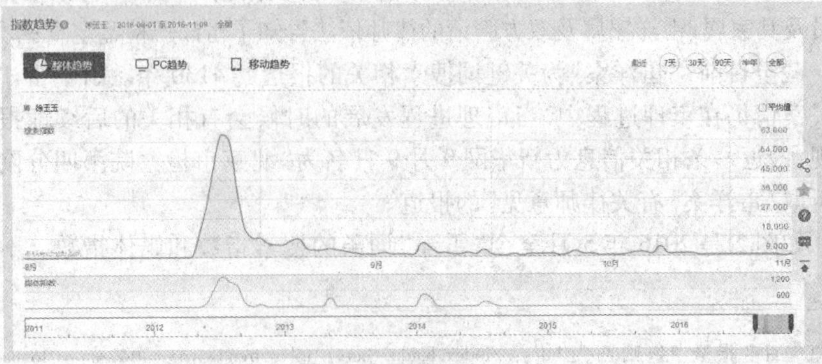

图 3　徐玉玉事件百度指数 2016. 08—2016. 11

图3是8月至今“徐玉玉”词条的搜索指数和媒体指数。徐玉玉案的典型特征为信息犯罪，对于嫌疑人的抓捕非常迅速。搜索高峰为8月27日，57368次。此后随着媒体对徐玉玉案进展的报道，均有小幅波动，但基本上维持在一个很低的水平上。

这三个热点事件的初始发布并扩大影响的平台分别是知乎社区、微博、微博。但是舆论的集中爆发以及影响力的迅速扩散都发生在微博。当人们目光的焦点从单纯的事件本身转移到事件背后的社会问题来探讨时，多个社交媒体同时发力，共同引发热点事件的“舆论爆点”。

笔者也对微博的搜索数据进行了考察，在新浪微博“微数据”中心，分别搜索了“魏则西”“雷洋事件”“徐玉玉”，但是“徐玉玉”无法作为热词搜到，于是根据徐玉玉案的特征，笔者对“电信诈骗”关键词进行搜索，其微博搜索特征与徐玉玉案的发展保持了较高的一致性。(图4、图5、图6)

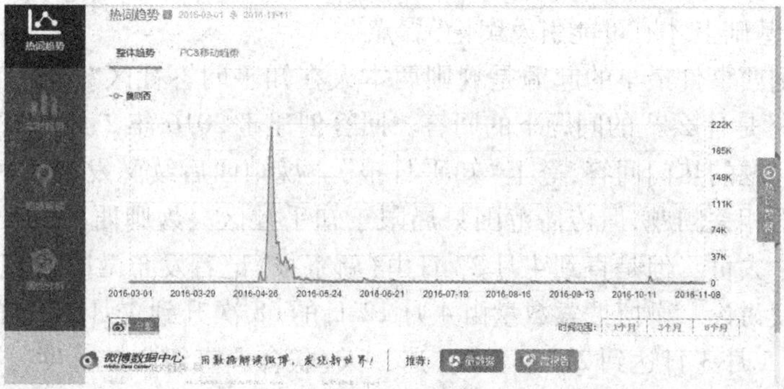

图4　魏则西事件微指数 2016.03—2016.11

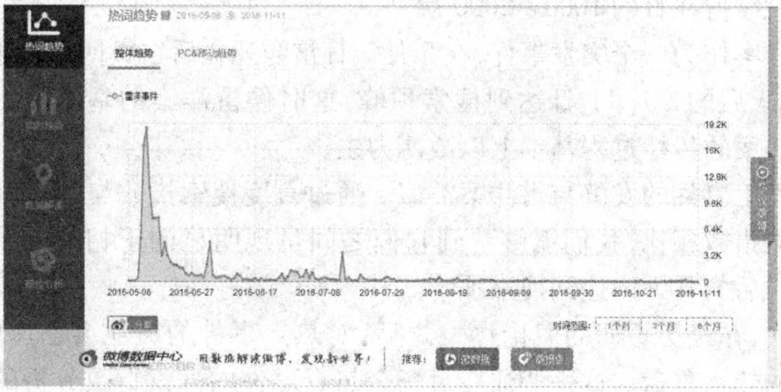

图5　雷洋事件微指数 2016.05—2016.11

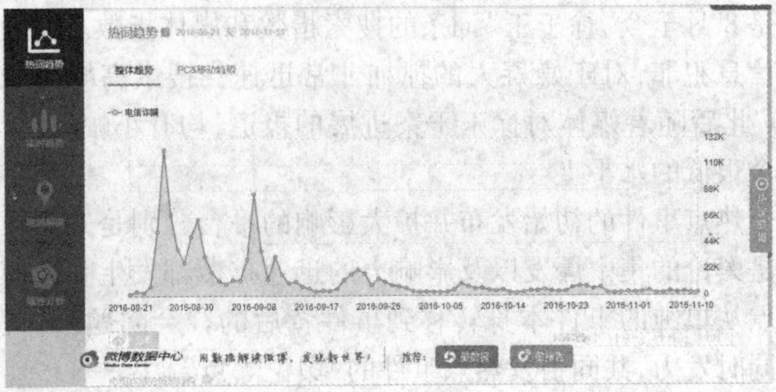

图 6　徐玉玉事件微指数 2016. 08—2016. 11

(二)热点事件的后续性关注特征

首先,热点事件从进入公众视野到社交媒体的舆论爆发需要经过一个发酵期,与事件有关的相关信息被迅速完善,受众对热点事件进行充分的了解,在此基础上才有可能引发舆论"爆点"。

魏则西事件最早的起源是魏则西本人在知乎问答社区"你认为人性最大的'恶'是什么?"的问题下的回答。回答创建于 2016 年 2 月 12 日。当时作为该问题的热门回答,登上"知乎日报"。魏则西后续又发表了一些关于他病情的相关问题,但传播范围只局限于知乎社区。魏则西本人于 4 月 12 日在家中去世。但是直到 4 月 27 日由《新京报》记者发布微博,才引起网民的大规模讨论。微博搜索数量由 4 月 12 日的 68 次升到 4 月 27 日的 13815 次,直到 5 月 3 日达到 215620 次。这一天,联合调查组入驻百度,这是魏则西事件来自官方的反应,也是魏则西事件微博搜索的顶峰。百度搜索指数在同一天达到顶峰,搜索次数为 941053 次。之后的搜索次数不断下降,数十天之后就维持在日均 1000 ~ 2000 次。

雷洋案作为一个突发事件,在 5 月 7 日雷洋死亡后在微博上迅速引发讨论,在四天后的 5 月 11 日达到搜索顶峰,这时候雷洋案的基本脉络已经明晰。雷洋案的传播过程基本上以微博为主。

徐玉玉事件的发酵与雷洋案类似。通过百度搜索指数与"电信诈骗"的微博搜索指数相比,我们能够看到它们之间呈现明显的正相关关系。在徐玉玉死亡后的几天内达到搜索顶峰。

其次,在经历短期的舆论爆发之后,对热点事件的关注会迅速回落,从而被新的热点覆盖。这一特征在对三个热点事件的搜索指数分析的时候可以直观感受到。魏则西案件背后所代表的是百度竞价对人们信息获取的障碍性引导以及莆田系医院的行医模式存在巨大问题。这是与受众利益相关的问题。但是即使是这样,魏则西事件的关注度并没有维持许久。雷洋案则反映了执法中的问题，他不是遭到暴力执法的第一人，也不是最后一个。对于徐玉玉案来说，电信诈骗在现代社会中层出不穷，深受其害的也并不在少数。网民们在出现这种爆点新闻的时候才会去关注这些问题。网民中的大多数仍然保持了在传统媒体时代的特征。

再次，网民关注与媒体报道之间存在着相互促进的关系。两者保持了高度的一致。对于热点事件，网友关注促使媒体的大规模报道，而媒体的报道又起到了议程设置的作用，引导更多的关注。

对于热点事件，媒体乐意进行相关的报道，虽然大部分的报道内容都是转载或转发的。在笔者搜索到的新闻中，很多是内容相同或相似的。媒体乐意“蹭热门”，但是大量同质化的内容不利于更加有效的传播。

当网民关注度下降的时候，媒体对相关事件的报道也会减少。搜索指数与媒体指数的变化也保持了高度的一致性。尽管有部分媒体会对热点事件进行后续性报道，但这些报道本身比较粗糙，缺乏相应的深度，报道仅仅停留在对事件本身的报道。这种报道对于受众的吸引效果有限，得到的传播效果不明显，也没有起到相应的社会作用。

三、热点事件后续性关注特征分析

（一）受众分析

在社交媒体时代，技术的发展带来传播方式的变革，web 2.0 时代为信息传播提供了更多的可能性。相对于传统媒体的传播方式而言，社交媒体时代的受众呈现出新的特征。

社交媒体时代受众对媒介的依赖增强，更加容易地了解外部世界发生的新鲜事物并对其进行关注和讨论。

在社交媒体时代，尤其是移动社交媒体时代，人们对事件的参与体现在随时随地进行讨论、评论、转发，并且通过分享成为信息的传播者，在自己的媒介影响范围内进行二次传播。

现代社会变化迅速，且社会作为一个整体非常复杂。受众为了获取生存环境的信息，不得不依赖社交媒体。社交媒体的高度参与性与碎片化传播的特征，迎合了受众对媒介的多重期待，因此在社交媒体时代，民众对于社会事件的讨论热情空前高涨。

受众的注意力是有限的，因此对热点事件的关注也是有限的。信息时代的到来带来了信息爆炸，受众每天接触大量的信息，对一个热点事件的关注可能会不自觉受到媒介呈现的影响。因此，当新的热点出现的时候，受众就会不自觉地被吸引。即使仍然有人在关注上一个热点的后续性问题，但是已经不构成热点性讨论了。

对于热点事件的后续性关注，受众表现得并不热情，一个热点事件的高潮期很快就会过去，但是，会维持少量固定的关注。这种少量的关注不足以推动相关问题的解决，热点事件成为“烂尾楼”，只要过了舆论爆发的时段，鲜有人推动问题的解决。

（二）媒体与社交媒体平台分析

在这里，我们将媒体分为传统媒体发布方式（网页）和新媒体发布方式。在社交媒体时代，媒体大多都是一稿多发，在各个社交媒体平台上进行传播，这一点在热点事件的传播上体现得尤为明显。对于热点事件，媒体会把握住机会，进行事件的最新进展、原因分析、相关利益方的动态以及其他衍生内容的传播，这些内容丰富了事件的信息量，对于受众对事件的进一步了解以及引导舆论方面都起到了不可忽视的作用。

在社交媒体时代，媒体对于热点事件的议程设置功能仍然存在并且不可忽视，但是在这个“人人都有麦克风”的时代，媒体要想做到第一手消息的发布比较困难。但是受众对于媒体发出的信息则抱有更好的信任度。因此，媒体在对事件的后续性报道方面存在着较大的优势。当某个对社会影响较大的热点事件淡出受众的视线的时候，媒体可以通过对事件的后续性报道重新吸引受众的注意力。例如雷洋案，在雷洋确定死因之后，媒体通过对雷洋亲属的报道，吸引了部分受众的“回流”。

社交媒体平台提供了一种可能性，即使在传统媒体不在场的时候，人们仍然默认其权威性。网民自发提供的信息只是明确了某件事情发生的巨大可能性，只有通过传统媒体发声确认后事件才被人们认为“真正发生”了。这里指的传统媒体，包括那些传统媒体的新媒体传播方式，因为具有采访权的传统媒体在对事件进行权威性确认上，具有天然的优势。

媒体对热点事件的后续性报道会起到议程设置的作用，引导受众重新关注。但是这些后续性报道很少会像事件刚刚出现时那样受到大量的关注，对热点新闻的后续性报道也就成了普通的新闻。在社交媒体平台诸如微博、知乎等，都会有类似于热门话题相关的设置，这些设置基于平台的大数据分析，直接影响来源就是受众的关注、搜索和讨论的指数。当一个热点事件不再那么“热”的时候，它也就不会出现在相关的榜单上了。对于经历过这一热点事件的网民来说，事件本身或者事件的关键人物会作为一个标签，人们对它有印象，却不会主动搜索它的相关信息，对在社交媒体上的媒体报道的内容也不会抱有很大的兴趣。

很多媒体不愿意再对热点事件进行后续的梳理和跟进报道，尤其对于魏则西事件以及徐玉玉事件这种对社会影响较大的热点事件的后续性报道的缺失，不利于扩大其影响。对于这种与人们休戚相关的事件，不管是传统媒体还是社交媒体平台，应该重视对事件的后续性报道与关注，提高后续性关注的质量，多追究事件深层次的社会原因，使得后续报道发挥其应有的作用。

（三）传播过程的完整性与后续性关注

所谓传播过程完整，是指一条新闻从传播者那里发出之后，到达受众，引发受众的关注，并产生反馈，到达传播者，传播者再根据反馈内容，进一步跟进新闻的发展，及时地将最新的情况传达给受众，如此以往的交互过程。而在网络传播发展迅速的今天，因为网络的双向传播特质和受众表达意识的愈加强烈，传播过程应该最大限度地接近完整。但是，现实情况却是很多新闻都无疾而终，有头无尾，成为“烂尾新闻”，传播过程愈加不完整。

社交媒体时代，与事件有关的信息纷繁复杂，受众对于某个事件的关注很有限。他们很有可能只对事件的某一部分了解，并不能了解事件的全部过程。这样会阻碍他们对事实本身的判断。作为一个传播过程来说，这个过程是不完整的，不能够构成一个成功的传播。

因此，越是信息鱼龙混杂，就越要为受众提供真实、可靠、权威、及时的信息。这一点反映在对事件的后续性报道上尤为重要。这是受众的客观需求，也是媒介自身发展的需求。媒体作为社会的瞭望者，有它自身的社会责任，而受众也享有对事件的知情权。徐玉玉案的嫌疑人被抓获之后，是不是依然会有人再受到电信诈骗的威胁，是不是会有第二个“徐玉玉”？会不会有一天我们自身也陷入电信诈骗的陷阱之中？

四、结语

热点事件尤其是社会热点事件背后有深刻的社会意义。在社交媒体时代，受众对热点事件的关注变得非常容易，但是“注意力”并不集中。作为媒体对事件进行后续性报道的责任，这对于完成整个传播过程、帮助受众了解事实的真正面目以及推动社会问题的解决方面都有重大的意义。成熟、有深度的后续性报道在传播活动最后的环节。作为社交媒体平台，对热点事件的相关信息的处理更加审慎以及进行正确的规范都是非常有必要的。社交媒体的参与者，普通的受众不仅是信息的接收者，也是新传播时代的传播者，在对热点事件的关注中，如何合理使用自己的注意力，也是值得深思的问题。

大数据时代下的新闻生产

新改革时代社交媒体用户被建构的文化形象分析

——基于霍夫斯泰德文化维度理论对微博的实证比较研究

（王睿劼　李　强　澳门科技大学）

摘　要：近些年由于微博的兴起，其在传播中也是起了弥足轻重的作用。而在新改革时代的背景之下，这样火热的媒体文化形象分析也更加需要研究者的重视。本文将运用霍夫斯泰德的文化维度模型的个人主义与集体主义、不确定性规避、权力距离、阳性主义和阴性主义、长期与短期的价值取向在问卷调查的方法下分析研究当前的微博在用户被建构的文化形象和中国文化形象本身的形象，并做出比较，以得出新改革时代之下，微博在用户被建构的印象里的文化形象是否与我国传统文化形象相符，也将试图讨论其中不相符之处的原因。

关键词：社交媒体形象；建构主义；文化维度；微博

一、文献综述与研究问题

（一）文化维度理论的研究状况

本文主要运用到了霍夫斯泰德（Hofstede）的文化维度理论，本理论由霍夫斯泰德在20世纪80年代提出，此理论一经提出便引起了广泛的重视和讨论，而霍夫斯泰德本人也参与在讨论之中，并多次修改其文化维度理论。

文化维度理论先是霍夫斯泰德通过对53个国家和地区超过10万名的经理人进行调查得出四项维度（个人主义和集体主义、不确定性规避、权力距离、阳性主义和阴性主义），后来发现理论的不足又提出了第五项维度（长期与短期的价值取向）。

文化维度理论在提出以后一直有两个大研究方向，分别是对文化维度的理论的应用实践研究和对理论本身的发展研究①。

1. 文化维度理论的应用实践研究

文化维度理论一经问世后就在各个领域得以广泛的应用和传播，至今依然有一大批学者应用此理论在不同的专业方向中进行着探究调查。彭世勇教授写道："近 30 年来，国际上出现了大量以霍氏理论为基础的研究成果，范围涉及社会学、心理学、组织行为学、跨文化交际学，甚至会计、金融等领域"②。笔者通过阅读国内外文献也发现文化维度理论的应用实践研究十分的广泛，特别是在语言学、教育学和管理学方面。在语言学方面，很多学者运用此理论通过话语分析的方法进行研究，得出话语背后究竟是怎样的文化样态。在教育学方面，许多学者进行质化的访谈或者量化的调查研究来研究留学生的文化适应以及师生关系，并试图通过基于霍夫斯泰德的理论对研究结果进行解释。管理学方面对文化维度的理论更是应用得十分广泛，特别是在跨国公司的管理以及决策中。

在传播学方面，纯粹的从传播角度运用文化维度理论研究其实不是很多，主要可以分为两个部分：以危机传播的角度研究跨文化传播中危机公关策略和对影视文本的文化维度分析。通过文化维度来研究媒介现象的几乎没有，所以本研究在学术上还是有一定的开创性的。

2. 对文化维度理论本身的发展研究

国内外至今有很多学者包括霍夫斯泰德本人在内都是在对文化维度这个理论本身进行完善和创新的，霍夫斯泰德本人就为理论添上了第五维度长期与短期价值取向。很多学者也在霍夫斯泰德理论基础上有所推动，例如舒尔茨（Shalcm Schwartz）就从 1992 年起和他的研究小组对文化层面价值观和个人层面价值观加以区分。③

但是同样也有学者通过批判性研究对文化维度理论提出批评，例如尤泽顺教授就在《跨文化研究中的文化偏见——对霍夫斯泰德文化模式话语的批判性分析》④中通过批判话语分析提出文化维度理论里存在的文化歧视，但尤教授同时也指出这些文化歧视并非霍夫斯泰德所故意产生的，而是

① 黄河．霍夫斯泰德文化价值维度在中国地域文化中表现度的实证研究［D］．上海：华东师范大学，2014.

② 彭世勇．霍夫斯塔德文化价值理论及其研究方法［J］．解放军外国语学院学报，2004，(1).

③ 李文娟．霍夫斯泰德文化维度与跨文化研究［J］．社会科学，2009，(12).

④ 尤泽顺，陈建平．跨文化研究中的文化偏见：对霍夫斯泰德文化模式话语的批判性分析［J］．中国外语，2010，(2).

长期处于西方的教育以及话语体系下潜意识中的隐形表达。

无论发扬还是批判都是对霍夫斯泰德的理论进行了肯定，所以这些都是不妨碍本文使用本理论对微博的文化形象进行研究的。

（二）对于微博媒介文化形象的研究综述

媒介形象问题的研究可以分为两个部分，一是对媒介本身在受众中的形象研究，二是媒介中特定群体、组织、个人的研究。经过知网的查询笔者发现大多数的文献还是从第二点入手的，大多数都是从媒介中建构的形象入手的。比如王秀丽教授在《国际新闻界》里发表的《“中国制造”与国家形象传播——美国主流媒体报道30年内容分析》，此文就是利用内容分析法分析美国报刊中建构的中国形象的。

但是对于媒介本身形象的研究也一直是传播学研究的一个重要的问题，无论是研究媒介本身的公信力还是媒介在受众心里的文化定位，都有很多学者在进行研究。而且随着媒介的发展，对媒介形象的研究也不仅仅停留在之前的那些方面上，很多学者从受众们的“想象”转向了受众对媒介的“身份认同”。①

但是通过检索发现以问卷调查法来研究媒介形象的文章少之又少，在知网上只有《江苏农民工媒介形象调查——以江苏淮安市和宜兴市为例》这一篇，而且这一篇还不是来研究媒介本身形象的。所以说通过问卷调查来研究媒介的形象是具有创新性的。

本文进行媒介文化形象研究的主体是微博，微博作为新改革时代用户量极大的自媒体，其媒介文化形象其实起了很大的作用。微博由于其用户草根化、具有强烈的寂寞倾诉倾向、内容微小化、介质移动化、“背对脸”式信息交互、传播碎片化的特点②，传播十分广泛、用户量极大。那这样的一个媒体又是有怎样的文化形象呢？这个的确成了一个急需研究的问题。但是通过检索发现，并没有学者对这方面进行实证研究，更没有用霍夫斯泰德的理论进行研究的，所以对微博的文化形象分析是具有必要性的。

（三）研究问题

综合对前人研究的回顾和研究对象的状态，本文提出了以下问题。

1. 在用户的印象中微博这种新兴的媒介是有着怎样的文化形象？

2. 其和我国在传统印象中的文化属性是否一致，若不一致，那为何微博会呈现出不一致的文化形象？

---

① 王朋进.“媒介形象”研究的理论背景、历史脉络和发展趋势[J]. 国际新闻界，2010，(6).

② 杨晓茹. 传播学视域中的微博研究[J]. 当代传播，2010，(2).

3. 从霍夫斯泰德的文化维度理论模型中可以得出怎样的结论？

二、理论框架与研究假设

本文主要运用的理论是霍夫斯泰德的文化维度理论，但用户的媒介文化形象是怎样建构的，这是文化维度理论所不能解答的，所以在对媒介文化形象研究时将引入建构主义这一概念来进行论述：用户对媒介的形象是由媒介占重要部分的内容及其表述所建构的（微博由受众自己发送、转发的内容已经是基于认同的情况下），受众印象中的媒介占重要部分的内容及其表述的文化维度属性会直接决定媒介本身在受众印象中的媒介文化形象，所以本文将以文化维度理论搭建理论框架和提出研究假设，用建构主义的视角沟通媒介内容、用户和文化形象。

（一）自媒体媒介文化形象与用户文化属性的界定

由于研究对象是微博这样的自媒体，所以会有如下的界定需要说明：自媒体的内容很大一部分是用户个人上传，那是否用户大多数的文化属性（此处文化属性亦指霍夫斯泰德文化维度的文化属性）就会决定了媒介的文化形象呢？首先不可否定在自媒体中媒介文化形象和大多数用户的文化属性有着很大联系，但是我们不能过分地强调用户的主观能动性而忽略特殊媒介带来的影响。在微博这样的媒介中，由于其独特的媒介属性，匿名化的特质、广泛的传播范围在媒介大环境中会对用户产生影响，而导致其文化属性不一定与其在微博中认同的媒介内容吻合，更别说很多的意见领袖在引领着内容的发展了。所以得出结论：用户文化属性影响着微博的媒介文化形象，但不能说明对微博的用户进行调查的媒介文化属性研究就是对用户本身文化属性的调查或媒介的文化形象调查。

（二）霍夫斯泰德的文化维度理论及其运用

霍夫斯泰德的文化维度理论又被称为价值观维度和文化价值理论，是跨文化传播中衡量一个文化的主要维度理论，该理论主要是从五个方面对文化进行衡量：个人主义和集体主义、不确定性规避、权力距离、阳性主义和阴性主义、长期与短期的价值取向。在本研究中对媒介文化形象的研究运用文化维度理论并不能直接套用其理论的全部方面，所以在下文还会阐述其在媒体文化形象研究中的表现。

1. 个人主义和集体主义

霍夫斯泰德提出个人主义和集体主义会从各个方面影响着一个文化的

最基本的判断，一个文化究竟是以个人为中心还是以集体为中心在很大程度上决定了文化对问题的基本的判断。

在个人主义的文化中，人们主张个人目标是要高于集体目标的，个人利益的保证高于集体利益。而在集体主义文化中却恰恰相反，集体主义认为集体目标与集体利益肯定是高于个人的，个人必须服从集体的意志。在文化样态上二者也是有区别的，集体主义的文化要求同一化而个人主义常常要求个性化。

在媒介文化形象研究中，集体主义与个人主义有其深刻的内涵所在，受众印象中媒介属性偏集体主义的媒体会在内容和表述中有大量的个人服从集体、舍小家为大家之类的集体主义宣传，而偏个人主义媒体常常会倡导着个人的享受，个人的人生目标的实现高于集体的成功，个人主义形象的媒体还带有强烈的个性化的倾向。

2. 不确定性规避

不确定性规避也是一项特别重要的衡量文化的维度，虽然我们常常忽略它。对于不确定性规避霍夫斯泰德说道："描述一种文化中的人们在面对他们所感知到的不确定、不清晰或是无法预测的环境时所产生的不安程度。"简单地说不确定规避是一种容忍生活中有着不确定因素和发生意外的能力。高度不确定性规避的文化表现为人们认为生活本身隐藏着一系列危险，所以强调成文规则、计划、管制、典礼和仪式来规避风险，高度不确定性规避的文化往往有着高强度的压力与焦虑感。而低不确定性规避文化中的人则容易接受生活中固有的不确定性，乐于冒险，认为规则越少越好。

在媒介文化形象中，不确定性规避常常表现在媒介中的大部分内容表现了对生活不确定性的态度，例如对大学毕业这件事的报道，在受众印象中不确定性规避高的媒介中占重要部分的内容会表现为对未来的焦虑，而不确定性规避低的媒体会表现为对未来的憧憬。

3. 权力距离

权力距离又称为权势距离，霍夫斯泰德对此概念的定义为："权力距离作为一种文化特征，指的是社会中最底层人民接受和认同权力不平等的程度。"在一般的运用中本维度常常作为衡量上下级是否有确定的等级排序。在较大权力距离的文化当中有着明确的上下级关系，强调社会地位和等级排序，下级人员要遵循严格的等级科层管理制度。而权力距离较小的文化则认为工作分工不代表社会地位不同，上下级并没有什么不同，上级只是作为监管者、经理人，需要和下级沟通，并尽力不去显摆自己手中的权力。

权力距离在媒介文化形象的表现往往是在媒介内容话语的意识状态

中,若是媒介话语背后充满着上下级之间的绝对统治关系,那受众往往会对该媒体产生权力距离大的印象。

4. 阳性主义和阴性主义

阳性主义和阴性主义又被称为男性主义、女性主义,指的是文化中男性特质较重还是女性特质较重。阳性主义文化强调男性应该刚毅自信、野心勃勃、好勇斗狠、追求物质。如果不从对男性的要求,单单看文化的话,阳性主义是强调着刚毅自信和物质主义。而阴性主义则认为男性不该自认高人一等,强调超越性别的社会角色设定,此种文化还认为人们该相互依赖,不分男女。

阳性主义还是阴性主义这个问题是媒介文化形象的重中之重,而且会有特别明显的表现。会给受众造成阳性主义建构的媒介往往会表现出很明显的刚毅形象,这种媒体在内容上会表现出偏重事业成就的内容,对家庭成就的内容置之不理。阴性主义形象的媒体则反其道而行之,阴性主义的媒体会有大部分的重视家庭和鼓励女性的内容。

5. 长期价值取向和短期价值取向

这点的维度是霍夫斯泰德在长期观察中国文化之后提出的,该文化维度主要说的是此文化是注重长远目标或是短期回报。在媒介形象建构上该维度体现在内容的价值取向上,一个被认为长期价值取向的媒介的内容会宣导长期的价值取得,短期价值取向的媒介则会宣导如何可以获得快速的回报与快速的满足。比如说在关于职业选择的内容报道中,长期价值取向的媒介会突出职业选择的长期发展空间,而短期价值取向的媒介则会在话语内强调某职业入职时的薪酬高低。

(三)研究假设

基于以上理论框架提出以下几点假设:

H1:微博在用户印象中的文化形象是集体主义的,与对中国的文化形象印象一致;

H2:微博在用户印象中的文化形象是高度不确定性规避的,与对中国的文化形象印象一致;

H3:微博在用户印象中的文化形象是权力距离小的,与对中国的文化形象印象不一致;

H4:微博在用户印象中的文化形象是阴性主义的,与对中国的文化形象印象不一致;

H5:微博在用户印象中的文化形象是长期价值取向的,与对中国的文化形象印象一致。

三、研究方法和设计

本文采用问卷调查法来对研究对象进行比较研究，因为霍夫斯泰德已经将其问卷公布，所以本文的问卷直接采用霍夫斯泰德的 VSM08 问卷来进行研究。VSM08 版已是当前除了 VSM2013 版之外最新的版本，由于霍夫斯泰德没有对 2013 版进行公开授权，所以基于学术道德，本文选用 08 版进行研究。

本文将与前人研究中国传统的文化价值形象相比较，分析微博的文化形象是不是与我们传统的文化形象相符，若不符合还会试图分析其原因。

由于原问卷并非是完全针对网络媒介的文化形象制定的，所以还会对问卷内在的网络文化形象的用词进行改变。

（一）问卷的计算

霍夫斯泰德也在其问卷中公布了各个维度的计算方法，故而不对各个变量进行操作化定义了，各个维度的计算方法如下：

1. 平均分计算公式

假设对某一问题共得到 100 份有效问卷，五个选项的选择数都为 20，那该问题的平均分计算方式为：

20×1（选项 1）= 1

20×2（选项 2）= 40

20×3（选项 3）= 60

20×4（选项 4）= 80

20×5（选项 5）= 100

那其平均分为（1+40+60+80+100）/100（问卷总数）= 2.81

2. PDI 计算方法

PDI 即权力距离指数计算方法为：

$PDI=35(m07-m02)+25(m23-m26)+c$

其中 m07 为第七题的平均分，以此类推；c 为常数（正数或负数），目的是为了使评分在 0 到 100 之间，且不同维度可能 c 值不同，此 c 值不影响数值比较，特此说明，下文不再标注。

3. IDV 计算方法

IDV 即个人主义指数计算方法为：

$IDV=35(m04-m01)+35(m09-m06)+c$

4. MAS 计算方法

MAS 即阳性主义指数计算方法为：

MAS=35(m05-m03)+35(m08-m10)+c

5. UAI 计算方法

UAI 即长期定位指数计算方法为:

UAI=40(m20-m16)+25(m24-m27)+c

6. LTO 计算方法

LTO 即长期定位指数计算方法为:

LTO=40(m18-m15)+25(m28-m25)+c

(二)问卷的效度与信度

由于使用的是成熟的大量使用过的问卷,所以效度与信度是可以得到保证的,霍夫斯泰德在 VSM08 的手册中也说明了问卷的信度,如下:

基于 IBM 数据库,各维度的信度值如下:

权力距离指数(3items)	Alpha=.842
个体主义指数(6items)	Alpha=.770
阳性气质指数(8items)	Alpha=.760
不确定性规避指数(3items)	Alpha=.715

由于长期取向和短期取向维度是后期加上,并未在 IBM 的数据库中,所以在本信度报告中并没有其信度。

(三)样本选取

抽样方式本文将使用简单随机抽样,由于研究对象微博的特殊性,笔者将在网络上发放问卷。本次研究通过线上问卷和线下问卷的方式进行数据采集,线上问卷的调查范围集中在澳门及珠三角高校的学生群体。

四、数据分析

本次研究通过线上问卷和线下问卷的方式进行数据采集,线上问卷的调查范围集中在澳门及珠三角高校的学生群体。经统计,发放线上问卷的数量为 100 份,其中有效问卷为 76 份,回收率为 76%,基本满足了调查所需要的数据量和数据的准确性。并且,线上问卷所收集的数据来源于微博使用频率较高的人群,故数据基本符合调查的需要,不再进行后续的补充调查。

线下问卷调查的发放对象为澳门及珠三角的所谓“主流文化”群体,也就是我们认为的可以代表中国文化的人群群体。其年龄偏大,集中在 30 ~ 40 岁的年龄,代表了社会的主流声音。这其中发放的问卷数量为 100 份,回收的有效问卷数量为 78 份,回收率为 78%。由此,两组结果可以进行横向的对比，并进行分析。

研究经过数据采集和整理之后，计算出霍夫斯泰德五个文化价值维度在微博这个媒介环境中的得分，经汇总后，取得霍夫斯泰德五个价值维度的数值，即权势距离、个体主义指数、男性气质指数、不确定性规避指数和长期定位指数。数值具体如下（取值范围 0～100）：

PDI：7.75

IDV：33.25

MAS：9.8

UAI：5.7（$-4.3+C$，C 取 10）

LTO：10.65

研究经过数据采集和整理之后，计算出霍夫斯泰德五个文化价值维度在中国主流文化价值这个媒介环境中的得分，经汇总后，取得霍夫斯泰德五个价值维度的数值，即权势距离、个体主义指数、男性气质指数、不确定性规避指数和长期定位指数。数值具体如下（取值范围 0～100）：

PDI：19.65

IDV：34.65

MAS：30.6

UAI：6.6（$-3.4+C$，C 取 10）

LTO：13.87

权势距离维度：

按照霍夫斯泰德的文化价值维度理论，在权势距离维度中，权势距离指数得分越高，则表明该文化中权威个体的地位越高，弱势群体的地位越低，即强弱个体之间的地位差异越大。

个体主义与集体主义维度：

按照霍夫斯泰德的文化价值维度理论，在个体主义与集体主义维度中，个体主义指数得分越高，则表示该文化中个体主义的倾向越明显，而集体主义的倾向越弱。

男性气质与女性气质维度：

按照霍夫斯泰德的文化价值维度理论，在男性气质和女性气质维度中，男性气质指数得分越高，则在这个媒介环境中，男性与女性的地位差异越大，社会分工越明显。反之则男性与女性的地位差异越小，社会分工越模糊。

不确定性规避维度：

按照霍夫斯泰德的文化价值维度理论，在不确定性规避维度中，不确定性规避指数得分越高，则表示该文化对于不确定性的接受程度越低，倾向于规避不确定性，反之则对于不确定性的接受程度越高，越能够接受不确定性。需要说明的是，由于最后的计算结果为负数，根据计算规则，采用一个调整值(C)来调整得分落在0～100的区间内，所以取$C=10$，因此不确定性规避指数为5.7与6.6。

长期定位与短期定位维度：

按照霍夫斯泰德的文化价值维度理论，在长期定位与短期定位维度中，长期定位指数得分越高，则表示该文化在时间上更倾向于长期定位，反之则更倾向于短期定位。

需要说明的是，本次调查研究回收有效问卷中的男性与女性人数分别为32人与44人，受访者年龄主要集中在20～24岁(51人，占67.1%)，受教育时间主要集中在18年及以上(28人，占36.84%)，使用微博的时间长度多为4年及以上(33人，占43.42%)。由此可以认为，该受访群体可以代表典型的微博使用者人群，具备微博使用者的文化价值特征，能够体现出微博这种新媒体的文化价值维度。同理，主流文化人群所回收的问卷信息也具备代表性，可以作为研究对比所用。

五、结论

经数据分析证明，微博在用户印象中的文化形象是集体主义的，与对中国的文化形象印象一致；微博在用户印象中的文化形象是高不确定性规避的，与对中国的文化形象印象一致；微博在用户印象中的文化形象是权力距离小的，与对中国的文化形象印象不一致；微博在用户印象中的文化形象是阴性主义的，与对中国的文化形象印象不一致；微博在用户印象中的文化形象是长期价值取向的，与对中国的文化形象印象一致。由此可见，上述这些差异的原因在于，微博的使用者更多的是女性用户群体。另外，因为每一个人都可以作为一个“发声”的源头，所以在微博的媒介语境中，权力距离是小的。相较之下，中国传统文化价值环境下的权力距离一直都处于一个比较高的水平。

六、不足与启发

研究不足主要集中在准备时间不充分，对于数据的收集可以再充分细致些，并且对于这个领域的研究前人可借鉴的经验较少，需要在摸索中前进。

参考文献：

[1] Larry A. Samovar, Richard E. Porter, Edwin R. McDaniel. 跨文化传播(第六版)[M]. 北京：中国人民大学出版社,2013:128-137.

[2] 黄河. 霍夫斯泰德文化价值维度在中国地域文化中表现度的实证研究[D]. 上海：华东师范大学,2014.

[3] 彭世勇. 霍夫斯塔德文化价值理论及其研究方法[J]. 解放军外国语学院学报,2004,(1).

[4] 李文娟. 霍夫斯泰德文化维度与跨文化研究[J]. 社会科学,2009,(12).

[5] 尤泽顺,陈建平. 跨文化研究中的文化偏见：对霍夫斯泰德文化模式话语的批判性分析[J]. 中国外语,2010,(2).

[6] 王朋进."媒介形象"研究的理论背景、历史脉络和发展趋势[J]. 国际新闻界,2010,(6).

[7] 杨晓茹. 传播学视域中的微博研究[J]. 当代传播,2010,(2).

[8] 栾轶玫. 媒介形象的研究现状及重新定义[J]. 今传媒,2006,(9).

[9] 王秀丽,韩纲."中国制造"与国家形象传播——美国主流媒体报道30年内容分析[J]. 国际新闻界,2010,(9).

[10] 孙卫华,张庆永. 微博客传播形态解析[J]. 传媒观察,2008,(10).

[11] 潘煜,高丽,张星,等. 中国文化背景下的消费者价值观研究——量表开发与比较[J]. 管理世界,2014,(4).

[12] 柴志敏. 中国传统汉族婚礼与英格兰婚礼的价值维度分析[D]. 北京：华北电力大学,2015.

[13] 周庆,何享,韩静,等. 价值维度理论视角下的中美婚姻观差异——基于中、美婚恋节目《非诚勿扰》和Take me out的分析[J]. 镇江高专学报,2015,(2).

呈现与遮蔽：媒体纪念中“九一八”事变的记忆建构

——基于对东北三省日报的文本分析(2008—2016)

（胡梦齐　蔡世青　安徽大学　中国科技大学）

摘　要：本文以集体记忆为理论视角，通过对《辽宁日报》《吉林日报》和《黑龙江日报》三份地方报纸关于“九一八”事变的纪念性报道进行文本分析，探究了地方主流媒体对“九一八”事变的媒体记忆建构。简言之，地方媒体对“九一八”事变的纪念性报道呈现出遮蔽创伤的倾向，通过使用赞扬和褒奖话语凸显“本国自我”的美好形象，并且间接揭露日本帝国主义的侵略罪行。这种叙事策略不仅强化了东北人民的集体认同感，将东北人民的抗战精神纳入民族精神之中，更向世界展示了中华民族强大的凝聚力，唤起国民的自豪感，坚定其自我身份的认同，最终达到精神和情感上的共诉。

关键词：“九一八”事变；纪念性报道；集体记忆；身份认同

一、绪论

（一）研究缘起与问题

2016年是纪念“九一八”事变85周年，作为日本帝国主义侵华的开端，它开启了中国人民抗日战争的序幕，同时也标志着世界反法西斯战争的开始。所以无论从日本侵华史还是从抗日战争史的角度而言，其历史意义都不容忽视。“九一八”事变虽然未被列为国家法定纪念日，却深深地印在了中华民族的集体记忆之中，刻骨铭心。尤其是对东北人民来说，它更是一段兼具痛苦与觉醒、创伤与胜利的话语心声。

在现代社会，大众传媒成为一种专门化的记忆机构，用“重演性仪式语言”代替了身体实践，通过策划纪念报道，展演话语空间，并致力于当下议程的同时，与历史展开直接的协商。它不仅构建了大众历史记忆，也为人们提供了审视过去的机会，从而形成社会凝聚力，建立民族国家认同。梳理大众传媒对“九一八”事变的报道，是理解媒体如何构建“九一八”事变集体记忆并获得身份认同的一条重要路径。

当然，不同媒体平台关于历史事实所塑造的记忆框架会有些许差别。“九一八”事变后，日本在中国东北建立了伪满洲国傀儡政权，开始了对东北人民长达 14 年之久的奴役和殖民统治。此后，中华民族浴血奋战，完成了 14 年不屈不挠的坚决抵抗。本文选取的《辽宁日报》《吉林日报》和《黑龙江日报》作为东北地区的三大机关报，是地方主流媒体的代表，更是纪念“九·一八”事变最直接、最重要的平台。它们作为官方话语不仅影响和塑造了东北人民关于“九一八”事变的集体记忆，还通过集体记忆“展演”并落实了东北人民的自我身份认同、现实处境和对未来的反思与期待。

本文将《辽宁日报》《吉林日报》和《黑龙江日报》作为研究对象，通过文本分析法和话语分析的方法主要思考以下几个问题：三份报纸是如何通过“九一八”事变的纪念性报道诠释并建构集体记忆的？地方主流媒体对“九一八”事变历史记忆的塑造是否存在媒介记忆的偏向？这些纪念性报道整体呈现出怎样的话语特征？是什么原因影响着它们的话语策略以及它们对东北人民甚至是国家身份认同的塑造起到了哪些作用？

（二）文献综述

1. 关于集体记忆

集体记忆这一概念最早由法国社会学家哈布瓦赫在《记忆的社会性结构》一文中首次提出。20 世纪 80 年代开始，集体记忆理论在历史学、社会学、人类学等学科领域中得到了普遍的关注。此时的研究主要有两个方向，一是重视集体主义的功能，代表人物有保罗·康纳顿、涂尔干和纳日碧力戈。他们都认为社会记忆在社会的发展变化过程中发挥了极大的作用，比如将集体记忆视为实践的积累和文明的传承，并强调其对自我认同、族群认同的功能。二是着重研究集体记忆的建构过程。哈布瓦赫认为集体记忆是由群体或现代社会所共享、传承和建构的。[①] 之后哈布瓦赫、舒曼和斯科特等人又提出集体记忆的建构和人的年龄也有很大的关系。

国外对集体记忆的两个研究方向代表着学者在不同时间段的研究重点。而集体记忆理论传入中国后，对集体记忆的新闻传播学研究并没有脱

① 莫里斯·哈布瓦赫. 论集体记忆[M]. 毕然，郭金华，译. 上海：上海人民出版社，2002.

离国外的两个基本研究框架，并且把重点集中在大众传媒对集体记忆的建构路径分析上。从早期的传统媒体报纸、电视到现在的互联网、新媒体，集体记忆不仅伴随着媒介的发展一步步走进人们的视野，而且在具体的研究对象上也呈现出纷繁多样的景观，如历史人物、历史事件、仪式、纪念日等。

张志安和甘晨通过梳理2003—2013年这十年间中国新闻界对孙志刚案件的报道，发现中国新闻界并没有形成对同一事件共同的集体记忆，由于新闻界内部媒体性质，组织与个体之间定位与价值差异，中国新闻界对孙志刚案采取了不同的叙事策略，从而形成了作为社会史与新闻史双重叙事者的阐释社群。①

白红义以新闻人的纪念话语为研究对象，将报人江艺平退休视作一次热点时刻，并从集体记忆的角度讨论了中国新闻业中新闻权威的塑造问题。白红义把此次事件作为新闻人集体怀旧以及阐释讨论的契机，认为类似热点事件能够增进新闻界的共识，为新闻研究者提供丰富的研究对象和研究问题。②

复旦大学的黄慧选取《人民日报》从1950—2010年所有关于抗日战争的报道，运用文本分析和话语分析的方法总结出《人民日报》对抗日战争的纪念往往跟随政治步调，它对抗战历史的“选择性纪念”也造成了受众对历史的“选择性记忆”。其报道话语总体上呈现出胜利话语与创伤话语交织、国家话语和民间话语紧张的特征。③

2. 关于纪念日报道

起初，笔者在CNKI(中国知网)上以“九一八事变”为关键词输入，发现“九一八”事变的相关研究不在少数，尤其是新闻传播学领域。经过进一步的观察和分析，发现其整体研究过于单一，视角比较局限，一般以历史上具有代表性的报刊，如《申报》《大公报》等为例，来分析媒体对“九一八”事变的报道策略和舆论宣传。因此，笔者将关键词扩展为“纪念日报道”，经整理大致可分为两类。

第一类，纪念报道策略研究。此类研究者一般运用文本分析，比较分析的方法着重探究媒介在纪念报道中所使用的具体的报道策略。高金萍就以

① 张志安．作为社会史与新闻史双重叙事者的阐释社群——中国新闻界对孙志刚事件的集体记忆研究[J]．新闻与传播研究，2014.

② 白红义．新闻权威、职业偶像与集体记忆的建构：报人江艺平退休的纪念话语研究[J]．国际新闻界，2014，06.

③ 袁慧．媒体纪念中的“抗日战争”记忆——以《人民日报》抗日战争纪念报道为中心(1950—2010)[D]．上海：复旦大学，2014.

“9·11”事件为例，将美国媒体对“9·11”事件的报道和“9·11”五周年的纪念报道进行比较，发现对于灾难事件，纪念性报道更注重深度分析和理性预测，并有一定的报道策略。罗建华则以《武汉晨报》为例，认为其纪念性报道的策划重点在于激发当下公众的兴奋点。他提出纪念日报道，不同于新近发生事实的报道，尤其需要精心策划，讲究“适宜性”，更要契合当下。①

第二类，纪念报道与媒介记忆。大众传媒是建构大众历史记忆的重要渠道和机制，它不断地书写着历史事件，并将其嵌入当下的叙事框架中，重构大众集体记忆，建立民族国家身份认同。李洪涛从媒介记忆、集体认同和文化权威三个层面阐释了新闻传媒与集体记忆的理论关联。他尤其提到“纪念报道将现在插入到连接过去与未来的高度意识形态化视角之中”，说明纪念报道的主题和叙事能够折射社会的主导价值。② 之后李洪涛又以南京大屠杀事件为例，借助文化创伤理论，对《人民日报》的纪念文章进行内容分析。研究发现，《人民日报》对南京大屠杀事件的媒介记忆偏向于“耻化”叙事，而且受害者和幸存者的主体地位被弱化，更多地被视为仪式化的角色。③

除上述两类研究方向外，聂远征和皮莉丽的研究角度比较创新。他们从集体性报道行动促使城市形象建构的角度，在纪念报道的文本中寻找有意义的公共空间，通过“过程—事件分析”“主观想象”和“日常生活视野”的空间话语叙事来建构城市形象，建立民众的城市文化认同。④

整理文献后，笔者发现，关于纪念报道和集体记忆的研究起步早，数量多，但大部分都是借助同一理论，通过不断变换研究对象反复描述，提出的问题也大同小异。对于一些历史事件、纪念日的报道，研究者往往选取《人民日报》等国家媒体作为文本分析的对象，却忽略了地方媒体对就发生在本地历史事件的集体记忆策略，同样，也忽视了地方群众的情感诉求和集体认同。而本文的创新点就在于此，对于“九一八”事变的国耻记忆，东北地区的主流媒体是怎样呈现的，叙事话语在暗示着什么？地方媒体在国家意识形态框架和地区性表达中如何选择和转化是本研究关注的重点。

---

① 高金萍．论灾难性事件纪念报道的报道策略——美国“9·11”事件报道与“9·11”五周年报道之比较[J]．国际新闻界，2006，12.

② 李洪涛．昨天的历史 今天的新闻——媒体记忆、集体认同与文化权威[J]．新闻与传播研究，2013.

③ 李洪涛，黄顺铭．“耻化”叙事与文化创伤的建构：《人民日报》南京大屠杀纪念文章的内容分析[J]．新闻与传播研究，2014.

④ 聂远征，皮莉丽．空间叙事：媒介建构城市形象的新路径——以武汉报纸的辛亥百年纪念报道为例[J]．新闻界，2011.

(三)研究方法

本研究选择的分析样本为2008—2016年《辽宁日报》《吉林日报》《黑龙江日报》关于“九一八”事变的纪念性报道,共103篇。从新闻的标题类型、新闻报道的体裁、新闻的内容主题以及新闻图片的选取等角度逐一分析,总结出《辽宁日报》《吉林日报》《黑龙江日报》是如何构建“九一八”事变的集体记忆,并形成了怎样的历史记忆。为进一步探析文本语句表层下的深层含义,本文试图通过挑取关键词、关键句归纳总结的方法,阐释新闻报道的文本与历史背景及现实环境之间的关系,并分析此种话语表达的效果以及形成了怎样的身份认同。

二、记忆的书写:文本呈现中“九一八”事变的策划与展演

(一)报道数量

笔者选取了《辽宁日报》《吉林日报》和《黑龙江日报》2008—2016年9年间关于“九一八”事变的所有纪念性报道,共104篇(如表1)。从地域上看,报道数量由南向北递减,《辽宁日报》的报道数量已经达到了整体的一半。从时间上看,报道集中在2014和2015年,共61篇,超过了总量的二分之一。

表1　三份报纸九年篇目数量汇总表

时间/报纸(篇)	《辽宁日报》	《吉林日报》	《黑龙江日报》	合计
2008年	1	0	1	2
2009年	4	0	0	4
2010年	1	3	1	5
2011年	4	11	3	18
2012年	2	2	2	6
2013年	0	1	1	2
2014年	16	5	3	24
2015年	28	8	1	37
2016年	3	0	3	6
合计	59	30	15	104

1931年,日本军国主义悍然发动“九一八”事变,次日,日军侵占沈阳,短短4个月,东北128万平方公里全部沦陷。辽宁省作为“九一八”事变的发

生地，从一开始就惨遭迫害，伤亡严重。为此，辽宁省新闻媒体十分重视“九一八”事变对于辽宁人民的历史意义。《辽宁日报》称辽宁为十四年抗日战争的起点，日本三次侵华战争的焦点，日本盘踞中国内地最久的地点和抗日战争终点后的终点也印证了其对“九一八”事变纪念性报道的精心策划。因此，相较于辽宁省，《吉林日报》和《黑龙江日报》的报道篇目略少。

哈布瓦赫曾经说过，记忆是一个外在唤醒的过程，“我生活其中的群体、社会及时代精神氛围，能否提供给我唤起、重建、叙述记忆的方法，是否鼓励我进行某种特定形式的回忆，才是至关重要的”①。因此，在不同历史时期，媒介唤起大众记忆的框架会有所不同，它们将纪念报道嵌入对“现下”的叙事和理解中，从而配合当前的意识形态。这在报道数量上的体现尤其明显，2014年，中日关系处于两国邦交正常化以来的最低点。无论是日本再改教科书提及钓鱼岛，还是日本借机炒作中日军机“异常接近”来渲染中国军事威胁，双方关系再次因为钓鱼岛问题陷入僵局。与日本蓄意在中国东北制造并发动侵华战争的“九一八”事变类似，中国绝不允许他国侵犯中国主权和领土完整。2014年关于“九一八”事变的24篇集中报道不仅是在敦促日本正视和反省历史，也是在提醒国人勿忘国耻，捍卫民族尊严，形成社会凝聚力。而2015年是中国人民抗日战争暨世界反法西斯战争胜利70周年，“九一八”事变作为日本帝国主义侵华的开端，同时也揭开了第二次世界大战东方战场的序幕。《辽宁日报》以特刊的形式纪念“九一八”，试图与国家一同沉浸在胜利话语中，建构国家共同体。

（二）标题类型

在文章写作中，有着“好题文一半”的说法，标题对新闻写作的重要性不言而喻，也是受众选择性接触的关键环节。

表2　三份报纸标题类型比例汇总表

年份/标题类型		《辽宁日报》	《吉林日报》	《黑龙江日报》	合计
2008年	事实陈述	0	0	1	1
	观点呼吁	1	0	0	1
2009年	事实陈述	3	0	0	3
	观点呼吁	1	0	0	1

① 莫里斯·哈布瓦赫．论集体记忆[M]．毕然，郭金华，译．上海：上海人民出版社，2002.

（续表）

年份/标题类型		《辽宁日报》	《吉林日报》	《黑龙江日报》	合计
2010 年	事实陈述	1	3	0	4
	观点呼吁	0	0	1	1
2011 年	事实陈述	1	7	1	9
	观点呼吁	3	4	2	9
2012 年	事实陈述	1	0	0	1
	观点呼吁	1	2	2	5
2013 年	事实陈述	0	1	0	1
	观点呼吁	0	0	1	1
2014 年	事实陈述	13	3	1	17
	观点呼吁	3	2	2	7
2015 年	事实陈述	22	8	1	31
	观点呼吁	6	0	0	6
2016 年	事实陈述	2	0	2	4
	观点呼吁	1	0	1	2
合计		59	30	15	104

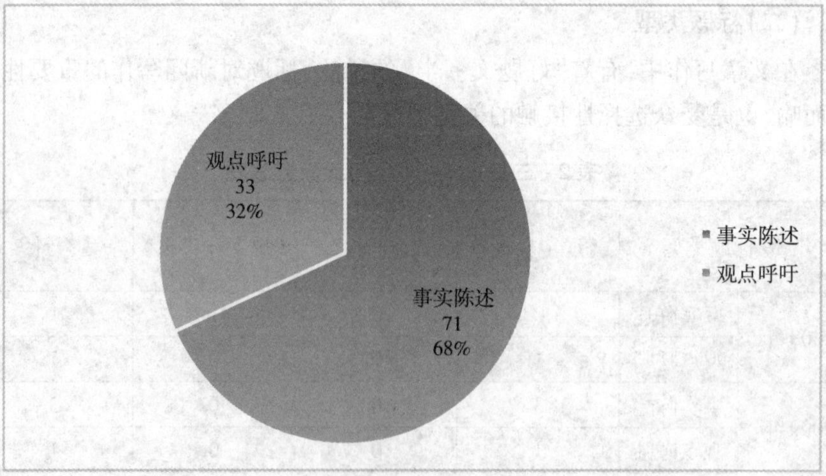

图 1　三份报纸标题类型比例图

如表2、图1所示，《辽宁日报》《吉林日报》和《黑龙江日报》的标题主要分为两个类型，即事实陈述和观点呼吁。其中事实陈述类标题的数量是观点呼吁类标题数量的两倍，占总量的68%。事实陈述类标题侧重于对历史事件的单纯描述或是对纪念活动的动态呈现，如《抚顺平顶山惨案铁证如山》《“协和语”和日本在东北的奴化教育》。而观点呼吁类标题大多使用“警示”“国耻”“铭记”“爱国”等词语直接传递教化意图。新闻媒体更倾向于将集体记忆融入故事叙述，循序渐进地拾起大众对历史的记忆，而不是把训诫话语引入标题迅速唤醒人们的感官和神经。

（三）新闻体裁

新闻体裁大体分为三类：新闻报道、新闻评论和副刊。由于新闻报道数量最多，笔者在进行文本分析时，进一步将新闻报道细分为消息、通讯、特写、调查报告和专访等（见图2）。

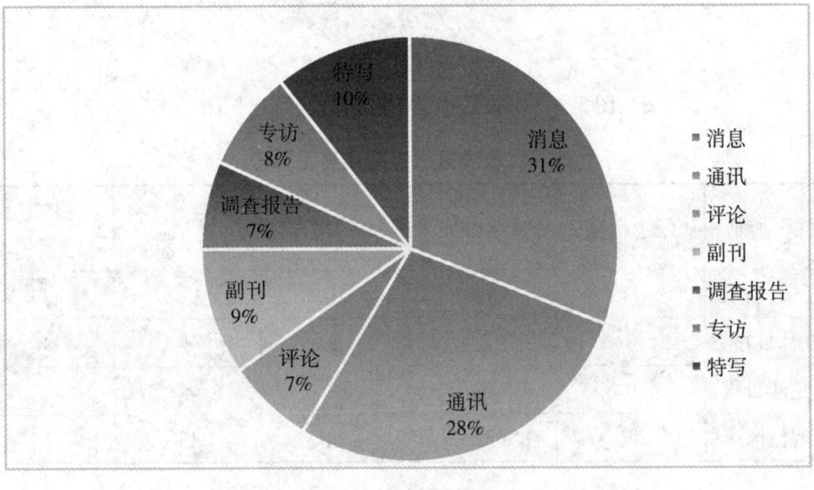

图2　三份报纸报道体裁比例图

《辽宁日报》《吉林日报》和《黑龙江日报》采用了多种报道形式纪念“九一八”。其中新闻报道是“九一八”纪念性文本中数量最多的纪念体裁，评论所占比例最少，仅占总体的7%。而在新闻报道中，以消息和通讯体裁为主，专访、特写和调查报告共占整体的25%。

评论是认识与意见表达的文本，具有表态、引导、监督和深化作用。因此，评论在“九一八”事变的纪念文本中最能凸显媒体的价值观念。而在整理的104篇文章中，仅有7篇为评论性文章，且大都来源于新华社评论或《人民日报》社论。

(四)内容与主题

笔者通过阅读选取的104篇文章,归纳总结出五类报道内容。

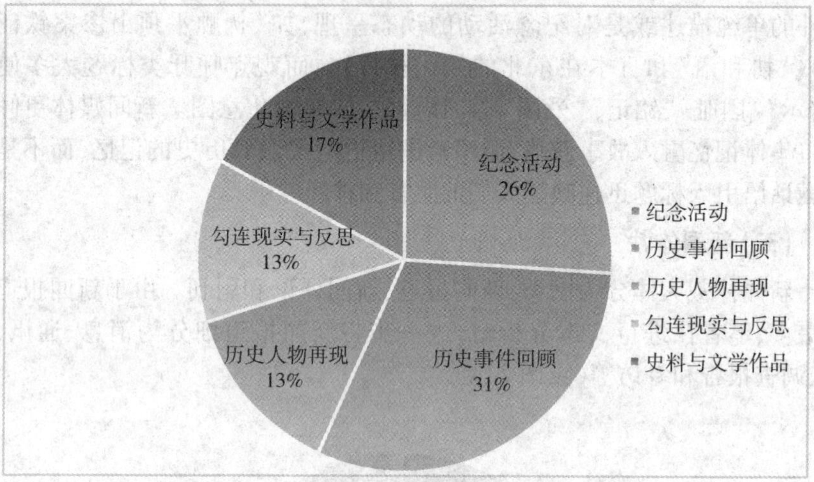

图3　三份报纸报道主题内容类别比例图

表3　三份报纸主题内容汇总表

报纸/类别	纪念活动	历史事件回顾	历史人物再现	勾连现实与反思	史料记载与文学作品
《辽宁日报》	11	24	10	5	9
《吉林日报》	8	7	3	4	8
《黑龙江日报》	8	1	1	4	1
合计	27	32	14	13	18

观图3、表3可知,在内容上,《辽宁日报》《吉林日报》和《黑龙江日报》以纪念活动、历史事件回顾以及史料记载与文学作品为主,占总数的七成以上。其中,涉及对历史事件回顾的篇目最多,有32篇。历史人物再现类文章与勾连现实与反思类文章相对较少,它们在数量上基本持平,共占整体的26%。

纪念活动报道是以"九一八"事变纪念活动为新闻主题的报道,侧重呈现东北三省关于"九一八"事变的纪念活动,如鸣警钟、宣誓、参观历史博物馆、祭奠英灵等,借助媒体报道,营造集体参与的氛围,形成纪念热潮,进行爱国主义教育。历史事件回顾包括对历史情境的叙述、对日本罪行的谴责、对事实真相的揭露等,旨在勾起大众对"九一八"事变的记忆,了解并铭记历史。历史人物再现则是通过对东北抗日英雄的追忆、幸存者口述、战争亲临者后辈专访等方式展开。这是媒体关注个人记忆的举动，类似于故事叙述般铺陈，个人记忆所带有的历史温度可以让人摆脱宏大叙事的笼罩，走向真情诉说。勾连现实与反思的文章多以评论的形式出现，强调从对历史的叙述转换到对历史的反思以及对历史意义的审视。此类文章往往以史为鉴并观照现实，例如与当下的中日关系相联系，就钓鱼岛事件展开一系列的历史追问和探讨，或是突出中国共产党在抗日战争中的领导作用，祈求世界和平等。最后一类是史料记载和文化作品，包括惨案数据、历史图片、捐赠的史料、证据、美术作品和文学作品等。对史料的直观呈现可以重现历史情境，营造人物在场感，而文化作品是人类历史感知的再加工，是一种充满作者自我感情的历史追溯式新形式，致力于重新唤起大众集体记忆。

从主题内容上可以看出，《辽宁日报》《吉林日报》和《黑龙江日报》十分重视纪念仪式的传播，事实真相的挖掘和历史与现实的反思。

（五）图片类型

笔者将新闻的配图分为现场拍摄的新闻图片和历史图片两类。经整理如表4。

表4　新闻配图分类表

报纸名称	新闻图片	历史图片	
		浴血奋斗	血腥屠杀
《辽宁日报》	18	17	1
《吉林日报》	2	20	2
《黑龙江日报》	6	3	0
合计	26	40	3

在104篇文章中，共有69篇文章以图文结合的方式呈现。其中，使用新闻图片26次，占整体的38%；使用历史图片43次，频次大致是新闻图片的2倍。图片因其形象直观、现场感强等特点在新闻报道中发挥着独特作用。媒体对图片的选择和使用代表它们信息传达的目的和表达需求。为此，笔者对历史图片进一步分类发现，历史图片的画面有两种倾向，即浴血奋斗和血腥屠杀，而血腥屠杀的画面仅有3个，说明《辽宁日报》《吉林日报》和《黑龙江日报》在建构大众集体记忆时，在有意识地遮蔽创伤去凸显东北人民的英勇抗战，避免大众陷入痛苦的回忆当中，以此暗示人们要从容地面对历史，坚强地迎接一切挑战。

三、书写的记忆:媒介呈现后“九一八”事变的身份认同与建构

从上一章的文本分析中,我们可以看出《辽宁日报》《吉林日报》和《黑龙江日报》对“九一八”事变的集体记忆建构存在一定的媒介偏向。无论从新闻图片的选择、新闻内容的生产还是标题类型的使用都可以总结出东北主流媒体对这一“共同历史”的书写是选择性记忆的结果,即有意识地回避创伤,从而走向对英雄主义的赞歌,并伴以训诫和自省话语,使当前的经验印象合理化。

哈布瓦赫认为“集体记忆是以当前为目的,去证实集体成员的同一身份、巩固他们之间联系的一种社会活动”①。媒介通过凝聚新记忆,遗忘旧记忆,来主观重建客观事实。主观重建的过程并不是篡改历史内容,而是在叙事话语中渗透出一个社会群体的特别心理倾向。所以其现实意义最终还要回归于“社会群体”以及民族国家的认同建构上。《辽宁日报》《吉林日报》和《黑龙江日报》通过对“九一八”事变的记载、呈现、再塑,不断形成个人记忆、深化集体记忆,以达到一种有目的性的集体认同构造,进而使一个族群、地区甚至整个民族得以凝聚和延续。其话语策略旨在建构地区身份认同,争取民族国家认同,巩固传达国家形象,以达到在精神和情感上的共诉。

(一)“出场”与“作为”:东北人民的身份建构

扬·阿斯曼在《集体记忆与文化认同》中提出了“凝聚性结构”这一概念,他认为凝聚性结构意义之一在于突出了文化认同的具体性,它可以促使成员界定自己和群体之间的关系,从而产生具体的归属感和认同感。②《辽宁日报》《吉林日报》和《黑龙江日报》对“九一八”事变的纪念性报道中多次提及东北抗联英雄,尤其《吉林日报》在2015年策划的“九一八”专刊中,《东北抗日联军英雄谱》《抗联精神千秋永存——访省委党校党史党建教研部副主任谷曼》《浴血十四年——可歌可泣的东北抗联》《旗帜引领的方向——参观东北抗联桦甸密营遗迹有感》等文章都以“英勇抵抗”为主题呈现。而在文章中也很少使用“受难者”话语,并用“浴血奋战”“令日寇闻风丧胆”“可歌可泣”“予敌以重创”“勇敢坚决”“坚贞不屈”“前仆后继”等话语描述。这

---

① 莫里斯·哈布瓦赫.论集体记忆[M].毕然,郭金华,译.上海:上海人民出版社,2002.

② 扬·阿斯曼.集体记忆与文化认同[M]//扬·阿斯曼,托尼奥赫尔舍.文化与记忆.法兰克福:法兰克福出版社,1988.

样的修辞使用试图展现抗联精神英勇不屈来唤起大众作为东北人民的自豪情绪,也是在鞭策和激励读者受众向东北抗联军队学习,在集体意识中构筑道德共同体,从而迸发凝聚力量。

除东北抗日英雄之外,《辽宁日报》《吉林日报》和《黑龙江日报》并没有刻意放大修饰日本的罪行,而是通过正面报道造成强烈反差,对“九一八”事变的集体记忆进行主导性诠释。

战争遗留下来的侨民遣返、战犯的接收、改造与审判等问题仍需解决。面对手无寸铁已沦为难民的日侨,善良的葫芦岛人却表现出了以德报怨的品行,恨其罪,不恨其人;惩其罪,救其人。

通过对当地百姓善良、宽容形象的塑造,间接映衬了加害者实施的暴行。这种叙事方式,一方面,抚平了创伤性记忆在人们心中留下的深深的痕迹;另一方面,再次向读者宣扬了东北人民群众的伟大,增强了东北人民的集体认同感。媒介对于“九一八”事变这类重大历史事件的策略性运用,不仅使其作为事件在公众的视野中频繁“出场”,也将其“作为”一种共同经验连接代际的记忆断带,坚定自我身份。

(二)“游离”与“收编”:国家认同的媒介争取

2006 年《辽宁日报》刊发了一篇名为《14 年抗战史:从地域性到普遍认同的求证之路》的历史还原性报道,该系列报道的内容主要围绕 14 年抗战史的求证展开,使其从一个学术研究问题上升为被国家、被社会普遍讨论的对象。时隔 8 年,在 2014 年中国人民抗日战争暨世界反法西斯战争胜利 69 周年纪念仪式上,14 个方阵、14 声礼炮、140 面彩旗、14000 只气球的安排象征着从 1931 年“九一八”事变到 1945 年日本投降,中国人民艰苦卓绝的 14 年抗战历程。习近平总书记也指出,“我们不仅要研究七七事变后全面抗战 8 年的历史,而且要注重研究九一八事变后 14 年抗战的历史,14 年要贯通下来统一研究”。

2014 年《辽宁日报》通过回访再次强调了 14 年抗战对于东北人民的意义。

在很多人的脑海里,8 年抗战的说法根深蒂固,这既源于原来的历史教科书,也源于很多文艺作品,而这个固有记忆却不符合历史真实。

8 年抗战的提法只包括了卢沟桥事变抗战全面爆发到 1945 年抗战胜利的抗战史,却忽略了东北各族人民自“九一八”就开始的艰苦卓绝的 14 年抗战史。

抗战 8 年还是 14 年,看似一个简单的时间概念,实则关系着东北抗战史能否被世人认知的问题。①

历经十余年的艰苦求证过程并没有见诸媒体，只有《辽宁日报》详细地记载了这段历史。东北人民的浴血奋战一直“游离”于整个抗日历程，历史学者不遗余力地反复求证，虽然在理论上厘清了这一历史事实，但真正被“收编”进抗战史，媒体发挥了无可替代的作用。《辽宁日报》对14年抗战史的持续关注和深度挖掘，不仅在传播过程中得到了民族国家的认同，其后续的影响力也在不断地扩大这种认同，逐渐成为全社会、全民族精神上和历史上的共识。2014年后，《辽宁日报》《吉林日报》和《黑龙江日报》在“九一八”事变的纪念性报道中，也十分重视“14年”的使用，作为地方主流媒体，为东北人民的流血牺牲不断发声，争取国家认同。这已不仅仅是为了地方荣誉而呐喊，更是将14年抗战的不屈精神融入民族精神之中。

（三）“自我”与“他者”：国际形象的再度审视

媒体通过不断地“讲述”和建构认同来适应当前的语境，并形塑对未来的认同。笔者通过摘录关键词和关键句的方法发现《辽宁日报》《吉林日报》和《黑龙江日报》在“九一八”事变的相关报道中着重维护了中国共产党的领导地位和国家的政治合法性。

中国共产党在东北抗战中发挥了中流砥柱作用。②

“办好中国的事情，关键在党；实现中华民族的伟大复兴，关键在党。”谷曼说，东北抗联的战斗历程充分证明了中国共产党是实现中华民族伟大复兴的坚强核心。③

东北抗日联军是中国共产党领导的东北人民抗日武装，反复强调中国共产党的领导核心作用，不仅是要在本民族内部增强政治团结，凝聚共同体，更是要向全世界传递一种坚定信念，即在中国共产党领导下的中华民族举国一致，日益强大，绝不容许他国的侵犯。尤其《辽宁日报》报道了大量关于九君子整理日本罪行的故事，在国联调查团来中国调查期间，提供了很多有力的证据。爱国人士用实际行动证明了中国人不甘于做亡国奴、坚强反抗外敌的决心。

东北三省是中国不可分割的组成部分，东北人民也是中国人，东北人民的抗战精神更是民族精神的体现。《辽宁日报》《吉林日报》和《黑龙江日

① 60年·60篇经典报道回访——14年抗战史：认同　共识　升华[N]. 辽宁日报，2014-09-18.

② 牢记历史，勿忘国耻，奋发图强，开创未来——九一八事变80周年学术研讨会综述[N]. 辽宁日报，2014-09-18.

③ 抗联精神千秋永存——访省委党校党史党建教研部副主任谷曼[N]. 吉林日报，2015-09-18.

报》通过对历史上抗战英雄顽强抗战、前赴后继形象的再现，对今日中国人民从历史悲痛中淬炼出的从容和自信的书写，向世界展现了一个应有的大国姿态，树立了一个自强不息的大国形象。

值得一提的是，“九一八”事变不仅是中国人民抗日战争的起点，也揭开了世界反法西斯战争的序幕。因此，《辽宁日报》《吉林日报》和《黑龙江日报》在纪念文本中也尝试把“九一八”事变融入世界反法西斯战争中，来重新审视其历史地位。媒体报道不仅超越了地方性、国家意义，而且肯定了中国在世界反法西斯战争中起到的不容忽视的作用，力求国际认同，反思人类和平。

四、结语

媒体再现历史事件早已不再是一种修辞，它更是构建集体记忆，铸造身份认同的一项有目的、有意识的活动。通过对《辽宁日报》《吉林日报》和《黑龙江日报》104 篇关于“九一八”事变的纪念性文本进行分析，从新闻标题的类型、报道的内容和主题，新闻图片的选择以及具体的叙事话语得出“九一八”的纪念性报道以正面宣传东北人民的形象为主导性阐述，使用赞扬和褒奖话语强调其浴血奋战、坚强不屈，进而凸显日军的残暴罪行。所以，“九一八”事变的媒介呈现在整体上并没有形成大众对它的创伤记忆，更多的是从中获得激励和鼓舞，加深国民自我的身份认同。除此之外，媒体聚焦在教育以及反思等内容之上，着重以“勿忘国耻”和“爱国主义教育”为主题，突出了“九一八”事变的现实意义。当然，一些副刊体裁的文化纪念、一些史料数据的客观呈现、一些历史口述的真实描述，也以一种不温不火的方式强化着大众的集体记忆。

进一步分析可以发现，媒体所勾连起的个人与社会、地区与国家，中国与世界的抗战记忆因其文化体系和存储知识的共有性，促使东北人民界定并巩固了自己与整个地域之间的关系，归属感油然而生。而东北人民的抗战经历作为全民族抗日的一部分，理应受到认可和尊重，媒体的再现策略和功劳不可小觑。扩大到更广泛的视野，媒体所要传递的最终目的是想让世界看到中华民族的大国形象，没有悲伤，唯有力量。作为世界反法西斯的一员，中国人民艰苦卓绝的斗争历程不容忽视，必须得到国际的认可。这正是作为东北人、作为中国人的身份象征与认同。

值得反思的是，“九一八”作为历史事件，只有置于当下的语境才能影响集体记忆，而笔者在分析文本中发现，地方媒体将“九一八”事变与当前时事结合进行论述的文章比较少，评论体裁也大都转自国家主流媒体。中日交往局面持续晦暗不明，尝试突破固有的“纪念化”模式，将“九一八”事变嵌入当下的议题中，才能折射出更大的社会价值，集体记忆的重构意义才能最终凸显。

参考文献：

[1] 莫里斯·哈布瓦赫．论集体记忆[M]．毕然，郭金华，译．上海：上海人民出版社，2002.

[2] 扬·阿斯曼．集体记忆与文化认同[M]//扬·阿斯曼，托尼奥赫尔舍．文化与记忆．法兰克福：法兰克福出版社，1988.

[3] 袁慧．媒体纪念中的“抗日战争”记忆——以《人民日报》抗日战争纪念报道为中心(1950—2010)[D]．上海：复旦大学，2014.

[4] 李洪涛．昨天的历史　今天的新闻——媒体记忆、集体认同与文化权威[J]．新闻与传播研究，2013.

[5] 贺建平，王永芬，马灵燕．受难与国耻建构：“重庆大轰炸”集体记忆的媒介话语策略[J]．国际新闻界，2015，12.

[6] 刘燕．后现代语境下的认同建构——大众传媒的作用及其影响分析[D]．杭州：浙江大学，2007.

[7] 李洪涛，黄顺铭．“耻化”叙事与文化创伤的建构：《人民日报》南京大屠杀纪念文章的内容分析[J]．新闻与传播研究，2014.

传统媒体微信公众号的新闻报道技巧研究

——对100篇“10万+”报道的内容分析

（张婧琪　中国政法大学）

摘　要：近年来，微信成为中国用户数量最庞大的社交软件，而作为衍生产物的微信公众平台也在微信传播中发挥着重要作用，对受众具有不可小觑的影响力。本文通过对“人民日报”“政事儿”“新闻哥”三个微信公众号中100篇阅读量“10万+”的新闻报道的研究，试总结出三者成功的共同点，以概括出媒体微信公众号的新闻报道技巧，对其他媒体起到借鉴与建议作用，让媒体在进行微信公众号的运营时有更佳的策略，让受众在接受新闻信息时有更好的体验，促进网络新闻报道的良性发展。

关键词：新闻；微信公众平台；内容定位；文字风格

一、绪论

（一）选题背景及意义

微信虽是2011年才出现在人们视野的新兴事物，但在短短几年却发展迅猛，对人们生活产生了很大的影响，它也由最开始的交流通讯功能发展出了许多附加功能，微信公众平台便是其中重要的一员。随着微信公众平台渐渐变成大众获取新闻消息的重要渠道，作为运营新闻类微信公众平台的媒体，如何顺应并握紧潮流与时机，提高自身价值，获得大众认可，赢得更好的发展机会，便成了亟须解决的问题之一，而这一问题对于传统媒体来说更为关键。如今媒介融合已然成为现实环境，传统媒体的转型要紧密依靠“两微一端”①，因此微信公众平台作为传统媒体成功转型的关键点之一，自然而

① 两微一端：指微博、微信、新闻客户端。

然地被各大传统媒体提到了重要高度。

中国互联网络信息中心（CNNIC）①公开发布数据显示，截至2015年12月，中国互联网普及率已经为50.3%，并且拥有6.88亿网络用户，中国居民上网人数已过半。根据易观智库的数据，在中国如此庞大的网络用户群体中，使用频率最高的移动客户端软件就是微信，日活跃用户多于6亿，微信公众平台数量跃过千万，并且还在迅猛增多。

微信在社交中的地位以及微信公众号所传播的内容对受众发挥的影响力已然不容小窥，本文的理论意义在于，既对微信传播的影响力进行了肯定，又对传统媒体运行经营微信公众平台的策略提出了建议；而实践意义便在于对微信公众平台的新闻报道进行解读并总结其成功经验，这不仅可以提高受众体验，也可以为其他微信公众平台提供可行的策略。

由于目前运营新闻类微信公众号的主流媒体可大致分为以下三种：传统官方媒体旗下的综合性新闻公众号、地方性的垂直新闻公众号及网络媒体的新闻公众号，因此本文分别选取“人民日报”“政事儿”及“新闻哥”三个有代表性的公众号加以研究，从中选出100篇阅读量达到“10万+”的报道，对其进行内容、数据上的分析，研究其报道策略，分析受众喜欢的文章所具有的特点，总结作为成功的传统媒体微信公众平台应有的特质，也对一些缺点进行批评，以期提出对其他媒体运营的新闻类微信公众号有借鉴意义的结论。目前学界虽然也在这一方面有所研究，但选取几家传统媒体微信公众平台的“10万+”进行对比并进行数据分析的仍存不足。

（二）文献综述与研究现状

在中国知网的文献库中以“传统媒体微信公众平台”为关键词对全文进行搜索，可以检索出43000余条相关文章，但是以“10万+”作为关键词对“新闻与传媒”分类进行全文搜索，相关文章只有5篇，这说明学界对“10万+”的研究尚未成熟。再以“人民日报”“政事儿”与“新闻哥”三个关键词进行全文搜索，分别搜索到了164篇、2篇和7篇文献，这说明学界对这三个微信公众平台，尤其是后两个平台还未给予太多关注，因此本文便从这三个微信公众平台100篇精选的“10万+”文章入手，对其进行研究。

---

① 中国互联网络信息中心（China Internet Network Information Center，简称CNNIC）是经国家主管部门批准，于1997年6月3日组建的管理和服务机构，行使国家互联网络信息中心的职责。

微信[①]由于其用户量庞大，影响深远，关于它的学术研究于2012年便不断出现。周蕾在该年发表的《微信广告传播力研究》一文可以看成是对微信公众号的预见性分析。此后各界学者对微信进行了更加多角度的研究。8月，微信又开发了微信公众平台，两个月后，《南方日报》发表《微信成为网络问政新平台——@平安肇庆继微博尝试后再饮头啖汤，推出"政务微信"》的报道，对此进行了分析报道。2013年，关于微信公众号的研究也崭露头角，如方兴东等人发表的《微信传播机制与治理问题研究》，蔡雯、翁之颢的《微信公众平台：新闻传播变革的又一个机遇——以"央视新闻"微信公众账号为例》等都是典型代表。此后，关于微信公众平台的研究便蓬勃发展，被学界引用较多的关于传统媒体微信公众平台的研究有赵敬、李贝的《微信公众平台发展现状初探》，陈晓华的《传统报纸使用微信新媒体的现在及问题研究》，张文婷的《都市报微信公众平台的运营与发展探索——基于八家都市报微信平台的研究》等。这些研究从不同角度出发，以不同形式的媒介为载体，对微信时代媒体的应对策略进行了研究与讨论。2014年，以微信为研究和讨论对象的文章达到近4000篇，其中硕士学位论文66篇，其中有3篇对传统媒体利用微信尤其是微信公众账号发展自身进行研究的论文。

2015年，对微信平台的研究开始更进一步，就报道策略与报道技巧这个方向而言，便有众多颇具影响力的文献，如陈耕耘、贺立凯的《媒体官方微信在突发新闻报道中的挑战及应对策略——以"人民日报"微信公众号对"东方之星"客船沉没事件为例》，郑芬的《浅探传统时政报道在新媒体的转型突破——以微信公众订阅号"福建新闻联播"为例》等。而全昌连、宋识径、马俊茂《〈新京报〉"政事儿"快速成长的秘籍》，刘璐的《"政事儿"：从小细节看大时政》，何凡的《新闻哥：移动时代换种姿势看新闻》，李先国的《微时代的文化狂欢——〈新闻哥〉的诙谐文化》等更是以新闻哥和政事儿为例进行了详尽的分析，关于《人民日报》的文献更是数不胜数，前文已有多次列举。

近年来，随着微信如火如荼的进展趋势，对微信公众平台的探索也成为研究热点之一，但检索相关文献，纵览研究状况可以发现，对所谓阅读量"10万+"的相关分析还不够全面，而用几个有代表性的新闻类微信公众号进行横向对比的研究几乎没有。

（三）研究方法

本文主要采取内容分析法、文本分析法、案例分析法、数据分析法等方

---

① 微信（WeChat）：是腾讯公司于2011年1月21日推出的一个为智能终端提供即时通讯服务的免费应用程序。

法，通过对“新闻哥”“人民日报”“政事儿”三个微信公众平台2016年1月、2月两个月阅读量超过10万的推送文章进行分析研究，总结了其优势与劣势，分析了新闻报道的内容，并力求为新闻微信公众号提出建议与意见，为良好的微信秩序添砖加瓦。

二、传统媒体微信公众号新闻报道内容分析

本文选取“人民日报”“政事儿”“新闻哥”三个微信公众平台共100篇阅读量“10万+”的文章①进行内容分析，选取的文章类型比例基本按照原比例分布；“人民日报”和“新闻哥”的文章时间段选取在2016年2月，“政事儿”由于“10万+”文章数量较少，所以选取了2015年12月至2016年2月所有“10万+”的文章。但在进行数据统计时，为了提高统计结果的精确度，笔者将统计样本扩大到了三个公众平台2月发布的全部文章，共532篇（见图1）。

（一）数量

一个优秀的微信公众平台应有自己特定的推送频率与推送文章数量，据粗略统计，目前比较热门的微信公众平台推送频率至少为两天一次，数量根据定位有所变化，但保持稳定。

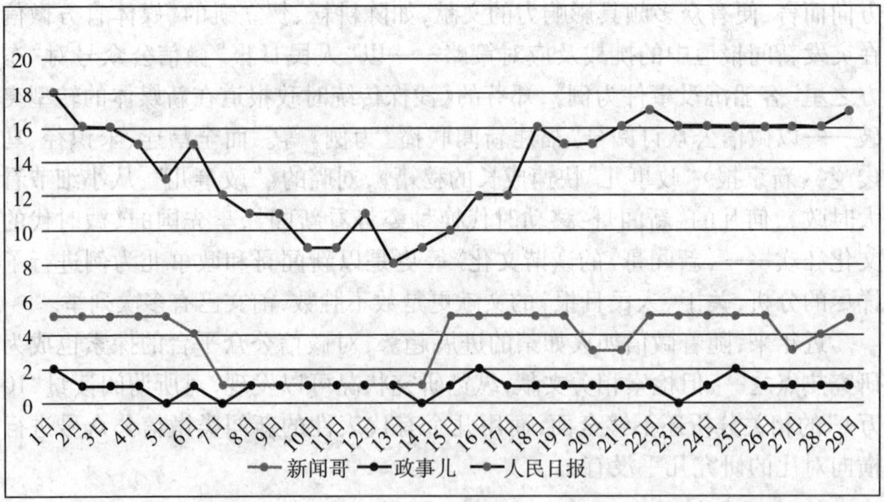

图1 “人民日报”“政事儿”“新闻哥”2月份每天推送文章总数

① 见附录。

从图1可以看出，“人民日报”推送文章总数远多于“政事儿”和“新闻哥”，这不仅与“人民日报”的内容定位有关，还与“人民日报”对微信公众平台的使用权限有关。“人民日报”推送的文章总数也决定了其内容较为丰富多元的特质。

（二）选题

选题与微信公众平台的定位关系紧密，有的平台追求综合性强，有的平台追求报道深度，优秀的微信公众平台应具有明确的选题定位。

“人民日报”选题包罗万象，包括时政要闻、社会新闻、政策解读、生活提示等方方面面，可以满足不同读者的不同需求。“人民日报”推出的新闻相关文章并不占有很高比例，这一点在下文会有所分析，而其新闻类文章主要以综合新闻为主，也会实时推送重要的时政、社会类新闻。为了符合微信传播的特点，“人民日报”还会推送生活实用小窍门、健康养生知识等。此外，“人民日报”的早晚两个栏目也颇受好评，如“来了！新闻早班车”栏目于每天5:30～6:00发布，类似于早间新闻，对昨夜及当日要闻进行概括播报，并配有诵读文章文字部分的语音，可以满足读者早间时间紧张、不便阅读新闻的需求。而“夜读”栏目则于每天22:00～22:30发布，多为励志文章，如2月28日推送《你不是怀才不遇，你是怀才不够》就激励读者在逆境中磨炼自身，提高自我。

“政事儿”对自己选题角度的定位是“从小细节看大时政”，推送的文章都是时政相关的新闻或政治人物政治事件等，其善于从小细节入手，挖掘时政热点背后的深度故事，而非宏观笼统的高谈阔论。此外，“政事儿”从建立初期就在寻找避免与同类微信公众号同质化的角度，它拒绝同质化，有意回避“大路货”，而且寻找与众不同的犀利角度对事件进行剖析解读。与此同时，“政事儿”所进行的各类专访及独家采访也发挥了很大作用。

而“新闻哥”的选题则要灵活很多，在新闻类文章方面，它多选取网络热点新闻进行点评，在每天的推送头条中都会对一系列热点的社会新闻话题进行“麻辣点评”，做成新闻串烧的形式，夹叙夹议，贴合受众喜爱看轻松类型文章的心理。

（三）长度

根据对100篇“10万+”文章进行字数统计所制成的饼状图如图2。

从图2可以看出，受众对文章长度要求并没有明显区分，1500字以上与1500字以下的文章各占一半。然而真的是这样吗？笔者分别对三个公众平台进行了进一步的分析（见图3、4、5）。

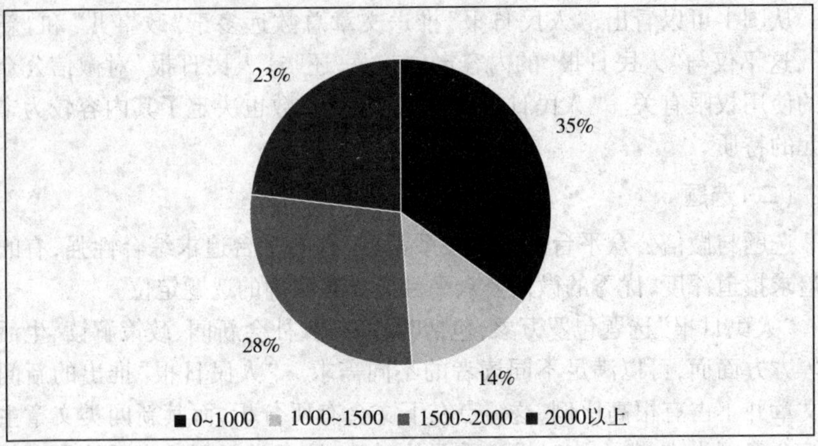

图 2　100 篇“10 万+”文章字数统计

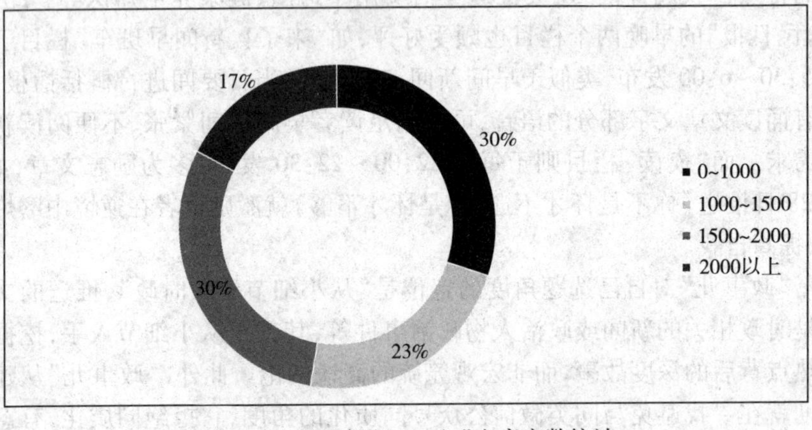

图 3　“人民日报”“10 万+”文章字数统计

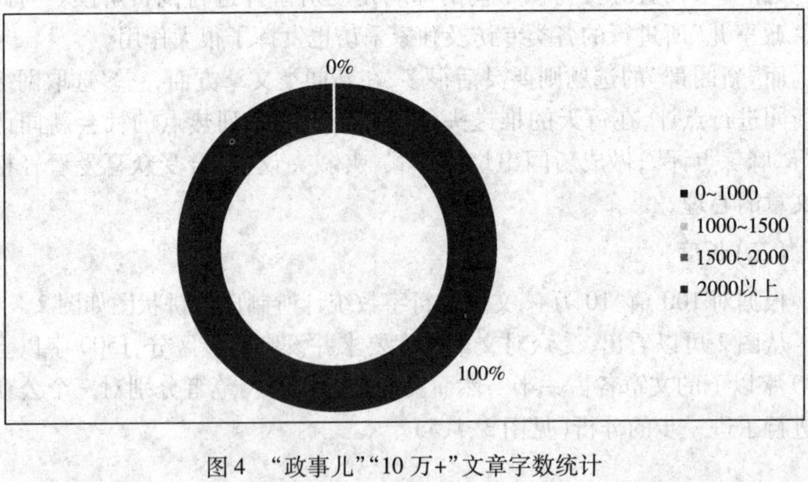

图 4　“政事儿”“10 万+”文章字数统计

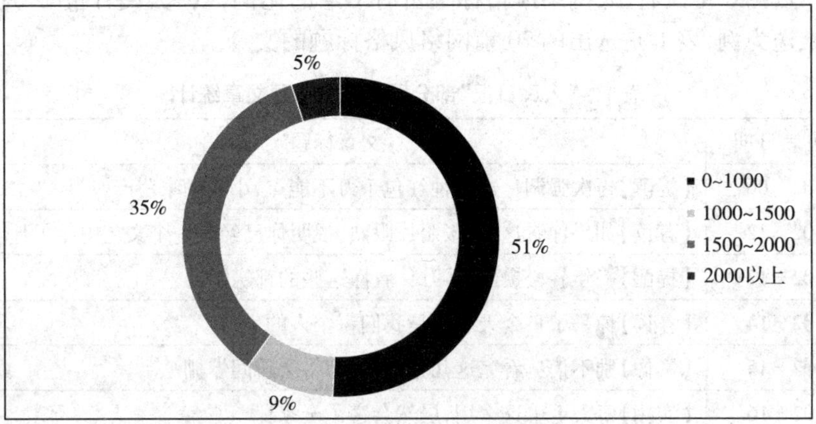

图5　“新闻哥”“10 万+”文章字数统计

从图3、4、5 分析可以看出，作为以分析时政见长的“政事儿”全部是2000 字以上的深度阅读，而“新闻哥”则是主打轻松的浅阅读，“人民日报”分布较为均匀，但也以短阅读居多，这与它们本身的定位相照应。但“人民日报”与“新闻哥”总体文章的阅读量要远大于“政事儿”，可以看出目前受众还是以浅阅读为主，关注深度分析的仍居少数。

(四)标题

微信公众号推送的文章标题的重要性要高于报纸等传统媒体，一篇文章的标题的好坏往往决定了它的点击量的多少，微信公众号的文章标题要求字数少、吸引人，这也直接导致了愈演愈烈的“标题党”行为。

“人民日报”经常在标题中故意隐藏关键信息以吸引阅读，标题是网络风格，有失严肃，有“标题党”的嫌疑。图6 是“人民日报”网络风格标题所占比例。

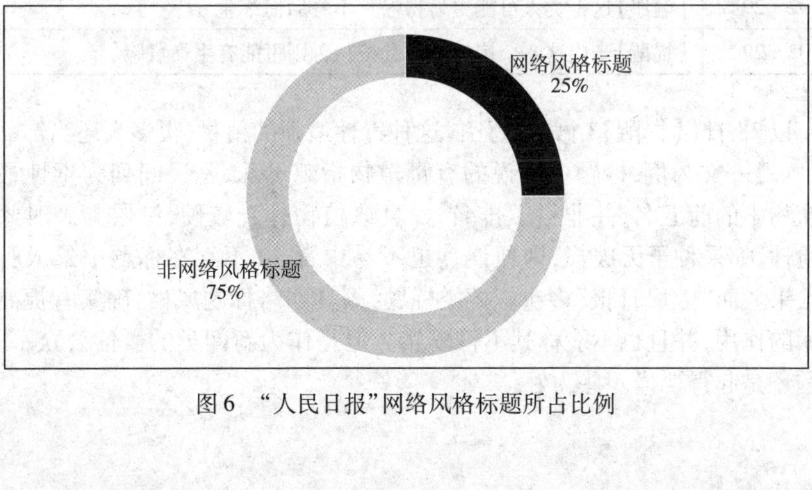

图6　“人民日报”网络风格标题所占比例

从图6可以看出，网络风格标题占有1/4的比例，以“人民日报”2月份的推送为例，表1是选出的20篇网络风格标题的文章。

表1 “人民日报”部分网络风格标题文章统计

发表日期	文章标题
02-06	【提醒】再次强调！这六种红包千万不能点，小心倾家荡产
02-12	【荐读】如果你看这20张照片眼熟，说明你已经是一个文艺中年了！
02-12	【提醒】一年轻松攒出10万！看懂这些的都赚了
02-14	【荐读】惊呆了！今天居然是我们每个人的生日
02-15	【影像】别不信！看完这几张图，智商将会瞬间爆棚
02-16	【实用】每天毛巾这么用，居然会害了全家！
02-21	【荐读】一碗面，害了一个孩子（必看）
02-22	【提醒】电动车这个部位很危险！两岁男童手指瞬间被烧伤！
02-24	【提醒】司机没注意这个地面标识多赔8万……99%的人忽略……
02-25	【提醒】车主注意！车窗被插“名片”可能让你损失上千元……
02-25	【提醒】央视曝光！就因为这个东西，你家孩子可能已经被……
02-25	父母花光积蓄为儿北京买房，结果万万没想到……
02-26	【健康】长期吃苹果的人，竟然会变成这样！惊呆了
02-27	【提醒】春天，孩子做这件事一定要小心！说多少遍都不为过~
02-28	【提醒】3微克致死！这种毒性最强的植物，很多人还当饰品佩戴……
02-28	【提醒】别再吃了！你吃的这些都是别人的口水！
02-28	【健康】做到这5点，让癌症滚出你的生活
02-29	【实用】天啊！原来旧手机这么值钱！99%的人不知道……
02-29	【健康】这十类人可能更易得癌！不看后悔终生
02-29	【提醒】车内这8个按钮不能乱按！否则可能有生命危险

以28日《【提醒】3微克致死！这种毒性最强的植物，很多人还当饰品佩戴……》一文为例，标题中所说的有毒植物指鸡母珠，是民间列为毒性最强的植物中的前五名，并非科学排名，并且该植物外壳较硬，涂层弄破时才有危险性，如果种子无破损，即便误食也不易中毒，并不存在标题中耸人听闻的效果。而“人民日报”多次拟此类标题，颇具网络标题风格，确实有提高点击率的作用，并且也不能称其不符事实。但是作为新闻类的微信公众平台，标题还是起得严谨一些为好。

“政事儿”文章标题多采用设问句，例如1月16日推送文章《让令完成回国的难度有多大?》、2月12日推送文章《下级揍上级的后果有多严重?》等，在标题中概括文章重点信息，拒绝“标题党”行为，而是采用设问句式来吸引读者阅读兴趣。

而“新闻哥”会抓取最吸引眼球的信息放在标题内，同时夹杂网络用语，如2月6日《喜当爹！男子二婚后发现不能生育，与前妻的女儿已经13岁》、2月20日《太狗血！婆婆要儿媳生孩子，没想到儿媳跟女婿生了一个》等，都体现出了这种风格。但“新闻哥”标题中的信息都是新闻事实，虽然侧重点与新闻本身不同，但鉴于该微信公众平台的定位，拟此类标题也可以被大众接受。

(五)风格

微信的语言风格也与其定位相关，可以活泼幽默，也可严肃认真，归根结底还是看运营者想以什么样的态度来讲新闻。独特的语言特色也应是优秀微信公众平台的特质。

“政事儿”在接受《解放周一》的采访时称，其在文字风格上坚持“不卖萌、不发嗲，坚持新闻‘范儿’”。它的文章也确实言辞严谨，逻辑紧密，极少出现口语及网络用语，在三者之中文风最为严肃。

而“新闻哥”则与其他二者有着明显的不同，它语言风格幽默亲切且十分口语化，网络流行词语经常出现，文章中配图也很少为新闻图片，而是以“表情包”、网络恶搞图片等居多，为文章平添许多幽默。其对于新闻热点的点评也不留情面，但难免存在逻辑不严密、用词不恰当等问题。

“人民日报”①的文字风格在沿袭《人民日报》严谨中肯的同时，也相应地为适应微信平台的传播而做出了让步，比如偶尔配网络漫画作为插图，恰当运用网络流行语等。与其他两者不同的是，“人民日报”会在每天晚间的夜读栏目中推出“鸡汤文”②，2月份“鸡汤文”数量约占推送文章总数的7%。

(六)时间

由于多数受众都是在闲暇时间查看微信公众平台所推送的信息，因此要提升文章的阅读量，推送时间的把握也尤为重要。一般来说都会安排在中午、傍晚一类的休息时间进行推送，每天的推送时间也相对固定。图7、8、9是对三个微信平台2月份推送文章的时间段分别进行的统计。

---

① “人民日报”：中国共产党中央委员会机关报《人民日报》的微信公众号。

② 鸡汤文：即心灵鸡汤类的文章，心灵鸡汤，就是“充满知识、智慧和感情的话语”，柔软、温暖，充满正能量。2014年4月网络刮起一阵“反心灵鸡汤”旋风，各类段子引发网友追捧，上万名网友参与讨论。

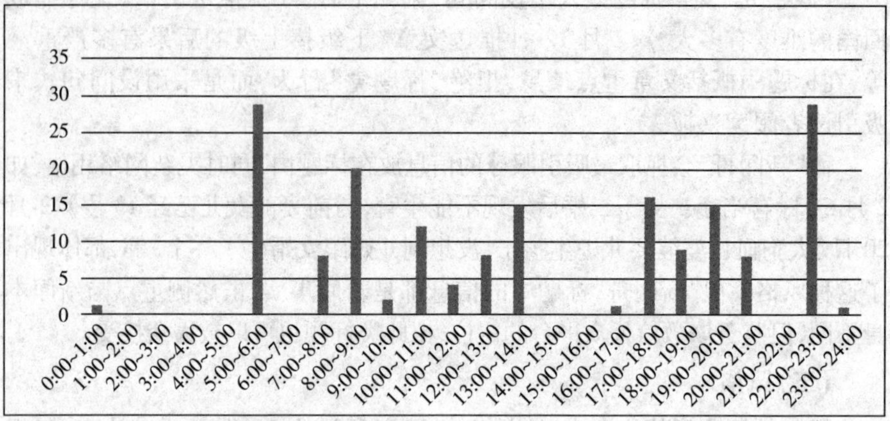

图7 “人民日报”2 月推送文章时间点统计

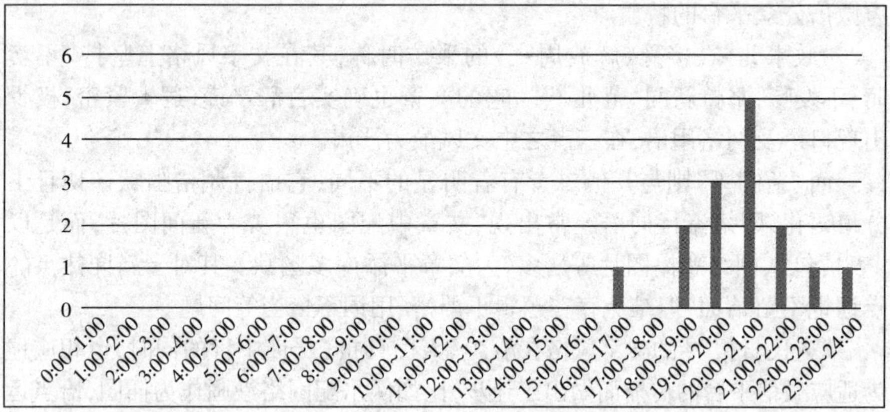

图8 “政事儿”2 月推送文章时间点统计

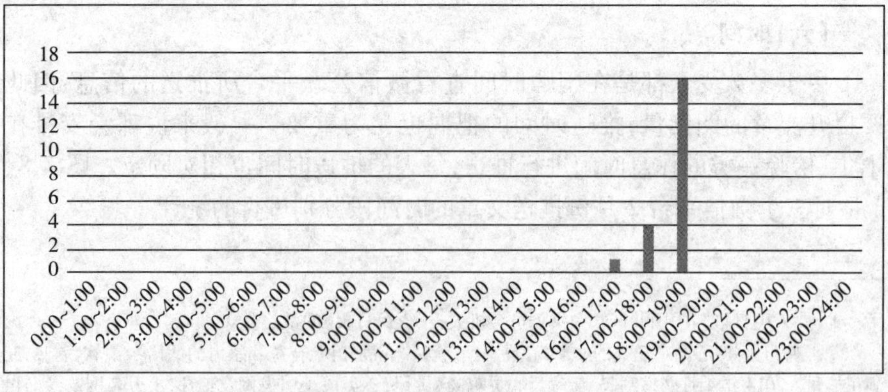

图9 “新闻哥”2 月推送文章时间点统计

从图7、8、9可以看出，像“政事儿”“新闻哥”这种每天只能进行一次推送的微信公众平台，会把推送固定在一天中的某个时间点，这二者选择17:00～22:00这个多数人处于休息时间的时间段，这样便于受众养成阅读习惯，也可以增强受众黏性。而类似“人民日报”这种较为特殊的可以一天进行多次推送的微信公众平台，选择便较为自由。

三、传统媒体微信公众号新闻报道技巧

（一）原创性

新闻是客观发生的事实，不能妄自加入主观臆测，这里的“原创性”是指对新闻进行报道时所选择的角度及所进行的评论应有原创性，不能照搬照抄。受众获取新闻事实的渠道有很多种，但获取“有态度的新闻”则需运营者通过对新闻的解读再发布。提取关键事实、切换角度解读、相关新闻比较、进行剖析评论，甚至整合别家新闻等，都可以使受众获得对该新闻的更深层次的理解，这也是大多数受众需要从微信这个渠道所获取的新闻信息。

以文中三个微信公众平台为例，“政事儿”文章量少质优，原创文章所占比例为100%；“新闻哥”虽有从别处转载的内容，但都会经过改编或是增加评论，不存在照搬照抄，可以认为是100%原创；但“人民日报”原创文章所占比例低于二者，见图10。

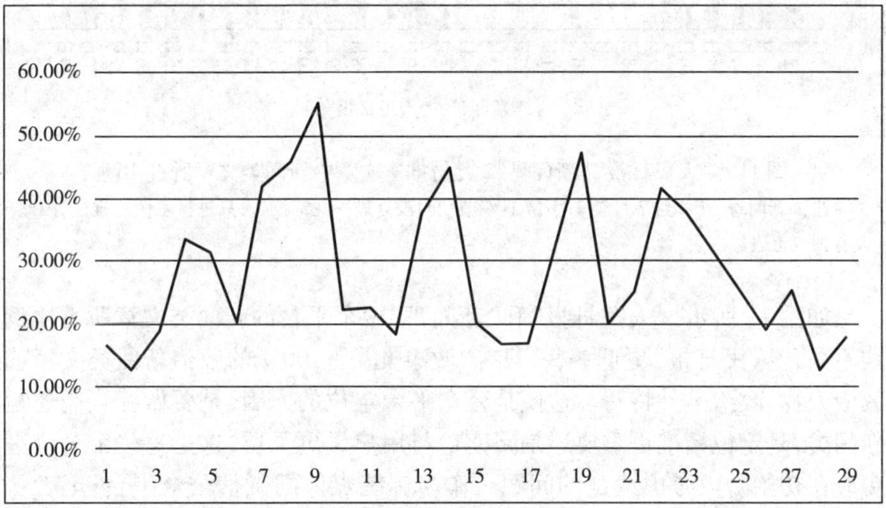

图10 “人民日报”2月原创文章所占比例

从图10中可以看出，“人民日报”微信公众平台原创文章比例很低，平均不足30%，但转载的文章多是生活、养生等类型的文章，也满足了不同人群所需要的信息，并且阅读量基本也都是“10万+”，说明这类转载也获得了受众的喜爱。

（二）内容定位

作为新闻类微信公众平台，想要从众多同类公众号中脱颖而出，应把内容定位放在首要位置。这个定位包含三层含义：第一层是相对于自身的功能定位；第二层是相对于同类公众平台的特色定位；第三层是相对于受众的角色定位。找准定位对于新闻类微信公众平台尤为重要，这也直接决定着它此后的发展方向。微信时代虽然带给了新闻类媒体许多不同的机遇与挑战，但“内容为王”的规则仍然不变。通过笔者调查统计发现，新闻类微信公众平台的新闻类文章所占比例并不大，为了吸引用户，还会加入幽默搞笑、生活健康等类型的文章进行推送。

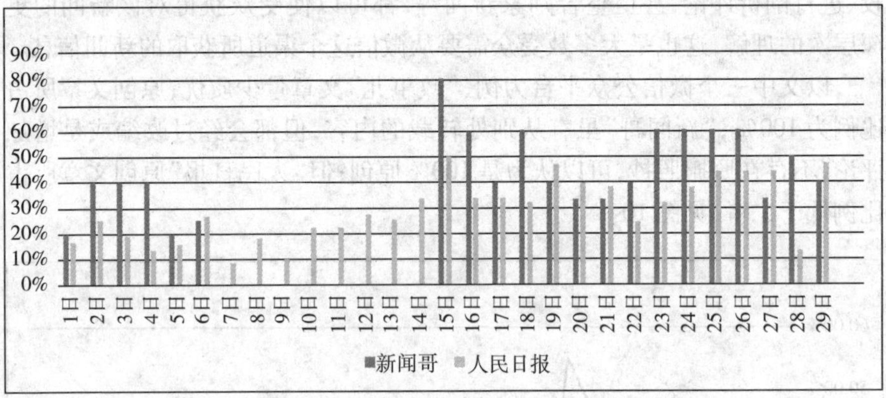

图11 “人民日报”“新闻哥”2月份推送文章中新闻类文章所占比例

注：“新闻哥”于2月7日至2月14日春节期间没有进行文章推送，只进行了图片推送，因此没有列入上表。

如图11所示，“人民日报”和“新闻哥”两个平台的新闻类文章所占比例均不高，“人民日报”更低一些，只有“政事儿”是100%的政治新闻类文章或政治人物、政治事件特写。这便是公众平台定位的原因，是要做综合类还是新闻类，是定位精准更重要还是阅读量与用户量更重要，这是每一个公众平台应在初始阶段考虑清楚的问题。作为传统媒体的微信公众平台，笔者认为加入一些其他类型的文章以吸引读者固然可以，但其前提是不能本末倒置。

另外，即便是新闻类的文章，也早已跳出了单单播报新闻内容的形式，比如从“政事儿”的侧面切入进行分析，“新闻哥”的针对性强语言幽默的点评，都是在报道新闻时添加的额外关注点。在新闻类公众平台如此庞杂的今天，想要获得大量受众认可，仅仅播送新闻已然不够，还需要借助自身优势，扬长避短，让受众认可该平台与众不同的特色，才能提高受众忠诚度。

在文字风格方面，轻松幽默的风格确实比严肃平板的风格更可以拉近与受众的距离，比如“新闻哥”搞笑的行文风格就颇受年轻受众的喜爱。但如果选取幽默的文字风格，在遣词用句方面就要注意分寸，恰当运用使用搞笑图片或网络用语，新闻事实本身需认真对待。在制作标题时也是如此，虽然在微信传播中标题占据十分重要的地位，也直接影响阅读量，但仍需抵制“标题党”行为，标题中可以采用引人关注的形式，但不能过分夸大、故弄玄虚，例如“政事儿”的标题就拟得恰到好处，既吸引眼球，又紧扣主题，而“人民日报”与“新闻哥”的标题都有讨巧之嫌，掌握好制作标题的平衡点是一门需潜心研究的学问。

（三）用户互动

传统媒体的劣势之一便是信息交流的不平等，基本均为一对多的发布信息，受众反馈不及时，但是在微信公众平台上，发布者与接收者却可以进行及时的双向互动，其形式包括：首先，微信公众平台关注者可以在文章后写留言，由公众号筛选后显示在文章下方的“精选留言”区域内供大家阅读参考，而平台运营者也可以对留言进行回复，“人民日报”“政事儿”和“新闻哥”都会选择精彩留言显示在文章下方，但只有“新闻哥”会选择部分关注者的留言进行回复；其次，可以直接对公众号发布消息等待运营人员进行回复；再次，可以推出一些活动或话题专门用于与用户的互动，比如“人民日报”在春节期间向用户发放的现金红包；最后，有些微信公众平台会提供菜单供受众选择，也常常会包括各类互动功能，具体信息如表2。

表2 “人民日报”“政事儿”“新闻哥”菜单栏详细分类及功能表

微信公众平台	菜单栏	菜单栏下属	功能
人民日报	服务号	无	人民日报社二维码
	政务榜单	无	政务指数排行百强榜链接
	客户端	无	人民日报客户端下载
政事儿	无	无	无

（续表）

微信公众平台	菜单栏	菜单栏下属	功能
新闻哥	每日一签	无	原创电子日历
	嘿嘿嘿	历史回顾	查看历史消息
		哥的严肃时刻	新闻类推送汇总
		八卦新闻妹	娱乐类推送汇总
		涨姿势长见识	各类趣闻妙招等推送汇总
		搞笑短视频	搞笑类短视频推送汇总
	哥迷会	树洞	关注者说心里话
		奇葩问答	答网友问
		灵异公社	灵异故事
		话题圈	哥迷大家庭的论坛
		哥是 sei	自我简介

从表 2 不难看出，“新闻哥”对互动的重视程度最高，菜单栏“哥迷会”都是与用户互动的活动，而“政事儿”基本没有与关注者的互动，这大概也是“政事儿”关注者不如“人民日报”和“新闻哥”的关注者数量之大的原因。作为微信公众平台的运营者，应充分意识到与受众互动的重要性，采取后台24 小时人工回复、对用户的反馈及时做出积极回应等方法，增强关注者对平台的黏性。这不仅可以提高用户对平台的满意度，也可以让公众平台运营者从用户反馈中得知自身的优势与不足，对恳切实用的建议进行采纳，提升自身的质量。

四、结论

近年来，随着微信的兴盛，对微信公众平台的研究也成为研究热点之一，但检索相关文献，纵览研究状况可以发现，对所谓阅读量“10 万+”的相关分析还不够全面，用几个有代表性的新闻类微信公众号进行横向对比研究以得出结论的更为少数。微信上广泛传播的文章良莠不齐，阅读量超过10 万的有很多都是励志类、娱乐类甚至是耸人听闻的编造文章，作为新闻类微信公众平台，想从中脱颖而出并不简单。本文试从阅读量大的文章反向入手，进行解析，以期总结出媒体微信公众号报道的优秀技巧。

本文选择了“人民日报”“政事儿”“新闻哥”三个类型不同又具有代表性的新闻类微信公众平台，选取三者中 100 篇阅读量超过 10 万的文章进行分析研究，并总结出值得传统媒体微信公众平台借鉴的新闻报道技巧：其一，文章原创，拒绝抄袭转发；其二，定位准确，打造自身特色；其三，双向传播，注重用户互动。优秀的新闻类微信公众平台自然不仅文中三个，但以上三点报道技巧应是成功的平台所共有的策略，值得其他同类平台借鉴运用。

参考文献：

[1] 张倩．党报微信公众账号的影响力与发展策略[D]．长春：吉林大学，2015.

[2] 景婕．微信公众号标题的编辑及其规律探究[D]．西安：西北大学，2015.

[3] 刘冠楠．传统媒体微信公众平台内容推送研究[D]．保定：河北大学，2015.

[4] 孙博．从腾讯"新闻哥"看移动新闻客户端品牌栏目构建[D]．保定：河北大学，2015.

[5] 盛伟芳．校园微信公众平台运营策略研究[J]．剑南文学（经典教苑），2013.

[6] 鲁辉，梁红梅．网络新闻栏目《新闻哥》探析[J]．新闻研究刊，2014.

[7] 魏学丽．纸媒利用微信公众平台运营的模式探析——以《城市画报》微信公众号为例[J]．视听，2015.

[8] 罗利琼．传统媒体微信公众号的运营现状及问题探析——以"央视新闻、人民日报"等为例[J]．新闻研究导刊，2015.

[9] 齐思慧，胡洪江．人民日报微信公众号如何做到国内报纸排名第一？[J]．中国记者，2015.

[10] 方惠，古俊生，孙小婷．微信公众平台在纸质媒体中的角色——人民日报、新京报微信公众号的文本分析[J]．新闻与写作，2015.

[11] 刘政序．从"新闻哥"看新闻客户端原创栏目的构建[J]．青年记者，2015.

[12] 陈耕耘，贺立凯．媒体官方微信在突发新闻报道中的挑战及应对策略——以"人民日报"微信公众号对"东方之星"客船沉没事件为例[J]．科技传播，2015.

[13] 马子茹．微信公众平台的运营潜力及策略[J]．新闻世界，2014.

[14] 何凡．新闻哥：移动时代换种姿势看新闻[J]．中国传媒科技，2014.

[15] 黄冰亮．媒介融合下传统党媒的“借船”之路——以《人民日报》官方微信公众号为例[J]．对外传播,2014.

[16] 苏沉思．《人民日报》微信公众号运营特性及内容建设[J]．传媒,2016.

[17] 张燕,林善焱．主流媒体的新媒体传播演进——以《人民日报》微信公众号为例[J]．湖南大众传媒职业技术学院学报,2015.

[18] 王翎子,章洁．社交媒体介入传统媒体的传播特质探析——“人民日报”“央视新闻”“澎湃新闻”微信公众号内容对比分析[J]．中国出版,2016.

[19] 齐思慧,胡洪江．综合排名第一的微信公众号是怎样运营的[J]．新闻与写作,2016.

[20] 苏晓暹．《人民日报》微信公众号信息编辑特征[J]．今传媒,2016.

[21] 李先国．微时代的文化狂欢——《新闻哥》的诙谐文化[A]//全球修辞学会,全球传媒与伦理法制联合会,绍兴市社会科学界联合会,浙江越秀外国语学院．媒介秩序与媒介文明研讨会暨第二届新闻传播伦理与法制学术研讨会论文集[C]. 2015.

[22] 全昌连,宋识径,马俊茂．《新京报》“政事儿”快速成长的秘籍[J]. 中国记者,2015.

[23] 刘璐．“政事儿”:从小细节看大时政[N]．解放日报,2015.

附录:100 篇“10 万+”报道

发表日期	文章标题	来源
02-01	【荐读】世界上最短的妙文,看完服了!	人民日报
02-03	习近平三上井冈山,和红军烈士后代一起打糍粑	人民日报
02-03	【荐读】中国夫妻最缺什么?(几乎家家缺)	人民日报
02-03	【提醒】紧急! 这九件日常小事很危险,可能让你倾家荡产!	人民日报
02-08	来了! 新闻早班车	人民日报
02-08	【夜读】你能不能放下所有的忧虑,让生活扑面而来	人民日报
02-09	这个春节,为爸妈做 40 件小事	人民日报
02-10	一个农村女儿眼中的乡村图景	人民日报

（续表）

发表日期	文章标题	来源
02-10	来了！新闻早班车	人民日报
02-11	男子火车站向八旬父母长跪不起，背后故事让人唏嘘……	人民日报
02-11	【荐读】今天要"扔穷"！正月初四，这些习俗你知道吗？	人民日报
02-11	【夜读】毕淑敏：我们走过那么多旅途，不过是为了成为更好的自己	人民日报
02-12	今天初五，送你五个福！	人民日报
02-12	昨夜，这则消息轰动全世界：人类探到了引力波！	人民日报
02-14	上班了！人民日报微信万元现金红包又来！	人民日报
02-15	【榜单】春节刷卡消费七天超千亿，这几个省的人最"舍得吃"！	人民日报
02-15	【影像】别不信！看完这几张图，智商将会瞬间爆棚	人民日报
02-15	注意！微信提现要收费了！	人民日报
02-16	【暖心】小伙递上奇葩假条"元宵节我想陪爷爷再年轻一回"，领导批复……	人民日报
02-16	中国技术封锁美国？拿错剧本了吧?!	人民日报
02-16	微信提现收费，4招帮你省下这笔钱！不看就亏了！	人民日报
02-16	全球经济下滑？别怕！李克强决定这样办……	人民日报
02-16	【荐读】一头去上班的驴，太精辟了！	人民日报
02-16	来了！新闻早班车	人民日报
02-17	【荐读】门风与涵养（深度好文）	人民日报
02-18	定了！这些省份将上调公务员工资	人民日报
02-18	【健康】老犯困当心是脑梗，这个口诀或许能救你一命	人民日报
02-20	中央首提"四个意识"有何深意	人民日报
02-24	习近平：青年干部四忌	人民日报
02-24	【荐读】九个小细节，体现满满的教养	人民日报
02-25	【提醒】别急着交钱，这几种违章不是你的错，千万要申诉！	人民日报

（续表）

发表日期	文章标题	来源
02-25	【提醒】央视曝光！就因为这个东西，你家孩子可能已经被定位、窃听……	人民日报
02-26	这个专业17年后恢复本科招生，事关中国人的未来	人民日报
02-26	习近平最近有个批示，要求学习毛泽东这篇文章	人民日报
02-26	来了！新闻早班车	人民日报
02-26	【夜读】你真正想做的事，只要开始了就不会晚	人民日报
02-28	来了！新闻早班车	人民日报
02-28	【提醒】3微克致死！这种毒性最强的植物，很多人	人民日报
02-29	教师的“铁饭碗”即将被打破，老师你准备好了吗？	人民日报
02-29	【荐读】世上最无力的那句话	人民日报
02-29	【健康】14张图告诉你，跑多少公里才能消耗掉这些食物	人民日报
02-29	【实用】天啊！原来旧手机这么值钱！99%的人不知道……	人民日报
02-29	【夜读】人生不是百米跑，别太在乎起跑线	人民日报
01-06	“政治野心膨胀”的13位落马官员都是谁？	政事儿
01-08	主政广东3年，胡春华如何应对这6件大事？	政事儿
01-16	让令完成回国的难度有多大？	政事儿
02-03	将军“兄弟档”：秦卫江和秦天的不寻常之处	政事儿
02-12	下级揍上级的后果有多严重？	政事儿
02-17	李克强这6次发怒到底因为啥？	政事儿
02-25	“第一猛虎军”27军培养了哪些猛将？	政事儿
12-02	知情者和亲历者眼中的秦城监狱	政事儿
12-04	“上面有人”照样被查的八位落马官员	政事儿
12-08	李双江、黄宏到底是不是将军？	政事儿
12-16	治疆15年，曾为头号暗杀对象的王乐泉现在做什么？	政事儿
12-17	朱镕基之子朱云来的5个关键词	政事儿
12-30	中央为何一并批周、薄、徐、郭、令？	政事儿
12-31	习近平2016新年贺词七看点：办公室新添7张照片	政事儿

（续表）

发表日期	文章标题	来源
02-01	献给在外打拼的你，这个视频曾感动 2000 万人	新闻哥
02-01	女子公交上脱光衣服，大爷边拍边说“我要报警”	新闻哥
02-01	涨姿势！夹子的 15 个妙用，这技能居家旅行绝对用得上！	新闻哥
02-01	哥迷的秘密我已经全部看透了，你们这群骗子！（内含中奖名单）	新闻哥
02-02	30 岁女子让老母亲寒冬里为自己擦车，擦不好还骂！不孝子！	新闻哥
02-02	张铁林 PK 唐国强，谁的吻技更撩妹？戳这里看真相！	新闻哥
02-03	男子高速驾车弄丢媳妇，开车 20 分钟后才发现！这记性没 Sei 了！	新闻哥
02-03	2015 你觉得幸福吗？测测你的幸福能量值	新闻哥
02-04	春晚乔杉修睿小品曝光　北漂十年为爱打拼	新闻哥
02-04	国人送礼调查：南方人比北方人大方？	新闻哥
02-05	小伙子下半身发黑自以为身患重病，医生表示建议洗个澡	新闻哥
02-05	【灵异公社】爷爷，你脖子上有血！	新闻哥
02-06	喜当爹！男子二婚后发现不能生育，与前妻的女儿已经 13 岁	新闻哥
02-06	【斗图】新闻哥春节表情包大放送！多多使用，开心过年呦~	新闻哥
02-06	【福利】新闻哥送理财通红包喽！最高 188.88 元，最低 1 元	新闻哥
02-15	情人节航班取消，俩姑娘被安排住情趣套房	新闻哥
02-15	夫妻吵架吵到派出所才知丈夫是逃犯，女要嫁对郎是多么重要！	新闻哥
02-15	史上最丑男子组合诞生！TFboys，你们怕了吗？	新闻哥
02-15	据说这是“普通朋友 VS 死党”的区别，你中枪了吗？	新闻哥
02-16	岛国少年吃螃蟹的方法太奇葩！真是个高大上的深井冰……	新闻哥

（续表）

发表日期	文章标题	来源
02-16	老公出轨了，小三竟然是妻妹！这世界真实得让人崩溃！	新闻哥
02-17	网友们的口才到底有多好？看完这些损人都不带脏字！跪了！	新闻哥
02-19	沈阳大妈花5万元算命求发财未果！这智商，怎么可能发财！	新闻哥
02-19	大张伟模仿全集，他学的那英一模一样，笑得根本停不下来！	新闻哥
02-19	搞笑 gif：逗比粑粑们带孩子，看样子绝对是亲生的……	新闻哥
02-20	太狗血！婆婆要儿媳生孩子，没想到儿媳跟女婿生了一个	新闻哥
02-20	原来老一辈的名字都这么好听！为什么我们的名字辣么俗……	新闻哥
02-21	花钱请女网友吃饭被骗了，你就要跳河？就这情商还是离女网友远点！	新闻哥
02-22	男子吃饭时暴揍邻桌人：20年前他跟我妈吵过架	新闻哥
02-22	女护士疑男友出轨对其注射胰岛素致死，真是爱有多深恨有多深啊	新闻哥
02-22	【涨贱识】男的做哪些事会让你心想：妈的智障！	新闻哥
02-23	“鬼子专业户”矢野浩二获政府表彰，日本民众为啥不骂他“日奸”？	新闻哥
02-23	歌手接受采访不知是直播，对着镜头说了一堆“秘密”！	新闻哥
02-24	被天价彩礼压垮的爱情：你媳妇花多少钱买的？	新闻哥
02-25	那些冒充别人上大学的人，你们偿还得了钱，偿还得了命运和青春吗？	新闻哥
02-25	父亲竟带十岁儿子去捉奸！难道就不怕给孩子留下心理阴影？	新闻哥
02-26	除了满身的鸡汤味儿，穷游还有什么好炫耀的?!	新闻哥
02-27	婆婆照顾儿媳坐月子，竟发现自己也怀孕了！孙子将比儿子大，咋整？	新闻哥

（续表）

发表日期	文章标题	来源
02-28	一小学教学楼内开涉黄足浴店,你们考虑过小学生的感受么?	新闻哥
02-28	奥斯卡来了,今天可能是你们最后一次黑小李子!	新闻哥
02-28	【爆笑视频】大张伟配音的《青蛙王子》,我也就看了几十遍	新闻哥
02-28	找对象不求门当户对只求感情到位,你赞同么?	新闻哥
02-29	妻子自导自演被绑架案就为试探丈夫心里有没有她?吃饱了撑的!	新闻哥

媒介技术与新闻传播知识体系革新之反思

（刘　欣　华中科技大学）

摘　要：媒介技术的推陈出新促使新闻传播知识体系的纵向深化与横向拓展。本文首先梳理了新闻传播学科版图的描画过程：印刷术是传统新闻学建立的直接动因，电波技术是广播电视新闻学和传播学形成的关键因素，互联网技术更使新闻传播学科面临前所未有之大变局，并以此逻辑起点审视互联网技术给新闻传播学科带来的多重挑战：职业化浪潮下对学术关怀的弱化趋势，知识细分浪潮下人才培养的“专”与“全”之争，学科融合浪潮下学科边界的自主与开放之抉择，技术快速更迭浪潮下学科走向的不确定性。笔者从技术哲学视角为构建新知识体系提出了几点有益参考：不可失去对人的坚守，不可忽视知识价值与理想，追求自由民主的宽容新体系。

关键词：媒介技术；新闻传播学科；互联网革命；知识

1450年古登堡活字印刷机的发明，为第一份现代报纸的诞生奠定了技术基础，人类新闻传播事业已有数百年的发展历史；1908年美国密苏里大学建立世界上第一所新闻学院，人类新闻传播教育也走过了一百多年历程。[①]梳理一番，便不难发现传播技术的变革推动新闻事业的发展，新闻事业的进步促使新闻知识体系的革新，由此构成了协同连锁反应。

媒介环境学派关于“媒介与社会”的理论观点为此种连锁反应提供了理解突破口。媒介与社会有着互动共生关系，麦克卢汉提出的“媒介即讯息”命题认为：“每一种新媒介的出现都开创了社会生活和社会行为的新方式，

① 徐尚青．传播科技变化与广播电视新闻学教育的应变——以地方教学型高校为例［J］．盐城师范学院学报（人文社会科学版），2016，32（6）：75-78.

媒介是社会发展的基本动力，也是区分不同社会形态的标志。”[①]加拿大多伦多学派鼻祖英尼斯亦有过“技术是整个文化结构的动因和塑造力量。一种新媒介的长处，将导致一种新文明的诞生”[②]的表述。信息传播促使社会进步和知识积累，科学技术则带动传播技术的升级更替，使信息得到更加广泛的传播。环境的变化致使浸润其中的新闻传播学科面临巨大变局。

本文以此作为逻辑起点，着力探讨媒介技术与新闻传播学科建设、新闻知识体系更新之间的联系。

一方面梳理了人类新闻传播史上具有划时代意义的媒介技术。笔者借用李良荣教授的划分方法，认为绵延至今的人类社会经历了四次传播革命。第一次传播革命是文字的发明使用，突破了声音体语的时空限制。第二次是印刷术的发明，报纸、杂志、书籍等大众媒介迅速普及，打破了知识垄断。第三次是电报、广播、电视等电子技术和媒介的问世，使得即时的全球大范围传播成为可能。第四次是互联网技术的推广和使用，多种传播方式的统一数字化处理和交互性传播模式，使受传关系深刻改变，传播权力结构调整。[③] 新技术并没有取代旧技术，前后依次出现，互为补充，共同前进。

另一方面，以传播技术为前导轨迹的新闻学科也在经历“从无到有，从粗到细，从浅到深”的变化。一门学科的建立，需要建立起学科知识系统，划定学科知识边界，确立本学科值得研究的重要问题。[④] 首先就要有“学术共同体”的聚集，“学科首先是一个以具有正当资格的研究者为中心的研究社群。各个体为了互相交流和对他们的研究工作设立一定程度的权威标准，组成了这个社群”[⑤]。然后勾画“知识地图”，也就是分门划界，并且确立学科规训作为今后的“绘图指南”。新闻学科的发展同样是沿着这条道路走过来的。该学科在“学术共同体”的努力下初现雏形，从最初的报学起源，加之以广播电视新闻学，并导入传播学构建了新闻传播学一级学科。互联网时代从以传统新闻学、大众传播学为主，转向了“以互联网为基础、以信息传播为重心、以沟通互动为目标的‘大传播’领域”[⑥]。纵观新闻学科发展史，是一部不断在新媒介技术出现和新传播生态改变的推动下，开拓新边界，建立新范

① 麦克卢汉．理解媒介——论人的延伸[M]．何道宽译，北京：商务印书馆，2000：46.

② 哈罗德·伊尼斯．传播的偏向[M]．何道宽译，北京：中国人民大学出版社，2003：5.

③ 李良荣，张华．从“小新闻”走向“大传播”——新闻传播学学科建设和科研的新取向[J]．现代传播，2013，35(8)：34-38.

④ 姜红．现代中国新闻学科建构与学术思想中的科学主义[D]．上海：复旦大学，2006.

⑤ 沙姆维．学科规训制度导论[M]．北京：三联书店，1999：21.

⑥ 李良荣，张华．从小新闻走向大传播——新闻传播学学科建设和科研的新取向[J]．现代传播，2013，35(8)：34-38.

式，横向纵向全面拓展的历史。

一、媒介与知识：新闻传播学科发展史的再梳理

美国技术哲学家兰登·温纳关于技术独特的认知方法对笔者大有裨益。他将技术划分为“装置”“技法”和“组织”三种意涵：“装置”即技术运用的物理装置，比如工具、仪器、用具、器件等，“技法”指包括技巧、方法、步骤、程序等为完成任务的技术活动，“组织”则表示一种能够大规模运作的社会网络。[①] 以此种视角观察媒介变迁史，则可知早期“报学”尚处于装置和技法层次，随着技术水平的进步和学理研究的深入，新闻媒介依托的装置越来越复杂，技法越来越先进，从媒介本身拓展到媒介与社会关系的探讨，也就将学科关注视野拓展到了组织和网络层次。

（一）印刷技术与传统新闻学的建立

“凡事先有术而后有学”，从实务经验的总结到史料的整理再到学理的探讨，即术的层面再跨入学的层面，是所有应用性科学的共同轨迹。新闻学也经历着这样一条治学之路。[②] 新闻教育的动因从根本上是与报业的兴起与发展相适应的，最初的教育目的就是培养新闻从业人员。从起源和学理结构来看，也可被称作“报学”。而新闻传播事业当中发源最早的报业，与其技术基础密不可分。报纸是以刊载新闻和时事评论为主的定期向公众发行的印刷出版物。没有印刷技术和印刷机，就不会有印刷新闻。

印刷术与印刷媒介发明之前的人类社会，经历了口语和文字媒介阶段，但语言依靠发声功能的空间限制和随说随逝的时间限制，手写文字难以复制和难以大范围传播的限制，使得传播活动受到拘束。不过，其中的文字、造纸术、制墨术保留下来成为印刷技术得以问世的基础条件。保罗·莱文森认为，任何一种后继的媒介，都是一种补救措施，都是对以往的某一种先天不足的功能的补救和补偿。[③] 印刷术的问世印证了“补偿性媒介”的观点。

公认的印刷技术出现在600年左右的中国隋唐时期，但印刷术的飞速发展和传播却是以欧洲古登堡印刷术的发明为分界线。1488年，德国金匠古登堡发明了包括印刷机、油墨、金属活字在内的一整套印刷术，建立了西方

---

① 兰登·温纳. 自主性技术：作为政治思想主题的失控技术[M]. 杨海燕译，北京：北京大学出版社，2014：8.

② 童兵，林涵. 20世纪中国新闻学与传播学[M]. 上海：复旦大学出版社，2001：35.

③ 保罗·莱文森. 软边缘：信息革命的历史与未来[M]. 熊澄宇等译，北京：清华大学出版社，2002：1.

第一个印刷所。机器的大批量印制和以纸张为材料，使书的价格要便宜得多，出书速度也史无前例地加快。17世纪中后期，以报道新闻为主的刊物向报纸发展，报纸凭借其时效和新闻价值，使阅读报刊成为人们的生活习惯。极短时间内大量复制信息成为可能，打破了知识垄断，商人阶层将其与商品市场连接，报纸、商业、大众形成系统，媒介逐渐转换成为新闻产业，开启了人类大众传播时代的大门。

报业的快速发展使得渴望进入出版社、报社寻求职位的人增加，新闻界人士亦希望将新闻业提升到受人尊重的职业高度，新闻教育便从技能传授起步，经历了由术入学的路程。起初通过培训教学，帮助年轻人掌握从事传播和报刊印制的必要技艺。一方面设立印刷所教授学生排版印刷能力，另一方面围绕报业操作的技能，比如速记、编辑、新闻写作、新闻采访、广告评论等进行职业教育。以最早系统教授新闻学课程的宾夕法尼亚大学为例，1893年至1901年间开设的课程就有“制作报纸的历史和艺术”“诽谤法和商业管理”“新闻采访与编辑”“当前事务专题讲座”，以及来访记者开设的讲座等。① 这便是“术”的层面，着重纯技能化的课程设置，以培养报纸从业人员“专才”为目标，以实践训练和经验讲述为教育方法。

伴随从业实践的开展，这种技能化职业教育模式的缺陷逐渐显现，学生缺乏对社会问题的深层理解和道德修养，“通识教育”理念引发关注，课程设置上关于社会、文化和伦理的比重开始有所增加。世界新闻教育的正式开端，是1908年沃尔特·威廉姆斯（Walter Williams）在密苏里大学创建了世界历史上第一所新闻学院，提出了比较明确系统的教育理念，并建立了对世界新闻教育产生长远影响力的“做中学”模式，遵循理论与实践并重原则，将专业课程与一定数量的学术课程结合，为学生提供历史、伦理或法律方面的理论知识，而重心放在报道、写作和编辑课程上，引导学生对报纸的性质功能特征进行考察，将新闻教育由印刷工培训转变为底蕴深厚的专业人才培养。②

中国的新闻学科的建制起源于北京大学新闻学研究会，它作为早期的“学术共同体”为本学科提供了基本“范例”，成为“中国报业教育之发端”，规章中出现了关于新闻学理的探讨，术的内容也更加丰富细致，勾画出了现代中国新闻学的大致版图。徐宝璜的《新闻学》则成为最早的新闻学课程教

① 吴信训. 世界新闻传播教育百年流变[J]. 新闻传播研究，2009，16(6)：26-37.

② 林牧茵. 移植与流变——密苏里大学新闻教育模式在中国（1921—1952）[D]. 上海：复旦大学，2012.

材，该书既介绍了新闻的性质、职责、定义、价值等学理部分，也将新闻的采、写、编、评、广告、营销、管理等各方面囊括其中。20 世纪 20 年代起新闻教育作为一门新兴学科在中国高校普遍确立，上海的圣约翰大学和北京的燕京大学是典型代表，两校都横向移植了密苏里新闻教育模式，开展"通识化教育"。

新闻史学家丁淦林曾对该时期的新闻教育模式做了概括："以培养应用型人才为目的，以新闻知识和技能的教育训练为教学重点。"①培养目标单一明确，教学内容上术理性课程占绝对优势，教育方法上都重视实践。总而言之，早期新闻学的建立是围绕报业知识结构建制起来的"报学"。同时在业界实践和学界研究的深化推动下，由操作层面的技艺传授拓展到了学理价值的考量，并借助人文社科知识丰富学生底蕴，学科地图初现雏形。

（二）电波技术与新闻传播学的发展

20 世纪初出现了印刷媒介一统天下的局面，这与通信技术革命，尤其是有线电报的发明使用不无关系。早在 1850 年，第一条海底电缆将英国和欧洲大陆连接起来，1866 年穿越大西洋的海底电缆又连接了美洲和欧洲。电报的实用化大大提高新闻传播时效，一定程度上实现了全球范围信息资源的同时共享，通讯社应运而生，这种新式新闻企业将世界新闻事业推入了一个成熟阶段。②

以密苏里新闻学院为正规化学科教育的起点，世界新闻传播教育同样起步于 20 世纪初。进入 20 世纪中期，传播技术经历了几何级的快速发展阶段，建立起了以无线电技术为核心，以电报、广播、电视为突出代表的电波媒介群。1920 年无线广播电台在美国登上大众传播媒介的历史舞台，该年也成为世界广播事业的元年，人类第一次进入电子传播时代，社会传播趋向平民化。广播媒介实现了麦克卢汉所言的"耳朵的延伸"，形成了体外化声音信息系统。20 世纪前期，电视技术也逐渐完善成型，最终由"电视之父"贝尔德发明了世界上第一台电视。电视的声画同步传播实现了极具感染力的传播效果，促使了多维传播理念的变革和方式诞生。

新生电子媒介使得整个新闻学科体系有了大变化。首先，传统新闻学一枝独秀的局面被打破。面向广播电视事业发展起了新分支——广播电视新闻学。在教授传统新闻学理论知识基础之上，广电新闻学的教育重点是培养学生在广播电视节目策划编辑、采访写作乃至播音主持等方面的能力。

---

① 吴廷俊．新闻传播教育的认知与践行[M]．上海：复旦大学出版社，2013：3.

② 张昆．中外新闻传播史[M]．北京：高等教育出版社，2008：88.

以国内最早创建广播电视人才培养和科研机构的北京广播学院为例,广电新闻学专业的课程设置既包括传播学、中外新闻史、新闻理论等平台性理论基础,也包括电视采访、电视写作、电视编辑、电视节目制作、栏目设置与编排、节目企划、广播新闻业务等更加具体的特色科目。此外,基于广播电视传播对声音画面的特殊要求,新闻学科与艺术领域也产生了密切联系。比如专门培养纪录片摄影、电视广告摄影、体育转播摄影等摄制人才的摄影专业,培养进行广电新闻报道、评论解说、演播配音等主持人才的播音主持专业,对学生的审美水平、创新思维、形象气质、即兴表达等能力有了更高要求。以往“埋首纸堆”采写编评的新闻人才,也要具备台前幕后的策划表达和人际沟通能力,这种人才需求的改变促使了教育目标和手段的更新。

更重要的变化在于20世纪中期,随着新兴电子媒介的出现和发展及社会科学研究方法的突破,加上社会对传播效果的日益重视,一门新的学科——传播学建立并发展起来了。以政治学家拉斯维尔、心理学家卢因、社会学家拉扎斯菲尔德和实验心理学家霍夫兰为研究代表的大众传播学,本身是多学科交叉融合的产物,研究集中在20世纪大众传播工具对社会发展的作用和影响上。这些学者的研究成果和方法被运用到了新闻学的教学当中,“改变了新闻学无学可依的尴尬局面”,增强了新闻学的学理性质和学术底蕴。1947年施拉姆在伊利诺伊大学创办了美国第一个传播学研究所,之后又创办了美国第一个传播系,50年代更有许多美国大学的新闻系或广播系成立传播学研究所。① 传播学作为“舶来品”在20世纪70年代后期正式引入我国,1997年国务院学位委员会正式将“新闻传播学”定为研究生学位专业的一级学科,下设新闻学和传播学两个二级学科,本科专业目录中的“新闻传播学”则设有新闻学、广播电视新闻学、广告学和编辑出版学。

“他山之石,可以攻玉”,教育领域传播学的导入对改造传统新闻学起到了很大作用。一是新闻学课程设置中的理论版块扩大。通过吸收大众传播学中的受众理论,以宣传为本、媒介为本位的新闻学开始关注受众的地位角色;通过吸收效果理论,如说服性传播、议程设置说、使用满足说等,并借助量化研究方法对媒介效果进行测试,将阅读率、收视率、收听率变成看得见摸得着的东西。二是媒介经营管理问题开始并得到重视,伴随媒介产业化和企业化转型,新闻学教育开始培养学生对受众市场、发行市场、媒介内部管理、媒介内容选择的驾驭能力,不仅做媒体内容生产者,还要在市场化经济条件下为媒体运营谋求更好的环境和更丰厚的利益。三是在大众传播学

---

① 吴信训. 世界新闻传播教育百年流变[J]. 新闻传播研究,2009,16(6):26-37.

多学科交叉的背景下，新闻学教育也将其他人文社科知识纳入本专业培养范围之中，经济学、政治学、法学、历史、文学等学科基础课程进入了新闻课程体系。[①] 微观务实的新闻学侧重操作运用，架构较为封闭，而大众传播学则与经济、文化、社会联系紧密，架构相对开放，帮助了新闻学打开关注视角，更新研究方法，开放知识体系，细化研究分支。

（三）互联网技术与新闻传播学科大变局

20世纪中后期以来，传播技术从几何级发展迈入指数级发展阶段，形成了新一轮传播革命，这次革命是以互联网和网络技术为中心展开的。20世纪40—50年代，原子能、电子计算机和空间技术诞生，计算机开辟了机器代替人类脑力劳动的新时代，信息技术革命正式开始。70年代信息高速公路建立、网络技术快速传播等，标志着技术革命全面展开。70年代以来微电子技术及通信技术为核心的新兴技术群引发了技术领域的深度变革。2013年被看作"大数据元年""移动互联元年"，数据量爆发式增长，被赋予背景的数据成为信息，能提炼出规律的数据成为知识，借助分析工具能为我们提供策略的数据成为资源。移动化、社交化、互联化成为传播新常态。[②]

传播历史学家詹姆斯·贝尼格提出了计算机对其他媒体的最大影响，"计算机具有把其他传播媒体和信息媒体的所有输出内容变为数字形式的能力，这将使它在21世纪成为新的'全面媒体'"。数字、词语、图片、声音都能通过计算机进行数字化编码、存储和传送。这种对信息形态的根本性整合，引发了媒体格局翻天覆地的变化。

首先是新旧媒介互相渗透，深度融合。"网络社会的崛起，使得历史上首度将人类沟通的书写、口语和视听模态整合到一个系统里。经过人脑两端，也就是机械和社会脉络之间的崭新互动，人类心灵的不同向度重新结合起来。"[③]纸质媒体、广播电视、互联网所依赖的技术越来越趋同，0和1的组合诞生新的传播形态，报纸与网络融合产生电子报，电视与网络融合产生IPTV等；新闻信息形成多维立体系统，受众得以在文字、声音、图像的任意切换，阅读习惯和观念由此产生变革；新式移动终端大大拓展接收渠道，集合了移动便捷、互动社交、多媒体特性的新闻APP迎来发展高峰，受众在零碎时间阅读碎片化新闻的需求影响了新闻生产走向。

---

① 李良荣，李晓琳．新闻学需要转向大众传播学[J]．新闻大学，1998，(3)：17-20.

② 张昆，杨丽萍．信息技术变革与传播技术创新[N]．中国社会科学报，2014，12(24)：B02.

③ 戴维·克劳利，保罗·海尔．传播的历史：技术、文化和社会[M]．董璐，何道宽，王树国译，北京：北京大学出版社，2011：387.

其次，互联网时代的传播业形成了“去中心化”和“再中心化”两大特征。① 一方面，以专业媒体为主导的单向传播转变为传受双方共同参与的双向传播，多元主体运用各类媒体一起求证，并进行意见交流与对话。以新闻聚合网站赫芬顿邮报为例，该网站采用公民记者、名人博客、专业记者和编辑四位一体的合作方式进行新闻采掘发布，打破采编方与受众方的严格界限，是公民新闻和社交新闻之典范。另一方面，随着信息发布门槛的降低，单一个体难以应对海量信息潮，一批有影响力的“意见领袖”得到信任和赋权从中脱颖而出，汇集民意，影响舆论，充当了网络社区发言人角色，构建起新的话语中心。

再者，在新媒体全面崛起的冲击之下，信息稀缺已然变为信息过载，内容的价值被大大稀释，媒体之间的竞争不再局限于内容，而是对内容、发行、技术、经营的综合考量，是产品的整体竞争，考验媒体对“产业增值链环节的认知与反应”。传媒从业者需要面向受众，思考传播规则是否符合新媒体时代受众的阅读特征，思考何种内容易被受众接纳，何种表现形式能最大程度帮助受众理解，通过何种渠道能接触到最大范围的受众，同时又要以精确定位达到最恰当的受众，突出个性化传播。要在此维度上抢占先机，尤其应关注以大数据和云计算为代表的新信息技术，将视野从因果关系转移到相关关系，将媒体自身定位从内容提供者转变为意义生成者，将借助算法获取的用户偏好和自身的专业素养优势结合，方能甄筛提炼出高品质内容进行包装。

二、互联网技术与新闻传播知识体系的挑战

“每一次新媒介的出现，自然也就意味着新闻学外延上的又一次扩展”，互联网技术的出现首先在业界引发了前所未有之大革命，随即对新闻传播学科提出全新的建设问题。安德鲁·麦卡菲将技术社会形容为“一个超级计算机的世界”，②在互联网技术复杂化、规模化趋势渐显的背景下，传播革命在催生新的传播环境、将人类文明推向更高级发展阶段的同时，还给新闻知识的生产、分类、规则、未来走向带来巨大挑战。当下笔者无法预估未来互联网技术的具象特征，但在梳理媒介技术与新闻传播学科二者关系，尤其对“第四次传播革命”的关注思索当中形成了“一孔之见”，对本学科发展面临的张力与阻力有所认识，以供批评。

① 李良荣，郑雯．论新传播革命——“新传播革命”研究之二[J]．现代传播，2012，34(4)：34-38.

② 埃里克·布莱恩约弗森，安德鲁·麦卡菲．第二次机器革命：数字化技术将如何改变我们的经济与社会[M]．蒋永军译，北京：中信出版社，2014：64.

（一）职业化加深，但学术关怀出现二度弱化趋势

发端于“报学”的新闻传播学与职业实践有天然的紧密联系，学科创制的早期，为将新闻界人士上升到受人尊敬的职业高度，从技能培训起步发展起了技能化职业教育模式。

而“职业化”是一门职业上升为“职业主义”中的过程，也是动态、内敛和不断形成的发展过程。互联网时代催生出五花八门的新传播职业种类。就动态发展视角而言，这些职业还处于职业化过程之中，尚未到职业主义正式形成阶段。任何一门新职业在其发展之初，都面临着建制不全、规则缺位的问题。“职业化程度较高的职业，其职业角色通过个体对于职业理念的理解和精神的内化而形成，强调个体在从业过程中的社会道义和服务公众的责任；职业化程度较低的职业，其职业行为更多地由外部控制而非来自内部的压力。”[①]随同互联网应运而生的新职业往往在新技术基础上发展而来，而传统新闻教育尚落后于动态业界的现状，由此导致了人才危机。供需失衡使得技术操纵能力成为从业者最重要甚至唯一的考量因素，职业精神与从业道德却显得无足轻重。

与此同时，互联网对传统新闻职业化起到深化作用，却导致了学术关怀的二度减弱。新媒体全面崛起，加剧信息过载和市场竞争。学界之所以调节新闻教育的内容和体制，是在实用主义哲学指导下，为迎合受众需求改变和满足市场需求而进行。普利策在创建新闻学院的时候说过，新闻教育应该是一种知识和技巧的平衡。现在看来，技巧大有超越知识占据上风的趋势。回顾传播技术发展史，当下培养所谓掌握互联网前沿传播科技的新式人才，与当初培养掌握印刷技巧、采写编评的人才本质上别无二致。而新闻学最初偏重实践、学理性不足的问题，也在今天重现端倪。

（二）知识分类细化，但受学者接纳范围更受限

彼得·柏克在《知识社会史：从古腾堡到狄德罗》中提出一个令人深思的观点：知识在累进，但智慧却不是。这对于新闻传播知识体系的参考意义尤为重大。欧洲近代早期，参考书繁增，图书馆和百科全书扩充，想了解某一特殊课题的人可用资料越来越多，使得人们难以否认“认知成长”的传统假设。[②] 然而，在他看来，积累越来越多的知识并没有导致智慧的累进，甚至在个人层次有出现退步之可能。每一种知识都在竞相吸引我们的注意力，

---

① Melvin Mencher. What should be taught in Journalism Schools? [J]. Nieman Reports, Winter, 2002.

② 彼得·柏克. 知识社会史：从古腾堡到狄德罗[M]. 贾士蘅译，台北：麦田出版社，2003：44.

而每一个选择都有代价。以百科全书为例，因为知识的快速增加需要时常修改内容，后来修改的人总要在前人基础上删繁就简，为新知识留出篇幅空间。新闻传播知识谱系也正像是这样一本时刻面临修改的参考书。

新闻传播知识的成长史，是学者与从业者设法将当初看来“另类”的知识纳入自身体系的历史。新闻理论知识扩充了以出版印刷、采写编评为重点的传统建制，政治、经济、社会、法律等人文社会学科和自然学科扩展了原本的学科边际，新媒介与新科技的出现催生了全新的研究领域与视角，知识树越发繁茂。尤其是互联网冲击之下，知识的衍生与细分如同信息爆炸令人目不暇接。然而在此背景下的学科教育，对于人才培养的定位却值得深思。一方面，学界与业界都强调要打造“复合人才”“全面人才”。但在海量知识细分时代，多种媒体形态井喷式出现，新媒体技能成为难以穷尽的“黑洞”，学科边界的扩展也使得掌握跨学科、多学科知识颇为艰难，深思便可发现所谓“复合人才”实则为一个看似新颖却自相矛盾的命题。另一方面，培养专门人才的口号同样面临尴尬境地，越来越专门化的训练某种程度上导致学生的知识比以往更加狭窄，更难适应知识总体化融合的发展步伐。

究竟是打破学科边界和课程限制，尽可能多的涉猎知识，还是坚守专业阵地，把核心知识研究深入透彻？这成为技术推动下知识革命所带来的两难选择。

（三）学科边界扩展，但自主与开放难持平衡

技术发展和媒介融合使自然学科与新闻传播学交叉趋势加强，人文社会学科更是早已被纳入新闻教育体系范围内，“跨学科”“学科融合”一时成为学科发展的先进潮流与科学标准。然而，对学科交叉和体系开放的过度崇拜产生了新问题：如何确立新闻传播学科的边界？

海德格尔曾尖锐批判现代文明导致起源于19世纪的知识学科化和专业化出现倒退：“科学领域现在四分五裂。各门学科的研究方式是根本不同的，只有靠大学和院系的专门性组织来维持，才不至于散架；只有通过不同的分支学科的实际目的才能保留其意义。”①可见，确立学科边界并保持独立性，不仅对于学科发展，而且对科学全局有重要影响。学科边界需要学科规训来划分，这是知识分类的规则和学科分立的制度。确立了学科标准，才能对知识有效性跟合法性进行评价，对门类分界和地位作用进行规范协调。身处同一个科学共同体的成员往往分享普遍认可的信念、价值、观点，在具体解决问题方法上有本学科供参考的模型范例，有其被认可的连续性与一

① 罗兰·斯特龙伯格．西方现代思想史[M]．刘北成，赵国新译，北京：中央编译出版社，2005：591.

致性的文化特征，对待质疑批判本学科知识范式的人进行反击。① 学科归属感起到了维系稳定、促使进步、增进团结的作用。

开放的外向型知识体系是其持续发展的推动力，但确立明确的学科边界才能稳固科学共同体成员的信仰，确立明确的学科范式才能约束成员的行为。当前的互联网已推动新闻传播衍生出众多交叉学科、边缘学科，今后必然还有更新于互联网的技术大量涌现，唯有边界才能防止学科的无限制扩展和架构零散。

(四)技术快速更迭，但学科走向充满不确定性

多米尼克用媒介时间轴描述传播技术发展的速度关系，人类从语言到文字经历了几十世纪，从文字到印刷花了5000年，电报电话的出现只隔了300年，紧跟着便依次出现广播、电视、计算机，呈现裂变式增生。每一种新媒介都以生机勃勃的状态出现，却迅速被另一种更新媒介所湮没，最终没有哪一种媒介能够长久占据主导地位。

无线电广播出现早期就被认为是人类传播的最终形式，工程师赞美其“跨越半球的声音，使得多年的智慧在一次呼吸之间就能再度流行”，然而善于发明创造的人已经开始尝试图像的传播介质了。计算机和互联网相结合的十多年间创造出丰富到令人惊叹的电子传播形式，但这个新媒体也不会有永恒不变的形式，不是对过去的革命性割裂。② 由此反问，现代传媒呼吁要培养的“全能人才”“跨媒体人才”真正可行吗？新闻从业者真的有可能同时掌握层出不穷的新技术、新工具、新平台吗？即便暂时“全能”，又何以保证不会被更迭的传媒生态淘汰在后？答案尚未可知，但能够确定的是新闻传播从一开始就与传播科技紧密连接在一起，科技的创新活力意味着学科建设也需要秉持前瞻姿态，勇于创新，勤于变革。

三、构建关注人文、自由民主的知识新体系

以史为镜，以现实为依托，回顾思考技术创新在新闻传播知识体系当中所扮演的关键性角色，笔者无法否认技术在学科形成与变化中的推动作用。重视技术自无须多言，但立足于应对技术挑战、适应生态变革的维度，笔者也要提出以下几点意见促成警醒：

---

① 石中英．知识转型与教育改革[M]．北京：教育科学出版社，2001：78.

② 戴维·克劳利，保罗·海尔．传播的历史：技术、文化和社会[M]．董璐，何道宽，王树国译，北京：北京大学出版社，2011：388.

首先，无论技术如何改变，都不可失去对人的重视和坚守。现代媒介技术虽然花样百出，但并未超越远古人类传播技术形式中已经包括的各种类型的语音、手势、戏剧和社会仪式。反而从一定程度而言，技术不知不觉中却在某些方面左右了人。柏拉图声称书写是"人造的"辅助手段，会导致对智能，尤其是记忆能力的腐蚀，而现代教室里学生使用便携计算器，回避以记忆为基础的数学运算，又何尝不是另一形式的腐蚀？媒介融合时代表面是要培养人才的技术适应性，深层追究却是要求思维的适应性，具体而言就是以新媒体的逻辑和思维研究媒介和传播。这是对"技术决定论"的一种反驳。

其次，要关注实用知识和技术，更要关注知识价值和理想。技术革命引导社会对数据、工具、技术前所未有的崇拜，就如同经济学、自然科学逐渐超越哲学、宗教学一般，新闻传播业对技术的重视也有超越新闻理论和理想的势头。但传统教育强调的知识价值是能够经受时代考验的，我们应当多问知识"是真实的吗？"而不是问"有用吗？""有效吗？""可出售吗？"不应当全力关注可验证的、精确的运作方式，将知识视作商品，为迎合消费需要精心包装之后以学分、课时、课程的形态提供给受学者。① 大学和学科不应当成为创造技术的地方，而应当是创造理想的地方，新闻专业的学生在接受专业训练的同时，更应当接受最初的人文精神熏陶和新闻专业理想的激励。

最后，新闻传播学亟待重塑一个自由民主的知识新体系。布赫迪厄形容学术部门具有独立国的特色，倾向于资源竞争和垄断、排斥局外人，这是要尤其注意避免的。学科分类强化的同时也越来越窄化，因此关照学科独立自主的同时要排除"山头意识"，消除偏见，对新传播科技以及随之诞生的新理论知识采取宽容态度。

参考文献：

[1] 石中英．知识转型与教育改革[M]．北京：教育科学出版社，2001：78.

[2] 兰登·温纳．自主性技术：作为政治思想主题的失控技术[M]．杨海燕，译．北京：北京大学出版社，2014：8.

[3] 麦克卢汉．理解媒介——论人的延伸[M]．何道宽，译．北京：商务印书馆，2000：46.

[4] 李良荣．从"小新闻"走向"大传播"——新闻传播学学科建设和科研的新取向[J]．现代传播，2013，35(8)：34-38.

① 黄文彬，胡春光．试论大学学科边界的形成与分化[J]．中国高教研究，2010，(7)：49-53.

[5] 李良荣,李晓琳. 新闻学需要转向大众传播学[J]. 新闻大学,1998,(3):17-20.

[6] 李良荣,郑雯. 论新传播革命——“新传播革命”研究之二[J]. 现代传播,2012,34(4):34-38.

[7] 吴廷俊. 新闻传播教育的认知与践行[M]. 上海:复旦大学出版社,2013:3.

[8] 吴信训. 世界新闻传播教育百年流变[J]. 新闻传播研究,2009,16(6):26-37.

[9] 沙姆维. 学科规训制度导论[M]. 北京:三联书店,1999:21.

[10] 张昆,杨丽萍. 信息技术变革与传播技术创新[J]. 中国社会科学报,2014,12(24):B02.

[11] 林牧茵. 移植与流变——密苏里大学新闻教育模式在中国(1921—1952)[D]. 上海:复旦大学,2012.

[12] 罗兰·斯特龙伯格. 西方现代思想史[M]. 刘北成,赵国新,译. 北京:中央编译出版社,2005:591.

[13] 彼得·柏克. 知识社会史:从古腾堡到狄德罗[M]. 贾士蘅,译. 台北:麦田出版社,2003:44.

[14] 哈罗德·伊尼斯. 传播的偏向[M]. 何道宽,译. 北京:中国人民大学出版社,2003:5.

[15] 保罗·莱文森. 软边缘:信息革命的历史与未来[M]. 熊澄宇,等,译. 北京:清华大学出版社,2002:1.

[16] 姜红. 现代中国新闻学科建构与学术思想中的科学主义[D]. 上海:复旦大学,2006.

[17] 埃里克·布莱恩约弗森,安德鲁·麦卡菲. 第二次机器革命:数字化技术将如何改变我们的经济与社会[M]. 蒋永军,译. 北京:中信出版社,2014:64.

[18] 徐尚青. 传播科技变化与广播电视新闻学教育的应变——以地方教学型高校为例[J]. 盐城师范学院学报(人文社会科学版),2016,32(6):75-78.

[19] 黄文彬,胡春光. 试论大学学科边界的形成与分化[J]. 中国高教研究,2010,(7):49-53.

[20] 童兵,林涵. 20 世纪中国新闻学与传播学[M]. 上海:复旦大学出版社,2001:35.

[21] 戴维·克劳利,保罗·海尔. 传播的历史:技术、文化和社会[M]. 董璐,何道宽,王树国,译. 北京:北京大学出版社,2011:388.

“大数据”时代下电视新闻报道模式新探

——以央视《数说命运共同体》系列报道为例

（马　燕　安徽大学）

摘　要：随着大数据技术的不断发展，新闻传播逐渐迎来大数据时代，将大数据可视化运用在新闻节目中的数据新闻已经成为一种趋势。此外，现代科技的进步、制作技术的提高为新闻节目形式的多样化提供了可能，而微信、微博等新媒体的蓬勃发展更是冲击着传统媒体。本文将以中央电视台2015年推出的大型数据新闻节目《数说命运共同体》为例，通过对节目的观摩分析来探讨电视新闻模式的改革创新，并对这些新探索进行反思。

关键词：数据新闻；媒介融合；数说命运共同体

一、导言

“大数据”一词最早出现于1980年，未来学家阿尔文·托夫勒在《第三次浪潮》中将其称为“第三次浪潮的华彩乐章”。2012年3月22号，美国奥巴马总统宣布投资2亿美元用以推动大数据相关产业的发展，并将“大数据战略”上升为国家战略。大数据的风暴正渗入人类生活的方方面面，并逐渐改变人们生活和生产方式。当大数据衍生到新闻传播领域，则表现为通过数据采集和分析工具去深入挖掘那些数据背后有价值的信息。大数据在新闻传播领域的运用在国内起步较晚，2014年央视陆续推出的《据说春运》和《据说两会》系列的数据新闻较为典型，而2015年中央电视台在国庆节期间推出的“一带一路”系列报道《数说命运共同体》是央视近年推出的数据新闻系列中的新成员，该系列报道播出后，节目呈现和传播效果得到了观众的肯定，在网络上掀起了新一轮讨论热潮。在当前新媒体蓬勃发展的形势下，这档传统媒体的新闻节目是如何脱颖而出的？它的模式是否有值得借鉴的地方？本文将以这档节目为观察范例，以定性的资料分析法为主要研究方法，配合部分定量的文献内容分析法，来研究电视新闻节目的发展模式，或许能为电视新闻报道的发展提供一些参考意见。

二、《数说命运共同体》节目模式及效果分析

央视推出的大型数据新闻节目《数说命运共同体》是"一带一路"特别报道，节目共有七集，分别将视角放在"一带一路"沿线国家贸易、投资、中国制造、基础设施、电力能源、饮食文化、人员往来等方面，通过挖掘海量数据，分析发现"一带一路"沿线国家40多亿百姓的休戚相关的联系。2015年10月3日—9日在中央电视台《新闻联播》《朝闻天下》《新闻30分》《新闻直播间》等多个栏目推出，并且"央视新闻"官方微博、微信、客户端全平台同步播发，以其大数据可视化的表达、新颖的报道形式，引起了广泛关注。

（一）数据新闻：大数据时代下的新闻传播

在大数据方法视野下来看新闻传播，可以发现新闻传播创新包含这样两个层次的含义：首先，它是新闻形态的创新，包括可视化信息、人性化的嵌入。其次，它是一种全新意义上的内容创新，即通过碎片化的数据及文本的挖掘技术，是实现了新形态的"减少和消除不确定性"的新闻内容。① 大数据时代下的新闻传播，出现了一种新的新闻叙述方式——"数据新闻"。数据新闻与传统的电视新闻有什么不同？数据新闻是基于数据挖掘与分析思维的新闻报道，也是数据驱动型的调查性报道或深度报道，②它的突出效果是让新闻更真实、客观、精确。首先真实和精确来自于权威信源的可靠性保证，《数说命运共同体》由央视新闻中心跨行业、跨领域整合多方信源，依托国家"一带一路"数据中心、国家统计局、海关总署、世界银行、世界贸易组织的权威数据库。根据央视官方发布的消息来看，这个节目挖掘数据超过1亿GB。数据新闻带来的客观性则来源于大数据可视化的运用。大数据可视化是在变量众多的关系中将数据关系降低纬度以抽取出主要的变量，并将其对于另外一些变量的变化影射到可理解的图像空间上，从而实现可视化。③目前可以实现的是使用卫星定位跟踪系统数据，通过大量GPS移动轨迹提升数据新闻的视觉表达效果，将数据库对接可视化工具，从而使节目通过真

① 李彪，李慧娟，杨娟，等．新闻传播的大数据时代[M]．北京：中国人民大学出版社，2014：2.

② 方洁．全球视野下的"数据新闻"：理念与实践[J]．国际新闻界，2013(6)：73-83.

③ 李彪，李慧娟，杨娟，等．新闻传播的大数据时代[M]．北京：中国人民大学出版社，2014：2.

实数据轨迹全景呈现。早前央视数据新闻节目《据说春运》中采用 LBS 定位春运人流的流通情况就是利用了这样的技术，而《数说命运共同体》可以说是大数据可视化的进阶版，精确描摹“一带一路”沿线主要国家的重要数据分布情况，画面呈现上更精致，更丰富。

在第二集《通往世界的路》的开始，我们看到一张热力分析图，它记录着一台挖掘机在一个月里的工作轨迹，通过过去一年中 48 台挖掘机在这个区域工作的轨迹，描绘出贯穿吉尔吉斯斯坦南北的一条公路施工的状态，再集纳沿线参与基础设施建设最多的一家中国企业中焦集团的工程设备数据，从而在热力图中的轨迹中透视出基础设施建设向“一带一路”集结的发展趋势。这样的分析图几乎在每一集里都能看到，比如第 6 集《丝路，走起》中我国与“一带一路”沿线国家的飞机航线图，第 7 集《中国制造，您选啥?》里满屏翻飞的央视联合国家信息中心和亿赞普大数据公司提供的关于中国的关键词等等。类似这样的热力图和三维立体图贯穿在整个系列报道中，共有两百多幅。新技术实现了大数据可视化，通过一个个鲜活的流动的轨迹让报道更真实、客观，更具有时代感。

数据新闻除了令新闻更客观、真实，还令新闻更易读。在数据的驱动下，新闻工作者需要通过海量数据的挖掘，找到沿线各国彼此需要的真实逻辑，而记者需要侧重于在这些逻辑中分析，并用观众易于理解的方式表现出来。《数说命运共同体》选取 40 多亿普通百姓的生活细节来呈现，最终建立起观众对“一带一路”沿线国家“命运共同体”的全新认知。比如中国 5000 年前的发明与印度最新的服装时尚的联系、中国的一个面包和哈萨克斯坦的一张馕的关联、东莞举家搬迁的生产线与孟加拉吉大港工人的平均工资的关系等。以第 4 集《奔跑吧！能量》中的一个片段为例：

土库曼斯坦的天然气储量到底得有多少呢？我们对已经公开探明的储量做了一个换算，它相当于现在，我每走一步，这一只脚踩上去的，可是一个立方的天然气。可如果在我们国家，这一只脚踩上的，就只有这里的 1/100。从这里出发的天然气以每小时 80 公里的速度，奔跑了四天，就来到了这里，深圳。它的到来，结束了深圳用气紧张的时代。现在，深圳每天用气量最高的 1 小时，要比这之前足足多出 10000 立方米。这些多出来的气呢，足够 3 万个家庭做好一顿饭了。目前，我国用的中亚气已经超过了 1000 亿立方米，相当于代替了 1.33 亿吨煤，这可以堆满近 19 万个“水立方”。

一连串的数字通过形象的类比反而不显得枯燥，土库曼斯坦究竟有多少天然气储量，这些天然气能释放多少能量，这些能量能产生多少的作用，用百姓最能理解的方式表达出来，一下就简单明了，易于理解了。当然这样的表述对现场出镜记者的专业要求非常高，而作为整个系列出镜记者的欧阳夏丹在其中的表现可圈可点，这样行云流水的表述贯穿在每一集中，比如：

“我脚下的这条河，就是澜沧江—湄公河，它从我国青藏高原的唐古拉山发源，流经缅甸、老挝、柬埔寨、泰国，最终从越南入海。这条河不仅仅养育了流域3.2亿人口，而且蕴藏着巨大的能量，根据测算，它可以用来开发水电的资源，相当于22个，我身后这样的大型水电站，可以供将近5000万的人一年的用电。目前开发的量是1%，也就是说，还有99%的共同开发的空间……”

“现在全世界人均丝绸消费量已经达到55克，相当于72亿人每人每年买一件真丝上衣。不过让人意外的是，生产全世界80%以上丝绸的中国，人均丝绸消费量却仅为9克，也就是一块丝绸手帕的重量。这跟日本的人均217克、瑞士的人均70克比，差距还真是明显……”

“听到这条河还有99%电力没有开发，作为观众会不禁悄悄在心里乐观了一下。听到人均55克丝绸的消费量估计观众会跳出几秒算一下自己衣柜里有一件还是几件真丝上衣……”

这样的语言加上形象的视图，使得大数据不但可视化还更加接了地气有了可听性，共同营造了生动的视听语言环境。

(二)“一镜到底”和虚拟演播室：数字电影剪辑技术的魔法

“一镜到底”是电影中常用的长镜头手法，区别于蒙太奇手法，没有多余的拼接镜头，而是用一个镜头或长时间的镜头来拍摄，中途并不剪切。因为更能体现真实性和纪实性，一镜到底广泛运用于电影拍摄中。但用在电视节目中，尤其是新闻报道中却很少，因为这对于镜头和场景的调度、记者与镜头的配合以及后期技术都是极高的要求。这意味着拍摄不能出现一点误差，才能保证效果的呈现。在电视节目中看似“一镜到底”，其实并不是传统意义上的长镜头，而是用后期剪辑技术做的移花接木，即用一个镜头拍摄完出境记者的解说词，镜头的落笔在某一个静物上，然后换一个地方继续拍，镜头以同一个静物开始，后期经过剪辑让它过渡得毫无痕迹，实现移步换景的效果。这样使得整个形式的呈现更精彩，更有吸引力。

《数说命运共同体》系列报道中的另一大亮点是使用了数字电影剪辑技术，请出镜记者欧阳夏丹走出演播室，实现瞬间在不同国家之间的穿越，主持人“移步换景”，从中国杭州的跨境电商试验区到泰国曼谷的乳胶枕工厂、从孟加拉的浪漫海滩到马来西亚的老火车站，欧阳夏丹在不同国家和地区的70多个场景中瞬间位移。

在《数说命运共同体》的第一集《远方的包裹》中,出镜记者欧阳夏丹在杭州下沙的保税区仓库做现场报道,她从泰国发到中国的包裹中取出了一个乳胶枕头,随着对乳胶枕的快递之旅的解说和她脚步的行进,原本身后的杭州仓库已经变成泰国曼谷乳胶枕加工厂,身后是流水线上正在工作的工人。再继续往前走,欧阳夏丹又置身于泰国尖竹汶府的橡胶林,脚踩泥土地,现场解说制作乳胶枕的必备原材料:橡胶的诞生过程。这一段的出镜过程共 1 分 30 秒,以曼谷发出的快递为引子,介绍了进口货物的快递之旅、乳胶枕头的加工、乳胶的生产一系列内容,而解说的地点却换了三个,从杭州到曼谷工厂再到尖竹汶府的橡胶林。从效果看,画面切换毫无违和感,出镜记者仿佛瞬间穿越一般,适时出现的场景也用最直观的方式展现出了解说内容。

除此之外,数字电影剪辑还有一个惯用手法:虚拟技术,在电视新闻中的运用便是虚拟演播室。事实上,虚拟演播室的应用对电视节目制作来说已经不是新鲜事,但是将虚拟演播室于真实现场结合在同一长镜头中,这却算一种突破。因为拍摄的各方面限制,有时候出镜记者并不能真正去每一个现场,虚拟演播室就弥补了这一缺憾。《数说命运共同体》中多次用到这一方法,因为过渡自然和谐,坦白说,笔者并不能完全分辨出每一次切换,哪一个是真实场景哪一个是虚拟场景。这里试举一例,在第三集《文化的旅行》中,出镜记者欧阳夏丹在湖州钱山漾的田间地头行走,但当介绍到中国古代丝绸之路时,已经变成行走在迪拜的沙漠中。这两个场景都是在虚拟演播室中完成,欧阳夏丹不是真的在田间地头和沙漠中行走,而是在绿箱的纯虚拟演播室中,站在跑步机上行走,行走的节奏要得当,营造出真实行走的感觉,配合 3D 动画达到逼真的效果。当说到和丝绸关联度最高的词"莎丽"时,欧阳夏丹顺手拿起一个莎丽做演示,而下一秒钟,她已经披上莎丽站在孟加拉吉大港的海滩边向大家讲述莎丽的历史和穿法,这就从虚拟场景切换到真实的场景。莎丽、安全帽、天空、飞鸟……这些都成了空间转换的道具镜头,视觉效果很是惊艳,让观众在家里观看电视节目会有仿佛在看电影大片的视觉效果,这些技术特效大大吸引了观众的眼球。

(三)全媒体推广:媒介融合下的新闻与传播

传播学大师麦克卢汉在 1964 年出版的《理解媒介》中提出了"媒介即信息"概念,他认为,之于通过媒介所传播的信息而言,媒介本身更有价值。随着科技的不断进步和发展,数字化新媒体蓬勃发展,而传统媒体也在倔强生存,形成了一个新旧媒体共生并存的媒介生态环境,即媒介融合。从新媒体来看,使用人群最广泛的当属微信和微博。微博的重要属性是节点共享的即时信息网络，节点价值的释放提供了无可比拟的便利，它的最核心功能就是信息的发布与获取。① 也就是说，通过微博，信息从一个节点出发传播进入一部分的信息获取空间，再经过这些人的信息空间二次传播，节点多倍裂变成更多的传播节点，进入更多人的信息关系网，如此反复扩张，从而实现滚雪球式的传播效果。

在《数说命运共同体》全集播出后的一个月内，笔者通过搜狗微信进行公众号文章搜索，输入搜索主题“央视数说命运共同体”，搜索结果为 2833 条，可见该系列节目播出后，官方公众号和各大自媒体发文 2833 条。这些文章中有直接汇总系列节目视频的，有解析节目制作背后的故事的，也有关注出镜记者欧阳夏丹等。这些文章在朋友圈传播速度快，影响范围广。借助微信的力量，传统媒体节目影响力范围扩大，得到了更好的推广。

借助话题性引发关注度也是本次系列报道推广的手段之一。《数说命运共同体》系列报道话题性有二，其一是这次报道运用的新技术：“一镜到底”，还有一个就是欧阳夏丹，通过搜狗微信进行搜索，搜索主题为“一镜到底”和“欧阳夏丹”，可以发现搜索结果为 294 条，这 294 条微信推文的标题基本都诸如：《欧阳夏丹带你玩转“一带一路”》《变魔术！欧阳夏丹从主播台玩“穿越”》，甚至还有话题诸如欧阳夏丹为了节目切换自如的效果，于是准备了三套相同的服装来适应不同地区不间断的室内室外的拍摄，这些也被大家饶有兴致地讨论出来。这些话题能迅速引发关心“一带一路”相关信息、关心节目，尤其是对摄影技术感兴趣的网友们的关注和讨论，也借此扩大了知晓群和影响力。而在微博上，话题#夏丹在穿越#阅读量已达到 4693.8 万，讨论量为 9201 次，可见微博热门话题的影响力则更甚。通过微信、微博等新媒体的宣发，充分利用新媒体的传播优势，助力传统媒体进行宣传和推广。从这些数字上来看说，《数说命运共同体》的宣传推广虽没有达到最佳效果，但也算是在新媒体和传统媒体上的一次有益尝试。

三、电视新闻发展新模式反思

（一）挖掘大数据背后的深意和价值

大数据之于新闻传播来说，是一个机会也是一个挑战，数据新闻将是未来电视新闻的发展趋势。借助大数据分析平台，站在一个更宏观的纬度来

① 欧亚，张佰明，喻国明．微博：一种新传播形态的考察——影响力模型和社会性应用［M］．北京：人民日报出版社，2011：3-12.

思考，需要注意的是这些数据不应该只是数字，如何深入挖掘这些数据背后的深意和价值是未来数据新闻应该思考的方向。诸如《数说命运共同体》这样，借助数据分析平台进行碎片化的新闻线索分析并重新具体生动的再现表达只是新闻传播大数据时代的初级阶段。在面对数据时，应更多地去思考这些数据是怎样来的，代表着什么，为什么会这样，从而在数据背后抓住新闻价值，体现出冰冷数据背后的人情冷暖。此外，新闻传播的大数据时代应该不仅仅局限于分析历史数据，将它运用在未来上将更大地发挥它的价值。大数据研究专家巴拉巴西认为：93%的人类行为是可以预测的，当我们将生活数字化、公式化以及模型化的时候，会发现其实大家都非常相似……人类行为看上去很随意、很偶然，却极其容易被预测。① 从这个方面来看，未来通过大数据分析预测市场需求，将大数据的预测性运用在舆情研究上将有巨大的意义，如何去做，还需要不断地摸索前行。

（二）警惕形式不可大过内容

新闻的第一性是真实，真实是新闻的根本属性。大数据可视化让新闻形式更丰富、更多样，权威数据的本身令新闻更真实，而现代科技的运用让新闻形式更夺人眼球，这些都是积极的影响，但需要注意的是高端酷炫的科技形式容易令人迷了眼，忘记了一个优秀的新闻报道的初衷。若一个新闻仅仅靠多变的形式来吸引住观众的眼球，恐怕无法长久；若一个新闻报道缺乏“受众本体”意识，不关心观众想知道什么，不知道观众在思考什么，只是把精力投入在拍摄和呈现的技艺上，迟早将失去观众。这些就是当下大数据蓬勃发展并日益渗透各行各业的情况下我们应该思考的，作为新闻工作者应需要时刻谨记：技术只是一种为新闻“添砖加瓦”的工具，内容才为王。在新闻生产中不应该本末倒置，应谨记新闻的真实、客观、公正、平衡原则，将更多的精力放在新闻的内容上，因为只有扎实的内容才是受众真正关心的，优质的内容才是新闻生生不息的根本保证。

（三）提高记者的综合素养

“新闻发生的时候，我们不是在现场，就是在前往现场的路上”这句凤凰卫视的口号成为很多出镜记者的职业追求，而如今，出镜记者现场报道在电视新闻节目中发挥着越来越重要的作用。电视新闻现场报道是“电视新闻记者在新闻事件现场，面向摄像机（观众），以记者采访、目击者或者参与者

---

① 艾伯特·拉斯洛·巴拉巴西．爆发：大数据时代预见未来的新思维[M]．北京：中国人民大学出版社，2012：2.

身份做出图像的报道”①。这种报道形式最早起源于20世纪70年代的美国，当时美国已经使用ENG拍摄新闻，由此电视记者应运而生。中国新闻现场报道的形式虽然诞生较晚，但在近些年得到了快速发展，基本有新闻的地方就有现场报道。因其现场感强、传播速度快、可信度高，其成为深受观众喜爱的报道形式。

央视《数说命运共同体》系列报道之所以能够在播出后引起广泛关注，和节目精心的策划、大数据可视化的运用以及新媒体和传统媒体的配合密不可分，笔者特别注意到了出镜记者欧阳夏丹在整个报道中起到的作用。出镜记者作为报道的灵魂，对直接传达现场信息、完整呈现事件起着重要作用，其身上体现出的专业素养是一个报道能否成功的关键因素。随着现代技术的进步、制作技术的提高，新闻报道的形式更多样化，这为出境记者的现场报道提供了更广的空间，特别是新闻传播的大数据时代的来临，对记者自身的素质提出了更高的要求。通常意义上我们认为的传统出镜记者应该具备高度的新闻敏感度、随机应变的能力、有声语言表达能力以及得体的妆容等素养，现如今这些恐怕不够，加强前期策划和知识储备，以记者的身份参与到整个报道中的每一环节，包括前期策划，这将有利于出镜记者更好地理解和诠释报道的内容；配合虚拟演播室等技术保持表情肢体的协调，有助于整个节目效果的呈现；此外，还应熟练掌握微信、微博等新媒体的运用，以个人的魅力带动整个节目的宣传，这对节目的推广发挥积极的作用。

（四）促进媒介融合，加快传统媒体转型升级

随着互联网的迅速发展，新媒体发展态势愈来愈好，传统媒体如何顶住压力寻找出口改革创新显得尤为重要。现如今，真正会去看电视的人越来越少，手中更多地依赖于网络，载体变成了电脑甚至手机，在这样的新形势下，跟紧时代发展，根据自身特点，深化新媒体和传统媒体的融合，是广电改革的一剂良方。媒介融合的方式主要有两种：其一是传媒业界跨领域的整合与并购，并借此组建大型的跨媒介传媒集团；其二是媒介技术的融合，将新的媒介技术与旧的媒介技术联合起来，形成新的传播手段甚至全新的媒介形态。②

在媒体发展和技术革新的新形势下，传统媒体必须要不断推陈出新才能持续发展，树立新媒体意识，多从新媒体的角度思考问题，通过新媒体拓

① 仲梓源．电视新闻播音主持教程[M]．北京：中国传媒大学出版社，2008：184.

② 梁媛，彭祝斌．媒介融合时代新闻生产经营管理的创新[J]．当代传播，2010(1)：110-114.

宽传统媒体新闻生产的渠道和来源。同时，在内容上也可以尝试媒介融合，多思考如何在调动受众的积极性，使受众参与到新闻生产的过程中来。在宣传推广方面，灵活运用新媒体加强传统媒体的宣传和推广，培养并扩大受众群。由此看来，在媒介融合的大环境下，灵活运用新媒体，为传统媒体的发展开拓市场和空间，加快传统媒体产业升级势在必行。

在《数说命运共同体》的推广宣传中，配合新媒体起到了非常重要的作用。事实上，央视依靠自身优势，调整步伐，在新媒体这一块已经颇见成效，除了央广网这一官方网络平台，配合 CNTV 央视独家视频播放客户端，同时还开发了央视新闻手机客户端和“央视新闻”微信公众号。截至 2015 年 12 月 21 日，央视新闻客户端、微信公众号“央视新闻”的新媒体用户已达到 2.1 亿。这些都将帮助央视在互联网时代培养新媒体受众群，扩大影响力，开拓空间和市场。

四、结语

狄更斯在一百多年前说：“这是一个最好的时代，这是一个最坏的时代。”或许用这句话来形容现如今的媒介生态环境也恰如其分，对当今的媒体发展来说，这是一个最好的时代，也是一个最坏的时代。数字新媒体蓬勃发展，传统媒体面对新媒体的猛烈冲击必须思考如何与其共生共存，甚至探索出一条更好的发展模式。而大数据时代的到来，对新闻传播来说应是一次转机。数据新闻改变了传统新闻的叙述方式，给电视新闻报道带来了意想不到的效果。央视《数说命运共同体》系列报道是新时期电视媒体转型发展做出的有益探索，以“数据新闻+数字拍摄手法+新媒体推广”的模式为电视新闻未来发展趋势提供了参考。数据新闻拓宽了电视新闻的叙述方式，大数据可视化优化了电视新闻表达，使新闻更真实、易懂、接地气。而数字电影剪辑手法和虚拟演播室与现场拍摄的结合等先进手段，增添了新闻的可看性。在电视新闻后期的推广上，融合使用微信微博等新媒体为电视新闻的后期推广发挥了较大的作用。同时，在这样一个探索前行的新模式的背后，需要反思的还有很多：在数据新闻逐渐发展的今天，如何深入挖掘大数据背后的深意和新闻价值；在科技手段不断提高的同时，如何提高记者的综合素养以适应新技术的需求；在新媒体不断冲击传统媒体的情况下，如何推进媒介融合，加快传统媒体转型升级，探索出一条传统媒体和新媒体有益结合的方式，这些都还任重而道远。

参考文献：

[1] 李彪，李慧娟，杨娟，等．新闻传播的大数据时代[M]．北京：中国人民大学出版社，2014：2.

[2] 方洁．全球视野下的“数据新闻”：理念与实践[J]．国际新闻界，2013(6)：73-83.

[3] 欧亚，张佰明，喻国明．微博：一种新传播形态的考察——影响力模型和社会性应用[M]．北京：人民日报出版社，2011：3-12.

[4] 艾伯特·拉斯洛·巴拉巴西．爆发：大数据时代预见未来的新思维[M]．北京：中国人民大学出版社，2012：2.

[5] 仲梓源．电视新闻播音主持教程[M]．北京：中国传媒大学出版社，2008：184.

[6] 梁媛，彭祝斌．媒介融合时代新闻生产经营管理的创新[J]．当代传播，2010(1)：110-114.

基于LDA主题模型的本地资讯微博媒介定位分析

——以合肥地区资讯微博为例

（马晓婧　汪　胜　武汉大学）

摘　要：本地资讯微博是区域舆论场中重要的组成部分，对区域内的信息传播和舆论导向具有重要作用，但其定位并不清晰或并不为人所知。本文以LDA主题模型为主要工具，选取@草根合肥等6个合肥本地资讯微博进行内容分析，获取这些微博的潜在主题，进而探讨其传播内容的特征，从而引申出本地资讯微博的具体定位。通过对这些微博内容的分析发现，本地资讯微博在传播内容上具有内容同质化、受众记忆度低、信息制造与关系建立齐头并进、注重议题设置、闭环效果显著的特征，并由此得出它们在受众定位、角色定位和内容定位上的表现。

关键词：LDA；本地资讯微博；媒介定位

一、引言

微博自出现以来就因其便捷性、实时性等特征成为人们分享信息、发表观点的重要平台，从某种意义上来说，微博已经成为一种重要的媒介。从空间维度上看，部分区域的微博上活跃着类似"XX地新鲜事""XX地吃喝玩乐"的地方资讯微博，它们是区域媒体的重要组成部分，成为区域内传递信息、引导舆论的重要媒介力量。

作为媒介产品的生产者，地方资讯微博也应因其所处环境和面向受众的不同而具有清晰的定位，但目前大部分地方资讯微博的定位不清晰或不为人所知。以往曾有过用内容分析法对电视节目和纸媒的定位进行分析的研究，如王宇恒(2007)的《〈百家讲坛〉的媒介定位分析》[1]和陈潇(2012)的

《〈非诚勿扰〉媒介定位分析》[2]都对节目的受众定位、内容定位等做出分析；刘伟锋（2010）在《试析媒介定位理论的作用——以〈南方人物周刊〉为例》[3]中就对《南方人物周刊》进行了媒介定位分析，并阐述了媒介定位的作用。然而当前却没有对本地资讯微博的定位分析。鉴于此，本文将以合肥地区的本地资讯微博为例，以 LDA 主题模型和内容分析法为主要方法，归纳出其微博内容特征，进而对其媒介定位进行分析。

二、相关概念

（一）LDA 主题模型

LDA（Latent Dirichlet Allocation）[4]是一种文档主题生成模型。如图 1 所示，LDA 主题是一个三层贝叶斯概率模型，包含词、主题和文档三层结构。其基本假设是文档由若干个潜在主题组成，而每个主题由若干个词刻画，α 和 β 为 LDA 模型的 Dirichlet 先验分布，分别表示整个文档集上文档—主题概率分布和主题—词概率分布，N 代表单词数，M 代表文档集中文档的总数，T 代表主题数。

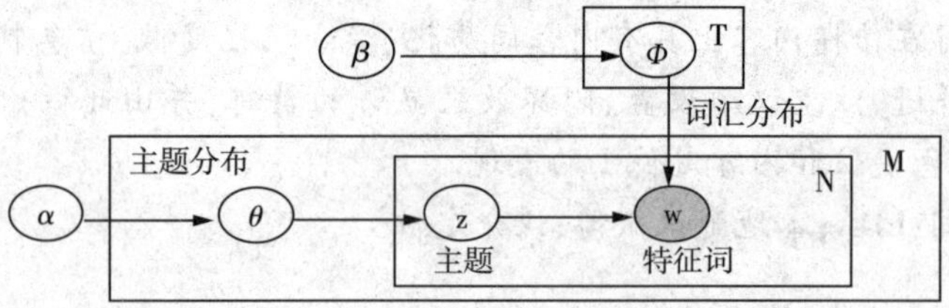

图 1　LDA 模型示意图

LDA 是一种非监督机器学习技术，可以用来识别大规模文档集中潜藏的主题信息，即输入文档集、确定主题个数，通过 LDA 主题模型训练，就可以获得文档中隐含的主题以及用以构成这些主题的词汇和每个词对该主题的贡献度。

在本研究中，我们将同一博主所发布的微博文本进行采集处理，作为我们的 LDA 主题模型的输入文档，通过主题模型对这些文档进行学习，进而获得这些微博文本的潜在主题以及构成这些主题的关键词。

（二）本地资讯微博

本地资讯微博主要是指那些昵称和所发布的内容具有鲜明本地特征的微博账号。它们的昵称通常形如“@ XX 地新鲜事”“@ XX 地吃喝玩乐”，其内容也主要是一些原创性的本地资讯。它们一般具有草根性，以大众视角来分享区域内的信息。2014 年 11 月 7 日，新浪官方账号@区域新媒体管家在微博平台发布题为《微博招募区域新媒体合作伙伴》[5]的长文，标志着本地资讯微博的发展进入一个新的阶段。此前活跃的地方博主都可以进行加 V 认证，并获得相应资源。

合肥市作为安徽省省会城市，近年来发展速度惊人，处于全国省会城市前列。经济社会的高速运转也催生了大量诸如房价、交通等社会问题，因此人们的相关信息需求也随之增加，这也进一步刺激着本地资讯媒体的发展。在这样的情形之下，合肥的本地资讯微博抓住时机，跻身同类城市前列，因而本研究中选择合肥的本地资讯微博作为研究对象。

2014 年 11 月 14 日，微博本地新媒体联盟沙龙（合肥站）在合肥银泰君亭酒店举行，合肥多家媒体、本地博主、政府官博以及高校微博代表参加此次沙龙。截至 2016 年 10 月 22 日（本研究中所有微博数据最后更新的时间），合肥地区已获得新浪官方本地资讯博主认证的微博账号有 132 个，它们在合肥地区微博平台的信息分享和舆论导向上扮演着重要角色。

（三）媒介定位

借鉴市场营销学中的"市场定位"理论，将其应用于新闻传播领域，即有媒介定位这一概念。目前对于其概念并没有一个完整准确的描述。美国传播学者托尼·哈里森在其著作《传播技巧》中指出，传媒定位是指一个传媒的特点在受众心目中的总体反映[6]。媒介定位主要应探究媒介面对的对象以及媒介可以为这些对象做什么。

媒介定位意味着媒介要在传播活动的各个方面找准位置，以使自身传播效果、经济效益等达到最佳状态。其分类标准在学术界尚有一些不同，但从最受认可的角度来分，大致可以分为：受众定位、内容定位、功能定位、竞争定位[7]。

无论是传统媒体还是新媒体，准确定位有助于认清自己在整个传媒体系中所处的位置，有助于指导自身内容生产与产品推广，更有助于确定自己所要承担的职责和所需发挥的作用，从而奠定传播基调，形成良好的传播口碑。

三、数据获取与分析

（一）分析流程

如图 2 所示，本研究中数据获取以及分析流程主要分为六个步骤：①选取本地资讯微博，②微博内容获取，③微博内容清洗，④微博内容分词，⑤LDA 主题模型训练，⑥获得微博主题分布。

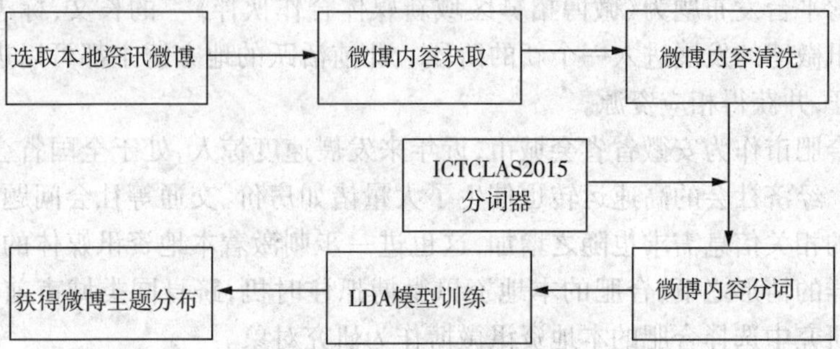

图2　本地资讯微博内容分析流程

（二）选取本地资讯微博

我们通过新浪微博搜索功能[8]，以“本地资讯博主（合肥）”为关键词进行检索，共获得合肥地区的本地资讯微博 132 个。为选取具有代表性的微博进行分析，我们以“粉丝数”和“微博数”为关键指标，选取了粉丝数在 120000 以上并且微博条数在 5000 条以上的微博。最终共选取六个微博账号，它们分别为：@草根合肥[9]、@合肥今天[10]、@合肥汇[11]、@合肥吃喝玩乐情报[12]、@合肥第一新闻[13]以及@直播新合肥[14]。

（三）微博内容获取

考虑到收集内容的完整性，我们选取了互联网领域被广泛利用的爬虫软件“八爪鱼采集器”来进行微博内容抓取，并在导出数据时剔除了内容相同且无实质意义的微博，如“转发微博”“分享图片”等。微博内容采集情况如表 1 所示。

表 1　微博内容采集情况

昵称	网址	粉丝数	微博数	采集量
草根合肥	http://weibo. com/922074449	340000	7450	6160
合肥今天	http://weibo. com/400156780	280000	7649	6015
合肥汇	http://weibo. com/newhefei	220000	7093	6272
合肥吃喝玩乐情报	http://weibo. com/u/2516285980	190000	5379	4593
合肥第一新闻	http://weibo. com/809099088	160000	5242	4531
直播新合肥	http://weibo. com/572110057	120000	5790	5182

(四)微博内容清洗

为增强 LDA 主题模型的训练效果,我们对采集到的微博数据进行清洗,主要是利用 word2016 和 excel2016 软件对文本中无关主题的词进行剔除,主要包括如“什么”“的”等无意义的虚词,如“@”“【】”等无意义的标点符号以及无意义的表情符号。

(五)微博内容分词

对文本内容进行分词,是进行 LDA 主题模型训练前的重要步骤,是指将文本中原本连接在一起的句子划分成单个的词。本步骤采用了中科院 ICTCLAS 分词系统 2015 版[15],该系统使用人数已达 20 万,先后获得中文信息处理领域多个大奖,被认为是效果最好的中文分词系统。

(六)LDA 主题模型训练

该步骤将分词过后的文本利用 LDA 进行主题模型训练,获得主题分布情况。LDA 主题模型利用 Java 语言进行编写,利用 myeclipse(2014 版)进行编译运行。LDA 主题模型中超参数 $\alpha=50/T$(T 为主题数),$\beta=0.01$(此为经验值)。代码部分如图 3 和图 4 所示。

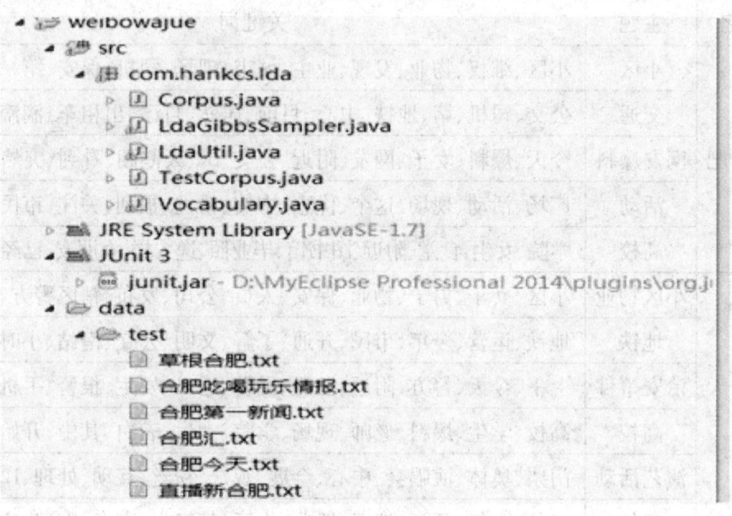

图 3 LDA 模型 Java 工程结构图

(七)获得微博主题分布

在 LDA 主题模型训练的过程中,主题由我们自己确定,不同的主题数得到的数据结果并不一致。我们先后分别将主题个数设定为 3、5、7、10、13、16、20、25、30,比较不同主题数的情况下得到的结果,最终发现当主题数为 5

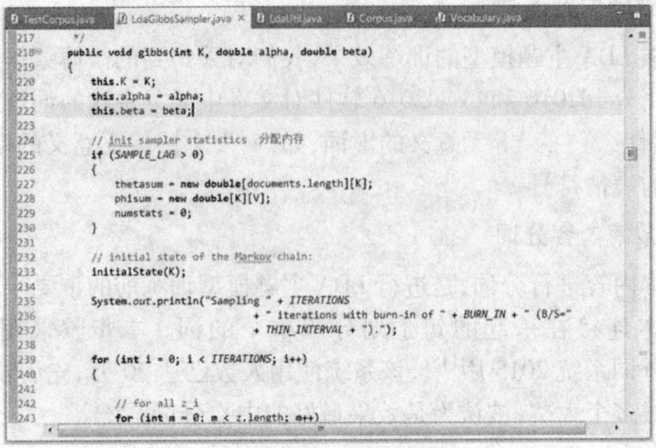

图4　LDA 模型主要代码

的时候，模型效果为最佳，因此我们将主题数设为 5，关键词数设为 10，得到各个微博的主题分布。结果如表 2 所示。

表 2　合肥地方资讯微博主题分布

微博名	主题	关键词
草根合肥	小区	小区、维权、物业、发现、业主、城市、现场、司机、保安、第一
	交通	公交、司机、堵、地铁、中心、目前、居然、自己、出租车、滴滴
	网友爆料	今天、爆料、女子、网友、附近、公交、by、天鹅湖、看到、突然
	活动	广场、活动、现场、这个、优惠、中奖、粉丝、福利、关注、市民
	高校	学院、女生、食堂、附近、图书馆、毕业照、逸夫楼、女朋友、已经、上午
合肥今天	小区物业	小区、女子、男子、物业、保安、人员、公司、发布、辖区警方、经过
	地铁	地铁、运营、今年、市民、开通、了解、文明、公交、南站、小时
	治安事件	上午、今天、警方、附近、已经、民警、近日、发生、报警、手机
	高校	高校、学生、爆料、老师、现场、学院、女生、表白、其中、开始
	演艺活动	门票、奥体、演唱会、中心、会展、观众、粉丝、互动、处理、12 月
合肥汇	房价	房价、今年、开盘、地王、置业、小区、年轻人、高考、上涨、这样
	老人	老人、了解、今天、身亡、现场、独居、走失、关爱、摔倒、网友
	治安事件	警方、发生、进行、民警、昨天、今天、附近、学校、注意、这个
	传销	上当、传销、从事、窝点、小区、打传办、报警、中国、左右、公司
	高校	学生、学院、调查、大学生、食堂、教室、网友、爆料、女孩、反应

（续表）

微博名	主题	关键词
合肥吃喝玩乐情报	美食发现	味道、美食、很多、城市、发现、餐厅、口感、一直、韩国、看见
	公园休闲	公园、植物、周末、景区、朋友、森林、免费、发现、公交、选择
	火锅	火锅、川香、麻辣、觉得、因为、冒汗、海鲜、味道、不错、但是
	美食 DIY	做法、厨房、动手、自己、他们、美食、享受、我们、手机、DIY
	美食推荐	人均、推荐、味道、喜欢、一起、时候、还有、有空、路口、交口
合肥第一新闻	孩子	爆料、孩子、学校、父母、安全、老师、妈妈、医院、关注、今日
	空气污染	空气、今天、AQI、污染、国内、房价、雾霾、市民、出现、指标
	城市发展	城市、省会、市民、公交、2016 年、规划、排名、建设、文明、发展
	房价	全国、房价、发生、二手房、政策、上涨、年轻人、其中、楼市、自己
	高校	学院、宿舍、学生、下午、男生、争执、发现、校园、这个、大学
直播新合肥	老人	老人、关爱、摔倒、网友、身亡、市民、被骗、独居、让座、今天
	小区	女子、目前、小区、物业、今天、开发商、爆料、公交、开始、保安
	治安事件	警方、今日、报警、路口、左右、民警、女孩、故事、医院、他们
	突发事件	现场、处置、身亡、辖区民警、市民、逃离、了解、报警、学校、调查
	不雅男子	男子、发现、公交、不雅、司机、发生、分钟、女士、报警、人员

四、微博内容特征分析

通过 LDA 主题模型对微博文本进行学习，已经得出这六个本地资讯微博的相关主题以及用来刻画这些主题的关键词。通过这些微博的潜在主题，我们对其内容特征进行进一步分析，以便对其媒介定位研究提供基础。

（一）内容同质化，受众记忆度低

由表 2 可以看出，在这些本地资讯微博中频繁出现有诸如交通、房价、高校、治安等主题。这不仅说明这些话题在合肥地区本地资讯微博中占有重要地位，也可以看出草根阶级对这些信息和话题持有较高的关注度。

微博内容同质化是指其消息来源、消息主题、呈现方式等方面的雷同。例如针对高校这一主题，@ 草根合肥、@ 合肥今天、@ 合肥汇、@ 合肥第一新闻四个微博中都有涉及，主要发布与学生利益密切相关的问题和校园突发事件等。此外，针对住房这一话题，除去@ 合肥吃喝玩乐情报之外的 5 个微博都有涉及，主要关注高房价和小区物业及突发事件等。

由于本地资讯微博的地域局限性以及内容生产的价值趋同[16]，一个地区每天发生的事件很少，哪些事件可以成为新闻也有一套早已成熟的价值判断标准，因此每个微博所能发布的内容相对趋同。以往受众的选择单一且唯一，传播效果有限。随着新媒体的不断发展，受众的选择权掌握在自己手中，选择范围扩大，选择意志自由。哪个渠道可以获得更新鲜的资讯，哪个平台可以关注到自己感兴趣的东西，都可以由自己自主选择。如此一来，受众对于大量内容同质化的微博记忆度低，用户黏性也随之下降。

（二）信息制造与关系建立齐头并进

网民"从主流新闻媒体获取信息，转向社会化媒体进行讨论"的网络行为方式[17]已成为一种常态。分析可知，本地资讯微博不仅发布原创内容，主动向受众披露本地信息，同时也十分重视与粉丝之间建立起良好的互动关系。

社交媒体的出现一改以往受众依赖于主流新闻媒体来获取新闻信息的习惯，一个个自媒体应运而生。互联网时代下，每个人都是信息的制造者和发布者。新媒体的社交化和本地化使得任何一个话题的出现都有可能引发大规模讨论，形成一种社会现象。本地资讯微博利用其地理优势与号召力，方便第一时间获取信息并发布，还能鼓励粉丝参与到信息制造过程中，积极爆料，提供新闻线索。同时，看到自己提供的信息发布并引起陌生人的关注和讨论而引发的满足感也会驱使受众一直参与。这样一来，媒体与受众之间建立了良好的互动和平等关系，有助于二者的和谐发展。

（三）注重议题设置，闭环效果显著

由表2数据可以发现，这些本地资讯微博多次、大量地强调百姓衣食住行问题，主动设置议题吸引粉丝关注，从而可以引发有关这类议题的更广泛的讨论。

麦克姆斯和肖于1972年提出"议题设置"假说，指出大众传媒可以告诉受众什么值得思考，但效果却无法肯定[18]。Web2.0环境下，这一假说也有了新的发展。它要求大众传媒要设置更客观真实的议题，注重信息的多元化呈现，内容应更贴合受众喜好。

根据新闻价值要素中的时效性和接近性原则，大众传媒的议题设置要更及时、更贴近受众生活。如若及时准确地将议题传递给受众，披露第一手资料，争做消息源，就能在当前网络信息冗杂的环境中争抢优势地位。此外，受众更倾向于关注与自己密切相关的信息，更容易对自己周边的信息感兴趣并积极参与[19]。因此，将新媒体技术与议题内容相结合，创新性地添加图片、视频、直播等新鲜元素，并且积极实施线上线下的互动，真正做到媒体着重强调什么，大众就密切关注什么，进而把握好大众喜好，生产更优质、更贴切的内容，形成良好的闭环效果。

图5　闭环效果模式图

图5即闭环效果模式图，由此图可以看出，大众传媒报道什么，受众就更多地会关注什么。同样的，受众对于某个话题的关注度很高，也会相应增加大众传媒在这一话题上的报道数量。

五、本地资讯微博媒介定位分析

通过对本地资讯微博内容进行分析，可以看出此类微博的基本内容特征。在此基础上即可对其媒介定位进行探讨，使本地资讯微博的形象更立体化。

（一）受众定位

受众指的是大众传媒的信息接受者或传播对象[20]。受众不仅掌握选择媒介的权利，而且希望在使用媒介的过程中获得满足。随着大众传播的发展，受众的地位逐渐得到重视，“受众本位”思想也指导着媒介发展。在大众传播活动中，受众往往指报纸的读者、广播的听众、电视的观众和互联网的使用者等，本文中的受众主要是指本地资讯微博的粉丝及由这些粉丝辐射开来的微博使用者。

可以看出上述本地资讯微博的主要内容贴近百姓生活，围绕百姓最关注的衣食住行展开，因此其受众应该为合肥本地市民以及即将赴合肥生活学习或居住的其他市民。而不同的资讯微博也应细分自己的受众群体。如@合肥吃喝玩乐情报应更贴近年轻人，@合肥第一新闻应定位于受过良好教育的城市居民，如白领、企业工作者等。

由此可见，虽然性质上均为本地资讯微博，主要面向当地百姓，但为了突出各自的特色，还应该根据年龄、学历、职业等进行受众细分，从而确定各自不同的受众群体，同时也应更加准确地击中和妥帖细致地照顾读者需求[21]。

（二）角色定位

角色原指演员扮演的剧中人物，而在传播活动中则主要是指大众传播媒介所承担的职责，或是表现出的某种行为[22]。在媒介运作过程中，可以摸索主要的表达内容，凸显其中某个方面，从而更好地进行角色定位。角色定位有助于媒介定位自身功能，从而更好地为大众传播活动服务。

从上表关键词中可以看出，本地资讯微博在传播活动中主要扮演着以下三种角色：

本地资讯微博应当主动为受众传达当地信息。对于诸如地铁建设情况、交通拥堵情况、房价涨跌情况等涉及百姓切身利益的信息，若能及时准确地传达到位，则可以获得更多忠实的粉丝。信息时代下，受众对于信息获取的需求不断增长，大众传播媒介如何扮演好信息传达的角色，如何传递受众最想获知的信息，是其发展过程中必须思考的问题。

本地资讯微博通过接收群众爆料而为百姓发声。个人力量总是抵不过群体的力量，因此一个人的发声不如一个面向广大粉丝群的微博的发声。近来，越来越多的爆料通过微博为大众所知，社会各界也被置于微博的监督之下。本地资讯微博应该为百姓发声，如实反映群众爆料的现象，为百姓寻求合理的解决方案，满足群众的合理需要，真正做到周到热情、贴心服务。

本地资讯微博需要为其粉丝提供细致周到的服务。与粉丝之间建立起一种亲近友好的朋友形象，有助于本地资讯微博的长期发展。为粉丝搜罗当地休闲去所、发现美食，都有助于为粉丝提供更暖心的服务。新媒体的发展一改以往一份报纸独大的局面，媒体与受众的关系也不仅仅限于宣传与接收，媒体更多地扮演起服务的角色。这有助于培养受众的认同度和信任感，当然也就能获得更广泛的市场生存空间。

（三）内容定位

内容定位，顾名思义，即是指对媒介呈现出来什么样的内容，表现出什么风格进行定位。由施拉姆公式可知，媒体选择概率（P）= 媒体产生的功效（V）/需付出的代价（C），即受众选择媒体的意愿与受众所能获得的效益成正比，与获得信息的费力程度成反比[6]。因此，在相同的信息获取条件下，增强内容的可读性，就会吸引更多关注。

本地资讯微博的内容应紧贴“资讯”二字，所呈现的内容要与群众生活密切相关，真正触碰到群众需求的“痛点”。此外，话题切不可过于严肃，而应增强内容活泼性，可以运用网络词语或有趣的表情包，结合微博平台发布特点，与粉丝群体以平等的方式进行交流，使博文内容读来轻松愉悦。同时要严把内容质量关，为受众提供确切的信息，增强自身可信度。

六、结论

本文在利用 LDA 主题模型对 6 个合肥本地资讯博主微博进行提取主题之后，分析了这些微博的主要内容特征，以此为基础对其进行了受众定位、角色定位和内容定位。互联网环境促使新媒体由只重视内容到内容、受众、渠道、互动、盈利等多维度联动发展。如何在自律和他律的基础上，把握受众需求，拿捏受众需求"痛点"，从而更好地进行角色定位，优化内容生产，发挥资讯微博为民服务的功能，是这些本地资讯微博在今后发展过程中还需不断思考的问题。

参考文献：

[1] 王宇恒.《百家讲坛》的媒介定位分析[J]. 传承,2007(8):112-113.

[2] 陈潇.《非诚勿扰》媒介定位分析[J]. 青年记者,2012(17):85-86.

[3] 刘伟锋. 试析媒介定位理论的作用——以《南方人物周刊》为例[J]. 大众文艺:学术版,2010(19):150-151.

[4] BleiDM, NgAY, JordanMI. Latent Dirichlet Allocation[J]. Journal of Machine Learning Research,2003,3:993-1022.

[5] 新浪微博@区域新媒体管家. 微博招募区域新媒体合作伙伴[EB/OL]. http://weibo. com/p/1001603774338221399276,2014-11-07/2016-11-5.

[6] 张瑾. 新华网江苏频道媒介定位分析及启示[D]. 南京:南京大学,2015.

[7] 刘广春,李龙飞. 从传统纸媒和电视栏目分析媒介定位的重要性[J]. 新闻知识,2013,05:40-41.

[8] 新浪微博搜索功能[EB/OL]. http://s. weibo. com/.

[9] 新浪微博@草根合肥[EB/OL]. http://weibo. com/922074449.

[10] 新浪微博@合肥今天[EB/OL]. http://weibo. com/400156780.

[11] 新浪微博@合肥汇[EB/OL]. http://weibo. com/newhefei.

[12] 新浪微博@合肥吃喝玩乐情报[EB/OL]. http://weibo. com/u/2516285980.

[13] 新浪微博@合肥第一新闻[EB/OL]. http://weibo. com/809099088.

[14] 新浪微博@直播新合肥[EB/OL]. http://weibo. com/572110057.

[15] 中科院汉语分词系统[EB/OL]. http://ictclas. nlpir. org/.

[16] 许鸣飞. 合肥地区都市报新闻同质化研究[D]. 合肥:安徽大学,2015.

[17] 谢新洲,李之美. 主流新闻网站在舆论引导中值得思考的问题及对策[J]. 新闻与写作,2012,12:42-46.

[18] 张宁. 试论大众传播媒介的议题设置功能[J]. 国际新闻界,1999,05:52-55.

[19] 丁卓菁,曹开云. Web2.0 时代议题设置的策略研究[J]. 新闻爱好者,2011,02:42-43.

[20] 刘伟锋. 试析媒介定位理论的作用——以《南方人物周刊》为例[J]. 大众文艺,2010,19:150-151.

[21] 王辰瑶,符文涓.《经济学人》为什么成功?——网络时代媒介定位再思考[J]. 中国出版,2016,01:53-55.

[22] 林晓敏. 媒介定位研究[D]. 广州:暨南大学,2007.

外媒报道与中国社交媒体：《纽约时报》在日常报道中如何引用微博、微信（2009—2015）

（杨华伟　上海外国语大学）

摘　要：由于社交媒体与生俱来的及时性等特点，在主流媒体报道中，越来越多的新闻记者把社交媒体作为消息来源。然而目前的研究主要限定在某类特定报道或者某个社交媒体，很少有学者把精力放在国外记者对当地社交媒体的日常使用与选择上。鉴于此，本文研究在日常的新闻报道中，国外的新闻记者如何引用中国的社交媒体。本文首先对2009年1月到2015年12月期间《纽约时报》上明确提及微信、微博的新闻报道做量化研究；其次选取其中微信、微博作为消息来源的116篇新闻报道做内容分析。结果表明，中国社交媒体并非是《纽约时报》记者日常使用的信息源，且影响力有限，但引用趋势逐年上升；《纽约时报》记者大量直接引用匿名和普通用户言论，呈“逆可信度阶层”。

关键词：社交媒体；《纽约时报》；消息来源；微信；微博；逆可信度阶层

一、引言

（一）社交媒体作为新闻源

社交媒体因其快速、不限时间、不限地域、UGC的特点，越来越受到主流媒体的关注。当突发事件发生时，往往是社交媒体首先披露，主流媒体才跟进报道。2011年温州动车事件，微博成为最早的信息来源（传媒观察，2011）；2015年天津爆炸案，也是微博用户首先拍摄了现场爆炸视频，继而引发大规模关注，相比之下，天津卫视还在播放韩剧，反映最早的几家媒体也是到了13号凌晨才开始展开工作（领导之友，2015）。由此我们可以看出，社交媒体对于新闻报道有很大的影响。

有研究表明(eg. Ahmad,2010),社交媒体已经成为广受欢迎的一种用来搜集新闻的工具,不管是政治、国际新闻等硬新闻,还是体育、名人新闻等软新闻,社交媒体都能给记者提供很多具有价值的新闻线索。在 Hermida(2010)看来,社交媒体更像是一个可以监测不断流动的信息和新闻的平台,记者可以检测这些信息和新闻下的流行趋势和问题。

正是社交媒体与生俱来的特性,越来越多的新闻记者开始把社交媒体作为重要的新闻来源。有总编直言,该报 80% 的消息都来自微博(徐笛,2014)。作为新闻源的社交媒体与记者之间的关系,自然受到学者的关注。国内外对于社交媒体作为消息源的研究很多,其中尤其以关于新浪微博(国内)、推特(国外)的研究最多,研究领域大致可以分为两部分:一是强调在特定场合中的案例,如 Hermida(2014)曾通过 NPR 记者 Andy Carvin 在阿拉伯期间对 Twitter 信息引用的报道进行量化研究,检验社交媒体平台是否拓展了引用对象的范围;王晨燕(2014)从消息来源的注解、匿名消息源的使用和引语的类型三个方面,分析《纽约时报》涉华报道。二是研究社交媒体在日常报道中的引用,如 Marcel & Todd(2013)通过分析荷兰和英国的大、小报上引用了 Twitter 的新闻报道,发现 Twitter 已经成为记者新的跑口区(beat),并改变了记者与消息来源之间的信用权力平衡;Steve & Raymond(2014)的研究表明 Twitter、Facebook、YouTube 已经成为记者经常采用的信息源头,但更深一步分析表明社交媒体并未成为报道的主要消息来源。

(二)国外记者与中国社交媒体新闻源

2016 年 10 月,新浪微博市值超过 113 亿美元,首次超过 Twitter。那么国外新闻记者在日常的新闻报道中,是如何选择和使用国内的社交媒体的呢?研究当前在各种限制下的西方记者,如何通过中国的社交媒体进行新闻生产过程,具有重要意义。我国目前对于外媒报道中,国内社交媒体作为信息源的研究,首先是局限在特定的涉华报道上(程曼丽,2012;王晨燕 2014),并未涉及外媒的日常报道情况;其次局限在微博单一社交媒体上(王薇,2013)。因此,本文将研究对象扩展到微信、微博,即并非单一社交媒体;并将研究范围拓展到《纽约时报》的日常新闻报道中,即并非只关注涉华报道,尝试去探讨:

问题一:中国社交媒体是否已成为外媒报道日常引用的信息源。

(三)社交媒体与消息引用的规范

一般来说,新闻生产过程与消息引用的规范脱胎于长期稳定的行业标准和程序(Reich,2009)。Howard & Becker(1967)曾提出一个观点,认为在任何一个社会系统里，高阶层或职位的人比低阶层的人更有信服力。应用到新闻传播领域，Reich(2011)等学者则提出一个类似的说法，即"可信度阶层"(hierarchy of credibility)，认为记者会更加倾向于相信官方权威人士，或者专家学者、社会名人，而一般不轻易采用普通群众等消息。徐迪的研究也表明，在与28名一线中国记者与编辑进行深度访谈后，得出微博的认证体系塑造了一种"可信度阶层"。《纽约时报》作为美国高级报纸的代表，可以说是在全世界都有一定的影响力，对于消息来源的采用有严格的标准。鉴于此，本文尝试着去探究，中国社交媒体是否会打破这固有的消息引用模式。

问题二：外媒报道对中国社交媒体的引用是否呈现"可信度阶层"。

二、研究设计

本文目的在于研究西方记者在日常的新闻生产过程中，如何使用中国社交媒体作为消息源，以及外媒报道对中国的社交媒体的引用，是否呈现"可信度阶层"。鉴于此，本文采取量化研究和内容分析以达到目的。

确定媒体：英语作为世界上使用人数最多的语言，且西方国家目前在经济上占据主导地位。参考从Factiva数据库对数据的获取程度，本文以《纽约时报》作为代表。

收集数据：微博自从2009年发布以来，可以说是目前中国人使用最多的社交平台，而微信自2011年起与微博一起形成了"两微"格局，成为中国人下载最多、活跃度最高的社交媒体，因而本文将搜索关键词以微博、微信为主，时间限制在微博的推出时间2009年。本文通过Factiva数据库，通过限制时间(2009—2015)、媒体(New York Times)、关键词(weibo or sina weibo or weixin or wechat)进行搜索，共获得375篇明确提及weibo or sina weibo or weixin or wechat的文章。在这375篇报道中，社交媒体要么作为报道主题，要么与主题相关，要么作为消息来源。

本文将对作为消息来源的新闻报道进行内容分析，分析变量包括以下方面：

(1)在西方记者日常的新闻报道中，社交媒体所起的功能：是作为报道主题的一部分，还是作为消息来源(主要消息来源、非主要消息来源、唯一消息来源)？

(2)新闻报道的类别：政治、经济、环境、体育运动、文化、事故和冲突、科技等。

(3)从新闻发生地来看：与中国相关新闻、国际新闻、其他。

(4)消息来源种类：官方和政府权威人士、政治家、文娱明星、普通用户、运动员、商人、匿名用户、记者、社会名人等。

三、数据结果

通过Factiva平台，本文共获得375篇新闻报道，以“年”作为单位，绘制出图1。

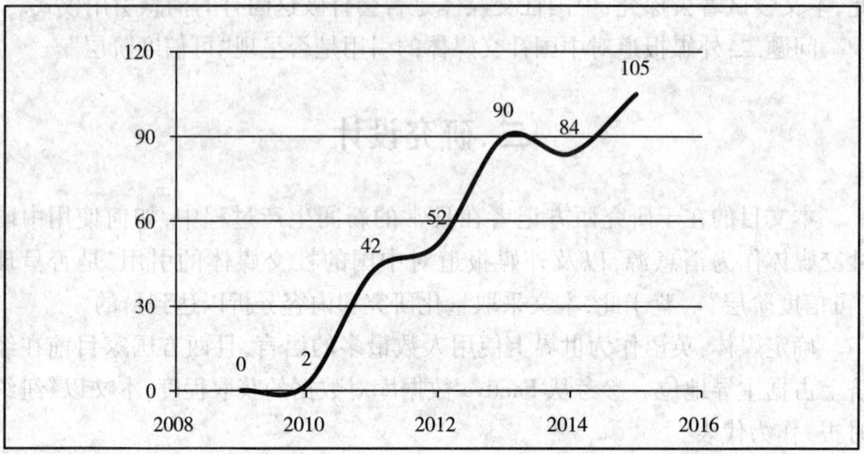

图1 《纽约时报》引用微信、微博趋势图

由图1我们可以看出，《纽约时报》对微信、微博的引用呈逐年上升的趋势。在微博刚出现的2009年，《纽约时报》并未开始关注微博，没有一条新闻报道是关于微博的。明确提及微博的第一条新闻报道出现在2010年7月20号的“Police Toss Out Arrest Warrant For Chinese Reporter in Hiding”报道中，其作用是作为主题的一部分，而非作为报道主题或消息来源。文章内容是有关仇子明事件的报道，记者在文中提到仇子明在网上有大量的支持，微博粉丝数高达8000多。而对微信的首次提及年份更加久远，2012年11月5日，在《纽约时报》的报道“Chinese Messaging App Gains Ground Elsewhere”中，首次提及微信并将微信作为主题加以报道。

从中我们可以看出，微博、微信并非是《纽约时报》日常引用的消息来源，我们以目前统计最多的2015年为例，仅仅有105条明确提及了微博、微信的报道，平均下来，每四天才有一篇文章提及。

更深的分析也支持以上观点，即微博、微信并非《纽约时报》记者日常所关注的信息源,充当着极其有限的消息源角色。表1呈现的是对这375篇明确提到微信、微博的新闻报道的内容分析结果之一,探究的是微信、微博在文章报道中充当的角色:作为主题、与主题相关、作为消息源。如果文章主旨是关于微信、微博,则归为第一类;如果只是提及且并没有作为新闻来源,如2010年7月20号的报道"Police Toss Out Arrest Warrant For Chinese Reporter in Hiding",只是提及事件主人公在微博有很多粉丝支持,这样的报道本文归为第二类;如果作为消息来源,且具有可识别的被引用对象,则归为第三类。

表1 中国社交媒体作为报道主题、与主题相关、消息来源的数量统计

年份	作为主题	与主题相关	作为消息来源
2009	0	0	0
2010	0	1	1
2011	2	21	19
2012	1	27	24
2013	3	60	27
2014	9	62	13
2015	4	69	32
总计	19(5%)	240(64%)	116(31%)

表1结果表明,《纽约时报》的日常报道中明确提及微信微博的375篇报道里,高达69%的新闻报道是将微信、微博作为报道主题或与主题相关;而仅与主题相关的报道最多,有240篇,大多是关于报道中人物其微博粉丝数、中国网络管制等内容;作为主题报道的19篇新闻中,主要讨论微博和微信的竞争关系、受欢迎程度及其市场价值等。

本文对116篇作为消息来源的新闻报道做了内容分析,而剩余的259篇与主题相关、或作为主题的新闻报道则不做分析。在这116篇报道中,本文将其编码为三个方面:主要消息来源、非主要消息来源、唯一消息来源。编码的原则是根据作为消息来源的微信、微博所占的比重,如果全文只引用微博、微信上的内容,则归类为"唯一消息来源";如果起着非常重要的作用,则作为"主要消息来源";如果仅仅是文章中后面进行引用并且引用很少的报道,则标为"非主要消息来源"。

在这116篇日常新闻报道中,作为唯一消息来源占比达到9.3%,主要消息来源占到了20.7%，而非主要消息来源则高达70%，说明《纽约时报》的记者在引用微博、微信消息时，通常还会引用其他信息源。

本文对这116篇日常报道的主题进行了细化，即作为消息来源的微信、微博，是出现在何种新闻报道主题中的。如表格2，可以看出，政治/政策类和事故/冲突类以及经济主题的报道占据了76.73%，虽然有六篇报道是关于体育和文化艺术这类可以看作“软新闻”的报道，但总体上来说，在微信、微博明确被提及的新闻中，基本都是硬新闻。可能的一个解释是，《纽约时报》本身属于大报(quality paper)，因而对硬新闻的关注度比较高。

表2 引用了社交媒体的新闻报道的主题

主题	数量	比重
政治/政策	47	40.52%
事故/冲突	24	20.69%
经济	18	15.52%
网络	8	6.90%
环境	7	6.03%
体育	4	3.45%
文化艺术	2	1.72%
其他	6	5.17%
总计	116	100%

本文对这116篇报道的涉及地区进行了统计，如果是与中国相关的新闻，则标记为“与中国相关”；如果与中国无关，则标记为“国际新闻”或者其他形式的新闻。分析得出，《纽约时报》记者在报道中引用微信微博时，几乎都是跟中国相关的新闻中才会引用，从侧面说明：一、微信微博已成为《纽约时报》记者了解中国的一个重要的网络负责区，限制于各种渠道消息的不通，社交媒体上的信息成为关注重点；二、微信微博的影响力极其有限，与中国相关的新闻高达82.8%，从侧面说明在其他地区的新闻报道中，《纽约时报》的记者并不会关注微信微博。

由上分析我们可以看出，《纽约时报》在其日常报道中，涉及与中国相关的新闻时，会把目光转向微博微信，从中获取信息源，而这些新闻则大多是硬新闻，与政治、事故、冲突等相关，这些领域，恰恰是外国记者在中国最不容易按照传统渠道获取信息的领域。但当涉及非中国有关新闻报道时，我们则很少能够看到微博微信的身影，说明微博微信的国际影响力极其有限，并没有成为《纽约时报》记者可信赖的信息源之一。

《纽约时报》把微信、微博作为信息源的报道基本都与中国相关，本文将尝试去分析这些报道所引用的对象和引用方式，以期探讨《纽约时报》记者在报道中国相关新闻时是如何处理社交媒体上的信息的。

表3 《纽约时报》引用对象情况

	N	百分比
匿名用户	67	50.4%
普通用户	29	21.8%
政府/官方权威人士	13	9.8%
社会名人	13	9.8%
文体名人	7	5.2%
其他	4	3.0%
总计	133	100%

表4 《纽约时报》引用方式情况

引用方式	N	百分比
直接引用	94	80%
间接引用	19	16%
其他	4	4%
总计	117	100%

如表3、4所示《纽约时报》引用微博微信上的来源有超过50%的对象是匿名用户，直接引用更是高达94%，这更加说明了在涉及中国政治、冲突等事情时，微信、微博成为《纽约时报》记者获取信息的重要途径。然而对于社交媒体上的信息可信度，《纽约时报》似乎并未留意，因为政府和官方权威人士、社会名人等高可信度的来源占据比例并不高，反而是匿名用户和普通用户基本占绝大部分。

四、结论

本文希望探讨国外记者对中国社交媒体的引用情况，并尝试去分析中国社交媒体是否影响国外记者的新闻生产过程。通过对《纽约时报》上明确提及微博、微信的报道进行内容分析和统计，本文得出：

中国社交媒体并非是《纽约时报》记者经常使用的信息源，且影响力有限，但引用趋势逐年上升。从微博诞生的2009年一直到2015年这七年间，仅有375篇报道明确提及了微博微信，其中更是只有116篇是作为消息来源。此外，微信、微博作为主要信息来源或唯一信息来源的比例也只有30%，更加说明了中国社交媒体并非是《纽约时报》经常使用的信息源。"两微"作为目前中国活跃用户最多、用户最多的社交媒体平台，几乎可以代表中国的社交媒体，这说明中国社交媒体并没有成为《纽约时报》记者经常使用的新闻来源。但从每年引用的数量来看，《纽约时报》对于中国社交媒体的引用逐渐上升，这可以从两个方面解释：一、中国经济的高速发展，吸引了全世界的目光，《纽约时报》因而增加了对中国相关新闻的报道，而"两微"则是最好的窗口；二、随着两微的国际化发展，越来越多的国际信息出现在微博微信上，微信微博成为重要的跑口区。但就目前而言，微博微信的国际影响力有限，在116篇作为信息源的报道中，96篇都是出现在与中国相关的新闻报道，仅仅只有20篇是有关于其他国家或地区。

中国社交媒体形成了一种"逆可信度阶层"，底层民众成为新闻来源主角，而高阶层或职位的人成为次等。本文发现，在116篇中国社交媒体作为消息源使用的新闻报道中，50%以上的引用对象是匿名用户，21%的引用对象是普通用户，且90%以上的引用是直接引用。而一般被视为高阶层的信息源，政府官方权威人士、社会名人等仅仅占24.8%，这说明《纽约时报》在引用中国社交媒体时，大量地直接引用了匿名用户和普通用户的话语，比例如此之高，实属罕见，这并不符合前文提到的"可信度阶层"，而是另一种"逆可信度阶层"。

除此之外，本文还发现，在如此多的涉及中国的报道中，匿名消息源占到50%以上，报道主题又有60%以上跟中国政治、政策和事故及冲突有关，不由得对《纽约时报》在涉华事务上的态度存在着怀疑。

本文作为探讨性研究，存在着很多不足。首先，本文仅研究了《纽约时报》一家新闻媒体，不够全面。《纽约时报》属于"大报"，那么"小报"记者对于中国社交媒体的引用又是怎么样的一种情况呢？其次，本文数据统计及筛选均是本文作者一个人进行，因而存在数据可信度问题。最后，本文虽然认为"两微"能够代表目前的中国社交媒体，但应当加入更多其他社交网站如土豆、优酷等，使研究结果更具有代表性。

参考文献：

[1] 王晨燕.《纽约时报》涉华报道中的消息来源与新闻话语分析[J].新闻界,2014(22):28-32.

[2] 王薇．外媒报道与作为信息源的中国微博[J]．东南传播,2013,2013(5):1-3.

[3] 天津大爆炸:双微传播与以往有何不同[J]．领导之友,2015(09):18-19.

[4] 徐笛．微博时代的媒体与新闻源[J]．新闻记者,2014(6):38-42.

[5] 程曼丽．美国大报涉华报道的网络信息源探析[J]．新闻与写作,2012(5):71-72.

[6] 微博成动车追尾事故最早信息源[J]．传媒观察,2011(08):64.

[7] Adam C. Chinese Messaging App Gains Ground Elsewhere [N]. The New York Times, 2012, 11(5):B5(L)

[8] Andrew J. Police Toss Out Arrest Warrant For Chinese Reporter in Hiding[N]. The New York Times, 2010, 7(30):A4(L).

[9] Ahmad A N. Is Twitter a Useful Tool for Journalists? [J]. Journal of MediaPractice, 2010, 11(2): 145-155.

[10] Becker H S. Whose Side are we on? [J]. Social Problems, 1967, 14(3): 239-247.

[11] Broersma M, Graham T. Twitter as a News Source: How Dutch and British Newspapers Used Tweets in Their News Coverage, 2007 - 2011 [J]. Journalism Practice, 2013, 7(4): 446-464.

[12] Hermida A, Lewis S C, Zamith R. Sourcing the Arab Spring: a Case Study of Andy Carvin's Sources on Twitter During the Tunisian and Egyptian Revolutions [J]. Journal of Computer - Mediated Communication, 2014, 19(3): 479-499.

[13] HermidaA. Twittering the News: The Emergence of Ambient Journalism[J]. Journalism Practice, 2010, 4(3): 297-308.

[14] Paulussen S, Harder R A. Social Media References in Newspapers: Facebook, Twitter and YouTube as Sources in Newspaper Journalism [J]. Journalism Practice, 2014, 8(5): 542-551.

[15] Reich Z. Source Credibility and Journalism: Between Visceral and Discretional Judgment[J]. Journalism Practice, 2011, 5(1): 51-67.

[16] Reich Z. Sourcing the News: Key Issues in Journalism—an Innovative Study of the Israeli Press[M]. Hampton Pr, 2009.

病毒式传播要素比较研究：基于公众自制与专业生产的对比

（王登丰　北京大学）

摘　要：以公众自主转发、指数级快速传播为表现形式的病毒式传播（Viral Communication）已成为一种流行现象，但对这种传播现象的形成要素和生产者尚缺乏关注和研究。本文对病毒式内容的两种典型生产方式——公众自制和专业生产进行比较，以病毒式视频为研究对象，分析两种视频生产方式生产的实现要素，并总结出病毒式传播的四个要素：品牌自身属性、传递的信息、传播背景、播种与媒介网络。通过比较发现，专业生产在品牌背书、信息形式、播种基础上具备优势，但在病毒式传播的核心要素：引发惊奇等初级情感方面，公众自制反而存在部分优势。本文的结论对于病毒式传播的操作存在参考意义。

关键词：病毒式要素；公众自制；专业生产；社交媒体；口碑

公众之间自动进行讯息传播，使讯息得以以指数速度广泛扩散，这种现象就是病毒式传播（viral communication）。而以视频为载体实现这一传播情形的作品，就称作病毒式视频。随着传播技术在应用层面的普遍化，病毒式视频的制作者从过去集中于专业生产者的状态向公众自制扩展。在中国，出现了一系列公众自制的病毒式作品。本文意在探究病毒式传播的形成原因：是哪些病毒式要素，致使一则讯息得以以公众自主转发、指数级快速传播？

一、研究背景

（一）研究缘起

2015年10月，微博、微信公众平台出现一个名为“Papi酱”的个人账号，通过发布“吐槽”类自制短视频，在半年内获得巨大关注。通过“百度指数”观测，“Papi 酱”的“搜索指数”和“媒体指数”在短时间内引起大量搜索增长，2016 年 3 月时已发展至日均 127104 次主动搜索、340 篇媒体报道。这一表现与拥有专业团队的互联网娱乐节目“奇葩说”峰值状态——136149 次主动搜索、100 次以下媒体报道持平（见图 1）。

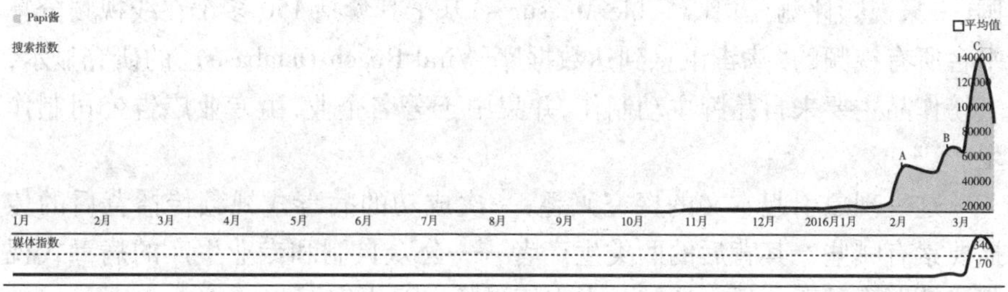

图 1　Papi 酱“百度指数”情况①

目前，“Papi 酱”各平台的粉丝数累计相加已经达到 1394 万人，见表 1。

表 1　“Papi 酱”各平台的粉丝数情况

平台	粉丝数（人）	平台	粉丝数（人）
新浪微博	929.4 万	微信（新榜预测）	287 万
优酷视频	54.6 万	土豆视频	4.19 万
哔哩哔哩（B 站）	108.5 万	Acfun（A 站）	7.2 万
YouTube	3.0 万		

“Papi 酱”的传播是一种典型的病毒式传播，实现了“发布者发出病毒讯息（viral message），公众之间自动进行讯息传播，致讯息得以指数（exponential）速度广泛扩散”②，“Papi 酱”的典型性还体现在其小成本、指数级传播、获得大量拥簇的传奇性效果，这正是“病毒式传播”的话题性和研究意义所在。

根据视频制作者和发布者的属性，通常可以将病毒式视频划分为公众自制和专业生产两类。“Papi 酱”的作品隶属于无花费、无后期的家中自拍，

① “Papi 酱”百度指数，区间为 2015 年 1 月—2016 年 4 月：http://index.baidu.com/? tpl=trend&type=0&area=0&time=13&word=papi%BD%B4%2C%C6%E6%DD%E2%CB%B5.

② Caridà A, Colurcio M. Viral Marketing Communication: just sales or more? [J]. Business Systems Review, 2013, 12(1): 99-110.

并全部由个人完成,应归为"公众自制";但是,视频制作者中央戏剧学院导演系学生姜逸磊,事实上具备专业制作能力,并且获得1200万元融资①,将向专业生产发展。

在中国,有代表性的病毒式视频几乎均来自于公众自制,如"Papi酱""雷军印度演讲歌""金坷垃""成龙 duang""一百块都不给我"等。但在美国,一家视频评测公司(Visible Measures)基于其囊括150多个在线视频分享平台所有视频的"病毒讯息到达数据库(Viral Reach Database)"的研究显示,上榜作品主要来自品牌主动制作,并集中于著名企业,由专业广告公司制作生产。②

这一现象引起本文的探究兴趣:一次成功的病毒式视频传播背后的传播要素有哪些?其背后的两类生产者——公众自制和专业生产的病毒式视频成功要素是否一致?这就是本文探讨的主要内容。

(二)概念界定

本文选取了Carida和Colurcio对病毒式传播的定义:"营销者发出病毒讯息(Viral Message),公众之间自动进行讯息传播,致讯息得以指数速度广泛扩散。"③这一定义包括两个外在表现:

一是指数级快速传播,"指数"这一定义对病毒讯息接收者的总体规模、病毒讯息的散播速率做出了要求。

二是这一指数级传播由公众自动进行。本文所指的病毒式视频,即为以视频为信息载体的实现以上两种表现的病毒式传播情形。

对于病毒式传播的内涵,本文界定为"病毒式现象指的是口碑在社会性媒介中偶尔的爆发式传播"。主要涉及两个学术概念:口碑(Word of Mouth)和社会性媒介(Social Media)。

"口碑"这一概念隶属于人际传播的范畴,是指一个具有感知信息的非商业传者和接收者关于一个产品、品牌、组织和服务的非正式的人际传播④,其传统的重要特征是:口语的、人际间的、不付费的。⑤

---

① 2016年3月27日,"Papi酱"通过让渡12%股份,获得真格基金、罗辑思维、光源资本和星图资本共计1200万融资,估值1亿元。http://tech.163.com/16/0319/15/BIHH6TU700094P40.html.

② 研究数据来源:http://www.visiblemeasures.com/insights/charts/adage/.

③ 黄孝俊,徐伟青.口碑传播的基本研究取向[J].浙江大学学报(人文社会科学版),2004(1).

④ Maria Petrescu & Pradeep Korgaonkar. Viral Advertising: Definitional Review and Synthesis[J]. Journal of Internet Commerce, 2011, 10: 208-226.

⑤ 冯丙奇.病毒式营销传播[M].北京:中国传媒大学出版社,2016:55.

“社会性媒介”指的是为用户自行生产内容（user generated content，UGC）提供生产、使用与互动交换的一类媒介，包含网络论坛、布告栏、博客、微博、播客、社交网站、维基百科等等。①

二者结合，口碑在社会性媒介中形成新的特征，包括信息量大、传播范围广、速度快、匿名性、可存储等，被称为“网络口碑（Electronic－Word of Mouth）”，病毒式传播正是借助于口碑在社会性媒介的扩展。

（三）研究样本来源

本文研究的材料来源，来自于美国VM视频评测公司（Visible Measures）基于其囊括150多个在线视频分享平台所有视频的“病毒讯息到达数据库（Viral Reach Database）”，其与《广告时代（Advertising Age）》杂志联合每周发布最佳病毒式视频排行榜（Viral Video Chart）。这一视频排行榜的数据库既涵盖了公众自行生产的视频，也包括品牌主动投放的视频。最后榜单数据显示，上榜作品主要来自品牌主动制作，并集中于著名企业，由专业广告公司制作生产。

本文将VM公司总结的2014年每一周上榜作品和制作者汇总制表，得到去重后的313个案例。随后，本文将案例分类为公众自制和专业生产两类，辅以国内经典病毒式视频案例作为研究素材，分析其成功要素。

二、病毒式视频传播的四个要素

根据对实际案例的逐一剖析，本文总结了病毒式传播的四个要素：一个讯息是否能够实现病毒式传播，参照信息的传播过程，取决于是否在以下四个要素完成了成功制作：

1）品牌自身属性（Brand Attributes）；

2）附着传递的讯息（Message）；

3）传播背景（Launch Background）；

4）播种情况（Seeding Situation）。

下文就通过所总结的案例进行解释。

（一）品牌自身属性

在营销学视野下，对于某个具体产品进行营销的出发点是该品牌、产品。在病毒式营销的视野下也是如此，首先应考虑品牌、产品自身属性是

① 信息沙皇，指的是消息来源单一来自一个信源的情况。参见BR Sood，G Stockdale，EM Rogers（1987）：How the news media operate in natural disasters.

否具有病毒传播的素质。我们熟知的例子是无论国内外，杜蕾斯的营销活动总是比较让人印象深刻，正是源于其品牌自身的话题性与特殊性。

在《广告时代》所展示的2014年最优秀的313个案例当中，也有自身品牌、产品属性就具有话题性的例子，其中以品牌为主，附带少量基于产品的病毒式视频案例。例如，Google的《大峡谷(The Grand Canyon)》，是一个介绍Google语音搜索功能的短视频，全长只有14秒，没有附加传递的信息。其场景是一名工程师站在大峡谷前，环视一周，问大峡谷有多大。Google带来回答：4926平方公里。

这个视频主要展示的是Google语音搜索的实际功能，没有其他附加的信息(当然，其美丽的峡谷风光可以认为是附加的)，却在榜持续6周之久。分析原因，可能主要在于Google的注意资本量及品牌资产，同时也在于这是一个新功能的首次介绍，Google作为用户唯一的消息来源，产生了信息沙皇(Information Czar)①的作用。

类似的案例还有GoPro与红牛合作的高空降落(Space Diving)作品《斯特拉托斯(Stratos)》、谷歌(google)的无人汽车视频《第一次体验(A First Drive)》等。

(二)传递的信息

当然，大多数病毒式视频并非仅仅依靠产品自身属性作为内容，就能带来广泛传播的。通常它们都附带着传递的病毒式信息。兰斯·波特(Lance Porter)和盖伊·葛兰(Guy J. Golan)就曾通过实验探索是否病毒式广告比传统广告更加频繁地使用性、暴力、夸张动画等诉求，并且分别得到了证实。②

可以发现，与过去电视广告投放相比，因为少了一个守门人——媒体的存在，企业在Youtube上的营销视频展示出比传统广告更加多样的风格，大致可以总结为以下几种变化：

1. 物理长度变化

视频长度更加多元。在313个展示出的视频中，有仅有4秒的卡地亚视频《形塑时间(Shape Your Time)》；也有长篇叙述的内容，如YouTube推出的一年回顾《2013年说了什么？(What Does 2013 Say)》(6分钟)、GoPro与红牛的《斯特拉托斯(Stratos The Full Story)》(8分钟)。

---

① Porter, L. & Golan, G. J. From Subservient Chickens to Brawny Men: a Comparison of Viral Sdvertising to TV Advertising[J]. Journal of Interactive Advertising, 2006,6(2): 30-38.

② 冯丙奇. 病毒式营销传播[M]. 北京：中国传媒大学出版社，2016：34.

2. 诉求意在“出乎意料”

当然，更重要的变化是展示元素、诉求的变化。病毒式的重要机制是引发观众“出乎意料”的情绪，并且常常带有强烈的娱乐性导致用户可以再生产、再传播。因此，病毒式视频内容的尺度和跨度是比较大的。兰斯·波特和盖伊·葛兰的研究在《广告时代》总结的高传播案例中得到佐证：暴力、性和动画元素比较多见。

例如在“暴力元素”方面，百事（Pepsi Max）制作的《驾驶测试2（Test drive 2）》邀请著名赛车手 Jeff Gordon 假扮成犯罪的出租车司机，带一名不知情新闻记者 Travis 在公路上急速逃逸抓捕，导致记者极其惊慌失措，暴力情节与幽默结合在一起，引发了单周 19271705 次观看；另如美国国家公路交通安全管理局（NHTSA）的《开车时发短信（Texting while driving）》直接还原了乘客边开车边看手机后撞车的瞬间，产生极强的视觉冲击效果。

在“性元素”方面，病毒式视频亦比传统视频更加大胆，如雀巢（Nestle）的《胸衣摄像头（FITNESS Bra Cam）》案例，在一位女性的胸部前装了一个隐蔽的摄像头，记录这位女士一天胸部被偷瞄的次数，获得了单周 9628719 次观看。

在“动漫”元素方面，观察到的典型例子是墨尔本地铁公司（Melbourne Metro Trains）制作的公益视频《挂掉的傻傻方式（Dumb Ways to Die）》以动漫加歌声的方式，介绍了数种危险的行为方式，告诉大家要珍爱生命，这则视频在榜 13 周之久，获得了 111000792 次观看。另外有如面包机弹跳（Toaster Launch）与激浪饮料（Mountain Dew）合作的《激浪（Mountain Dew）》将现实场景与动漫巧妙结合起来，产生了有趣的效果。

当然，制造“出乎意料”情绪还包括很多其他方式，比较明显的如：

1）儿童元素，例如可口可乐的《宝宝交响乐（Baby Symphony）》，将各种声调的婴儿哈欠声与哈利路亚的曲调结合在一起，产生了让人会心一笑的效果，类似的形式还体现在现代的《EXO 宝贝（EXO Baby）》、MTS 的《互联网宝贝（Internet Baby）》、依云的《惊奇宝宝与我 2（The Amazing Baby & Me 2）》；

2）例如夸张元素，多力多滋（Doritos）制作了一系列关于多力多滋（Doritos）薯片的夸张的视频，如结合《复仇者联盟》中雷神、绿巨人、美国队长等形象，将普通消费者吃完薯片后的情形进行电影还原；

3）又如将情感通过叙事融入视频作品，将包括母爱、女性权利、追求和平、保护儿童等流行观念融入视频当中；

4）基于同样的原因，体育运动如篮球、足球、橄榄球等容易产生注意力的内容，受到众多公司运用[不仅仅是耐克、阿迪达斯、Footlocker 等运动公司，还包括如嘉实多（Castrol）、起亚（Kia）、三星（samsung）、魔声（Beats by Dre）、金霸王（Duracell）等看似不相关的品牌]。

3. 展示形态的变化

因为守门人的去除和发挥空间的增大，视频的展示形态也发生了有趣的变化，明显体现在两种形态：叙事微电影与测试视频。

叙事微电影较为好理解，指的是在一个时间长度内视频中完整展现一个故事，通过故事的趣味性、动人性获得传播。例如泰国人身保险的广告《无声英雄（Unsung hero）》，讲述了一个乐于助人的男子，为路边干枯的植物浇水、帮小摊贩推车、为学费而乞讨的母子捐钱、为独居的老奶奶送水果，画外音说："每天做这些事情，有什么回报呢？他没有得到什么，他不会更富有，永远不会上电视，仍旧籍籍无名"，但是画面却表明着价值——最终身边的人因他而更好。整个视频中没有关于品牌的任何内容，直到植物开花引来蝴蝶的瞬间，出现了尾部的"泰国人身保险"标志。

测试视频则是"出乎意料"情绪的典型呈现方式：做实验。在 313 个视频中，有如下 19 个运用了实验的案例。

表 2 《广告时代》2014 年排行榜中 19 个运用实验的案例

品牌名	案例名
德芙（Dove Patches）	《美丽在心灵（Beauty is a state of mind）》
IBSR-BIVV	《如果你被邀请参加你的葬礼（What if you were invited to your own funeral）》
皮林信任（Pilion Trust）	《去你的，穷人！（Fuck The Poor）》
美国问候（Cardstore，American Greetings）	《世界上最难的工作（World's Toughest Job）》
沃尔沃（Volvo Trucks）	《史诗劈叉（The Epic Split feat. Van Damme）》
五小时能量（5-hour ENERGY）	《帮助神奇的人-故事 1：Michelle Jackson》
DHL 快递	《木马邮件（Trojan Mailing）》
SOS 国际儿童村（SOS Children's Villages International）	《你会帮助一个受冻的孩子吗？（Would You Help A Freezing Child）》
百事（Pepsi Max）	《人环循环（Human Loop the Loop with Damien Walters）》

（续表）

品牌名	案例名
百事（Pepsi Max）	《驾驶测试2（Test Drive 2 with Jeff Gordon）》
领袖型（Leadercast）	《真实生活的会议电话（A Conference Call in Real Life）》
TD银行（TD Bank）	《有时候，你只想说谢谢（Sometimes you just want to say thank you）》
美国运通（American Express）	《付出，看着改变（Spent- Looking For Change）》
Always女性用品	《像个女孩（Like A Girl）》
汉堡王（Burger King）	《骄傲谎言（Proud Whopper）》
保护儿童（Save the Children）	《史上最重要的模特性感视频（The Most Important "sexy" Model Video Ever）》
TD银行（TD Bank）	《24人，24天，24个社区（24 people，24 days，24 communities）》
德芙（Dove Legacy）	《一个女孩的美丽信心，开始于你（A girl's beauty confidence starts with you）》

大致可以分为两类：一类是设置情境，重点在于记录被访者的反应，从而达到传播的效果。如告知像个女生一样跑步、打架、走路的仪态，对比成年人与儿童对女性的认知（Always- LikeAGirl）；冬天，一名穿着很少的小男孩在室外等待公交，看乘客是否会分享衣服（SOS-Would You Help A Freezing Child）；一名男子拿着"去你的穷人"，看路人的反应（Pilion Trust - Fuck The Poor）；求职者面试工作，面试官提出一系列苛刻的要求，求职者普遍不能接受，最后告知这一职位是：母亲（Cardstore -World's Toughest Job）。这一类型的视频主要传播效果体现在重大转折以及受访者自然流露的真实反应。

第二种类型是，品牌尝试做一件比较难的挑战，记录挑战者的反应和整个挑战过程。如沃尔沃邀请了Van Damme双脚分立站在两辆前进的沃尔沃大卡车之上，传递安全可靠的乘坐体验；又如百事（Pepsi Max）的两个视频，分别记录了Damien Walters挑战环形圈（见图2）；Jeff Gordon挑战载着记者逃逸飙车的情节。

这类视频的传播效果体现在挑战的精密构思以及最后呈现出的紧张刺激的效果。

图 2　百事 Damien Walters 挑战环形圈

(三)传播背景与借势

传播背景指的是病毒式内容发出时社会环境因素的影响。这里重点要强调的是“借势(Borrow Strategy)”的重要作用。2014 年的病毒式视频中，有三个明显的借势阶段，即超级碗期间、世界杯期间、年末年初，这一期间各品牌进行的营销活动都围绕传播背景进行传播，分别明显侧重在创意广告、足球、年末总结与年初展望上。

以 2014 年世界杯为例，世界杯的活动时间是 2014 年 6 月 12 日至 7 月 13 日，然而其相关的营销活动却早早受到其影响。早在 4 月中旬，耐克(Nike)就推出了足球视频《挑战一切(Risk Everything)》，此后三星、阿迪达斯、起亚等公司参与进足球的专业视频制作中。

表 3　《广告时代》2014 年排行榜世界杯决赛圈阶段举例

序号	标题	品牌	总体受众
1	只能全胜(allin or nothing)	Adidas	17721433
2	拥抱墙(Galaxy S5 Wall Huggers)	Samsung	14806113
3	像个女孩(Like A Girl)	Always	7445436
4	最后一战(The Last Game)	Nike	6200169
5	橙色护目镜(Orange Eyewear)	Hugo Boss	5751298
6	无事完美(Everything is NOT awesome)	Greenpeace	3985483
7	终极跑道(Ultimate Racetrack)	BMW	3639895

（续表）

序号	标题	品牌	总体受众
8	足球每日犯规(Everyday Football Fouls)	Fourgrounds Media	3300878
9	半决赛(World Cup Semi Final)	Adidas	3250761
10	我们走(VAMOSLEO)	Adidas	2929178

在世界杯比赛进行到白热化期间，经常出现表3这种关于足球的视频内容获得最大关注度的情况，如表3中，前10名的视频中有5个围绕足球主题。

除了大环境借势，更具有独到视角和技巧的是小型借势。例如，2014年7月12日，詹姆斯在《体育画报》上发表公开信，宣布将回归骑士。因为詹姆斯2010年选择转会迈阿密热火队，离开自己长大的克利夫兰时，受到克利夫兰球迷的批判和抨击。此刻，詹姆斯再度转会回到克利夫兰时，舆论再度产生争议。

耳机品牌Beats by Dre邀请篮球明星詹姆斯拍摄了一个故事《重建(Re-Established)》，这则视频在2014年10月发布：詹姆斯从热火队转会，驱车回到曾经的主队、自己故乡的克利夫兰，街道上有“欢迎勒布朗回家”的标语，路过熟悉的街道、老人、打篮球的孩子；走进体育馆训练，耳机想起熟悉的音乐，脑海中闪回着各种过往的片段；自己的奶奶嘱咐自己这是养育自己的家乡，永远不要忘了自己来自哪里。这则视频在Youtube官方平台上获得了单周14068586次的观看。

（四）播种与媒介网络

最后一个维度“播种与媒介网络”，指的是讯息传播如何到达首批公众，并由公众进行再传播的代际现象。在进行前三个维度讨论时，一个作品都还处于创造阶段，到达第四个维度时，该作品已经进入传播阶段。

病毒式的三个判断标准：公众之间自动进行讯息传播、讯息总体规模大、讯息的散播速率快，均通过这一维度进行验证。

冯丙奇指出病毒式传播与传统大众传播的不同①：在传统大众传播中，营销讯息的主要散布途径是由大众媒体直接传送至终端接收者；而病毒式传播中，讯息传播明显存在代际现象，病毒式讯息到达的第一代接收者是种子(seed)，由第一代传播接收到讯息的群体为第二代接收者，以此类推。由此，每一个种子用户接收到病毒讯息后，一旦进行讯息转发分享，就可能会形成一棵“讯息传送树”。

---

① 特劳特，里斯．定位[M]．北京：机械工业出版社，2008：18.

在《广告时代》上榜的前 15 名品牌，均在 YouTube 上建立了自己的专属账号，供网友进行订阅和分享（见图 3）。

图 3　YouTube 平台的分享按钮

YouTube 在跨社会性媒介传播上进行了完整全面的设置，如图 3 所示，提供在其他 13 个社会性媒介上传播的链接，涵盖邮件、Facebook、Twitter、LinkedIn 等主流媒介。此外，这一转发可以精确到具体的时间，并在分享栏提供添加自己观点的空间。此外，在“嵌入代码”中，用户可以选择分享的视频大小、隐私等设置。

三、病毒式要素对比：公众自制和专业生产

以上部分依托于 2014 年《广告时代》排行榜最优秀的 313 个视频，总结出了四个分析维度。本部分即站在以对比公众自制和专业生产的视角，分析四个维度中各自的操作优势。

分析病毒式视频的生产过程，虽然可以一分为二，分为公众自制和专业生产，但从生产者看，呈现出三种类型：

类型一，由广告公司生产，品牌、企业付费。此类视频归属于病毒式视频广告，带有传播品牌、产品的目的。

类型二，由专业的内容生产组织生产。这类组织以传播视频、获取关注为目的，走流量广告变现的路径获得营收。

类型三，由普通公众自制，分享上传至网络，无明显目的。

三种类型中，类型二常常由做出优秀视频作品的普通公众转化而来，例如国外《基因突变巨型蜘蛛狗（Mutant Giant Spider Dog）》的作者 SA Wardega。这一情形国内也有佐证：优酷单集点击量过亿的《万万没想到》系列作品，其出品公司万合天宜由早期拍摄电竞解说视频出名的“叫兽易小星”成立；“Papi 酱”由拍摄吐槽小视频获得巨量粉丝后，开始融资进行专业生产。

本文暂时将类型二和类型三称为公众自制，类型一称为专业生产，其核心区别在于是否带有主动传播品牌、产品的目的。本文将公共自制与专业

生产在四个维度的差异总结如下(见表4)。

表4 公众自制、专业生产核心差异对比

维度	公众自制	专业生产
品牌、产品自身属性	可通过对知名品牌的再生产获得注意力资产	品牌资产越高,此项越高
传递的信息	形式吸引力通常较低,但更易接近初级情感	形式吸引力高,初级情感吸引力受制于多重媒介守门人
传播背景与借势	灵活、小型、即时的借势	大型、提前计划的借势
播种与媒介网络	种子基数小,社会性议题有利于转发率和转发轮次	种子基数大,转发率和转发轮次受制于宣传目的

以下展开具体分析:

(一)品牌属性与借势

专业生产的品牌视频存在一对矛盾:品牌积累的品牌资产有助于所生产病毒式内容的传播;但随着媒介素养的提高,公众对于带有品牌、产品宣传的内容天然存在甄别和排斥。

特劳特和里斯谈到过品牌与消费者沟通时的问题"普通人的大脑已经是一块满得滴水的海绵。然而,我们却还是往那块过分饱和的海绵里灌输更多的内容"①。基于消费者大脑的有限性和消费者认知的不易改变性,品牌进行的努力仅仅是"重新定位",试图搭上消费者的既有联想,并从中塑造有利于企业的部分差异化。

目前,专业生产的品牌病毒式视频集中体现出这一特征,除了少部分具有话题性的产品(杜蕾斯、Google 地图、GoPro),其余成功的品牌病毒式视频均选取了淡化品牌色彩的方式,出现越来越多作品,品牌只在最后一秒露出。

从品牌自身属性的维度看,公众生产的视频初始的品牌资产趋于零。同时,公众生产的视频也没有"戴着镣铐跳舞"的情况,因此获得更大的内容自由度。

值得注意的是,虽然前文中提到品牌通过传播背景进行借势传播的案例,但是可以发现,专业生产的借势主要体现在重大媒介事件的预安排(如年终盘点、超级碗、世界杯),像耳机品牌 Beats by Dre 借势詹姆斯回归骑士

① Derbaix, J. Vanhamme. Introducing Word of Mouth by Eliciting Surprise: A Pilot Investigation [J]. Journal of Economic Psycology, 2003, 24(1): 99 - 107.

的案例则较为少见。相对而言,公众生产在这一领域有更多灵活的运用,不但可以利用时事热点,而且其他著名品牌、著名人物也都是公众生产的借势对象。例如,"Papi 酱"广为流传的"明星系列"作品中,包括《女明星的谎言》《2015 年度十大烂片最专业点评》等,都是针对知名品牌元素(如奥斯卡、在播电影等)进行吐槽再创造的内容(见表5)。

表5　公众自制、专业生产在品牌维度的对比

类别	品牌自身属性	传播目的自由度	其他手法
专业生产	高	低	无
公众自制	低	高	借助知名品牌的品牌资产

(二)讯息内容的互动:内容、形式、把关人

公众自制和专业生产的病毒式视频,通常在吸引力来源上有所不同。冯丙奇在其著作《病毒式营销传播》中指出内容因素与形式因素的互动关系。冯丙奇指出,病毒式讯息的内容因素占到主导地位,视频的形式因素(视频拍摄与编辑)起辅助作用(见图4)。

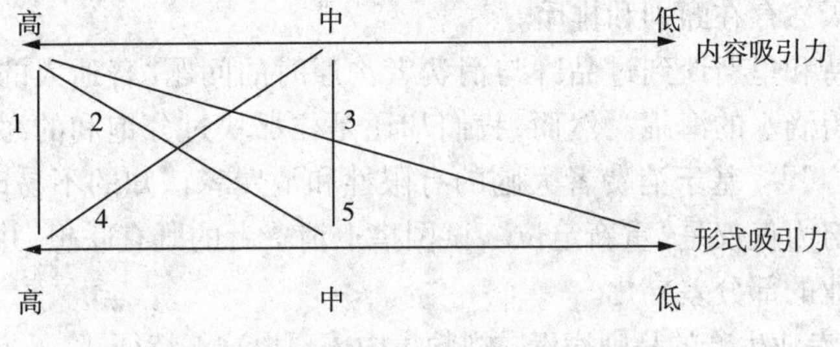

图4　内容吸引力与形式吸引力的关系

其中,可能引发病毒式传播的讯息组合为四种:高度吸引力内容+低度吸引力形式;中度吸引力内容+高度吸引力形式;高度吸引力内容+中度吸引力形式;高度吸引力内容+高度吸引力形式。对于中度吸引力内容、中度吸引力形式的讯息,冯丙奇指出其受制于视频之外的因素影响,不易确定。其病毒式发生概率排序如图5:

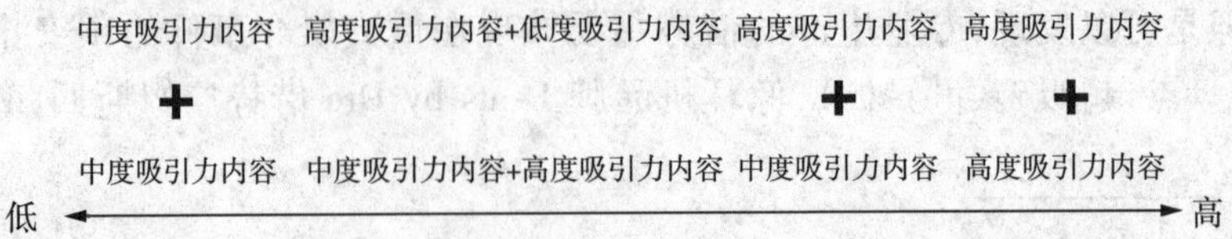

图5　内容吸引力与形式吸引力的组合排序

广告公司发布的视频均能在形式吸引力保持高标准，制作出超越公众自制的精良作品。但是在内容上，专业生产与公众自制却常常站在同一起跑线上，甚至公众生产更易把握内容吸引力。

我将用两个元素非常相近的病毒式视频进行对比，其中一个来自知名品牌，一个来自 NGO 组织（见表6）。

表6 《胸衣摄像头》《作为女人在纽约街头漫步的 10 小时》的对比

作品名称	发布时间	发布者	概要	形式	内容
胸衣摄像头（FITNESS Bra Cam）	2014 年 9 月 24 日	雀巢（Nestlé）	一名女士在自己的胸衣上安装摄像头，记录下一天当中偷瞄自己胸部的人士。视频经过多机位拍摄、精心配乐和卡通元素辅助。视频尾声号召女性关爱自己的胸部	高	中
作为女人在纽约街头漫步的 10 小时（10 Hours of Walking in NYC as a Woman）	2014 年 10 月 28 日	Hollaback（NGO）	一名女士身穿牛仔裤和圆领 T 恤，安装摄像头拍摄自己一天中被纽约街头男士骚扰搭讪的过程。视频单一视角，仅通过黑板文字旁白过渡。视频尾声号召人们抵制性骚扰	低	高

为了更形象地展示两个视频的直观感受，本文各截取了两张图片（见图6、7、8、9）。

图6 《胸衣摄像头》的多机位、高质量画面

图7 《胸衣摄像头》的卡通计数元素

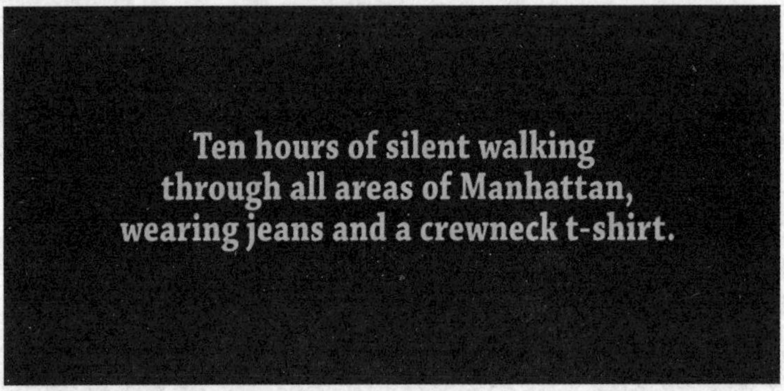

图8 《作为女人在纽约街头漫步的10小时》的黑白过渡画面

图9 《作为女人在纽约街头漫步的10小时》的单一视角

以上两则视频均在YouTube上引起了高度关注，其中，《胸衣摄像头》最终获得了10742864次观看；《作为女人在纽约街头漫步的10小时》获得了42214655次观看。如数据所呈现，《作为女人在纽约街头漫步的10小时》这一形式吸引力较低的视频获得了更高关注，并获得了众多模仿再创造：有男士穿着紧身内裤在纽约街头行走；有人对比穿着凸显身段的衣服与穿着穆斯林服饰的结果。

可以发现，《作为女人在纽约街头漫步的10小时》在内容上更加成功地抓住了受众的眼球。类似的例子并不少见，本文分析其原因，具体体现在两点：

第一，把关人的限制。一则视频广告的产生和发布，传统上将经过以下几个把关人：导演、视频工作室、广告公司、广告主、发布媒介。前文的分析已经指出，社会性媒介的发布大大减少了发布媒介的把关要求，从而使病毒式视频风格呈现出更加大胆的特点。但是，视频工作室与广告公司之间、广告公司与广告主之间进行了来回的交换意见与剪辑修改，通常会使内容"中庸"化。

第二，病毒式内容强调"初级情感"的特性。C. Derbaix和J. Vanhamme指出：在惊奇(surprise)、愉悦(joy)、悲伤(sadness)、愤怒(anger)、恐惧(fear)、厌恶(disgust)六项基本情感元素中，惊奇因素对公众的讯息转发推荐行为有最强烈的影响。原因是惊奇情感往往伴随着其他的初级情感(primary emotion)。在触发人们的惊奇以及其他初级情感方面，专业生产并没有捷径可走。相反，因为把关环节的减少，公众自制能够更直接把握初级情感(见表7)。①

表7　公众自制与专业生产在内容层面的对比

类别	形式吸引力	内容吸引力	其他因素
专业生产	高	不明	把关人影响
公众自制	低	不明	及时把握

(三)种子和再传播

一次病毒式传播到达的公众，可以分为两类：一类是通过发布者初始发布获得观看的人群，称为"种子"；一种是由公众转发获得观看的人群，称为"再传播受众"。

每一次病毒式传播都会经历这样的层级：

---

① Derbaix, J. Vanhamme. Introducing Word of Mouth by Eliciting Surprise – A Pilot Investigation [J]. Journal of Economic Psycology, 2003, 24(1): 99–107.

种子数量×种子平均转发率=第一轮再传播

第一轮再传播受众×转发率=第二轮再传播

第二轮再传播受众×转发率=第三轮再传播

……

我试图将其进行公式化的概括，可以概念化为：

$$总受众\ A=S(1+X\%)^{N(轮)}$$

其中，S(Seed Number)为种子数，X 为平均转发率，N 为转发轮数。

应当指出，这一公式主要阐明的是病毒式传播中种子数、转发率和转发轮数的逻辑关系而非实际数量关系，其局限性在于，现实传播中容易产生公众自主转发后的重复接触，形成网状结构，因此轮数不易确证。

但总体上，总受众 A(audience)由种子数、平均种子转发率、平均种子转发轮次三个要素决定。其中，种子数的获取可理解为传统营销的部分；而种子主动转发和平均种子转发轮次则为新的传播特征。

因此，本文提出，种子数 S 越小、平均转发率 X 越大、转发轮数 N 越高，其“病毒式(viral)”的属性就越高。

种子部分的获取，在社会性媒介上主要通过“主动订阅”的方式。不同的媒介上会有不同的获取种子方式，但是基本上依靠历史积累的品牌与口碑，是一种被动过程。但是在病毒式营销活动中，一次活动选取的活动参与者，就是主动筛选的种子，营销者通常充分考虑“种子”的传播能力。

平均种子转发率、平均种子转发轮次，反映出公众自主转发的愿望和程度。在我们称为病毒式传播的视频中，也存在种子基数、转发率、转发轮次的差异，例如两个上榜视频《Dumb Ways to Die》和《Want Focus》(见图 10)：

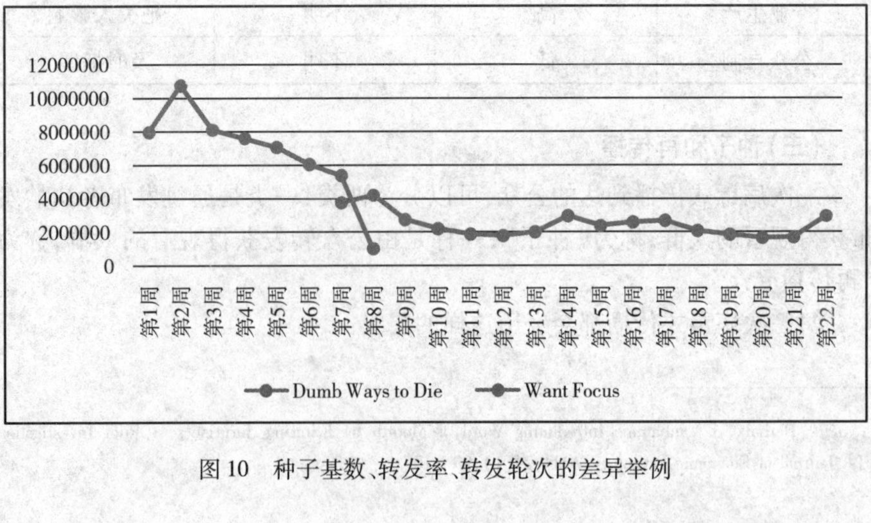

图 10　种子基数、转发率、转发轮次的差异举例

《Dumb Ways to Die》(图中蓝色折线)就属于典型的种子基数小、转发率持续稳定、转发轮数高的类型;而《Want Focus》(图中橙色折线)属于典型的种子技术大、前期转发率高、后期转发率低、转发轮数低的类型。

这种因素形成了两种病毒式传播情形,一种是长期渐进发展型,一种是短期快速跃升型(见图11、12)。

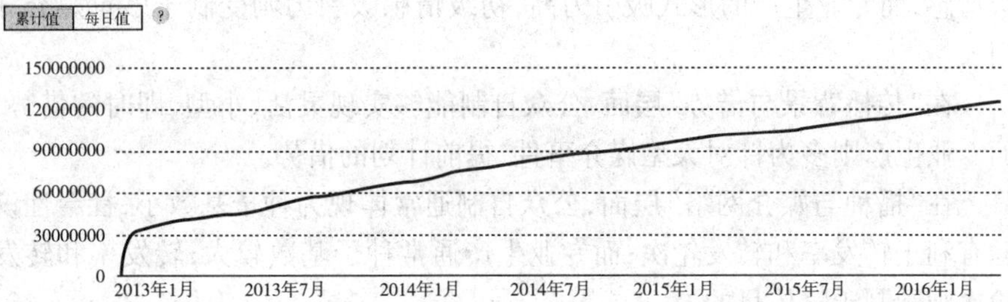

图11 《Dumb Ways to Die》传播情形(累计阅读量统计)

图12 《Want Focus》传播情形(累计阅读量统计)

通过这一段阐释,可以得出种子数S是病毒式传播与传统传播相接近的部分,影响了传播启动阶段的传播效果。而不同类型的病毒式讯息对于转发率、转发轮次的影响不同,从而产生不同的病毒式传播路径。个案式的分析表明,高"惊奇"的内容产生高转发率;而转发轮次则与话题寿命相关,越是社会文化内涵的内容越能得到长久的传播。

四、结语

本文以病毒式视频为研究点,引进了公众自制和专业生产两种病毒式内容形成方式的视角对比,通过丰富的案例分析病毒式传播的形成要素和分析维度。

公众自制与专业生产的比较视角对于病毒式视频生产策划的启示可以

总结为：

在“品牌、产品自身属性”层面，专业生产者的品牌资产对于病毒式视频有背书作用，同时，公众自制在操作中可通过对知名品牌的再生产，获得注意力资产。

在“传递的信息”层面，公众自制的形式吸引力通常较低，但更易接近初级情感；而专业生产的形式吸引力高，初级情感吸引力则受制于多重媒介守门人。

在“传播背景与借势”层面，公众自制能够实现灵活、小型、即时的借势，而专业生产则多为针对大型媒介事件、提前计划的借势。

在“播种与媒介网络”层面，公众自制通常体现为种子基数小，社会性议题有利于转发率和转发轮次；而专业生产通常种子基数较大，转发率和转发轮次则受制于宣传目的。

以这四个维度分析本文开头提到的“Papi 酱”案例，会发现其分别吸纳了公众自制和专业生产的优点：(1)其内容紧跟热点，如男女朋友话题、追星话题和节庆话题，在品牌和舆论上充分借势；(2)其内容深切注重唤起初级情感，虽然其表现形式显得随意(单个机位、自拍、自己家中)，但是表情、剪辑和混音都展现专业基础；(3)内容选择充分考虑社会性，在种子量少的情况下获得大量传播。

应当指出的是，这一对比适用于学理分析，现实的病毒式传播中专业生产与公众自制则形成一组互动促进的关系。本文亦有诸多不足，例如，基于公众自制的分类不够鲜明，同时缺乏足够的实例来证明文中论点。这些不足有待未来的研究进行补充。

参考文献：

[1] 冯丙奇，等．病毒式传播[M]．北京：中国传媒大学出版社，2016.

[2] 黄孝俊，徐伟青．口碑传播的基本研究取向[J]．浙江大学学报(人文社会科学版)，2004(1).

[3] 冯丙奇，王罡，杨婷婷，等．病毒式营销传播受众品牌认知情形：杜蕾斯雨夜鞋套微博传播案例研究[J]．现代传播，2015(4).

[4] 特劳特，里斯．定位[M]．北京：机械工业出版社，2008.

[5] B. R Sood, G Stockdale, E. M Rogers. How the News Media Operate in Natural Disasters[J]. Journal of Communication, 1987 - Wiley Online Library.

[6] CB Welker. The Paradigm of Viral Communication [J]. Information Services & Use, 2002.

[7] Caridà A, Colurcio M. Viral Marketing Communication: Just Sales or More? [J]. Business Systems Review, 2013, 2(1): 99–110.

[8] Derbaix , J. Vanhamme. Introducing Word - of - Moutth by Eliciting Surprise - A Pilot Investigation [J]. Journal of Economic Psycology, 2003, 24 (1): 99–107.

[9] Golan G. J, Zaidner L, Creative Strategies in Viral Advertising: An Application of Taylor's Six - Segment Message Strategy Wheel [J]. Journal of Computer–Mediated Communication, 2008.

[10] Howard T. "Viral" Advertising Spreads Through Marketing Plans [N]. USA Today, 2005 - 06 - 22(B6).

[11] Porter L, Golan G J. From Subservient Chickens to Brawny Men: a Comparison of Viral Advertising to TV Advertising[J]. Journal of Interactive Advertising, 2006, 6(2), 30–38.

[12] Eckler P, Bolls P. Spreading the Virus: Emotional Tone of Viral Advertising and Its Effect on Forwarding Intentions and Attitudes[J]. Journal of Interactive Advertising, 2011, 11(2): 1 - 11.

[13] Petrescu M. Viral Advertising: Conceptual and Empirical Examination of Antecedents, Context and Its Influence on Purchase Intentions [J]. Dissertations & Theses - Grcrdwork, 2012.

[14] Maria Petrescu, Pradeep Korgaonkar. Viral Advertising: Definitional Review and Synthesis [J]. Journal of Internet Commerce, 2011, 10 (3): 208 –226.

[15] Chu S C. Viral Advertising in Social Media: Participation in Facebook Groups and Responses among College - age Users [J]. Journal of Interactive Advertising, 2011, 12(1): 30–43.

“消散方知道是虚”：健康谣言的特殊成因与净化

——基于“2015 十大微信健康谣言”的内容分析

（杨嘉琪 安徽大学）

摘 要:科技的发展便捷了社会传播,人们日益进入风险社会。在这期间的有关健康和养生的传播内容逐渐吸引了绝大多数人群的眼球。在健康传播日益丰富的今天,有关于健康内容的谣言也越来越多,加剧了社会中的风险性。本文通过对人民网公布的“2015 十大健康类谣言”进行内容分析,并以其作为样本切入,通过分析健康类谣言的成因及特点来了解风险社会中健康传播,提出健康谣言的消解分为自我内部净化与整体外部环境净化两方面,最后对健康谣言净化与消解中的方式提出了个人观点和思考。

关键词:风险社会;健康传播;健康谣言;谣言净化

一、引言

1986 年德国社会学家乌尔里希·贝克首次提出了“风险社会”的概念——科技以其自反性而威胁人类生存的社会形态。社会进步带来的阴暗面越来越支配社会生活和政治,这种风险与反思性现代化相关,被界定为系统地处理现代化自身而引致的危险和不安全感的方式。由于这个世界处在风险社会之中,所以我们不仅会受制于它所具有的各种支配性权力,而且也会受它所具有那些伤害自我的危险、腐败、苦难和剥削的污染。社会的偶然性、矛盾性、不确定性越来越大,民众的不安全感、迷惑感、危机感越来越强。近年来,我国政府面临的重大挑战之一在于谣言盛行,每每催生或伴有突发性事件、群体性事件和恶性事件,是为风险社会中的谣言风险。在汶川地震系列事件、哈尔滨警察打死市民事件、邓玉娇事件、杭州车祸“70 码”事件中,均能发现谣言的强大影响力。在某种意义上，谣言成了风险社会的重要风险源。其中，健康传播中的谣言传播也日益作为近代社会中谣言乱象的主要方面引起了人们的注意。

二、健康传播与谣言乱象

关于健康传播的定义一直未有一个一致的说法，各个领域的学者根据不同方面对其进行定义。目前对于健康传播的定义范围主要有医学领域、传播学领域、社会学领域以及其他领域。针对传播学范围的研究领域，美国传播学者 Rogers 对于健康传播的定义最为宽泛，“在人类传播的内容中凡涉及健康的，就叫作健康传播”。不仅包含涉及健康相关信息的整个传播过程，同时包含关于健康观念层的形成和价值观的树立，包含以事实为中心、关系为中心和个人为中心的多维度的健康实践过程，形成一个宏观的健康传播环境。

从学术界的角度来说，健康传播在我国经历了空白期、启蒙期和发展期三个阶段。20 世纪 80 年代后期，健康促进和健康教育的概念逐渐被引入中国，90 年代起一些关于健康传播的研究论文开始陆陆续续在我国学术界出现，这被视为是健康传播在我国的启蒙时期；2000 年以后，生活水平的进步和科技水平的提高使社会大众更加关注技术层面给人类生活所带来的提升效应；2003 年“非典”疫情的爆发催生了相关学者对于健康传播的关注和反思，健康传播的相关研究在这一时期后得到了飞速发展。在中国知网上以“健康传播”为关键词进行文献检索，共得到相关文献 638 篇，并从所列的图 1、表 1 得知，近年来健康传播研究在我国呈现出上升趋势。

表 1　关于“健康传播”研究年度与文献数目表

年度	2003	2004	2005	2006	2007	2008	2009
篇数	2	4	9	29	27	40	45
年度	2010	2011	2012	2013	2014	2015	
篇数	49	56	68	87	74	90	

随着工业社会和现代社会标签的不断加强，人们对于健康的重视程度不断提高，同时互联网“去中心化”的特征和自媒体的不断普及更新，使当代社会信息拥有无数出口而不必经过科学的核实和考察，因此在健康传播的渠道中出现了混杂不真实信息的谣言现象。从“打针西瓜”到“肯德基一鸡六翅”再到近年来与日俱增的各种“食品致癌”传闻，健康传播中的内容随着

网络社会的发展和进步却呈现出越来越多的谣言化倾向。从肯德基的鸡翅传闻，到2016年年初人民网公布出的2015年十大食品健康谣言，对生活健康程度日益重视的当代社会人群同样也接受着来自四面八方有关健康传播内容的考验。

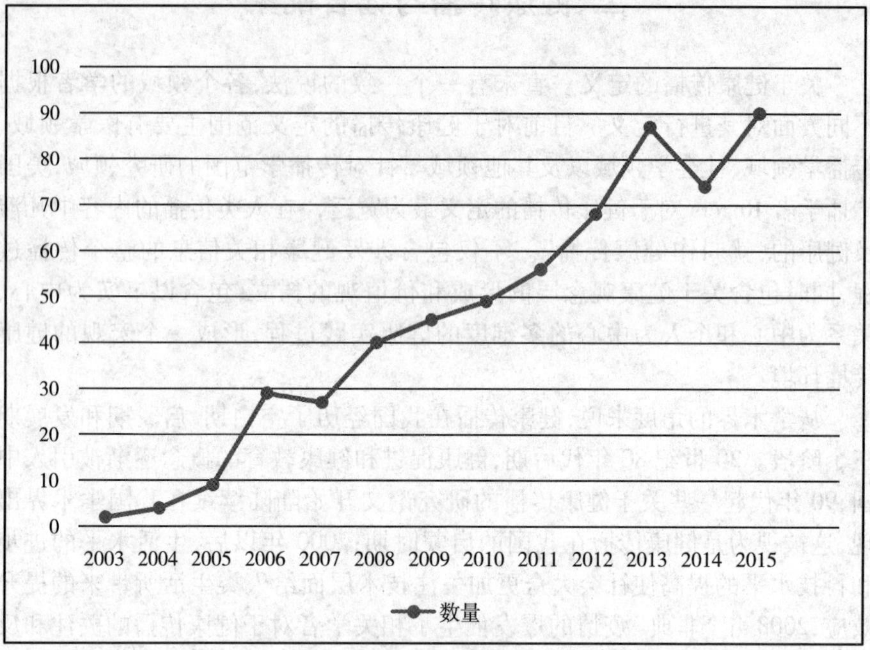

图1 “健康传播”研究趋势图

三、健康谣言的生成分析

当前学界对于“健康谣言”的定义较为模糊，笔者在此对于“健康谣言”类别定义为：内容与健康传播有关的谣言。人民网是世界十大报纸之一《人民日报》建设的以新闻为主的大型网上信息交互平台，并且也是国家重点新闻网站的代表，人民网始终坚持“权威、实力，源自人民”的理念。因此在这里将人民网于2016年初公布的“2015微信传播最广的十大健康谣言”作为研究样本对微信健康谣言内容进行具体分析①（见表2）。

---

① 资料来源：http://health.people.com.cn/n1/2016/0106/c21471-28020014.html，具体内容见文末附录.

表2 微信十大健康谣言内容

2015 微信十大健康谣言	
序号	内容
1	儿童牛奶饮品含有肉毒杆菌可致白血病
2	小龙虾只是处理尸体的虫子
3	Wi-Fi 辐射损害健康
4	植物油做饭可致癌
5	吃猪血鸭血除雾霾
6	猪肉里长钩虫
7	地暖有辐射会致病
8	蒸锅水含亚硝酸盐易致癌
9	用含氯的自来水煮东西会致癌
10	喝麦苗汁能治疗癌症

针对谣言的生成和传播，奥尔波特认为在一个社会中，"流言的流通量与问题的重要性（importance）和涉及该问题的证据暧昧性（ambiguity）之乘积成正比"①。这句话改写成公式即：R=I∗A（流言的流通量=问题的重要性∗证据的暧昧性）。在后来诸位传播学者对于该项公式进行了验证和修订，奥尔波特公式的另外两个变量——"重要性"（importance）和"暧昧性"（ambiguity），被"关联度"（involvement）和"不确定性"（uncertainty）所代替。①因此目前考察谣言的发生与传播通常采用以下公式：R=I∗A∗U（流言的流通量=与问题的关联度∗社会成员的不安感∗环境的不确定性）通过这个公式可以得知：事件越重要而且越模糊，谣言（Rumor）产生的效应也就越大。

在健康传播的过程当中，事实的重要程度和受众对于事实认知的模糊性是健康谣言传播的两个重要方面，但因健康谣言区别于其他谣言的发生特点，造成了健康谣言的生成和发生也有其他影响因素。在这些因素的共同作用下，呈现出了健康谣言传播的特殊性。下面笔者将对此进行逐一分析。

（一）夸张的观点——跨背景传播下的极简式论断

跨文化传播指的是来自不同文化背景的个体、群体或者组织之间进行

① G. W. Allport, The Psychology of Rumor, New York, Henry Holt, 1947, pp. 133-135.

的交流活动，健康谣言的传播就属于跨文化背景传播的一部分。风险社会背景下，受众在掌握自主能动性的基础上，过于在意社会机制和负面信息对于自身的效果影响，却忽视了不同文化背景下学科之间的差异化，从而造成信息的偏差加速了谣言的传播。在表3中所示的十大健康谣言中可以清楚地看到，将其按照结果来分类，则有关于致病结果的健康谣言有六条共占60%，而效果类结果共有两条占20%，其他结果占20%。

表3 健康谣言结果分类

结果分类	序号	内容
致病类	1	儿童牛奶饮品含有肉毒杆菌可致白血病
	2	植物油做饭可致癌
	3	Wi-Fi辐射损害健康
	4	地暖有辐射会致病
	5	用含氯的自来水煮东西会致癌
	6	蒸锅水含亚硝酸盐会致癌
效果类	1	吃猪血鸭血出雾霾
	2	喝麦苗汁能治疗癌症
其他类	1	小龙虾只是处理尸体的虫子
	2	猪肉里长钩虫

谣言的句式简短，并且在陈述上简化了事实，进行“简单粗暴”的结果推送。在内容中加上了一定量的化学词汇和科学用语，用定性的口吻来强调了不真实的内容。仅仅将受众关注的日常话题加上无关紧要的科学分析，造就了夸大化和极端化的结论，就可以引发受众的关注并造成恐慌心理。例如“Wi-Fi环境损害健康”中原文是将种子放在Wi-Fi环境下枯萎这一案例与人体健康联系起来，得出Wi-Fi有损人体健康的结论。将原本毫无关系的两者放在一起进行类比，夸张了其中的关联性；“猪肉长钩虫”事件中仅仅通过一张模糊的图片，造成了多数地区人们不敢食用猪肉的恐慌心理和经济损失。在跨学科、跨背景的条件下，多数人们并不了解钩虫的存在条件，人们看到的类似于“钩虫”的物质大部分是猪的神经纤维以及动静脉血管等。由此可见，健康谣言常通过与受众切身相关的健康知识，忽视相关学科背景的关联性，被人误认为关键信息而得到广泛传播。

(二)低可信度的传播内容——健康谣言的伪“科学”性外衣

2011年喻国明在分析了“抢盐流言”后得出结论，科学知识对于留言内容的包装在一定程度上影响了人们对于流言的判断："一个流言如果穿上了科学的外衣，可信度和传播的渗透性就都会得到加强。因为这些流言如同有了一个帮手，有了一个很好的介质，就很容易渗透到人们的意识当中。"[⑥]通过对于2015年微信十大健康谣言的内容分析，不难发现多数谣言内容中对于生僻且专业化词汇的运用。

表4 微信谣言内容中专业术语及敏感词汇汇总

序号	内容	词汇
1	儿童牛奶饮品含有肉毒杆菌可致白血病	添加剂、肉毒杆菌
2	小龙虾只是处理尸体的虫子	基因改造、重金属超标
4	植物油做饭可致癌	植物油、癌症
5	吃猪血鸭血除雾霾	动物血浆蛋白、金属微粒
6	猪肉里长钩虫	钩虫、经过处理的肉类图片
7	地暖有辐射会致病	热辐射、白血病、癌症
8	蒸锅水含亚硝酸盐易致癌	重金属、硝酸盐、亚硝酸盐
9	用含氯的自来水煮东西会致癌	氯、呼吸道、致癌
10	喝麦苗汁能治疗癌症	"三高"

通过表4内容显示，"十大微信健康谣言"内容中有大量科学性专业化术语存在。这些专业术语使谣言内容与不具备专业知识的广大民众产生距离，自带科学性和权威性。他们伪装在专业的学科外衣下，却是对于事实的歪曲、掩盖和模糊。[①]例如在"吃猪血鸭血除雾霾"的健康谣言中，传播"吃猪血、鸭血等动物血，可以有助消除雾霾。这是因为动物血浆蛋白被胃酸分解后，会产生一种可以滑肠、消毒的新物质。这种物质能渗入人体，与粉尘和有害金属微粒发生生化反应，最后从消化道排出体外"。而受到专业化食品专家的否定。表示"雾霾对人体的影响主要是因为部分细微颗粒物会直接进入肺部、甚至入血，引起肺部和心血管疾病。但是食物吃下去是进入消化道的，不可能直接把肺里的有害物质"带出来"。比如所谓的吃猪血排毒，原因在于铁元素摄入多了，氧化成了黑色硫化铁，因此大便呈黑色，让人误以为是把"毒素"排出来了。由此可见，诸多健康谣言以科学作为噱头对谣言进行包装，从而迷惑大众。

（三）差异化的健康素养——受众选择概念中的保险心理

1948年以来，WTO就把健康定义为一种"完整的身体、精神和社会交往的健康状态，健康并不仅仅指不生病或不衰弱”。表明健康不仅单指生理意义上的健康，同时包含许多其他方面的健康。如同“媒介素养”概念一样，同时存在“健康素养”这一概念，定义为“个人能力的量度，即个人获取、理解和处理基本健康信息和服务需求以便做出恰当的健康决策的能力。”①当与自身健康紧密相关的状况出现时，受众依据自身的健康素养和健康习惯进行相关的选择，在一定程度上决定了健康传播的条件和动因。选择食疗还是药物治疗，选择中医还是西医等各种选择，都是受众长期健康观念积累的呈现。由于规避风险的心里常态，以及中国固有“大事化小，小事化了”的应对观念，绝大多数受众面对自身固有的健康风险时都更多地考虑选择相信自我“食疗防治”。如“吃猪血防雾霾”“喝麦苗汁防治癌症”等，都是受众处于“保险心态”采用就近手段的健康防治现象。一方面没有对自身健康起到相应作用的效果，另一方面由于盲目的选择和相信，在一定程度上也加剧了健康谣言的传播。

(四)复杂多变的传播过程

根据健康传播的三维生态模式：对于任何一个处在具体社会环境中的健康行为而言，都是健康、传播、受众三者的结合。健康传播受到国家政策、人文文化、人际关系、社会环境、个人背景以及多方面因素的影响。关于谣言，罗斯诺(Rosnow)在1988年提出了“谣言是处于焦虑状态的个人为了消除焦虑状态的不确定性而进行的一系列尝试”。扭转了社会心理学家将谣言视为“病态”的研究趣味。可以说，健康谣言产生的要素就是科技和社会风险的不确定性。人们对于科学知识和相关内容开始有了自主的怀疑能力和批判性，而互联网的去中心化和受众的分众化使这种性能进一步加强，因此对于社会发展和风险知识来说也在经历来自受众群体的批判和思考。

从2012年初的“打针西瓜”“艾滋病烤肉串”以及肯德基的“鸡翅风波”，再到当前社会中各种各样随意得知的“致癌物”“土偏方”等话题和内容都在一次次地挑动着广大群众对于健康话题的认知。越来越多网民自发参与到揭露虚假消息的队伍中，积极地将所获取的信息传递给每一位消费者，这种积极的行为虽然在一定程度上保障了消费者的知情权和监督权，但是也使一些谣言乘虚而入。由此可见，受众与问题的关联度、身处风险社会中对于科技和健康传播内容切身相关的不安感，以及固有的认知水平等都

① 与前文WTO对健康的定义出处相同，均来自帕格丽夏·盖斯特-马丁、艾琳·柏林·雷：《健康传播：个人、文化与政治的角度》，龚文痒、李立群译，北京：北京大学出版社，2006年.

会在健康传播的各个环节和渠道中产生差异化的量变行为，最终质变为健康谣言。

四、健康谣言的净化机制

互联网的传播和发展促进了健康谣言的生成，也由于其在风险社会背景下的生成原因而造就了健康传播的特殊性。但事物的两面性证实在健康谣言的生成传播过程中，一方面由于互联网的碎片化和隐匿性促成了健康谣言的传播；另一方面由于受众参与的全民性和知识平台的开放性，使健康谣言的辟谣机制得到发展，在一定程度上降低了辟谣的成本。关于健康谣言的净化机制，可以从内部净化和外部净化两层方面来具体分析。

（一）自我辟谣的内部净化过程

网络对所有人提供了传谣的条件，同时也提供了辟谣的条件。谣言的内部净化可以分为权威专家辟谣、专业组织辟谣以及公民交流传播中的自我辟谣三个方面。

权威专家辟谣。在健康谣言传播之后，微信和微博上的领域大“V”以及权威媒体的公众平台都纷纷对谣言进行净化，如人民网针对“2015 十大健康谣言”传播乱象邀请到了上海海洋大学食品学院水产品加工及贮藏工程系教授陈舜胜、国际无线电科学联盟电磁噪声与干扰委员会中国分会教授高攸刚、中国疾病预防控制中心营养与健康所研究员何丽以及军事医学科学院食品与营养系博士芮莉莉来针对此类现象进行权威的科学解读（见附录）。网络提供了专家知识与公众知识交换的信息平台，相关专家的加入使信息的传播更加可信和科学理性，有利于弥合跨背景传播下的“专家知识”和“公民素养”的鸿沟，完成对公众的科学教育。因此通过在权威媒体平台上发布辟谣内容来进行权威的媒体传播，是目前健康谣言内部净化的首要方式。

专业组织辟谣。随着新媒体的发展，民众自我素养的提高，公众甚至可以自主完成科技和健康风险的自我教育。由复旦大学神经生物学博士姬十三（嵇晓华）创立的果壳网是一个科学社交网站，已经成为国内新科学传播领域的代表。团队代表由媒体工作者和科技工作者组成，其名下微博“谣言粉碎机”一直以来以传播科普为概念进行谣言辟谣工作。与此相同的在微信中也有不少类似于“谣言终结者”“谣言过滤器”等专门辟谣的公众号，一同在微博、微信中扮演意见领袖等相应的辟谣传播角色，为谣言净化的二级传播和多级传播提供了良好的基础。

公民自主辟谣。网络的去中心化使受众人人都有发言权，同时微博微信等交流平台的盛行也使各种信息交错发布。公民可以在掌握相关知识的基础上通过发布、点赞和转载来传播思想、净化谣言。此外微博和微信平台也开通了“举报”功能，上文中的“微信十大健康谣言”就是2015年受众微信平台举报数量最多的前十条谣言，相应的微博平台中，公众也可以通过邮箱、账号以及平台右下角中“举报”功能进行谣言举报。但由于网民自身的知识盲区，以及作为个体的公众力量较小，因此受众个人的自主辟谣作用相对弱小。

（二）辟谣环境的外部氛围

营造外部的科学氛围，关注风险社会中的个人感知。健康谣言的此消彼长从根本上来说是因为人们在风险社会中的不安全感知。在中国社会转型的大背景下，公众对于医疗、食品和个人安全具有与以往相比都更加强烈和敏感的个人感知。国内健康谣言，尤其食品谣言更是隐喻地指向国内政治：由于监管部门对于食品安全监管不力，导致受众对于食品或其他健康类别的消息缺乏信任，才会有谣言的产生和传播等一系列恶性后果的出现。因此要净化谣言外部环境，首先要还原健康完整的国内政治和社会生态，才能够减少民众对于健康和一系列谣言的敏感和紧张情绪，最终才能从根本上减少健康谣言的传播。

鼓励科学精神，弥合知沟差异。对于健康谣言以及大部分谣言乱象，在谣言传播中出现的“知沟”效应也引发了当代研究的深深思考。李良荣老师将微信、微博平台比作“客厅政治”，指尤其以微博平台为代表的“三低”人群的传播狂欢。针对谣言的传播，知识水平较高的人会较多选择屏蔽或利用自身知识来消散谣言传播，而知识水平较低或者缺乏健康素养的受众则会倾向于选择相信甚至扩散传播。由此可见，在稳定社会发展的政治环境下，加强对于民众自身相关知识的教育和普及也是应对谣言传播的有效方式之一。

培养专业人员，加强媒体职业素养。目前我国关于健康新闻报道的职业记者相对缺乏，由于记者的专业素养有限，在健康谣言传播前期，不能在第一时间利用自身专业素养出来辟谣，甚至造成新闻信息的把关缺失，导致谣言的传播。因此加强记者和专业媒体人的知识技能和职业素养，在谣言传播的前期就减少甚至断绝其传播的可能性，同时不为了制造噱头而编造谣言，减少对事实的歪曲处理是防治健康谣言，塑造健康外部环境重要的内在要求。

五、结语

健康谣言的传播早已有之，但近几年来一系列健康谣言在我国社会的传播影响愈演愈烈，引发了强烈的社会思考。从 2014 年出台的“微信十条”到之后出现的“账号十条”，都能够从其中看到转型期间国家对于社会意识形态的关注和对谣言传播现象的治理。种种治理措施也在不断引发人们进一步的深思：针对谣言粉碎的自媒体应用软件，其科技型是否完全值得信赖？谣言的治理和辟谣行为仍旧依赖于传统媒体，仍旧是传统媒体发布辟谣信息以及治理行为，用其自身的严肃性特性引起受众的注意和思考，以及谣言的辟散过程相对于谣言的传播过程来说相对滞后和缓慢，如何提高受众自身的科学意识和健康素养也是当前社会转型中与其他风险意识并重的一个话题。“消散方知道是虚”，对于谣言乱象的治理道阻且长，也是值得当代学界关注和深思的话题之一。

参考文献：

[1] Ulrich Beck. Risk Society: Towards a New Modernity [M]. Sage publication Ltd, 1992.

[2] 马凌. 风险社会中的谣言风险及对策[J]. 浙江工商大学学报, 2010, 01:44-48.

[3] 贝克, 邓正来, 沈国麟. 风险社会与中国——与德国社会学家乌尔里希·贝克的对话[J]. 社会学研究, 2010(5):208-231, 246.

[4] 李坤. 电视栏目《养生堂》的健康传播模式研究[D]. 北京：中央民族大学, 2015.

[5] 郭庆光. 传播学教程[M]. 北京：中国人民大学出版社, 2011, 128.

[6] 喻国明. 科学辟谣的机制应对[J]. 人民论坛. 2011(11):27.

[7] 许瑞仪, 王畅. 风险社会中科技谣言的网络自净与他净——基于 2012—2014 年度“十大科技谣言”的内容分析[J]. 新媒体与社会, 2015(4): 191-213.

[8] Rosnow, R. L Rumor as Communication: A Contextualist Approach [J]. Journal of Communication, 1998, 38(1):10-27.

附录："微信十大健康谣言"内容及专家解析

来源：人民网

受访专家：上海海洋大学食品学院水产品加工及贮藏工程系教授　陈舜胜
国际无线电科学联盟电磁噪声与干扰委员会中国分会教授　高攸刚
中国疾病预防控制中心营养与健康所研究员　何丽
军事医学科学院食品与营养系博士　芮莉莉

2015 微信十大健康谣言

序号	内容	真相分析
1	爽歪歪和有添加剂的牛奶饮料都含有肉毒杆菌，导致现在得白血病的小孩越来越多，不要再让孩子喝儿童牛奶饮品了	首先，肉毒杆菌在乳品中并不是常见的污染物；其次，目前还没有因为喝乳饮料导致肉毒杆菌中毒的案例；最后，肉毒杆菌引起的中毒主要是神经系统症状，如视力模糊、语言障碍、呼吸困难，继续发展可因呼吸肌麻痹引起呼吸功能衰竭而死亡，目前并没有证据认为肉毒杆菌会导致白血病
2	小龙虾是为了消灭尸体，经过基因改造而引进的，而且小龙虾都长在污水里，重金属超标，外国人从来不吃	小龙虾的真名叫"克氏原螯虾"，原产于美国东南部，它并不是经过基因改造而引进的。陈舜胜指出，小龙虾的适应能力很强，在干净和污泥环境中都能生存。相比之下，在清洁水质中，小龙虾能吃到新鲜食物，繁殖能力更强，个头长得也大。并且调查显示，目前市售小龙虾中重金属镉、铅、汞含量几乎都没有超标
3	丹麦中学生做过这样一项实验：放在普通房间的种子可以正常生长，而放在有 Wi-Fi 环境中的种子则变成了褐色，有的甚至死亡	Wi-Fi 其实是一个小的局域网，它具有一个发射机——无线路由器，会对周围产生电磁辐射。常见的无线路由器工作功率多在 30～500 毫瓦间，比普通手机的功率小（约 125 毫瓦～2 瓦）。世界卫生组织曾指出，目前没有证据显示手机辐射会带来负面影响，一般来说，打 20 分钟的电话，人体吸收的辐射比使用一年无线路由器还多。由此可见，Wi-Fi 辐射对健康的影响微乎其微

（续表）

2015 微信十大健康谣言		
4	科学家称：用玉米油或葵花籽油等植物油做饭，可能导致包括癌症在内的多种疾病	玉米油、葵花籽油等在高温煎炸时确实会产生致癌物，主要是因为它们的亚油酸含量特别丰富，由于这种脂肪酸不耐热，在煎炸或反复受热之后容易氧化聚合，产生有害物质。不过并不意味着，要将这类油赶出厨房，它们虽然不适合油炸，但适合做炖煮菜。日常炒菜时也可以，只是一定要控制油温，别等锅冒烟了才放入食材
5	吃猪血、鸭血等动物血有助消除雾霾，这是因为动物血浆蛋白被胃酸分解后，会产生一种可以滑肠、消毒的新物质。这种物质能渗入人体，与粉尘和有害金属微粒发生生化反应，最后从消化道排出体外	雾霾对人体的影响主要是因为部分细微颗粒物会直接进入肺部、甚至入血，引起肺部和心血管疾病。但是食物吃下去是进入消化道的，不可能直接把肺里的有害物质“带出来”。比如所谓的吃猪血排毒，原因在于铁元素摄入多了，氧化成了黑色硫化铁，因此大便呈黑色，让人误以为是把“毒素”排出来了
6	“紧急！大家买肉注意了，现在，浙江、广东、湖南、江西、四川，猪肉已大面积出现钩虫，病猪来自广西。”这则消息在流传时还配上了模糊的“钩虫”图片	钩虫只可能寄生在猪的肠道内，无法在肌肉组织中存活，更不可能在猪肉中看到活的虫体。网上流传的猪肉长钩虫图片，大部分都是猪的神经纤维、动静脉血管、淋巴管、筋腱以及肌纤维，这类物质有些本身就像虫体，有人会把这些猪肉的成分误认为是钩虫
7	地热供暖有辐射，使用地暖还会导致儿童患白血病、诱发癌症、影响生殖系统、导致儿童智力残缺、影响心血管健康、热辐射导致视力低下等……	地暖的原理，就是将常见的外露的水暖气或电暖气，做成管道或电热管状埋设在地板下。发热原理和暖气一样，只不过发热位置不同而已，跟致癌致病完全没关系
8	反复用来蒸馒头等的蒸锅水，重金属和硝酸盐的浓度会增加，而硝酸盐受热分解成亚硝酸盐，对人体危害严重。现代医学已证明，亚硝酸盐是一种强烈的致癌性物质	我们日常饮用的符合国家标准的水中，硝酸盐的含量很少，因此它煮沸之后所能产生的亚硝酸盐也会很少，所以蒸锅水致癌的说法不成立

（续表）

2015 微信十大健康谣言		
9	别用自来水直接做饭，后果很严重。因为自来水中含有氯，它对人体有严重危害，能刺激眼、鼻、喉以及上呼吸道等，甚至有致癌危险	我国自来水消毒大都采用氯化法，但是我们饮用水中余氯的含量非常低，远远低于相关规定值，都达不到危害健康的水平，更别说致癌了。并且，目前尚无足够证据来确定该物质是人类致癌物。此外，自来水出厂还要对十几个数据进行严格检测，非常安全
10	麦苗汁风靡欧美国家，喝麦苗汁三月可以有效降低三高，还可以治愈癌症	跟其他许多常规的蔬菜相比，小麦草在营养上并没有特别大的优势。目前，也没有科学证据表明，麦苗汁能治疗疾病和抗癌。盲目喝麦苗汁非但治不了癌，反而可能加重病情

构建全球新闻传播:联合国新闻部的可能与可为

(张怡晟 北京外国语大学)

摘 要:传统以国家为主体、以跨国界为基础的国际新闻传播正面对着全球化的冲击,从生产、流通到接收等传播环节不断地“去中心化”“去疆界化”。传统的“国际传播”(international communication)是否该升级为“全球传播”(global communication)以适应新时代新闻生产的需要?本文聚焦联合国新闻部,从其组织架构回答“何以可能”,从中国方案“供给侧改革”谈其“何以可为”。

关键词:全球新闻传播;国际新闻传播;联合国新闻部;供给侧改革

以往的国际新闻传播通常以国家或者地区边界为基础展开的,然而随着全球化与信息化的时代带来,传统以国家为主体、以跨国界为基础的国际新闻传播正面对着“全球化”的冲击——即从生产、流通到接收等环节不断的“去中心化”“去疆界化”。传统的“国际传播”(international communication)是否该“升级”为“全球传播”(global communication)以适应新时代新闻生产的需要成为新闻传播学讨论的焦点。

一、构建全球新闻传播的理论基础

早在1922年,Rogers① 便发现国际新闻传播的主体是象征本国家利益的新闻媒体,它的重点是以跨越疆界为基础如何使传播服务国家利益,它的目的是通过“外宣”的方式主动塑造良好的国家形象,具有明显的国家与意

① Rogers, W. S., Interactional Electrical Communication, Foreign Affairs, 1922,1(2):144-158.

识形态色彩。而1993年Frederic①则认为全球新闻传播是个人、群体、组织或者政府等多元传播主体利用信息传播技术跨越疆界传递信息、态度、观念和数据的过程。从这一角度，Frederic强调全球新闻传播的主体不仅有代表国家利益的新闻机构，还有代表如民间团体利益、公民利益等其他利益诉求的媒介或个体新闻记者。此时的新闻传播已是全球范围内信息的传递与交流，其目的是超越国家立场，摆脱国家意识形态，努力营造一个全球的公共领域。

通过以上学者的定义，不难发现，“国际新闻传播”与“全球新闻传播”的根本区别在于是否有特定主体国家作为参照标准②。如果有，那么该主体国家极容易成为新闻传播的推动者，使得传播过程往往指向特定的他国，将传播活动立足于本国，这一传播活动便是国际新闻传播。但如果传播活动是多元主体共同参与，主体国家行政干预较少，那便是全球新闻传播。对此，Hafez③举了CNN的例子来表明国际新闻传播与全球新闻传播的区别。尽管CNN的工作人员来自不同的国家和地区，CNN在全球不同文化的区域设有新闻站点，CNN也会根据传播对象所在国进行内容区分，但该传媒机构仍然以“美国权力结构”为中心，所谓的多元文化交织只是一种“没有参与的象征性存在”。

因此像CNN这种国际媒体的全球化发展并不等于全球新闻传播，它不是“全球治理的代表者”，反而成为“爱国情绪的代理人”④。因此相对于传统“内外有别”的传播，全球新闻传播应该是在全球范围内，信息跨越民族、文化、疆域界限的共时性流动。⑤定义为我们厘清了国际新闻传播与全球传播的区别，那么就现实情况而言，全球新闻传播能否成为可能呢？

二、构建全球新闻传播的时代背景

全球新闻传播的概念是随资本在世界范围内流动而产生的。起先，国际新闻传播基于“内外有别”的原则，传播对象直指对象国大众，具有明显的

---

① Frederic, Howard H., 1993, Global Communication and International Relations, Belmont, CA: Wadsworth Publishing Company.

② Reese, Stephen D., Journalism and Globalization, Sociology Compass, 2010, 4(6):344-353.

③ Hafez, Kai, Global Journalism for Global Governance? Theoretical Visions, Practical Constraints, Journalism, 2011, 12(4):483-496.

④ Hafez, Kai, Global Journalism for Global Governance? Theoretical Visions, Practical Constraints, Journalism, 2011, 12(4):483-496.

⑤ 史安斌．全球传播出现新变局．社会科学报，2013，5(9):5.

政治宣传目的。比如世界最大的对外广播机构“美国之音”，它是经国会拨款，由美国国务院负责对外传播的新闻署直接管理，共采用44种语言进行国际传播，并规定“美国之音必须清晰有效地反映美国的政策，以及这些政策的讨论与意见”，“美国之音将全面地反映美国重要的思想和体制”①。尽管美国人口仅占世界的5%但是它却垄断了80%的世界新闻，控制了世界75%的电视节目生产，每年向他国输出的电视节目总量达30万小时。② 这一时期，欧美国家凭借自己雄厚的资金、先进的技术与优秀的人才垄断了国际新闻传播。

20世纪90年代，随着冷战的结束，全球化所带来的资本、人员的跨地区、跨语言、跨文化的流动打破了传统意义上以美国为首、英语为主的国际传播格局，“西方”和“北方”正遭遇着“其他各地区崛起”的挑战。自上而下，自中心到边缘的传播方向也因移动互联网的到来而改写与重构。普罗大众不再是“沉默的大多数”，而是变为主动参与新闻实践的“生产者”。从“占领华尔街”运动到“阿拉伯之春”，从“帝吧出征”到“脱欧公投”……融媒体日渐打通“内”“外”的界限，网络化、数字化以及“规则重新书写”（deregulation）改变着新闻传播的格局，可以说，互联网时代冲击着传统单向宣导的传播模式，网络“赋权”让新闻实践变为主体间的交往活动。

此外，传统的国际性媒体在报道时常出现“我们”和“他们”的对立局面，甚至难以摆脱文化中心主义的陷阱，落入偏见与歧视的敌意之中，让传播适得其反。Tehranian③ 研究发现，四十年来世界范围内恐怖袭击不断增多，民族矛盾日渐加大，国际新闻传播通常把本国新闻放于优先的位置，极力展现国内的“繁荣盛世”；报道国外时却倾向报道充满暴力和冲突的“悲惨世界”。观众可以看到好莱坞的华丽影片，也可以看到撒哈拉以南骨瘦如柴的儿童。他认为这种传播方式容易让人“媚外”，也容易让人“嫉恨”，变得不再友爱体谅与宽容大度。传统的国际新闻传播越来越不合时宜，“媒体需要走向全球传播，承担全球责任”④。

---

① VOA Charter，网址为 http://www.insidevoa.com/p/5728.html，访问时间为2016-11-09.

② 吴世文，朱剑虹．全球传播中我国媒体建构国际话语权的探究．新闻传播，2010(11)：14.

③ Tehranian，Majid，Peace Journalism：Negotiating Global Media Ethics. The Harvard International Journal of Press /politics，2002(7)：59-71.

④ Ward，Stephen J. A.，Ethics and the Media，New York：Cambridge University Press（2011）.

三、联合国新闻部构建全球新闻传播的可能

作为当今世界最大的国际组织,成立于1945年的联合国共有193个会员国。1946年联合国专门在秘书处下设立一个新闻部,下设两个司和四个处。早在20世纪50年代,联合国就已面向一百多个国家和地区,每日使用33种语言进行长达6小时播音。“联合国欲达其所以组成之目的,非使世界人民明了其宗旨及工作不可。”①该年联合国在纽约临时播音室开播词第一句话便是“这是联合国,向全世界人民广播”②。可以说联合国自创立之初就希望是超越特定主体国家,面向全球进行新闻传播。

如今联合国新闻部将其内容分为“新闻中心”“电台”“电视与录像”“联合国图片”“网络直播”“媒体核证”“联合国秘书长”和“更多资源”共八个类别(如表1)。

表1 联合国新闻部

类别	子版块
新闻中心	亚洲及太平洋、非洲、中东、欧洲、美洲
电台	今日新闻、专题报道、采访与录像、用户账户
电视与录像	UNifeed、联合国在行动、二十一世纪
联合国图片	最新图片、秘书长、安理会、联合国大会、联合国在世界各地、经典回顾
网络直播	现场直播、会议活动、媒体采访、新闻专题、焦点议题
媒体核证	核证申请、采访提示、媒体信息、特别活动、常见问题
联合国秘书长	发言人、讲话与致辞、专栏文章、公务旅行
更多资源	维和行动、文件中心、服务全球、出版物、地图、数据库、图书馆

联合国新闻部的新闻媒体部尽可能的运用信息技术为联合国的优先议题和活动制作并发布信息。通过电视、广播、电台和互联网协力讲述联合国的故事,提高各国对联合国工作的认识。比如秘书长发言人和大会主席发

① 《联合国筹备委员会报告》,网址为:http://www.un.org/zh/sections/history/history-united-nations/index.html,访问时间为:2016-11-09.

② 《联合国电台:第一个50年》纪念单张,网址为:http://www.unmultimedia.org/radio/chinese/archives/date/2016/10/,访问时间为:2016-11-09.

言人每天会进行时长半小时的新闻发布会，介绍全天秘书长的活动、安理会的重要议题、联合国维和行动的最新进展、联合国各主要分支机构日程安排等，侧重向世界呈现联合国负责任的组织形象。如果记者想进总部采访，可以通过“媒体核证”板块在网上进行办证登记。如果记者不在联合国总部，可以通过官方网站“网络直播”收看当天发布会和联合国的要闻，在官网也可查询到重要事件的图片、报告、文件摘要或新闻简报等信息。重要的是，这些信息都有英文、法文、中文、俄文、阿拉伯文、西班牙文等版本，最大可能帮助用户查找所需信息。此外，为避免重要信息遗漏，新闻部还专门设立“焦点新闻”以实现优化传播，如叙利亚局势、萨赫勒危机、北非局势、与潘基文畅谈等。

不难发现，联合国作为全球最大的国际组织，虽然机构庞大复杂，但正因为其宗旨立足全球，分支机构遍布世界，并且内部架构井然，为其全球新闻传播提供了可能，能有效地动员全球公众关注并参与其工作与活动中来。

四、联合国新闻部构建全球新闻传播的可为

新形势下如何“落实”联合国全球新闻传播的愿景，笔者认为可以从“供给侧”改革的思路中探寻可为之道。

“供给侧”(supply－side)即供给方面，是相对于“需求侧”(demand－supply)而生。法国经济学家Say曾提出“萨伊定律”(Say's Law)认为“供给能够创造需求”[①]。他强调供给侧实质上就是希望从供给端出发，减少行政干预所带来的供需不平衡的问题，提高结构的灵活性与自由性，促使供给体系更好地满足需求结构的变化。如何让联合国新闻部走向全球新闻传播，需要从内容侧和生产侧两个方面重点改进，来提升新闻传播的传播力与影响力。

在内容侧方面，联合国新闻部需要注意全球新闻的“落地”。所谓“落地”就是希望传播满足本地公众的需求，拉近与公众的距离。这不是说一味地迎合本地主流用户的需求与接收习惯，而是要针对自身特色“别样的视角”差异化传播。比如《经济学人》为了打入大中华传媒市场，于2015年4月7日推出名为“商论”的中文新闻软件，创造了该媒体171年来首次使用非英语进行内容推广。《经济学人》还增派记者到上海、首尔、新加坡开设分支机构，进行落地内容生产。可以说《经济学人》开发的“商论”软件成为外

---

① 贾康，苏京春．“供给侧”学派溯源与规律初识．全球化，2016(2)．

媒"落户中国"的一种新尝试,它将自身媒体的定位与东亚经济发展新模式相配合,借助中国市场的超高人气,上线不到一个月浏览量和下载量就突破百万。

联合国新闻部把新闻分为"和平与安全""经济与发展""人道主义援助""气候变化、环境""人权""联合国大会""联合国事务,秘书长""妇女、儿童与人口""法律与犯罪""卫生""文化教育""安全历史会"共12类。由于联合国从事的活动覆盖全球,因此所涉及的新闻非常宽泛,传播到不同地区则易出现针对性不够的问题,导致自说自话、不接地气的尴尬局面。王国华在研究联合国的新浪微博后发现,官方微博与微博评论出现明显的态度反差。尽管联合国官方涉华微博多是肯定态度(占总体57.1%),但微博的评论却以质疑、愤怒的消极负面态度为主,态度鸿沟似乎难以扭转。比如在中国领导人换届之际,官方微博连续大规模的友好互动被网友戏谑为"新闻联播体"。[①] 由此可见,内容侧的改革需要联合国新闻部的工作人员减少套路化、模式化的传播思维,面向全球的同时注意传播对象的特点,把"有意义"与"有意思"结合起来,聚焦受众需求,破解供需错配的难题。

在生产侧方面,由于新闻部接近联合国官方消息源,能够较为迅捷的获取消息,找到相关专家解读,让新闻不仅仅呈现是什么,而是与之有关的大背景。可以说联合国新闻部承载着权威信息发布、传播主流价值观的重要作用。但平心而论,即使中国是联合国的创始国和常任理事国,我们对联合国依然不熟悉。本应成为世界"平权"话语的代表,联合国的全球传播却出现过于低调的现象。恰逢移动互联网和社交媒体的蓬勃发展,"低调"的联合国新闻部让其影响力似乎被湮没了。如何利用好自身的比较优势,基于受众需求做好生产侧改革也值得深思。

"互联网+"的时代,不是简单的不同媒体不同平台的累加,而是新闻资源全链条的开发,从而夯实自身的优势。尽管联合国新闻部有较为完善的技术层面架构,如电视、电台、广播、互联网,但是其生产方式仍带有较强的官方色彩未能紧紧跟上Web2.0以UGC(用户生产内容)为代表的"平民化"倾向,哪怕运用新媒体,还是不时被戏谑为"打官腔",缺乏亲和力。[②] 因此,联合国新闻部也需要"走基层",去探寻"草根"的所思所想。在信息高度发达的今天,最有效的传播方式往往是软传播,即"讲故事"。通过"讲故事",

---

① 王国华,熊伟强,王雅蕾,谢宏. 联合国涉华"微传播"的舆论倾向研究——以新浪微博为例. 情报杂志,2013(12).

② 王国华,熊伟强,王雅蕾,谢宏. 联合国涉华"微传播"的舆论倾向研究——以新浪微博为例. 情报杂志,2013(12).

以“人”为出发点，挖掘小人物的不平凡之处，以小见大来折射时代的变化。这里不是指为了耸人听闻去胡编乱造，甚至重返“黄色新闻”的传播道路，而是希望通过以情感人的方式打造人类情感价值共同体，凝聚主流共识，改变当下新闻生产仅停留在告知层面的不足。

供给侧的改革思路是希望用“中国方案”解决联合国新闻部的不足，信息技术与媒介市场的多元化发展，为全球传播提供了前所未有的机会，联合国新闻部只有内容侧的本土化与生产侧的平民化，才能进一步激发传播活力，从而真正迈向全球新闻传播。

参考文献：

[1] 贾康，苏京春．“供给侧”学派溯源与规律初识[J]．全球化，2016(2).

[2] 史安斌．全球传播出现新变局[J]．社会科学报，2013，5(9)：5.

[3] 王国华，熊伟强，王雅蕾，等．联合国涉华“微传播”的舆论倾向研究——以新浪微博为例[J]．情报杂志，2013(12).

[4] 喻国明．关于舆论场供给侧改革的几点思考——基于网络舆情生态的复杂性原理[J]．新闻与写作，2016(5)：43-45.

[5] Frederick, H. Global Communication and International Relations [M]. DBLP, 1993.

[6] Kai H. Global Journalism for Global Governance? [J]. Theoretical Visions, Practical Constraints, Journalism, 2011, 12(4):483-496.

[7] Reese D. Journalism and Globalization[J]. Sociology Compass, 2010, 4(6):344-353.

[8] Rogers W S. Interactional Electrical Communication [J]. Foreign Affairs, 1922, 1(2): 144-158.

[9] Tehranian M. Peace Journalism: Negotiating Global Media Ethics [J]. The Harvard International Journal of Press /Politics, 2002(7):59-71.

[10] Ward S J. A. Ethics and the Media [M]. New York: Cambridge University Press, 2011.

公民新闻对专业新闻的再创造

——基于暴走大事件的个案研究

（郭浩田　中国人民大学）

摘　要：在中国，公民新闻的一种重要表现形式为评论型的公民新闻，暴走大事件即是其中一类。然而这类节目常被认为是“脱口秀”，其新闻层面的意义被忽略。本文通过对相关文献的梳理，明确了公民新闻的涵盖范围，并将公民新闻划分为事实型公民新闻与评论型公民新闻。评论型公民新闻主要通过对专业新闻的再创造来完成自身内容的生产。再创造就是公民新闻的制作者在一定选题策略的指导下，选择专业新闻的新闻事件，形成自己的解读，并按照一定的表达策略进行生产的过程。

关键词：暴走大事件；公民新闻；再创造

一、绪论

（一）研究缘起

网络技术在中国飞速发展的这20年，正值中国社会发生猛烈变革的时期。应运而生的公民记者用手中的设备去报道自己所关心的、与日常生活密切相关的事件。公民新闻并不是中国特色，它最早出现在20世纪晚期的美国。美国的公民新闻实践与政治息息相关，促进了公众对于公共事务和候选人的了解（蔡雯，2004）。美国公民新闻开端于报纸而非网络，证明了媒介技术进步不是公民新闻产生的必要条件；然而在中国封闭式的媒介体制下，技术进步恰恰成了最重要的推动因素。社会矛盾、政府管制、技术进步三者之间的相互作用决定了公民新闻的具体表现形式。

与美国相比，中国的公民新闻在实践环境、传播内容、表达方式等方面存在诸多特殊之处（马富春，2010）。中国政府对采访权的限制使得公民新闻对新闻事实的报道受到了限制，因此中国的公民新闻中评论性内容较为发达。这些评论所基于的新闻事实，大部分来自于专业媒体。

这些新闻评论性内容，或以文字形式出现，如温州动车事故之后微博上的转发和评论；或以影音内容出现，如以暴走大事件为代表的新闻点评类的节目。后者主要为新闻播报及点评，娱乐性较强，迎合青年人价值观，观众数量庞大。然而也正是由于娱乐性，它们往往被置于“脱口秀”的标签下进行研究，其新闻层面的意义却常常被忽略。

“暴走”一词并非中文原生词语，而是来自于日本电视动画，多用来形容“情绪暴发之下诉诸暴力”①。最早的暴走漫画（Rage Comic）指的是一类漫画，起源于北美。2007 年 7 月 17 日，一位网友用 Windows 画板制作了一则四格漫画，讲述的一个人在蹲马桶时，水溅到屁股上，令他十分愤怒。

2008 年，中国网友“王尼玛”开发了中国版暴走漫画的网站，并且陆续推出了暴走恐怖故事、暴走编辑部、每日一暴、暴走大事件等视频节目，引发了网友的热捧。② 暴走大事件整个节目由新闻热点贯穿，并涵历史、地理、政治等诸多话题，形式上属于新闻脱口秀类节目。主持人“王尼玛”头顶一颗漫画面具，用轻松幽默的语言播报一些新闻内容并进行评论。该节目妙趣横生地点评社会热点问题，娱乐之中传递着吸引青年人的价值观（见图 1）。

图 1　暴走大事件第一季节目风格③

暴走大事件具有较大的影响力，以其在优酷的播放量为例，第一季为 6894.5 万，第二季为 17573.4 万，第三季为 70100.1 万（平均每集 2900 万），第四季（仍在制作中）为 52055.3 万。④

① 一说来自于《机动警察》，一说来自于《新世纪福音战士》，最早用来形容机器人。
② 中国版暴走漫画的版权（包括暴走大事件）属于西安摩摩信息技术有限公司。
③ 截图来自暴走大事件第一季第九集，视频来自优酷网站。
④ 数据统计时间截至 2016 年 3 月 21 日，来自优酷网站。

(二)研究设计

本文核心问题是:作为一种利用专业新闻内容进行自身内容生产的公民新闻产品,暴走大事件是如何对专业新闻进行“再创造”的?在研究开展前,有必要梳理清楚以下两组概念:

第一组是公民新闻与专业新闻,这两个概念的区别在于生产者是否为新闻从业人员(如记者、编辑等)。新闻从业人员受雇于专业媒体,通过采访、拍摄等业务手段获取新闻素材,然后加工生产,创造出专业新闻。专业新闻并非指新闻的专业性程度有多高,而是指生产者的专业化。公民新闻则从生产者的身份上与专业新闻的概念对立。

第二组是事实型公民新闻与评论型公民新闻。在公民新闻前冠以“事实型”和“评论型”两个词语,并非指这类公民新闻中的内容全部是事实或是评论,因为在公民新闻中事实和评论往往是混合出现的。这一组概念的区别在于,相对于专业新闻来说,事实型公民新闻最重要的原创性内容在于事实,这一类公民新闻往往出现在网络热点事件中,例如某网民的一则视频报道引发了网友热议;而评论型公民新闻最重要的原创性内容在于评论,也就是生产者的观点,这一类公民新闻所评论的新闻事实主要来自于专业媒体报道。本文研究的暴走大事件,属于评论型公民新闻。

在第二章与第三章中,本文将依次回答下列问题:第一,什么是公民新闻?第二,暴走大事件是否可以被称作公民新闻?第三,为什么从公民新闻的视角来研究暴走大事件?第四,题目中的“再创造”是什么意思?第五,暴走大事件怎样完成对专业新闻“再创造”的过程?前四个问题将借助文献进行探讨,第五个问题通过对视频的抽样和分析回答。

鉴于暴走大事件第三季是目前观看量最大、已经完结、节目风格最稳定的一季,故而本文以第三季为主要研究对象,兼以考虑另外三季的特色。第三季一共有25集,考虑其节目在选题策略、表达策略上的连续和稳定性,因此可以采取系统抽样的方法,将25集节目分为五组,抽取每组最后一集作为主要的研究对象,即第5、10、15、20、25集。

二、文献综述

(一)何为公民新闻

公民新闻和与之类似的概念(如公共新闻、草根新闻等)最早产生于西方,它们描述的都是非新闻从业者部分或全部参与新闻生产的一种实践。有学者将公民新闻及其相关概念梳理为以下四类(Fröhlich R, Quiring O,

Engesser S, et al, 2012)(见表1)：

表1　公民新闻及相关概念的梳理

概念	提出者	描述
Collaborative Journalism Open source Journalism Peer-to-peer Journalism	Bowman and Wills, 2003; Bruns, 2005; Deuze, 2001; Leonard, 1999; Neuberger, 2004; Outing, 2005	Collaborative production of user-generated content on independent platforms or on platforms offered by professional media providers
Para Journalism Amateur Journalism Layman Journalism	Fischer and Quiring, 2005; Lasica, 2003; Neuberger, 2000	Rudimentary forms of journalism, produced by layman and amateurs, which hardly meet journalistic standards and aim to establish an opposition to professional journalism
Grassroots Journalism Citizen Journalism Participatory Journalism	Bowman and Wills, 2003; Lasica, 2003; Outing, 2005; Paulussen et al., 2008	Less rudimentary forms of journalism, which aim to fulfill important democratic functions aswell as to challenge and compete with professional journalism
Civic Journalism Public Journalism Communitarian Journalism Network Journalism	Lünenborg, 2005; Nip, 2006; Bucher and Büffel, 2005; Deuze, 2008; Neuberger, 2006	Change of traditional journalism towards more citizen orientation and participation as a consequence of disenchantment with politics resulting from journalistic deficits Network journalism in particular: change of traditional journalism from a top-down to a bottom-up profession with open network structure instead of hierarchical distribution structure

第一类包括合作新闻(collaborative journalism)、开源新闻(open source journalism)和对等新闻(peer-to-peer journalism)。这类概念从计算机行业的创作规则描述了新闻生产过程的特征，偏重于技术层面。

第二类包括准新闻(para journalism)、业余新闻(amateur journalism)和外行新闻(layman journalism)。这类概念强调新闻生产者缺乏专业性，新闻产品质量不高,含有贬义。这一类概念往往作为专业新闻的反面而出现,这里的“专业”强调的是新闻内容的专业化程度。

第三类包括草根新闻(grassroots journalism)、公民新闻(citizen journalism)和参与式新闻(participatory journalism)。这类概念高度参与者的角色,新闻产品质量高于第二类,并承担着重要的民主功能,且与专业新闻形成了竞争关系。公民新闻尤其强调高程度的受众参与,新闻的生产过程不受记者的操控,完全转移到了那些既是新闻使用者、又是新闻生产者的人手中。

第四类包括共产式新闻(communitarian journalism)、公共新闻(civic journalism,public journalism)[两个概念不加区分(蔡雯,2004)]和网络新闻(network journalism)。这些概念描述了新闻的新的形式,而不是新的受众参与的形式,其侧重点在于传统新闻业面对公共领域、互联网和参与式新闻的变化时所做出的反应,反映了面对政治环境和新闻业的变化,传统新闻业朝着公民导向和公民参与的转变过程。

Dan Gillmor 在其著作《草根媒体》(We the Media:Grassroots Journalism by the People,for the People)中详细介绍了邮件组、博客、维基、手机对草根新闻的促进作用,及在此技术进步下的媒介趋势及其在商业与政治领域的深刻影响(吉尔摩,2010)。Shayne Bowman 和 Chris Wills 在其报告 We Media:How Audiences Shaping the Future of News and Information 中提到,参与性新闻和传统新闻最明显的区别是产生它们的结构和机构不同,传统新闻是阶层机构为了商业目的而创造的,注重工作流程、利润和商业完整性。而参与性新闻是由网络社区缔造的,它更看重交谈、合作、平等(Bowman S,Willis C,Bowman S,et al,2003)。

国内对于公民新闻的研究开始于 2000 年后,研究方向集中于以下方面:一是探讨承载公民新闻的网络技术,如博客、论坛和微博,并分析其利弊、影响(刘津,2008);二是研究包含公民新闻实践的网络热点事件,尤以突发性社会事件为主,如华南虎照片造假事件、央视新址大火、温州动车事故、厦门 PX 项目、2014 年山东招远杀人案件、2014 年青岛灯塔保卫战,多分析公民新闻扮演的角色和影响,这一类研究的选题与网络舆情研究的选题高度重合(郭翠玲,2009;王建磊,2012;李莹,2011;李丹丹,2015);三是对公民媒体或公民记者的案例研究,这一类在中国大陆较少(秦志希和汪乐萍,2014)。

王建磊将其研究中的公民视频新闻的呈现形态分为两大类型。第一种类型是“连续报道、系列报道、深度报道”,正如上文所述各项研究中的公民新闻实践形式;第二种类型是“新闻点评、新闻综述类节目”。他指出:“在对公民视频新闻文本的观察和分析中发现,还存在一些介于专业机构(个人)

和业务机构（个人）之间的制作者，因为具备一定的个人能力或团队优势，具备一定的专业技能，从而能够定期发布一些公民视频作品，逐渐形成了一个独特的网络舆论阵地。”他以《麻辣书生》《火星新闻》为例，概括阐述了这一类公民视频新闻栏目已经“接近于电视新闻的专业手段”“制作者……同时也具有了一定的专业新闻意识”（王建磊，2012）。

综合“不受记者的操控”“既是新闻使用者、又是新闻生产者”这些特点，以及王建磊对第二类公民视频新闻“新闻点评、新闻综述类节目”的论述，可以认为暴走大事件符合公民新闻的定义范畴。尽管有人认为公民新闻不适合来表述参与式新闻这一类的现象，并对“公民”一词的起源和政治内涵进行了论述（李华，2014），但他们过于侧重“公民”一词在政治语境中的政治含义，而忽略了“公民新闻”一词在国外产生时的具体背景及这种情况下“公民”一词的所指。

（二）再创造概念的提出

“再创造”概念的提出，基于的是美国传播学者约翰·费斯克“生产性文本”的概念。它指的是受众在接受传播者给予的文本时自由地加入理解。费斯克认为，承载通俗文化的文本，其意义在进入流通领域之后就脱离了文本制作者的控制，而成为受众创造自己意义的文化资源（费斯克，2006）。因此，通俗文化研究不仅要研究文化商品及其制作，更要研究受众使用文化商品的方式，后者更具有创造性而且变动不拘。

在费斯克的时代，媒介技术的门槛和传播的成本仍然相当高，一般大众不具备生产媒介内容的能力。在现如今的技术背景下，如果我们将“受众阅读文本并加入自己的理解”这一过程向后延伸，即受众将加入自己理解后的文本创造成媒介产品并进行传播，那么我们可以认为，受众完成了一种“再创造”的过程。

公民新闻对专业新闻的再创造，是一种受众使用文化商品的过程。专业媒体对新闻事实经过筛选并予以加工报道，完成了对专业新闻的创造。受众从这些专业媒体的传播渠道获得并使用了新闻产品，有选择性地接受新闻文本并产生自己的一种解读，这便完成了费斯克所说的“生产性文本”的生成过程。当受众利用自己手中的技术和设备，将自己的理解制作为新的新闻产品，并进行传播的时候，便完成了再创造。

三、暴走大事件对专业新闻的再创造过程

（一）选题策略

选题策略描述的是再创造过程的第一步。在专业新闻面前，受众会选

择接收哪些新闻，以及从何从角度进行理解。

1. 新闻要点的选择

新闻要点的选择，指的是暴走大事件从专业新闻中选择什么样的具体新闻内容来进行节目制作。可以分为两步进行考察：第一，新闻题材的属于哪一类型；第二，在这一类型下选择哪些具体的新闻事件。

我们先将暴走大事件第三季第5、10、15、20、25集的内容简要列表如下(见表2)：

表2　抽样集的新闻要点

集	题目	新闻要点
5	暴米花手机发布会	小米手机发布会
10	暴走冰桶接力赛	明星不法事件、ALS渐冻症与冰桶挑战、媒体报道寻找“上辈子”的女儿、日本议员建议发放有孔避孕套、90后夫妻离婚时分割游戏装备、安徽女子花钱捞被纪委调查的丈夫却被骗1460万、郭美美被逮捕、成龙怒打儿子
15	传王尼玛将主持春晚	2015年羊年春晚迟迟未启动、学生课本被植入广告、王秋英卖淫抢劫案、吉林男子撒尿破坏ATM机
20	暴走好声音火爆来袭	中国好声音
25	史上最强版大话西游	法国男子研制出治疗口气的药物、研究发现聊天时回复“哦”相当于冷暴力、女子请假理由为我很丑获得通过、司机在车胎爆掉的情况下坚持驾驶、厦门某大学食堂禁止叫外卖

从抽样的这五集当中，我们可以看出暴走大事件选题类型以社会新闻、娱乐新闻、商业新闻为主，鲜有触碰时政新闻。社会新闻、商业新闻和娱乐新闻因为更加贴近民生，与阅听大众息息相关，为之所关心，例如小米手机发布、离婚案、郭美美被逮捕、2015年羊年春晚未启动等。在第一季、第二季中，暴走大事件有许多涉及朝鲜、美国、日本政治的新闻，这在第三和第四季中基本消失；全部四季当中基本没有涉及国内时政的内容，但这并不意味着暴走大事件不关注国内时政，它会以不同的解读角度去呈现。

前文提到先前研究中的事实型公民新闻报道涉及的事件，例如温州动车事故、厦门PX项目等。与之相比，暴走大事件同样关注社会新闻与民生新闻，但具体的选择不同：暴走大事件的大众文化特性赋予其娱乐的色彩，因而它更倾向于从这一类新闻中选择事件本身有趣味性的新闻事件。此外，暴走大事件关注商业新闻与娱乐新闻，而事实型公民新闻报道聚焦于突发性地热点事件。从这里也可以看出：两类公民新闻的选题范围有交叉重叠；二者的具体新闻选题相互补充。它们分别作为文化消费和政治诉求的代表，共同服务于成长中的公民精神需求。

2. 解读方式的选择

解读方式指的是受众以怎样的角度去理解一条新闻，即面对同一条新闻文本，将生成怎样的生产性文本。去掉涵盖新闻事实较少的第5和20集，将剩下的新闻及其评论列简表如下（见表3）：

表3 抽样集的评论简摘

集	新闻事件	评论简摘
10	明星不法事件	王尼玛是个好人，不惹事低调做人
10	ALS渐冻症与冰桶挑战	公益不是大牌明星的特权，普通人也是公益传播的星星之火
10	日本议员建议发放有孔避孕套	日本不生自灭
10	90后夫妻离婚时分割游戏装备	孩子归你，这个游戏装备归我
10	安徽女子花钱捞被纪委调查的丈夫却被骗1460万	两袖清风的丈夫被带走，这一点点积蓄还要被人骗
10	成龙怒打儿子	这一招叫作飞龙在天、见龙在田
15	2015年羊年春晚迟迟未启动	年夜饭背景音乐放什么？跨年夜骂什么？全国段子手年终大考？
15	学生课本被植入广告	借问挖掘机技术哪家强，山东技校找蓝翔
15	王秋英卖淫抢劫案	比起卖淫来，王秋英更擅长抢劫
15	吉林男子撒尿破坏ATM机	社会里人人都需要发泄，因为生活总是骗我们，但是小朋友一定不要效仿；后转为批判银行服务
25	法国男子研制出治疗口气药物	对改善社会风气起到了极大的作用
25	聊天时回复“哦”相当于冷暴力	家里受气不可怕，换一种表达方式还能萌萌哒

（续表）

集	新闻事件	评论简摘
25	女子请假理由为我很丑获得通过	虽然长得丑，但是想得美嘛
25	司机在车胎爆掉的情况下坚持驾驶	燃烧自己的轮毂，照亮别人前进的道路
25	厦门某大学禁止叫外卖	通过另一段影片批评了学校内的性交易和裙带关系等现象

在讨论讲话者与倾听者之间的关系时，人际传播学给出了倾听者对谈话内容进行回应的两种方式。第一种是支持式回应（support-response），第二种是变换式回应（shift-response）。支持式回应是对言者的顺向回应，有利于正在谈的话题深入下去；变换式回应是在不知不觉中偷换了言者的话题，将谈话的主题转换到回应者一方，半路带出一个新话题（陈力丹和闫伊默，2014）。借鉴上述概念，将专业新闻与评论型公民新闻的制作者分别视为言者与听者，并结合王尼玛对新闻事件的评论，可以将解读方式归纳为以下两类：

第一类是顺承。例如90后夫妻离婚时分割装备、安徽女子花钱捞被纪委调查的丈夫却被骗1460万、成龙怒打儿子、王秋英卖淫抢劫案、女子请假理由为我很丑获得通过等。这些新闻的事实内容简单，评论往往是就事论事，并且带有调侃性和讽刺性。

第二类是转移。例如，在呈现2015年羊年春晚迟迟未启动这一条时，王尼玛一开始表演的是自己被推选为春晚主持人，在春晚上进行新闻播报。这是一种行为式的评论，暗讽春晚的政治化以及主流媒体言论自由受限。

（二）表达策略

表达策略描述的是公民新闻如何将生产性文本制作作为新的新闻文本的过程。专业新闻经过选择和解读后，已经成为公民新闻的新闻素材。公民新闻又凭借自己独特的表达方式，将其生产为全新的新闻产品。本节将其归纳为四种方式：贯穿式整合、模仿式再现、延伸式采访、符号式消遣。

1. 贯穿式整合

贯穿式整合是指将内容不同但具有某种共通之处的新闻贯连起来，以一则新闻播报的形式呈现。贯穿式整合不仅仅依赖形式上的连贯，更注重内涵上的统一。因此，新闻内容及其承载的观点经历了一个剥离、升华的过程。

例如，对于频频爆出的明星不法事件，暴走大事件以读者来信的形式进行了播报。王尼玛读粉丝来信："王尼玛，你不吸毒（配图为房祖名吸毒被抓）、不嫖娼（配图为黄海波嫖娼被抓）、不潜规则、不炫富（配图为郭美美因开设赌场被批捕）、不出轨（配图为文章出轨事件新闻照片）、不惹事低调做人，勇敢抨击社会不良现象，一心一意为人民，你简直就是新时代的偶像楷模啊，可惜肚子太大好恶心呐……"

明星的不法行为作为娱乐新闻的一种，往往在主流媒体的操作下成为多则独立的新闻报道。而王尼玛将这些行为整合串联到一起，制造了一个明星和自己的二元对立：明星表面光鲜亮丽，背后却有种种不法行为，但仍然受到社会的追捧；自己一身正气，堪为楷模，只是因为形象不佳就被嫌弃。这一种自嘲不仅仅批判了明星的不法行为，更委婉地讽刺了社会公众对人评价标准的不公，表达了自己所代表的群体的不满。

2. 模仿式再现

模仿式再现是对新闻事实的一种情景化再现，这种情景化再现表面上看起来是在重现新闻事实发生的具体情境和过程，实则在每一个环节都加入了作者自己的观点，最后通过表演的形式呈现出来。暴走大事件的模仿式再现，一般模仿的是新闻事件，有时也模仿新闻采访的过程。

例如，在图2中被略去的第5集"暴米花手机发布会"和第20集"暴走好声音火爆来袭"这两集，全部的内容都是在模仿式再现"小米手机发布会"和"中国好声音"。

图2　暴米花手机发布会

当小米手机、苹果手机、锤子手机等智能手机发布战此起彼伏之时，暴走大事件模仿了手机发布会的环节与场景。王尼玛在介绍暴走漫画生产的暴米花手机时，点评了其他智能手机："搞饥饿营销的那个什么米，买得到但是你得卖肾才买得起的苹什么果，还有的呢甚至什么都没有就只能卖情怀的那个什么大锤"，讽刺了小米手机的饥饿营销、苹果手机的高价格和锤子手机声称情怀但性能不佳的事实。

这样一种模仿式再现，并没有再现新闻事实本身，而是再现了新闻工作的场景，再现了被采访对象的内心（至少是被外人经常揣测是如此的内心）。

3. 延伸式采访

采访是公民新闻常用的手段。尽管我们将暴走大事件定义为评论型公民新闻，但它仍会借助采访的方式，对新闻事实的部分有所贡献。这里对采访冠以"延伸式"一词，是为了表达"新闻热点事件引发了后续采访"的特征。与之对立的事实型公民新闻，往往由公民记者的新闻报道引发，这一类采访属于"引爆式"，即采访引发了新闻热点。

在我们抽样的5集当中，只有第10集的ALS渐冻症与冰桶挑战这则新闻采用了延伸式采访的表达策略。这集一开始的新闻播报中，王尼玛点评了国内外名人参与冰桶挑战的活动，最后6分钟的节目被冠以题目"暴走正能量"。其中，王尼玛首先接受了采访，阐述了自己对ALS渐冻症的关注，说明了ALS患者在国内的现况（见图3）；随后，节目播出了一段暴走大事件工作人员对江苏患者余先生及其家人的专访（见图4）。

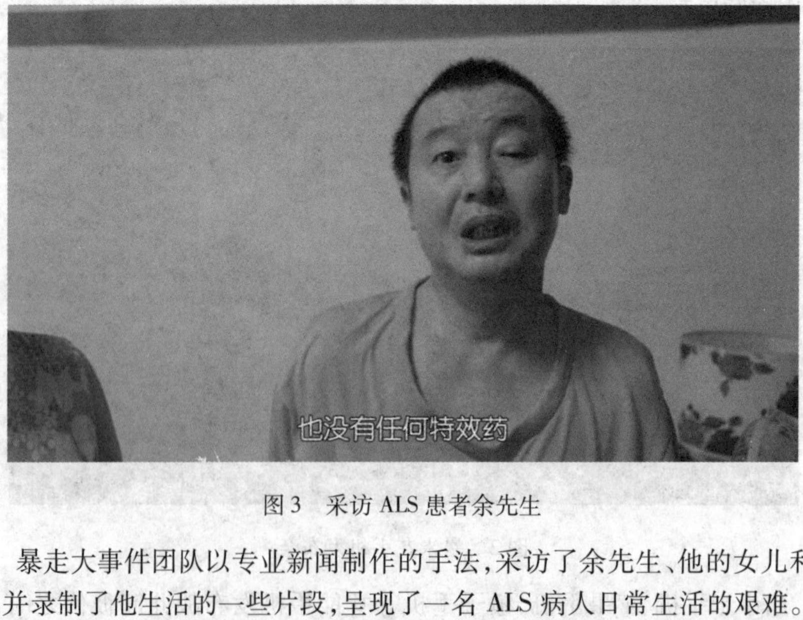

图3　采访ALS患者余先生

暴走大事件团队以专业新闻制作的手法，采访了余先生、他的女儿和妻子，并录制了他生活的一些片段，呈现了一名ALS病人日常生活的艰难。同时也指出，目前没有治疗ALS的特效药，唯一有缓解作用的药品利鲁唑片国

图4　采访患者女儿

内还没有纳入医保，因此病人每月花费至少几千元药费。在片段的最后，暴走大事件员工全体接受了冰桶挑战，并发起了募捐，共捐款十万元给余先生（见图5）。

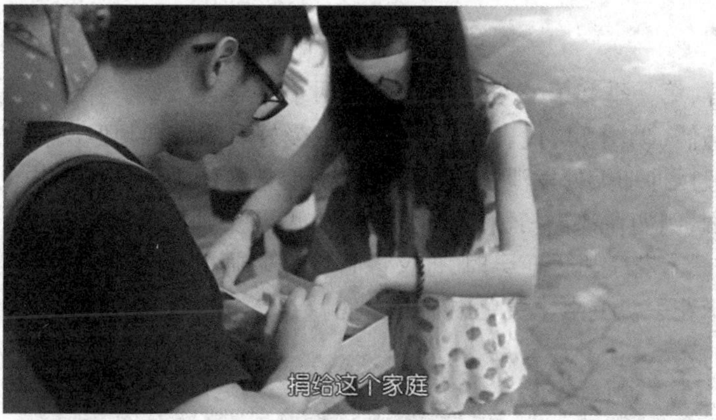

图5　节目组捐款10万元给余先生一家

延伸性采访，既是对新闻事实的呈现和延伸，也是对事件思考的延伸。暴走大事件采用这一策略，是与新闻策划结合使用的。二者有机结合，加强了暴走大事件的公民新闻特质，体现出了制作团队的社会责任感。

4. 符号式消遣

符号式消遣既存在暴走大事件的全场布景、主持人的外形设计和动作中，也表现主持人的语言中。

例如暴走大事件第一季的布景，明显是在模仿省级和地市级电视台的社会、民生新闻栏目的播报风格。一张桌子、一台笔记本电脑，主持人身穿衬衫，背后是城市场景，右上方加上一个新闻事件放映的小窗格，这种简单地模仿，既表明了自身是在做一则新闻播报栏目，又以自己的不专业性完成了一种娱乐化消遣。

在第二季中（见图6），暴走大事件更换了布景，主持人着装也发生变化。文化衫加上牛仔裤，以及斜挎着的一卷纸巾，均是"屌丝"和"宅男"的标志。这些符号既标示了王尼玛的身份，同时也在争取受众的认同。

图6　第二季的主持场景

同样，第一季和第三季中还塑造了两个符号性人物。第一个是首席鉴黄师唐马儒（见图7），代表的是喜欢美女、爱好看不雅视频但没有女友，生活中有百般压抑却无处发泄的宅男的形象。他常常作为新闻采访中的"专家"角色出现，例如在评论扫黄打非时，他以首席鉴黄师的身份讲述自己鉴黄的经验；在暴米花手机发布会时，他又以首席开发师的身份讲述了绿霸软件如何在暴米花手机上阻止黄色内容的出现。

图7　唐马儒

另一个符号性人物是张全蛋（见图8），这一角色是对专业新闻报道中“工人”“平民”一类角色的消遣。他是富士康加工流水线质检员，来自农村，却总是爱在说话时加入发音不标准的英文词汇，行为和动作极其夸张。张全蛋代表着土与洋的碰撞，理想与现实的冲突，爱情与竞争的矛盾。当然，这一角色也因为对农民工的嘲讽而受到诟病。

图8 张全蛋

除了符号性场景与人物外，符号性语言也是消遣的重要组成部分。主持人王尼玛具有极佳的口才，常常创造一些网络流行语，例如“我和我的小伙伴都惊呆了”“荆轲刺秦王”“Why are you so 叼”“我跟你什么怨什么仇”“穿山甲到底说了什么”等。符号化的语言借助主持人的高语境，与观众之间形成了一种“你懂得”的心有灵犀的感觉，达到“无节操、有内涵”的调侃效果。这种插科打诨，也降低了某些话题的敏感性，调和了在传统舆论环境下被人们被压抑的某些情绪。

四、再创造的意义

（一）开辟受众参与新闻生产的新途径

专业新闻的受众可能扮演记者角色、分享者角色和出资者角色（杨菲菲，2015）。受众的记者角色指的是受众利用受众的传播工具，对新闻事实进行报道；受众的分享者角色指的是受众在社交平台，以分享新闻而带动传播，从而影响其他受众对报道的点阅行为；受众的出资者角色指的是受众通过新闻众筹的方式，出资给某一新闻内容的生产者，而受众对选题和内容有一定的影响。

但是，受众参与新闻生产的途径不仅仅局限于此。上述所讨论的受众参与模式，往往只是考虑到了受众在新闻事实层面如何去影响新闻的生产，却忽略了受众在新闻解读层面的影响，亦即评论型公民新闻的存在被忽视了。"再创造"的过程，正是从新闻解读的角度，开辟了受众参与新闻生产的一条新途径。在这一途径中，受众有选择性地接受新闻文本并从一定的角度进行解读，产生属于自己的"生产性文本"，并将其创造为新的新闻文本。经过再创造过程，原有的专业新闻获得了内容延伸，呈现出了不同的样态。

（二）实现和提升公民的话语权

再创造的过程是否表达了公民的意见？笔者这里所说的公民，并不是政治学意义上的公民整体，而是指的有相同经历、利益或者观点的一个群组。事实上，每位公民新闻的生产者所站的立场，必然是自己所属的某一群组的立场，而不是全体公民的立场。

暴走大事件的主持人王尼玛曾经谈道："80、90 这一代人见证了人类历史上最多的奇迹，诞生了互联网和移动互联网，诞生了大文化产业，诞生了我们。暴走收纳有自己观点的人，愿意讲述的人，每个人都是一座宝库一座金山，唐马儒、张全蛋这样的宝贝就是如此得来的。我们讲我们的故事，给所有人听我们的脑内在想什么，认同了会叫好，不认同会指责，不管怎样，能表达自己是非常舒服的事情。"①

公民话语权的提升与意见表达的具体形式和效果息息相关。当公民决定进行表达时，他们可以选择通常的表达方式，即观点化、意见化的表达。例如，在某一新闻后面进行跟帖评论，或者在微博上进行评论并转发。但这种形式比较泡沫化和碎片化，很少能够凝聚起较大的力量。

再创造过程的结果是公民新闻产品。毫无疑问，暴走大事件通过对专业新闻的再创造，不仅仅表达了自身的观点，还将泡沫化、零碎化的评论，转化为一则系统性的节目，极大地增强了传播效果，使公民的话语权得到了提升。

（三）丰富新闻报道的内容与形式

公民新闻对专业新闻的再创造，从内容和形式上丰富了新闻报道。从内容上来看，暴走大事件的再创造过程，尽管在新闻事件的选择层面仍然受到了媒体议程的影响，但是在新闻事实的排序和解读角度层面，摆脱了它们的影响。以往的评论内容成为新闻内容的一部分，被制作、呈现和传播。

① 王尼玛．怎么评价《暴走大事件》？https://www.zhihu.com/question/25153631．2016 年 4 月 1 日访问．

从形式上来看，暴走大事件具备脱口秀节目的性质，而又兼具公民新闻的本质。受制于新闻专业操作的要求，专业新闻媒体并不能摆脱某些新闻生产的规范要求，因此在形式上无法做到足够的活泼、不拘一格。

五、研究意义与不足

（一）研究意义

本研究将公民新闻作为专业新闻的一种对立补充形式，并把公民新闻划分为事实型公民新闻与评论型公民新闻，将暴走大事件这一类的节目纳入了后者的范畴进行研究。

本文详细分析了再创造的过程是如何从选题策略和表达策略两个方面完成的。这两个策略的提出，为研究公民新闻对专业新闻的处理方式提出一些思考的角度。

（二）研究不足

本文仅仅是针对产品内容的分析，缺乏一手的调查资料。如果能在新闻组织内部进行田野调查，将会有更多更新鲜的收获。此外，由于研究方法与篇幅的限制，本文并没有分析暴走大事件的弹幕内容，这其中蕴含着大量的评论，承载着受众的观点，应当也属于“再创造”的一部分。

参考文献：

[1] 蔡雯．美国新闻界关于“公共新闻”的实践与争论[J]．新闻战线，2004(4):78-80.

[2] 马富春．浅谈中国文化语境下的“公共新闻”实践[J]．新闻世界，2010(6):21-22.

[3] [美] 吉尔摩．草根媒体[M]．南京：南京大学出版社，2010.

[4] Fröhlich R, Quiring O, Engesser S, et al. Between Idiosyncratic Self-interests and Professional Standards: A Contribution to the Understanding of Participatory Journalism in Web 2.0: Results from an Online Survey in Germany [J]. Journalism, 2012, 13(13): 1039-1061.

[5] 刘津．博客传播[M]．北京：清华大学出版社，2008.

[6] 郭翠玲．新媒体背景下的公民新闻研究[D]．北京：中国人民大学，2009.

[7] 王建磊．草根报道与视频见证[M]．北京：中国书籍出版社，2012.

[8] 李莹．我国公民新闻的现状和发展研究[D]．湘潭：湘潭大

学,2011.

[9] 李丹丹. 新媒体时代公民新闻的影响及发展[J]. 青年记者,2015(9):55-56.

[10] 秦志希,汪乐萍."一五一十"部落:一种特殊的网络公民媒体实践[J]. 新闻与写作,2014(1):43-46.

[11] 蔡雯."公共新闻":发展中的理论与探索中的实践——探析美国"公共新闻"及其研究[J]. 国际新闻界,2004(1):30-34.

[12] 李华. 自媒体参与式新闻传播行为的失范与规范[D]. 北京:中国人民大学,2014.

[13] 李悦. 网络脱口秀吐槽文化的消遣与批判——以《暴走大事件》为例[J]. 新闻前哨,2015(11):79-81.

[14] 浦玲丽. 网络节目《暴走大事件》的发展特征及存在问题分析[J].科技传播,2015(7).

[15] 费斯克. 理解大众文化[M]. 北京:中央编译出版社,2006.

[16] 杨菲菲. 参众时代:西方受众参与新闻生产的研究[D]. 北京:中国人民大学,2015.

[17] 陈力丹,闫伊默. 传播学纲要——21世纪传播学系列教材[M]. 北京:中国人民大学出版社,2007.

[18] 王尼玛. 怎么评价《暴走大事件》?[EB/OL].https://www.zhihu.com/question/25153631,2016-4-1.

[19] Ben Dennison. Our 8 Favorite Rage Comic Characters: A Case Study [EB/OL]. http://www.weirdworm.com/our-8-favorite-rage-comic-characters-a-case-study/.

[20] Bowman S, Willis C, Bowman S, et al. We Media: How Audiences are Shaping the Future of News and Information[J]. Media Center at the American Press Institute, 2003.

网络社区用户的知识生产沟研究

——以微博用户关于转基因食品话题的讨论为例

（郭慧玲　武汉大学）

摘　要：当今是媒体的时代，大众的参与使得新媒体重塑了政治、经济、社会、文化乃至整个社会形态。微博也是这样一种具有强大社会重塑作用的新媒体，微博平台的草根化、多元化以及开放性为众多的网民提供了低门槛的信息发布平台，然而微博的普众性也使得微博当中的知识生产问题逐渐显现，知识生产沟依然存在。本文以知识沟假设为理论基础，以新浪微博用户崔永元在其微博推出赴美考察转基因期间所摄视频之后用户对转基因问题的知识生产和观念分布为研究对象，通过对微博内容的分析了解微博用户的知识生产状况，证实了微博用户知识生产沟的存在，并试图发现影响微博中知识生产沟的不同用户的背景因素和微博生产特征，辨析微博用户的知识影响力。最终研究发现，性别、地区、教育背景、认证情况等因素均不同程度影响知识生产沟的存在情况，传统意义上的强势群体依然是微博空间的知识生产主力军，其知识生产更加理性。

关键词：微博；转基因；知识沟；知识生产沟；知识影响力

自2006年微博诞生以来，这一在社会中发挥重要作用的新传播形态的考察影响力模型和社会性应用就立即获得了大量的受众及用户青睐，成为人们公共生活之中不可或缺的平台。截至2016年6月，我国微博用户规模为2.42亿，手机微博用户数也达到1.96亿，[①]这个以个人为单位的自媒体正在中国社会中发挥出越来越大的影响力和冲击力。

微博的积极意义在于它显然扩展了中国舆论的空间。人们关注的许多事实都是通过微博得到了传播，有效地让公众更加充分地了解诸多事实，它

① 中国互联网信息中心（CNNIC）. 2016年中国互联网络发展状况统计报告.

一方面通过网民的力量构成众多的信息源，可以让人们在第一时间了解最直接的现实，极大地促进了舆论监督的发展。另一方面也可以通过多种方式表达公众对于公共事务的看法和分析，如转基因、动物权利、同性恋文化等议题都在微博上引发讨论，给了公众更加深入地了解这些议题的机会和空间。传统媒体在微博中所确立的传受关系得到解放，受众地位空前提高，社会地位对传播力的影响虽未完全消散，但理论上每个用户拥有完全平等的言说机会，微博成为极具开放性的个人观点表达平台。微博的草根性、避免当面接触的文化生产性以及原创性使得这一媒介平台成为一个巨大的网络社区，而微博用户则成为在其中进行大量内容、知识、观念生产的“居民”。

微博“居民”们的大量内容生产虽使得信息的发布渠道以及发布内容呈现出多元化趋势，但在代表开放、多元的同时，由于用户的个人背景、知识水平、认知观念的不同使得微博平台上仍然存在着知识生产及其影响力的不平等。“知识沟”仍然存在，由“知识沟”导致的知识生产依然存有巨大的沟渠。全国各地的普通民众由于各种条件和环境差异而导致个人观念以及知识生产上的差异能够在微博平台得到全面体现，微博在为民众提供表达话筒的同时也隐性地展示了个人差距，这使得对微博平台民众的知识和观念生产研究提供了直观而又庞大的研究样本，对微博当中知识生产和观念生产的研究也就有了极高的价值和研究意义。

本研究以微博用户知识生产沟与观念沟为考察对象，运用内容分析的方法，对新浪微博网络社区用户在“转基因玉米试吃事件”对转基因食品问题的讨论为切入点，一方面是由于“转基因”这类科学话题的讨论在微博上一直就存在，而在“转基因玉米试吃事件”之后由科普作家方舟子和主持人崔永元的“口水战”又是引起了关于这一话题集中性的讨论，对争议性科学话题的讨论进行分析更能够验证出民众之间知识与观念鸿沟的存在。另一方面这一研究对于深化处在 Web2. 0 时代的知识沟理论、丰富知识沟假说以及验证网络微博社区用户的知识产生沟和观念沟的存在具有重要意义。

一、研究对象基本阐述及理论背景

（一）微博的概念、特征及发展

微博，即微博客，是一个基于用户关系信息分享、传播以及获取平台，用户可以通过 WEB、WAP 等各种客户端组建个人社区，以 140 字（包括标点符号）的文字更新信息，并实现即时分享。微博的关注机制分为可单向、可双向两种。①

微博是 web2.0 新兴起的一类开放因特网社交服务，国际上最知名的微博网站是推特，目前推特的独立访问用户已超过五亿人，②美国总统奥巴马、美国白宫、FBI、Google、HTC 等很多国际知名个人和组织在推特上进行营销与用户交互。而在中国，较为著名的微博有新浪微博、腾讯微博、网易微博、搜狐微博等。而在这其中用户数量最多且最具有代表性的是新浪微博。

也有不少国内研究者试图给微博下过定义。如微博客是一种新型博客，用户可以通过登录网站、手机短信、即时通讯软件和外部 API 接口等开放式的接入方式及时更新简短的个人讯息，用户之间可以相互保持关注，从而实现彼此间的信息推送和异步互动。③

微博虽然火热，但是风格与推特完全不同。现如今微博变成网民集体娱乐广场和讨伐的战场，知识分子启蒙的公共课堂。微博作为一种分享和交流平台，其更注重时效性和随意性。微博客更能表达出每时每刻的思想和最新动态，而博客则更偏重于梳理自己在一段时间内的所见、所闻、所感。就研究者本人通过长时间使用新浪微博这一应用以及所接触到的一些资料来看，个人认为微博具有以下一些的特点：

1. 便捷性

虽然微博有 140 个字符的长度限制，对于外文，以英文为例，一个英文单词加上空格平均也要五六个字符，而中文以双字词为主流，这样每条推特能够传达的信息量，就只有一条中文微博的 1/3 左右，短短的 140 字就足以能够表达清楚我们想要表达的认识和观点，发布起来也十分便捷。

2. 创新交互性

如果说博客仍然是“化妆后的表演”的话，微博不需要使用者进行深思熟虑、逻辑缜密、结构完整的创作，是一种更加真实的表达。众多畏惧博客负担的草根平民，尤其是那些教育程度较低的网民，可以轻松自如地在微博中找到展示自己的舞台。④ 与博客的交互方式不同，微博实际上是可以一点对多点，也可以点对点，当你关注一个子集感兴趣的人时，两三天就会形成习惯地关注，移动终端提供的便利性和多媒体化，使得微博用户体验的黏性越来越强。

---

① 百度百科：微博.

② 维基百科：Twitter.

③ 管华骥. 微博客的新闻应用研究[D]. 中国科学技术大学新闻学硕士论文.

④ 刘丽芳. 微博客的传播特征与传播效果研究[D]. 浙江大学新闻学硕士论文.

3. 原创性

微博用户大多会在微博平台发布一些与自己的日常生活事件及与兴趣爱好息息相关的内容，很多内容都来自微博用户原创，就包括取得认证的组织、媒体或官方的微博平台也大多选择发布原创信息为主，原创微博占微博发布内容很大的比例。

4. 即时性

微博网站的即时通信功能非常强大，通过QQ和MSN就可以直接发布，在没有网络的地方，只要有手机也可以及时更新微博的内容，如一些大的突发事件或引起全球关注的大事，如果你当时在场，利用各种手段在微博上发布，其实时性、现场感以及快捷性，甚至超过所有媒体。在许多突发新闻事件中，如2008年中国汶川地震和2009年美国航空公司1549航班坠入纽约哈德逊河等等，第一条信息都来自微博。微博上连续不断的简短信息更新催生了Paul Bradshaw所谓的“循环新闻”(iterative journalism)，一种永远不会结束的新闻。①

微博这一新生事物出现在中国已经六个年头，目前在国内正处于快速增长阶段，虽然受到来自越来越多新生的新媒体应用平台(如微信)的冲击，但微博在国内的发展趋势也越来越好，越来越多的用户选择加入到微博用户这一行列，微博舆论场中，信息的井喷式增长使注意力逐渐成为一种稀缺资源。现阶段，微博中精英的作用较为明显，但随着微博用户的增加，微博普及率的升高，草根的规模将会逐渐扩大，精英的影响力也将进一步深化，注意力资源的分配更为细化。透视中国的“微博热”，碎片化的信息形式、裂变式的传播方式、日益深化的媒介融合决定了微博的影响力及其发展趋势。随着社会信息化进程的加速和深化，越来越多的机构与个人入驻微博，微博对中国社会的影响将更为显著。具体说来，微博的发展趋势体现为以下几个方面：微博将持续快速发展，影响力逐步提升；社交价值将得到凸显，注意力资源进一步细分；微博问政将逐渐升温；微博营销将从萌芽步入发展阶段；微博盈利模式成为关注点。②

(二)知沟理论及其发展

知沟理论(Knowledge Gap Theory)又称知识格差，是关于大众传播活动带来的社会分化后果的一种理论假说，指在一定的社会系统中，由于各种因素的影响，不同的群体或个人之间所形成的知识差距。最早对这一现象进

---

① 杜骏飞. 中国网络传播研究. 浙江大学出版社，2008年版.

② 谢耘耕，徐颖. 微博的历史、现状与发展趋势. 现代传播，2011年第4期(总第177期).

行研究的是美国传播学者蒂奇纳(Tichienor)、多诺霍(Donohue)、奥里恩(0lien)。1970年,他们在一篇题为《大众传播的流动与知识差别的增长》的论文中,提出了"知沟假说"。"知沟"假说的具体阐述是随着大众媒介向社会传播的信息日益增多,社会经济状况较好的人将比社会经济状况较差的人以更快的速度获取这类信息。因此,这两类人之间的知识沟将呈扩大而非缩小之势。①

1975年明尼苏达小组完善和修正了原来的假设,发表论文《大众媒介和"知沟":对假设的再思考》(Mass media and the Konwledge Gap;hypothesis;reconsidered)。他们认为,在议题重要性强、冲突严重和社区人口同质化程度高的情况下,议题的显著性容易引发人际传播,而且同质社区可选择的媒介少,结果造成知沟缩小;当议题的显著性和冲突性较小,而且社区复杂性、差异性大,多元化程度高时,知沟将呈现扩大之势。②

1977年,美国的Ettema和Kline对知沟假设提出了另一种解释。他们从个体主义视角出发,考察的重点在于个人获取信息的动机以及个体行为者的情景需求(如信息实用性)方面。他们对知沟假设做了新的修正,有动机获取信息的群体要比没动机获取信息的群体,在社会系统中资讯的速度吸收将更快,因此,这两类人之间的差距将呈扩大而非缩小之势。Ettema对知沟假设的修正在于,他认为社会经济地位不同造成的传播技巧差异固然会导致知识沟的出现,但是个人对某些知识的实用性需求、追求知识的主观动机都可能打破原有的社会经济地位决定论,而产生另一种新的知识沟。

而后艾玛特等人提出了个人层面的"知沟"研究,"情境沟""传播沟"等概念有的被研究者拿来与"知沟"混用,有的研究者则提出用其取代"知沟"。③ 波法德里对知沟假设理论实施了进一步研究,他认为有三个层次的因素和过程共同起作用,导致了知沟的产生和发展。在知沟产生之初,不同的人因为面临交流障碍,没有机会接触媒体所传播的信息而产生知沟;随着时间的推移,媒体使用的方式方法会强烈影响知沟,比如本来就拥有很多信息的社会群体使用媒体时侧重于获得信息,而本来就缺乏信息的社会群体更倾向于利用媒体来娱乐消遣;最后,在接受媒体信息时,人们不同的动机、认知因素,比如期待心理、已有知识和人们不同的认识能力,也会影响知沟的发展。

---

① 荣建华．中国媒介素养教育论．中国社会科学出版社,2011年版．

② 丁末．大众传播的社会结构与知识差异——明尼苏达小组早期"知沟"假设研究．新闻大学．

③ 丁末．西方"知沟"假设理论评析．同济大学学报．

"知沟"理论关注的是社会公共事务、科技新闻等与公共决策、社会发展相关的媒介内容能否为不同的社会阶层所获取。其主要的结论是在关系到公共决策与社会发展领域，"知沟"很容易出现，而在某种特定领域，如娱乐休闲等，"知沟"出现的可能性就比较小。日本学者儿岛和人认为，后续的"知沟"理论研究发现在社会信息化过程中，"知沟""信息沟"的存在是一个事实，它不仅表现在贫富阶层之间，而且会广泛地表现在性别、年龄、职业、行业、群体、地区、民族、国家以及文化之间。① 随着人类社会文明进程的加速，信息成为重要的社会资源，"信息富有者"和"信息贫困者"的两极分化以及由此带来的社会问题值得关注。

综上所述，"知沟"指的是大众传播时代，不同类型的社会群体之间的信息获取与生产格差，且这一差距不断地在逐渐扩大。其根本成因是社会结构因素，但个人能动性、具体传播情境等也是"知沟"的重要影响因素。

（三）知识沟与知识生产

知识生产是指人们通过脑力劳动创造出新知识（包括知识形态的科学技术）的过程，它是在已有知识的基础上发现新知识的过程。② 知识生产对劳动者的素质要求不同，相对于物质生产来说，知识生产对劳动者的知识水平、创造能力、思维方式等方面提出了更高的要求，一般都要求知识劳动者接受较高层次的专门教育，经过训练与实践过程，方能胜任知识生产这种创造性劳动，如科学家、发明家、作家、艺术家、理论家、思想家等，是知识生产中的精英，他们组成了知识生产中的核心力量。

知识生产需要无形知识形态的投入。物质生产的投入主要为机器设备、原材料、资金和劳动力，主要表现为有形的物质形态的投入。知识生产的投入虽然也需要物质投入，但更重要的是无形知识形态的投入，例如，知识劳动者的知识积累水平和创造能力，知识劳动的物质条件中的知识和技术含量的高低，某一时期社会所提供的知识背景条件等，其中尤以知识劳动者的知识和技术的投入最为重要，没有创造性的头脑，就不会有创造性的知识生产。③

知识生产也突出了人的主体性地位。首先，知识来源于人的认识活动，知识的发展、知识的传播和应用都源于人的需要。知识的重要性就意味着人的重要性。而知识产品则又可以被不同的人多次使用，使用的人越多，其

---

① 赵东晓著．网络出版及其影响．中国人民大学出版社，2008 年版．

② 智库百科：知识生产．

③ 汪向阳．论当代知识生产力的新发展．西北大学学报（哲学社会科学版），2001 年第 3 期．

价值越大，影响力也越大。特别是一些科学原理和基本理论，随着它被日益广泛的应用，可以带来无可估量的收益，并进而引发出新的科学认识，推动知识创造的新发展。①

而由于“知沟”不仅表现在贫富阶层之间，而且会广泛地表现在性别、年龄、职业、行业、群体、地区、民族、国家以及文化之间。当社会系统中大众媒介信息流通日益增加时，有动机获取信息和信息对他们有用的那部分人比起那些没有动机或信息对他们没用的那部分人，将以更快的速度获取这些信息，因此这两部分人的知识差距呈扩大而非缩小之势。具有社会资源与物质投入或经济基础的人更有能力进行创造与知识生产，这正好呼应了知识生产突出无形知识的需求与需要，他们之间在知识能力上体现的知识沟将直接体现在知识市场上。

（四）网络时代的知沟理论

新媒介技术层出不穷，造成“老沟”未填平，而“新沟”又不断出现。网络信息时代，“知识沟”已经演变成为“信息沟”。

在信息时代，信息就是财富。如何防止信息富有者和信息贫困者的两极分化以及由此带来的社会矛盾即“数字鸿沟”（digital divide），是信息社会面临的一个现实问题。② 数字鸿沟一词最早出现 Lloyd Morri - sett 有关对信息富人（the information-haves）和信息穷人（the informa tion have - nots）之间所存在的一种鸿沟的认识。它包含三个层面：(1)全球鸿沟，即工业化国家和发展中国家之间在因特网接入上存在的差距；(2)社会鸿沟，其关注的是在每个国家内部信息富有者和信息贫穷者之间存在的差距；(3)民主鸿沟，强调的是人们在是否使用数字技术参与公共生活方面的差距。③ 然而现如今，数字鸿沟已成为一个笼统的标签，用来说明人们对于信息传播技术，特别是互联网的采纳和使用上存在的差距。

网络本身并无扩大或合拢“知识沟”的倾向，但由于众多外在因素的影响，其快速、高效、便捷的媒介优势将传统大众媒介影响下业已形成的“知识沟”数倍放大。首先，经济水平的差异造成网络接触率各不相同；其次，网络在受众的阅读、语言、专业技术操作能力等方面提出了更高的要求；再次，受众摄取的信息也与自身的知识结构相吻合。而且，网络作为一个多元化社

---

① 孙向军．知识生产力：一种新形态的生产力——对当代生产力变革的哲学考察．天津社会科学，2004 年第 5 期．

② 荣建华．中国媒介素养教育论．中国社会科学出版社，2011 年版．

③ 韦路，张明新．数字鸿沟、知识沟和政治参与．新闻与传播评论，2007.

区，信源、信宿分散，很难具备合拢“知识沟”的能力。①

在目前社会条件下，网络传播加剧“知识沟”扩散的事实是毋庸置疑的，而且由于网络传播环境的多变，发生条件的复杂，影响因素的多样，因而整个社会形成的不仅是一条“沟”，而是几条，乃至几十条更为繁复的“沟”。因此，“知识沟”的“扩散”既是指程度、纵深的加深，也是指数量、广度的增大。

作为新媒体时代的代表，微博这一新媒体技术很好地呈现并体现了信息时代所代表的“数字鸿沟”，虽然在某种程度上，网络时代的到来在总体上共同增加了大众的知识储备，但随着时间的推移，随着技术的日益更新换代，信息富有者与信息贫困者之间的差异将越来越大。从微博的传播特征入手，分析微博与信息时代的“数字鸿沟”的关联可以得出以下几个结论：

1. 传播方式上的碎片化信息传播、传播内容的短小使得微博生产的内容较为浅显，这样的传播方式削弱了精英话语，更体现了草根性和平民化，无论社会地位、教育背景、年龄、地域、经济基础怎样，所有民众皆可以参与到微博的话题讨论当中，且讨论的话题往往是受到大部分人关注的时下热门话题或具有一定公共性的公共话题。

2. 传播信道上多渠道、多方式的整合传播使受众更加易于在微博进行个人知识生产，从传播信道上看，国内微博基本上都可以通过网页、短信、手机上网、即时通信工具等方式发布信息，这些多元化的信息发布手段及渠道不仅丰富了微博用户的用户体验，还提高了他们发表个人话语的可能性。

3. 传播速度上病毒式传播加速信息流通，提高了微博用户之间的互动性，获取信息的迅速不仅使得内容生产也更加迅速，更重要是的使用户能够在更短的时间内评论及转发他人的微博，进行更多的内容生产，微博的这一特性使得频繁刷新、频繁评论转发的活跃用户的获得的信息更多更快，这很可能颠覆传统知识沟认为社会经济地位才是导致知沟的主要因素这一观念，而将用户的使用动机和用户资源提到更重要的位置。

本研究将网络时代微博用户对争议性科学话题的讨论为例，通过微博这一大众观念和知识生产社区看不同地位的个体是如何在微博上对争议性科学话题进行知识建构，并产生影响的，进而从中发现新媒体时代网民中存在的知识生产沟是怎样的。

---

① 黄艾华. 网络传播加剧知识沟扩散. 新闻学与传播学，现代传播双月刊，2002 年第 4 期（总第 117 期）.

二、研究问题

通过媒体的力量，争议性科学话题往往能够成为人们关注的焦点，进而迅速成为网民们讨论的关键话题，核能、艾滋病等话题是如此，而有关于转基因话题的讨论更是如此。新浪微博上有关于转基因话题的群体性、大规模讨论可以追溯到2012年8月网民们对湖南"黄金大米"的讨论开始，经过了将近两年的讨论和发展，期间"反转派"（反对转基因食品）和"挺转派"（支持转基因食品）两大"派别"之间不断就新出现话题和事件进行激烈争论和讨论，两年微博上对此事件的讨论几乎从未间断，且出现过好几个高峰点，比如说在2013年7月13日《北京科技报》第一次以官方的身份举办的转基因大米品尝活动，2013年9月方舟子就转基因食品发表的"创造条件让国人可以天天吃转基因食品"的言论，崔永元做出的"你可以选择吃，我可以选择不吃，你可以说你懂科学，我有权利有理由质疑你懂的科学科不科学，你可以说我白痴，我也可以说你白吃"回应，至此揭开了崔永元和方舟子微博"口水大战"，再到2013年年底崔永元自费赴美国考察转基因食品及技术发展状况，一直到2015年3月崔永元在网上爆出自己赴美考察转基因的全程视频等，有关于转基因的讨论从没有离开过网民热议话题的排行榜。针对这一争议性科学话题，中国公众除了围观两大派别之间的讨论之外，更多的还是参与到有关于转基因话题的讨论之中，对是否要发展转基因食品提出自己的看法。

微博上民众关于这一话题的讨论为研究中国网民微博空间中的知识生产问题提供了一个较好的个案。首先，转基因食品若要在市场上流通，这关乎我们很多人的健康安全，人们有足够的理由参与到对该事件的讨论当中。其次，区别于其他公共话题，该话题在微博当中明显形成了两大代表不同观点的领域，且各方都有公众性人物即我们常说的"微博公知"做领导，所以对这一具有鲜明立场的话题更能够激起民众对其的关心和关注程度。再者，与其他敏感话题相比，关于转基因食品问题的网民内容生产更能够体现出公众的知识生产情况，故对此案例就知识沟问题的分析能够更加典型。

与此相应，本文提出如下研究问题：

1. 在微博上对转基因话题进行知识生产的微博用户群体呈现出怎样的特征？具有怎样的背景的人群会在微博上进行知识生产？

2. 微博用户在对转基因食品这样的公共性科学争议性议题上表现出怎样的知识生产状况？是否存在知识生产沟、知识生产差异？

3. 在转基因话题的讨论中，进行知识生产的不同类型的微博用户及其所生产的微博影响力又是怎样？

三、研究方法

(一)抽样与样本

考虑到本研究是对微博用户的知识生产进行研究，与以往的研究人员在研究知识沟时大多使用的问卷调查方法不同的是，本研究采用内容分析和质化研究相结合的分析方法，对微博用户生产的知识内容进行量化研究，并在对研究结果进行具体讨论时结合具体内容进行质化分析。因为本研究所要了解的是网络微博社区用户知识生产状况，因此选择新浪微博网民的微博内容作为样本收集来源。由于本研究想要考察的是微博网民在知识生产中所呈现的知识生产鸿沟，而微博有关于此话题的讨论自 2012 年以来几乎从未停止，考虑到若分析 4 年的样本，则样本数量会十分庞大，故本研究选择的时间点是 2015 年 3 月 1 日崔永元在其微博推出赴美考察转基因期间，网民掀起的新一轮热烈讨论的一段时间，以此时间点为基点，选择 2015 年 3 月 1 日至 2015 年 3 月 15 日共 15 天为微博收集时间段，应用微博中的高级搜索功能，以关键字“转基因”进行搜索，并使用高级搜索的筛选功能，以天为单位进行筛选，收集 3 月 1 日到 15 日之间的所有微博，由于新浪微博只显示任何搜索结果的前 50 页，因此在筛选样本时根据等距抽样原则筛选每一天的第 1、5、10、15、20、25、30、35、40、45、50 页的前两条微博，因考虑到微博讨论热烈程度问题，从崔永元信息发布起的头五天为微博讨论热度较高的时期，故在 3 月 1 日至 3 月 5 日之间选择以上页数的头 3 条微博作为微博样本。采用以上收集方法，最终共得到 385 条微博作为此次研究内容分析的样本。

(二)类目建构

根据前述之研究问题，本研究特别关注的变量为“人口特征”“知识生产”“知识影响力”。考虑到在本研究之前对微博用户的知识生产沟研究较少，因而我们遵循探索性内容分析研究的一般程序。在正式研究启动前，研究者阅读并分析了大量之前有关学者在研究知识沟问题时的学术文献，实施预研究，在此基础上建构了本研究所需各变量之类目并分别对其进行编码。根据所研究的问题，将研究类目分为以下两大块：

1. 人口特征

这一类目主要包含性别（男＝1、女＝2）、认证状态（认证＝1、非认证＝

2)、地理区域、教育水平(无显示=1、小学=2、初中=3、高中及中专=4、大专=5、大本=6、研究生及以上=7),其中地理区域分为34个省市级行政区、海外、无显示共36个选项类别,在进行具体分析研究时则又把其中除无显示地区之外的前35项类目划分为发达地区和欠发达地区,根据2013年国家统计年鉴公布的各省区人均GDP排名,前十位的省区(天津、北京、上海、江苏、浙江、内蒙古、辽宁、广东、福建、山东)加上港澳台地区和海外被归类为发达地区,其他省区(重庆、湖北、四川、陕西、河北、山西、河南、吉林、黑龙江、安徽、湖南、江西、贵州、云南、甘肃、青海、海南、宁夏、广西、西藏、新疆)被归类为欠发达地区。

2. 微博特征

(1)微博是否原创:若该微博为发布者自身发布的则视为原创,若是转发他人微博的则视为转发。(原创=1、转发=2)

(2)微博转发类型:若该条微博是转发他人微博,则看网民在转发该微博时是否有带评论,按照广义的知识定义,带评论转发也是知识生产的一种形式,而零评论转发则不算知识的生产。(带评论微博=1、不带评论微博=2)

(3)微博来源:微博信息内容的来源形式可分为多种,我们常见的主要是由来自个人、媒体、官方、组织四种,在该类目之下,把原创微博和转发来自其他个人微博用户的微博视为来自个人。(个人=1、媒体=2、官方=3、组织=4)

(4)微博知识类型:此类目下把微博类型分为两种,若该条微博只是在陈述有关转基因问题的客观事实、现象、事件则把该条微博视为事实知识,若该微博表达了发微博者自身对转基因问题的看法、观点、认知水平则归类为观念知识。(事实知识=1、观念知识=2)

(5)微博情感倾向:如该条微博表达了发微博者自身对转基因问题的观念知识,则进一步把此微博所包含的观念划分为反对、中立、支持三种类型,提出反对任何转基因食品或其他有关于转基因生产的信息则视为反对,对发展转基因食品未提出明确的反对,但也表现出对现今与发展转基因食品话题方面现状感到不满的则视为中立,明确提出支持发展转基因食品的视为支持。(反对=1、中立=2、支持=3)

(6)微博媒体形式:微博从诞生开始就为使用者提供了一个多媒体的内容生产平台,使人们能够以多种形式生产和发布知识。微博媒体形式包含文字、图片、视频、链接、表情等多媒材形式,看该微博生产中包含哪一种或多种。(文字=1、文字+图片=2、文字+链接=3、文字+表情=4、文字+视频=

5、三种及三种形式以上=6)

(7)微博发布渠道:随着微博日渐丰富及发展,微博创造者也给微博使用者的内容发布提供了越来越多元化的发布渠道,除了原有的网页、手机微博客户端以外,还增加了API接口等发布渠道,API接口又称为应用编程接口,就是软件系统不同组成部分衔接的约定,①例如我们经常看见某些微博显示发布来自皮皮时光机一类的第三方平台,则把诸如此类的平台归类为API接口发布平台。(网页=1、手机客户端=2、API接口=3)

(8)微博社会影响:社会影响是指个人通过自身的行为或话语使他人的认知、情感或行为发生改变作用而产生的影响,在本研究中则是指微博用户对其他用户在这些层面产生的作用。我们在对用户微博进行分析时,使用具体数量化的微博转发次数和评论次数来看该用户对其他用户及社会所产生的影响。

(三)数据分析方法

研究者在整个样本中随机抽取了75篇报道,研究者自身独立编码者(indepen-dent coder)予以检验,Krippendorf Alpha值显示信度值(inter-coder reliability)的均值为85%,达到了绝大多数内容分析的要求。本研究的数据分析采用SPSS for Windows 19.0进行。分析方法主要是频数分析(frequency analysis)和卡方分析(Chi square analysis)。所有检验皆为双尾(two-tailed)。

四、数据描述性统计分析

(一)用户特征之描述统计

1. 性别

图1显示了样本中性别变量的男、女比例情况,其中女性用户共有100个,占总样本数量的26%,男性用户共有285个,占总样本数量的74%。这些数据从一定程度上说明,在新浪微博这一知识生产平台上,关于是否支持转基因食品发展这样的争议性科学话题,男性在某些程度上比女性有更大的兴趣,更愿意发表看法、生产相关知识。

① 维基百科:API.

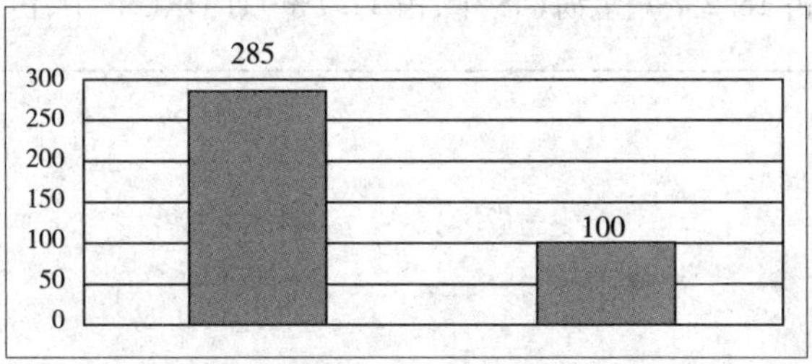

图1　微博用户性别

2. 认证状态

图2显示总样本中非认证用户数量为340个，占总样本的88.3%，而认证用户数量为45个，仅占总样本的11.7%。该数据表明收集到的对于是否支持转基因食品发展问题的385条微博的生产者中的认证用户与非认证用户比例，此比例也大致能够反映微博目前的身份认证情况。

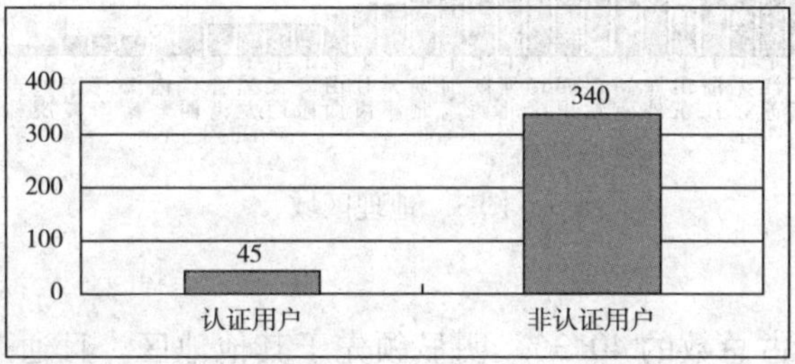

图2　认证情况

由新浪发布的认证条件，即申请个人认证的微博账号需要满足以下条件：绑定手机、有头像、粉丝数不低于100个、关注数不低于30个，至少2个橙v互粉好友，有发微博内容且能体现活跃的真实个人，是娱乐、体育、传媒、财经等各个领域内的知名人士①可以得知新浪微博的加V认证申请难度较大，而在对转基因话题的讨论上，所分析及选择的研究样本中认证用户的比例达到了11.7%，从所占的高比例可以看出，在转基因话题上，认证用户的关注度较高。

3. 地理区域

图3中显示的是385个样本中微博用户的地理区域信息，从图中可以看出所抽取的样本涵盖了除青海、澳门以外的中国所有地区，排名前三位的省区分别

① 新浪微博帮助：如何申请个人认证？http://help.weibo.com/faq/q/1573.

是北京(70 个,占 18.2%)、上海(48 个,占 12.7%)、广东(36 个,占 9.4%),

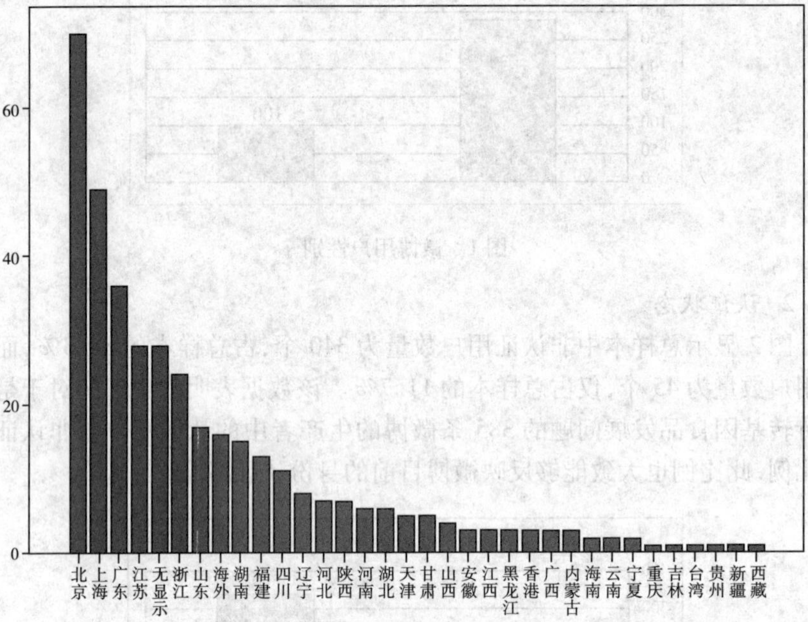

图 3 地理区域

三者总和占总数的 40.3%,明显领先于其他地区。且通过数据分析得出,经济发达地区所占比例为 65.8%,经济欠发达地区所占比例为 34.2%。除去未显示地区以及海外地区的用户外,排在前八位的省区均为 2013 年人均 GDP 排名前十的省区。而排在末位的则是西藏、新疆、贵州、台湾、吉林、重庆、宁夏、云南这 8 个地区,人口较少的台湾除外,其他均为欠发达地区。造成这一结果的原因,一方面可能是微博用户大部分来自于东南沿海经济发达地区,另一方面可能是经济发达地区的用户具有更强的公民意识,更加关心公共事件并倾向于发表看法。

4. 教育水平

图 4 显示的是统计微博用户的教育水平,从图中可以看出由于大部分用户未在微博当中注明自身的教育水平(257,66.8%),而在表明自身教育水平的用户当中,绝大部分都拥有本科教育水平(97,25.2%),而高中以上教育水平也占到 31.4%(包括高中、本科、研究生及以上),但因未显示教育水平的用户数量过多,故新浪微博用户的教育水平也未能够完整地通过此数据分析体现。

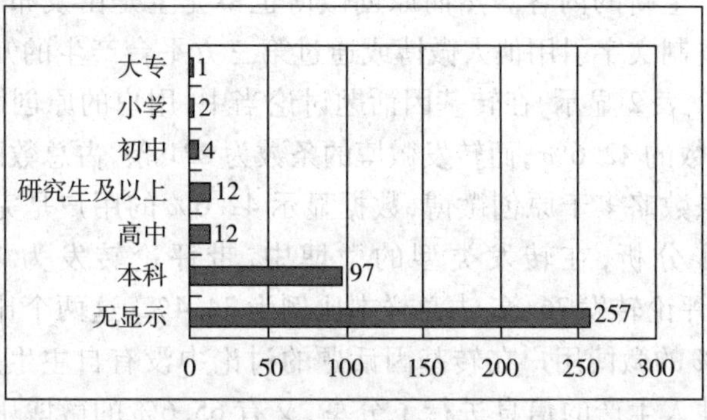

图4　教育水平

(二)微博特征之描述统计

表1　描述统计量

	N	极小值	极大值	均值	标准差	方差	四分位数25	四分位数50	四分位数75
性别	385	1.00	2.00	1.2597	.43906	.193			
认证状态	385	1.00	2.00	1.8831	.32170	.103			
教育水平	385	1.00	7.00	2.5766	2.30601	5.318			
是否原创	385	1.00	2.00	1.5740	.49513	.245			
转发类型	221	1.00	2.00	1.3379	.47408	.225			
微博来源	385	1.00	4.00	1.4831	.93839	.881			
知识类型	385	1.00	2.00	1.4909	.50057	.251			
情感倾向	385	1.00	3.00	1.7117	.53764	.289			
媒体形式	385	1.00	6.00	2.8052	2.02098	4.084			
发布管道	385	1.00	3.00	1.5065	.67745	.459			
被转发次数	385	.00	137.00	1.1662	8.54452	73.009	0	0	1
被评论次数	385	.00	48.00	.6130	3.59446	12.920	0	0	1
有效的N（列表状态）	20								

1. *微博的原创性质与转发性质*

微博知识生产由原创微博和转发微博两种形式组成，原创微博是由微博用户自行发布的文字、图片、视频等信息，而转发微博则是指用户转发他们微博或者产生新的内容。然而原创微博也不完全是由发布者首创的，也可能是通过复制文字引用他人微博或通过第三方平台产生的知识性文字微博链接。表1、表2显示，在转基因话题讨论当中，用户的原创微博达到164条，占样本总数的42.6%，而转发微博的条数为221条，占总数的57.4%，用户转发微博条数略多于原创微博，数据显示42.6%的用户是完全自主生产知识。进一步分析，在转发类型的微博中，带评论转发为145条，占比65.6%，不带评论转发76条，占总样本比例为34.4%，这两个比例数据说明有高达34.4%的微博用户在转基因话题的讨论中没有自主生产任何信息，仅仅只是对他人生产的信息进行了分享，又有65.6%的微博用户在分享他人生产的知识的同时结合了自己对转基因事件的看法，对他人发布的微博进行了知识再生产。

表2　是否原创与转发类型

是否原创					
		频率	百分比(%)	有效百分比(%)	累积百分比(%)
有效	原创	164	42.6	42.6	42.6
	转发	221	57.4	57.4	100.0
	合计	385	100.0	100.0	
转发类型					
		频率	百分比(%)	有效百分比(%)	累积百分比(%)
有效	带评论转发	145	65.6	65.6	65.6
	不带评论转发	76	34.4	34.4	100.0
合计		221	100.0	100.0	

2. 微博来源

在本研究中，对微博消息来源主要分为四类，分别是个人、媒体、官方和组织，个人为微博当中的一般用户，媒体指类似于@央视新闻、@新浪财经一类的官方微博媒体，官方主要是指类似于@平安北京一类的政府官方微博发布平台，而组织则是指诸如@绿色和平组织一类的地方组织。通过对样本微博来源的统计分析，从表3可以看出，在转基因话题讨论中微博用户所产生的微博主要源自个人，共282人，比例高达73.2%，其次为媒体(58，15.1%)和组织(38，9.9%)，最少来源为官方，仅有7人微博来源于此，占比1.8%。此数据说明个人是微博知识性内容生产的主力军，而由于媒体、组织和官方在微博用户总体构成中所占比重较小，故在转基因话题信息内容生产也较少。

表3 微博来源

		频率	百分比(%)	有效百分比(%)	累积百分比(%)
有效	个人	282	73.2	73.2	73.2
	媒体	58	15.1	15.1	88.3
	官方	7	1.8	1.8	90.1
	组织	38	9.9	9.9	100.0
	合计	385	100.0	100.0	

3. 微博的知识类型和情感倾向

通过对微博内容的区别，把样本中的微博内容大体上分为事实知识和观念知识，事实知识反映事物的基本事实及信息，通过表4的数据分析可以看出，在样本微博用户对转基因话题的生产中事实知识和观念知识生产不分上下，事实知识略多于观念知识，两者比例分别为50.9%和49.1%，说明在转基因话题的讨论上既喜欢发表个人看法，也会生产一些对此事件的客观事实知识。研究中还对微博用户是否支持转基因食品进行了情感倾向性的划分，分别对发表个人情感看法的用户进行了反对、中立、支持三种划分，由以下统计数据资料可以看出，对发展转基因食品这一话题发表观点的用户大多对此事件保持了中立的看法，人数为242人，占比62.9%，提出鲜明反对观点的人群共有127人，占比33%，而对此事件持支持观点的人极少，仅有4.2%。在此事件的讨论中，持反对意见与持赞同意见的微博用户之间比例悬殊，形成了两个较大的极端，这说明持反对意见的人与持赞同意见的用户之间存在观念上的鸿沟与观念差异，而导致产生如此差异的原因将在下文对研究问题的回答与数据的回归分析之后进行阐述。

表4 知识类型

		频率	百分比(%)	有效百分比(%)	累积百分比(%)
有效	事实知识	196	50.9	50.9	50.9
	观念知识	189	49.1	49.1	100.0
	合计	385	100.0	100.0	
情感倾向					
		频率	百分比(%)	有效百分比(%)	累积百分比(%)
有效	反对	127	33.0	33.0	33.0
	中立	242	62.9	62.9	95.8
	支持	16	4.2	4.2	100.0
	合计	385	100.0	100.0	

4. 微博的媒体形式

微博内容的表现形式也是知识生产状况的重要考察指标。通过研究者在研究之前对大量微博进行的观察分析,把微博的媒体形式分类为六种,类目种类主要有文字、图片、链接、视频、表情五种,据表5数据分析显示,新浪微博用户在对转基因话题进行知识性内容生产过程中使用最多的是纯文本(151,39.2%),其次为涵盖以上类目种类三种及三种形式以上的媒体形式(100,26%),"文字+图片"共有76个,占比19.7%,"文字+链接和文字+表情"最少,分别为55个和3个,占比14.3%和0.8%。虽就六种媒体形式单个来看,纯文本所占比重最多,但比重只有39.2%依然还未过半,而除纯文本之外的其他综合性媒体形式所占比重(即除纯文本以外的其他四种媒体形式之和)为60.8%,说明目前微博知识生产已不仅仅局限于发表纯文本,而是多种表现形式相结合,内容更为生动。通过表五的描述性统计量的统计分析显示,样本总量为385的样本中形式项目的最小值为1,最大值为6,均值2.81,标准差为2.02,说明微博用户在选择这6种微博内容生产的表现形式之间选择的差异较大。

表5　媒体形式

		频率	百分比(%)	有效百分比(%)	累积百分比(%)
有效	文字	151	39.2	39.2	39.2
	文字+图片	76	19.7	19.7	59.0
	文字+链接	55	14.3	14.3	73.2
	文字+表情	3	0.8	0.8	74.0
媒体形式					
		频率	百分比(%)	有效百分比(%)	累积百分比(%)
有效	三种形式及以上	100	26.0	26.0	100.0
	合计	385	100.0	100.0	

5. 微博的发布渠道

随着微博受到越来越多人的青睐,现代技术手段不断飞跃,微博的发布方式也从最初的网页发布拓展到手机客户端以及API接口等多样性发布渠道,未来的微博发布渠道也必将会更加多样化,在研究微博用户对转基因话题讨论中使用的微博发布渠道数据进行统计分析之后，从表6可以得出，绝大多数微博用户还是使用网页这一传统信息发布平台进行微博的发送(230，59.7%)，移动平台(包括手机浏览器、手机客户端、短信、iPAD客户端等多媒体移动平台)则排在第二，数据显示有115人使用此发布渠道，占比29.9%，而API接口这一分布渠道仅只有40人使用，占比10.4%。这说明网页渠道依然是微博用户进行知识性内容生产发布的最主要渠道，而随着移动媒体的飞速发展，移动客户端也在微博内容发布渠道中扮演这越来越重要的角色。

表6 发布渠道

		频率	百分比(%)	有效百分比(%)	累积百分比(%)
有效	网页	230	59.7	59.7	59.7
	移动平台	115	29.9	29.9	89.6
	API接口	40	10.4	10.4	100.0
	合计	385	100.0	100.0	

6. 微博的社会影响

通过微博用户发表的转发量和评论次数可以预估该微博用户的社会影响力，若一个微博用户的微博评论和转发次数数量都很大，则说明该微博用户的社会影响力也较高。评论和转发都是一条微博吸引其他用户注意力的重要方式，与网络微博注意力相对应的是"影响力经济"，喻国明在分析传媒经济本质时指出，"影响力是一种控制能力"，传播影响力是通过传播过程实现的，是由"吸引注意"和"引起合目的的变化"而构成的。传媒产业的经济本质，就体现在对于"社会注意力资源"能够"保持在时间上得以延续"，而使其市场价值"丰厚"起来的"把握力、控制力，即影响力"。① 通过对影响力经济的分析，可以看出信息传播的最主要目的还是在于吸引受众，加强传播效果和传播影响，一条微博的被评论次数和被转发次数是考察该微博影响力的主要指标，被评论数和被转发数更高的微博往往影响力更大。故在研究对微博用户在转基因话题讨论的影响力问题上，通过对样本微博数据进行统计分析，从表1的描述性统计分析表中能够看出，用户在对于涉及转基因话题的讨论当中生产的内容信息被转发次数的最大值为137，最小值为0，均

① 智库百科：影响力经济.

值为 1.17,标准差为 8.54,均值 1.17,说明微博用户在生产微博时每条微博的被转发次数也仅只有 1 次,而被评论次数最大值为 48,最小值为 0,均值为 0.61,标准差为 8.76,平均每条微博在评论数量上竟不达一次,相较于被转发次数更是少得可怜。微博被转发次数四分位数分别为 0、0、1,说明只有 25% 的微博被转发超过 1 次,标准差 7.05 表明样本间被转发数的差异显著,而微博用户发表微博被评论的四分位数同样为 0、0、1,说明至少 50% 的微博为评论为 0,有且只有 25% 的微博评论数能够大于 1,而且就研究所筛选的样本与样本之间的评论数与转发数差异是非常显著的。由此能够得出以下结论:在转基因话题的讨论上,不同的微博用户的知识生产内容存在明显的影响力差异,网络微博用户中的知识影响鸿沟是明显存在的。而不同背景的微博用户的社会影响力差异将在下文中通过类目之间的线性回归分析进行解答与体现。

五、对研究问题的回答

1. 在微博上对转基因话题进行知识生产的微博用户群体呈现出怎样的特征?具有怎样背景的人群会在微博上进行知识生产?

通过以上对微博用户的描述性统计分析可看出,对转基因这一争议性科学话题讨论的微博用户男性明显大于女性,男性比女性有更大的兴趣,更愿意在微博当中对热点事件发表自身的看法、生产与此事件相关的知识,男性所占百分比比女性高出 48%。通过对用户是否被认证这一研究点能够发现,进行话题讨论的微博用户绝大部分是非认证用户,认证用户较少,但就认证用户在微博总量中所占的总体比例来看,就该话题进行讨论的用户已经非常高了,且通过以下表 7 的性别和认证状态交叉制表能够看出,多数认证用户为男性,在上文中研究者也指出获得微博认证的人多数为娱乐、体育、传媒、财经等各个领域内的知名人士,在大众当中具有一定的话语权,这更加证实了男性这一传统观念中的强势群体在微博世界中的话语地位与主导性,而男性这一强势群体在获取社会资源与社会经济地位上具有显著的优越性,众所周知的男性与女性之间的社会差异也是存在的,知识鸿沟也能够在微博有关转基因话题的讨论中所体现,而这样的鸿沟也就直接反映在微博的知识生产上,传统意义上的知沟通过微博的知识产生而显现出知识生沟。

就参与讨论的微博用户所在的地理区域能够分析得出,经济发达地区的民众比经济欠发达地区的民众更能够成为微博热门话题的讨论者，更能够使用媒介手段发表自身观点和想法，这些微博用户主要聚集在东南沿海发达城市。作为经济生产的主力城市，这些城市也必定会成为科学发展的重镇，相比于经济欠发达地区的民众，经济发达地区群体作为经济生产主力城市的一员，在就诸如转基因这一争议话题的讨论上，他们也更加具有发言权。

虽然在研究用户人口特征的第四个研究教育水平时，研究数据缺失较多，但就已有的进行的教育水平记录的微博用户的数据资料进行分析之后发现，多数在微博上显示个人学历的用户教育水平都较高，具有本科及以上学历的用户占显示学历用户当中的绝大部分，且通过对学历与所在地域的交叉分析可以发现（表9），这些高学历用户主要集中在沿海发达城市，其中最具代表性的三个行政区分别为北京、上海、江苏，拥有本科及以上学历者分别为21、17、12个，占显示大学本科及以上教育水平的总人数的比为19.3%、15.6%、11%。

表7　性别＊认证状态交叉制表

计数				
		认证状态		
		认证	非认证	合计
性别	男	41	244	285
	女	4	96	100
合计		45	340	385

表8　性别＊教育水平交叉制表

计数				
		教育水平		
		大学本科	研究生及以上	合计
性别	男	73	10	83
	女	24	2	26
合计		97	12	109

故可以得出这样的结论，在微博用户对转基因话题的知识生产上，群体

主要居住于经济发达地区，获得认证的用户对该话题的关注度也较高，男性占绝大多数，对该话题保持较高关注度的高学历用户也主要集中在沿海发达地域。

表9　地域＊教育水平交叉制表

	教育水平		
地域	大学本科	研究生及以上	合计
发达地区	70	6	76
欠发达地区	27	6	33
北京	18	3	21
上海	16	1	17
江苏	10	2	12

2. 不同特征及不同背景的微博用户在对转基因食品这样的公共争议性科学议题上表现出怎样的知识生产状况？是否存在知识生产沟、知识生产差异？

在前文当中对微博用户的知识生产内容进行描述性统计分析之后，以初步做出微博用户确实存在知识生产差异、知识生产沟，而为了解答研究问题二中的不同背景的微博用户到底在知识生产上存在怎样的差异，研究者则通过对以上建构的研究类目进行的二元逻辑回归分析来看差异的具体体现。表10是研究者通过SPSS进行的二元逻辑回归分析，其中以性别、认证情况、地域为协变量，其中地域被划分为经济发达地区与经济欠发达地区，因微博用户的教育水平在此样本中缺失较多，未能进行合理地回归分析，故研究者未把此研究自变量放入考虑之中。研究者进一步以微博是否原创（是/否）、转发类型（带评论/不带评论）、知识类型（事实知识/观念知识）为因变量，考察用户背景因素与此因变量的关系与影响程度。

表10　二元逻辑回归分析＊方程中的变量

	是否原创（是/否）Exp（B）	转发类型（带评论/不带评论）Exp（B）	知识类型（事实知识/观念知识）Exp（B）
步骤1[a]	性别	1.370＊	0.915
	认证状态	3.361＊	2.072＊

（续表）

		是否原创（是/否）Exp(B)	转发类型（带评论/不带评论）Exp(B)	知识类型（事实知识/观念知识）Exp(B)
步骤 1[a]	地域		1.054	0.934
	常量		.081	0.167
a. 在步骤 1 中输入的变量：性别，认证状态，教育水平．* $P<0.05$				

根据表 10 中的逻辑回归分析结果显示，在微博的原创性方面，男性和获得认证用户更喜欢原创微博，而女性和非认证用户更喜欢转发微博，而微博用户所在的地域对该类别结果无显著影响，差异不明显。在微博的转发类型上，获得认证的用户偏向于直接进行信息内容的生产，在转发的同时会对该事件进行个人评论，而性别与地域对其影响不大。最后，在微博转基因话题生产的知识类型方面，分析结果显示男性用户和认证用户更倾向于发布事实知识，而女性用户和非认证用户更倾向于发表观念知识，地域变量对预测结果依然无显著影响。

再进一步对微博用户的微博来源、情感倾向、媒体形式、发布渠道与性别、认证状态、地理区域进行多元逻辑分析，也得到了如下数据（表 11）。

分析当中的数据显示，在微博消息来源方面，从个人、媒体、官方与组织这四种消息来源当中，以组织来源为参考类别，男性用户相比女性用户有更多微博来源于个人，认证用户相比于非认证用户有更多微博来源于个人。在微博的发布渠道上，相对于 API 接口这一发布渠道，男性用户相比于女性用户更加倾向于在网页上发表个人微博。在用户发表微博的形式媒体上，相对于三种及三种形式以上的发布形式来说，男性相对于女性可能更加倾向于发布纯文字、“文字+图片”、“文字+链接”这三种形式的微博。

最后，作为在微博这一媒体网络平台中对转基因话题进行讨论的微博用户，必定会对转基因话题持有个人看法，在以上对微博用户对转基因这一话题的情感倾向性的回归分析显示，在是否支持转基因食品这一话题讨论上，男性微博用户更加倾向于持中立态度，而女性及欠发达地区用户则对该问题持反对的态度。将微博用户对是否支持转基因食品这一话题的态度归纳为反对、中立、支持这三个类别的主要目的是在于直观、清晰地从数据当中看出不同微博用户在这一事件上的看法，使得对微博用户对转基因这一话题的倾向性有科学、客观的数据作支撑，然而研究者为得到整个微博用户的知识生产沟的总体全貌，要了解微博用户在此问题上的知识生产沟的具体情况，还对具体微博个案进行具体分析，从具体的微博用户发表的微博内容纵观整个微博世界当中对转基因话题的情感倾向。以下便是研究者根据在搜集样本当中记录下的“特殊”微博进行的微博情感倾向性分类。

表 11　多元逻辑分析 * 参数估计

微博来源		Exp(B)
个人	截距	
	性别	.569 *
	认证状态	.601 *
	地域	.934
媒体	截距	
	性别	.641
	认证状态	1.222
	地域	.915
官方	截距	
	性别	.627
	认证状态	1.411
	地域	1.050
a. 参考类别是:组织		
* P<0.05		

情感倾向		Exp(B)
反对	截距	
	性别	1.242
	认证状态	4.347
	地域	.895 *
中立	截距	
	性别	1.235 *
	认证状态	3.024
	地域	.890
a. 参考类别是:支持。		

发布渠道		Exp(B)
网页	截距	
	性别	.996 *
	认证状态	1.663
	地域	1.060
移动平台	截距	
	性别	1.429
	认证状态	4.547
	地域	1.126
a. 参考类别是:API 接口。		

媒体形式		Exp(B)	媒体形式		Exp(B)
文字	截距		文字+图片	截距	
	性别	.653 *		性别	.954 *
	认证状态	1.292		认证状态	.654
	地域	1.103		地域	.963
文字+链接	截距		文字+表情	截距	
	性别	.435 *		性别	.432
	认证状态	1.001		认证状态	.792
	地域	1.039		地域	.004
a. 参考类别是:三种形式及以上。因样本中无一样本为文字+视频模式,故无该项目信息。					

(一)反对倾向

在以上对微博用户是否支持转基因这一话题讨论的微博生产的倾向性描述统计中可知,反对转基因食品的微博用户有 127 位,所占比例为 33%,虽未达到对该话题持中立态度的用户数量,但占总体数量约三分之一的比例说明对该技术持反对意见的用户还是非常多的,纵观这些持反对意见用户的微博,研究者把这些反对性话语的微博分为四类:强烈反对型、暗喻讽刺型、防御性保卫型、理性反对型,以下是这四种类型的具体代表。

1. 强烈反对型

如图5中这条微博语气强烈地反对现今种植及生产转基因食品的行为，甚至还用到“断子绝孙”这一类具有诅咒性质的字眼，由于研究者选择样本搜集时间正好在崔永元发布其在美国考察转基因现状的视频之后，故除了呼吁性的煽动之外，没有任何事实性内容，完全是抒发情绪，此类微博在反对倾向中数量颇多也很普遍。

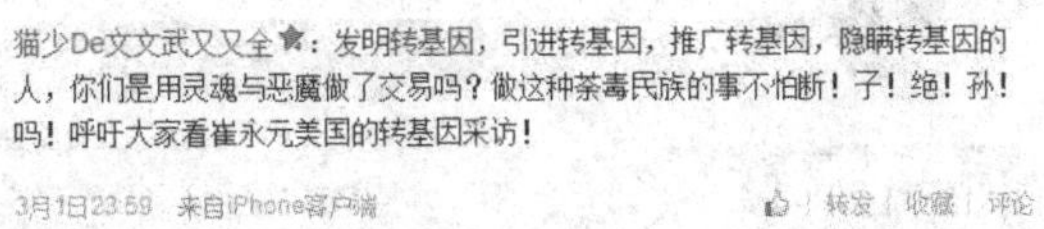
猫少De文文武又又全：发明转基因，引进转基因，推广转基因，隐瞒转基因的人，你们是用灵魂与恶魔做了交易吗？做这种荼毒民族的事不怕断！子！绝！孙！吗！呼吁大家看崔永元美国的转基因采访！

3月1日23:59 来自iPhone客户端 | 转发 | 收藏 | 评论

图5 强烈反对型

2. 暗喻讽刺型

如图6中该条微博并未直接像图5微博中的用户那样对转基因问题直接陈述反对性话语，而是通过对自身“转基因食品吃多了”而导致个人身体状况不好的暗喻型话语来表达对转基因食品的反对态度，同时该用户还在评论性转发话语之后增加了一个“哭”的表情，更加暗示他对转基因食品的反对。

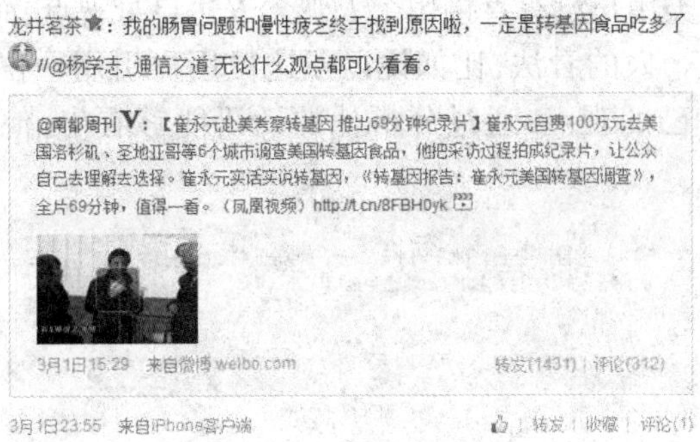
龙井茗茶：我的肠胃问题和慢性疲乏终于找到原因啦，一定是转基因食品吃多了 //@杨学志_通信之道:无论什么观点都可以看看。

@南都周刊：【崔永元赴美考察转基因 推出69分钟纪录片】崔永元自费100万元去美国洛杉矶、圣地亚哥等6个城市调查美国转基因食品，他把采访过程拍成纪录片，让公众自己去理解去选择。崔永元实话实说转基因，《转基因报告：崔永元美国转基因调查》，全片69分钟，值得一看。（凤凰视频）http://t.cn/8FBH0yk

3月1日15:29 来自微博 weibo.com 转发(1431) | 评论(312)

3月1日23:55 来自iPhone客户端 | 转发 | 收藏 | 评论(1)

图6 暗喻讽刺型

3. 防御性保卫型

如图7中该类微博博主要在表明自己对转基因态度的同时还增添了个人的防御保卫性心理，该微博用户认为这项技术连科技发展先进的美国都是使用转基因技术而中国人却“捡”来使用，还认为应该先把“地沟油”等眼前的问题解决管理好再来发展新技术，故该类微博用户存在明显的防御性的保卫心理，对转基因是抵制态度，同时也存在对本民族的防御性保卫思想。

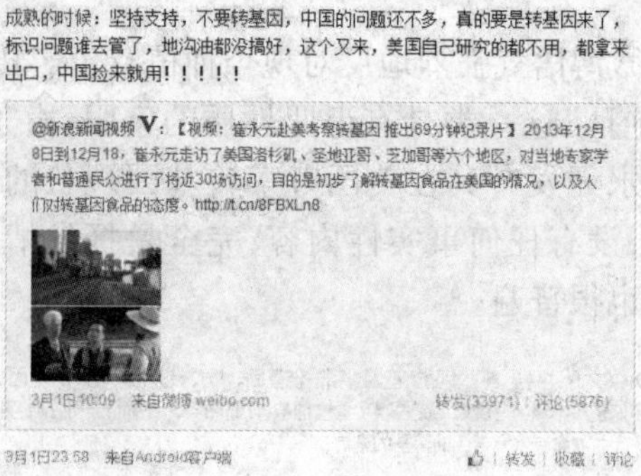

图7 防御性保卫型

4. 理性反对型

相对于以上三种微博用户对转基因话题只是个人观念性质的反对，此类微博显得更加理智和更具说服力，该微博作者虽提到转基因是人类用科学战自然的生存手段，但最终还是通过一系列具有关联性的事实来说明自身对转基因食品的反对态度，使人能够在看到该微博的同时产生发人深省的反思。

5. 借言表意型

如图8中该类用户没有直接用个人观念表达自身观点，而是通过引用他人的话语来发表个人的看法，比如说以下这位用户引用一位生态经济学家的观点来表明自己的观点，通过分析他的话语能够看出，他对转基因是反对的。

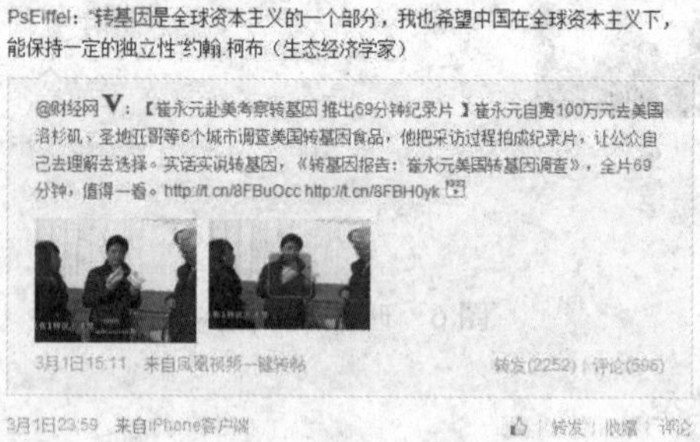

图8 借言表意型

(二)中立倾向

中立倾向在微博用户对转基因话题上的知识生产比重最多，共有242人对该问题持中立态度，占样本总数比62.9%。这类用户并未明确提出支持还是反对，但在进行对该问题的知识生产的同时也表达个人对此事件的一些建设性看法。

1. 理智表达型

类似于图9这位微博用户发表的观点，对转基因话题表达个人中立观点的用户在对自身观点进行陈述的时候，往往先会对反对和支持的用户观点进行比对，还往往会提到“每个人都可以有不同的看法”，需要“质疑和民主”的精神，但该类微博很直白地就透露出发微博者的个人看法——“没有选边站”，对国人在该话题上也提出了自身的看法，希望大家要有质疑和民主的精神，这类微博在微博用户的中立性话语生产中少有存在。类似于以上这位微博用户关于转基因看法的还有以下这位（见图10）。

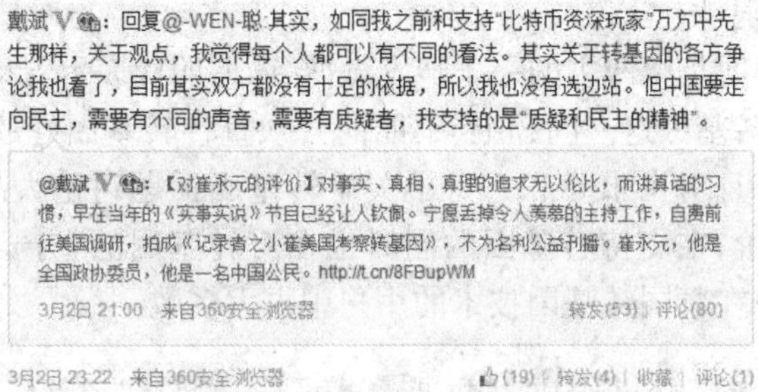
戴斌：回复@-WEN-聪:其实，如同我之前和支持“比特币资深玩家”万方中先生那样，关于观点，我觉得每个人都可以有不同的看法。其实关于转基因的各方争论我也看了，目前其实双方都没有十足的依据，所以我也没有选边站。但中国要走向民主，需要有不同的声音，需要有质疑者，我支持的是“质疑和民主的精神”。

@戴斌：【对崔永元的评价】对事实、真相、真理的追求无以伦比，而讲真话的习惯，早在当年的《实事实说》节目已经让人钦佩。宁愿丢掉令人羡慕的主持工作，自费前往美国调研，拍成《记录者之小崔美国考察转基因》，不为名利公益刊播。崔永元，他是全国政协委员，他是一名中国公民。http://t.cn/8FBupWM

3月2日 21:00 来自360安全浏览器 转发(53) | 评论(80)

3月2日 23:22 来自360安全浏览器 (19) | 转发(4) | 收藏 | 评论(1)

图9 理智表达型(一)

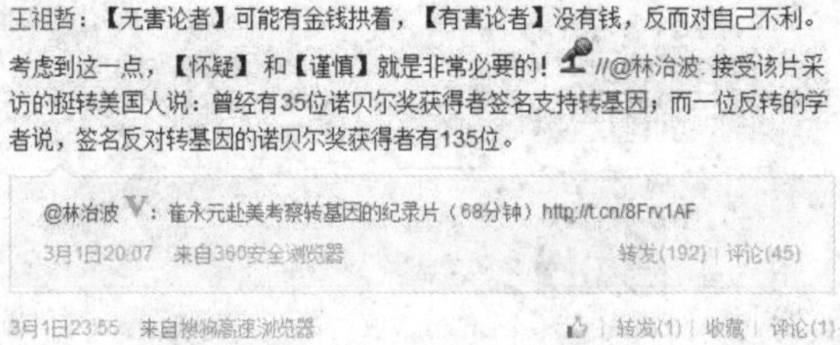
王祖哲：【无害论者】可能有金钱拱着，【有害论者】没有钱，反而对自己不利。考虑到这一点，【怀疑】和【谨慎】就是非常必要的！//@林治波:接受该片采访的挺转美国人说：曾经有35位诺贝尔奖获得者签名支持转基因；而一位反转的学者说，签名反对转基因的诺贝尔奖获得者有135位。

@林治波：崔永元赴美考察转基因的纪录片（68分钟）http://t.cn/8Frv1AF

3月1日20:07 来自360安全浏览器 转发(192) | 评论(45)

3月1日23:55 来自搜狗高速浏览器 | 转发(1) | 收藏 | 评论(1)

图10 理智表达型(二)

2. 平衡反思型

如图11中该类微博是对转基因话题讨论现状的反思，认为现今网络上对转基因话题的讨论处于一个较为混乱的水平，并提到了现今讨论陷入迷途的一个非常关键的因素——民众缺少科学知识，并提出对民众进行科学话题的科普的意见。这类微博没有说明自身是支持还是反对转基因食品的生产，但是却对转基因的讨论进行了反思，还提出了自身的具有建设性意见。

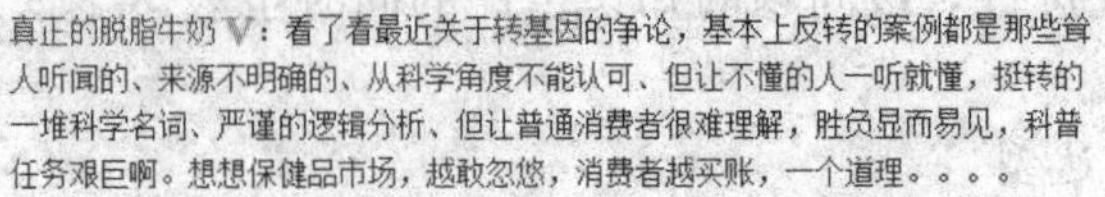
真正的脱脂牛奶 V：看了看最近关于转基因的争论，基本上反转的案例都是那些耸人听闻的、来源不明确的、从科学角度不能认可、但让不懂的人一听就懂，挺转的一堆科学名词、严谨的逻辑分析、但让普通消费者很难理解，胜负显而易见，科普任务艰巨啊。想想保健品市场，越敢忽悠，消费者越买账，一个道理。。。。

图 11　平衡反思型

(三)支持倾向

从前文进行的对微博用户在转基因话题情感倾向上的统计分析得出，在是否支持转基因食品这一话题上，持支持态度的用户最少，统计的 385 个样本当中只有 16 名用户对该问题持明确支持态度，但就收集到的数据来看，在支持转基因话题的讨论中的微博也可以分为以下几类。

1. 批判支持型

图 12 中微博是微博主的一条转发微博，微博明确表示支持转基因，也同时提出在对待转基因这一问题上，不能向公众宣传转基因好的一面，刻意隐藏不理证据，并且对崔永元和方舟子关于转基因话题讨论大战中方舟子的行径进行了评价，在支持转基因的同时也在对转基因的宣扬者进行理智的批判，该类用户在赞同转基因技术的用户中占大多数。

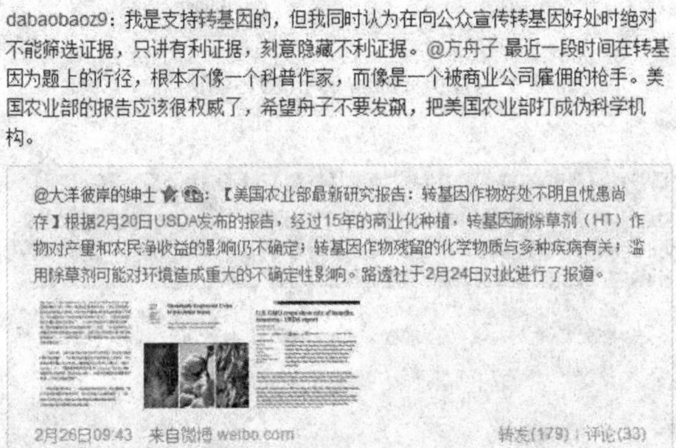
dabaobaoz9：我是支持转基因的，但我同时认为在向公众宣传转基因好处时绝对不能筛选证据，只讲有利证据，刻意隐藏不利证据。@方舟子 最近一段时间在转基因为题上的行径，根本不像一个科普作家，而像是一个被商业公司雇佣的枪手。美国农业部的报告应该很权威了，希望舟子不要发飙，把美国农业部打成伪科学机构。

@大洋彼岸的绅士：【美国农业部最新研究报告：转基因作物好处不明且忧患尚存】根据2月20日USDA发布的报告，经过15年的商业化种植，转基因耐除草剂（HT）作物对产量和农民净收益的影响仍不确定；转基因作物残留的化学物质与多种疾病有关；滥用除草剂可能对环境造成重大的不确定性影响。路透社于2月24日对此进行了报道。

2月26日09:43　来自微博 weibo.com　　转发(179) | 评论(33)

图 12　批判支持型

2. 直抒胸臆型

图 13 中该微博用户对转基因持鲜明的强烈支持态度，用似乎略微偏激的话语直抒胸臆表达自身对转基因食品的支持态度，该类用户虽存在但所占数量较少。

以上便是研究者通过收集数据时对微博内容进行的观察与分析而得来的结果，可以看出，三种态度在微博用户的内容生产上各有各的特点。

3. 在转基因话题的讨论中，进行知识生产的不同类型的微博用户及其

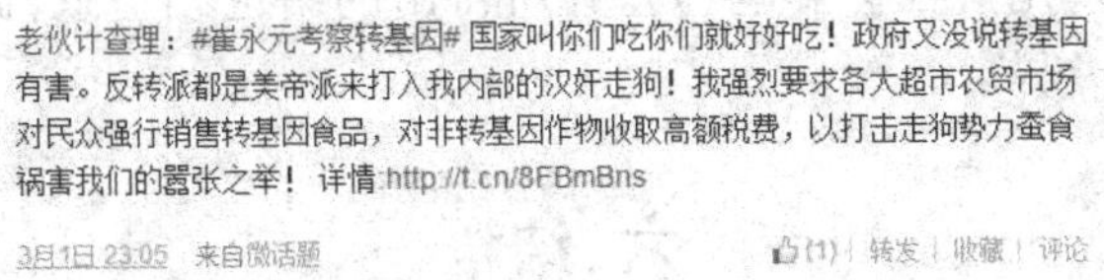
老伙计查理：#崔永元考察转基因# 国家叫你们吃你们就好好吃！政府又没说转基因有害。反转派都是美帝派来打入我内部的汉奸走狗！我强烈要求各大超市农贸市场对民众强行销售转基因食品，对非转基因作物收取高额税费，以打击走狗势力蚕食祸害我们的嚣张之举！详情:http://t.cn/8FBmBns

3月1日 23:05　来自微话题　　赞(1) | 转发 | 收藏 | 评论

图 13　直抒胸臆型

所生产的微博的影响力又是怎样？

在前述的文章当中，研究者已有说明，对于微博用户影响力的评判标准在此研究中主要是通过微博的转发与评论数量来体现，故研究者通过对微博的评论数量、转发数量与微博用户特征、用户背景、微博其他特征的线性回归分析来分析微博用户在该事件讨论中的影响力差异。

表 12　线性回归分析

	被转发次数　Sig.	被评论次数　Sig.
（常量）	.391	.583
性别	.883	.065
认证状态	.000 *	.015 *
地理区域	.330	.019 *
是否原创	.565	.407
转发类型	.277	.014 *
微博来源	.260	.214
知识类型	.033 *	.184
情感倾向	.377	.297
媒体形式	.313	.200
发布管道	.416	.376
		* P<0.05

根据表 12 能够看出，获得认证的用户比未获得认证的用户在微博转发量和微博评论次数上都具有明显优势，在这两方面都更具影响力，在转发次数上尤为明显。就转基因话题的讨论上，微博用户生产的事实知识要比观念知识的转发量高，经济发达地区的微博用户也比经济欠发达地区用户的微博评论次数高，带评论转发他人用户微博的被评论次数要比不带评论直接转发的被评论次数高。研究结果显示的与上文对微博特征的描述性统计

分析时分析微博用户社会影响力差异所得出的结论相一致，微博用户的社会影响力有所差异。

六、结语

本文试图通过对新浪微博用户在微博中所进行的微博生产即知识生产来体现知识沟对知识生产的影响，进而说明微博用户在争议性科学话题上存在的知识生产沟，这一研究较以往通过调查问卷直接探究大众存在知识沟的最大不同是本研究通过对网民具体的知识生产以及量化分析来体现不同群体之间存在的知识沟与知识生产沟，将知识沟理论拓展到知识生产中。

在争议性科学话题的网民讨论上，研究发现知识沟会直接反映在网民的知识生产中，这一点首先在会对该话题保持关注的微博用户的群体特征上就有所差异，参与该话题讨论的主要是男性以及经济发达地域的用户，且参与该讨论话题的具有较高学历的用户也主要集中在经济发达地区。男性参与讨论较多与我们传统观念中男性在社会中占据统治地位相一致，是社会当中的主导群体、强势群体，他们也往往更能够发表个人看法和观点。而经济发达地区用户参与讨论更多则更能够说明社会经济环境与政治经济地位对个人知识获取与知识表达的影响，这也与我们普遍认为的社会经济地位较高的人更关心公共事务观念相一致。虽然非认证用户在该话题讨论中所占的比重很少，但就整个微博用户中认证用户所占的比例来说此问题中的比例非常高，而认证状态本身就是社会政治经济地位高的一个极具代表性的标志。

而通过对微博用户以什么样的方式进行知识生产所进行的研究则更能说明强势群体在社会上所发挥的主导地位。研究发现男性喜欢进行微博原创且更喜欢发布事实知识，而女性则更喜欢转发他人微博、发布观念知识，认证用户相比于非认证用户会发布更多的原创微博和事实知识。从社会发展历史来看，社会阶层群体中，男性通常被称为“三高”，受过良好的教育、拥有高的收入、拥有更高的社会经济地位，这也意味着他们具有更高的知识水平，更强的创新能力，而在微博的原创和转发过程中，原创性的微博对微博用户的要求较高，往往需要更强的知识生产水平。而发布事实知识需要有事件进展的提供渠道以及对该事件全面客观的认识，从该事件发生起就对该事件保持关注，了解事件的来龙去脉，故男性和认证用户因为在社会资源和个人水平上的优势，往往更具有发布事实知识的能力，拥有更广的信息来源渠道和更强的信息收集能力，而发布观念知识则对用户的要求较低，女性和非认证用户在此方面与男性和认证用户的差异也就完全突显。此外，男性对该话题的情感倾向也较为冷静，研究发现男性对转基因这一话题多持中立态度，而女性和欠发达地区用户对问题多持反对态度，这也从侧面说明男性用户在对待问题和争议上往往较为冷静，且拥有自己的思考，不随意偏向于哪一方，这一点在对微博用户的倾向性进行话语分析的时候也有所体现，他们的知识储备、冷静思考、从长远考虑以及顾全大局的逻辑思维方式都能够在微博的具体叙事文字和语言当中体现，擅于用证据说话、用事实举例子、用旨在解决问题的思维发表看法是他们的整体特征。因此从以上层面上来说，本研究证明了微博用户在进行微博的知识生产中的确存在知识生产沟，男性和认证用户具有更强的知识生产力和知识生产水平，女性和非认证用户则相对较弱。

最后，在微博用户的影响力水平差异上，微博用户生产的事实知识要比观念知识的转发量高，经济发达地区的微博用户比经济欠发达地区用户的微博评论次数高，带评论转发他人用户微博的被评论次数要比不带评论直接转发的被评论次数高，获得认证的用户比未获得认证的用户在微博转发量和微博评论次数上都具有明显优势，这能证明不同类型的微博用户在知识生产力影响上也有强有弱，从研究结果可以看出强势群体越发在影响力上有优势，经济发达地区与获得认证的用户具有更强大的知识生产影响力。以上发现皆印证了前人所提出的“知沟”假说。

参考文献：

[1] 刘丽芳．微博客的传播特征与传播效果研究[D]．杭州：浙江大学，2010.

[2] 王陶然．试论传媒经济中的注意力经济和影响力经济[J]．经济师，2009(2).

[3] 郭文婧．微博参与公共事务需积极引导[J]．资源与人居环境，2011，3.

[4] 谭栩飞．微博的力量[J]．南方传媒研究：微博时代，2011.

[5] 丁未．西方“知沟假设”理论评析[J]．同济大学学报(社会科学版)，2003，14(2).

[6] 杨晓茹．传播学视域中的微博研究[J]．当代传播，2010(2).

[7] 杜骏飞．中国网络传播研究[M]．杭州：浙江大学出版社，2009.

[8] 邵培仁．传播学(修订版)[M]．北京：高等教育出版社，2007.

[9] [加] 麦克卢汉，秦格龙．麦克卢汉精粹[M]．何道宽，译．南京：

南京大学出版社,2000.

[10] 彭兰．网络传播概论[M]．北京：中国人民大学出版社,2000.

[11] [美] 谢尔以色列,任文科．微博力[M]．北京：中国人民大学出版社,2010.

[12] 韦路,张明新．第三道数字鸿沟：互联网上的知识沟[J]．新闻与传播研究,2006(4).

[13] 韦路．从知识获取沟到知识生产沟：美国博客空间中的知识霸权[J]．传播与网络,2009.

[14] 管华骥．微博客的新闻应用研究[D]．合肥：中国科学技术大学,2010.

[15] 徐雪高,李靖．知沟假设理论研究综述[J]．江汉论坛,2010(5).

[16] Ettema J S, Kline F G. Deficits, Differences, and Ceilings: Contingent Conditions for Understanding the Knowledge Gap [J]. Communication Research, 1977,4(2).

[17] 价值中国．微博客的魔力(Twitter 史)[EB/OL]. http://www.chinavalue.net/book serialiseookshow.aspx? BookD=691&ArticleID=13295.

[18] Microblogging [EB/OL]. http://en.wikipedia.org/wiki/Microblogging.

[19] 汪向阳．论当代知识生产力的新发展[J]．西北大学学报(哲学社会科学版), 2001(3).

[20] 孙向军．知识生产力：一种新形态的生产力——对当代生产力变革的哲学考察[J]．天津社会科学,2004(5).

[21] 荣建华．中国媒介素养教育论[M]．北京：中国社会科学出版社,2011.

官方新媒体中的“心灵鸡汤”：正能量话语构建的一种可能

——以《人民日报》微信公众号“夜读”栏目为例

（赵振明　安徽大学）

摘　要：新媒体环境下，作为具有价值引导使命的官方媒体，需要一种新的形式来进行，采用何种方式，或许将那些自媒体人所生产的“心灵鸡汤”作为推送的内容就是一种价值引导的延续、一种正能量话语的构建。这种在移动互联网上容易带来流量的文章类型，对于官方媒体或许有着更为深刻的意义，而通过对于《人民日报》微信公众号“夜读”栏目具体考察，笔者发现“心灵鸡汤”这一类型的正能量文章在“夜读”中有着特定的人群指向，年轻人是这一栏目所要影响的首要对象，而从当下更大的社会环境当中也可以反观为何官方新媒体如此重视对于青年人的价值引导。

关键词：官方媒体；正能量话语；价值引导；《人民日报》微信公众号

转型期的中国，官方也把这次转型称之为深化改革，从经济到政治、文化等各个层面都在进行之中。官方媒体也不例外，媒体的转型，特别是党媒的转型对于国家而言意义重大，因为它不仅要在转型中取得经济效益，还要兼顾社会效益，在新媒体环境下传递正能量，引导价值走向。

一、正能量话语在官方新媒体中构建的背景

（一）正能量话语在官方媒体叙事中的历史使命

新媒体环境下，传统媒体为了自身的生存与发展，纷纷谋求转型，从创

办网站到开通微博，从开发新闻客户端到运营微信公众号，由互联网到移动互联网，依托于网络的传播方式深刻地改变了传媒行业新闻生产的业态。作为官方媒体，虽然享有诸多的政府补贴和政策优势，依然和其他媒体一样进行转型和改革。中国的官方媒体体系完备，除了进行常规的新闻报道之外，它还兼具着宣传社会主流价值观和国家大政方针的特殊使命与政治任务。作为国家的重量级媒体，《人民日报》等其他各级地方官方媒体肩负着政治宣传的使命。《人民日报》可以依然按部就班地进行新闻报道，《新闻联播》也可以原封不动地进行新闻播报，但这些固化的形式并不适合新媒体环境下的新闻报道，尤其是在宣传主流价值观方面，需要新的形式来完成。

传统上，官方媒体那种在主流价值宣传中所采用的宏大叙事，以小见大，喜欢拔高和升华的写作形式，已经不足以获得已经拥有接收和理解网络内容能力群众的青睐。因此，对于官方媒体而言需要作出改变来应对这一变化，延续自己的政治使命。

（二）市场竞争和价值导向境地中的使命延续

中共历来重视宣传工作，作为其重要载体的党媒被赋予诸多职能。它是凝聚社会共识的旗帜，是社会主义意识形态的重要阵地，是与人民群众紧密联系最重要的桥梁。然而进入新时期，新媒体的横空出世给党媒带来了严峻的挑战，在复杂的传播生态和价值多元化环境中，[1]一些党媒做出积极的应变，顺应互联网发展的趋势，运用互联网思维，在新媒体当中获得了新的生命力和影响力。

“十八大”后，“中国梦”的概念和社会主义核心价值观被相继提出。“中国梦”作为新一代中央领导集体对正能量话语的凸显背后的主流价值体系的第一个重大政治表态，被上升到国家政治战略的高度。与“中国梦”和社会主义核心价值观相对应的，正能量成为一套软性的凸显执政党主流价值体系的话语，为官方和民间共同使用。正能量不仅被衍生为一种主流政治文化，它同时还被赋予了一层情感色彩，在亲民化的软性包装下，官方话语实现了民间表达。由国家语言资源监测与研究中心、商务印书馆等主办的“汉语盘点 2013”中，“正能量”一词当选 2013 年度国内字词。[2]在各种社会矛盾频发的转型期，正能量话语或是在舆论场中被官方媒体高频度地用作宣传策略，或是在议程设置中作为解决社会矛盾的价值引导。在这样的社会背景下，将正能量话语体系融入官方媒体价值导向的传播之中，打造全新的政治话语传播方式，这也是当下官方主流媒体应对新媒体快速发展和市场竞争的一条创新之路。

二、正能量话语在官方新媒体中的构建

(一)正能量与心灵鸡汤

"正能量"本是一个物理学名词,出自英国物理学家狄拉克的量子电动力学理论。"正能量"一词的流行源于英国心理学家理查德·怀斯曼的专著《正能量》。在《正能量》一书中,理查德·怀斯曼对"正能量"的定义是:"一切予人向上和希望、促使人不断追求、让生活变得圆满幸福的动力和感情。"[3]简而言之,在他看来,正能量就是一种积极向上的意念力,是一种朝气蓬勃的生活态度。这一由物理领域生化而出的词汇不仅受到民间的广泛使用,对于官方媒体而言,也成为高频使用的词汇。特别是官方媒体在微信、微博这样的公共媒体与社交媒体当中更是不遗余力地使用,因为传统的宏大的那些宣传词汇易引起网民的反感,高频使用,产生的反而是逆向效果。正能量这一词汇则很好地解决了这种硬性传播词汇的尴尬问题。

微信高度融合的媒介形态、人性化的使用体验,已经成为人们社会交往、信息获取的重要平台。WPP 旗下调研公司凯度最新发布的 2016 年《中国社交媒体影响报告》显示,在微信平台上,心灵鸡汤文章变得更受欢迎。社交媒介的心灵鸡汤,是指那些"充满知识、智慧和感情的话语,柔软、温暖,充满正能量,既可以怡情、作阅读快餐,亦可移情,挫折、抑郁时,疗效直逼'打鸡血'"[4]。而心灵鸡汤这一类型文章的出现也有其历史渊源,和另一种新闻报道方式——深度报道一样,是转型期的产物。美国《读者文摘》诞生的 20 世纪 20 年代,正是经济危机大萧条时期,人们需要温情的、励志故事安慰自己的心灵。而"心灵鸡汤"型文章 80 年代之所以能在我国兴起,是因为"文革"刚刚结束,人们干渴已久的精神世界需要文学的滋养,而当时,说理的文章尚未摆脱"大批判腔"的生硬;小说散文则几乎都在舔舐"文革"的伤痕(后来被冠名"伤痕文学")。[5]现在所处的时期也是转型阶段,在这一阶段经济发展势头下滑,就业市场不景气,对于许多年轻人来讲正处在他们人生中的艰难时刻,需要那些温暖的话语来慰藉。

从正能量与心灵鸡汤的意涵来看,它们有着许多相通之处,都是引导人朝积极向上的方面行进。所不同的是一个作为一种政治传播的需要,是一种社会的常态;另一个是有着特殊的诞生背景,有着特定的传播目的,但是当社会发展面临转型时刻之时,将那种有着特殊目的的话语运用到有着官方背景的新媒体当中时,便有了新的意味。

所谓的正能量话语，在本文中即指“鸡汤文”与官方媒体这一特殊的媒体类型相结合，所产生的意义从单纯的个人层面的积极话语表达到国家层面的有意识的价值引导，从而被特定人群吸收、传递的过程(见图1)。正能量话语在官方新媒体中的指涉范围极广，它强调积极向上的精神和情感，弘扬励志奋斗、健康乐观的人生态度和目标，契合高尚的社会道德和伦理法则，总体来说就是追求、赞扬真善美的情感取向和态度行动的总和。

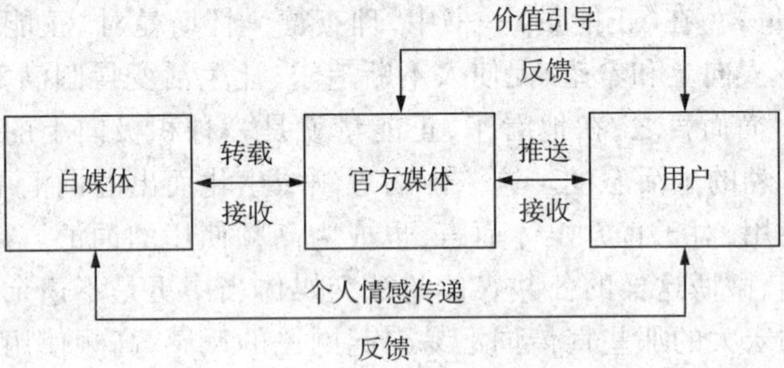

图1　正能量话语传导图表

(二)话语与政治性

从《人民日报》微信公众号“夜读”栏目的实践来看，它是有着特定的人群指向的，这一人群泛指年轻人，再具体点是那些刚踏入社会的大学生们。这是一个庞大的年轻人群体，对他们而言，走出校门，需要有新的价值引导工具来接续。而官方新媒体则不失时机地在填补这一空白，从《人民日报》主办的杂志《人民论坛》在今年上半年的连续几篇文章标题，如《核心价值观培育如何向新媒体“借力”》《利用新媒体加强大学生社会主义核心价值观教育》《核心价值观传播要善用新媒体》，我们也可以看出官方媒体对于大学生价值引导方面的重视。这种价值观的引导透漏出的是政治性，它把官方所欲表达的思想寓于那些具有正能量意味的“鸡汤文”之中，从而构成了一种新的话语表达方式。

话语既是一种表现形式，也是一个行为形式，以这种形式，人们有可能对这个世界产生作用，特别是与这个世界彼此产生作用。话语实践在传统方式和创造性方式两方面都是建构性的：它有助于再造社会本身(社会身份、社会关系、知识体系和信仰体系)，它也有助于改变社会。作为一种政治实践的话语，不仅仅是权力斗争的场所，而且也是权力斗争的一个至关重要的方面：话语实践利用了那些孕育了特殊的权力关系和意识形态的习俗，而这些习俗本身及它们得到表达的方式是斗争的焦点。[6]

三、案例分析：官方新媒体正能量话语叙事研究

2013年6月《人民日报》微信公众号上线，以“参与、沟通、记录时代”为口号，在积极宣传中央重大决定部署、及时传播国内外新闻信息方面注入新的元素。“夜读”这一栏是属于“心灵鸡汤”性质的，它里面总是充斥着鼓舞、激励、教诲，总是以一种阳光的姿态把人朝正能量的方向引领。像《对自己有要求的人，运气都不会太差》《做一个冷清的人，过一个热闹的人生》这样的标题中，我们很难想象这样常态化地出现在《人民日报》的版面中，但在纸质版上的例外已经变成了其微信公众号上的一种常态。

本文所选取的文本时间跨度为2015年9月3日至2016年9月18日，在此区间进行抽样，间隔为5天，共抽取文章70篇。（详见附录）

（一）叙事的时间维度

“夜读”栏目在《人民日报》微信公众号当中属于一个固定的栏目，它的推送时刻是一天当中最晚的，推送时间介于晚上22:00至23:30。选择这一时间进行内容传递，符合现代年轻人的作息习惯，也能更为年轻人静心阅读，工作或忙碌了一天，这个时间段是人们相对清闲安静的时刻，对于年轻人来讲，在一天的烦心与浮躁之后，需要一些温暖的东西进行慰藉，而那些“鸡汤类”的文章恰能起到一些这样的作用。

（二）栏目内容围绕个体价值层面

正如前文所述，《人民日报》微信公众号所进行的正能量话语的构建是围绕着个人层面的，无论是内容的来源，还是目标用户，都是个体化的。

1. 作为源头的自媒体

《人民日报》微信公众号相对于自媒体而言，其内容原创度并不高，而其中的“夜读”栏目更是如此，在所抽取的所有文章中，其出处均是其他自媒体或者一些青春励志书籍。这些温暖的话语由那些自媒体人转向官方媒体，再进行传播时流露着一种前辈谆谆教诲的味道。

费尔克拉夫把话语分析方法分为两种类型，即“非批判”的方法和“批判”的方法，这样一种区分不是绝对的。批判的方法之不同于非批判的方法的地方，不仅在于描绘了话语的实践，而且在于解释了话语如何由权力与意识形态的关系所构成，揭示了话语对于社会身份、社会关系以及知识和信仰体系的建构作用。[7]对于非批判性的话语分析而言主要是指谈话分析，谈话分析是这样一种话语分析的方法：它是由一群自称为“民族方法学者”的社会学家发展起来的。民族方法学是社会学的一种解释方法，它侧重于作为

一种熟练技能的日常生活，侧重于人们用来“生产”它的方法。民族方法学者往往避免一般理论，避免诸如关于阶级、权力或意识形态等概念的使用和讨论，这些概念是主流社会学所关注的问题。[8]避免概念的使用本身并不代表能回避问题的出现，就话语自身而言，它天然地有着权力的结构，放诸政治环境之中，它就不可避免地沾上政治权力的气息。《人民日报》微信公众号引用诸多自媒体人所生产的内容，本身也并不对阶级、权力或意识形态等进行的讨论，因为所有的自媒体人并不是以此为目的，他们所要表达的是个人情感。当这种情感转移到具有政治意味上的媒体时，原来的个人情感上的表达转变成了一种价值理念的引导。虽然那些政治性的概念没有显现，但是政治性的意图可以从中显而易见地表达出来。

2. 作用的对象是个体

社会主义核心价值观分为三个层面，即国家、社会和个人。个人即个体。网络社会的用户更为独立，不像《人民日报》的那些读者们是集中于一个圈层中，是集体性的。所以在考虑到不同媒体的特性对于受众的接收情况时，“夜读”栏目充分践行了党的群众路线，跟随群众的脚步移动上网，按照有些群众的需求推出他们喜闻乐见的内容。社会主义核心价值观虽然分为不同层面的内容，但它所体现的是正能量的东西，官方新媒体并没有大张旗鼓地对那 24 个字进行连篇累牍的介绍，而是从另一个角度出发，从组成网络社会的个体出发进行历史使命的传播，而且是针对网民群体中最有活力与朝气，也最容易而且有的正经历着磨难的年轻人进行正能量的传播。

从统计的情况来看，对于个体着力强调可以从选取文章标题一些词频的出现看出，如“你”“我”“我们”“自己”“年轻人”等。在这些词汇中，出现频率最高的是“你”，其次是“自己”，这些都显露出作为官方媒体其想把对于年轻用户的正向鼓舞充分表达（见表 1）。

表 1 个体化表达词汇频数统计表

词汇	频数
你	30
我	4
我们	4
自己	10
年轻人	5

对于个体的价值引导具体体现在那些文章的内容当中，那些标题中就包含着价值的判断与取向，从统计情况来看，诸如"是""不""有"等带有强烈判断意味的语词出现频率很高（见表2）。

表2　价值判断词汇频数统计表

词汇	频数
为什么	5
不	34
是	28
有	19
才	6

直观地来看，"夜读"表达的似乎只是对于个体层面的价值导向，只是对于青年群体的正能量传递，但是从社会发展的动态来看，那数量庞大的个体所汇聚的力量足以影响整个社会，并且年轻人作为未来的希望，足以影响整个国家的前途。

四、总结与反思

社会的话语建构并不是来自人们头脑中思想的自由飞舞，而是来自社会实践，后者牢牢地植根于并定向于真实的物质的社会结构。[9]而这种真实的物质结构，它正在无时无刻地影响着现代人的生活，那就是新媒体技术，还有那些依托于技术的诸多应用。处于这一环境中的人们正在发生信息接收观念上的改变，其中包括对于社会主流价值的吸收方式。而作为具有传递社会正能量天然使命的官方媒体而言，也在应对这一变化，过于温情而显得有些滥情的"鸡汤文"或许换一种平台所起到的是另外一种社会效益。而当这种类型的文章为官方媒体持续的发布，并且在这一类型的媒体中被广泛采纳时，或许一种正能量话语的构建方式正在形成，并且这种方式是聚沙成塔，集腋成裘，具有前瞻性的，它也是一种从个体到更高层面的价值导向。

本文只是基于"夜读"栏目一些不成熟的思考，希望这些思考能给其他研究者一些有益的启示。本文的研究也存在诸多不足之处，缺少对于微信运营后台深入的采访，没有对选取文本作出更为细致的分析，有很多的内容只是凭借想象。

参考文献:

[1] 刘晨. 新时期党媒话语体系的构建[D]. 武汉:湖北省社会科学院,2016:9.

[2] 刘娜,常宁. 正能量话语在真人秀节目中的构建和呈现——以《了不起的挑战》为例[J]. 新闻大学,2016(04):61.

[3] [英]理查德·怀斯曼. 正能量[M]. 李磊,译. 长沙:湖南文艺出版社,2012:13.

[4] 吴一夫. 移动社交媒介正面信息传播分析——以微信上心灵鸡汤更受欢迎为例[J]. 新闻传播,2016(03):100.

[5] 房向东,尚昱. 鸡汤还是鸡精汤?[J]. 编辑之友,2010(10):126.

[6][7][8][9] [英]诺曼·费尔克拉夫,殷晓蓉. 话语与社会变迁[M]. 北京:华夏出版社,2003:59-60,61,14.

附录:"夜读"栏目抽取文章

序号	日期	标题	来源
1	9.18	对不起,你的运气可能真不太好	树獭先生(ID:shutaxiansheng)
2	9.13	总有一天,你会不再担忧的	卢思浩(ID:KveinLu_)
3	9.8	我们都是和自己赛跑的人	不畏将来不念过去(ID:shier1213)
4	9.3	对自己有要求的人,运气都不会太差	Ms米格格(ID:Ms_migege)
5	8.29	大学,是一场最精彩的变形计	摘自:《你的坚持,终将美好》
6	8.24	就算是"笨鸟",也有属于自己的天空	吻火(ID:wen-huo)
7	8.19	为什么明知运动有益,你还是起不了床	简书(ID:Apple1990-kun)
8	8.14	什么样的生活,才是真正的富足	清唱(ID:qingchangaixiaoyang)
9	8.9	去爱一个积极的人	请尊重一个姑娘的努力(ID:neversaynever30)

（续表）

序号	日期	标题	来源
10	8.4	为什么听过很多道理，却依然过不好这一生	好姑娘（ID：moixiaogui）
11	7.30	熬过那些貌似无趣的时光	苏心（ID：suxin98498）
12	7.25	会“遗传”的幸运基因	桌子的生活观（ID：zzd-shg）
13	7.20	你必须非常努力，才能看起来毫不费力	大大的世界和小小的人儿（ID：dearqingyue）
14	7.15	做一个冷清的人，过一个热闹的人生	Bookdreamer（ID：book-dreamer）
15	7.10	愿你的心里，有一张安静的书桌	清唱（ID：qingchangaixi-aoyang）
16	7.5	不就是自卑嘛，不叫事儿	八命先生（ID：baguniang2015）
17	6.30	年轻人哪，不能太舒服了	徐嗖（ID：xuso003）
18	6.25	年轻人，没事不要老躺着	好姑娘光芒万丈（ID：goodgoodgirls）
19	6.20	你才是自己的贵人	苏心（ID：suxin98498）
20	6.15	不靠谱和很安稳	卢思浩（ID：KveinLu_）
21	6.10	你那么年轻，还不懂努力奋斗的意义	选自新书《你那么年轻，还不懂努力奋斗的意义》
22	6.5	学会爱自己，是永远不会错的事	小木头の如是生活（ID：ilove_xiaomutou）
23	5.31	当下没过好，未来又怎么会好？	一些情一些事（ID：yix-ieqingyixieshi1）
24	5.26	朝九晚五，还是浪迹天涯？	摘自李尚龙新书《你所谓的稳定，不过是浪费生命》
25	5.21	谁的人生不迷茫？	简书 APP
26	5.16	别错把平台当成你的本事	入江之鲸（ID：rujiangzhijing001）

（续表）

序号	日期	标题	来源
27	5.11	真正重要的从来不只是努力	媌世界（ID：Miaos-world）
28	5.6	每个人都应该有自己的一套生活智慧	MU 事务所（ID：mushi-wusuo）
29	5.1	最牛的旅行，是把每一天都过得有滋有味	璃语（ID：crystal _ words）
30	4.26	杨洋：人生需要你以热爱相待	人民日报微信（ID：rmr-bwx）
31	4.21	我们成不了优秀的别人，却可以做更好的自己	灵魂有香气的女子（ID：lixiaoyilhyxqdnz）
32	4.16	生活的高手，从来不会让情绪控制自己	选自《你所谓的稳定，不过是在浪费生命》
33	4.11	跨不过去是苟且，跨过去了是远方	尹惟楚（ID：yinwei chu0707）
34	4.6	这世上，从来没有一无所获的付出	本文摘自《愿所有美好如期而至》
35	4.1	给过去一些原谅，给未来少点妥协	本文节选自《你那么年轻，还不懂努力奋斗的意义》
36	3.27	远方未必不苟且，眼前谁说不是诗？	徐嗖（ID：xuso003）
37	3.22	年轻人，优秀才是你的发言权	请尊重一个姑娘的努力（ID：neversaynever 30）
38	3.17	愿你有愿赌服输的孤胆，也有重新开始的决断	安乔（ID：anqiaolily）
39	3.12	与其抱怨，不如改变	莫主编（ID：mozhubian）
40	3.7	无路可走时，你才能更快学会飞	MU 事务所（ID：mushi-wusuo）
41	3.2	你愿不愿意从头再来？	大大的世界和小小的人儿（ID：dearqingyue）

（续表）

序号	日期	标题	来源
42	2.25	假如命运亏待了你	ONE 文艺生活（ID：one_hanhan）
43	2.20	如果想做一件事，先别忙着发朋友圈	深度（ID：eyes_inSight）
44	2.15	你输在总是选容易走的路	清唱（ID：qingchangaixiaoyang）
45	2.10	二十岁，你是不是也曾站在人潮中战战兢兢	秋小愚（ID：happyxiekehui）
46	2.5	意气风发的你，是回家最好的礼物	富兰克林读书俱乐部（ID：FranklinReadingClub）
47	1.31	远离那些“不聪明且勤奋的人”	孤独的人不睡觉（ID：awuya1990）
48	1.26	总之你要变大变强壮	ONE 文艺生活（one_hanhan）
49	1.21	那些艰难的日子，终究会离你而去	核桃林（ID：hetaolin2005）
50	1.16	你努力生活，不是为了给谁看	秋小愚（ID：happyxiekehui）
51	1.11	只有经历了生活，才有资格岁月静好	十年后（ID：tenyearsme）
52	1.6	愿你的生活，既有软肋又有盔甲	李月亮（ID：bymooneye）
53	1.1	为什么很多人的新年梦想只是梦想	摘自《你只是看起来很努力》
54	12.27	忙起来多好，因为闲下来更累	龙影部落（ID：lslmoviegoers）
55	12.22	一个人为什么要努力？	微信元夕槿（ID：ixijin）
56	12.17	我们拿什么对抗平淡的生活	大大的世界和小小的人儿（ID：dearqingyue）
57	12.12	我始终相信努力奋斗的意义	简书

（续表）

序号	日期	标题	来源
58	12.7	世界不曾亏欠每一个努力的人	韦娜
59	12.2	致每一个害怕未来的你	简书,有删改,作者:大白兔奶精
60	11.27	你所等的那个“合适时机”永远都不会来	摘自《你只是还未全力以赴》
61	11.22	李健:迷茫时,就去寻找生活的乐趣	演讲:李健
62	11.17	我们是不是真的不如别人	大大的世界和小小的人儿(ID:dearqingyue)
63	11.12	留着所有的力气变美好	大大的世界和小小的人儿(ID:dearqingyue)
64	11.7	你还这么年轻,不必活得好像历经沧桑	核桃林(ID:hetaolin2005)
65	11.2	你最漂亮的样子,是对生活温柔	美人的底气(ID:beauties-4)
66	10.28	看不清未来,就把握好现在	摘自《你的孤独,虽败犹荣》
67	10.23	决定成败的,绝对不只是细节	李月亮(ID:bymoon-eye)
68	10,18	再过几年,你会成为怎样的自己	摘自《所有遗憾都是成全》
69	10.13	你为什么总是抵触与排斥?	经典短篇阅读(ID:yuedu365)
70	10.8	比起得过且过,我还是想丰盛热烈地活着	好姑娘光芒万丈(ID:goodgoodgirls)
71	10.3	别到处说你的苦,没人愿意听到负能量	一直特立独行的猫(ID:niubicat)
72	9.28	不要用战术上的忙碌掩盖战略上的懒惰	灼见(ID:penetrating-view)
73	9.23	没有谁比你更爱你自己	核桃林(ID:hetaolin2005)

（续表）

序号	日期	标题	来源
74	9.18	时间给了我一盒巧克力	小木头の如是生活（ID：ilove_xiaomutou）
75	9.13	庆幸的是，我没有抱怨	核桃林（ID：hetaolin2005）
76	9.8	写给岁月的感谢信	六六
77	9.3	被透支的“有空以后”	夏苏末（ID：sumoxiaxia）

新媒体与社会

亲密还是疏离：家庭微信群中的代际交往研究

（施代玲 安徽大学）

摘　要：移动互联时代下，微信等新兴社交媒体的迅猛发展，拓展了人们的交往方式和交往内容，也成为家庭成员之间交往又一平台，不仅仅改变了家庭成员交往的内容和范围，还在一定程度上重塑了家庭成员之间的交往情境和交往关系。本人结合社会现实与自身经历，选取“家庭微信群”这一具有变革式的交往方式进行研究，通过家庭成员建立家庭微信群进行跨时空交往这一传播现象，试图通过参与式观察、深度访谈等方法研究代际沟通交流在移动互联时代发生的变化，探求代际交往关系在家庭微信群中的呈现。

关键词：社交媒体；家庭微信群；代际交往

一、引言

2011 年腾讯公司推出微信以来，其用户数量呈现几何级数式增长。根据企鹅智酷 2016 发布的《微信数据化报告》显示，截至 2015 年底，微信和 WeChat 的合并月活跃账户数已经达到 6.97 亿，超过 9 成微信用户每天都会使用微信。① 微信的广泛使用带来人际传播方式的变革，基于微信平台建立起来的家庭微信群更是丰富了家庭代际关系的交往。

代际关系是一个复杂的概念，有广义和狭义之分。广义的代际关系是就宏观社会而言的，是指社会上因地缘、业缘和其他关系产生的不同代际的

① 企鹅智酷．微信数据化报告［R］．北京，2016.

交往关系；而狭义的代际关系是就家庭内部而言的，指家庭内的因血缘和姻缘产生的交往关系。[①] 本研究主要从微观角度讨论家庭微信群的建立和传播给代际交往所带来的影响。国外学者对代际交往关注时间早，研究历史长，其中玛格丽特·米德的《文化与承诺：一项有关代沟文化的研究》（1970）是最具影响力的著作，她在书中认为代沟是现代社会的必然伴随物，并提出"后喻文化"的概念。美国社会学家和政治学家查尔斯·赖克的《美国的返青》（1970）也是西方关于代际关系研究的经典论著。他认为伴随着社会转型、文化变迁，代沟在日常生活中日益明显。进入20世纪80年代，代际关系开始传入中国，引起了国内学者的关注。1988年，张永杰和程远忠出版了《第四代人》一书，将中国社会人群划分为四代人，这是我国学者较早对代沟现象进行的系统研究。

代际关系是社会学范畴研究的内容，但近十年来，传播学者除了继续关注宏观的大众传播、政治传播等领域之外，也开始把研究的目光转向了代际传播等微观领域。高崇在《新媒体语境下转型社区农村青年的代际交往》（2012）中认为农村青年的代际交往出现了"文化反哺"核心家庭下的代际交往质量受到影响，农村青年的家庭责任意识日益弱化等现象；王植在《微信对代际间共通的意义空间之影响》（2014）中探索了新媒体语境下代际双方对微信的使用情况；朱秀凌在《手机对青少年家庭代际传播时空的重塑》（2015）以吉登斯的"时空分离"为理论框架，剖析了在高度现代性的社会中，青少年的手机使用对于家庭代际传播时空的重塑。自20世纪80年代，代际理论传入我国，我国各个领域的学者从多学科、多视角对代际关系进行了描述与分析研究。本文尝试在当前新兴社交媒体变革人际交往的新媒体语境下，通过家庭成员建立家庭微信群进行跨时空交往这一传播现象，试图通过观察、深度访谈等研究方法展示大学生和父母在代际沟通交流在移动互联时代发生的变化，探求代际交往关系在家庭微信群中的呈现。

二、家族微信群兴起的原因

微信作为一种新型的即时通信工具，为用户提供了更多个性化的通讯方式，不仅可以发送文字、图片、语音、表情包等消息，还可以通过微信发抢红包、发送微信小视频；既可以达到即时通信的功能，又可以在潜移默化中传达自己的情感情绪。微信的出现打破了传统的通信习惯。随着微信用户

---

① 邬沧萍．社会老年学[M]．北京：中国人民大学出版社，1999.

数量的增加，微信群聊也越来越活跃，各种微信群也如雨后春笋，不断地被建立起来用作多人同时“虚拟在场”的交流工具。家庭微信群作为微信群聊的一种，在移动互联时代，对新型代际交往有着重要的意义。

（一）家庭微信群产生的动因

家庭微信群，顾名思义即家庭成员之间建立起来的微信群聊。在家庭成员广泛使用微信的前提下，建立微信群聊更有利于家庭成员之间的沟通。根据中国青年报社会调查中心 2016 年 2 月份的家庭微信群调查，有 81.9% 的受访者都加入了家族群，仅 18.1% 的受访者没有加入。[①] 笔者通过深度访谈和参与式观察进行此项调查研究，采访了 8 位家庭微信群活跃的微信用户，并将其一一编号，在调查过程中笔者发现了家庭微信群产生的动因，以下就从几个深度访谈的案例来看此次调查研究的结果。

1. 传统的亲子交流的局限

家庭微信群的建立最关键的就是方便家庭成员之间的联系，无论传统面对面交往还是利用手机电话、短信等通信方式交往，其交流的形式都是单一的，交往的方式都是线性的，双方在线性的时间内进行语言或文字的对话，采取你问我答的方式。但是电话是一个持续的线性对话过程，在接通电话的那一刻，双方正常的行为明显地被打断，因为沟通被集中到一个时间段里，子女也未必愿意每天用电话来讲述自己的日常。

M1（MAN 男性，编号 1）是笔者的好友，即将毕业打算留在所在学校的城市工作，平均一年回两次家。笔者与其进行面对面的访谈。他说：“和父母家人大多时候都是打电话，但是打电话只能和家人单线联系，而且有些话想说但却说不出口。例如中秋节的时候，我本来打算说很想念他们，结果到了嘴边却变成了‘就这样吧，拜拜’。”

M2（MAN 男性，编号 2）是笔者的邻居，目前在离家 500 公里以外的城市就读，高铁的开通使得回家变得方便，平均两个月回一次家。通过电话采访，他说：“微信群建立之前主要就是打电话，但是打电话往往就是一分钟左右就挂了，因为和爸妈在电话里无话可说，打电话经常就是问吃过了吗、在学校要吃好一点、好好学习之类的话，我就在电话里一味地应着。”

2. 微信群聊的低成本

移动互联的环境下，只要有智能手机并连上网，任何一个微信用户可以随时随地发起群聊并建立新的群。原则上，只要有三人以上的好友就可以结成新的群体并赋予新的群聊空间。微信群的建立十分简易，这种低成本

---

① 中国青年报社会调查中心．数据来源于 http://www.199it.com/archives/441284.html.

的微信群聊打破地缘方面的局限，在“脱域”的情景下面向家庭成员建立的交往群体。

M1（MAN 男性，编号 1）：“微信群是我建立的，已经有两年的时间了。因为建立微信群很简单啊，在群里可以同时和我爸妈兄嫂一起聊天，还不需要电话费特别省事。”

M2（MAN 男性，编号 2）：“我亲姐建的微信群，已经有一年多的时间了。目的是为了家人在一起聊聊天，拉拉家常。再说建群很方便的，我微信里的微信群不下十个。”

M3（MAN 男性，编号 3）就读于省外一所高校，平均一年两次回家机会。笔者通过线上联系，取得了这次的采访。“这个群是 2016 年 2 月建的，到现在已经九个月了。群是我爸爸建的，他学会使用微信之后，就经常用微信联系我。后来就建了一个微信群，把家里的亲戚都拉进这群里，就是为了加强家族里的联系，用微信群的方式更方便一点。而且建立微信群非常的简单，都不需要好友通过验证就可以拉大家进群。”

（二）家族微信群的优势

1. 时空在场：共通的交流空间

家庭微信群建立在微信的平台之下，微信展现的“微时代”生活强调微小、快捷、互动，家庭成员通过共同所在微信群空间随时随地发布聊天内容，保留聊天记录，即使收到信息的一方没有即时打开微信，只要发送成功，就会在接受方打开微信时呈现，微信群的建立将家庭成员共通的时间“凝固”，信息不会随着时间的流逝而消失，时间对于群成员而言并不再是一种作为威胁的存在，家庭成员交流的时间被割裂成无数个“当下”；同时，微信群聊通过将多人拉入群聊，汇聚在一个虚拟的共同社区里发布聊天内容，将传统面对面的交流方式转移到了线上，即使大家散落在不同的地域，不同的时间节点，也会因为这个虚拟社区凝聚在一起，汇聚为现实的“片段”。

家庭微信群不同于家庭成员之间以往电话或日常面对面的交流，这是一种更为宽松和随意的聊天，一方面是可及时沟通，另外一方面又能起到像留言一样的作用，一条一条的语音和文字取代了长篇大论的对话。即使不同辈分、不同年龄的成员在微信群里也能达到暂时“平等”的发言机会，甚至父母等长辈在微信群里的威信相比于现实生活还减弱了几分。

2. 移动家园：随时随地交往

“现代性的一个特点是远距离发生的事件和行为不断影响我们的生活，这种影响正日益加剧。这就是我所说的脱域，即从生活形式内‘抽出’，通过时空重组，并重构其原来的情境。"[①]正如吉登斯所说的，家庭微信群的建立为家庭成员建构了一种可随身携带的移动家园，通过日常生活的互动交流实现了移动场景里个体之间的连接，使家庭成员之间形成了一种新的在场方式，并为其创造了一种全新的"时空共在感"。进入微信群的家庭成员只要在网络环境下，随时随地打开微信群聊，就可以在微信群里发布文字、语音、小视频等消息和家人互动。

在家庭微信群里，寻常的问候语便能发起一段对话，尤其是在相隔两地的情况下，这是家庭成员互相获取信息的一个重要途径。微信群给予互动双方根据自己的意愿来回应的机会，回应时间宽松、内容可长可短，晚辈更容易接受长辈一条信息或者一句语音的零星询问，交流在这个媒介上呈现出碎片化的图景，发送和接收阅读分散在不同的时空中。在这样一种随身携带、随时聊天的微信群里，就算不在共同地域空间的家人仿佛就在身边。

三、"缺场"的"在场"：家庭成员情感的联结

"代际关系作为人际关系的具体内容，指通过建立人们的世系辈分来确定的关系。狭义的代际关系是指由血缘和婚姻形成的家庭内部的辈分关系，广义的代际关系则是指两代人或多代人之间的关系。"[②]代际交往即代际沟通，它将交往双方限定于存在代际关系的人群之中，传者与受者都兼任双重身份，但又并非绝对分化。新的社交媒体环境下，由亲人关系建立起来的家庭微信群，本身的小众化、私密性等特征具有超强的信息黏合度，重新搭建了人际传播的桥梁，家庭微信群为家庭成员之间的代际传播构建了新的平台。《中国青年报》调查显示65.4%的受访者表示增进了家人亲戚之间的感情；49.6%的受访者表示感到更安心了，随时可以了解家人亲戚的喜怒哀乐。其他依次为：仿佛亲人就在身边，工作更有动力了（38.9%），缓解人们在异地他乡的漂泊感（40.5%），经常被长辈询问各种个人问题（20.3%）。[③]

（一）微信语音：倾听你的声音

微信语音是微信的一个基本功能，这一功能吸引很多不会用手机打字的中老年用户。在线用语音交流的方式非常便于发送信息，对于那些不会

① ［英］安东尼·吉登斯. 第三条道路——社会民主主义的复兴［M］. 郑戈，译. 北京：北京大学出版社，2000：169.

② 何金恺，高殿芳. 新编老年百科全书［M］. 北京：中国人事出版社，1993：531.

③ 中国青年报社会调查中心. 数据来源于 http://www.199it.com/archives/441284.html.

拼音和五笔输入法的父母来说，找到了发言的机会。传统的社交工具大多以文字输入为主，其用户主要为中青年人，家庭微信群没有广泛的传播开来。后期为丰富对话内容，社交工具增添了表情、图片等符号，使社交工具更加多媒体化。但是这一文字输入使得人际交往的方式变得书面化，很难从纯文本中直观地体会对方的感情，有时候甚至会误解对方的意思。

微信语音的出现，则又一次使人际传播的手段回归传统面对面的口语交流，将传统社交媒体人际传播的无声文字交流，极大力度地转变成了以声音传播为主的有声语言沟通。与此同时，微信语音还可以转化为文字，这样一来不仅保留了纯本文交流的优势，可持久保留甚至收藏，更是借用声音中的语调、语气和停顿等因子实现信息的传播。和电话相比，微信语音非线性的交往方式在不打断对方生活的前提下，打开微信随时可以倾听，是一种更随意更宽松的交流方式。

M4(MAN男性，编号4)是大三的学生，他的家庭微信群主要是母亲娘家的亲戚，目前群里有11个人。自去年年初建立家庭微信群之后，他一直是群里的活跃成员。“我在群里聊天主要都是打字，可能嫌打字慢吧，我大姨小姨她们都喜欢发语音，而且一发就是一大段，连发好几条。”

M5(MAN男性，编号5)是M2(MAN男性，编号2)的父亲，在“相亲相爱一家人”微信群里是一位长者。“我一般对着群讲话，我不太会打字，都靠手写速度很慢，一条还没发出去，孩子们都发好几条了。”

(二)微信视频：分享眼前的风景

微信小视频是微信6.0版本推出的一个新功能，拍摄6秒的小视频分享至朋友或者朋友圈。微信小视频功能的推出进一步增加了家庭微信群成员交流的亲密感。在微信小视频中，成员将眼前看到的或者亲身参与的事件拍摄下来，即时分享到微信群当中，达到远距离亲身在场的体验，制造家庭成员共同在场的生活幻觉。

费斯克认为“中产阶级趣味和大众趣味的区别，不仅在于前者对距离和绝对性的看重，也在于它缺乏乐趣和某种共同体的感觉，缺乏参与能够带来狂欢和节日的快感，带来自我表现以及团结他人这一表现与体验所促成的快感气氛”①。微信小微视频所带来的狂欢性与日常生活中对快感的寻求有直接的关系，家庭成员在狂欢中增加了认同感，即时微信群里的成员相隔多地，甚至在观念和习惯上都有差异，但亲人拍摄的眼前视频内容满足家庭成

① [美]约翰·费斯克. 理解大众文化[M]. 王晓珏，宋伟杰，译. 北京：中央编译出版社，2006.

员的日常生活体验的需要，模拟了面对面的亲身传播，甚至造就了“亲身”与“在场”情境，营造出“我看到的也就是你看到的”交流氛围。

M5（MAN 男性，编号 5）：“10 月份，我女儿生了个儿子，她第一时间就将孩子的照片发到了群里，我当时在工地上干活，看到这个照片太开心了。”（见图 1）

W6（WOMAN 女性，编号 6）是笔者的室友，这个家庭微信群“李氏家族”是她小姨年初建的，“因为大姨癌症晚期，正在治疗，建立微信群方便大家及时沟通、了解大姨近况。自从有了微信群之后，和大姨他们的联络明显多了。大姨身体不好，我们都很关心，但是大家都不在一个城市，探望病情不现实，通过微信群发的照片，小视频可以清楚地看到大姨的健康状况”。（见图 2）

图 1　W5 家庭群

图 2　M6 家庭群

（三）微信表情：不一样的父辈

专门研究非语言符号的艾伯顿梅热比曾提出交往双方的沟通公式：沟通双方互相理解＝语调、语速（38%）+表情、姿态（55%）+语言内容（7%）。[①]在线上交流中，微信表情包涵盖表情、姿态和语言内容的表达方式，贴近人际沟通的需求。

W7（WOMAN 女性，编号 7）目前就读大二，远在外地读大学，“大家都不喜欢打字，要不发语音要不发表情，发表情的时候我们互相都发，群里有时

① 艾伯特·梅拉比安．梅拉比安的沟通模型．资料来源于 http://www.xphabit.com/article/4002.html.

候都被表情包刷屏了，特别是爸妈他们那一辈的，表情特别逗但是还是会发”。

家庭微信群聊里，有些不便于用文字或语言表达的话语用表情包就可以轻松搞定，有时候你来我往地发一个个搞笑或者贴近自己心境的表情包，不仅增加群聊的气氛，缓解交谈的尴尬，还促进了群聊成员之间的距离。（见图3）

M4（MAN 男性，编号4）：“我们晚辈使用表情包的频率比长辈高一点，在发表情包之前我会选择一些看起来能被长辈接受的表情，而且我们的表情包会俏皮些，长辈们发的表情包比较少，而且‘典型的中老年表情包’居多，有时候也会发几个很萌很Q的表情，就觉得他们特别可爱。”（见图4）

图3　M4家庭群

图4　M4家庭群

（四）抢发红包：增加节日气氛

微信红包是微信于2014年1月27日推出的一款应用，可以实现发红包、查收发记录和提现等功能，微信红包平台单个发放红包最大金额为200元，群红包不能超过2000元。微信红包一经推出，立马遭到微信用户的热捧，“微信抢红包”迅速流行开来。数据显示，70.7%的受访者表示家族群的主要活动是发抢红包，68.1%的受访者则在家族群里话家常、聊聊天。其他内容还有晒家族照片（45.5%）、通知家族消息（45.2%）、发各类信息链接（35.8%）、互相提醒近期危险注意事项（23.6%）、长辈询问电脑手机等技术问题（15.7%）等。[①]

① 中国青年报社会调查中心．数据来源于 http://www.199it.com/archives/441284.html.

作为具有社会性的人,需要归属感和认同感,收发红包实质上是一种用户社交行为,是一种包含着彼此温度的情感链接。在家庭微信群里,微信红包也成为家庭成员彼此联络感情、分享喜悦的情感利器,只要有人发红包,群里气氛立马活跃。群红包疯抢过程中,每个人发红包和收红包的数量清晰可见,使人们在抢红包的过程中营造了一种轻松愉悦的环境,拉近了原本不能面对面交流、可能并不亲近的距离感。

尤其是在节假日的时候,各种群红包的抢发也为家庭成员的节日增添了气氛。M4(MAN 男性,编号 4):"发红包是群里聊天最常用的功能了,尤其是春节期间,微信群简直要被红包刷屏了,虽然每次只能抢到几分钱,但是看着大人和我们在一块抢红包特别有意思,有时候我爸妈抢到小的还抱怨自己手气不好呢。"

娱乐与趣味性是微信红包最为突出的特性之一。用户在抢夺红包的过程中,获得了情绪上的消遣和放松,身体和心理得以减压。微信群红包金额和人数的不确定性更是增加了微信红包的趣味性和互动性。M2(MAN 男性,编号 2):"在我们家群里,我是很活跃的了,有时候群里没人说话,我就发个红包把大家都炸出来。"W8(WOMAN 女性,编号 8):"大家在家族群里最常做的事情就是发红包。抢到红包后还会发各种'磕头跪谢'的表情,有时甚至也玩起'红包接龙',很有意思。"

四、亲友群聊再审视:冷场的家庭微信群

(一)忽视的转发:频发的微信链接

受代际双方的年代差异和价值观不同的影响,家庭成员在对社交媒体的认知也不尽相同。90 后的父辈群体在媒介习惯养成上基本属于大众传播时代,通过报纸、电视、广播等传播工具被动地接受信息的单向传播,由于社会和历史的原因他们形成了对社会媒介组织传播的信息单向依赖的传播习惯。W8(WOMAN 女性,编号 8):"群里面发微信链接最多的就是我大姨,这些链接主要都是一些耸人听闻的新闻和一些煽动性的文字,例如什么日本人是垃圾,不转不是中国人之类的话,看到这些转发的,我一般直接忽略不看,有时候实在受不了了会在群里教育一下说这种文章是假的。"

新兴社交媒体的传播模式打破了父辈群体的媒介使用习惯,面对互联网世界中庞杂的信息洪流,父辈群体依然保持了大众传播时代的媒介使用习惯,即对媒介的单向依赖。而煽情式病毒传播钻的空子恰恰是大众失去理性的某个痛点或者某个瞬间,习惯单向依赖媒介组织的父辈们,更多时候

不是不知所措，而是完全没有意识到信息生产者的位移，因而踩中了陷阱。

图5数据来自于M3（MAN男性，编号3）的家庭微信群“温暖的家”自建群以来8个月的微信链接分享。从表中可以看出每个月的微信链接约有50条，其中转发最多的是心灵鸡汤和社会新闻，而这些文章的标题诸如此类，“如果有一天我放弃了你，不是因为我爱上了别人，而是你一点也不在乎我”（6月21号），“90后小伙摸了一下它，瞬间倒地身亡，这东西满大街都是”（6月24号），“真正的抚养是父母彼此相爱”（6月25号），“潘金莲写给c轨女人的一封信，瞬间火了”（9月3号），“她才6岁，不是纯洁之身了！这件事触动了10亿人”（9月6号）等等。M3（中南）（MAN男性，编号3）：“群里面铺天盖地的心灵鸡汤。一开始看到大家发这些还打开链接看一看读一读，随着发这些东西的频率越来越高，基本上都会被水掉或者直接不理。”

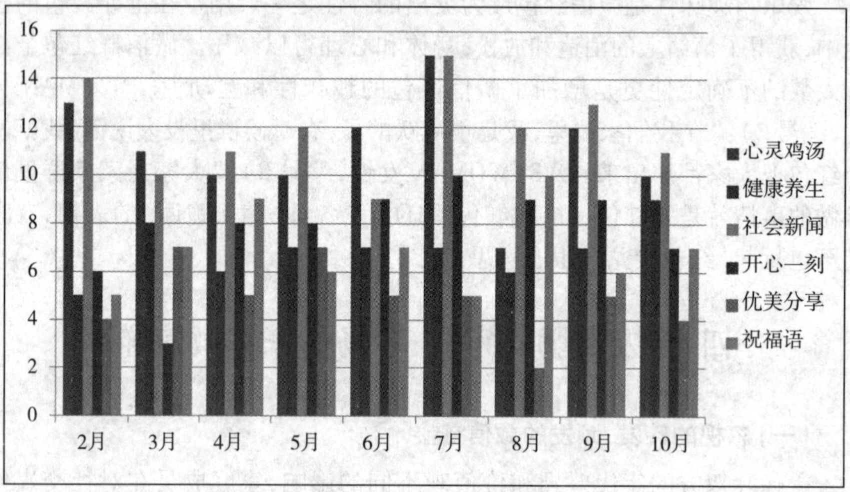

图5 M3家庭微信群转发链接

（二）交流的无奈：话语的有失偏颇

受社交媒体信息碎片化和时间碎片化特征的影响，生于不同时代的家庭成员在社交媒体上交流的话题和内容也会有所不同。在家庭微信群里，亲代与子代倾向于把它当作一个问好式的平台，在上面交流的话题不会很深入，如前文所说，发起问候的往往是父母一辈的人，父母一辈的人也将对子女的关心从线下转移到了线上，基本上是关于衣食住行的日常生活状态，比如“在哪儿呢？”“晚饭吃了吗？”然而过度的关心也演变成一种“温情绑架”，在W8（WOMAN女性，编号8）看来，“面对微信群里亲戚反复的询问学习，询问对象”让她感到一丝的烦躁，“不回的话又觉得不礼貌，但是一回的话，七大姑八大姨就会在群里询问各种私人问题，让我感觉很尴尬”。

而父母一辈人在群里转发心灵鸡汤、虚假新闻也让年轻一辈“不忍直视”(见图6)。W8(WOMAN 女性，编号8)：“我大姨很喜欢在群里转发一些谩骂日本的文字，文字的最后一句还会配上不转不是中国人的字样，我真的看不下去，大部分时候都是直接忽视不看，但有的时候就在后面适当的提醒一下。”因为一次说大姨转发的煽动性文字“内容无聊，形式幼稚”的话之后(见图7)，W8(WOMAN 女性，编号8)的大姨显得很不高兴，认为“在大家面前，被一个小辈这样说很没有面子”，为此，W8(WOMAN 女性，编号8)私下还被大姨找过去谈话。经过此事之后，W8(WOMAN 女性，编号8)在群里发言明显谨慎了很多，也不如以前活跃了。

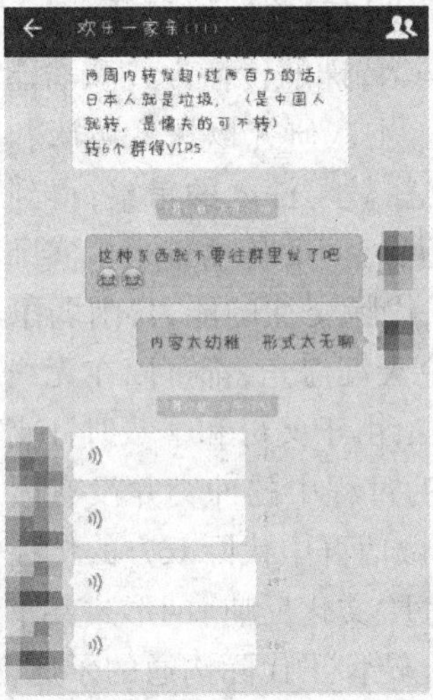

图6　M4家庭微信群

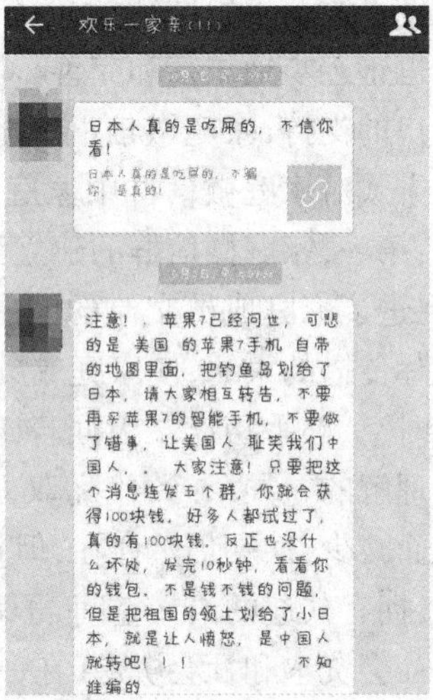

图7　M4家庭微信群

(三)沉默的对抗：忽略家庭微信群

家庭微信群这种超越时空的传播媒介，使得全家族的人凝聚在一个虚拟的在场空间，原本为加强联系，巩固关系的家庭圈子，却使成员之间日常行为的私密性日益受到侵蚀。在他们看来，频繁的联系并不意味着对彼此有更好的了解，反而无意义链接，祝福，转发会消解成员最初的积极性，这种情况在笔者采访的8组家庭中都均有出现，他们的家庭微信群经历从刚开始的热闹，到慢慢冷场，最后零星有点消息甚至彻底被遗忘。

W6(WOMAN 女性，编号6)：“我和家里人联系更多的还是通过打电话的方式，因为这样更直接，也更传统。而且，平时生活中我也很少用例如QQ、微信之类的聊天工具。至于在家族群里和家里人联系基本不现实，因为那个群里人太多，大多是亲戚，如果在那里面联系的话一来涉及隐私，二来也可能会打扰到别人。”

W7（WOMAN 女性，编号 7）：“我家有两三个群，有一个大家族群我屏蔽了因为里面的人相互之间不是特别熟悉，年龄差距也比较大，共同语言不多，群里面经常就是一些帮忙投票的，发微信链接的，很没有意义，基本上真正发言的人非常少。久而久之，里面发的内容也很少点开看。”

五、结语

随着互联技术的进步和发展，新兴社交媒体带来丰富多样的传播渠道，一定程度上改变了以往代际传播中传播方式相对单一的问题，家庭代际交往形式也正逐步地丰富和完善。微信由于其特殊的传播方式和功能获得了大量用户的支持，家庭微信群也随之兴起。本次研究以深度访谈和参与式观察的方式对家庭微信群中家庭成员的交往做了深入的考察，得到以下几个结论：第一，家庭微信群的建立为家庭成员之间的传播带来了实际可观的作用，促进了家庭成员交流的频次，扩大了代际交往的能力，削弱了时空对家庭代际传播的束缚，使家庭成员之间无论天涯海角，都可以在无线的世界里穿越时空、心手相连，“天涯若比邻”；第二，由于父母和子辈对社交媒体交往内容理解的差异，导致代际双方在交往的过程中的冲突并没有因为交往的增加而减少，冲突仍然存在，但是在家庭微信群中代际双方的传播情境基本一致，拥有共通的语义空间，子辈一方通过“文化反哺”的形式共享新媒体时代的社会资本和社会资源，在一定程度上转移了代际沟通的矛盾，改进了代际传播效果；第三，正如“电话代替不了握手”一样，家庭微信群也不能完全代替传统面对面、打电话等交往方式，只能在一定意义上丰富和完善家庭成员交往的形式，让代际双方在“脱域”的情境下得以加强互动，但是这种互动是浅层次的、小范围的，更深层次、更私密性的交往还是要依靠传统的交往方式。

参考文献：

[1]玛格丽特·米德．文化与承诺：一项有关代沟文化的研究[M]．周晓虹，周怡，译．河北：河北人民出版社，1987.

[2]李秋洪．反向社会化：青年社会化研究的新课题[J]．青年探索，1991(06).

[3]何金恺，高殿芳．新编老年百科全书[M]．北京：中国人事出版社，

1993:531.

[4]邬沧萍．社会老年学[M]．北京：中国人民大学出版社，1999.

[5][英]安东尼·吉登斯．第三条道路——社会民主主义的复兴[M]．郑戈，译．北京：北京大学出版社，2000.

[6][美]约翰·费斯克．理解大众文化[M]．王晓珏，宋伟杰，译．北京：中央编译出版社，2006.

[7]喻国明．新媒体究竟在改变着什么[J]．中关村，2010(06).

[8]代玉梅．自媒体的传播学解读[J]．新闻与传播研究，2011(05).

[9]王依玲．网络人际交往与网络社区归属感——对沿海发达城市网民的实证研究[J]．新闻大学，2011(01).

[10]陈旭．"微信热"与小众化传播[J]．青年记者，2013(35).

[11]詹恂，严星．微信使用对人际传播的影响研究[J]．现代传播(中国传媒大学学报)，2013(12).

[12]王欢，祝阳．人际沟通视阈下的微信传播解读[J]．现代情报，2013(07).

[13]王植．微信对代际间共通的意义空间之影响[J]．新闻研究导刊，2014(17).

[14]林若茹．手机媒体的网络人际传播效果研究——以微信使用与人际交往的关系为例[D]．上海：复旦大学，2014.

[15]朱秀凌．手机对青少年家庭代际传播时空的重塑[J]．编辑之友，2015(09).

[16]冉华．传播视阈中的代际关系梳理与伦理主体重构[J]．湖北民族学院学报(哲学社会科学版)，2015(03).

[17]陈莹．新媒体背景下大学生与父母代际传播分析——基于社会关系网络的质化研究[J]．华中师范大学研究生学报，2016(02).

[18]张莉，毛颖辉．微信：人际传播的再建构与可能性[J]．新闻与写作，2016(02).

媒介化生存下的技术异化

——基于"全景监狱"理论对英剧《黑镜子》的现实思考

(朱丽娜　孟大伟　安徽大学)

摘　要:信息社会时代,人们走进了"媒介化生存"时代,文化中心由过去的书本、建筑、戏剧转变成为技术所呈现的符号。人们在享受技术带来的欢愉时总是希望将其纳为受众服务的客体,但是技术在不断发展的过程中逐渐摆脱人的控制,在某种形式上异化成为主体。《黑镜子》系列以其独特的内容和形式映射了现实中传媒技术文化的发展趋势,它通过艺术的手法向我们展现未来技术异化的荒诞局面,从而引发我们的现实思考。本文以福柯的"全景监狱"理论为切入点,试图探讨《黑镜子》第三季第一集《急转直下》中关于技术构建的社会关系,结合新媒体环境下人与技术互动的现状,从而反思媒介化生存下技术异化对人的占领与生活方式的冲击。

关键词:福柯;全景监狱;媒介化生存;异化

2016年恰好是人工智能发展60周年。人工智能的标志性事件是1956年在美国Dartmouth大学召开的一个为期两个月的会议。在会议上,来自美国几个大学和企业的10位年轻人聚在一起,从不同角度讨论用计算机来实现人的一些能力。会议提出用"人工智能"来命名所讨论的内容,这成为人工智能研究领域公认的起始事件,而该会议也被赋予了专称——"Dartmouth会议"。后来,从参会的年轻人中走出了四位计算机科学最高奖"ACM/图灵奖"得主、一位诺贝尔经济学奖得主,并且创立了"信息论"。人工智能已经进入了人们的生活,正试图让生活变得更美好。例如,美国DARPA支持的CALO研究计划所产生的一个成果——Siri个人助理,已绑定在苹果的手机等产品中,能支持用户在简单的任务上使用自然语言与系统进行交互;微软

基金项目:本文系安徽大学舆情与区域发展协同创新中心学生项目研究成果。

也推出了 Cortana 智能助理用于 Windows 产品；微软翻译工具内置到了通讯软件 Skype 中，可以在 Skype 聊天时实时翻译汉、英、法、德、意、西、葡等 7 种语言；自动驾驶汽车也在蓬勃发展①。

在技术日益进步的互联网时代，人们为技术不断讴唱赞歌，以掌握最先进、最热门的科技为荣。在大数据热潮时，我们忠于数据、信赖数据；在 VR（虚拟现实）盛行时，Facebook、YouTube 甚至淘宝网，都费尽心思地为用户打造科技盛宴。当我们看似掌握了一个又一个拉近人与人距离的 APP（应用软件）时，我们其实筑起更为坚硬的、无法逾越的沟壑。

英剧《黑镜子》用其特有的英式黑色幽默聚焦于新兴技术给人们和整个社会带来的改变，深刻反思了新媒体时代网络和科技给人们生活带来的负面影响和人性中的阴暗面。虽然是一部电视剧，但它的内容直指当今现实，这个我们所生活的被 Web 3.0 科技所包围的新媒体时代。我们生活在高科技的海洋中，身边充斥着各类高度技术化、媒体化的新型设备，我们极度依赖网络、手机，无时无刻离不开搜索、各类资讯、沉溺于碎片传播的各种产品，这些新兴媒介技术虽然使远距离沟通变得更加高效迅速，但却减少了人与人之间面对面的交流，我们更多地转向了社交网络，这就造成了人类生活被科技异化，喜忧参半地带来了价值观的疑虑和崩塌。

《黑镜子》系列导演这样阐释剧名，“当你关掉手中的电子设备后，那逐渐黯淡的屏幕就像一面黑色的镜子，看见的只有你自己！”虽然该剧集涉及的剧情都在数十年之后科技高度发达的未来，但是，其影射出的有关于技术的异化却值得我们深思。

一、理论背景和研究问题

（一）福柯和“全景监狱”

福柯认为，随着技术的发展，整个社会演变成了一个“全景监狱”。在福柯的描述下，“全景监狱”是一座被环形建筑物围绕的高塔，环形的建筑物分成许多牢房，一个犯人一间，窗户的设计让塔上的人随时看到犯人，犯人却看不到塔上的人，而且犯人之间无法交流。犯人既不知道自己是否被看，又感觉一直被看，这样既产生了顺从的身体，又产生了臣服的灵魂——权力就这样在意识内外无处不在。影片恰恰反思和批判了让现代自由人沦为“规训躯体”的机械技术体系。如影片所展示的，每个人的生活被各类（传播）技

① 余扬．人工智能六十年［J］．中国发展观察，2016，06：11-12.

术包围，技术组成了一个“全景监狱”。

事实上“全景监狱”并不仅仅是塔楼上的那个狱卒，而是施加于囚犯，把他或她构成为一个罪犯的整个社会话语体系。“全景监狱”是监狱的话语/实践构建主题的方式，即把主体构建成一个罪犯并把他或她规范化到一个洗心革面、重新做人的程序中。

互联网时代来临，以美国学者马可·波斯特为代表的专家提出了“超级全景监狱”观点，即随着电脑网络时代的降临，一种新的话语/实践便在社会场中运作，你可以把社会场当作一个“超级全景监狱”，它重新构成了主体的构建。

“全景监狱”是一种围观结构，是众人对个体展开的凝视和控制。他们之间信息的分配已经比较对称了，管理者在信息资源把控方面的优势已经不复存在，试图通过信息的不对称所实现的社会管理遭遇到前所未有的危机。人们不再一如既往地凝神聆听管理者和传媒的声音。人们在“交头接耳”中沟通着彼此的信息，设置着社会的公共议程，质询、甚至嘲笑着处于公共视野之中的领导者或者媒体①。

（二）媒介化生存下的技术异化

媒介化指出这样一个事实，即媒介不仅是人体感知器官的延伸，也是人类行为的延伸。从微观角度看，它改变了交际的方式、体裁、模式，向外它跨越了物理上的时间和空间，向内它拉近或疏远了人际关系；从宏观角度看，它影响了社会的权利机制和话语结构。当我们把媒介视为社会的一个子系统时，它自身的任何改变都将波及其他子系统，进而影响社会结构的调整②。随着技术的不断进步和发展，媒介成为人和生产、生活之间一个不可或缺的中介物，有的时候甚至成为目的本身③。

媒体化生存所反映出的是人在紧密依靠媒介的过程中逐渐产生非目的性的依赖，人民接触媒介不是为了使用，而是媒介已然成为生活的一部分、生活本身。

目前，国内多数学者是在把“异化”作为一个哲学概念理解的基础之上来研究“技术异化”的。但在某些情况下，学者们对技术异化概念的阐释并不十分一致，比如有学者认为，异化是指事物在一定条件下，把自己的素质

---

① 喻国明．社会话语能量的释放需要“安全阀”——从“全景监狱”到“共景监狱”的社会场域的转换说起[J]．新闻与写作，2009.

② 严玲．微信：媒介化生存的新物种[J]．现代传播（中国传媒大学学报），2016，02：140-143.

③ 赵瑞华．媒介化生存与人的异化[J]．新闻记者，2010，02：29-32.

和力量转化为同自己对立的、外在的、异己的素质和力量，而技术异化是指，人类在利用技术改造、控制自然而满足自己需要的过程中，技术以相应的力量反控制人类。更多的学者则从技术的社会危害结果上来描述技术异化产生的负面效应。他们认为，技术异化表现在两个方面：一是技术对物质文明的破坏。异化现象集中表现在诸如环境污染、生态平衡失调、能源危机和人口膨胀等方面，其后果是造成人类物质生产条件和生活环境的恶化，生活质量下降，严重阻碍物质文明的进一步发展。二是对精神文明产生危害。这主要表现在伴随科技发展出现的某些消极道德现象。

本文对于“异化”的定义：人的创造物经过某些改变成为不为人的意志所控制的、甚至对人的主体地位产生威胁的表现。技术的异化即人出于使用的目的创造了技术，最终却使得技术束缚了人。

（三）研究问题

本文通过对影片《急转直下》的研究，拟解决以下问题：

1. 媒介化生存下的社会是如何构成的？
2. 社会分数和社会关系之间具备怎样的问题？
3. 技术异化对于社会关系有着怎样的影响？
4. 我们应该对技术持怎样的反思态度？

二、《黑镜子》中的媒介化生存景况

（一）影片回顾

Lacie 是个依靠星级评分而活的平凡女人，总是第一给人打五星，十分在意他人给她低星，会对着镜子一遍遍练习最善意的微笑。她看中了一套高级小区的公寓，但是她承担不了高额的租金，当她听说成为 4.5 分以上的人就可以享受到八折优惠时，她下定决心要成功住进去，而她只有 4.2 分。当她开始咨询相关的“分数提高策划人”，反而因用力过猛适得其反。正在这时，儿时以欺负她为乐的白富美伪闺蜜 Naomi 要结婚了，邀请她去做伴娘，来宾都是 4.5 以上的星级，让 Lacie 看到了升上 4.5 的希望。当一个月后她准备好要出发时飞机取消，她破口大骂服务人员，并受到警察“扣分成倍”的惩罚，接下来的一整晚恶性循环，她硬生生从 4.2 降成了 2.0 分，Naomi 对她存在利用的心态让她更加坚持一定要到场做演讲博取高分，但是最终所有都对其投以鄙夷，越来越多的人给她低分，最终她因 0 分进了监狱。

(二)媒介化生存下的社会关系

1. 技术是万物的尺度?

在《黑镜子》中所构建出来的社会里,每个人都带着AI技术下的电脑虹膜,当人与人对视时,虹膜会告诉你面前这个人的社会分数是多少,而每一次与人接触都拥有一次打分与被打分的机会。如果说,在目前的社会环境下,人们依靠自己的主观判断来对人评估的话,那么在《黑镜子》所构建的高度技术化的社会下,技术已然成为社会关系的基础。当不够熟悉的人们在电梯里寒暄,双方都会通过虹膜来搜索对方最近的状态,从而形成交流的话题;当你想要在路边搭乘顺风车,车上的人都会看到你的分数,从而决定要不要进行接触。

这种技术尺度下的社会关系已经实现了,只是目前人们还具备"我想不想来衡量""我想不想被衡量"这两个选项。当我们需要接触一个陌生人,或者想要开始一段关系,互联网时代的受众会选择去关注对方的社交账号,诸如微博、Facebook等,通过社交平台,我们可以看到个体在大众检视环境下的状态,包括生活话题、交友圈、关注的人等,我们也可以通过其粉丝量和点赞量来判断其是否受欢迎。如果我们发现其社交账号粉丝少、内容无新意,我们进一步可能会联想到这个人的特质,从而形成印象。

2. 社会分数与社会关系

《急转直下》翻译自篇名"nosedive",原意即"一落千丈、迅速下降",用于本片指的是女主角Lacie由一个中上阶层"4.2分"(满分是5分)在一天内跌至"0分"最终跟跄入狱。在影片中,分数是贯穿始终的,人与人每一次接触都会观察到别人的分数,主角面对镜子时也会出现自己的分数,参见图1。

图1 社会分数出现的视频截图

影片中的社会分数主要由两种途径组成,第一种是个体接触之后的手机打分，参见图2。在影片中，人的虹膜和手机相连，每次的接触都是一个双方互评的过程。第二种是通过社交网络，每个人都处于完全敞式的状态，虹膜会自动显示其每日发布的图片、视频、文字多方面的状态。所有人都可以对其打分评价，参见图3。

图2　社会分数评价过程(1)

图3　社会分数评价过程(2)

在影片中Lacie的社会分数一共出现了九次。本文将分数出现的场景以及升降的趋势进行分析。

(1)虚拟分数与现实生活

表1　社会分数递进表

分数出现	第一次	第二次	第三次	第四次	第五次	第六次	第七次	第八次	第九次
社会分数	4.243	4.267	4.281	4.183	3.183	3.155	2.805	1.1	0

（续表）

分数出现	第一次	第二次	第三次	第四次	第五次	第六次	第七次	第八次	第九次
场景	镜子练习善意微笑	和咖啡店友好互动	想要获得高分对高分者谄媚	不小心撞了陌生人	在机场言语粗鲁	和高分闺蜜通话	想要搭车在马路上走路遭遇陌生人猜测	在闺蜜婚礼崩溃、发表反社会言论	监狱
分数趋势	开始	升	降	降	降	升	降	降	结束

由表1可知Lacie的社会分数一开始是一个相对较高的状态，一个较高的社会分数使得其获得相对优良的生活环境和社会地位：稳定的工作、舒适的住宅、良好的朋友圈。此时出现了Lacie的第一次的社会分数，即其对着镜子练习最为善意的微笑，因为高度的媒介化生存环境，人已经被投入一个技术搭建起来的“全景监狱”中，永远不知道自己为谁所监视，所以始终都处于一个高度紧绷的状态，而在影片中技术高级的未来，手机终端连接云端，信息高度透明化，任何一个陌生人都可以接触到个体的私人信息，这也就使得影片中的主角无时无刻不在为自己的分数而努力，日常生活完全离不开手机，以及手机终端所维系的社交网络。

在第二次分数出现时，Lacie购买了一杯咖啡，立刻在社交网络的个人平台上发布了一张照片，并配以正面文字。影片中讽刺的一面体现在Lacie并不喜欢这杯咖啡的味道，甚至在尝了一口之后立刻吐出来，但是她依然发表了一个正面的状态。联想至今天的朋友圈、微博，为了博得关注者和点赞率，我们时常会“违心”地发布一些状态，这些图文并茂的内容并不是我们真实的状态，只是我们想要展现在大众面前的状态，这些状态也在某种程度中使我们的社会分数得到增加。

第三次分数出现，Lacie此时急需获得社交分数的短期上升，故她咨询了“专业提高分数导师”，但是又用力过猛，反而使得“社交高分”者对自己产生鄙夷，自此开始，Lacie的分数不断下降，任何一个细微的错误都被“看不见的眼睛“所记录”，被“看不见”的手降分。

随后，就出现了片名“急转直下”中描述的情况，屡次低分的Lacie因为机场言行粗鲁而获得媒介依存化情况下的另类惩罚：每一次他人对其的低分评价都会使得分数减量加倍。在这种压抑中，闺蜜袒露心声的“如果不是因为一开始的你是4分以上的，谁会找你呢”彻底击溃Lacie，她不断地触及“社会的底线”“群体的底线”，最终分数扣净入狱。讽刺的是，摘下和手机、云端相连的AI虹膜之后，Lacie第一次看到了空气中的灰尘——真实的世界。

（2）另一种阶层：高分—低分

在电影中，我们可以很清晰地看到社会分数对于阶层的影响，分数低的群体不允许进入高级场所、为群体所隔离、不允许换航班、租车不便、无法取得陌生人的信任等；分数高的群体则被归类到“顶级影响者项目”中，受到所有人欢迎，优先租房、租车、办理机票（见图4）。

这种社会营造出的是一种透明的阶层，“阶层”没有明确的提出，却无时无刻不在影响着人们的言行和生活。媒介依存化的社会下，AI技术彻底“绑架”了社会的价值观体系，一切都围绕着技术所呈现、大数据分析出的社会分数，人们所有的决断、交往都围绕着社会分数进行。人应当获得什么样的社会价值乃至个人成就也都取决于社会分数。人们之间看似消缺了鸿沟，实现了公平，实则迈向了更加深不见底的透明分界，成为不可逾越的数字鸿沟。

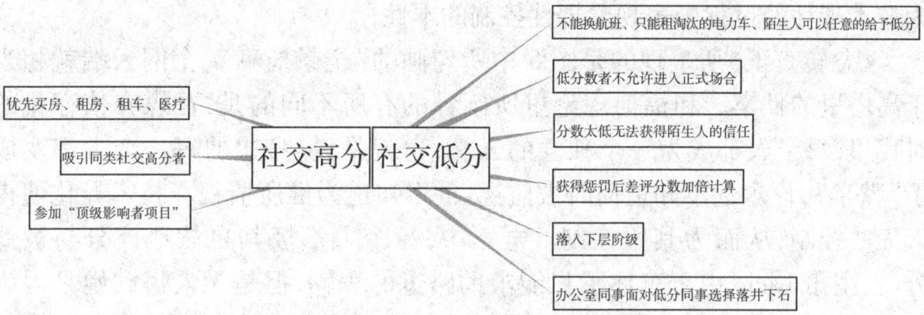

图4　社会分数影响图

戈夫曼在《日常生活中的自我呈现》中谈到，“这种表面的、虚伪的一致，之所以能够维持，是因为每个参与者都把自己的欲望藏匿于他维护社会准则的表述之后，在场的每个人都感到不得不对这种冠冕堂皇的表述给予赞赏”。《急转直下》影片中所呈现就是对于社会准则的绝对臣服，这种臣服并不是人思想的归顺，而是技术营造出的社会准则潜移默化到人一言一行了。

三、基于“全景监狱”理论下的现实思考

（一）社交分数构成“全景监狱”

乔治·奥威尔和赫胥黎曾经从不同的向度思考了社会控制的类型，前者在其政治寓言小说《一九八四》中塑造了一个“老大哥”的统治者形象，他利用各种技术密切关注着所有的人，公众的一颦一笑、一言一行都在他的监控之下，并随时发号施令，所有的人噤若寒蝉，这是一种硬性的身体控制。后者在《美丽的新世界》中，描绘了一个人人相似、其乐融融的社会景象，这里没有烦恼，感官电影发达，性欲随时得到满足，就是没有自我，这是一种软性的精神控制。让两位先知没有想到的是，现代的传媒技术竟然让两种控制结合得如此贴合，甚至飞不进一只蚊子①。

技术理性超越经验式的感性模式后，就会在加固人们对技术的信念的同时，构建人们对技术世界崇拜的基础，使之在不知觉的情形下进入技术统治的模式，并且其间受控于“理性”的人把理念当作真实，甘愿并且乐此不疲地自我囚禁在技术布控的“全景监狱”中。正如霍尔所言，技术的霸权运作成功，有赖于被支配阶级和集团的积极赞同。我们从影片中对于分数无比依赖和看中的女主角以及其他人类就可以看出对于技术的某种臣服。理性在人的疏忽处乘虚而入，实现对人的生活的理性安排，而媒介就在理性嬗变为技术理性的过程中表现着理性控制的本性②。

《急转直下》所呈现的是图 5 中所勾画的“全景监狱”，全网云端就相当于高塔里的狱卒。和福柯理论里所阐释的有所不同的是，在媒介依存化的时代里，每个人都成为一个独立的云端，也就是说，身边的每一个人都变成了“狱卒”，你永远不知道何时被监视，也不知道为谁所监视。技术异化使得人无法控制，从而为其所控制。电影中，每个人都极其自然地评分与被评分，女主角 Lacie 由于车坏了只能求助路过的车辆，但是无人搭载她只因为她分数太低，但是有一些司机甚至只因为看到她在走就无缘故地给她减了分，Lacie 并未因此感到愤怒，也没有掀起对制度的反思，而是彻底地臣服于技术异化下的环境。

---

① 蒋晓丽，王志华．娱乐至死·虚实互构·全景监狱——论《饥饿游戏》中传媒技术的文化影射[J]．当代文坛，2014，(03)：91-94．

② 单波，王冰．媒介即控制及其理论想象[J]．新闻与传播研究，2010，(02)：41-49，109．

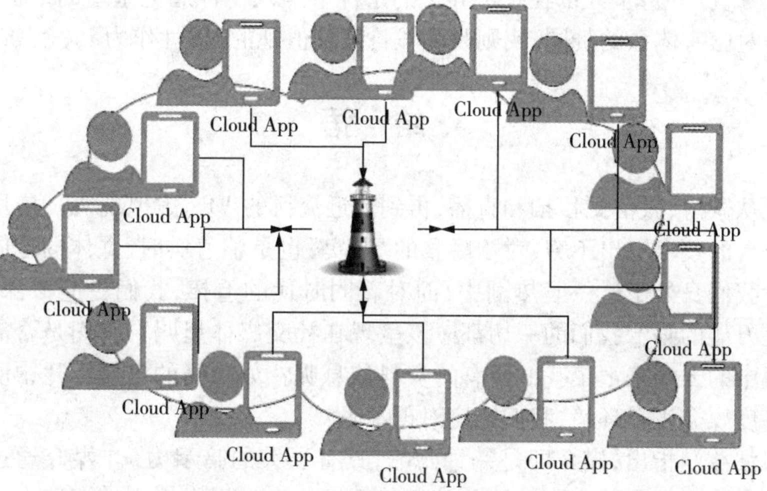

图5 媒介化依存下的“全景监狱”模式

（二）表演与规训的牢笼：他人即地狱

福柯指出，“从表面上看，现代法治制度体现社会契约和主权在民的精神，保障人人平等权利，并实施民主宪政，看来是很美好的，但是，规训机制的发展和普遍化构成了这些进程的另一黑暗方面。保障原则上平等的权利体系的一般法律形成……是由我们称之为纪律的那些实质上不平等和不对称的微观权力系统维持的……真实具体的纪律构成了形式上和法律上自由的基础……‘启蒙运动’既发现了自由权利，也发明了纪律……纪律应该被视为一种反法律……纪律实施的方式，它所调动的机制，一群人受到另一群人的不可逆的支配，永远属于一方的‘过剩’权力，在共同的规章面前不同的‘合作者’的不平等地位，这一切都使纪律联系区别于契约联系，并且使契约联系从具有一种纪律机制的内容之时起就可能受到系统的扭曲”。

处于媒介高度生存化的环境里，每个人都在表演，在社交平台上展现最完美最友善的一面。社交分数就像福柯提及的宪法一样，看似保障了人们的权利，实则将其投入一个更坚固的“牢笼”中去。

在电影《急转直下》中，“他人即地狱”这句话体现得淋漓尽致。Lacie 因为和一个大家都喜爱的人分手成为众矢之的，在她的分数快要禁止进入上班场所，整个人濒临绝望时，仍有同事恶作剧般继续给她低分，最终逼迫其离开公司。戈夫曼在《日常生活中的自我呈现》中谈到，“这种表面的、虚伪的一致，之所以能够维持，是因为每个参与者都把自己的欲望藏匿于他维护社会准则的表述之后，在场的每个人都感到不得不对这种冠冕堂皇的表述给予赞赏”。每个人都在技术异化的条件下陷入一种冠冕堂皇的维护中，看似是对已有体系的赞同，实则是颠覆自我价值观的“惯性作为”。

结　语

从微博、微信到秒拍和直播，再到最近流行的VR（虚拟现实），应用于社交平台的技术层出不穷，对于隐私的“贩卖”也是朝着实时、立体的方向发展着。我们身处于这一股热潮中，面对着同时代的追捧，我们更应该深思，技术是万能的吗？我们的一切都应该呈现在社交媒体里吗？我们是否需要一个集中的云端来汇集我们所有的资料信息呢？如果真的出现影片中所展现的高度媒介生存环境，我们能应对得了吗？

波兹曼指出，媒介即是一种隐喻，具有强大的暗示力①。媒介通过隐喻能够影响现实，重新定义现实，乃至于重构整个世界。当人们沉醉在技术带来的生活狂欢时，技术也逐渐统治人，人依赖科学技术，成为技术人。当文化成为一种工业，艺术也成了可以无限复制的商品，当人们靠近了文明又再次疏远的时候，大众媒介向人类昭示的是技术的重要，而不是文化的价值。技术发展并不完全让人走向更文明，其反向作用也在技术垄断和盲目的技术崇拜中彰显出来，这是与人类追求科学、技术的初衷相违背的。技术无疑是进步的象征，但是对技术的迷恋却使得人离真正意义上的文明越来越远。《黑镜子》所展现的社会，离我们并不遥远。

参考文献：

[1] 喻国明．媒体变革：从“全景监狱”到“共景监狱”[J]．人民论坛，2009，15：21.

[2] 喻国明．社会话语能量的释放需要“安全阀”——从“全景监狱”到“共景监狱”的社会场域的转换说起[J]．新闻与写作，2009，09：56-57.

[3] 蒋晓丽，王志华．娱乐至死·虚实互构·全景监狱——论《饥饿游戏》中传媒技术的文化影射[J]．当代文坛，2014，03：91-94.

[4] 田兆耀．论《黑镜子》三部曲对当代影像文化的反思[J]．廊坊师范学院学报（社会科学版），2014，03：29-33.

[5] 白杨．反思技术的异化——关于影片《黑镜子》的传播学分析[J]．东南传播，2014，09：113-115.

① 吴宇．尼尔·波兹曼“媒介即隐喻”理论的文化解读与反思[D]．广西师范大学，2013.

[6] 康思齐. 后现代社会的媒介文化反思——以英剧《黑镜子》为例[J]. 新闻前哨,2014,08:36-38.

[7] 张金鹏. 超级全景监狱:信息方式下的权力技术——波斯特论信息方式下的统治模式[J]. 南京社会科学,2007,08:40-45.

[8] 冯立. 从超级全景监狱角度看微博时代的到来[J]. 媒体时代,2011,05:48-51.

[9] 卢永春. 人工智能推动媒体转型[J]. 中国报业,2015,23:27-29.

[10] 陈鑫胤,吴甘沙. 大数据的六大人工智能变现方式[J]. 中国传媒科技,2015,12:54-58.

[11] 郑颖雪. 新媒体环境下媒介技术对人的异化[D]. 济南:山东师范大学,2013.

[12] 刘燕.《黑镜子》:异化的科技乌托邦[J]. 电影文学,2013,02:33-34.

[13] 屈斯薇. 一出隐喻当代媒介化生存危机的荒诞戏——对英剧《黑镜子》之《白熊》的现实思考[J]. 电影评介,2013,11:67-69.

[14] 张怡文. 后现代社会的虚构与真实——评英国迷你电视剧《黑镜子》[J]. 艺术探索,2013,04:111-112,118,5.

[15] 夏姜. 危机公关的"黑镜子"[J]. 国企,2015,02:58-62.

[16] 葛明."黑镜子2"与异化现象[J]. 上海文化,2013,03:77-80.

[17] 张骋."娱乐至死"还是"娱乐救亡"——对波兹曼《娱乐至死》的批判性解读[J]. 当代文坛,2013,01:35-38.

[18] 陈后亮. 泛娱乐业时代——兼读波兹曼《娱乐至死》[J]. 大众文艺(理论),2009,01:46-47.

[19] 刘肖. 超越表象:对"娱乐至死"命题的批判性思考[J]. 新闻界,2007,04:37-39,85.

[20] 王丰龙,刘云刚. 空间生产再考:从哈维到福柯[J]. 地理科学,2013,11:1293-1301.

[21] 莫伟民. 主体的真相——福柯与主体哲学[J]. 中国社会科学,2010,03:51-64,221.

[22] 徐国超. 权力的眼睛[D]. 长春:吉林大学,2013.

[23] 施庆利. 福柯"空间理论"渊源与影响研究[D]. 济南:山东大学,2010.

[24] 芮必峰. 人际传播:表演的艺术——欧文·戈夫曼的传播思想[J]. 安徽大学学报,2004,04:64-70.

[25] 车淼洁．戈夫曼，梅洛维茨．“情境论”比较[J]．国际新闻界，2011，06：41-45.

[26] 黄臻．浅析戈夫曼戏剧理论中的“自我”——由《日常生活的自我呈现》一书谈起[J]．汕头大学学报(人文社会科学版)，2012，06：50-53，92.

基于印象管理的微信朋友圈社交行为研究

（付利雅　魏宝涛　辽宁大学）

摘　要：微信朋友圈是基于现实生活中的朋友关系建立的线上社交“圈子”，人们通过微信朋友圈展示自我或与朋友进行互动，在“虚拟舞台”上构建“理想化”的自我形象。本文试图从印象管理的角度对“表演前台”——微信朋友圈的社交行为进行分析，运用问卷调查的方法对微信朋友圈的两种自我印象管理策略——获得性印象管理和保护性印象管理进行研究，凸显微信朋友圈中的社交行为对自我印象管理的作用。

关键词：微信朋友圈；印象管理；“理想化”自我

一、研究背景

移动互联网、社交媒体等技术的结合，改变了传统的社会交往方式。在传统的面对面人际互动中，互动双方可以随时观察对方的反应，根据社会道德规范和制度规范随时调整自己的行为，扮演被期望认可的角色。而如今移动媒体技术的成熟使社交方式打破了传统的时空界限，为生活在信息海洋里的我们进行印象管理提供了更加宽广的舞台。随着智能终端的普及，我们不仅要注重现实世界人际交往中的自我印象管理，更要学会通过控制和管理虚拟世界社交平台上的信息，以此影响他人对我们的看法。

戈夫曼在《日常生活中的自我呈现》①一书中认为生活即演戏，我们每个

① ［美］欧文·戈夫曼：《日常生活中的自我呈现》．冯钢译．北京：北京大学出版社，2008年版，第19页，第97页．

人都是社会大舞台上的演员,在不同的情景中扮演着不同的角色。他将社会舞台区分为“前台”和“后台”,并指出表演者在前台的互动中,总是想方设法给观众造成某种理想化印象。而“后台”是属于私密的地方,个人在后台可以随心所欲地做事,其促成的印象可能和“前台”不一致。随着社交媒体的盛行,现实社交的“前台”从线下转移到线上。微信作为一个拥有庞大用户群的网络社交平台,就是一个线上的“个人形象展示前台”,用户可以按照社会共同价值和规范制度,通过各种符号装备如文字、图片、视频等表现形式及点赞、评论等各种行为方式选择性表露,不断“修饰”自我,构建自己满意的、期望他人对自己形成的特定印象。

二、研究现状综述

印象管理,也称为印象整饰或自我呈现,是指一个人通过一定的方式影响别人形成对自己的印象的过程。印象管理是人际交往中重要的组成部分,一个人在日常生活社会互动中看似无意地做出反应,其实是根据情景和交往的对象的反馈,在有意识地调整自己的言辞、表情和动作,以期控制他人对自己形成的印象。印象管理策略是指“人们使用的造成受赞许的社会形象或社会认同的策略”。从以往的研究来看,西方学者对印象管理策略的分类依据和方法各不相同,最常见的分类有两种。根据印象管理的动机,Snyder(1974)总结了两种印象管理策略:归因策略和否认策略。归因策略指人们有愿意把积极向上的特质归因于自身的一种倾向,而否认特质是指人们有拒绝承认消极特质属于自身的倾向。另一种被学者们认可的分类方法是依据印象管理中的行为积极程度,Akin(1980)将印象管理策略分为获得性和保护性两种。获得性印象管理策略是指在互动中积极主动地表现自己,通过包装自己赢得他人对自己的好印象;保护性印象管理策略是指为了减少他人对自己形成负面印象的机会,人们回避社会互动的次数或在互动中尽量减少暴露的时间等被动的印象管理方法。

对印象管理的研究最早始于国外,近些年,在 Facebook、Twitter、Line 等社交媒体兴起后,一些国外学者将印象管理的研究视野转向研究社会化媒体中社交行为对印象管理的作用。而相关研究在国内兴起较晚,直到最近几年,国内学者才开始关注这一问题。因此,目前国内对微信朋友圈印象管理策略的相关研究文章还较少,其视角和内容主要集中于两方面。首先,是以具体某个群体为研究对象,对微信朋友圈的印象管理动机和策略的探讨。辛文娟、赖涵等人分析了大学生群体在微信朋友圈平台上开展社交的印象管理策略,并发现大学生使用微信的动机更多表现为维系朋友关系和拓展朋友圈,在使用微信朋友圈进行印象管理时大学生们使用防御性印象管理策略来尽可能地弱化自身的不足,以避免给他人留下消极的印象。其次,是以印象管理的相关理论对微信朋友圈的社交行为进行解释研究。徐钱立在《微信朋友圈:亲密关系的表演舞台》一文中就将朋友圈视为一个巨大的“虚拟剧场”,并利用戈夫曼的“拟剧理论”解释了人们是如何通过朋友圈建构公共形象的。从已有的研究来看,对微信朋友圈印象管理策略的研究内容多集中于对朋友圈中社会互动特点的研究和基于某类群体的印象管理行为研究,缺乏对印象管理行为全面、深层次的剖析。

三、研究假设

本文旨在从印象管理的角度研究用户在微信朋友圈中的社交行为,基于上述相关文献综述,提出以下假设:

假设1:微信朋友圈社交行为的展开与用户的印象管理有关。

假设2:微信用户会在朋友圈社交行为中积极采用获得性印象管理策略。

假设3:微信用户会在朋友圈社交行为中积极采用保护性印象管理策略。

四、研究方法

本文设计了“微信朋友圈的印象管理策略研究”的问卷调查,问卷主要分为四个部分:第一部分为人口统计学信息;第二部分为微信朋友圈基本使用情况;第三部分和第四部分主要是根据 Arkin(1980)对印象管理的分类,各设保护性印象管理策略和获得性印象管理策略相关题项各10题,这部分答案按数字1~5的顺序代表“很不符合”到“很符合”五种不同的程度,测量人们在印象管理时相应的行为和态度。本问卷通过“问卷星”调查网站发放,共回收107份有效问卷,最后通过SPSS软件进行录入、分析数据。

问卷总计共42个题项,笔者对微信朋友圈的印象管理策略研究问卷进行信度检验时,得出问卷的Cronbach’s Alpha 系数为0.739,大于0.6,说明问卷中的个题项之间具有较高的内部一致性,可用于该次调查(见表1)。

表1 可靠性分析表

可靠性统计量	
Cronbach's Alpha	项数
0.739	42

五、微信朋友圈中的印象管理分析

本文在设计调查问卷时，根据 Arkin(1980)对印象管理策略的分类，将印象管理策略部分按照保护性和获得性分别设置相应的题项，调查个体在微信朋友圈进行印象管理时相应的态度和行为。在回收的107份有效问卷中，其中男性40人，占样本量的37.4%，女性67人，占样本量62.6%；问卷填写者年龄分布偏年轻，平均值约为25.5岁；在学历方面，占最大比例的为本科，人数为53，占比49.53%。

(一)微信朋友圈使用情况

在微信朋友圈里，只有好友才可以看到对方的信息，交往具有很强的私密性，一定程度上实现了现实社交圈与虚拟社交圈的高度融合。可以说，个人在微信朋友圈上与他人的互动和展示是线下人际交往的复制和延伸，当然，由于个体的生活、工作需求，微信朋友圈中也会存在一些半熟或不太熟的朋友，因此，强关系为主，弱关系为辅是目前微信朋友圈的主要特点。

但研究发现，随着微信好友数量的不断增加，微信用户拥有的真正关系亲密并愿意交流的好友数量却不多，在问卷"目前有多少微信好友"一题中，151(含)个以上占到将近一半，而73.8%的人"关系亲密并经常交流的朋友"仅在20(含)以下，可以看出随着个体社交范围的扩大，微信朋友圈有向弱关系化发展的倾向(见图1)。

微信作为一个生活化的舞台，用户在其中分享心情与见闻，从调查来看，用户在微信朋友圈中发布信息的频率并不高(见图2)，43.7%的人选择"隔几天发布一条"，占比最大，而随时随地发布信息的人仅占15.2%。在"发布的内容一致性"一项中，"朋友圈的内容只是生活的一个或几个侧面"的比例高达70.2%，"和日常生活基本一致"的比例为25.6%。从图3可看出，人们在朋友圈上的自我形象的呈现更偏向真实化，具有"后台行为前台化"的倾向。微信朋友圈将现实社交生活延伸至线上，人们通过朋友圈塑造"理想化"的自我形象，但并不意味着在朋友圈中所呈现的自我形象一定是虚假的、经过刻意美化的，很大一部分人会选择呈现接近真实的自我，因为在微信朋友圈中所呈现出的形象终归还是以现实生活中的真实自我为基础的。

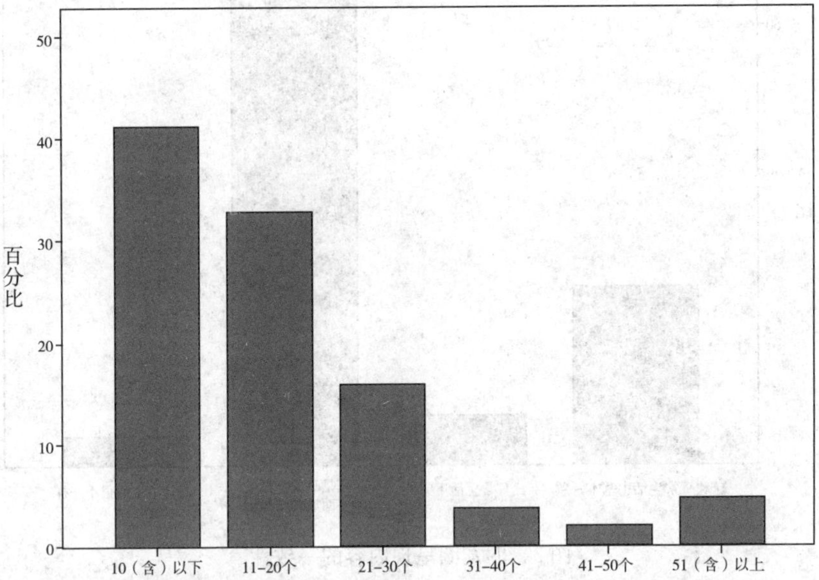

图1　微信好友中关系亲密且经常交流的好友数量

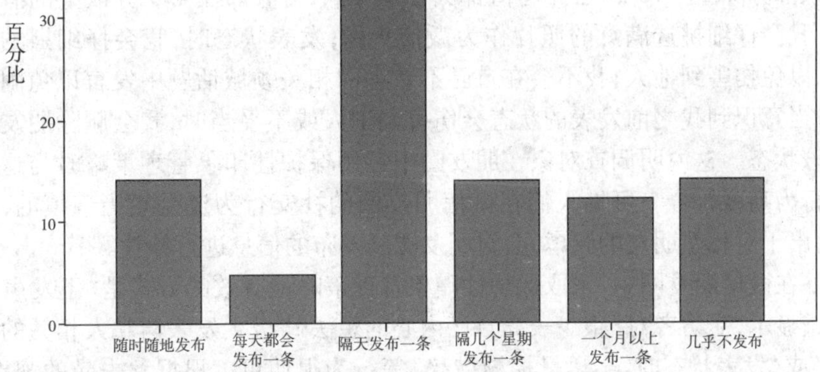

图2　朋友圈发布内容的频率

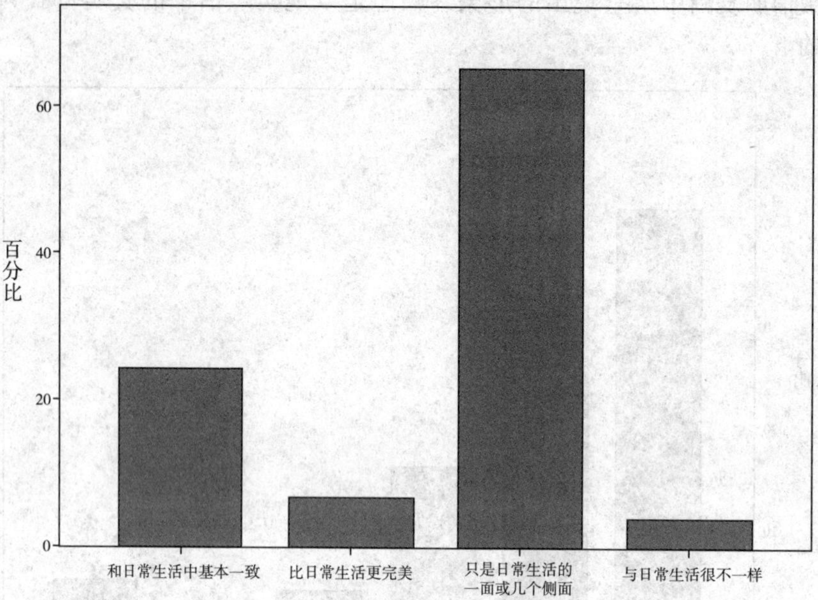

图3　朋友圈呈现内容的一致性

（二）微信朋友圈中的保护性印象管理策略分析

微信朋友圈作为线上社交平台，与现实生活中面对面的交往相比，其信息私密性强且存在着暴露真实自我的风险，一些个体为避免朋友看到自己的“后台”行为，形成对自己的负面影响，会尽可能地弱化自己的不足之处或是在社交中减少露面次数，这些应对别人消极地看待自己的防御性措施属于保护性印象管理策略。表2对保护性印象管理的题项进行统计分析后，发现该部分除14-10题之外均值都大于3，其中均值都在4.0分以上的有四题：我会仔细挑选满意的照片作为微信头像；发表状态时，我会仔细斟酌语言，以免伤害到他人；我不会在自己不熟悉的相关领域话题中发言以免闹笑话；当意识到我之前发表的状态会伤害到别人或不妥当时，我会删除朋友圈中该状态。这说明调查对象在朋友圈中运用保护性印象管理策略时与这四种行为高度符合。可见人们在微信朋友圈的社交行为还是相当谨慎的，同时，出于对相熟朋友的顾虑，会对朋友圈已发布的信息进行补救。

在微信朋友圈中，采取保护性印象管理策略最有效的方式是“不发声”，调查显示，受访者对“很少表露自己内心的想法”“极少发表与私人相关的状态”或“发表状态时，会尽量模糊措辞”等行为很认可。根据戈夫曼的观点，认为在社会交往中保持神秘，可以使他人对其产生一种敬畏感，即距离产生美”。由于微信朋友圈聚集了“熟人”和“半熟人”，相互之间熟知对方的情况，个体为了营造陌生感并与好友保持距离就会作出上述相应的行为，以此树立更完美的形象。

表2 保护性印象管理策略描述统计

测量项	均值	标准差
14-1 我会仔细挑选满意的照片作为微信头像	4.43	1.020
14-2 我很少表露自己内心的想法	3.12	1.171
14-3 我极少发表与私人问题相关的状态	3.36	1.284
14-4 发表私人问题时，我会尽量模糊措辞	3.67	1.204
14-5 发表状态时，我会仔细斟酌语言，以免伤害到他人	4.21	0.959
14-6 透露有些信息时，我会设置朋友圈权限	3.68	1.364
14-7 我不会在自己不熟悉的相关领域话题中发言以免闹笑话	4.20	0.956
14-8 我在朋友圈中只和熟悉的朋友进行互动评论、点赞	3.87	1.150
14-9 当意识到我之前发表的状态会伤害到别人或不妥当时，我会删除朋友圈中该状态	4.25	1.047
14-10 在遇到难题时，我会发朋友圈将问题归咎于周围环境，而不是我能力不足	2.34	1.213

（三）微信朋友圈中的获得性印象管理策略分析

微信朋友圈“一对多”的社交模式为人们提供了自我展示的平台。一些个体通过朋友圈发表图片、文字等动态，有意无意地修饰其形象以实现自己期望给他人形成的印象，这种积极主动的表现自己的方法属于获得性印象管理策略。相较于保护性印象管理策略，采用获得性印象管理策略的个体表现得更有积极性，更看重微信朋友圈中自我印象的塑造，他们会通过主动包装自己、讨好、赞美别人等方式加强印象管理。由表3得出，调查问卷中的获得性印象管理策略的相关题项除15-7、15-8、15-10三题之外的其他题平均分均大于3，表明他们对这些行为和态度比较认可。采取获得性印象管理的微信朋友圈使用者善于利用这一公共交往平台辅助线下印象管理。在发布信息的时候会选择“可能引起更多好友关注和评论的内容”，并且发布的都是“积极向上的、正能量的内容”，信息发表之后，发布者会及时关注朋友对信息的反馈，即点赞数和评论数，以此衡量印象管理的效果。

在对获得性印象管理策略统计分析后，如表3显示，“即使别人发的内容我不认可，我也会违心地赞美”和“如果发现自己在朋友圈存在感下降，我会及时发布一些状态提高关注度”两题的均值都小于 3,在“对不认可的内容给予赞美”一题均值甚至小于 2.5,可见受访者在微信朋友圈中运用互动行为构建理想化印象的时候,会根据内心的真实判断作出反应。

表 3 获得性印象管理技术描述统计

测量项	均值	标准差
15-1 发朋友圈时,我会选择可能引起更多好友关注和评论的内容	3.78	1.119
15-2 在朋友圈发表状态时我很在乎别人的看法	3.64	1.144
15-3 我在朋友圈发布的信息都是积极向上的、正能量的	3.83	0.906
15-4 我很在乎微信的点赞和评论数	3.16	1.142
15-5 在朋友圈发布内容时我会尽量使其具有内涵和深度	3.80	1.059
15-6 对于别人发布的内容,我一般都会给予正面的评论	3.74	0.915
15-7 我会通过微信朋友圈弥补现实生活中的不足与过错	2.99	1.178
15-8 即使别人发的内容我不认可,我也会违心地赞美	2.42	1.244
15-9 为保持礼貌,我会第一时间回复别人的评论	3.53	1.102
15-10 如果发现自己在朋友圈存在感下降,我会及时发布一些状态提高关注度	2.61	1.323

综合变量,保护性印象管理策略和获得性印象管理策略的均值分别为 3.71 和 3.35,由此可见,接受问卷调查的人在微信朋友圈中都综合使用了两种策略来进行印象管理,但是使用保护性策略多于获得性策略。

六、结论

根据最新发布的 2016 版《微信数据化报告》显示,在每天都会使用的微信功能调查中,朋友圈位列功能使用率第一名。微信朋友圈已成为手机用户社交的主阵地。人们在微信朋友圈社交场域中进行自我表达和交往互动,通过控制信息的内容和形式来实现有效的印象管理。从调查中可以发现,人们已经意识到信息时代虚拟社交平台对印象管理的作用,并开始有意识地采取保护性印象管理策略或获得性印象管理策略来建构和维护他人对自我的印象。

（一）微信朋友圈强关系呈现“弱化”倾向

基于“强关系”的微信朋友圈在巩固线下社交关系的同时，也在线上不断建立新的关系。如今，微信已成为个体的“名片”，见面需要互相加微信表示建立朋友关系。于是，以亲密朋友为中心的社交圈在不断向“弱关系圈”拓展。这种现象会导致微信朋友圈使用者发布的内容会被越来越多的“非目标观众”看到，增加了对线上印象管理的难度。为此，微信用户会更加小心翼翼地进行表达控制，选择不发言或利用“屏蔽”功能进行“弱关系圈”的观众隔离。

（二）微信朋友圈使用者自我呈现更偏向真实化

研究发现，使用微信朋友圈的人都采用了上述两种策略来进行印象管理，但是使用保护性策略多于获得性策略。采用保护性印象管理措施的人会通过被动维护的方式进行印象营造，而选择获得性印象管理策略的人会在微信朋友圈中积极通过各种行为为他者创造出一个符合自我期待的形象。就微信朋友圈呈现内容一致性进行分析，发现年轻的微信用户群体在朋友圈中的自我呈现更显真实化。微信朋友圈的互动行为虽是虚拟互动，但其背后是由特定的场景、真实的人物关系和角色期待作支撑，因此，个体在微信朋友圈呈现的“理想化自我”在一定情境下接近“真实的自我”。

参考文献：

［1］辛文娟，赖涵，陈晓丽．大学生社交网络中印象管理的动机和策略——以微信朋友圈为例［J］．情报杂志，2016，03：190-194.

［2］房玲．印象管理综述［J］．社会心理科学，2005，03：114-117.

［3］微信影响力报告：用数据读懂微信五大业务［EB/OL］．http://tech.qq.com/a/20160321/030364.htm.

［4］张治．大学生在社交网络使用中的印象管理策略及其影响因素［D］．郑州：郑州大学，2015：5-7.

［5］Tetlock P E，Manstead A S R. Impression Management Versus Intrapsychic Explanations in Social Psychology［J］．Psychological Review，1985，92：59-77.

停驻与流动:传播学视角下移动音乐应用的社交化探析

——基于网易云音乐的考察

(李思琪　安徽大学)

摘　要:随着移动互联网和智能手机的普及,国内移动音乐应用市场日渐繁荣,移动音乐活跃用户量呈稳定增长态势。然而国内移动音乐类应用众多,却存在主打功能同质化、个性化竞争不足等问题。网易云音乐主打音乐个性化定制的基础上,注重提供用户的社交化服务,使"音乐社交化"成为其核心竞争力与最大的差异化优势。本文立足于传播学视角,考察了以网易云音乐为代表的移动音乐应用中的社交化现状,以期描绘当下"音乐社交化"的轮廓。同时,也试图对这种移动音乐应用社交化的现实影响进行分析和思考。

关键词:移动音乐应用;音乐社交化;网易云音乐;交往;流动

引　言

曾经,人们习惯于戴着耳机循环听一首歌,然后安然入眠。而现在,移动互联网环境下,音乐对于用户而言不仅仅是可听的,还要有更多体验,可以触碰,可以交互。[①] 随着移动通信网络以及智能手机的进一步普及,移动互联网成为人们网络日常生活的首选入口。截至 2016 年 6 月,中国手机网民规模已达 6.56 亿,网民中使用手机上网的人群占比接近 93%,[②]移动应用向用户各类生活需求深入渗透。而在 2015 年 1—12 月各类移动应用的使用

---

① 穆磊. 过亿用户基数引爆网易云音乐"化学反应"[J]. 中国广告,2015,09:140-141.

② 第 38 次中国互联网络发展状况统计报告[R]. 北京:中国互联网络信息中心,2016,8.

率排行中，音乐类应用以77.2%的使用率排在即时通讯、搜索引擎和新闻资讯之后，位居第四，占据休闲娱乐类应用首位①（图1）。中国手机音乐客户端用户规模也已达4.40亿，②网民对音乐的巨大需求促进着移动音乐行业的日益繁荣。

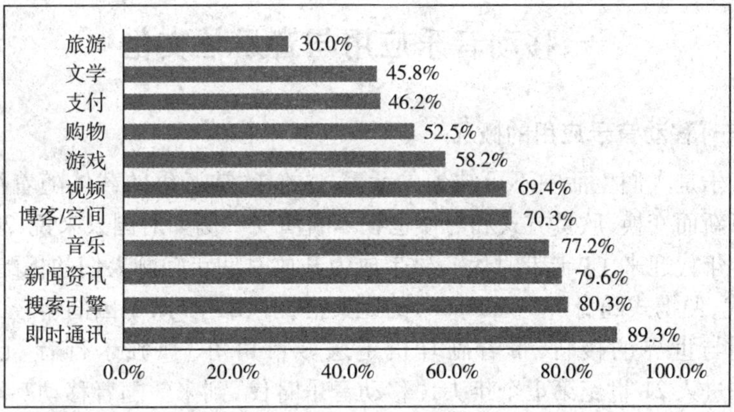

图1　2015年1—12月中国移动端各类应用的使用率

但与此同时，移动音乐市场的巨大升值空间吸引着越来越多的老牌pc端和新生势力入驻，移动音乐应用市场竞争日益激烈，并且主打功能同质化等问题成为行业发展的掣肘。

而网易云音乐作为一款专注于发现与分享音乐的移动音乐应用，却在这种群雄逐鹿的行业大环境下迅速崛起。2013年4月23日上线，两年三个月即实现用户数过亿，截至今年10月，用户更是突破2亿，成为业内增长最快的音乐应用。相比传统音乐软件“播放器”的主打属性，网易云音乐赋予了音乐应用更多的意义，以强大的音乐社交功能赢得了大批活跃度高的重度音乐用户，③这种具有高度活力的社交生态圈值得思考。

本文采用定量研究和定性研究相结合的方法，将内容分析获取的相关数据作为主要支撑，并且搜集相对权威的调查数据以弥补不足。同时，借助参与式观察和访谈个别有代表性的样本深层次的剖析和解读拥有高活跃度用户的网易云音乐社交化现状。此外，立足于传播学的视角，结合传播学、社会学等相关理论，以期使本研究更加全面、客观和深入。本文主要对以下

① 2016年中国移动音乐行业发展动态分析和未来趋势[R]. 北京：中国产业信息网，2016，8.

② 2015—2016年中国手机音乐客户端市场研究报告[R]. 艾媒咨，2016，3.

③ 本刊编辑部. 网易云音乐宣布用户数过亿社交生态成就口碑音乐平台[J]. 广告人，2015，06：159-160.

问题进行研究：移动音乐应用与"音乐社交化"的内涵、发展现状如何？网易云音乐的社交性功能主要在哪些方面体现？其用户的社交现状如何？对用户来说，移动音乐应用社交化可能会产生哪些影响？我们又该如何看待这种音乐社交化的生命力？

一、移动音乐应用与音乐社交化

（一）移动音乐应用的概况

音乐是人们生活中不可缺失的元素，人们欣赏音乐的载体随着社会技术的革新而变换，欣赏方式和习惯也在不断演变。例如对国人来说，20 世纪七八十年代迎来了"卡带时代"，磁带成为开放时期年轻潮人们的标配；到了 90 年代，便携式随身听（Walkman）的经典搭配风靡全球，中国的年轻人初次感受到与世界的接轨，带着副耳机走遍城市角落"孤独乐行者"已不新鲜……进入 21 世纪第十个年头，"移动音乐时代"到来。随着移动互联网成为人们网络生活的重要入口，音乐产业逐渐向移动化衍变，人们听音乐的习惯和方式也在不断改变。传统的在线听歌和下载已经不能满足用户的欣赏需求，智能移动设备的普及和移动互联网的即时性，互动性为人们随时随地收听和分享音乐提供可能。音乐的载体越来越多样化和人性化，智能手机等移动终端集成了在线收听、下载、分享互动等丰富功能于一身各类移动音乐应用呈现出繁荣景象。据 iiMedia Research（艾媒咨询）数据显示，截至 2015 年底，中国手机音乐客户端用户规模达 4. 40 亿。

目前业界关于移动音乐应用的定义并无统一版本。由于手机成为人们音乐应用的重要入口，本文选取以下定义作为研究范围：移动音乐应用指的是数字音乐服务提供商面向移动音乐市场推出的第三方客户端应用，用户能通过智能手机等移动设备实现在线收听、下载、分享互动等基本音乐功能。①

（二）音乐社交化的发展现状

音乐的社交化，就是在欣赏音乐的同时加入社交互动，满足人们对音乐的交流，创作展示的需求，建立气味相投的好友圈，增加用户的黏性和深度，从而分享更多的音乐。②

---

① 李丽莎．移动音乐应用中用户体验对品牌忠诚度的影响研究［D］．广州：暨南大学，2015.

② 吕欣，李邹倩楠，余永海．基于移动端应用的"音乐社交化"创新探索［J］．设计，2016，01：82－83.

在国外，音乐社交这一概念最早是在 MySpace 受到关注。MySpace 是目前全球第二大的社交网站，2010 年 4 月宣布转型音乐社区后在音乐社交领域意外成功，带动一大批如 rdio、Like. fm 等音乐平台走上社交化的道路，成功开启音乐社交之门。rdio 强调是“找人”（Find People）功能，其提供“推荐回复、智能共享、推特艺术家”三种音乐社交分享方式致力于用户将收听习惯和体验与全世界分享。Like. fm 可以通过客户端的形式在用户听歌的时候自动记录和推送歌曲，这样以更简单的方式分享自己所喜欢的音乐……“音乐社交”的概念过去十年来长盛不衰，但 Facebook 等社交软件的崛起一定程度上使这些音乐应用的社交属性黯淡，许多主打社交概念的产品转型或退出。①

国内音乐的社交化趋势在移动端音乐应用中日渐增强。2011 年 6 月，百度 ting 客户端推出，其最初定位就是社交音乐媒体：通过关注与被关注形式随时发现音乐，吸引了一批原创音乐爱好者在百度 ting 平台分享原创音乐；同年 9 月，多米音乐推出 iPhone OS 移动客户端，用户可以登录之后在该社区中进行音乐分享、评论等社交功能；②2013 年 5 月，央视播出《网络音乐进入移动社交时代》的专题报道称：以网易云音乐为代表的一批音乐移动社交软件兴起，网络音乐开始步入移动社交时代。③ 2014 年底，网易云音乐发布的数据报告印证了音乐社交的增势：用户分享歌曲、主动发布评论的用户数量环比 2013 年增长 200%，用户间的点赞、关注、私信等也更加频繁，音乐软件正式开启社交时代。④

二、网易云音乐的移动社交化基因

（一）网易云音乐发展概况

网易云音乐是 2013 年 4 月 23 日正式上线的一款专注于发现与分享的数字音乐产品，隶属于网易旗下，现已覆盖 Android、iPhone、iPad、Mac 等七大平台客户端。和以往的互联网音乐产品相比，网易云音乐瞄准了智能终端

---

① 周霞．随着移动端成为诸多数字音乐厂商角力的新战场，音乐社交化概念悄然而起——音乐社交化渐成趋势，竞争难破同质困境[N]．通信信息报，2013，30（10）．

② 流云．音乐社交应用盘点：音乐社交能否成为音乐产业的新出路？[EB/OL]．http://www. leiphone. com/news/201406/0827-liuyun-social-music-app. html，2012-8-30.

③ 网络音乐进入移动社交时代[EB/OL]．http://news. cntv. cn/2013/05/24/VIDE1369389241947116. shtml，2013-5-24.

④ 网易云音乐大数据报告：社交属性改变音乐市场[R]．北京：网易云音乐，2016，8.

和移动互联网的大势所趋，最先推出的是包括 iOS 和安卓版在内的手机移动客户端。同时，创新的明确提出“音乐社交”这一曾风靡国外移动音乐市场的概念，将产品核心理念定位于帮助用户“发现好音乐”，通过助力用户建立音乐朋友社区进行音乐分享和互动。2015 年 7 月 14 日，上线两年三个月之时，网易云音乐用户数突破 1 亿大关，成为移动音乐业界达到亿级用户最快的产品。根据易观智库发布的《2016 年中国移动音乐市场年度综合报告》，网易云音乐以 358.2% 的增长率成为 2015 年度移动音乐搜索指数增长最高的音乐应用。①

不可否认的是，网易云音乐作为移动音乐应用市场的后来者，其用户数并非最高。但就其用户活跃度以及用户满意度等来说，却位居前列。数据表明，网易云音乐以 1.7 小时日均使用时长位列移动音乐产品首位，排在老牌音乐应用 QQ 音乐和酷狗音乐之前，而且重度音乐用户的使用率排名也是首位。② DCCI 的相关数据也显示，网易云音乐的用户喜爱度占五成以上，在知乎、豆瓣等网络社区平台上也好评不断，“高口碑音乐应用”的美誉不可否认。

（二）网易云音乐的移动社交基因分析

网易云音乐活动高活跃度用户和高口碑的原因，除了其最具个性化的歌单推荐，更为重要的是建立起了比较完善的社交平台。作为移动音乐产品的后起之秀，其定位是“移动的音乐社区”，并以歌单、歌曲分享，歌曲评论为核心的组织方式强化用户的社交属性。据网易云音乐大数据统计，截至 2015 年底，网易云音乐移动端的用户占比超过八成，手机等移动终端已成为大众听音乐的首选；同时听歌进入社交化时代，听歌单、听歌看评论成为流行听歌方式。基于用户自主创建的优质歌单已达 8000 多万个，生成逾 1.2 亿条音乐评论和 2 亿次的音乐分享，③可以说，音乐社交生态圈趋于成型。具体来说，其社交化属性主要体现在两个方面：

1. 音乐板块附加社交功能

网易云音乐应用端为用户提供了对单曲、歌单、电台等的分享以及评论功能：可以将其喜欢的音乐动态分享到社区、私信给关注的朋友。而且除了平台内的闭环分享，还可以延伸至其他的第三方平台，如微博、微信、QQ 等。

---

① 2016 年中国移动音乐市场年度综合报告[R]. 易观智库，2016，5.

② 郑春晖，李国琦. 2015 年移动音乐市场报告[R]. 速途研究院，2015.

③ 来源于网易云音乐 2016 年 8 月发布的《听歌多元化时代到来——网易云音乐 2016 上半年用户行为大数据》报告。报告基于网易云音乐后台大数据，呈现出了 2 亿音乐用户听歌行为以及 2 万音乐人的活跃行为。

由于微博、微信等社交软件具有动态化、碎片化、即时化等天然特征，网易云音乐很大程度上为用户提供了基于音乐的移动社交平台，在满足用户听音乐的同时，实现随时随地分享和表达感情、观点的需求。另外，其极具创新社交力的一点是“相似推荐功能”：用户可以针对歌曲、歌单进行推荐，并且还能提供给推荐者同样喜欢同一歌曲或歌单的用户，建立音乐欣赏与互动交流可能性，拓展了单一用户基于云音乐的关系社交。

2. 社交板块功能

社交板块主要包括动态、好友、附近三个部分（见图2）。动态是进行基于音乐内容进行分享的功能，类似于微信朋友圈，可以在动态内实现动态的发送和浏览他人动态。附近是基于LBS（基于位置的服务）功能为用户提供音乐交流可能性的社交性功能，提供了周边用户所正在听的歌曲，有些类似微信的摇一摇功能。好友即用户的好友列表，是用户之间相互关注的关系，好友之间可以互相查看资料、建立的歌单、喜爱的歌单、听歌记录，好友之间相互分享和交流音乐更加便捷和清晰。由于网易云音乐可以使用微博等第三方账号登录，好友既包括基于云音乐闭环内关注的用户，也可以包含用户基于第三方关注的原始好友。

图2　网易云音乐社交板块界面

从网易云音乐的社交性功能设计可以看出，其与多元化第三方平台（微博、微信等）的链接为其建构开放性的音乐移动社交平台提供了关键支撑。而随着web2.0时代的到来，UGC（用户生成内容）在当下已是大势所趋，对于移动音乐应用来说，用户创建的歌单作为UGC的代表，区别于传统的单曲、专辑等音乐分类形式，具有高度互动性；而用户对歌曲评论的认知、情感，对音乐的分享需求也成为粘连音乐、用户与用户、用户与音乐平台的重要因素。通过培养用户在平台上的社交习惯以及用户自身沉淀的高质量乐评内容等，可以在音乐作品的传播过程中发酵出能量，吸引更多用户来网易云音乐上听歌、交流。网易云音乐正是用其人性化的社交性功能满足了以用户为中心的音乐社交诉求，以其携带者天然的移动社交基因，取得了大批活跃用户以及高口碑。

三、网易云音乐的社交化现状探析

根据上文提及的网易云音乐大数据报告，听歌单、听歌看评论成为用户普遍认同的流行听歌行为，也是用户听歌进入社交化时代的重要标志。因此，笔者试图以其社交属性中代表性的评论内容为研究基点，管窥社交行为在移动音乐应用中的发展态势和反应的社会气候，这对合理认识当下移动音乐传播社交化现象的意义重大。

为了保证数据整体的准确性，笔者依据网易大数据总结选取了截至2016上半年评论总量最高的15首歌曲（笔者样本选取日为6月31日，与网易调查时间相隔较小，总体趋势应该一致）。为了保证数据的代表性，笔者将这15首歌曲点赞数最高的20条评论作为研究样本，共计300条，围绕歌手与歌曲评论数量、评论的增长速度、评论内容及态度倾向、语言风格展开内容分析与研究，以期把握网易云音乐的社交化现状。样本与分析如下：

（一）歌手与歌曲评论数

笔者将截至2016年6月网易云音乐歌曲评论总量最高的15首歌曲及其评论数量从高至低排序绘制表1。歌曲评论数量最多的为周杰伦的《晴天》，达到50万以上；排在其后许嵩、Alan Walker和薛之谦的三首歌曲也都获得10万以上的评论。而从排在第五的歌曲开始，评论数集中在4万～10万。

表1 截至2016年上半年网易云音乐评论数前15的热门歌曲

歌曲	歌手	评论数
《晴天》	周杰伦	500633
《雅俗共赏》	许嵩	374449
《Fade》	Alan Walker	254913
《初学者》	薛之谦	161413
《最佳歌手》	许嵩	91799
《我好像在哪见过你》	薛之谦	80124

（续表）

歌曲	歌手	评论数
《演员》	薛之谦	70741
《英雄》	周杰伦	70984
《摄影艺术》	许嵩	60200
《燕归巢》	许嵩	59484
《faded》	Alan Walker	58140
《超越无限》	林俊杰	57501
《刚刚好》	薛之谦	56160
《日本动漫插曲》	Junna	50622
《if you》	Bigbang	49819

从数据中，首先可以看出热门歌曲的类型呈现多元化，包含中文、英文、日文、韩文歌曲，用户欣赏的音乐风格多元化；其次从评论的排名顺序来看，周杰伦的《晴天》占据第一，此外他的作品还有多首上榜，许嵩、薛之谦等歌手的评论度也占据前列。可见歌手知名度及其代表作品的流行度与用户的讨论度基本持正相关的关系。

此外，从数据中还可以看出歌曲评论区呈现出一种局部过度集中和多数分散持平的现象（见图 3）。笔者认为这与歌手知名度及其拥有的特定歌迷群体有一定关系。举例来说，周杰伦作为众多 80 后、90 后青春时代的偶像，其早年作品《晴天》对歌迷有着特定意义。许多评论都在表示这首歌是自己回忆青春的歌曲："2000 年开始听刚上高一，现在都是俩孩的爹了"，"半夜听着周董的老歌，看着大家的评论，满满的回忆"。[①] 尤其是 90 后这一群体，已步入青年时代，正经历着社会的打磨和环境日益变化带来的阵痛，而伴随其中多数人稚嫩时光的音乐和偶像成为缅怀青春的符号记忆。

---

① 选自网易云音乐客户端《晴天》的用户评论。未经用户授权，后文出现的用户评论均用昵称用户名代替。

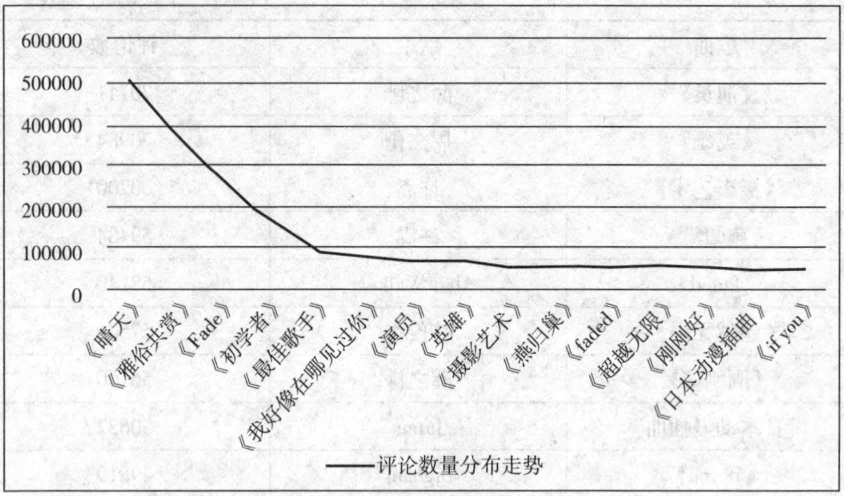

图 3　歌曲评论数的分布走势图

(二)评论的增长态势

从整体上来看样本歌曲的评论呈现局部集中的现象。同一歌曲的增长态势也以非匀速的水平上升，会在某个特定时间点呈现爆发式增长。以薛之谦的《初学者》为例，此歌曲与 2016 年 5 月 17 日零点在网易云音乐等平台首发，首发一天评论数突破 8 万，两天突破 10 万，但后期开始呈现低速增长态势。

这种增长态势显示了强大的粉丝效应和网络传播力短暂的生长周期。网易云音乐平台独家入驻的歌手已超千位，众多独立音乐人会通过在平台上和粉丝互动扩大自己音乐的影响力。《初学者》首发时薛之谦就即时在音乐评论区发表评论(图 4)，吸引了大批粉丝和路人围观刷屏。大部分评论表现出粉丝对歌手和歌曲的赞美，还有评论围绕歌手及其音乐发起有趣的话题吸引其他用户互动，不断衍生的话题内容加之网易云音乐与第三方平台微博、微信的便利连通性和开放性，使评论区造成一片狂欢的景象。但随着时间推移粉丝热情渐退，其他围观用户也大批离场，评论区逐渐平息。

图 4　《初学者》发布当日薛之谦在网易云音乐的评论

(三)评论内容及态度倾向

从样本评论来看,大致分为七类:

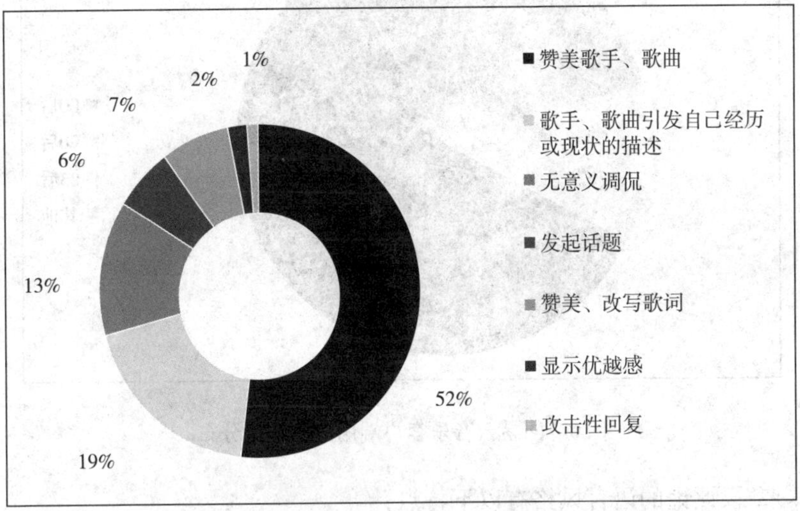

图 5 网易云音乐歌曲评论内容分类

从图 5 中可以看出,赞美歌手、歌曲的内容占到 50% 以上,听歌引发自己经历或现状描述的约 20%。还有些是用户因听歌发起其他话题的讨论。同时,小部分属于无意义的调侃的内容,如评论:“听这首歌的时候莫名奇妙地把单车骑上了高速公路”,“自从听了这首歌,打麻将就没输过”。此外,仅有 4 条显示听歌优越感和 2 条因意见差异互相攻击性的回复评论。总的来说用户发表的评论内容较多元化。

而从中也能看出评论的整体态度倾向。赞美与音乐相关的评论占到 50% 以上,是因其被点赞次数较高,意味着超过一半评论还是比较正面、积极的。但值得注意的是,小部分无意义的调侃内容以及极少数攻击性回复的出现,也代表了网易云音乐评论区的一种较为不理性的现象。不过这些内容总体来说并无攻击性,其娱乐性大于实用性,部分用户出于围观心态会点赞支持。

(四)语言风格

网易云音乐作为一个“移动音乐社区”,其用户群体主要是 90 后和 00 后群体,根据网易云音乐的大数据调查,90 后和 00 后在总体用户中占比约 70%(图 6),90 后更是占据了半壁江山,成为音乐消费主力人群。

这就决定了其评论区的风格受到众多喜爱音乐的年轻人影响。从样本

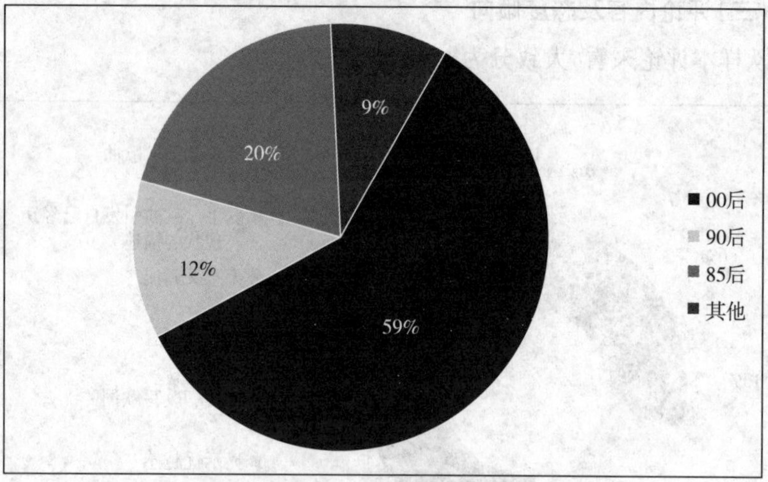

图6　网易云音乐客户端用户年龄层分布

整体来看,评论的语言风格有以下特点:

1. 煽情故事化

音乐作为一种抽象的艺术和文化产品,其受众尤其是程度较高的音乐欣赏者多数带着一种细腻的情感和具象的故事化评论方式,用以表达对音乐的内在感受。如《晴天》的前20条点赞最多的评论中有一条这样写道,“第一次听是小学四年级。印在脑中的场景是永远在拖地的教室和洁癖到偏执的班主任。时过境迁,还是没机会为你翘课,最后,勇气和那个下雨天一起消失”。许多评论都充满了细腻煽情的感觉。

2. 调侃娱乐化

网络流行语体层出不穷且影响遍及各个角落。在网易云音乐的评论中,不乏基于音乐上又黏着网络语言特性的内容,充满着调侃娱乐的意味。如歌曲《演员》下的评论:“南有薛之谦,北有大张伟,厉害了我的哥们,他们都是被唱歌事业所耽误的青年相声演员!”“李荣浩给薛之谦写了丑八怪,给自己写了模特。”可见许多用户在享受音乐之余还会留下逗趣幽默的评论娱乐他人,也因此获得其他用户的点赞关注。

3. 文体仿拟化

网易云音乐中依附于歌词、诗歌等进行仿拟的评论内容不在少数,如许嵩《雅俗共赏》下的评论:“而立之年,雅俗共赏。聚光灯下,孤芳自赏。你言荒唐,我言不忘”;“俗的无畏,雅的轻狂。雅俗共赏”。这些自创的评论显示了众多用户的艺术鉴赏力和创造力。

4. 多元化

前文提到过网易云音乐的评论较高的15位歌曲中包含多种语言和曲风的特点，而喜爱不同语种歌曲和不同曲风的用户群体，一般来说使用的语言富有多元化的特征。例如，日语歌曲下面的评论常带着与动漫影视相关的二次元风格，样本中的日语歌的评论即为："组织都已经决定了由你来当Walkure，我说另请高明吧，我一个温德米尔人怎么就到拉格纳星去了，后来我就念了两句诗就参加了Walkure。"特定歌曲的听众之间语言风格迥异，显示其交流过程的风格差异。

从上述分析来看，网易云音乐的用户在交流过程中的行为、言语特征等与微博等社交平台中的交往有相似的地方，如交流的碎片化、即时性、高互动性等。这是由网易云音乐的开放平台联通接口（用户登录平台、分享音乐都可以借助微博、微信等第三方账号）以及这些平台黏附的社交特性决定的。但网易云音乐的用户社交又存在着自身特有的风格，其社交建立的基础始终围绕音乐这一基础，"接触音乐—交流互动"是其交流基本模式。与社交平台的信息等内容的交流相比，其交流前提——音乐认知、感觉等具有一定的抽象性、模糊性，因此交流的形成难度更大，理解差异更大。

而从发展态势来看，音乐平台上的社交还是比较和谐、理性的，虽然有少数调侃娱乐化和因意见不同引发的攻击性回复，但大多数的用户都是基于音乐进行观点的表达与互动，对音乐的赞美、音乐观点的交换，甚至听歌后引发对现状思考或者互相情感鼓励的正面内容普遍存在。

四、对移动音乐应用社交化影响的思考

上文主要对网易云音乐的社交化现状进行了探析，我们逐渐看清了其高活跃度音乐社交生态圈到底为何种轮廓。那么对用户来说，以网易云音乐为代表的移动音乐应用所提供的社交化平台可能发挥了怎样的作用？笔者通过参与式观察（笔者于去年8月注册和使用网易云音乐手机客户端，12月开始在知乎平台对重度网易云音乐用户发帖进行观察、材料收集）和在线访谈其中部分用户，对网易云音乐的社交化在用户中所起作用有了较深入了解。笔者主要分为以下两个层面分析。

（一）缓和音乐传播媒介与感官失衡的矛盾

这个侧面是从客观的传播中介（包括媒介技术和人自身的生理感官）层面来说。依据麦克卢汉的"媒介即人的延伸"理论，任何媒介都不外乎人的感官和感觉的扩展或延伸。媒介理论家保罗·莱文森也曾指出，技术发展

的趋势越来越人性化。技术在模仿甚至是复制人体的某些功能、感知模式和认知模式。

对音乐的传播来说，记谱法发明之前，人对音乐的欣赏和感受过程中各种观感是平衡的，而记谱法发明之后“毫不留情的切断了与音乐伴生的表情、体态、感受和音乐本身的联系，我们不得不用生硬的、与音乐毫不相关的，甚至需要借助其他情感体验来描述的表情符号来代替原本属于音乐的“表情”，成为一种“理性视觉”的束缚；到了唱片时代，音乐终于摆脱了其束缚回归于听觉，但与视觉、感受等其他感官仍处于一种实在的割裂和虚拟的整合状态，我们看似能够听到与看到、感受的完整的音乐，实际上我们听到、感受到的只是经过技术加工的工业流水线上生产的同质化复制品。[①]'而“交流”作为我们生存的基本情感需求，此刻在音乐这种抽象艺术欣赏过程中成为我们感受和深化音乐艺术完整内涵的天然介质，可以说起到了音乐感官最大程度整合与释放的促进作用。

以网易云音乐来说，其高度活跃的社交化生态圈就证明了上面的观点。传统的移动音乐应用原本是一个较为单一的产品形态，用户注册账户、欣赏和下载音乐或者在小范围的平台上进行音乐二次分享是主要功能，大多数用户使用音乐应用的行动范围即在以自已为圆心、以自己与音乐连线为半径构成的乐“圆”里，延伸的是自已的听觉，在其欣赏音乐之时常常是一种较为静态的停驻状态；而移动互联网时代的到来，通过借助移动互联网和智能终端为代表的自媒体传播中介，人们所面对的移动网络终端世界变成了一个虚拟的音乐大社区。网易云音乐即是通过人性化的社交性功能，充分利用了拥有即时性、覆盖性等特质的移动互联网和以便捷性、碎片化等为特征的智能手机为代表的移动终端，将二者成为其社交化方向实现和升级的跳板，使“音乐”和“社交”两者产生了奇妙的化学反应：用户实现了自我听觉的延伸及欣赏者彼此之间的听觉交换，最大程度完整了彼此的音乐体验。在这个过程中用户听觉和其他感官最大程度被调动，自身处于一种动态的流动状态，一定程度上缓和了感官失衡带来的无力感。

(二)满足脱嵌与再入嵌的转换需要

此层面主要是从使用主体出发。上文已提及，90 后等年轻群体是其音乐消费主力人群，用户群呈现年轻化趋势，他们有更加积极、主动参与音乐社区的分享和互动的倾向，并且将定义音乐产品未来的方向。移动音乐应

① 潘海啸．3G 音乐手机传媒——麦克卢汉媒介理论的音乐媒介诠释[J]．南京艺术学院学报，2008，01：56.

用的逐渐社交化主要满足的也正是此年轻化群体的需要。根据传播学家卡兹等人提出的使用与满足理论,受众在社会、心理因素的作用下,基于对某种媒介的期待而主动选择进行接触以满足个人需求。笔者认为,移动音乐应用的社交化主要在两个方面满足其偏年轻化的用户群体。

1.“脱嵌”的需要

脱嵌是社会学家贝克用来阐释个体化社会中的个体从早期现代原有的社会整合机制中脱离过程的重要概念。吉登斯、鲍曼等社会理论大师指出,“当今全球化背景下社会出现了剧烈变化,建立在‘自反性’基础上的个体化成为当代社会的主要特征,脱嵌由此产生。由于脱嵌性,大量的个体自由被创造出来,引发的是多元认同与碎片化自我”①。而随着当代社会的网络化,网络与现实世界二者已处在一种相互渗透的状态之中,由于网络附带的去中心化、匿名性等技术特质,个体的脱嵌性在其中表现得更为彻底。

从网易云音乐的社交现状可以看出,其年轻化用户群体的个性化、自我存在感等充满“脱嵌”状态特征的需求得到了满足。例如在歌曲评论中,不同语言歌曲和风格的用户群体拥有着差异化语言和思想特征,有着属于自身群体的身份标签;从个人来看,基于音乐之上的评论内容更是多元化和个性化,彰显了个体的独立性和自我存在感。在网易云音乐的歌曲《Fade》下,有几种评论比较有代表性。A 用户:“作为 Fade 搬运第一人,搬来这首歌我感到无比自豪。”B 用户:“为啥看着评论剧增,有种宝贝被抢走的赶脚。”C 用户:“目睹 Fade 从 1200 的评论飚到 27000+的评论,现在不属于我一个人了。”而通过对笔者自己关注的网易云音乐用户访问,许多用户表示更加喜欢使用网易云分享音乐链接,毕竟网易云音乐还不像 QQ 等其他大众音乐软件那样普及,稍微小众化,由此有一种更“高大上”和独特的感觉。

2.“再嵌入”的需要

吉登斯的现代性思想中,全球风险社会下容易引发“本体性安全的动摇和丧失”,而“脱嵌”所产生的不确定感和碎片性所产生的不连续感如果和风险社会联系,就更会造成上述本体“安全性”问题,因此个体的再嵌入也同样迫切。英国社会学家鲍曼认为,在脱嵌造成的认同多元化的个体化社会,“个人对社会的再嵌入是建立在高度流动性和随之而来的对陌生人的身份认同基础之上的”。移动互联时代,技术成为打破人们交往受到空间界限的利器,也让陌生人交往成为可能。在现实的熟人或陌生人交往中,人们因其

① 张杰. 通过陌生性去沟通:陌生人与移动网时代的网络身份/认同——基于“个体化社会”的视角[J]. 国际新闻界,2016,01:102-119.

角色化的束缚,情感的呈现与表达受到一定压抑。而在网络空间的交往中,虚拟性、身体的不在场,加之对彼此可以选择随意进出的确信,与陌生人相处会更加随意、大方,真情实感更易流露;同时某种兴趣、情感、态度的认同也会带来更加亲密与安全感。人们在形式上是陌生人,拥有不同的生活环境、社会身份,但手机为人们提供了一个场域,可以在这里共享经历、价值观和精神世界。

比如,笔者在网易云音乐的评论区经常会发现,多数人在听歌后,除了留下对歌曲本身的相关评论,还会发表关于自己某种情感、现状等私人性的内容。例如,用户 P:“网易云音乐可能是最后一个我可以随便写‘有点难过’而不用担心被问及‘你怎么了’的地方。”而更多的人,基于从音乐这个兴趣开始,延伸出不同的共同话题,从而得到认同、亲密感、安全感。笔者以网易云音乐的一个小众音乐“后摇”歌单的评论区现象为例,与之前笔者所作的评论内容分析样本不同,此歌单评论区的数量明显贫乏,但却正好可以说明此音乐平台对用户寻找认同、亲密感与安全感的作用。用户 F:“本以为世界上只有我一个人,直到发现了你们。”用户 S:“心里是多么的孤独,多么想找一个人一起度过一生,直到遇到了你们。”除此之外,笔者还在知乎上选取了一位比较有代表性的用户 AC 的留言:“在网易云上看到还有人和自己听同样的一首歌,还有人和自己一样喜欢同一个冷门歌手的时候,这些人是怎样的一种感动。这种东西,叫作共情!共情之后是否会产生社交?会!在现实生活中找到一个志同道合的小伙伴有多难得,我们该感谢音乐应用能让两个相似的人偶遇成为一种可能。”可见,从音乐开始,在这里也能找到兴趣相同,情感相似的陌生人同伴,并可能以此互相建立暂时的亲密与安全感。笔者认为,网易云音乐的社交化意义也正在于此。

但是笔者在进行研究的过程中,也发现移动音乐平台上依然存在着微博、微信等社交软件中同样存在的不理性发言、刷评论等问题,之前的内容分析中有所提及,这里就不再论述。而对网易云音乐等音乐应用来说,在提供更个性化的社交功能性体验、匹配度更高的好友用户、良好的音乐社交环境等问题上依然有进步的空间。在当今市场新产品更新换代速度空前的情况下,网易云音乐能否用社交化增加用户黏度以及这种音乐社交化的生命周期的长度,都有待观察。

结　语

麦克卢汉在《理解媒介》一书中的序言中提道:“希望万事万物和芸芸众

生都完全宣示自己的存在和个性。在这种专心的态度中，可以看到一种很深的信仰，它关注的是世间万物的太和之境……其中实施探索技术所反映的人延伸的轮廓，且力求使每一种探索都明白易懂，弄懂它们可以使之井井有条地为人服务。"①

随着技术的发展和社会的巨变，社交性已成为互联网应用发展的必要元素，且不再局限于单一的信息传递性应用之中，网易云音乐以社交化差异竞争而迅速崛起就代表了移动音乐应用的社交化在当下是大势所趋。其社交化的形成首先缓和音乐传播媒介与感官失衡的矛盾，辅助用户实现其音乐感受的完整性。其次，通过音乐的互动与分享满足了其年轻化用户的"脱嵌"与"再入嵌"转换过程，实现了心理的释放与安定。"音乐"和"社交"两者产生了奇妙的化学反应。但是，音乐交流的本质最终是为了欣赏者获得更深刻和完美的音乐体验感。移动互联网时代将是一个服务为主的时代，用户需要的不仅是获得的内容，还有个性化、人性化服务体验。以网易云音乐为代表的移动音乐应用，能否在市场环境和用户需求都处在时刻变化之时提供最优质的内容和最独特的使用体验，是影响用户决定停驻于此还是继续流动的重要因素。期望在当今浮躁与喧闹的社会，我们可以遇见更多优质的音乐产品，并驻足"听见最美的声音"。这也是笔者进行此次研究的初衷。

参考文献：

[1] [加] 麦克卢汉．理解媒介——论人的延伸[M]．北京：商务印书馆，2000.

[2] 郭庆光．传播学教程[M]．北京：中国人民大学出版社，2011.

[3] 李丽莎．移动音乐应用中用户体验对品牌忠诚度的影响研究[D]．广州：暨南大学，2015.

[4] 穆磊．过亿用户基数引爆网易云音乐"化学反应"[J]．中国广告，2015，09：140-141.

[5] 吕欣，李邹倩楠，余永海．基于移动端应用的"音乐社交化"创新探索[J]．设计，2016，01：82-83.

[6] 编辑部．网易云音乐宣布用户数过亿社交生态成就口碑音乐平台[J]．广告人，2015，06：159-160.

[7] 基于音乐类应用社交功能中用户评论的内容分析[J]．安徽文学月

① [加] 麦克卢汉．理解媒介——论人的延伸[M]．北京：商务印书馆，2000.

刊,2015,11:64-65.

[8] 辛尔露. 从媒介批评视野看社交网络中的点赞评论[J]. 东南传播,2014,04:115-117.

[9] [英]齐格蒙特·鲍曼. 全球化:人类的后果[M]. 北京:商务印书馆,2001.

[10] 何欣茹. 网易云音乐营销推广策划[D]. 杭州:浙江大学,2014.

[11] 黄静茹. 移动互联网时代音乐APP的创新与发展——以网易云音乐为例[J]. 新媒体研究,2016,02:15.

[12] [英]齐格蒙特·鲍曼. 全球化:后现代性及其缺憾[M]. 上海:学林出版社,2002.

[13] 张杰. 通过陌生性去沟通:陌生人与移动网时代的网络身份/认同——基于"个体化社会"的视角[J]. 国际新闻界,2016,01:102-119.

[14] 张杰."陌生人"视角下社会化媒体与网络社会"不确定性"研究[J]. 国际新闻界,2012,01:34-40.

[15] 黄少华. 论网络空间的人际交往[J]. 社会科学研究,2002,04:93-97.

[16] 王海刚,贺燕. 网易云音乐APP市场现状及发展对策探析[J]. 新闻研究导刊,2016,18.

[17] 陈旭."微信热"与小众化传播[J]. 青年记者,2013,35:76-77.

[18] 王志弘. 流动、空间与社会[M]. 台北:田园城市文化事业有限公司,1998.

[19] 邬治国. 媒介技术形态变革与音乐传播[J]. 新闻界,2012,04:34-36.

微信朋友圈中互动频率与亲密感的关系研究

（杨韵蓉　北京邮电大学）

摘　要：作为国内发展最快、前景最好、用户数最多的网络即时通信应用，微信无疑是我国移动社交领域的霸主。微信朋友圈是微信的重要功能之一，许多用户都倾向于使用微信朋友圈进行人际交往。这种高频率互动能增进人际交往中的亲密感吗？亲密感与朋友圈的互动频率之间又呈现什么样的关系呢？本文根据微信用户构成的特点，用分层抽样选取了十位用户进行深度访谈，并通过对访谈结果进行内容分析得出了互动频率与亲密度的七种关系模型。本研究的结论是：微信朋友圈的互动频率增多在一定程度上可以增进亲密度，但效果并不显著，血缘与两性关系、共通的意义空间、空间距离与线上线下联系的频率这三个因素对亲密度的影响更大；亲密度会影响微信朋友圈的互动频率，但内容本身与社会资本报偿对互动频率也发挥着同样的影响力。

关键词：微信；朋友圈；互动频率；亲密感

一、研究背景

根据中国互联网络信息中心（CNNIC）发布的第38次全国互联网发展统计报告显示，截至2016年8月，我国网民总数已达7.10亿，互联网普及率为51.78%，超过全球平均水平3.1个百分点。在互联网飞速发展的同时，我国手机用户的增长速度也令世界瞩目。除了继续保持世界电视机拥有量第一的殊荣之外，我国还是世界手机生产和消费第一大国。互联网和手机的结合迎来了崭新的时代——移动互联网时代。在这一时代背景下，我国手机网民规模达6.56亿，手机网民占整体网民比例也由去年年底的90.1%提升至今年的92.5%。

手机网民的增多也开启了“移动社交”时代。在对中国网民各类互联网应用的使用率调查中，即时通讯应用位居榜首，网民使用率高达90.4%。作为拥有5.7亿日均登录用户的即时通讯应用，微信无疑是这一行业的领军人。自2011年1月21日横空出世，微信一直在拓展并完善其服务。好友来源上，微信集QQ好友、手机通讯录、“附近的人”和“摇一摇”四种渠道于一体，拓宽了交友层面，以强链接为主，弱链接为辅，使虚拟社交与现实社交相融合；功能上，从最初的即时通讯与社交平台，发展为集通讯、社交、游戏、支付、购物于一体，并能实现圈子内新闻、音乐、视频等内容共享的平台。

在以上诸多服务中，朋友圈的使用是一大亮点（见图1）。《中国青年报》社会调查中心通过益派咨询对2356名受访者的最新调查显示，67.7%的受访者经常使用微信朋友圈。在2015腾讯全球合作伙伴大会“互联网+微信”的分论坛上公布的《2015微信生活白皮书》也显示，在活跃微信用户当中，有76.4%的用户倾向于使用微信朋友圈进行人际交往。对朋友圈的过频使用甚至出现“朋友圈依赖症”现象——天亮睁眼之后，直到天黑睡觉之前，吃饭、坐公交、上厕所、学习工作之余，大部分碎片时间都被人们用来刷朋友圈。

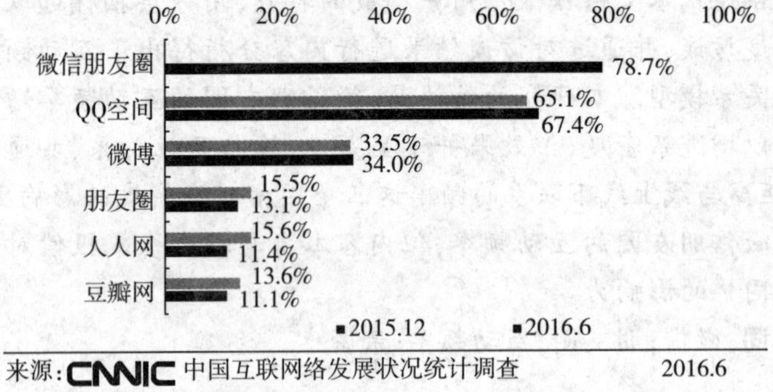

图1 2015.12—2016.6典型社交应用使用率

既然许多人际交往与关系维系都是通过微信朋友圈的互动来进行，那么高频率的互动真的增强了人与人之间的亲密感吗？亲密感与朋友圈的互动频率之间又呈现什么样的关系呢？这些正是本研究想要探讨的问题。

二、文献综述

和微信相关的研究很多。笔者以“微信朋友圈”为关键词进行检索，涉及人与人互动的相关研究主要集中在以下几个方面：

1. 从个人隐私角度对朋友圈的互动进行研究。杨松儒的《微信朋友圈的个人隐私保护研究》以微信朋友圈的个人隐私保护为切入点，对移动互联网时代的网络隐私权保护进行了探讨。文章先引出微信朋友圈网络隐私权保护的必要性，继而提出微信、微信朋友圈信息交流性质，分析微信朋友圈个人信息私密性、所涉及的个人隐私权保护的法律依据与国内外法律制度经验借鉴，研究探讨侵犯微信朋友圈个人隐私的认定，最后对微信网络应用服务提供者的法律责任和义务进行论述，对于保护网民在使用微信朋友圈时涉及的个人隐私有一定的意义。

2. 从商业角度对朋友圈的互动进行研究。刘文、武文颖的《浅析微信朋友圈代购行为的第三人效应》认为，微信朋友圈的营销行为，即俗称的"微信代购"迅速发展，对人际交往与信息传播形成了较大的影响。文章运用访谈和问卷调查等方法对此进行了调研，来研究微信代购行为中是否存在第三人效应。贺翀的《微信朋友圈广告的传播特征及效果》则放眼于商家在朋友圈投放的广告，分析这种出现于不同用户的微信朋友圈里的新兴广告形式——"信息流广告"的传播特征及传播效果。

3. 从心理动因角度对朋友圈的互动进行研究。闫影影的《微信朋友圈使用心理动机研究》基于实证调查数据的研究发现：微信朋友圈的用户黏高学历的青年人为主；使用微信朋友圈的目的首先在人际交往，其次是娱乐消遣，增加生活乐趣；对微信朋友圈有依赖性但是也存在不满情绪，微信朋友圈的用户黏度不高。微信朋友圈是由相互联结的熟人构成的，是社交弱关系向强关系转换的桥梁，想要良性的发展需根据朋友圈发布心理动机做出一定的改善。魏宝涛、王爽的《微信朋友圈"点赞"文化与网络情绪传播》在对微信朋友圈中的信息进行解读后，认为微信朋友圈的媒介使用与微信用户自身的情绪相关联，并且情绪成为驱动朋友圈特定行为的根本动因，它广泛地存在于微信朋友圈内信息传递与人际互动的过程之中。微信朋友圈"点赞"文化本身能够产生的传播效能与朋友圈内群体非理性的情绪涌动关系密切，不能简单化地以是与非、正向与反向、积极与消极来区分。

4. 从正负效果的角度对朋友圈的互动进行研究。宋江波《微信朋友圈对人际交往的影响研究》认为，微信朋友圈人际传播对人际交往的影响有正面与负面两方面。正面影响中，微信朋友圈使人际交往的对象扩展到了陌生人与商家，从而扩展了人际交往的广度；同时，微信朋友圈也使用户间的交往变得相对积极与真实，从而加强了人际交往的深度。而朋友圈文字陷阱游戏、陌生人际交往及商家人际交往有可能会对人际交往造成负面影响，如朋友圈文字陷阱游戏传播影响正常的交往、个人信息的暴露使陌生人际交往存在危险以及为牟暴利而盲目和欺诈性交往的出现。这些负面影响大多是对朋友圈利用不当造成的。对此，文章提出了自我约束与利用外力规范微信朋友圈的交往秩序方面的对策。

综合以上文献,其共同隐含的立场是:微信朋友圈的互动对于人际交往具有一定程度上的影响力,如角度一认为朋友圈的互动会影响到人际交往中的个人隐私;角度二认为朋友圈的商业行为会影响到人际交往行为;角度三认为人们基于不同的心理动因会产生不同的互动行为,进而影响到人际交往;角度四认为微信朋友圈的互动对于人际交往的影响力包含正负两个方面。但是,以上研究都是分析微信朋友圈的互动如何影响人际交往的外显行为,对于行为背后的内在心理机制并没有涉及——微信朋友圈的互动如何影响人与人之间的亲密感。因而,本文在已有研究的基础之上,深化人际交往的内涵,以微信朋友圈中的互动与亲密感之间的关系为切入点进行剖析,来探讨二者之间有无影响以及如何影响。

三、研究设计

(一)概念界定

本研究欲探讨微信朋友圈的互动与亲密感之间的关系。对于"互动"这一概念,本文选取的是互动频率这一维度。而对于互动包含的内容,只涉及朋友圈中的点赞和评论行为。

对于"亲密感"的界定,本文援引林以正与黄金兰(2006)引用 Warning、Tillman、Frelick、Russell & Weisz(1980)等人对一般人想象中的亲密感调查来作为亲密感的定义。"在一般人的概念中,所谓的亲密是指个人在思考、感觉、兴趣甚至幻想等私人事件上的分享程度。分享程度高,代表亲密程度高。分享程度低,代表亲密程度低。"①

(二)研究方法

笔者通过选取十个微信用户进行深度访谈来展开研究,并用内容分析法对访谈结果进行整理和总结。

1. 对象的选取

2014 年 6 月,企鹅智酷携手中国信息通讯研究院政策与经济研究所对全国 31 个省(自治区、直辖市)微信用户做了抽样数据调查,并于 2015 年 1 月发布了首份《微信平台数据化研究报告》。报告显示,微信用户的男女构成比例(见图 2)为男 64.3%,女 35.7%;年龄构成比例(见图 3)为 18 岁以

① 林以正,黄金兰.亲密感之日常社会互动基础:一个纵观式的研究.中华心理学刊,2006(48):35-52.

下占2%，18～25岁占45.4%，26～35岁占40.8%，36～50岁占9.5%，51～60岁占1.4%；职业构成比例（见图4）为企业职员占31.9%，个体或自由职业占28.3%，学生占19.7%，事业单位占10.6%，其他（农民、待业、退休）占9.5%。

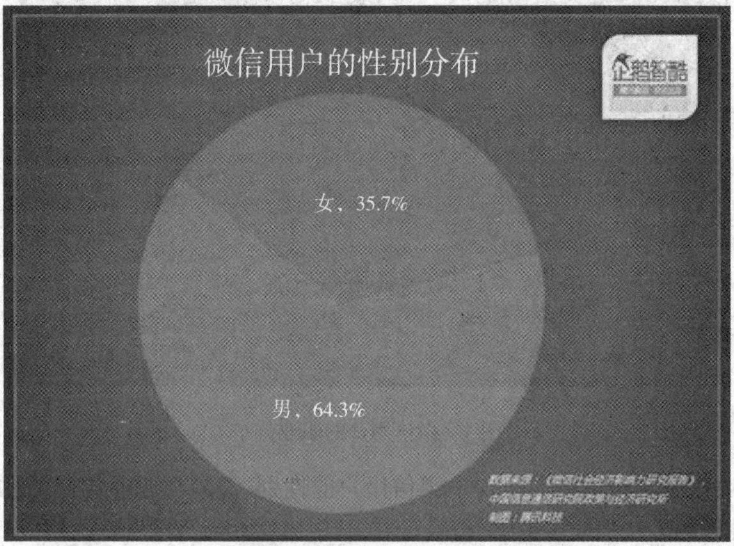

图2　微信用户的性别分布

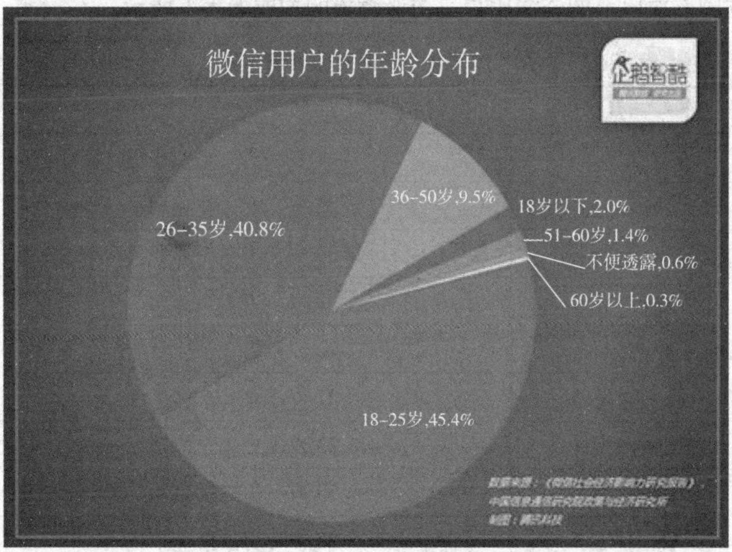

图3　微信用户的年龄分布

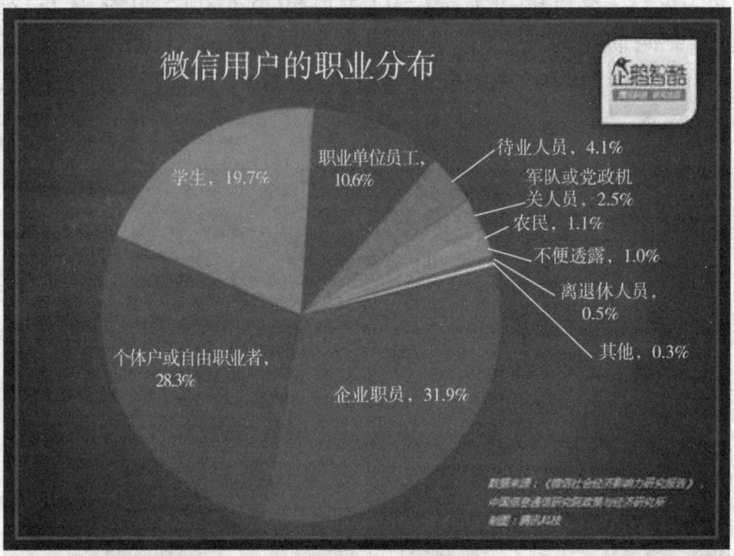

图4　微信用户的职业分布

因此，笔者根据以上报告中微信用户的性别、年龄与职业构成的比例，用分层抽样的方法抽取了10个访谈对象，其中男性6人，女性4人；18～25岁的5人，26～35岁的4人，36～50岁的1人；企业职员3人，个体/自由职业3人，学生2人，事业单位1人，其他（农民/待业/退休）1人。10人都是每天平均打开朋友圈五次以上的资深用户。访谈对象的构成如表1所示：

表1　访谈对象列表

访谈对象列表	
朱**	24岁　男　企业职员
丁**	22岁　女　企业职员
李**	30岁　男　企业职员
吴*	23岁　男　个体
夏*	22岁　男　个体
张**	27岁　女　个体
李**	23岁　妇　个体
张**	30岁　男　学生
魏*	28岁　男　事业单位
丁**	49岁　女　其他

2. 亲密感的测量

从上文对亲密感的界定出发，对亲密感的测量可以从个人在思考、感觉、兴趣甚至幻想等私人事件上的分享程度的角度来进行测量。于是，笔者设计了如下测量图（见图5），将亲密度划分为"高""中""低"三个层次。为保证量表的适用性和准确性，笔者事先选取了3位对象，并从各自的微信里抽取了3名好友来检验和修正量表。

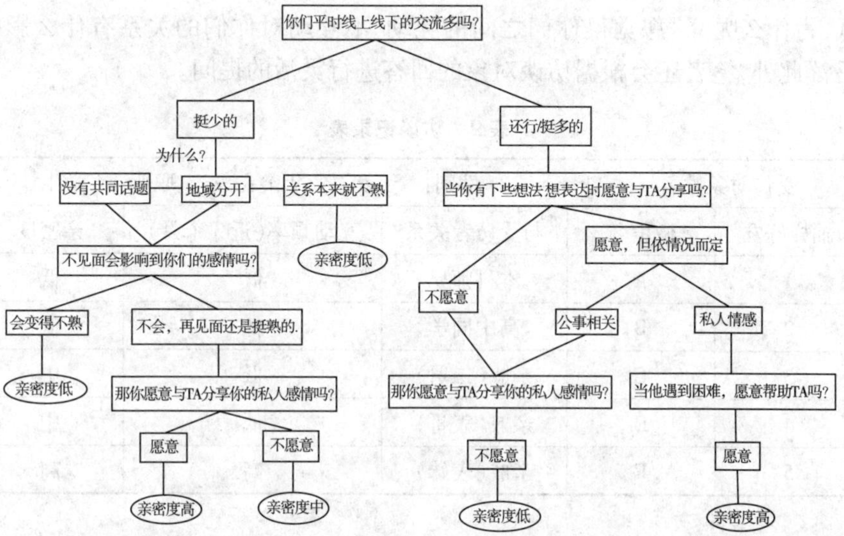

图5　亲密感测量表

3. 互动频率的测量

笔者先用系统抽样的方法从10个访谈对象的微信中各抽取5个好友，继而测量2015年10、11、12三个月每个访谈对象与各自每个好友的互动频率。

抽样的过程：(1)假定每个访谈对象的微信好友总数为N，由于要从每个对象的微信好友里抽出5个人，因此组距 $n=N/5$；(2)假设抽取的第一个数为 $a(0\leqslant a\leqslant n)$，则样本为：$a$、$a+n$、$a+2n$、$a+3n$、$a+4n$；(3)由于微信中好友顺序是按照姓名排列，并且对每个访谈对象抽取的第一个样本a都随机不重复，因此可以大致保证样本的随机性；(4)如果遇到n为小数的情况则四舍五入取整。

由于每个访谈对象的性格特点不同，在微信朋友圈的具体使用行为也会呈现差异。因此对于互动频率的测量结果（互动频率=访谈对象给该好友点赞和评论的总次数/近三个月该好友发布动态的总数），笔者将其置于每个研究对象的5个好友中进行“高”“中”“低”的比较，而不是将其放置于整个50人样本中进行比较。

4. 访谈过程

在对每个访谈对象与其微信好友的亲密感与互动频率进行测量的过程中，笔者还同时进行了深度访谈和实时记录（见表2）。访谈的问题如“您与这位好友是什么关系？/是如何认识的？”“您为什么愿意/不愿意与这位好友分享您的私人情感呢？”“您与这位好友的互动频率相较于其他好友高/低，为什么呢？”“您觉得你们之间的互动/不互动对你们的关系有什么影响吗？”此外，笔者还会根据访谈对象的回答进行灵活的提问。

表2 访谈记录表

受访对象姓名： 李＊＊ 性别： 女 年龄：23 职业：学生				
抽样好友	微信名	与受访者关系	互动频率（近3个月）	亲密度
1	A	本科师兄	低	低
2	B	高中同学	低	低
3	C	亲戚（二舅）	低	中
4	D	亲戚（表哥）	低	中
5	E	亲戚（表妹）	高	高

四、研究结果

（一）研究结果统计

通过对10位对象的访谈结果进行整理，笔者归纳了互动频率与亲密度关系的七种类型，并对各个类型中访谈对象与其好友的关系进行了总结，按例数的从多到少进行排列（见表3）。

表3 访谈结果统计表

类型	例数	互动频率	亲密度	微信好友与访谈对象的关系
一	23	低	低	同事（10）；校友（9）；不熟的朋友（2）；小区住民（1）；网友（1）
二	10	高	高	以前的舍友（5）；亲戚（4）；发小（1）
三	5	中	低	与工作相关的朋友或同事（4）；有共同爱好的网友（1）

（续表）

类型	例数	互动频率	亲密度	微信好友与访谈对象的关系
四	5	低	高	父母(4)；在做徽商的朋友(1)
五	4	高	低	单位上级(2)；想要增进关系的朋友(1)
六	2	低	中	亲戚(2)
七	1	中	高	男朋友(1)

（二）研究结果说明

一是当亲密度强时，即使朋友圈不互动也不会影响亲密度。在类型四"互动频率低—亲密度高"模型中，被抽取的微信好友与访谈对象之间呈现出两类关系：一是父母与子女，二是朋友。当被问及"您觉得你们之间的不互动对你们的关系有什么影响吗"时，访谈对象均表示不会有影响，因为"关系本身已经很好了，不互动也不会使关系变差"。

二是当亲密度为"高"或"中"时，如果朋友圈的内容让人觉得太无趣、低俗，则会降低互动频率。同样是在类型四中，当被问及"您为什么不与TA进行互动?"，除了上文提及的"当亲密度强时，即使朋友圈不互动也不会影响亲密度"，受访对象均表示，由于"父母朋友圈全是转发内容，从来没有原创"。"父母朋友圈里的内容要么关于养生、要么就是哪个名人的心灵鸡汤，很多内容一看就知道是假的。""这个做微商的好朋友每天都发大量的广告，实在受不了，所以就把她的朋友圈屏蔽了。"在类型六中，受访对象李同学与自己的二舅和表哥在现实生活中关系不错，但也是因为对方朋友圈有太多低俗的内容，所以几乎不与他们互动。

三是当亲密度为"高"或"低"时，如果朋友圈的内容吸引人，则会增加互动的频率。在类型二中，受访对象与被抽取的好友都是亲密度较强的关系，当被问及"您为什么与他(她)互动这么频繁"时，受访对象表示"因为他(她)发的内容很多都挺有趣"。"因为他(她)发的内容我挺认同的，有时候还能受到启发。""因为他(她)发的内容里面有些涉及我。"在类型七中，受访对象与被抽取的好友是男女朋友关系，这种很强的亲密度本应属于上文中"当亲密度强时，即使朋友圈不互动也不会影响亲密度"的"互动频率低——亲密度高"类型，但"因为我男朋友发的动态里有些涉及我们的感情与生活，还有一些是我们共同感兴趣的话题，所以我有时候会和他互动"。而类型三中，受访者与该亲密度"低"的网友因为有共同喜欢的偶像，因此只要该好友发表与此相关的内容，受访者都会与其进行互动。

四是当亲密度为"低"时，互动频率一般也"低"。而互动频率"高"的人，大部分关系不错，但是也有不少互动频率“高”但亲密度“低”的情况。在类型一中，受访对象与微信好友大多呈“同事”“校友”等亲密度较差的关系，因此大多表示“因为本身关系就不熟，所以也没什么好互动的”。而在类型三与类型五中，受访对象与微信好友的互动频率呈现为“中”和“高”，亲密度却是“低”。究其原因，这两类中的微信好友要么是与受访者工作相关的人（如上级和同事），抑或是想要通过朋友圈的互动来增进关系的人，其中都隐含了受访者希望通过朋友圈互动来获得某种“报偿”的心理。

（三）研究结果讨论

综合以上分析可以得出如下结论：

1. 微信朋友圈的互动频率增多在一定程度上可以增进亲密度，但效果并不显著，还有其他因素对亲密度的影响更大

（1）血缘与两性关系

在上述亲密度为“高”或“中”的共18例样本中，受访对象与抽样好友有血缘关系或为两性关系的共11例。这类经由面对面互动所形成的、具有很强亲密度的人群可以被称为初级群体。初级群体又叫首属群体，最早由美国社会学家C. H. 库利提出。他在《社会组织》一书中写道：“所谓初级群体，我指的是具有亲密的面对面交往与合作关系的群体。这些群体在多种意义上是初级的，但主要的意义在于，它们对于个人的社会性及其思想的形成是至关重要的……是人性的养育所”①。初级群体的形成一般是一个自然的过程，群体内成员之间的互动是经常的、直接的，甚至是面对面进行的。正因为这种经常的面对面互动，导致了人们之间丰富的情感交流。因此，初级群体中人与人的关系具有浓厚的感情色彩。

（2）共通的意义空间

在上述研究中，受访对象李同学对同为亲人的表哥亲密度为“中”，而对表妹的亲密度为“高”；对同一年龄层、朋友圈内容相似的亲人，23岁的李同学对二舅的亲密度为“中”，而22岁的个体户夏先生对舅妈的亲密度却为“高”。象征性社会互动理论认为，符号意义的交换有一个前提，就是交换的双方必须要有共通的意义空间。这里的共通意义空间主要包括两层含义：一是对传播中所使用的语言、文字等意义符号共通的理解；二是大体一致或接近的生活经验和相应的社会文化背景。李同学与表妹年龄相仿、一起长大，且所受的教育程度相似，而与二舅年龄差距较大，文化水平差异也很大，因而李同学对两人的亲密感判断呈现出了差异。个体户夏先生高中毕业就

① Cooley, C. H. Social Organization. New York: Charles Scribner's Sons, 1909, PP. 23-24.

辍学了,很早就与社会接轨,因此与舅妈的“意义空间”有很多相通之处,亲密关系也得以提高。此外,共同的生活经历、共同的话题与爱好也会提升两人共通的意义空间,因而亲密度为“高”的人中还包含了受访者以前的舍友、发小以及朋友。

(3)空间距离与线上、线下联系的频率

美国著名的传播学者E·M·罗杰斯在其著作《传播学史》中提及了一个有趣的研究:群体动力学研究中心由6个研究项目所组成,其中一个涉及传播和影响的扩散项目在费斯廷格的领导下,于1946年对居住在麻省理工西门公寓的所有已婚学生进行了一项名为“西门”(West gate)的住户研究。研究结果表明,物理的距离是任何两个住户之间的一种并向联系是否发生的主要决定因素之一。西门研究为后来的网络研究所证实并得出一般结论——空间距离是谁与谁产生联系最主要的因素。受访者李同学也表示由于住房的距离以及自己从高中开始一直离家求学,自己与二舅和表哥平时见面很少,因而“感情算不上特别好”。其他受访者也表示,亲密度为“低”的诸多校友有些“曾经关系不错,但是毕业之后分隔异地,所以也没有联系了”,因而“现在觉得关系一般”。49岁的下岗职工丁女士对于空间距离很近的小区住民的亲密感为“低”,是因为“虽然住在一个小区,但其实平时几乎不会碰到,所以差不多算是陌生人”。因此,空间距离的远近以及辅助的线上、线下联系频率也会影响到人们对于亲密感的判断。

2. 亲密度会影响微信朋友圈的互动频率,但内容本身与社会资本报偿对互动频率也发挥着同样的影响力

(1)内容本身

通过上文分析可知,当亲密度为“高”或“中”时,如果朋友圈的内容让人觉得太无趣、低俗,则会降低互动频率;当亲密度为“高”或“低”时,如果朋友圈的内容吸引人,则会增加互动的频率。可见,内容对微信朋友圈的互动频率有很大影响。根据对访谈结果的整理,笔者归纳有两类内容会带来互动频率的提升;一是内容是否与“我”有关,例如他(她)的朋友圈动态中是否提及“我”、这个内容是否与“我”所处的地点或“我”感兴趣的话题相联、“我”对这个内容是否有共鸣、“我”在这条动态中是否有收获等。如23岁的个体户吴先生与其表姐都是江西人,但同在浙江经商。吴先生表示,表姐分享的关于浙江吃喝玩乐的内容他都会主动互动。二是内容是否有趣,这个有趣依每个人的品位有所差异,总体来看,诙谐、幽默的内容更容易提升人与人在朋友圈的互动频率。

(2)社会资本报偿

华裔学者林南(Nan Lin,2001)通过对社会网的研究提出社会资源理论，并在此基础上提出了社会资本理论。他认为社会资本是"投资在社会关系中并希望在市场上得到回报的一种资源，是一种镶嵌在社会结构之中并且可以通过有目的的行动来获得或流动的资源"①。林南定义社会资本时强调了社会资本的先在性，它存在于一定的社会结构之中，人们必须遵循其中的规则才能获得行动所需的社会资本。同时该定义也说明了人的行动的能动性，人通过有目的的行动可以获得社会资本。这一理论解释了上文中互动频率"高"但亲密度"低"的情况，即人们希望通过有目的的互动行为(如与上级进行高频的朋友圈互动)来获得所需的社会资本。

五、研究创新及不足

过去的研究在涉及微信朋友圈对人际交往的影响时，往往只谈论朋友圈对外交往行为的影响，而不涉及交往过程中人与人的亲密关系。本文以亲密感为切入点，研究亲密感与微信朋友圈的互动频率二者之间有无影响以及如何影响，是从一个较新的角度来分析微信朋友圈中的互动行为。此外，笔者通过对十个对象的深度访谈还得出了一些之前没有预想到的材料，即到底有些什么因素在影响人们对亲密感的判断、影响人们的互动行为。

但是，微信中的好友构成是很复杂的，笔者对每个受访对象只抽取了5个微信好友，并不能涵盖所有的好友类型，对于一些有典型特征的好友可能还没有涉及，因此会在后期的研究中扩大样本容量来进行完善。对于研究得出的微信朋友圈的互动频率与亲密感之间关系的结论是否对朋友圈中的商业行为有所借鉴，也值得未来研究进行深入讨论。

参考文献：

[1] 林以正，黄金兰．亲密感之日常社会互动基础：一个纵观式的研究[J]．中华心理学刊，2006.

[2] E. M. 罗杰斯．传播学史——一种传记式的方法[M]．上海：上海

① Lin, Nan, Cook, K, Burt, R. S. ,2001, Social Capital: Theory and Research, NY: Aldine-deGruyter, PP. 8.

译文出版社,2012.

[3] CNNIC. 第38次中国互联网络发展状况统计报告[R]. 北京:中国互联网络信息中心,2016.

[4] Cooley, C. H. Social Organization[M]. New York: Charles Scribner's Sons,1909.

[5] Lin, Nan, Cook, K., Burt, R. S. Social Capital: Theory and Research [M]. New York: Aldine-de Gruyter,2001.

积极与主动:个人众筹募捐行为的信任关系构建
——以“轻松筹”平台为例

(鲁　曼　安徽大学)

摘　要:随着移动互联网技术的快速发展和智能手机的逐步普及、社会交往和支付的网络化,公益众筹门槛低、易操作的特点使得人人都可参与。本文以“轻松筹”平台为研究对象,通过对笔者朋友圈近期一起募捐案例的参与式观察进行研究,探讨通过众筹平台受助者如何建立信任关系。通过研究发现,捐助者通过自证使虚拟身份现实化,通过他证使社会关系透明化,通过求助文本的悲情叙事来进行情感动员,同时,积极地互动延伸积极信任关系,基于强关系朋友圈的传播更是加强积极信任的建立。

关键词:募捐;众筹;积极信任;风险

一、引言

(一)研究背景与来源

正处于深刻转型时期的中国社会面临诸多社会矛盾和社会问题,解决社会公共问题和维护社会公共利益为宗旨的公益慈善组织亦随之蓬勃发展。与此同时,人类的生产和生活也受到了飞速发展中的互联网的影响,发生着多层面的变化。当“公益”遇到“互联网”,一种新型的公益模式“互联网公益”诞生了,“公益众筹”即是人们借助互联网进行募款方式革新的典型范例。在移动互联网技术发展和智能手机日益普及的背景下,公益众筹因其门槛低、易操作、动员能力强的特征,备受有募款需求的公益机构和个人青睐,公益众筹成为人人可参与的公益行动,每个人在遇到困难时都可以利用众筹平台进行募捐。

2016年5月27日,由中国社会科学院社会政策研究中心及社会科学文献出版社共同举办的《慈善蓝皮书:中国慈善发展报告(2016)》发布会在京举行。

蓝皮书指出,在法治慈善不断取得进展的背景下,全社会参与公益慈善事业的积极性不断提高。尤其是在"互联网+公益"浪潮的推动下,2015年,公众的公益行为发生了显著变化,碎片化、随时随地的小额捐款成为"互联网+公益"的主要社会捐助形式,移动端成为公民参与捐款的重要途径①。

这些数据的背后,不仅是技术的飞跃、渠道的变迁,还有法制的完善、公民意识的崛起和信任关系的建立。

(二)研究目的

2015年是大众慈善进入公益主流的一年。"公益+互联网"在2015年狂飙突进。指尖公益不仅解构了传统慈善的捐赠方式,给予公共募捐和大众捐赠以去中心化的新诠释,还通过移动互联在同一时间连接多地、多点、多项目和网上、网下的捐赠,各式各样的项目通过丰富多彩的传播方式,以情动人,以理示人,使公益的社会影响力被成百倍地放大。

因此,笔者想以轻松筹平台为例,以相关案例为切入点,从微观的层面上了解,通过众筹平台受助者如何建立信任关系使捐助者捐助。

(三)研究方法与对象

本文以轻松筹平台作为研究对象,对笔者近期朋友圈的募捐案例进行参与式观察,进行个案研究。

之所以选择轻松筹平台为研究对象,近年来轻松筹大举"入侵"朋友圈,轻松筹虽然是一个众筹商业平台,但是却成为无数个人求助者的"诺亚方舟"。因此选择轻松筹平台作为观察对象。

选择笔者近期朋友圈的一则募捐作为案例研究,接近性较强,希望以笔者亲身经历更好地理解和揭示研究问题。

(四)理论回顾与研究现状

1. 公益众筹

参照 Massolution 的一份报告,众筹平台可以分为四类:债券众筹(Lending-based crowd-funding)、股权众筹(Equity-based crowd-funding)、回报众筹(Reward-based crowd-funding)、捐赠众筹(Donate-based crowd-funding)。其中,债券众筹和股权众筹属于商业众筹。回报众筹是指出资者

---

① 慈善蓝皮书:中国慈善发展报告(2016)[R]. 北京:社会科学文献出版社,2016.

进行投资后可以获得特定的产品或服务，其商业价值不是唯一的考量因素，国内类似平台有众筹网等。捐赠众筹是指出资者对项目或机构进行无偿捐赠，例如国内的新浪微公益等。公益众筹则是兼有回报众筹和捐赠众筹两种模式，它与商业众筹的区别就在于，商业众筹的项目目的是获取经济回报，回报形式具有商业价值①。

当前国内关于众筹的研究较多，主要集中在经济领域，尤其是众筹作为商业融资手段的相关研究。而关于公益众筹近两年来也有学者开始关注，从知网中可以看到关于此的研究基本上是从 15 年开始，16 年有数篇硕士论文涉及，进行了深入研究。主要研究类型如下：

基于现象本身的研究，主要集中在相关概念内涵、特征、意义、问题及对策研究方面。例如翁智雄的《中国环保公益众筹发展研究》，以环保项目为着眼点，对我国环保众筹的概念、运作流程以及现阶段的发展特征进行了界定，分析了环保公益众筹的机遇与挑战，最后提出了政策建议。王茜的硕士学位论文《中国公益众筹发展研究》认为，公益众筹可以降低公众参与门槛，提高公众参与公益的热情。同时分析了公益众筹在我国现有的环境下遇到的挑战，项目发起人违约风险的存在可能会使公益行业的信任度受到挑战，而公益众筹的筹款成本与传统募捐相比，相对较高。而刘佳的《浅析公益众筹对公益捐助的意义》一文也是类似，对公益众筹的概念、运营模式、特点意义进行分析，认为公益众筹对于我国公益非营利组织的筹资问题十分具有启示和意义。而徐聪聪、鲍金勇、彭金富、王燕君的《移动互联网背景下大学生公益众筹模式探索与实践》只是对大学生进行公益众筹的模式及特点进行了分析。宋丽的《基于众筹的公益运行模式分析》也是如此。然而这些皆是在理论层面的分析和建议。

传播机制和动员研究。在胡少雄的硕士毕业论文《基于微信平台的公益传播研究》中，他认为在“微公益”时代，公益活动本身的内容同质化现象严重，传播的核心竞争力不再是“内容为王”的主场，而是传播渠道的竞争，公益必须利用新媒体实现转型，在内容完善的基础上，拓展传播渠道，吸引公众对公益的注意力。以强关系链接为纽带，以多平台传播为渠道的微信成为公益传播的最佳媒介形式。他从微信基本构型的角度分析公益传播的传播机制，通过对新媒体公益传播现状研究发现，新媒体自身的传播特点直接影响公益传播的效果，全面阐述微信的传播模式，结合微信公益传播的发展现状，探讨了微信因自身局限而存在的问题，并提出建设性对策，预测了

① 崔娇娇. 新媒介赋权与连接性行动：公益众筹的网络动员研究[D]. 南京：南京大学，2016：6.

微信公益传播的未来发展趋势，以期帮助微信公益活动更好地进行精准性、专业化、交互性地传播。

南京大学的崔娇娇在自己的硕士毕业论文《新媒介赋权与连接性行动：公益众筹的网络动员研究》中，从传播学的视角出发，运用新媒介赋权和连接性行动的理论，将公益众筹本身作为一种公益传播，选取腾讯公益乐捐为案例，对公益众筹网络动员的机理问题进行系统分析，来厘清公益众筹网络动员的动因、过程与影响。该论文围绕公益众筹网络动员的机理问题展开研究。文章认为新媒介技术的赋权是其技术动因，网络共同体的"公共善"理念是其文化动因，组织赋权下社会权力的变迁是其社会动因。从公益众筹网络动员的过程来看，联网公众与公益组织在互联网环境中的连接性行动是其实践逻辑，基于个人化诉求的情感动员和新媒介的使用是连接性行动的核心，在这一过程中传播本身成为一种组织形式。

其他领域的研究。合肥工业大学的许小玲从政治与社会层面出发，她认为公益众筹作为"新常态"下社会组织的重要工具，它能促进社会组织理念的改变和创新、提高公众参与广度和深度、推动社会组织市场化运作和行业规范透明度。但也要看到，公益众筹在为社会组织提供可能的发展契机之时，也为其带来了无法回避的理念挑战和制度风险。社会组织只有在倒逼力量的推动下，加强自身综合能力建设，具备驾驭这种工具的能力，公众对公益众筹的美好期许才能变为真实的图景。①

也有学者研究是从法律方面进行，在《〈慈善法〉对公益众筹的影响》中，闫笑男从法律的角度入手，他认为《慈善法》制定后，为各种形式的慈善活动提供了法律依据和许多便利条件，使得很多公益活动的开展走向规范化。他从信息公开、募捐主体、募捐财产等方面阐述了《慈善法》给公益众筹带来的几点问题。

2. 信任与积极信任

(1)卢曼

在吉登斯之前，社会学家卢曼对于信任的定义与类型作了较为系统而深入的研究。他在《信任与权力》中认为，信任是一种靠着超越可以得到的信息所概括出的期望，"在其最广泛的含义上，信任指的是对某人期望的信心，它是社会生活的基本事实"②。

---

① 许小玲．契机抑或挑战：公益众筹介入下社会组织发展问题析论[J]．理论导刊，2016，4：36-40.

② 卢曼．信任：一个社会复杂性的简化机制[M]．瞿铁鹏，等，译．上海：上海世纪出版集团，上海人民出版社，2005：1-2.

卢曼还将信任的问题界定为社会复杂性，将信任看成是人与社会复杂性遭遇时所出现的一种心理状态，认为信任"构成了复杂性简化的比较有效的形式。"

在卢曼看来，由于社会复杂与理性有限，人类无法获取完整的信息，因而可以通过信任来弥补理性的不足以及由此带来的信息的不完整的缺陷，来减少社会交往过程中的复杂性，从而确保内心的安全感。

(2)吉登斯

吉登斯提出了积极信任的概念，他认为积极信任不再依赖预先给定的联合，它比以前的信任关系形式更加具有相机性，更受条件的限制。它并不必然包含平等，但它与传统地位产生的敬重是不相容的。积极信任要求增加社会关系的"透明度"，但也积极地提高这种透明度。① 因此，积极主动的信任"就是根据具体条件来确立不同的信任关系"，它具有相机性与协商性的特点，它是双方的，不是单方的，是透明的，不是隐含的，是全面的，不是有局限的，因而积极或主动的信任"肯定了自主，保护了多样性的存在，既强调了责任也强调了权利"。② 它与只是被动地"对于制度化角色的依赖"③的传统信任机制不同，它是积极或主动地去争取与维系信任关系。

(五)创新点

本文以公益众筹中的个人募捐为切入点，比较微观，而之前的研究较多的是公益众筹这个整体。

二、中国公益众筹的发展

2015年是法治慈善进入大众视野的元年。《境外非政府组织管理法》《慈善法》先后公开征求意见；公益学术界和社会组织联手助推国家开门立法；行业协会商会与行政机关脱钩，实现去行政化；民政部门探索建立新型监管体制，实现对社会组织的综合监管。

在网络捐赠出现之前，传统募捐的实现形式是在现实生活中捐赠者通过捐赠实物或者金钱给慈善平台，慈善平台统一捐赠给受捐者。或者由捐赠人直接捐赠给受捐者。传统捐赠方式主要通过组织传播和人际传播进行

---

① 吉登斯．超越左与右：激进政治的未来[M]．李惠斌，杨雪冬，译．北京：社会科学文献出版社，2000：97.

② 吉登斯．失控的世界：全球化如何重塑我们的生活[M]．周红云，译．南昌：江西人民出版社，2001：164.

③ 吉登斯，皮尔森．现代性：吉登斯访谈录[M]．尹宏毅，译．北京：新华出版社，2001：105.

互动。然而随着移动互联网技术的快速发展和智能手机的逐步普及，人们的生活方式发生了颠覆性变化，人们的通讯与社交通过网络即时通信工具实现，人们的资金交易通过网络支付手段完成。社交和支付的网络化，直接催生了互联网公益众筹这一新型的募款方式。众筹平台的出现，使得组织者有了发布信息的平台。募捐活动的参与主体从“捐赠者、受捐者、组织者”三位一体转变为“捐赠者、受捐者、组织者加众筹平台方”四位一体的结构形式，互动模式也由组织传播、人际传播向大众传播、社交传播转变，捐赠者本人也可通过众筹平台进行监督，通过在社交平台的扩散，传播身份也发生了改变。

三、积极信任的初始：自证、他证与悲情叙事

（一）自证：虚拟身份现实化

吉登斯认为“在人为不确定的情况下，这里有争议是产生积极信任的问题—对别人或机构（包括政治机构）的信任，必须积极地创造和建立”。它指的是无论是“人对人的信任”还是“人对系统的信任”都必须积极地去创造或建立。

在轻松筹的平台上，募捐信息发布者要想获得捐助，首先必须积极地建立自己与捐助者的信任关系。“积极信任要求增加社会关系的‘透明度’，但也积极地提高这种透明度。”因此，网民在发布个人募捐消息时，必须提供一系列可以证明自己身份、证明病情的材料，在轻松筹的平台上就是大病救助证明材料、受助者身份证明、医院的诊断证明、收款人身份证明等。

图1　受助者提交的相关证明

我们在网络中匿名交往，我们畅所欲言，我们在现实生活中所属的社会关系和社会组织被模糊化，被打散，我们因为共同的情感、价值观、兴趣聚集在一起。但是如果我们要在虚拟网络中建立积极的信任关系，就必须把现实生活中的社会身份和社会关系带入到虚拟网络中。在募捐平台上提供自己实名认证的信息后，捐助者可以对募捐者在现实生活中的身份有一定的了解，募捐者的身份更加透明化。

2016年9月，笔者在自己朋友圈看到了一则个人募捐信息。在这则求助中，受助者的身份证明已提交，所患疾病的诊断证明已提交，得到了中国武警总医院的认证，收款人的身份证明也已提交。捐助者对于受助者的身份是知晓的，受助者的身份是透明的（如图1）。

（二）他证：社会关系透明化

在轻松筹个人募捐的页面上，有一个模块是实名证实，即“我要证实”，在扩散过程中，受助者的家人、亲戚、朋友、同学、老师、邻居等关系亲近者皆可通过实名证实来增加该募捐的可信度。受助者在现实生活中的社会关系网络在虚拟网络中也部分再现。

在笔者关注的这起募捐案例中，有71人进行了实名证实，主要为受助者的同学、家人、朋友、同事等。虽然公开发布的证明人姓名未透露，但是在实名证实时需证明人要提交自己的姓名、联系电话、身份证号等信息，信息不正确，则无法提交。且在实名证实时，证明人需对自己与受助者的社会关系进行描述，也增加了可信度。

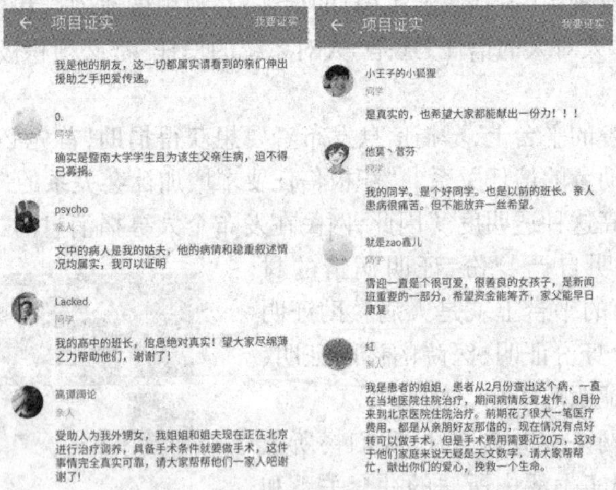

图2 “我要证实”页面

（三）求助文本的悲情叙事：情感动员

求助文本是产生于社会救助体系这个大的社会语境之中，是弱势阶层为获得社会救助所进行的一种话语实践。首先，求助者的话语表达带有明确的甚至是唯一目的性——筹款，这一社会语境会影响和决定网络求助文本中的语言、叙事模式的使用及其真正含义。其次，求助文本的形成有一个更大的社会语境：中国社会交往中存在的普遍信任缺失状态，以及大量网络诈骗、电信诈骗信息所形成的刻板印象。这些都是网络求助文本在形成时的巨大阻力，也是其着力要解决的问题。再次，我们应该意识到，求助文本的社会语境是一个本身并不平等的话语环境，求助者和潜在的救助者在社会地位、阶层、财富、道德感受、心理势能上天然存在着不平等的态势。这也影响着求助者文本的词汇选择和表达方式。

1. 伦理叙事：增强同情心

“无论采用什么方法，在语言中构建不同的身份总是涉及不同的社会语言，因为我们就是通过嵌入在不同话语中的不同的社会语言来促成、表现和识别不同的社会情景身份的。”进行身份构建是话语的基本功能之一，在求助者面向社会求助的话语情境中，身份的构建是话语的首要职能。

发布求助信息的大都是与求助者有直系亲属关系或其他亲密关系的人员，“父子”“姐弟”“同学”关系较多，少数是求助者自己本人发布信息。这是一种典型的伦理叙事方式。从话语传播效果的角度看，此类由亲属担任叙事角色的选择虽然并非刻意，但无形中却拨动了受众家庭伦理亲情的情感之弦，更容易起到“同理、情心”的效果。

2. 自我“标签化”——对“弱者”身份的构建

在求助者发布的文本中，除了陈述求助事件外，获取筹款救助的一个更重要的任务在于构建自己的“弱者”身份，才能符合中国传统“锄强扶弱”的伦理观念，才能激起同情，获得救助。

求助者对自己、家庭的社会身份、职业、经济状况进行表述时，大量使用了社会耳熟能详的与“弱者”具有高度关联的名词，来建构自己在社会中的“弱者”身份。尤其是“打工仔”“农村”“服务员”“建筑工地”“下地种菜”等明显标示社会身份的“标签”话语的使用，更是唤起受众以往对于“弱势群体”的媒介记忆。而昭示弱者地位、向社会示弱，更容易激发受众的恻隐之心，有助于增强求助文本的传播，获得更好的筹款效果。

3. 道德化叙事——“值得帮助的人”

在中国传统道德意识浓厚的语境下，如果说仅仅是“弱者”身份的构建，并不足以为求助者赢得直接的社会捐助，因此大多数求助者还会向潜在救助者表明“我是一个值得你们帮助的人”，以个人品行好、善良、坚强、重情义、有梦想等自我“道德化”的话语模式来赢得认可。比如，“绝不放弃”“自己的理想”“我一定要坚持下去”“自力更生”“做出应有的贡献”“我不会做一个废人，不会坐等救助”。

这些宣称确实有求助者真实情感表达的因素，但也包含了某种目的性的传播策略和对获得捐助的心理预期，最起码是求助者感受到了潜在捐助者对求助者隐含着道德期待,这种道德期待对其形成了心理压力。从这个意义上而言,这种话语表达方式,隐含了一种满足对方期待的沟通和交流,进一步强化了求助者在求助情境中的“弱者”地位,有利于筹款目标的达成。

四、延续:积极互动延伸积极信任

卢曼认为“在任何情况下,信任都是一种社会关系,社会关系本身从属于特殊的规则系统。信任在互动框架中产生,互动既受心理影响,也受社会系统影响,而且不可能排他地与任何单方面相联系”。

吉登斯认为信任与当面承诺的形式不同,它指的是在抽象系统中的信赖的发展。是“在共同在场的情形中,由业已建立起来的社会关系所维系与表述的信任关系”。

(一)评论互动:增强可信度

在轻松筹平台上,网民不仅能获得平台方所发布的项目情况信息,还可接触到知晓该项目人的介绍和评论信息,异质性信息的获取帮助人们对公益项目进行更全面的判断。同时网民在了解公益项目详情之后会形成自己的独立见解,平台也为这样的观点提供了表达的空间。轻松筹的“留言”向所有用户开放,网民可在此发表同情、祝福、鼓励等话语,也可提出疑问、发表意见等,不认识的网友之间还可通过“回复”功能进行互动。

如果网民对该项目有质疑,希望平台介入调查,可以进行举报,该平台设置了“我要质疑”的模块,可及时反馈质疑的理由和内容。

(二)适时感谢:增强信任形象

受助者在发布信息后,并不是消极等待捐款。每个捐助人的捐助信息会生成评论位于募捐信息下方,不管收到10元还是100元,受助者通过评论表达感谢有利于建立受助者知恩图报的形象。即使身体不在场,无法当面表示感谢,一一回复评论表示感谢也可树立起可信任的形象,在经过n级传播后陌生人点击进去后,也易产生好感,发起捐助。评论中的感谢信息也会涉及捐助人的身份,同时也增强了募捐信息的可信性(见图3)。

五、扩散:基于强关系下的传播

受助者在发布募捐信息后,可以通过微博、微信、QQ等社交媒体进行扩散。

1951年,美国心理学家卡尔·霍夫兰实证考察了说服效果与信源的可

图3　受助者与捐助者的互动页面

信度之间的关系，提出了可信性效果的概念。他认为，信源的可信度越高，说服效果越大；信源的可信度越低，说服效果就越小。①

在笔者朋友圈的这则个人募捐信息中，转发者为笔者在一次交流会中认识的朋友，联系较多，该朋友对于笔者来说可信度较高。信息发布者是笔者朋友认识的同学，因而身份可信度较高。

2012 年 4 月 19 日，腾讯微信推出了朋友圈这项社交功能应用，意在整合用户的关系资源，在移动端形成的一个虚拟的熟人社交圈，通过发布信息、图片、互相评论、转发，扩展人际交往范围，促使用户间的交往更加真实，增加人际交往的深度。

微信是“强关系”链接的平台，信源大多是依靠熟人关系的转发或是认证的微信平台推动的消息，因此，通过微信朋友圈进行传播扩散，比微博、QQ

① 胡少雄．基于微信平台的公益传播研究[D]．内蒙古：内蒙古师范大学，2015.

等传播效果更好,更加具有真实性。

基于强关系的传播方式更容易让用户将真实的社交关系带入微信的传播活动中。同时,社交属性强的微信也在虚拟的网络传播中,提高了信息的可信度,降低了人们质疑的可能性。熟人之间的强关系让微信在信息传播、社会交往等方面的功能有了更好的延伸,一对一的精准性传播大大提升了微信的传播效果。

以信任为基础的"熟人圈",用户只需在群里或朋友圈里发布或转发个人募捐信息,交际范围内的人能够第一时间获知并进行话题讨论,从而促使二次传播的实现。借助强社交关系,病毒性传播是其有力的突破口。

正是基于这样的强关系,在此之前笔者从未去过求助人的城市,也未和求助人有过任何交往,然而通过笔者的朋友,笔者接收到这则募捐求助信息,且对其真实性未有较多怀疑。

六、结语

正如吉登斯所说,信任和风险紧紧地相互捆绑在一起。① 轻松筹平台为无数个人求助者与捐赠者之间建立了积极的信任关系,但是当前的轻松筹平台正陷入前所未有的危机之中,平台是否真正有资格做公益捐助?对于求助人众筹资格、众筹金额、众筹善款后续使用是否有足够的审核和监管?新的《慈善法》的出台是否能对此起到一定的规制作用?作为一个众筹商业平台,轻松筹却成为无数个人求助者的"诺亚方舟",而公益性的众筹平台为何角色缺失?这些都有待思考。

参考文献:

[1] 吉登斯.超越左与右:激进政治的未来[M].李惠斌,杨雪冬,译.北京:社会科学文献出版社,2000.

[2] 黄才生.论吉登斯的信任理论[M].学习与探索,2010(5):64-67.

[3] 李京丽.网络求助文本的话语研究——对"轻松筹"和"微爱通道"的三个案例分析[M].新闻界,2016(11):47-53.

[4] 崔娇娇.新媒介赋权与连接性行动:公益众筹的网络动员研究[D].南京:南京大学,2016.

[5] 钟智锦.社交媒体中的公益众筹:微公益的筹款能力和信息透明研究[J].新闻与传播研究,2015(8):68-83.

① 吉登斯.社会学(第四版)[M].赵旭东,译.北京:北京大学出版社,2004:866.

场景、仪式、关系

——对微博“锦鲤崇拜”现象的宗教社会学解读

(连昕萌　中国科学技术大学)

摘　要：“锦鲤崇拜”是微博空间新出现的一种带有宗教特点的社会现象。本文从宗教社会学的角度，以场景理论作为理论支撑，分别对比了传统宗教社会理论体系下的宗教原型与“锦鲤”的形象和特点，发现传统宗教以团结、一致性作为奋斗目标，神圣事物被客观化、实体化之后作为宗教群体内的最高秩序而存在；而在新媒介场景中，神圣事物的权威性下降，教徒的宗教更体现为个人的私有仪式，成为“宗教市场”中待售的商品。同时，个体的自主性并未能促使教众在新的场景中紧密联系起来，而是彼此疏离，更体现为一种不经意的“静默在场”。

关键词：宗教社会学；场景；仪式；关系；微博；锦鲤

2013年7月下旬，微博名为“锦鲤大王”的博主发布了一则内容为“本王法力无边，关注并转我子孙锦鲤图者，一月内必有好事发生”的微博，截止到2016年11月转发量已逾633万，评论达143万并实时更新，热度不减。自此，“锦鲤”作为好运、许愿的象征，凭借形态各异的表达方式成为微博空间里的常用话语符号。同时，微博平台上还出现了诸如“菟锦鲤教教徒”“拜锦鲤教_大土司”“shirley子归入锦鲤教求一切顺利”等一系列命名与锦鲤相关的微博用户。在某种程度上，“锦鲤”不只是人们在微博空间所携带的“幸运符”或“转运珠”，俨然被看成了一种“万能神”，打上了宗教的神秘色彩。

人类生活在自我构筑其中的广义的文化系统。社会是文化的一部分，因而社会也是人建造世界的活动。[①]“锦鲤教”的出现，既是网络社会所萌生

① 贝格尔·神圣的帷幕[M]. 上海人民出版社，1991：4.

的一种新的文化现象,也是基于微博空间这一特定场景所产生的特殊媒介景观。在微博空间里,人们创造“锦鲤”这一符号“偶像”并反身匍匐跪拜,希望通过真诚崇拜的仪式来实现个人的愿望。这一朴素的祈愿行为既带有网络空间的特点,也包含现实社会存在已久的宗教性基因。

陈力丹曾将传统的传播学研究分为三大学派:经验——功能学派、技术——控制论学派、结构主义符号——权力学派。① 此外,对于传播学研究其他的派别划分主张甚多,何道宽认为,一般地说,为了简明起见,学界比较喜欢突出两个影响最大的学派:经验学派和批判学派。而近年以来,以英尼斯、麦克卢汉、尼尔·波兹曼为代表的媒介环境学派异军突起,重回主流研究视野,国内这方面的学科实践如复旦大学的“城市研究”范式,即体现了“媒介即环境”的研究取向。这种研究范式的思路是从技术到环境,以一种泛媒介的观念将媒介的性质渗入到社会的各个角落去,其内涵包括:作为感知环境的媒介、作为符号环境的媒介、单一媒介环境或多重媒介环境、作为媒介的环境。核心命题则来自艾吕尔的技术环境思想和芒福德的社会生态理论。②

这一研究范式的特点之一是强调媒介的偏向性。英尼斯说:“一种新媒介的长处,将导致一种新文明的产生”,继英尼斯提出“媒介偏倚”、其弟子麦克卢汉提出“冷/热媒介”之后,在对于传播现象的相关研究中,学者往往会陷入这样的惯性范式:立足特定媒介的基本技术环境属性,将研究重心放在对现象的媒介意义的阐发上,对一种现象进行单一的传播学面向的解读和分析。如微博平台现象的研究,研究者在脑海内先将微博媒介的性质铺陈开来,再在此基础上建构对现象的传播学认识。这类研究优势在于紧扣现象背后的传播动力因素,使研究结论更贴合媒介规律,在媒介与现实环境融合的基础上实现对现象的解读。不过,这种研究取经也存在风险:即忽视媒介条件之外的社会性、历史性根基传统,使研究成果完全成为一种简单主观现象学的产物。

宗教是一种源远流长的社会现象。在既有的宗教与传播交织的领域中,研究成果多体现为对宗教中的传播行为、传播现状研究,如周建明《我国民族宗教问题对外报道策略探析》、王肖南《试论中国近代新闻传播发展的垫脚石——宗教性报刊》等,这些研究针对的研究对象多为已经成型的社会既有宗教(如佛教、伊斯兰教等),研究者多将这些宗教视为一种亚文化来进

① 陈力丹. 传播学的三大学派[J]. 东南传播,2015(6):36-41.

② 商娜红,刘婷. 北美媒介环境学派:范式、理论及反思[J]. 新闻大学,2013(1):69-76.

行分析，注重研究宗教的传播效果。

“锦鲤崇拜”首先是一种社会现象，其次才是一种传播现象、心理现象，且带有一定的宗教色彩。根据上文，以往的涉及宗教的传播研究的一贯思路是“用传播来理解宗教”，这里将切换视角，“用宗教来理解传播”——即将传播视为一种宗教手段和现象来进行解读。研究思路上，希望降低“媒介即信息”的主流研究思路所掩盖的社会历史实践根基的风险，在与媒介环境论“划清界限”的基础上与其合作，既在保持锦鲤崇拜背后的社会历史根源的基础上，再将现象重新放回到社会中的特定场景——网络空间去考察。过去，宗教一直被看作是某种谵妄的对象，而真正被系统地、客观地研究其与社会结构及其他社会因素的相互关系和相互作用，作为一个社会系统的宗教功能和发展规律的研究，则只有百年的历史。宗教虽然建立在虚妄的唯心实体上，却具有观念上的实体性，所产生的影响和作用是清晰可见的。本文将从宗教与社会的关系入手，在宗教社会学阐释的基础上，结合场景理论、流动的现代性理论、符号学等相关理论，围绕三个核心概念：“场景”“仪式”“社会关系”，对以下问题展开研究：场景、社会关系、宗教形式这三要素之间有何关系？锦鲤崇拜与传统宗教有何联系？“锦鲤”传播的过程中形成了怎样的人际关系、在怎样的场景中生成这种崇拜？又是如何进行“神人协作”、与神进行互动的？

篇幅安排上，主要分为三个部分以推进对问题的讨论：第一部分将简要介绍宗教的基本特征，引出对宗教维持的本质——社会关系这一核心概念的探讨，为下文的展开奠基；第二部分则转换视角，从传统的教会场景过渡到新媒介场景，以梅罗维茨的“场景”理论为中轴线，聚焦现代性环境前提下，微博场景中交往关系的生成过程进行媒介角度的分析，对比传统的宗教仪式场景到新媒体场景，探讨两者间的联系与区别；第三部分的内容主要为：基于新的场景，锦鲤崇拜现象所体现出怎样新的交往关系和崇拜行为——即个体与个体之间的关系、个体与神祇（锦鲤）之间的关系，对锦鲤的崇拜方式与传统宗教崇拜有何共性和不同之处，说明了怎样的问题。研究将据此线索布文。

一、宗教虔诚、神圣观念的客体化与人的仪式：基于社会关系的宗教崇拜

在宗教社会学研究的历史中，马克思·韦伯与埃米尔·涂尔干占有重要地位，其研究取向也成为西方宗教社会学的主流研究范式：韦伯取向的观

点认为，“不仅宗教是社会的产物，而且包含在宗教体系中的观念自身也会对社会发生影响，并可能在许多重要方面影响社会变化的过程”，即宗教是社会的产物，也会反过来影响社会；涂尔干取向的观点则认为，“宗教是社会和心理的统一源泉”，[①]强调宗教的根源性特征，涂尔干称之为“宗教力”，在齐美尔的笔下则称为“宗教虔诚”，认为宗教的核心特征即作为一种根深蒂固的原始情绪冲动，其功能并未在现代社会消减，而是以不同面貌重新还原进入社会的其他活动中，其旨趣类似“宗教即环境”。据此，可看出这两种宗教社会学研究视野的区别：韦伯将宗教看作一种亚社会，是社会生活的一个组成部分，而涂尔干、齐美尔则将整个社会看成一个宗教世界，不同的社会活动之间的区别只在于宗教情感强度的浓淡。

虽然韦伯与涂尔干、齐美尔的研究角度和方法都风格迥异，但他们都力图从理论上去论述宗教的本质、起源以及功能。无论是韦伯还是涂尔干或者是齐美尔，对宗教的形成和产生具有相似的认识。涂尔干强调“宗教是社会的产物”，齐美尔则对这一观点进行了补充，认为宗教产生于人与人相互接触的过程中，在纯粹精神层面上的相互作用过程中奠定了某种基调，该基调一步步提高，直到脱颖而出（脱离世俗化），[②]发展成为独立的客观存在（成为实体），即为宗教。

人们需要宗教。一种普遍的观点认为，科学的曙光照进现实之前，人类一直生活在柏拉图的洞穴神话中，面对未知充满了恐惧，而宗教的出现则为人们纾解对现实的不解和不安提供了发泄口，即所谓“世界上的神最初源于恐惧（primus in orbe deos fecit timor）”。涂尔干则对这种看法提出了质疑，认为“诸神是朋友，是亲戚，是个体天然的保护者”，宗教信仰的真正动力是愉快的信念，而非恐惧和压抑。涂尔干希望将人类崇拜宗教的行为更多描述为一种基于信任和爱护关系的“神人协作”，是自愿的，无压力的，他认为这才是宗教情感的本来面貌。涂尔干以原始社会举例，认为原始社会并不像庞大的利维坦一样，用它的权力穷凶极恶地压制人，把人置于严厉规训下，原始人自发投身到社会中而毫无抵触，他投入生活灵魂所激起的冲动让他觉得并非让步，而是奔向他的本性。费尔巴哈认为，人对宗教是“自投罗网”，人身需要陷入囹圄，便发自内心地进入无限之中，向因此而产生的神寻求帮助。也即，人需要限定自我的框架，将自己一部分责任转让出去。贝格尔认为，人类不能离开秩序和意义。从亚里士多德对形式和质料的探索，到

① 贝格尔．神圣的帷幕［M］．上海人民出版社，1991：4.

② 格奥尔格·齐美尔．宗教社会学［M］．上海人民出版社，2003：5.

基督教“上帝从虚无创世”的理论；康德“人为自然立法”的观点到新康德对意义理论的阐发，皆说明整个西方思想都有这样一个共同的公分母——即把无序或混乱几乎等同于非存在，或者至少等同于无意义。人自愿地、愉悦地拥抱自己的宗教本能、让宗教情绪自然外泄，转化为虔诚的宗教仪式和祈愿行为，以使这种“心灵”的秩序得到维持和长久的保存。

因此，宗教虔诚成为宗教的重要组成部分和显著标识。齐美尔认为，宗教虔诚是“教徒本性”，也是宗教产生的根本动力，是一种唯心的精神产品。宗教虔诚规定了灵魂的一般品质以及特殊品质的倾向和功能，是灵魂的基本存在。而当人格中无时不在的宗教存在进入到需求、憧憬、情欲的心理阶段时，便渴望有某种现实性能充实它。① 宗教毕竟具有功利的、实用主义的现实基础。这样一来，宗教虔诚便与宗教对象的客观性形成了对立，需要搭建二者之间的桥梁。而这一“桥梁”便是“自我造神”，即“人拜倒在自己雕刻的偶像脚下”，使主观宗教热情与客观愿望目标能够相契合。创造好偶像后，便要确立“神正论”的权威，即通过将对无秩序现象的补救投射到未来（从现实角度来看未来），主张一旦适当的时间来临，受难者得到安慰，不义者则受到惩罚。神正论提供的首先不是幸福，而是意义。虽然这种“来自未来的许诺”多少带有空头支票的意味，却能在最大程度上为个体的宗教虔诚提供彼岸和落脚之处，以使其不易成为空中楼阁般的痴人畅想，而是让个体真切感受到实在感，打破主客观两极对立的局面。

任何宗教都不是虚假的。任何宗教都是对既存的人类生存条件作出的反应，尽管形式有所不同。无论是历史久远甚至一度掌握西方社会命线的基督教，抑或是微博新兴出现的“锦鲤”，皆无高下之分，即便要排出宗教的等级高低，根据的也是宗教的发展程度、成熟度，是否发挥了更高层次上的心理功能，激发了更加丰富的思想和感情，包含着更多概念，且安排得更加合理——即客观性、实体性更强。② 宗教虔诚往往被构想为精神存在或自觉意志的形式这一事实，并不能证明它们就是非理性的，这种情感一旦被投射到了体验他们的意识的外部，并且被对象化、固定在某种客体上，客体便有了意义，这是一个“为神圣建立秩序”的过程，目的是将宗教虔诚这种心理原力客观化、实体化。因此可知，一种事物所呈现的神圣性，并不蕴含在它固有的特性之中，而是被添加上去的，是被赋予的，也就是“造神”。如原始社会时代的图腾文化，便是以宇宙自然为载体将宗教虔诚凝聚下来，图腾既是

① 格奥尔格·齐美尔．现代人与宗教［M］．曾卫东等译．中国人民大学出版社，2003；94.

② 漾舟陶嘉月．宗教生活的基本形式读书笔记［EB/OL］．豆瓣读书，2016-8-27.

终极表达也是实体。如锦鲤崇拜中的锦鲤意象，其意义和神圣性就是被建构出来的，是被对象化的美好愿景。

齐美尔认为，那些真正能够称得上是教徒的人，他们的灵魂过程发端伊始，可以说就已经打上了浓厚的宗教色彩——齐美尔认为宗教徒是天生的。虽然个体生来便有潜伏于体内的宗教热血，拥有成为追随者的潜力，但将其真正激发、使个人完全成为一名合格教徒的机制，则存在于人的身体之外——这种力量就是社会关系。宗教萌发于个体内心先天的崇拜冲动，在社会关系中得到孕育、生长和调整。简言之，宗教虔诚是宗教产生的根本冲动，而社会关系的维系却是宗教得以存在并发展的根本原因。

从图腾的宇宙论体系，到巫术的盛行、再到中世纪的基督教世界，宗教明显是社会性的。宗教表现是表达实体实在的集体表现。除了分有一切宗教事实所共有的本性以外，宗教还应该是社会事务及集体思想的产物。宗教现象可分为两部分:信仰(舆论状态)和仪式(行为方式)。仪式是在集合群体之中产生的行为方式，它们必定要激发、维持或重塑群体中的某些心理状态。贝格尔继承了涂尔干的论断，认为一切现象都是世俗的，只有在后来被输入了神圣的性质后才成为神圣的，而其神圣性要通过仪式活动才能象征性地得到重新肯定。仪式主要可分为个人仪式和集体仪式。

个人仪式强调的是个体与神的直接联系，是个人超验的交往体验，解决的是私人生活中的问题。这种个体的“喃喃私语”并非是个人可以畅所欲言、天马行空的现实避难所，而是同样受到了社会的客观限制，戴上了话语的枷锁。实体化的结果是人们像对待自己一样对待神灵，与之建立一种“准社会交往关系(Para-social interaction)”。符号互动论认为，自我的形成除了“主我”之外还受到“客我”——即他人的社会评价和期待的影响，在这里“他人”更体现为客观化了的神。

齐美尔认为，个体对待上帝的态度和个体对待社会共性的态度相互之间极为相似——即依附感。个体感到自己被某种具有普遍意义和更高意义的东西所制约，这种东西既是始源又是归属，人们对神忠心耿耿又希望得到提携和拯救。[①] 虔诚的教徒自觉把自身的一切归功于上帝，把上帝看作自身本质和力量的源泉。个体的宗教实存形式和社会实存形式之间表现出相似的结构。正如韦伯在《新教伦理与资本主义精神》中以社会和宗教的关系为切入点，探究了经济发达地区更赞成宗教改革的原因。出于对现实需要的考虑，教徒可以按照自己的需求来修改教义，同时个人与神之间的关系也面

① 格奥尔格·齐美尔．现代人与宗教[M]．曾卫东等译．中国人民大学出版社，2003:99.

临修正(这里再一次验证了人神间关系的对等性,在对自己不满意的神的面前,人永远有可能"痛打偶像")。以宗教改革前的天主教为例,倡导个人现世的禁欲苦行,注重以此换来来世幸福,这无疑会将其信徒培养得对现世的利益无动于衷。在神的面前,人们告诫自己要节衣缩食,摒弃生存之外的物质享受,路德认为,天主教的这种学说具有强烈的信奉神意的色彩,把绝对地顺从上帝的意志与绝对地安于现状等同起来。这种教义也规范了人律己的行为。

集体仪式强调个人与其他个人、群体的交往联系,是宗教最具实体化特点的表述行为,是公开的群体规则,也是身处其中的个体建立身份意义和群体共识的主要途径。集体仪式多发生在特定场景中,其典型代表是教会。下文将从场景角度出发,探索传统宗教的集体仪式场所与现代性条件下的仪式场所之间的特点、联系与区别。

二、宗教的场景视阈:行为、仪式和交往关系

孔德认为,宗教是维护社会稳定、团结和协调的主要原因。宗教使得个人严格地服从于超越个人利益之上的社会目标,使人和人的感情联系得到发展,使分散的个人在社会之内联系起来;涂尔干则认为,宗教之所以存在,就是为了完成维系社会,使之一体化的功能。① 而对于宗教而言,仪式是维持宗教稳定、团结、保持一致性的重要手段。不过,在理解仪式的时候,不必过度推敲每个举止的确切含义。涂尔干认为,仪式的重要作用在于形成集体记忆,联系个人,形成想象中的共同体,处于同一种心灵状态:"仪式最本质的是,人们被集合起来,他们不仅共同感受到了情感,而且还通过共同行动将这些情感表达了出来;相对而言,这些情感和行为的特殊性质则是次要的和偶然的……必须要做的事是展开共同的思想和行动,至于这种共同行为究竟采用了什么样的可见形式,则是无足轻重的。"②仪式的目的不在于正确性,而是个体间情感的碰撞。世界作为客观的实体堆积在集体的共识之上,每一种社会行动都意味着个人的意义倒向了他人,不断发展的社会相互作用则意味着行动者的若干意义被整合成了一种共同意义的秩序。一旦个体在这场意见共识中纷纷离去,基础便会崩塌,世界就开始动摇,丧失了其

---

① 唐忠毛."神圣帷幕"的降落——西方宗教"世俗化"及其现代性困境[J].当代宗教研究,2004(4):19-23.

② 李平辉.中国共产党的纪念活动与其政党文化社会化[D].中南大学,2011.

主观的看似有理性。世界的主观实在性需要以人际间的对话这根细绳为轴有序转动,以维持这种连续性,保证秩序。

涂尔干认为,宗教所需要的这种人际对话总是通过某个群体、家庭或行会来施行的。实际上,这些规模有限的所谓“教会”只不过是某个规模较大的教会的分支,正因为后者规模较大,所以才更应该被称为教会。[①] 这一论断显示,涂尔干认为宗教宛如根茎繁杂的树,从一个共同的营养源流出发并分散开来,不管是家庭内进行的餐前祈祷还是教堂里举行的圣餐仪式,都带有相同意义的神圣意味。相比于没有教会的巫术的流动传播特征,宗教的祈祷方式更具有集体性色彩,根植于更为稳定的情境土壤,试图用场景的稳定性来换取神圣观念的实体性和客观性。在宗教范畴内,信仰通过仪式表达,而根据媒介环境学派的观点则认为,仪式所在的场景属性一定程度上决定了仪式活动的性质和效果。因此,要探究宗教的社会关系形式,可以从场景特征入手。

场景,即特定的情境。戈夫曼将行为区域描述为“任何在某种程度上感觉受到屏障限制的地方”;罗格·巴克(Roger Barker)认为“行为场地”是“有界的、临时的、有形场所”;劳伦斯·佩尔温(Lawrence Pervin)将场景定义为“一个特定的地方,在大多数情况下包括特定的人、特定的时间和特定的活动”。[②] 从这些定义可以看出,场景定义的两大重要特征:有界性(区隔性)和临时性。

有界性强调场景在空间上区别于其他空间元素。场景割裂环境,与周围形成对立,保持场景的特殊性和区隔性,目的是让行动、生活在这片土地上的人们能够团结起来,形成事实的共同体。传统宗教时期,教堂是基督教徒的神圣场所,教众进入教堂后需衣着整齐、保持安静,在礼拜时需脱帽致敬……这些规则是基督教徒与他人区分的重要身份标记,只有进入教堂这个场景这种标记才会被激活。除了“地点的规矩”之外,个体还会受场景内的其他个体的影响。社群是场景的动力,基于某些相同的特点,不同的个体被场景连接在一起,就会形成社群,社群成为建构场景的基础,一个社群可能就可以作为一个独立的场景而存在。身处在其他基督教同伴之间,个体自我形成中的“主我”被“客我”召唤,在产生群体压力的同时产生群体认同,个体的个性下降,抽象的整体性意识逐渐形成。可见,社群是维系场景的粘

---

① 俄木乌曲嫫. 俄木乌曲嫫对《宗教生活的基本形式》的笔记(8)[EB/OL]. 豆瓣读书,2012-1-20.

② 谈国鹏. 论社交网络场景的建构和影响[D]. 苏州大学,2012.

合剂，不同社群之间相互交织，构成了整个社会空间并建构了整体的社会场景。

临时性，即在时间层面指代特定时间内的活动。场景是集会的场所，活动不可能无休止地进行下去，只是将松散个体临时聚集起来的团体策略。根据上文可知，传统的宗教场景带有使教众团结、一致、整体化的聚合性目标，目的是让神以同等的形象进入到每个教众的宗教虔诚冲动中，对神圣观念进行实体化。场景活动通常是定时定期、周期性的，正如涂尔干所认为的，有必要按时定期强化和确认集体情感和集体意识，只有这种情感和仪式才能使社会获得其统一性和人格性。① 如伊斯兰教的开斋节定于每年的10月1日，即斋戒月结束之后的第一天，穆斯林需前往清真寺参加会礼，听伊玛目宣讲教义。仪式安排的时间、空间的固定，使场景的时空共在感更为明晰，有利于集体观念的形成与遵守，但同时也面临着集会结束人们各自散去之后“遗忘”的风险。在这种情况下，符号成为场景之外维系共同仪式感的重要手段。也可以说，符号创造了一种话语范畴的“语义场景”——即在结构固定的话语背后，是已经打包好的一整套意义体系，难以拆解。

神便在这种“语义场景”中产生。如果没有符号，社会情感就不能稳定的存在。有集会时，彼此影响，社会情感强烈；集会结束，情感只能在回忆中了。但如果把表达情感的活动与某种特别持久的东西联系起来了，这种情感就会更加持久。那种东西会不断地把情感带入心灵，并激发出这种情感，就仿佛是最初使他们兴奋的原因还在起着作用。关于神的符号在对话中形成，在语义场景内进行维系，确保意识形态的连续性。福柯的“话语权力观”认为，话语决定权力。话语是一种秩序，更是一种权力结构和结构性的权力。话语、知识和权力三位一体，三者之间存在这样的关系：话语是载体、知识是表象、权力是实质。② 无论是语言符号还是非语言符号、无论是图腾还是教义典籍，符号背后的神圣形象有着统帅教众的权力，留存在人们的常态思维中时刻提醒教徒们保持对神的忠贞。

综上可知，宗教所在的传统场景中有如下特点：时空上强调个体共同在场，维系宗教内的整合性和团结，相比于个性而言更看重“千人一面”的对于宗教的忠诚；除了现实的活动场景外还有“话语场景”，其任务是在共同的仪式场景之外维系日常生活中教徒们常态的支持。而今天，以社交媒体为代表的新媒介的出现和广泛使用，使得过去以物质场所为基础的局面开裂，可

---

① 涂尔干．宗教生活的基本形式［M］．渠东译．上海人民出版社，1993：562.

② 王蜜．福柯的“话语权力”观及其对翻译的镜鉴［J］．黑河学院学报，2012(1)：149-151.

能创造出新的场景，重塑以往的场景，而场景的边界和分隔在不断地消失和演化。在微博这个新的媒介交往场景中，宗教性活动的特点产生了一个颠覆性的变化。

在传统场景理论中，戈夫曼的“舞台理论”点破了人与场景间的互动关系。戈夫曼将戏剧看作是生活的隐喻，他认为，所有的社会角色的行为实际上都是表演，他们的行为是有选择的展示。舞台结构影响行为塑造，人在“前台”和在“后台”分别拥有不同的行为特点——人的行为会根据场景的性质进行调整。例如在教堂人们会安静虔诚地祷告，梅罗维茨在对戈夫曼观点进行肯定的同时，也提出了质疑：戈夫曼的舞台理论根植于面对面的人际传播场景，不能套用在电子媒介中的人际互动情况，以及，在戈夫曼的理论中，场景指的是面对面交往当中的物质场地，而梅罗维茨则认为“对人们交往的性质起决定作用的并不是物质场地本身，而是信息流动的模式”①。梅罗维茨将媒介对社会的影响概括为“新媒介、新场景；新场景、新行为”，与其关注信息的内容，信息以怎样的方式在场景中流动才是更需要解决的问题，这一方式决定了身处场景中的个体行为和交往的性质。

对此，梅罗维茨以电视媒介作为研究对象，提出了适用于电子媒介空间的场景理论。梅罗维茨认为，在电子媒介场景中，个体的身体可以被允许缺席，个体可以经由大众媒介“想象性地”被多个组合场景影响，是剥离了“身体”整体感觉的、单纯依赖经过中介的视觉、听觉的传播，剥离了单一场景的控制，行为成为众多场景的融合产物。传统场景所追求“身体在场”“时空一致”“千人一面”和“团结”，这些关系属性在电子媒介空间纷纷遭遇了折戟，“前台”与“后台”之间的界限逐渐消失，产生了既不是“前区”也不是“后区”的“中区”行为，个体的传统身份特征被解构，在融合场景的基础上产生了新的身份意义；同时，随着场景的融合，场景的边缘碎裂，过去区隔鲜明的场景特点不复存在。这一现象的结果便是个体的行动力上升，而权威的掌控力则受到了挑战。吉登斯认为，现代性社会里，社会关系从彼此互动的地域性关联中，从通过对不确定的时间的无限穿越而被重构的关联中“脱离出来”，实现“脱域”化。② 可见，无论是人与神之间的关系还是人与人之间的关系，在个体脱离传统场景重新嵌入到新的场域环境中，都亟待重新调整以适应场景要求。那么，在这种新场景特质的前提

① 约书亚·梅罗维茨．消失的地域：电子媒介对社会行为的影响[M]．清华大学出版社，2002：33.

② 吉登斯．现代性的后果[M]．译林出版社，2011：72.

下,周期性仪式是否还能存在?基于突破边缘的、融合性的宗教性场景,个体与神又是如何对话、个体与个体即教众之间又是如何交流的,下文将对这些问题展开分析。

三、锦鲤崇拜:基于新场景与新关系的宗教形式

虽然吉登斯认为,启蒙主义和自由主义已经将社会从神和宗教的手中解放出来了,但实际上,宗教虔诚依然埋藏在个体的血液之中,信仰和崇拜行动始终没有完全退出历史舞台,而是以另外的形象出现在众人视野中。

场景边缘的模糊化使得场景不再像铁板一块,而是充满了流动的特征。流动性的显著特点为:表层即是意义的全部。鲍曼在《流动的现代性》中认为,现代性所带来的后果之一即是对未知和不确定性的恐惧。"我们有梦想也有恐惧,我们有渴望也有厌倦,我们既充满希望,但又坐卧不安。我们赖以谋生以及为之谋划未来的周遭环境也在不断变化。"①在这个液态的现代世界上,所有的东西都转瞬即逝,不变的唯有变化本身。现代社会特有的恐惧诞生于两个时刻:一是解除管制及个体化浪潮——人际间的亲属关系、邻里关系松动断裂,这一时期人造对应物取代了天然的关系纽带,如现代法律的出现为以关系连坐责任制为代表的恐惧管理方式画上了句点;二是脱离政府管制及个体化——人们对政府产生了质疑,如南振中所提出的两个舆论场理论的提出——这一过程并非自愿,而是屈从于它不再能控制,也不奢望遏制的全球力量的压力,但未带来新的恐惧管理的新社会形式。对未来的恐惧感,通常集中于最近的目标上,并被引导至对个人安全的关注上去。恐惧的任务,与恐惧本身一样,已被解除管制并下分,交由给个体自行解决,"安全感"的任务被"私人化",很大程度上纳入了生活政治的领域。在这种情况下,宗教成为一些个体心灵的归宿。

锦鲤崇拜也是恐惧管理的一种方式。但当作为场景的教堂变为网络上的微博空间,人们的崇拜和祈祷方式发生了显著的变化,依然主要体现在个体与神、个体与个体即教众间的关系形式两个方面。

(一)个体与神:宗教市场下的"神人协作"

格雷厄姆、马文道:"在居民的交流空间扩展到世界的同时,他们的家庭常因配备了越来越'聪明的'安全设施而脱离公共生活。"近年来,微博不再只是个人日常生活书写的记录空间,也成为吊唁、纪念、庆祝等众多线

① 列奥·施特劳斯. 列奥·施特劳斯:现代性的三次浪潮[EB/OL]. 豆瓣读书,2012-3-1.

下活动的新场景。锦鲤崇拜是以“锦鲤”为崇拜对象的微博祈愿活动，最开始由ID名为“锦鲤大王”的用户发起，并持续周期性或不定期性发布，目前其粉丝已逾500万，是锦鲤崇拜活动中的“意见领袖”。根据其发布的《锦鲤大王的许愿指南》中所提到的“只需要手指触碰，就可以许下心愿，没有负担，没有压力”①可知，锦鲤崇拜的仪式主要是“接触”和“许愿”，这两步主要通过转发和评论与锦鲤相关的微博来完成——其内容一般为“转发这条锦鲤，这一周/这个月/这一年会有好运哦”“愿望和运气交给锦鲤，你只管努力就好”。

传统场景的宗教要求高密度的仪式合作和个体间的向心凝聚性，因此要求教徒间存在紧密而直接的人际关系。但是，人与人之间的牵系一旦被编入一张需要投入大量时间以及精力，也需要个体牺牲其利益的安全网络，这种牵系就会变得越加脆弱。以融合场景为背景，网络人际互动越来越成为一种临时性的策略：尽其利便各自而退。根据对锦鲤微博转发和评论的情况进行观察研究，发现个体对锦鲤进行仪式祈祷时大多从个人现实难题、对未来的期待出发，如“希望丫头今晚感冒能好，明天考试发挥出最好水平”、“我希望一切都能好起来，最近真的是衰到爆”。个体将问题和希望从自己无法改变的现实场景中暂时脱离出去，继而进入微博空间，个体在私人情境与公共情境的撞生所形成的“中区”地带向陌生、虚无的非实体进行倾诉，寄托在神秘的宗教力量上以获得内心的平静。一个祈愿微博便是一个仪式场景。礼终人散——转发或评论之后，人们感觉自己有了好的状态，虽然他们很难清楚其中的原因，但这种感觉确实非常牢靠的。他们觉得仪典对他们是有益的——而事实是，正是在仪典中，他们重新锻造了自己的精神本性。这就是成功的仪式。因此，锦鲤微博在“送出祝福”的同时，往往还会说明“实现了要来还愿”的附加请求，通过教徒的现身说法来维系锦鲤教众向心（锦鲤）的团结，以及崇拜行为的持续与稳定。

但是，这并不意味着信奉锦鲤的教众还会像传统宗教场景中紧紧围绕，崇拜行为打上了私人化的特点，宗教成为个人的所有物。这种私人化主要体现在两个方面：一是个体与神之间的交往关系；二是个体对神圣符号的加工。

锦鲤是一种与人亲近的神圣存在。人们虽然在集体欢腾中为锦鲤确立了实体身份，但并没有把其看作是如中世纪基督教一般高高在上、不可违背的群体最高秩序。人们往往认为，之所以会产生最初的宗教概念，是因为人

① 锦鲤大王．锦鲤大王的许愿指南［EB/OL］．新浪博客，2016-5-5.

们在与世界发生接触时，被虚弱、无助的感觉和恐惧、苦难的感觉牢牢地攥住了，像锦鲤这样的神及其连带场景，只是纾解人们现代性焦虑和无助心理的一味止痛剂。某种程度上，个体与神的代言人（如"锦鲤大王"）之间的关系更具交易意味。卡斯特曾道，我们这个时代最明显的标记是"意义与身份"的密集生产。在身份场景的多样交织之下，每个人都是独特的个人，人际间共性要素下降使得身份之间的协商整合变得更加困难。人与神的宗教关系也面临着重新调整。

由此，正如罗德尼·斯达克所认为的，在现代社会，一个崭新的"宗教市场"正在形成。宗教市场论驳斥了以往理论将宗教看作是"非理性"的观点，认为"人们在宗教行为上跟其他生活领域里同样地理性的"，而且"宗教行为如同人们的其他行为一样，也是一种理性的行为，一般是建立在代价/利益计算的基础之上的"。斯达克提出了一个理性公设：在教徒所具有的信息和理解程度的限度内，在实际存在的选择范围中，在他们的喜好和趣味的引导下，人们试图作理性选择。[①] 教徒不再是韦伯笔下苦行的虔诚派子民，必须限制个人的欲望以配合上帝的教诲，而是能够选择自己欣赏的宗教，任意性和自由度增强，穿梭在不同教义的文本中。

此外，锦鲤也并非活在绝对的"语义场景"中的说一不二的神灵，在个体对这一神圣符号的改造和加工之下，好运的象征——"锦鲤"衍生出了更为丰富的表现形式。如四六级英语考试时期，博主"广州日报"上传一张下身为鱼尾的莎士比亚图，声称"转发此条锦鲤，四六级必过哦亲"。

（二）个体与个体：不经意的相遇

梅罗维茨认为，过去社会场景之间的隔离，话语权集中于上层群体中，造成权威感；而以电视媒体为代表的电子媒介场景则解放了普通大众，倾向于打破隔离、融合社会场景，在消解权威的同时让私人情境通过大众媒介在公共领域得以展示，从而促成了私人情境与公共情境的合并。[②] 而新场景在改造教徒与神的交往关系的同时，也使得教徒之间的互动模式悄然改变。每一次祈愿的场所——仪式微博都像是一个大型的公共广场，人们在这里短暂相聚、集会，每个人都专心地诉说自己的愿望，鲜少直接回应其他教众。吉登斯在《现代性的后果》一书引用了社会学家埃尔文·霍夫曼《公共场所

---

① 李向平．信仰如何构成宗教——"宗教市场论"与中国宗教的地域性经验[J]．经济管理文摘，2008(13)：26-33.

② 李欣．新媒体视野下的"场景融合"研究——梅罗维茨传播理论评述[J]．青年记者，2013(20)：26-27.

的行为》的研究发现——“世俗的不经意”，即“现代社会数不清的背景中，构成日常生活的种种彼此相遇的”的东西。① 这种场景中的个体，在前往仪式微博进行祈祷时彼此走近，快速扫一眼对方，产生“朦胧”的交往印象。个人的祈愿仪式成为一种“背景音乐”，产生出一种新的人际交往节奏——静默的共同在场，彼此之间知道对方的存在但不作细究。

如果说新的融合场景多少还保留了仪式场所的聚集性和中心性，那么，对仪式时间一致性的打破更加剧了教徒间关系的松散性特征。新教改革之后，“周末做礼拜”的规定只强调仪式地点的固定性，却不再要求教徒每时每刻都与上帝保证绝对的近距离。这一措施使得宗教世界与教徒的生活世界得以分开，人们为自己的宗教虔诚划分好了特定的时间，在一定程度上依然维系着群体归属感和共在感。然而在新媒介场景中，时间消失了，仪式变为始终存在的“地方”，而不是“时间”，个体可以在有需求时才点进“锦鲤大王”的微博进行祈愿，这种仪式时间上的随意性无疑对宗教群体感的形成提出了新的挑战。

韦伯认为，我们的时代，是一个理性化、理智化，总之是世界祛除巫魅的时代；这个时代的命运，是一切终极而最崇高的价值从公众生活中隐退——或者遁入神秘生活的超越领域，或者流于直接人际关系的博爱。不管是祖先崇拜、多神主义、泛神论的神秘主义、壁垒森严的一神论，还是现代性社会微博空间盛行的“锦鲤崇拜”，都是个人暂时逃离理性社会、进入神圣空间的避风港一般的存在。② 宗教最开始以个体先天的宗教虔诚为据点，结合人们纾解现实恐惧的需求，通过信仰和仪式的作用将神圣观念外在化、客观化、实体化，将宗教场景加以限制，形成界限分明、堡垒森严的宗教禁地。而新媒介的出现，使得传统宗教场景已有的仪式、崇拜行为、人际关系发生了改变——宗教形成市场，集体宗教向私人宗教发展，教众拥有了更大的自由度和权力，神不得不与教众协商以获得教众的信赖和接受，权威地位下降。此外，个体地位的上升和权威的下降并没能促使教徒个体紧密地团结在一起，而是彼此疏离，更体现为一种不经意的“静默在场”。

参考文献：

[1] 贝格尔．神圣的帷幕[M]．上海：上海人民出版社，1991：4.

[2] 马克思·韦伯．新教伦理与资本主义精神[M]．北京：九州出版

---

① 朱学东．相遇[EB/OL]．新浪微博，2014-8-29.

② 贝格尔．神圣的帷幕[M]．上海人民出版社，1991：16.

社,2009.

[3] 吉登斯．现代性的后果[M]．南京:译林出版社,2011.

[4] 约书亚·梅罗维茨．消失的地域:电子媒介对社会行为的影响[M]．北京:清华大学出版社,2002.

[5] 陈力丹．传播学的三大学派[J]．东南传播,2015(6):36-41.

[6] 格奥尔格·齐美尔．宗教社会学[M]．上海:上海人民出版社,2003.

[7] 涂尔干．宗教生活的基本形式[M]．渠东,译．上海:上海人民出版社,1993.

符号共鸣的狂欢与表演：网络社交中的表情包使用

（王宇晴　安徽大学）

摘　要：在表情包狂欢的世界，它成为捕捉普通人精彩生活瞬间的"截屏工具"，而在宏大层面，当下的表情包多自带幽默调侃属性。无论是大到全民使用傅园慧表情包调侃七夕单身狗，还是小到我拿你的"丑照"做表情包自嗨，表情包的"全民狂欢"时代已经开启，与我们的日常生活水乳交融。表情包的流行神话赋权给予了每个人毫无顾忌使用的权利，但这仅限于在共同的文化背景体系之下，表情包才能真正起到其准确传递"所指"的功能。当然意指也是一个不断演变的过程，随着表情包文化的发展和技术的进步，国人的表情包话语体系会越来越丰富，狂欢的范围也会越发扩大。

关键词：表情包；符号学；表演；人际传播

一、引言

（一）研究背景概述

2016 年表情包进入了传播最火热的时代。"表情"成为如今的模样楔入人们的即时通讯（Instant Messaging）场景中，就像互联网的发展超乎预料一样，谁也不能想象"表情包"会成为除文字、语音之外的一种新的语言。

早在 1982 年 9 月 19 日，美国卡耐基·梅隆大学的斯科特·法尔曼教授在 BBS 上输入了一串 ASCII 字符："：-）"。这在目前的普遍意义上被认为是人类历史上第一个电脑笑脸，也就是现在所说的"表情"。[①]

① 网络表情的起源与发展，中国艺术设计联盟，2011 年 10 月 12 日，http://indu.arting365.com/cartoon/2011-10-12/1318399772d249941.html.

紧接着,20 世纪末电子信息革命在中国潜移默化地走进千家万户,使用“腾讯 QQ”聊天软件的人成为第一批表情图案使用者。2003 年,“腾讯 QQ2003III 简体中文正式版”推出,QQ 用户可任意添加个性字符,动感酷图,搞笑图片作为 QQ 自定义表情。[①] 而“自定义表情”的使用与传播并没有就此拉开一张大幕,冷冷清清近 10 年并没有引起大众的兴趣,在学术界也是相同。2012 年之前,在中国知网上可搜索到的和“表情包”相关的论文 62 篇,而大部分都来自模糊识别,和这个关键词并无关系,寥寥有关系的几篇,也都关乎符号表情使用,例如《网络表情符号的使用与满足——基于高校学生 IM 中网络表情使用的实证研究》[②]等。

技术赋予了“表情”以新的可能性。2010 年 6 月,iPhone4 上市,2011 年第一季度,Android 系统在全球的市场份额首次超过塞班系统,跃居全球第一。人们的手机消费结构开始改变,基于 IOS 和 Andriod 为主力军的微信 2011 年横空出世,腾讯 QQ 手机客户端也基于新的平台有了版本革新。

2012 年 8 月,暴走漫画[③]上线,利用网站的制作器,网友可以用 UGC 制作自己的暴走漫画,随时分享身边的搞笑糗事,漫画通常都是 1 格或 4 格,网友可选择暴走漫画生成器中的不同人物表情,配上文字,形成一个个“囧”“搞笑”“幽默”甚至带点“三俗”意味的小故事,说起这些“三俗”小故事,若以文化的视角来审视,还都是一批“源于生活的艺术”,也不难引起网友共鸣并快速传播。UGC 过程中,姚明、崔成国、香泽花菜 3 人都因为夸张的表情而被网友们戏称为“表情包三巨头”,其 3 人头像的表情包使用率最高,以崔成国最盛。2007 年韩国男演员崔成国主演电影《金馆长对金馆长对金馆长》,由于金馆长脸相猥琐生动以及搞笑幽默,成为表情帝的首选,金馆长表情也随之火了起来(见图 1)。

“暴漫”的火很快烧到社交网络中,图片分享功能无法满足这些小图片被网友们重复利用发送传播的“刚需”,转而,它们开始出现在大家的“自定义表情包”中。现在大家说起的“表情”,大多是网民以时下流行的明星、语

---

① QQ 表情,百度百科引,http://baike. baidu. com/link? url=EVEQ8Z_qVaM50exmQezi2y4SkIJTA63EjADBKWCyJyvZvrgUvju0gI9sxdtptwwC1ddKR9w8jhO9PmgG7TcjmAqAKILDjeI7rOEyZVd-NcW.

② 李菲. 网络表情符号的使用与满足——基于高校学生 IM 中网络表情使用的实证研究. 上海交通大学 2011.

③ 暴走漫画是一款漫画制作展示应用软件,其形象简单,画面饱满,故事凝练,表情夸张,粗糙却通俗易懂,有强烈的视觉冲击感,令人印象深刻。

图1　金馆长表情包摘选①

录、动漫、影视截图作为素材，配上一系列相匹配的文字，用以表达特定的情感。② 图片大多讽刺幽默，有趣生动，配字往往一语中的，组合搭配后形成十分有趣的意味，成为网友们在网上聊天中的“标配”。

2015 年 8 月 3 日，继自定义表情之后，微信正式推出表情开放平台，任何个人都可以在平台上提交自已创作的表情作品。③ 据统计，微信表情包目前已超过 700 套，其中投稿作品超过 90%。其中《辣小丫宫廷版》一套表情包上线 30 日内，使用次数就超 3000 万次。④

前文中提到 2012 年之前，在中国知网上可搜索到的和“表情包”相关的论文仅有 62 篇，现如今，在中国知网搜索和“表情包”相关的论文共 1314 篇，其中 1001 篇都发布在 2016 年，表情包研究在今年呈小爆发趋势。但是大部分研究也都浅尝辄止，或认为表情包丰富了网络文化的体系，简化了沟通的成本，如余晓冬、黄亚音的《从“帝吧出征”看表情包在网络交流中的功能》，孙页、薛可的《网络群体传播中的亚文化研究——以表情包为例》等。

德国哲学家卡西尔（E. Cassirer）认为，人是符号的动物，提出：“人不再是生活在一个单纯的物理宇宙之中，而是生活在一个符号宇宙之中。语言、神话、艺术和宗教则是这个符号宇宙的各部分，它们是织成符号之网的不同丝线，是人类经验的交织之网。”表情包在社交中的使用频率越来越高，它就像是图片，文字，情绪的交织形成了一张大的符号图腾，成为不能忽视的一种新的话语表达方式。

---

① 摘选表情来自百度图片，关键字“金馆长表情包”。

② 徐航．从符号互动论看 FB 表情包大战．新闻研究导刊，2016 年 4 月，第 62 页．

③ 微信开放表情公开投稿你会为聊天表情“买单”吗？2016 年 4 月 6 日，北京日报，http://news.xinhuanet.com/zgjx/2016-04/06/c_135254391.htm.

④ 在微信表情商店中统计得出。

(二)理论背景

1. 罗兰·巴尔特

罗兰·巴尔特是20世纪西方结构主义的代表人物之一,他在索绪尔语言学基础上创立的符号学理论,被广泛运用于传播学、人类学、阐释学等领域,影响深远。综观巴尔特的符号学思想,其核心是反对“权威”观念和“常识”,主张透过符号的分析理解意义产生的内在过程,实现对真实世界的认识和人的自由。

从《符号学原理中》中,我们可以对罗兰·巴尔特符号学思想的梳理和阐述,并运用于传播理论研究,以期提供一种新的视角。符号在相互之间的关系和文化互动的基础上获得意义。巴尔特的符号学以语言和言语的划分为基础,构成符号的意义系统。

意指过程是巴尔特符号学的中心观念,也是符号学与传播学结合的核心点,这一过程借助符号指意,通过组合与聚合、隐喻与转喻、外延与内涵等多层次系统,在特定的文化体系中构连意义,实现传播。

2. 戈夫曼

社会学界将戈夫曼的理论称之为“拟剧理论”或“戏剧理论”,戈夫曼(Erving Goffman)与早期的符号互动论者一样,客观的社会制度和社会结构对人类行为的影响他并不关心,而他将注意力集中于人与人之间面对面的符号互动。

戈夫曼的拟剧理论在其《日常生活中的自我呈现》中得到了集中的展现。他关注的是日常生活中人们如何运用符号预先设计或展示在他人面前的形象,即如何利用符号进行表演,并使表演取得良好效果,其研究重点在“互动”,用他自己的话说,就是“在互相直接见面的时候,一个人与另一个人行动的交互影响”①。

(三)研究目的

表情包在人们日常使用微信、QQ或其他聊天通讯应用中出现,成为文字、语音的替代品,甚至即使在面对面的交流,也会产生想要“给你发一个表情包表达我此刻的内心”的冲动。他渗透在我们的网络生活中,成为不能忽视的一支文化体系。

作为本篇论文研究对象的表情包,为什么成为网络狂欢中的表现载体?为什么有些表情包被网友乐此不疲地反复共享?表情包到底是内心情绪的

---

① 芮必峰.人际传播:表演的艺术——欧文·戈夫曼的传播思想,安徽大学学报,2004年7月,第64页.

直观表达，还是一种朋友圈内的有蓄谋的"表演"？这都是本篇文章想要阐述的内容。

二、一图抵千言：丰富的"能指"与"所指"

网络造成了情境的融合，让我们的沟通不因社会地位高低，人的样貌美丑，时间空间的差异受限，给了人们更容易获取的(acceesible)方式来传递自己的情绪或表达自己的诉求，而在聊天场景中所能选择使用的有限的符号资源，如文字、图片、语音让其成为人的延伸，而表情包的"图+文"于GIF① 丰富了情绪和诉求表达的方式(见图2)。

图2　微信自定义表情包示例图

(一)不同"能指"，相同"所指"：花式表意的表情符号

表情包的出现最直观的感受莫过于给我们的一句语言增加了100种新的表达方式。

打个比方，曾经我们想表达"委屈"的情感给别人，只能给朋友发"我好委屈""宝宝心里苦"的文字，或者一段饱含呜咽的语音一诉衷肠，但表情包

① GIF即将多幅图像保存为一个图像文件从而形成的动画。百度百科引，http://baike.baidu.com/link?url=JAAC1cAfOsyfZKk74Bfw5asTnKnerPc4ibxpLdBi0OBHALJsBtSkXutn0lentfbU_tD0LPwz_avRanD4vXCnyq.

给了我们更多的“花式表达委屈”的可能性。（见表1）

表1　表情包“花式”表达委屈法①

“委屈”				
表情包“所指”	委屈，内心崩溃的“小情绪”	委屈，可怜萌，求安慰，多为女生表达“委屈”用	委屈但有点小倔强，有泪不轻弹，虽然真的很想哭嘤嘤嘤	委屈的“宝宝”
“委屈”				
表情包“所指”	崩溃式的委屈，幽默表达痛苦内心	委屈，可怜萌，求安慰，多为女生表达“委屈”用	幽默地表达受了委屈之后内心受到“一万点伤害”的样子	更符合二次元网友的表达方式

在表1中，我们可以看到，我们使用一张小猫的图，并非我们想发给对方欣赏一下这只小猫，而是它代表了委屈、求安慰等内容。再例如，我们使用一张跪地吐血的表情包表达委屈，并非我们真的吐血了，而是夸张地表达我们内心受到了伤害，这种表情可能会因为文化背景的差异造成误读，后文中会提到。我们在这里随便甄选了8张图，都在基本面上表达了“委屈”的意思，它们相比较语言，却更丰富地刻画了不同的情绪状态和心理活动，有着所指上细微的差异，却让我们能使用到更贴切的符号与他人进行互动。

能够看出，在表1中，表情包利用人物、动物、漫画卡通形象，或配上文字，或只有单图，都表达出比文字和语音要更为丰富的内容，表情包通常都生动有趣，它的表情、神态、姿势都非网络空间通过真人可以传递的。

① 图片来源百度图片，以“委屈”为关键词，http://image.baidu.com/search/index?tn=baiduimage&ct=201326592&lm=-1&cl=2&ie=gbk&word=%CE%AF%C7%FC%B1%ED%C7%E9%B0%FC&fr=ala&ori_query=%E5%A7%94%E5%B1%88%E8%A1%A8%E6%83%85%E5%8C%85&ala=0&alatpl=sp&pos=0.

(二)意义的生产:符号构建的文化体系

为什么大家的表情包越来越多了?

以微信为例,大家的表情包通常有以下几种来源。

一是有时候我都开始不在意你给我发的表情是什么,而变成我是否拥有你的表情包?无趣的假装没看到,有趣的立马收藏,留着下次使用,循而往复。

二是微信的表情包商店开放下载了,定期更新一批表情包留以使用。这里我们也发现一个有趣的现象:大部分表情包的流行周期都是十分短暂的,出了暴走系列"表情包三巨头"这个常青树,表情包都以热点事件,热门明星,微信商店首页推荐的形式开始风靡,迅速进入流行期而后被新的表情包替代。

三是在浏览其他网络信息时存图。

四是自给自足,丰衣足食。偶尔自己动手使用表情包生成器软件,或者直接使用 PS,都是生产表情包的好方法。

表情包数量的膨胀造就了这个话语体系的不断扩大,而表情包作为符号,其意义也在产生和制造的过程,无论这个意义产生于编码者或解码者。

在国内,传播学者们对"传播"的认识不再向过往那样认为是垂直线性由传者到受者,在这种程度上,我们一直所说的"传播"意义更类似于英文中的 convey(传递),在互联网社会中,每个人都仿佛是这张庞大网络中的一个个信息驿站,信息有进有出,传受双方不再站在对立面,而是走向传受一体化,形成来往双向的传播(Communication)。这种演变和戈夫曼的思想契合,符号的功能页不局限于从一个个体向另一个个体的意义传送或信息传递,而是以动态的过程呈现整体的人,以及人和人的关系。表情包的使用就是一个传+受的过程,一方面,个体在不断输出和生产(自制)表情包,另一方面,又在吸收他人所发的表情包,让表情包的文化体系不断丰富和完善。

当然,我认为,表情包的出现并不是代替了之前在交往中我们所用的文字,语音等言语体系,而是更加丰富了我们的表达体系。在社交网络中曾经我们不能靠语言,或者文字表达的情绪和千言万语才能表达清楚的,这一切化在表情包中的"你懂的"。

三、表情共享世界:符号共鸣的狂欢行动

"一言不合就斗图"[①]仿佛是不少网友聊天中都遭遇过的场景:突然大家都不再说话,也不聊天,仅仅只发表情包给对方或者是发到多人的群中,表

---

① 为什么大家喜欢"一言不合就斗图",搜狐公众平台引,此处非这句话的出处,http://mt.sohu.com/20160823/n465520488.shtml.

情包通常还能形成语义上的连贯。但即便没有这样“斗图”，大家也常常用表情包来往沟通，省去了许多语句。

（一）共鸣：基于共同文化背景和心理联系重叠

罗兰·巴尔特的符号学研究认为，符号的意义来源于能指（signifier）和所指（signified）所处的社会环境或文化背景。通俗的说，就是能指构成了表达面，所指构成了内容面①。巴尔特的符号学思想借鉴了索绪尔语言学的相关理论，提出符号是一个能指和一个所指的结合体，意指则是将能指和所指结合成一体的行为过程，这个过程的结果就是符号。对于生活在相同时空，或有共同文化背景的人而言，对符号行为往往有更直接的理解，或能很快捕捉到对方内心的意图。而这些符号成为他们的“共同语言”，在这个圈子之外的人看起来，就是不能理解的“次元”。

例如，在音乐系的学生中有一些这样的表情包，所出现的能指都是与乐器，表演相关的内容，如“哨片”“喇叭”“首席”等，这对于自己音乐系的同学通常都可以引发笑点，引起共鸣，因为这些于他们个人都是真实的生活中的存在，而对于外人不是音乐专业的人而言，它就成为一种“疑惑”和“不解”，对这种“对方不想和你说话”系列表情包无法引起兴趣产生共鸣，就达不到本身表情包所具有的调侃功能，或传递其隐藏的文化意义内涵。所谓的音乐系表情包成为他们的意指行为，基于共同的音乐生活素养，在他们使用中形成了自己的文化圈，这些表情包也成为不断出现的符号，塑造出属于他们的“共享世界”（见图3）。

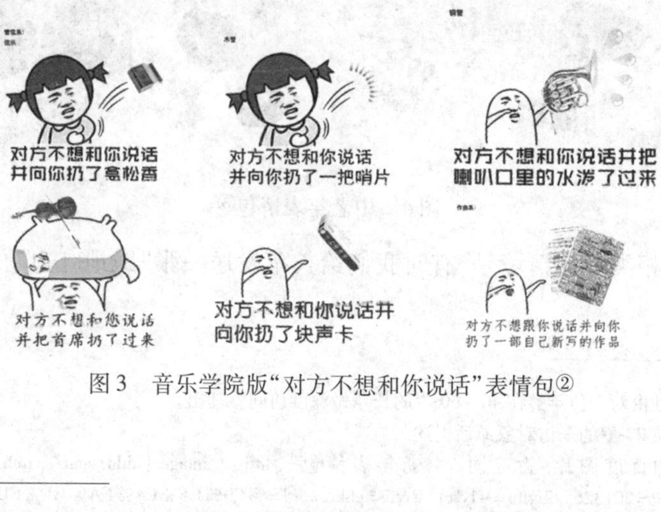

图3　音乐学院版“对方不想和你说话”表情包②

① 罗兰·巴尔特．符号学原理，李幼蒸译，三联书店，1988版，134页．

② 音乐上有什么有趣的表情包和图片？知乎引，https://www.zhihu.com/question/47105187.

符号的所指和能指之间没有必然的关联，他们的关系是依照社会惯例、法则而形成"约定俗成"的风貌。生活中大家也会对搜集自己的朋友、老师、长辈的照片，经过 PS(photoshop)修改或增加文字后做表情包乐此不疲。这些表情包可能为他人发懵，表情夸张，或很难看的状态的捕捉，但是这些表情包的使用通常在共同好友熟人中，很少会发给和表情包本人不熟识的其他人。发在朋友圈中，会引发大家连连大笑，而发给外人，通常就成为"话题终结图"了。这种心照不宣的使用法则恰巧暗合符号行为传播的原理：具有共同生活背景和心理联系的人，才能更加准确地理解意指的文化代码。

（二）符号所指的流变：中老年表情包含义的不同解读

对所谓的"中老年表情包"（见图 4），大多色彩鲜艳，喜用大红、大黄，多用鲜花、美女、中国书法字体，多以问候、祝福、鼓励的话语为主题，在表情包符号体系中独具一格。年轻人的态度和其使用主力军——中老年人的态度通常是不一样的：中老年人使用网络社交应用，使用这些表情包的初衷，通常有关"真诚的爱，力量，正能量的传播""对朋友真挚的祝福""励志，有趣"①的意味，但在年轻人的解读中，通常是用来做调侃，搞笑，"认认真真地不正经""认真地搞笑"②，却不觉得其和正能量、励志、爱有关联。

图 4　中老年表情包③

与之相类似的情境是，有时我们给长辈发送一张"跪地吐血"的表情包，

---

① 此处由对 7 位年龄在 40～60 岁的长辈做深度访问整理出。

② 一位 23 岁的采访对象原话引述。

③ 来自百度图片，关键词"中老年表情包"，http://image.baidu.com/search/index? tn = baiduimage&ct = 201326592&lm = -1&cl = 2&ie = gbk&word = %C0%CF%C4%EA%B1%ED%C7%E9%B0%FC&fr = ala&ori_query = %E8%80%81%E5%B9%B4%E8%A1%A8%E6%83%85%E5%8C%85&ala = 0&alatpl = sp&pos = 0.

长辈可能真的会问你："怎么了，没事吧，怎么吐血了？"但是当这张图发给同龄人，就不会得到如此的回复。

从这种差异中我们就能看出，符号学中的能指和所指并不是在一个固定范式内严密无缝对接的，能指与所指之间有约定性，也有任意性，符号的意义本就变化多端，只有基于共同的文化背景和规则传统，才能解读出相同的含义。年轻人与中老年人不同的新媒体素养，再加上不同的生理状态（如脑力）和不同的学识背景，再加上本身先入为主的"污""调侃""搞笑"的表情包"文化素养"的沉淀，让年轻人从本仅有"纯洁美好""真诚友爱"意味的表情包中激活出更多指意行为，在网络社交中容易获得更多的所指，即更多的感知关联。这个道理和现在弹幕所流行的"公平法治、友爱善良"的道理类似。

四、基于人际互动的符号活动：人际互动中的表情包表演

表情包是建立在共同话语背景下的狂欢行动，表情包制造出的一个又一个"流行神话"①，成为我们在网络社会中与他人点状互动，拉近彼此距离的一个又一个抓手。但是这个能指，是否真正指向其所指？这也正是网络社会中研究"符号"的有趣之处。

表情包不仅是文字的一个补充，在常规的内容交换之外，在某种程度上，还能对传递说话人的情绪状态进行"拟真"。通过表情符号，人们在虚拟空间中的沟通就省去了语言，就像在面对面交流的时候，你不必直说"我很开心"，而直接用一个微笑，就足以表达一切。

但是，我们不得不承认，即使在使用表情包的时候，它和我们的内心活动也并不是完全一致的。举个例子，我们给对方发一个"哈哈哈哈"的微笑表情，但这并不意味着，我们此刻内心真的是在高兴的。这个表情的作用未必是为了表现我本人此刻的内心活动，表达我此刻愉快的内心活动。或许此刻我正在为别人开车溅我一身水和别人争吵不休，但在网络世界另一边的你，正兴致勃勃地和我分享一个有趣的故事。我并没理由让你也心里发堵，但此刻我好像也没工夫发自内心地和你讨论这个故事的细节。此时我轻轻动一下手指，一个表达微笑的表情包发送给你。这一发送微笑表情包的行动，用人类学家格尔茨所说的就是，符号行动的含义在于"在它们发生之时，通过它们的媒介作用，所要说的是什么"②。这就是我用表情包这一符

---

① 罗兰·巴尔特．神话——大众文化论释，许蔷蔷，许绮玲译，上海人民出版社，1999 年版，初版序．

② 克利福德·格尔茨．文化的解释，韩莉译，译林出版社 1999 年 11 月第 1 版，第 13 页．

号建构文化意义的过程:这个表情纯粹是我为了不让我们双方尴尬,但又能表达我对你的故事的认同,甚至是“分享的感谢”,我不得不用符号伪装自己,进行一个“理想化表演”①。

戈夫曼是符号互动论学者布鲁默的学生,在其《日常生活与自我呈现》等著作内,因强调类似于戏剧表演的个体互动建构社会而得名。他的理论在这种表演情境下或许具有一定的解释意义。可以看出,这种理想化的表演,是基于聊天场景作为“前台”,人们想在这个场景的演出中展示出自己理想的状态给对方,因此也不可避免地要在表演中隐藏和遮蔽一些东西,而其一个重要特征就是“掩饰”。“表演者会掩盖或部分地掩盖与他自己理想的形象不一致的活动、事实和动机”。

在当下我发送微笑表情包的情境中,此刻的我利用符号构建了“欺骗的文化”,因为从一定意义上来说,符号本身就具有某种欺骗性。但此刻的我是做着“真诚的表演”②,就语言符号而论,对该场景重要程度的判断,因而听者有可能不仅回应,甚至给出积极的回应,从而和设问者(等待回应的对方)之间维持一种良好的关系。这个表演可能让另一方获得被认同的满足,也等于达到了原本分享的目的,产生愉悦,让我们社交场景中的氛围被塑造得更具暖意和信赖感。

除了示例中的情境,还有许多类似的“表演”:在群中抢了红包,无论大小大家通常都会发“谢谢老板”“跪谢老板”的表情包,形成一路队形整齐划一,而很少人会选择直接发“谢谢老板”的文字或者发一段语音去表示感谢。

由此可见,表演技巧在人际互动过程中,重要性要超过表演内容,在这种程度上,表情包让我们乔装打扮,无论此时实际身处的环境如何,表情包能够使我们保持“体面”与“礼貌”。符号和人,符号活动与社会互动,都处于相互依存、密不可分的关系之中。

五、结语

“表情包世界是一个没有阶级原罪的乌托邦。”其实就呈现了表情包背后的隐蔽的话语权。有些语言因身份立场无法直接表达,又或者因有时候文字难以传递情绪,又或者一些话文字和语言的表达会令我们感觉尴尬,符

---

① 芮必峰. 人际传播:表演的艺术——欧文·戈夫曼的传播思想,安徽大学学报,2004年7月,第66页.

② 芮必峰. 人际传播:表演的艺术——欧文·戈夫曼的传播思想,安徽大学学报,2004年7月,第65页.

号化的传递注定了表情包自带“缓解尴尬”和“幽默”属性，且所有人都平均地享有使用表情包的权利，不因技术，社会地位，经济能力为转移形成“精英阶层”。在表情包狂欢的世界，它成为捕捉普通人精彩生活瞬间的“截屏工具”，而在宏大层面，当下的表情包多自带幽默调侃属性。无论是大到全民使用傅园慧表情包调侃七夕单身狗，还是小到我拿你的“丑照”做表情包自嗨，表情包的“全民狂欢”时代已经开启，与我们的日常生活水乳交融。表情包的流行神话赋权给予了每个人毫无顾忌使用的权利，但这仅限于在共同的文化背景体系之下，表情包才能真正起到其准确传递“所指”的功能。而意义不是一个被整齐包装在讯息里绝对不变的概念，相反地，意义是一个动态的过程。随着表情包文化的发展和技术的进步，国人的表情包话语体系会越来越丰富，狂欢的范围也会愈发扩大。

“表情包”在今年成为热门研究对象，而类似“帝吧表情包”出征Facebook事件也成为典型案例，被学者和同学们研究。此篇文章研究，纵有不足之处，从符号学与人际互动出发探究表情包狂欢的深层原因，希望能为表情使用的研究提供新的视野。

参考文献：

[1] 戈夫曼．日常生活中的自我呈现[M]．黄爱华，冯钢，译．杭州：浙江人民出版社，1989.

[2] 陈文举．罗兰·巴尔特的传播符号学思想研究[D]．武汉：武汉大学，2005.

[3] 罗兰·巴尔特．符号学原理[M]．李幼蒸，译．北京：三联书店，1988.

[4] 隋岩．从能指与所指关系的演变解析符号的社会化[J]．现代传播（中国传媒大学学报），2009(12)：21-23.

[5] 蒋晓丽，梁旭艳．场景：移动互联时代的新生力量——场景传播的符号学解读[J]．传播文化，2016(03)：12-20.

[6] 克利福德·格尔茨．文化的解释[M]．韩莉，译．南京：译林出版社，1999.

[7] 卢德平．从索绪尔到戈夫曼：符号学的转折[J]．当代外语研究，2013(9)：10-13.

[8] 彭兰．场景：移动时代媒体的新要素[J]．新闻记者，2015(3)：20-27.

[9] 芮必峰．人际传播：表演的艺术——欧文·戈夫曼的传播思想[J]．安徽大学学报，2004(7)：64-70.

“再现”和“延伸”

——媒介进化论视角下的虚拟现实

（贺洪花　黄学建　湖南大学）

摘　要：虚拟现实即将改变人类的传播方式，成为继手机之后的又一个重要媒介。然而当前，关于虚拟现实的研究集中于技术开发与应用层面，选取传播学视角展开的本体性论述较为匮乏。参考保罗·莱文森的媒介进化论以及麦克卢汉的媒介观对虚拟现实进行分析之后，本文认为：虚拟现实是一种进化中的媒介新品类，它的再现方式进一步接近人性，再现内容进一步接近真实世界；而它对人的延伸是对身体所有感官的全面延伸，找回了人类在前技术时代下的感官平衡。

关键词：虚拟现实；媒介进化；再现；延伸

2015 年，虚拟现实技术（VR）崭露头角，多种 VR 产品陆续登陆全球消费市场。在 2016 年的第八届 GMIC 全球移动互联网大会上，虚拟现实产业同样成为焦点。据悉：VR 行业将经历快速发展，有望在四年内超过智能手机。[①] 预计到 2020 年，VR 产业将达到千亿美金级别，相当于如今的笔记本电脑行业。[②] 科技巨头纷纷进军虚拟现实领域，2016 年更是被称为“虚拟现实元年”。

其实早在 1990 年代，就有学者提出：虚拟现实的最终目的地可能是一种多功能的传播媒介——带来沉浸感的电视和电话的结合。[③] 过去几十年，虚

---

① 丁栋．全球移动互联网大会关注虚拟现实产业［OL］．(2016-05-01)［2016-05-02］，http://www.china.com.cn/guoqing/2016-05/01/content_38362071.htm.

② 智玩派．2016VR 元年：虚拟现实到底离我们有多远？［OL］．(2016-04-29)［2016-05-02］，http://mt.sohu.com/20160429/n446900550.shtml.

③ Biocca F，Levy M R. Communication applications of virtual reality［M］// Communication in the Age of Virtual Reality. Appleton：Lawrence Erlbaum Associates，1995：127.

拟现实技术的研发或许有些缓慢，但近两年已经有了突飞猛进的发展。虽然，作为即将对人类带来重大影响的新媒介，针对虚拟现实的传播学研究视角必不可少。但是迄今为止，国内外对于虚拟现实的研究仍然仅仅集中于技术开发与应用层面。

一、虚拟现实——进化中的一种新媒介

虚拟现实即将改变人类的生活方式，成为继电脑、智能手机之后又一种非常重要的新媒介。毫无疑问，虚拟现实将在媒介演化史上留下浓墨重彩的一笔。

在前技术时代，人类处于自然状态，用自然的方式与环境进行互动。我们只能用自己天生的感官与世界进行交流，感官平衡，整体和谐，但是能感受到的范围也极其有限。于是，在机械时代，人类创造了新媒介来延伸感官。通过电话我们可以瞬间听到千里之外的声音，通过电视我们足不出户可以看到万里之外的风景。新媒介无限延伸我们的感官，相对而言世界就变小了。互联网更是将全人类紧密联系起来，把偌大的地球变成了小小的"地球村"。但与此同时，新媒介也打破了人类的感官平衡，带来了一个强烈分割的、个人主义的、专门化的、疏离的新环境，正如麦克卢汉所言："机械技术使人体功能延伸和分离，使我们与自身失去接触，因而使我们近乎分崩离析。"[①]在此基础上，媒介环境学派的重要代表人、美国媒介理论家保罗·莱文森提出，"技术的发展会使人远离人工环境，而进入一种天然自然、人类潜意识中对自然的回归和向往。真实空间是技术产生的源泉和动力"。的确，当人类被技术异化之后，感官平衡的打破势必对心理平衡造成负面影响，生理压力将造成心理压力，由此我们产生了对整体和谐的渴望，以及对前技术时代"天然自然"的回归。从把人固定在桌前的互联网到随时随地无处不在的移动互联网，这个发展过程便深刻地体现了人类远离人工环境的"天性回归"。

如今，强调"沉浸感"和"在场感"的虚拟现实不正是进一步接近了"远离人工环境的真实空间"吗？从保罗·莱文森提出的"媒介进化论"来看，虚拟现实的进化趋势具体体现在何处呢？莱文森认为媒介的进化趋势体现在两个维度上：再现真实世界的水平和原始媒介的时空延伸，如他所言，"媒介

① 马歇尔·麦克卢汉．理解媒介——论人的延伸[M]．何道宽，译．南京：译林出版社，2011：129.

的进化趋势使再现真实世界的水平不断提高，但同时这样的再现又试图维持原始媒介在时空方面完成的延伸”。笔者的解读是，再现真实世界的水平应包括再现方式的人性化和再现内容的准确化。方式的人性化即莱文森一直强调的人性化趋势，这一趋势的内涵就是指技术总是朝着找回人类原始感官平衡的方向发展，模仿人类最自然的行为方式和思想方式。而再现内容的准确化即是对远离人工环境的“真实空间”的追求，对自然环境的无限贴近。虚拟现实通过对使用者视觉、听觉、触觉等感官的模拟，能够让使用者用最自然的方式与环境互动，即是再现方式的人性化趋势体现。其通过电脑人工构造的三维虚拟环境，则是进一步的真实内容再现。进入虚拟现实后，使用者如同亲历其境一般，可以及时、没有限制地观察三维空间内的事物，这个空间可以是真实的世界再现（如虚拟现实在旅游行业中的应用），也可以是完全虚拟的空间（如游戏场景）。通过虚拟现实这一媒介，人类感受的世界范围就被拓宽了，认识世界的能力也得到了增强，即人类的感官由此被延伸。相较于之前的口语、文字、电视、电话等所有之前的媒介品类来说，虚拟现实无疑在再现真实世界的水平和维持原始媒介的时空延伸方面都有了历史性的提高。在此基础上，笔者认为虚拟现实就是进一步进化的媒介新品类。

不过，保罗·莱文森和麦克卢汉的理论也因技术决定论倾向而被许多学者批评。美国学者丹尼尔·杰·切特罗姆认为麦克卢汉只强调技术自然主义，以为传播媒介自己进化而忽略媒介的社会性延伸。① 不考虑媒介技术产生、应用和发展的因素，缺乏历史性和社会性，都是学者们诟病其的理由。但不可置疑的是，莱文森的媒介进化论和麦克卢汉的媒介观都给我们研究媒介提供了独特的视角。接下来，笔者将运用莱文森的媒介进化论与麦克卢汉的媒介观来进一步分析虚拟现实的“再现”和“延伸”。

二、“再现”——进一步接近人性和真实

笔者认为，再现有两层内涵，一是指对人性的模仿，二是指对真实世界的复制。模仿是指传播方式越来越接近人在前技术时代下的自然传播方式，无限接近人性，即莱文森强调的“人性化趋势”。复制指传播的内容越来越接近真实的世界，精确度越来越高。

---

① Williams R. Television：Technology and Cultural Form［M］. London：Fontana Press，1974：126－130.

（一）接近人性的模仿

莱文森认为，技术发展的趋势是越来越像人，技术在模仿、复制人体的感知模式和认知模式。他在博士论文《人类历程回放》中提出，一切媒介的性能终将越来越人性化，即媒介促进传播，使传播越来越像人"自然"加工信息的方式，也就是像媒介出现之前人加工信息的方式。① 这与弗洛伊德在解释人类技术发展动力时的观点颇有相似之处，弗洛伊德认为信息传播的速度就是在模仿人类思考的速度，电子技术和光化学都是在试图扮演人类的记忆和猜想，试图让人类可在任何时间、任何地点和任何人联系。② 麦克卢汉也提出，正如广播冲击视觉、照片冲击听觉，每一种新的影响都要改变各种感知的比率。而今天我们追求的是一种"控制心理和社会观点中感知比率的变化或者完全避免这些变化"的手段。③ 人类追求避免原始感官模式发生变化的手段，自然而然技术就需要模仿人性。

在前技术时代，人类通过感官与环境进行最直接的互动，感知比率处于平衡状态，但是感受到的环境范围仅限于身体所在的周围。文字、电话、广播、电视分别对我们的不同感官进行了延伸，但当我们过度依赖某种感官的时候，也就相对弱化了其他感官在这个过程中的参与，打破了人在经验外部世界时的感官平衡。比如文字和电视作为视觉媒介，使得我们在进行传播活动时过度依赖视觉，而广播和电话又使得我们偏向依赖听觉。互联网作为旧媒介们的聚合地，集视听思于一体，但是却把人束缚在电脑桌前。移动互联网以及智能手机的发展进一步解放了人的身体，使得人类可以随时随地通过移动终端进行跨时空的传播。

相较于之前的媒介，移动互联网进一步接近人在前技术时代的传播方式。但是我们依旧主要依赖手指与屏幕的互动来进行传播。而通过虚拟现实技术，我们可以全身心沉浸在计算机建构的三维环境中。虚拟现实技术的发展使人机界面从视觉感知为主发展到包括听觉、触觉、力觉、嗅觉和动觉等多种感官通道感知的界面，从以手动输入发展到包括语音、手势、姿势和视线等多种效应通道输入的界面。④ 我们在虚拟现实中自由移动，手、脚、耳、眼等器官全面感知和接收信息，以自然的方式与虚拟环境中的物体进行

---

① 保罗·莱文森．软利器[M]．何道宽，译．上海：复旦大学出版社，2011：5.

② 吴丽娟．媒介延伸论的前世今生——理解麦克卢汉[D]．南京大学，2015：17.

③ 马歇尔·麦克卢汉．理解媒介——论人的延伸[M]．何道宽，译．南京：译林出版社，2011：85.

④ 张宁，罗卫华，刘迎春，等．基于虚拟现实技术的轮机英语环境仿真研究[J]．计算机仿真，2015，32(6)：213.

交互作用、相互影响。由于虚拟现实的交互性，虚拟现实中的人或物可以完全依据现实中的行为人的意愿对过程和行为作出直接反应，无限接近前技术时代的传播方式，虚拟现实全面复制了人的自然感知模式。

（二）接近真实的复制

崔林在《媒介进化：沉默的双螺旋》中提到，在媒介的进化过程中，信息的“保真度”是人类对媒介进行选择的两条标准之一。[①] 当然，崔林所说的“真”仅指“信息传递到另一端保持原汁原味”，即最大化降低信息传递过程中的损耗，相较而言，本文所指的接近真实世界内涵更宽泛。照片传递世界的静态形象，无声黑白电影传递世界的黑白动态影像，而有声彩色电影进一步还原有声有色的真实世界，这便是影像媒介在接近真实世界时的进化。在接近真实的复制这方面，互联网并没有太大的进步，它只是将旧媒介聚合在一起，而虚拟现实则进行了飞跃般的进化。

虚拟现实的“现实”，是指在物理意义或者功能实现层次的现实世界中可以达到或者无法达到的环境。而“虚拟”则是指通过计算机仿真系统，模拟该环境。[②] 莱文森认为“真实空间是技术产生的源泉和动力”，那么虚拟现实是不是与他所说的“真实空间”相违背了呢？笔者认为，所谓的“真实空间”不仅仅指真实存在的空间，也包括人主观感受中“真实存在”的空间，即“世界就是我所感知的东西”。这一点，同样可以从电影的进化史中得出，电影中的“真实空间”也并不一定是真实存在的世界，只是主观感受上的“真实”。虚拟现实的建构就是使幻觉变得如同真实再现，这种由虚拟与真实混杂构建的智能环境，不仅是一种感觉的真实，更是依照人的意愿作出反应的智能化的混杂真实。[③] VR通过让双眼观看全息画面以带来立体景深感，以此骗过我们的大脑，让我们相信物体真的就在我们眼前，并且根据人的活动变换场景，然后将信息回传给眼睛、耳朵、鼻子、皮肤等感官，使人产生身历其境的心理体验。一个完善终极的虚拟世界，须集视、听、触、嗅、味于一体，并且在人的主观感受中，无限接近真实空间。

三、“延伸”——全面延伸以找回感官平衡

“媒介即延伸”是麦克卢汉的重要观点，如其所言：“一切媒介都是人的

---

① 崔林．媒介进化：沉默的双螺旋[J]．新闻与传播研究，2009(3)：42.

② 龚进．VR虚拟现实技术的飞跃[J]．科技尚品，2015(12)：38.

③ 毛毅静．虚拟现实的视觉文化意涵[J]．现代远距离教育，2013(1)：10.

延伸……这样的延伸是器官、感官或曰功能的强化和放大。"[①]弗洛伊德也有相似观点，他认为人类每使用一种工具，运动器官或感觉器官都得到了改进，或者说这些器官功能上的限制都得到了消除。[②] 而麦克卢汉延伸论的直接理论来源则是德国哲学家恩斯特·卡普的器官投影论。早在1877年，恩斯特就提出技术的本原是建立在人体器官的基础之上的，类似人体器官的一种器官投影，即工具是人体器官在现实世界中的一种影子存在。[③] 麦克卢汉在《理解媒介》的第一版序中提到，机械时代，我们完成了身体的空间延伸；电子时代，我们完成的是中枢神经系统的延伸。[④] 新媒介（或曰新技术）在我们的事物中引进一种新的物理尺度，而物理尺度势必影响心理尺度。交通工具的发展则是一个很好的例子。交通工具的速度不断加快，在物理尺度上，我们去另一个地方的时间不断缩短，于是在心理尺度上，我们就会觉得世界仿佛变小了。当延伸强化人的功能时，也不可避免地改变了人把握事物的尺度。

崔林在其文《媒介进化：沉默的双螺旋》中认为，传播的"自由度"——跨越时空的能力，是媒介选择的两条标准中之一。笔者认为，麦氏的延伸概念与跨越时空这个概念有些许相似。比如铁路和飞机，都加快了运输的速度，加速并扩大了人们过去的功能。再如服装和住宅，二者都延伸了人体温度控制机制，是为肌肤的延伸。照片扩展了我们的所见范围，所以是眼睛的延伸；广播扩展了我们的所听范围，所以主要是耳朵的延伸；电话可以让我们与朋友进行远程语音交流，所以是嘴巴和耳朵的共同延伸；声画兼备的电视是耳朵和眼睛的共同延伸。计算机则是在人的身体之外延伸出的中枢神经系统，因为它能够代替人类思考、计算和记忆。前文已经提到，终极完整的虚拟现实集视、听、触、嗅、味于一体，经由虚拟现实这种媒介，我们可以全身心置于任何真实或虚拟的逼真的模拟环境中，能瞬间到达存在于世界上或想象中的任何角落，可以打开所有感官感受如同亲临其境般的体验。虚拟现实扩展了我们的所见、所听、所闻、所触，所以它延伸的感官包括眼、耳、鼻、舌以及四肢，是人体所有感官的全面延伸。

一种媒介在突出延伸某种感官的时候，不可避免地会弱化其他感官在这个过程中的参与，改变人在经验外部世界时的感官平衡。例如在听广播

---

① 林文刚．媒介环境学思想沿革与多维视野［M］．何道宽，译．北京：北京大学出版社，2007：30-31.

② 爱德华·霍尔．无声的语言［M］．刘建荣，译．上海：上海人民出版社，1991：63.

③ 吴丽娟．媒介延伸论的前世今生——理解麦克卢汉［D］．南京大学，2015：17.

④ 马歇尔·麦克卢汉．理解媒介——论人的延伸［M］．何道宽，译．南京：译林出版社，2011：4.

的时候，主要依靠我们的耳朵，因此它所突出延伸的是人的听觉，眼睛的功能就没有发挥它的作用。作为视觉延伸的拼音字母，则削弱了其他官能如触觉、声觉和味觉的作用。而全感官参与的虚拟现实并没有像广播或者印刷术那样突出地将一种感官凌驾于其他感官之上，它对人的延伸非常贴合人的自然行为方式，从这个角度来看，它对人的延伸将有利于我们对所有感官的使用平衡。

四、余论：延伸还是截除？虚拟还是现实？

如前所述，作为媒介，虚拟现实的“进化”主要显现于再现和延伸的两个维度。麦克卢汉和保罗·莱文森都是媒介乐观主义者，从他们的角度出发，虚拟现实无疑将有利于人类的进步。但是，人对未知总是充满恐惧。虚拟现实技术在给我们带来更加逼真的空间体验和更加人性化的感官体验的同时，也带来了诸多留待探讨的问题。

麦克卢汉认为电子媒介的出现使人重归部落化，并提出以“部落化——脱离部落化——重新部落化”来对应媒介发展史上的“口语时代——印刷时代——电子时代”这三次变革。[①] 与此对应，人的感官模式也可以分为“感官平衡——感官失衡——重回感官平衡”这三个阶段，但自然条件下的感官平衡与人工模拟环境中的感官平衡真的是一样吗？这个问题值得深思。虽然被不少学者称为技术乐观主义者，但麦克卢汉不止一次表达了对新技术的担忧，“因为我们以新发明的形式抛出的人体的延伸，是抗衡或抵消集体压力和刺激的努力。然而，抗刺激手段常常被证明是比初始的刺激更大的灾害，像吸毒一样的灾害”[②]……“因为适应一套强度的功能安排，在另一种强度中会变的难以忍受。一种用于缓解身体压力的人体的技术延伸，可能会产生更为严重的心理压力。”[③]虚拟现实是我们为抗衡或抵消集体压力和刺激而做出的努力，也是缓解身体压力的人体的技术延伸，但它是否会如麦克卢汉所预言，带来更大的灾害、造成更为严重的心理压力呢？况且，麦克卢汉也表明感官在延伸的同时也就意味着这部分感官的“麻木”“截除”和“弃用”。正如他提到的：衣服是皮肤的延伸，衣服被发明之后，我们皮肤的抗冷

① 朱婷．媒介环境学视角下互联网传播的偏向及影响研究[D]．东北师范大学，2012：20.

② 马歇尔·麦克卢汉．理解媒介——论人的延伸[M]．何道宽，译．南京：译林出版社，2011：87.

③ 马歇尔·麦克卢汉．理解媒介——论人的延伸[M]．何道宽，译．南京：译林出版社，2011：87.

功能就弱化了很多。[①] 进入虚拟现实后，身体对自身的直接知觉被设备和环境的人工参与完全屏蔽。[②] 当虚拟现实全面延伸人体感官功能时，是否也意味着我们面临着这些感官被全面截除的潜在危险呢？

另外，虚拟现实为人们建造了一个虚拟世界，它是可以让人们生活于其中的又一个“真实空间”。媒介的延伸使得无边无际的世界变成人人皆可互通有无的小小地球村，而如今的数字化时代，却又在真实的世界之外，延伸出一个更加无限的世界空间。[③] 当我们可以舒适方便地生活在虚拟现实延伸出的空间后，真实世界存在的意义何在？虚拟和现实是否会陷入混乱？麦克卢汉认为人类在电子世界中是处于麻木状态的，虚拟现实会不会进一步强化这种麻木状态呢？正如其在《理解媒介》一书中说道：“任何媒介都有力量将其假设强加在没有警觉的人的身上。”

不过，麦克卢汉也如先知一般提出了解决办法：遇见和控制媒介的能力主要在于避免潜在的自恋昏迷状态。为此目的，唯一最有效的办法是懂得以下事实——“媒介的魔力在人们接触媒介的瞬间就会产生，正如旋律的魔力在旋律的头几节就会释放出来一样”[④]。所以，我们在利用虚拟现实来获得更加舒适方便的生活时，也应研究探讨它对人的麻木机制，时刻提高警惕，清醒地与之保持距离。

---

① 林文刚．媒介环境学思想沿革与多维视野[M]．何道宽，译．北京：北京大学出版社，2007：30-31.

② 毛毅静．虚拟现实的视觉文化意涵[J]．现代远距离教育，2013(1)：10.

③ 郝雨，安鑫．再论“媒介的延伸”与“媒介功能的延伸”[J]．当代传播，2009(2)：17-21.

④ 马歇尔·麦克卢汉．理解媒介——论人的延伸[M]．何道宽，译．南京：译林出版社，2011：26.

浅析“互联网+”背景下旅游目的地旅游推介方式的转变

（唐钰龙　广西大学）

摘　要：“互联网+”时代背景下对社会、生产、生活的影响是全方位的，社交网络的商业价值已经引起学界和业界的广泛关注，众多学者从不同学科背景和视角入手，对社交网络在旅游目的地的信息传播、品牌塑造、客户互动等方面的功能进行了研究，实践中也有很多组织开始利用社交网络展开营销活动。但是相关研究整体上才刚刚起步，从旅游目的地旅游推介视角研究社交网络应用的文献还十分稀少。旅游目的地具有整体性、复合性，在旅游产业化发展进程中有很长一段时间仅仅是作为旅游消费活动的场景而存在，而没有作为独立的要素体系纳入旅游市场推介视野。20 世纪后期及 21 世纪以来，旅游目的地的消费属性和公共属性逐渐被认知，其中最具有整合力的就是旅游目的地公共营销。

在 Web 2.0 时代，社交网络成为旅游者收集信息的重要平台，本文抓住社交网络信息传播本质，提出提升旅游目的地传播效果的策略建议。

关键词：“互联网+”；旅游推介；传播效果

一、“互联网+”和旅游推介的概念界定

（一）“互联网+”定义

“互联网+”代表的是一种不同以往全新的经济形态，即充分调动互联网在生产要素配置中的升级和合成作用，将互联网的创新成果深度融入经济社会各领域之中。

“互联网+”行动计划将发展壮大全新业态，创造新的产业增长点，为大

众创业、万众创新这一理念提供环境，为产业智能化提供支撑，增加新的经济发展动力，促进国民经济提质增效升级。

(二)旅游推介定义

对于“旅游推介”在学术界尚未有完整精确的定义，从表面意思来理解，“推介”意思是“把美好的人或事向组织或者向人介绍，希望被其接受和使用，有推广介绍之意”。从专业的学术角度看，大多数学者把“旅游推介”当作是把旅游资源推广或者介绍出去，旅游推介属于传播活动领域。旅游推介也有狭义和广义之分，广义的旅游推介方式，指的是“人人、事事、时时、处处都是形象”。狭义的推介传播活动指的就是通过各种媒体进行传播，传播内容包括文化传播、新闻传播、广告传播等。传播渠道包括报纸、电视、广播、网络、电影等。

结合各种文献资料，本文“旅游推介”指的是：将旅游战略、丰富的旅游资源、文化品牌等通过各种渠道传播出去，为潜在的受众提供更多获取旅游目的地信息的方式和平台，并在推介过程中使游客潜移默化的认同品牌，从而达到旅游目的地传播推广和旅游经济发展的目的。

旅游推介活动很大程度上促进了旅游经济的增长，旅游推介活动的重要方式便是媒体，媒介技术的更新发展为不断成熟的旅游行业的媒介使用搭建了更为宽广的舞台。为了快速适应现代人们了解获取信息的方式，旅游信息传播中不同渠道的作用在旅游行业中也逐渐被引起重视。

二、我国旅游目的地旅游推介方式现状及阶段性分析

(一)我国旅游目的地形象塑造现状

1. 旅游目的地形象塑造主体是政府

政府主导的旅游宣传一直是我国长期以来实施的模式，因为政府有充足的资金去进行运作和投资，而政府的权威性、强制性促使这种模式在旅游目的地形象塑造方面起到了巨大的推动作用。政府可以迅速有效地调动各方资源为塑造旅游目的地形象提供保障，具有高度的宏观调控能力，而私人公司和任何团体却很难达到这一水准。前几年，“好客山东”的品牌形象在山东旅游局的打造下，在央视黄金时段推出引起巨大的轰动和好评。其旅游目的地的知名度和名誉度也随着品牌的推广逐渐上升，并快速形成了强大的舆论场，在全国形成巨大的影响力。这次山东的旅游形象推广不仅使其一跃成为中国区域旅游的知名品牌，更超越了旅游本身，上升为山东省的整体形象。“好客山东”的成功我们可以看出是在政府主导下进行的一次地

域旅游文化推广活动，成功打造了一个展现地方核心特色的旅游形象。

然后，这种政府主导的模式也带来了一些局限和弊端。一方面，政府自身的能力有限，某方面专业技能的欠缺会造成在形象定位上出现定位不准，模糊不清甚至是方向错误等各种问题。尤其在旅游资源发达然而经济落后的地区，地方政府为了追求经济效益盲目跟风，没有突显旅游自身的特色，结果只能是千篇一律毫无吸引力，例如以"时尚"或者"避暑"为开头的宣传标语，旅游目的地形象宣传也只能以失败告终。另一方面，政府主导的宣传模式中过多的从制定者自身的角度出发去进行形象设计和传播。把受众当成没有自主选择的靶子，从而缺乏互动性和创新性。旅游者作为旅游目的地宣传的主要目标受众，也是旅游目的地宣传和推广的主要对象，更是考量旅游目的地传播效果的评价主体。仅仅从制定者的角度去进行形象设计而忽略旅游者的感受，势必造成形象的设计效果脱离受众的期望，而造成宣传效果失败。因此，政府主导宣传模式的种种弊端需要政府去思考，更需要政府转变思路，站在旅游者受众的角度去考虑问题。

2. 旅游目的地形象塑造"多元化""同质化"的问题

旅游目的地形象不仅仅是一个地区旅游资源的全方位展现，更能展现出一个地区令游客印象深刻的文化符号和精神内涵。旅游目的地的旅游形象应当是当地的自然人文景观多种元素的综合。我国旅游资源丰富，南北差异巨大，这也是旅游形象差异所在的原因，如何正确提炼出鲜明的旅游形象是做好旅游传播的关键。我国各地区在旅游目的地形象宣传上存在着各种问题，主要体现在形象定位"多元化""同质化"上，致使传播效果达不到预期的要求，没有起到为旅游目的地宣传推广的作用。

"多元化"指的是同一旅游目的地存在多种旅游形象的现象，很多地区为了做到全面，于是提炼出多种口号体现该地区各具特色的旅游形象，但是过多的宣传口号往往会让游客抓不到重点，甚至造成游客的认知错误。导致游客对旅游目的地很难有深刻的印象，从而使游客对旅游目的地的记忆模糊。因而在旅游目的地形象推介上，一定要有统一鲜明的特征。现在很多地区政府热衷于采取向公众征集口号的方式去定位当地的旅游形象，目的也是为了使形象定位更能代表大众的需求，可是这种征集活动往往以一等大奖空缺，优秀奖入围若干草草收场。究其原因有三：一是政府和公众对于旅游目的地形象存在差异；二是政府并没有真正调动起公众参与的积极性；三是公众缺乏专业的知识积累，对旅游形象的认知具有片面性。由于没有最佳的形象，往往会采用多种口号宣传的方式，导致了"多元化"现象的产生。

我国在旅游目的地形象宣传最普遍的问题就是“同质化”，在对搜集的文献和资料整理后，发现我国旅游目的地在形象定位上雷同主要表现在资源或者产品上。在对243个县级以上地区的449个旅游形象定位词的研究分析中得出，64个突出“丰富”，13个突出“度假”，35个突出“山水”，27个使用“时尚”，13个使用“自然”，7个突出“风光”，与此同时，定位词中有27个包含“绿”，13个包含“神奇”，33个包含“生态”，还有9个包含“神秘”等。这种同质化的表达方式容易让游客产生厌烦心理，吸引不了游客的兴趣，更不用说在游客的心中留下深刻的印象了。

鲜明的识别特征，令人印象深刻的识别形象才是一个好的旅游推介方式，只有注意到当今旅游推介的问题，才能够真正的做到吸引游客的注意，从而提升旅游目的地的知名度和名誉度，才能够吸引更多的游客，促进当地旅游经济的发展。旅游目的地形象定位不仅要准确形象，更要注重与受众游客的心灵沟通，达到受众的满意。

3. 旅游者的话语权在旅游目的地形象塑造中比重加大

我们当今处在大众消费的时代，旅游提供者在提供服务的过程中越来越重视消费者的需求，消费者的话语权也逐渐凸显出来，旅游业未来的发展方向也是要转向以“游客为中心，游客需求为向导”的理念。在过去，游客出门旅游往往是处于被动接受的阶段，选择范围仅仅局限在旅行社提供的旅游路线，包括景点组合、交通工具和游玩时间，很少有自己发表意见和建议的平台。而随着旅游业的发展，“互联网+”时代的到来，越来越多的游客有了自主权，对于旅游目的地的选择更倾向于自主决定。与此同时，随着各种新媒体的兴起，一批资深的游客，乐于将自己的旅游经验和旅游攻略在互联网平台上分享，他们喜欢将自己独特的建议或者想法发表在微博或者博客上，并希望能够得到关注和认可。尤其在旅游目的地形象的认知上，游客们喜欢在旅游过景区后发表一下自己的感想，进而可以影响到他人的认知。

新媒体最为鲜明的特征就是互动传播性，游客可以随时随地的发表自己的旅游踪迹，并且随心所欲的与他人进行沟通和交流。尤其是微博和微信的普及推广，为广大的受众提供了一个更为宽广的平台，使受众的话语权在新媒体下得到顺利回归。新媒体的功能也日渐强大，以微博为例，不仅可以发表日志、视频，还能够配图、定位等。无论是游客注重信息分享还是经历分享，受众都可以从中得到自己想要的一些信息，即使其中不免掺杂着一些政府所主导的形象。社会大众是旅游形象传播的受众，在“互联网+”时代下，旅游形象的形成可能是自发的、无组织的，但是相比较那些经过调研和分析之后的形象设计更加能够深入人心，更加能够得到受众的信服，引起受众的兴趣。所以在旅游目的地形象宣传的过程中，我们要改变以往的传者为本的思想，打破传统的思路，重新确立传者和受者之间的关系，使旅游目的地的形象宣传能够更加的深入人心。

（二）旅游推介阶段性分析

1. 以“产品为中心”的1.0时代

在旅游业发展的起步阶段，受到资金和资源开发技术的限制，大多数的旅游资源没有经过系统的规模开发，而在进行旅游目的地形象宣传的时候会选择资源独特性强、具有市场竞争力的旅游资源宣传。所以在相应的形象宣传上以资源为导向，特别是经济发展水平比较落后的西藏、青海等地区。在旅游推荐上以我为主，忽略了受众的感受，只考虑到自身的旅游资源现状，宣传手法单一，内容空洞缺乏新意。最为典型的就是2001年浙江省的旅游宣传口号为“诗画江南，山水浙江”，这样的宣传口号仅仅体现了浙江的旅游资源，注意力集中在区域内的自然文化资源，缺少互动性和创新性，吸引力弱。无法真正的吸引游客的注意力，很难形成有效的形象推广。

2. 以“消费者为中心”的2.0时代

随着时间的推移，旅游业进入快速发展阶段，旅游资源开发也逐渐成熟，旅游产业链条也逐渐趋于完善，以资源导向型的旅游形象宣传会造成旅游者对于旅游目的地比较片面的认识，不利于全面展现旅游目的地的形象，严重影响到旅游目的地进行全面推广。在这个阶段，旅游目的地改变了传统的旅游宣传模式，采用复合或者是以游客为导向的宣传模式。此阶段最为典型的是山东省旅游局在认真分析本地区的资源发展现状，掌握自身的旅游优势，在此基础上进行准确定位，推出了“文化圣地，度假天堂”的旅游宣传口号，紧接着又发布了“好客山东”的旅游品牌形象标识，一经推出，便引起了热烈反响。“好客”不仅是山东地区的精神支柱，也增加了地区内公众的认同感和自豪感，缩短了与受众之间的距离。在2.0“游客为中心”的时代，我们不仅要强调优势的旅游资源，更需要从游客的角度出发进行旅游推介。

3. 以“人文中心主义”的3.0时代

旅游业进入巩固成熟阶段之后，旅游目的地能够为游客提供更为丰富和多样的旅游产品，满足受众越来越倾向于个性化的需求。另外，游客不再满足于传统的旅游方式：下车看景拍照、上车睡觉的模式，开始转向追求更为新鲜刺激的旅游方式，希望在旅途中实现自我价值，追求精神满足，而不仅仅是眼观感受。传统的旅游形象已经不能够吸引受众的眼球，需要从旅游者的角度出发并结合当今“互联网+”的时代背景重新找到两者结合点的旅游形象，这样才能吸引到受众的眼球。旅游推介的最终受众是旅游者和潜在的旅游者，受众和旅游目的地正在被网络连接成越来越像一个具有共同精神追求的“人”，新媒介赋予了受众更多主动的权利去肯定或者否定旅游形象的价值，形象3.0的来临，旅游目的地必须与受众相结合，共同创造旅游目的地旅游形象的价值。最为典型的就是2012年江西省旅游局推出的“江西风景独好”的旅游品牌，利用新媒体和旅游推介活动相结合的旅游信息传播的模式，充分调动了受众的参与权，让受众参与到旅游信息传播的过程中，也能够充分地表达自己的想法和意见。尤其是利用微博和游客互动，体现了旅游推介方式越来越高科技，越来越互动性。同时，江西省旅游局还与国内的有名的网站进行沟通合作，邀请微博平台上的大V博主来到江西省有名的风景区进行考察、观光，从中领略到江西省美丽的风景，同时将美丽的风景通过文字和图片发表在微博平台上，与受众进行分享互动。还会在微博上组织一些有奖活动，比如评选“评论最佳博文奖”“原创博文转发最多奖”等奖项，并给予风景门票等物质奖励，和传统媒体充分结合，以微博等形式线上线下充分调动受众的积极性。

三、旅游目的地社交网络传播效果的理论模型

（一）研究设计

大众传播的媒介传播和社交网络相比有很大的区别，社交网络使大众传播、网络传播和人际传播在新媒体中得到了深度融合，信息传播的方式也发生了翻天覆地的变化，进而影响到旅游目的地的传播环境。本章通过传播信息的内容分析，借鉴了传播效果理论，基于旅游目的地的旅游信息的社交网络传播，通过扎根理论的研究方法，为提升旅游目的地旅游推介效果提供更为有效的路径。

1. 方法选择

本文采用的是由Strauss发展而来的扎根理论的研究方法（如图1所示）。这是由系统化的程序，针对某一现象发展并归纳式地引导出扎根的理论。这种方法主要是从实际观察着手，从原始资料中归纳出经验概况，然后上升到系统的理论，这是一种从下往上建立实质理论的方法，通过概念之间的联系构建相关的社会理论。

旅游目的地的信息通过社交网络的方式传播、共享、回馈，用定性研究的方法来研究文本资料信息，可以科学的探索旅游目的地社交网络信息传播效果模型和内在的作用。接下来，将利用上文所提到的扎根理论，通过微

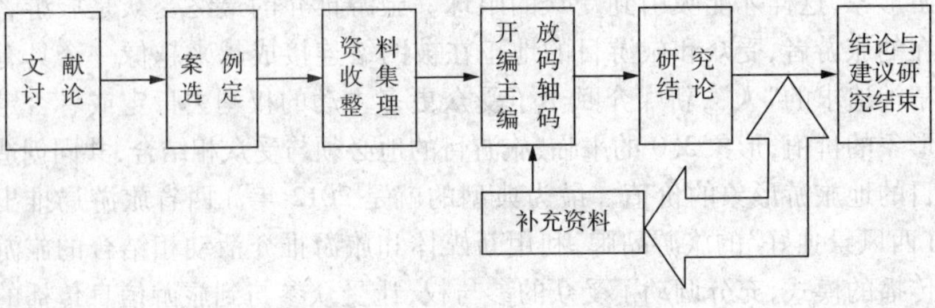

图1　扎根理论研究流程图

博平台上旅游目的地所传播的信息为依据，在科学抽样的基础上，构建旅游目的地信息社交网络传播模型。

2. 数据采集

之所以选择微博作为旅游目的地社交网络传播的平台代表，第一是因为新浪微博第一个完成了用户积累的过程，拥有大量的活跃用户，具有弱社会关系，受众的言语自由度较高，截至2015年9月30日，拥有2.12亿月活跃用户数，在同类媒体中位居前列；第二是因为新浪微博是新媒体和传统媒体结合的产物，具有超级入口，可以随时随地进行分享；第三是因为新浪微博的准入门槛较低，具有移动化、社交化、同步化等特征。通过收集在微博平台上发布的旅游目的地的信息，研究社交网络信息的传播效果，探究旅游目的地社交网络传播效果的影响特征。

3. 理论抽样

(1)样本选择的考虑因素

采用非概率抽样，根据在新浪微博实名注册的用户中发布的内容为样本，选取了新加坡和首尔为代表样本，通过新浪微博中两个旅游目的地在其官方微博平台上信息发布的情况，以新加坡旅游局微博、首尔旅游局官方微博以及携程旅游账号发布的新加坡和首尔旅游信息及反馈为样本。之所以选择这两个旅游目的地作为代表样本，是因为它们都率先在新浪微博平台实名注册，及时更新旅游目的地的信息，吸引了大批的粉丝，提升了旅游目的地的知名度，百度指数也得到了快速提升，说明这两个旅游目的地充分的利用社交网络传播方式促进了当地旅游业的发展。

(2)样本选择过程

2016年3月20日，笔者在新浪微博中搜集首尔官方微博和携程旅游平台上发布的关于首尔的微博旅游信息，不仅涵盖原创博文还有转发信息。统计时间为2014年3月20日到2016年2月20日，携程旅游信息搜集时间为2014年4月20日到2016年2月20日。抽取到的样本数据在携程旅游平台上有效信息为125条，首尔微博平台上有效信息为302条，共计427条。

为了检测理论的饱和度，本研究搜集了携程旅游账号和新加坡旅游局发表的旅游目的地原创信息（收集时间为2015年1月1日到2015年6月30日），共计402条，随机选取了160条当作理论饱和度检验样本。

（二）研究过程

1. 开放编码

开放编码即是通过对原始资料进行范畴化和概念化，根据一定的原则将原始资料进行逐级提取有编码意义的范畴和概念，并对资料记录以及提取的概念“打破”“重组”进行重新整合的过程。

（1）开放编码和微博信息整合

将有意义的评论及相应的微博信息进行编码。编码方式为微博编号—微博账号—信息方式—信息来源。微博编号通过自然编号的方式；微博账号，首尔旅游局推送的信息设置为1，携程旅游信息推送的首尔的信息为2，新加坡旅游局推送的信息设置为3，携程旅游上推送的关于新加坡旅游的信息设置为4；信息方式中，“文本+图片信息”标记为1，“视频+文本信息”标记为2，“超链接+文本信息”标记为3，三种及以上的信息形式标记为4；信息来源中，原创信息标记为1，转发信息标记为2。

（2）基于开放编码规划的范畴

经过对427条微博信息进行对贴标签、整合分析，本研究划分了19个范畴，见表1形成的范畴。

表1　开放编码形成的范畴

编号	范畴	概念
1	发布者	首尔旅游局、中国留学生、小编
2	住宿	酒店照片、特色景区酒店、韩剧度假屋
3	游览	首尔自然风光、樱花、花海、首尔小法国、水光广场
4	饮食	烤肉、烧酒、韩国炸鸡、石锅拌饭
5	交通	地铁、特色观光巴士、游轮、外部交通
6	娱乐	手工制作、咖啡厅、户外探险、室内民族演出
7	购物	薰衣草系列产品、时尚购物
8	话题性	游记话题、韩剧、旅游攻略、美食话题
9	趣味性	小视频、图片、网络流行语、H5
10	互动性	微活动、摇一摇、扫一扫、每周小贴士、主题讨论

（续表）

编号	范畴	概念
11	社交性	中国留学生记者团、各种微博转发活动、各种微博抽奖活动
12	针对性	针对追星族、情侣、中国游客、家庭游客有各具特色的活动
13	激励	情感激励、促销激励、价格激励
14	告知	首尔观光列车时间表、特色餐厅信息、度假屋预定
15	消除障碍	交通、住宿、饮食
16	感知障碍	交通、住宿、价格
17	形成情感	我爱上首尔夜景了；去过了，真心很赞等
18	形成认知	观光列车好赞；好整洁的国家等
19	形成意向	等有伴侣时候再去一次；有机会一定去；还是对首尔最心动啊等

资料来源：根据微博信息整理。

2. 主轴编码

主轴编码是通过将开放性编码中得到的相关概念范畴连接在一起形成主轴范畴的过程。

本研究中笔者将开放编码中各个范畴之间的信息进行分析，以发现其中的连接脉络。

(1)关系归类

将以上的19个范畴划分为6大类，见表2。

表2　基于主轴编码的五大类

编号	关系类别	影响关系的范畴	关系的内涵
1	信息丰富度	微博信息覆盖范围全	内容上指向旅游的六大基本要素；信息内容碎片化、小众化；字数虽有140字限制，但提供的连接提供了丰富的信息
2	信息可信度	信息来自于微博用户，具有及时性、分享性	微博用户会随时随地更新微博，目的地信息在社交网路UGC、互动、分享等功能下自我完善。许多旅游信息在微博用户的转发评论中得到快速传播

（续表）

编号	关系类别	影响关系的范畴	关系的内涵
3	人格化	微博信息发布者角色	无论转发还是原创,无论是官方机构还是个人,都具有人格化特征,可以平等互动,有效融入网络社群
4	信息特征	人格化、分享型、针对性、趣味性	微博信息可以通过意见领袖创造舆论,引发讨论;信息感染力较强,可以互相讨论分享;还可以通过微博制造活动,吸引受众;微博信息可以推送给特定受众,市场划分精细;微博内容虽然有数字限制,但是图文并茂
5	信息功能	激励、告知、感到障碍、消除障碍	通过微博可以实时了解事件的进展;微博信息可以传递发布者激励性、劝导性意图;参与微博互动可以表达自己的感知障碍,通过与他人的互动达到消除障碍
6	态度形成	旅游目的地认知、情感、意向	微博信息可以让人对旅游目的地形成认知、情感和意向,可以根据自己的兴趣爱好发布信息,形成自己的社交圈

资料来源:根据微博信息整理。

(2)主范畴分析

根据表2,本文归纳出4个主要范畴即信息内容、信息特征、信息功能、受众态度。

信息内容由信息丰富度和信息可信度整合而来,社交网络传播内容具有碎片化、小众化、趣味性等特征。受众往往关注的是信息的内容而非是信息来源。根据传播理论中,睡眠者效应,信息可信度随着时间的流逝影响力会逐渐衰弱,最终吸引受众的还是信息内容。社交网络用户具有选择性传播、转发、接受旅游目的地信息的特征,UGC、互动分享等特点决定了微博信息的内容具有精准、深入、及时等特征。

信息特征具有人格化、趣味性、分享性、针对性等特征,具体论述在上面表格已有简要的分析。这些信息特征也符合“互联网+”背景下媒介转型的产物,也是新媒体的特征。

信息功能是由告知、激励和劝导整合而来的。微博中旅游信息的发布具有传递知识和信息的功能,当微博用户对博文质疑的时候,微博UGC的功能会在分享互动中不断纠正和完善，最大限度的实现信息对称，以期减少错误的信息在微博上的传播。

受众态度是由受众对目的地认知、情感、意向整合而来，相关的微博用户会根据自己的兴趣爱好关注、选择、记忆自己喜欢的信息，并且转发分享自己喜欢的信息。受众的反应是心理上的反应还是行为上的反应决定了信息传播的效果。而受众对目的地态度是由认知、情感、意向组成，他们跟游客的消费行为也有着密切的关系。

3. 选择编码

通过上述的探究，信息内容、信息特征、信息功能会综合影响到以新浪微博为代表的社交网络传播的效果，最终会影响到受众对旅游目的地的认知、情感和意向。正向的传播会随着微博平台不断被分享扩散，而负向的信息则会随着 UGC、大规模用户在分享互动中被纠正和完善。

4. 理论饱和度检验

理论饱和度检验对于扎根理论来说是一个关键的环节，也是完善理论模型的一个关键点。

本研究中将从新加坡旅游局和携程旅游中有关于新加坡旅游目的地信息中抽取 160 条信息作为理论饱和度的检验。运用上述社交网络传播效果的模型，新加坡的微博信息依旧可以反映出模型的准确性。

笔者从中抽取两条作为举证：

(1)话题微博——周末别找我，我在新加坡

该微博是新加坡旅游局官方微博自主发起的话题，并且有链接入口，具有详细的介绍。本文发布于 2016 年 3 月 26 日，转发量达到 2371 次，评论人数为 88 人，20 人点赞该博文。全文如下，评论略：

在圣淘沙玩什么？狂欢已经过了一半啦，无论是“寻蛋”还是“捣蛋”，趁这个周末，拿着小新给你的攻略，呼朋唤友一起来玩吧！更多新加坡周末玩法请戳链接。(链接内容略)

通过开放性编码，获得了相关范畴：

1. 微博发布者角色——人格化用户小新；
2. 针对性——针对周末玩的用户；
3. 激励性——呼朋唤友一起来吧；
4. 消除障碍——新加坡周末也可以玩得很愉快，小新提供的攻略；
5. 目的地认知——周末可以去新加坡游玩。

(2)借势营销——友谊的小船

根据最近特别火热的话题友谊的小船系列，新加坡旅游局官方微博也

发布了友谊的小船说翻就翻之新加坡版本，充分利用了当下火热的段子借势推销新加坡旅游。利用图文结合的方式，吸引了大量的游客的关注。该条微博发布于2016年4月14日，转发量达到124次，评论达到59条，43人次为该博文点赞。全文如下，评论略：

友谊的小船说翻就翻——新加坡版。你和你的小伙伴来了新加坡，是翻船了还是心有灵犀升级为了巨轮了呢？@原作者

通过开放性编码，获得了相关范畴：

1. 微博发布者——人格化用户小新；
2. 趣味性——通过火热的题材进行创作；
3. 社交性、分享性——你和你的小伙伴是否心有灵犀呢；
4. 旅游目的地情感——期望你来新加坡。

（三）扎根理论探究结论

通过上述的探究我们可以得出旅游目的地社交网络传播效果的理论模型，在该模型中，我们可以看出影响传播效果的有包含着信息丰富度和信息可信度的信息内容；包含趣味性、人格化、分享性及针对性的信息特征；包含告知、激励、引导的信息功能，并且受众的反映即对旅游目的地的认知、情感和意向作为传播效果的结果。虽然游客在旅游目的地的消费过程不能判断出是否由传播效果直接引导，但是社交网络用户对旅游目的地的态度可以有效地引导他们在旅游目的地的行为模式。因此对旅游目的地的旅游推介具有实质性意义。

四、“互联网+”背景下旅游目的地旅游推介转变路径

（一）建立旅游目的地社交网络传播主体统一体

公共组织统筹、利益相关者协同，共同构成了传播主体的统一体，通过搭建传播主体联盟，使旅游目的地信息在社交网络里更加充分的整合和传递，传播主体联盟并不是一个严格意义上的组织，而是有网络传播中各个用户客观上共同构成抽象的联合体。之所以提出传播主体共同体这一概念是为了突出社交网络中用户的多元性和复杂性，用户可以在社交网络上具有匿名性，因此可以随心所欲地发布信息，而传播主体联盟就是为了强调对旅游目的地信息进行筛选、管理、跟进、引导的角色。

传播主体联盟客观上使营销主体和目标市场的界限变得模糊，由于社

交网络中用户话语权的平等、信息的丰富性、来源的多元性，广大用户对旅游目的地的知情权前所未有的透明化。这种传播效果具有两面性，既可以快速提升旅游目的地的知名度，又有可能导致旅游目的地负面信息病毒式传播。因此构建旅游目的地社交网络中传播主体联盟具有深刻的意义。

（二）利用网络舆论构建旅游目的地形象

随着“互联网+”时代的到来，社会化媒体占据着越来越重要的地位，网络舆论也在潜移默化地影响着虚拟与现实的世界，人人都可以在网络上发表自己对旅游目的地的想法和感受，并且通过各种社交媒体与他人进行分享互动，每一个个人都是一个信息源，都在传递着信息。旅游目的地的形象也是网络舆论中一个重要的议题，也在网络舆论的推动下不断地改变和完善。相比较自上而下进行传播的传统媒体，网络媒介具有包容、交互、人性化等特点，受众可以在网络平台上发表不同的话语，因此旅游目的地形象的形成也来自于不同思想、不同价值取向、不同生活习惯的人群，不同的观点也在网络上进行碰撞交融，形成“语言自由市场”，能够暴露出旅游目的地所存在的问题，这对维护旅游目的地形象具有重要的意义。例如微博上出现对于某个旅游目的地的投诉或者不满，这让旅游目的地的管理人员知道形象不仅仅是外在的包装，还在于内在的提升。相反，如果网民对于某个旅游目的地具有好感，意见领袖通过在社交媒体上进行议程设置，会形成广泛的传播，旅游目的地的形象也会得到有效的提升。社会化媒体因为缺乏传统媒体的“把关人”角色，因此海量的信息在网络上真假难辨，因此更需要发挥意见领袖的舆论引导的作用，凭借实名制认证的大V的影响力，将旅游目的地的形象通过人际关系多级扩散，意见领袖对于旅游目的地形象的评价越高，越有利于旅游目的地形象的建设。

（三）注重旅游目的地新媒体与传统媒体的衔接

旅游产业又好又快地发展与旅游信息的传播密切相关，具体来说，旅游信息的传播是旅游产业得以快速发展的基础和前提。媒介技术的进步极大地促进了旅游信息的传播，旅游信息的传播随着媒介使用区域的扩大而变得更加多样化，也为旅游信息的传播提供了新的机遇。传统媒体是过去旅游信息宣传的主要途径，旅游业在传统媒体的投放中，报纸和电视是旅游信息传播主要的媒介选择。比如，国家或者城市的旅游宣传片主要投放在电视媒体上，所占比例达到了94%，说明电视可以更加直观的传达信息；而旅游服务机构和旅游纪念品的宣传信息主要投放在成本较低并且信息容量大的纸质媒体上；公园或者风景区的旅游信息宣传则是两者兼之，以电视为主要宣传载体，报纸辅之。随着“互联网+”时代的到来，互联网和移动互联快速发展,网络转变成旅游信息宣传的重要载体,同时对旅游业的营销方式产生了重要影响,传播内容更加丰富和多样,传播也更具有渗透力。例如许多景区宣传以微信为载体,其中传播的旅游信息不仅有景区的服务信息,还有景区特色的人文自然风光。传播内容不仅有文字和图片结合的方式,还有微视频、H5 等具象化的内容,不仅增加了趣味性,还增加了和游客的互动性。新兴媒介技术大大缩短了受众反馈的时间差,传播的内容也大幅增加。

新媒体和传统媒体各具优势,单一的新媒体投放很难满足旅游目的地形象的构建,因此旅游目的地形象的传播更需要整合推广出去,达到传播效果的最大化。利用新媒体的分享性、互动性与传统媒体的权威性、深度性进行整合使用,构成一个完整的传播体系,进行全方位立体的传播方式。重视对旅游目的地受众的划分,并且制定与之相配合的传播策略,例如年轻人更喜欢通过微博和微信了解信息,而中老年人比较相信电视、广播等传统媒体,旅游目的地形象推广的方式也要有所区别,最好能够做到结合当下热点进行旅游目的地形象的塑造和传播。这样才能够吸引到受众,并且让受众能够亲身参与到互动中,感受到旅游目的地的魅力。

(四)提升旅游目的地形象传播内容的内涵

在"互联网+"背景下,我们要警惕快餐式的传播文化,当今网络上有关旅游目的地传播内容同质化严重,并且盲目跟风,缺乏创新性。虽然传播途径越来越多元化,但在传播内容上却提升很慢。旅游目的地形象应该是在尊重主题文化的基础上,对自身的文化进行深度挖掘并且注入时代的文化因素,使旅游目的地形象始终保持鲜活的血脉,不仅具有传统文化的精髓,还具有时代文化的元素。现在网络流行文化的兴起,社会化媒体在旅游目的地形象推介中所扮演的角色越来越重要,因此传播内容只有传统和流行相结合,才能够使受众认同并接受。

除此之外,旅游目的地形象的构建必须处理好网络文化和当地特色文化的关系,当地特色文化是传承下来的经典文化,凝聚了当地的精神文化内涵,是当地历史发展的缩影,也是当地旅游业的灵魂。我们需要正确处理好当地特色文化和网络文化的关联,找到它们的共同之处,在"互联网+"背景下,将两者巧妙地结合,才能发挥出社会化媒体传播的效果,更有利于对旅游目的地形象的推介。

参考文献:

[1] Anderson A. 长尾理论[M]. 乔江涛,译. 北京:中信出版社,2006.
[2] Assad H. 消费者行为和营销策略[M]. 韩德昌,译. 北京:机械工

业出版社,2000.

[3]威廉·F. 阿托斯,大卫·H. 谢弗. 当代广告学精要[M]. 大连:东北财经大学出版社,2008.

[4] 保继刚. 旅游地理学[M]. 北京:高等教育出版社,1996.

[5] 李君轶. 基于游客需求的旅游目的地网络营销系统评价——以我国省级旅游官网为例[J]. 旅游学刊,2010,25(8):50.

[6] 刘柳,陈启宁. 微博营销效果研究:基于品牌关系的视角[J]. 科学技术与工程,2012,12(6):1448-1452.

[7] 李蕾蕾. 旅游地形象策划:理论与实务[M]. 广州:广东旅游出版社,1999.

[8] 李爽. 旅游公共服务供给机制研究[D]. 厦门:厦门大学,2008.

[9] 吕思园. 基于复杂网络特征的 SNS 社交网站传播特征研究[D]. 太原:山西大学,2011.

[10] 李铁锤. 网络热词传播现象研究[D]. 武汉:华中科技大学,2012.

[11] 卢泰宏,周志民. 基于品牌关系的品牌理论:研究模型及展望[J]. 商业经济与管理,2003,(2):4-9.

[12] 李翔昊. SNS 浪潮——拥抱社会化网络的新变革[M]. 北京:人民邮电出版社,2010.

[13] 李游. SNS 的传播学特征及价值解析[J]. 当代传播,2009,(3):70-73.

[14] 刘志丹,张小颖,范水香. 垂直社交网站的兴起与特征:基于用户使用体验的分析[J]. 信息资源管理学报,2011,(2):107-112.

[15] 罗忠理. 敢问旅游 SNS 社交平台的商业应用路在何方[J]. 广告大观,2008,11:118-119.

[16] 罗子明. 现代广告概论[M]. 北京:清华大学出版社,2005.

[17] Malhotra N. K. 市场营销研究:应用导向[M]. 涂平,译. 北京:电子工业出版社,2008.

[18] 方汉奇主编. 中国新闻传播史[M]. 北京:中国人民大学出版社,2004.

[19] 喻国明,欧亚,张柏明,等. 微博:一种新传播形态的考察:影响力模型和社会性应用[M]. 北京:人民日报出版社,2011.

[20] 陈国明,等. 传播研究方法[M]. 上海:复旦大学出版社,2011.

[21] 丁啸. 江西旅游资源开发与发展模式研究[D]. 南昌:南昌大学,2010.

空间规划与个体交往状态对于创新园区的意义

——以“创智天地”为例

（王震宇　复旦大学）

摘　要：本文通过选取创智天地园区作为样本，发现创新园区的区位功能、机构安置和硬件设计可以塑造区内社区归属感、文化认同感和个体成长感杂糅的交往状态。同时，研究发现，创智天地园区的交往状态具备了以高技术为导向、以生活和事业为议题、能跨组织和职业产生且发生频率和机会较大的特点。这些特性对园区内的创新有促进作用。研究得出结论：一个具有良好创新生态环境的创新园区，应该在设计和规划层面就有促进沟通交往的取向。

关键词：创新园区；交往状态；空间

一、绪论

（一）研究背景与选题意义

根据去年5月发布的《关于加快建设具有全球影响力的科技创新中心的意见》，上海市委市政府指出，为了将上海建成具有全球影响力的科技创新中心，需要“坚持以合力营造良好的创新生态环境为基础”，要求建设“各具特色的创新园区”。[①] 同时，“城市是创新的发动机”[②]，正是身处于城市中的各种资源与要素之间的互动，真正驱动了创新的诞生。而以传播的视角

① 东方网(2015-2-25). 中共上海市委上海市人民政府关于加快建设具有全球影响力的科技创新中心的意见[EB/OL]. http://shzw.eastday.com/shzw/G/20150526/u1ai149939.html.

② 格莱泽. 城市的胜利[M]. 刘润泉译. 上海：上海社会科学院出版社，2012.

来看,城市正是一种由传播构成的媒介,因此,研究城市之中的创新,就不能不研究城市之中的传播。这是笔者选择研究人际传播之于创新园区意义的原因。

而创新园区的意义远不止于生产和创造,它同时也是人们生活的社区。根据雅各布斯①、格莱泽②的研究,充分沟通交往的、具有活力与文化的社区是创新的基础和动力;而根据扬·盖尔③的研究,城市空间的设计与规划又对人际沟通与交往具有重要的影响。因此,笔者希望能够在此之上更进一步,研究究竟是哪些空间要素影响了人的沟通状态,而这些沟通状态对创新园区具有怎样的价值与意义。

2003年,市委、市政府决定把杨浦建设成为知识创新区,提出了大学校区、科技园区、公共社区"三区融合、联动发展"的理念④,由此启动了园区的基础建设和产业发展,并将创智天地园区作为杨浦区三区融合的核心。因此,笔者认为,创智天地园区以创新为导向、具备公共社区功能、同时又位于沟通交往频度高的校区附近,这些符合研究样本所需要的特性,因此,笔者以此为研究样本,希望采取访谈法和文献法,研究创新园区的哪些因素影响了线上线下的沟通交往,而这些交往又怎样影响了创新园区的存在与发展。并希望研究的结果能对上海建设各具特色的、生态环境良好的创新园区产生一定借鉴意义。

(二)文献综述

交往与创新园区"园区"一词一般指在政府规划下,设置有某些机构和设施并统一管理的区域,包括工业园、科技园、创业园等。自20世纪80年代以来,我国建立了大量的各类园区,用以发展地方经济和调整产业结构。而随着城市化的发展和技术革命的影响,21世纪以来,园区的功能和属性正从原来较为单一的经济维度转向多元的社区和文化维度,更多地开始承载公共空间和孵化创新的功能。

正是这样的转变,使得传播学对于创新园区研究的介入得以可能。即使在以极端的功能主义视角下研究创新园区,我们仍可以将之视作一个以创新为导向的媒介和公共空间。笔者的文献综述正是以此出发,以创新园区、空间与交往、创新与交往三个主题进行相应归纳。

---

① 雅各布斯(J. Jacobs). 美国大城市的死与生[M]. 金衡山译. 南京:译林出版社,2006.
② 格莱泽. 城市的胜利[M]. 刘润泉译. 上海:上海社会科学院出版社,2012.
③ 扬·盖尔(Jan Gehl). 交往与空间[M]. 何人可译. 北京:中国建筑工业出版社,2002.
④ 三区联动:三元一体的创新战略[N]. 文汇报,2007-09-18,009.

1. 创新园区

(1)相关概念与定义

针对创新园区的研究,首先要从厘清相关的定义开始。笔者研究的创智天地园区,实际上包含了大学园区、科技园区和创新园区三个概念的重合。

首先是大学园区,这个概念又常被国内学者定义为“大学城”或“高教园区”。在21世纪初,学界的定义大多遵循了以区位设施密集程度来定义的路径①。2010年以后,定义更多参考了科研功能和知识人才构成方面的因素,刘宁就以拥有众多大学的地理景观、超过市政设施门槛的建设规模和以学生和教职员工为主的人口构成来定义大学园区。②

科技园区的界定也有类似的情况。概括来说,对于科技园区的定义一般有三种路径,第一种是将之视作产、学、研三者互相结合的综合性基地,第二种是界定其为创新地域的综合体,第三种则是强调其作为一个自组织系统而具有扩张、适应和稳定的特性。③

如果说科技学园的界定强调了生产性,那么大学园区的界定则强调了生态性。在信息化时代,处理信息的技术成为了提高生产力的核心,而最具生产力的组织模式则是采用网络化的结构④。在这种情况下,对于园区的建设自然地转向了注重知识创新能力和创新生态环境,“创新园区”概念应运而生。

创新园区一开始只是被认作是以创新为主要驱动力的科技园升级版,但是,这样的定义导致创新园区过度产业化之后,学界逐渐把创新园区视作有别于科技园的一种园区⑤,注重从功能、资源和构成来进行界定,认为创新园区是一种以创新研发为核心、创新资源高度积聚且由创新研发中心、附属设施和社会网络共同构成的一种园区。⑥

(2)模式和要素

目前针对创新园区的研究主要集中于两类。一类是针对发展模式的研究,如研究其发展现状、建设战略和比较研究;另一类则是针对驱动要素的

---

① 肖玲.大学城区位因素研究[J].经济地理,2002,03:274-276.

② 刘宁.大学园区对城市发展的影响研究[D].华东师范大学,2014.

③ 钟书华.科技园区管理[M].北京:科学出版社,2004.

④ 卡斯特.网络社会的崛起[M].夏铸九,译.北京:社会科学文献出版社,2001.

⑤ 胡兰.创新型园区:国家高新区的中坚力量——科技部火炬中心主任梁桂谈创新型园区建设[J].中国高新区,2009,06:13-16.

⑥ 陈彬彬.创新科技园区交往空间设计研究[D].湖南大学,2010.

研究，涉及制度结构、管理运行和空间设计。在针对国内创新园区的发展现状研究中，创新园区被视为国内高新区发展的第三阶段，即从一种建设目标正式被确立为一种发展实体。① 在建设战略方面，主要有培育知识氛围②、促成产业积聚③、形成三区联动④以及注重发展附属社区和设施⑤四类方法。在比较研究方面，学界则划分出了五种区分发展模式的角度，包括发展优势、形成过程、投资主体、经济活动和管理制度。⑥ 针对驱动要素的研究上，在制度结构方面，李淑从根本制度、重大性制度、其他制度和非正式制度四个方面，指出园区需要的制度环境需要包括清晰的产权制度、完善的风投合作制度和调和的创新文化制度。⑦ 在管理运行方面，钟坚提出要根据创新园区的特色优势在政府管理、民间组织管理、公司管理、大学管理和联合机构共同管理中选择适合的管理方式。⑧ 在空间设计上，包括宏观上注重合理的区位选择⑨，中观上注重园区的和谐性、功能的复合性和空间的开放性⑩，微观上则注重意义的可达性、环境的宜居性和信息的可识别性。⑪

2. 空间与交往

交往是人与人之间发生社会关系的媒介，人不能不交往，正如人不能不传播。

如果把人当作一切社会关系的总和，那么交往就是人类的一种存在方式。存在是空间性的，交往就是在空间中展开，空间的种种属性都会影响着交往的状态。两者就在这样的层面上相互的建构着。

(1)交往与空间的关系

不同的交往需要不同的空间，而以不同视角定义的交往又会对两者的关系产生不同的界定。所以，回顾对两者关系的研究，出发点便是对交往的

---

① 王胜光，刘会武．关于如何建设国家创新型科技园区的思考与建议[J]．中国高新区，2009，06：17－18.

② 胡兰．创新型园区：国家高新区的中坚力量——科技部火炬中心主任梁桂谈创新型园区建设[J]．中国高新区，2009，06：13-16.

③ 李景欣．中国高新技术产业园区产业集聚发展研究[D]．武汉大学，2011.

④ 夏光，屠梅曾．"三区联动"的内涵、机制剖析及理论演进脉络[J]．科学学与科学技术管理，2007，09：102-108.

⑤ 陈彬彬．创新科技园区交往空间设计研究[D]．湖南大学，2010.

⑥ 钟坚．世界硅谷模式的制度分析[M]．北京：中国社会科学出版社，2001.

⑦ 李淑．我国大学科技园区技术创新的制度结构分析[D]．湖南大学，2011.

⑧ 钟坚．世界硅谷模式的制度分析[M]．北京：中国社会科学出版社，2001.

⑨ 陈彬彬．创新科技园区交往空间设计研究[D]．湖南大学，2010.

⑩ 陈彬彬．创新科技园区交往空间设计研究[D]．湖南大学，2010.

⑪ 陈彬彬．创新科技园区交往空间设计研究[D]．湖南大学，2010.

不同界定和分类。

遵循扬·盖尔的路径，陈彬彬将交往分为必要性交往、自主性交往和社会性交往。扬·盖尔将户外活动分为三类：第一，频率不受空间影响但时间受其影响的必要性活动；第二是频率和时间都很受空间环境影响的自主性活动；第三是可以受空间促进的社会性活动。受此启发，陈彬彬也将交往行为分为三类：第一类是根据社会关系需要不得不发生的交往行为，即必要性交往。如学习和工作，这一类交往行为受空间的影响最小，但是空间的合宜性能够影响这一类交往的质量。第二类是自主性交往，是指根据个人意愿开展的交往行为，如购物、会友、运动等，这一类交往行为的发生很大程度上由空间所提供的交往体验决定，如可达性、开放性、私密性等，不同的自主性行为需要不同特性的空间。第三类社交性行为，则是指具有显著公共性和社交性的多人间交往行为，如读书会、座谈会等，这类行为主要由相应的社会关系引发，但必须有合适的空间才能完成。以上三者表明，良好的空间环境可以促进交往发生的频率，反之则有抑制的效果。①

交往也可以被限定为一种人际传播。若视这种传播是一种信息的传递，空间就是它的渠道和媒介，会影响信息传递的质量；若视这种传播是一种关系的建构，空间就会被编入这张关系网络之中，成为关系和意义的一部分。②

（2）影响交往的空间要素

在考虑空间的哪些要素影响了交往时，对于空间的界定是第一性的。笔者把这些对空间的界定方式分为两类，即物理空间和心理空间。物理空间是人类对于空间最基础的认识方式，从物理的属性来看，周俭发现，空间的不同围合方式可以为居民交往提供不同层次的安全感、亲近感、能动感和领域感③；姜玉艳发现，空间的大小、色彩和比例的搭配和关系能够影响人对于交往的开放性、正式性、亲近性的认知。④

当人类以空间特性与心理活动的关系层面来认识空间，心理空间的概念就诞生了。芦原义信就以空间的延展方式区分了积极空间和消极空间，他认为，外向的空间有利于产生积极的交往行为，而收敛的空间则会抑制这些行为。⑤ 亚历山大则以规则性和可用性来区分“正空间”和“负空间”，他

---

① 陈彬彬．创新科技园区交往空间设计研究［D］．湖南大学，2010.

② 张晓菲．西方人际传播理论研究评析［D］．武汉大学，2005.

③ 周俭．城市住宅区规划原理［M］．上海：同济大学出版社，1999.

④ 姜玉艳．有利于激发交往的住宅小区户外空间设计研究［D］．重庆大学，2006.

⑤ 芦原义信．外部空间设计［M］．尹培桐，译．北京：中国建筑工业出版社，1984.

认为前者可以让人感到舒适并予以停留，而后者则会让人尽量选择离开而不加逗留。①

3. 创新与交往

创新是指在技术、观念或知识上发展出了前所未有的或具有实质性的、可实施（或可证伪）的进步，并且，该进步能产生有益的社会效果。② 在创新的产生和发展之中，交往的状态都有着一定的作用。

（1）交往编织创新的信息网络

创新的主体一般包括企业、机构和个人，而交往则能够在这三者之间编织信息网络。而对于创新来说，首先，该网络越稳定、越复杂，就越能够为创新提供协调的、有序的、优化的信息保障。③ 其次，这个网络的联系越强、关系越密、嵌入越深，知识和信息的转移就越快，从而创新绩效就越高。④

（2）交往可以提高社会资本

社会资本与社交交往的频率和质量呈正相关的关系，而对于创新来说，社会资本则是很重要的一个变量。第一，社会资本可以促进知识生产，而知识生产对于高水平的创新有显著的促进作用。⑤ 第二，社会资本影响创新扩散中说服和决策的过程，在存有广泛人际关系渠道或强大的团体压力的社会网络中，社会资本越高则技术、观念创新扩散的速率就越快。⑥

（3）交往可以形成创新文化

在创新扩散的过程中，很多人认为因素（比如组织和文化因素）起到重要的影响，而这种因素不仅仅来自于采纳者，也来自于生产者。在这些人为因素的形成中，交往是重要的建构元素。⑦ 首先，组织就是由内部交往和外部交往共同建构的，一个组织的文化氛围和信息选择，很大程度上就是由交往决定的。其次，一个组织或者社区中的创新文化，也是由线上线下的交往

---

① C. 亚历山大．建筑的永恒之道[M]．赵冰，译．北京：知识产权出版社，2002．//姜玉艳．有利于激发交往的住宅小区户外空间设计研究[D]．重庆大学，2006.

② 张炳光．论创新的目的、标准、要素和定义[J]．福州大学学报（哲学社会科学版），2007，05：17-21，57.

③ 肖希明．知识创新的信息保障模式与运行机制[J]．佛山科学技术学院学报（社会科学版），2004，01：90-93.

④ 王斌．知识转移机制与创新绩效关系的实证研究[J]．情报科学，2012，01：90-94.

⑤ 严成樑．社会资本、创新与长期经济增长[J]．经济研究，2012，11：48-60.

⑥ 王婷婷．创新扩散的要素与农民个体态度改变[D]．上海：复旦大学，2009.

⑦ Jan Nill. Dif fusion as time dependent result of technological evolution, competition, and policies [J]. Journal of Cleaner Production, 2008, 16(S1): 58-66. //刘茂长，李柏洲．技术创新扩散演化理论研究综述[J]．中国科技论坛，2012，05：68-73.

共同建构的，而这种文化在线上可以产生创新合作，在线下则可以促成各类创新实体（如实验室等）。①

4. 小结

本章简要阐述了创新园区的定义、发展模式和发展要素，并回顾了有关空间和交往、创新与交往之间的关系，介绍了良好的空间设计可以促进交往，而良好的交往状态则可以促进创新的研究成果。但是，笔者同样也发现，目前针对创新园区的要素研究局限于以经济学的视角进行探讨，如考虑其基础设施、区位选择、制度结构和管理方式，而针对空间与交往的研究，也主要侧重于实体空间和社会交往之间的关系，而对于社会交往如何进一步创造新的空间还有待继续讨论。笔者希望能在考察实体空间和社会交往的关系的基础上，进一步研究创新园区内的特殊社会交往状态及这种状态如何创造新型的空间。

（三）研究方法

为了描绘创智天地园区内的交往状态，并理解该状态如何为空间所建构，又如何影响其创新，笔者采取了文献研究和访谈法。

文献研究方面，选取了自园区成立以来，在主流媒体和期刊上刊发的与创智天地园区有关的论文、报道和广告。同时，也包括了园区的官方网站和微信平台。这些论文、报道、广告和网络信息，反映了园区在地理位置、机构设置、空间设计、文化特色等方面的重点情况，为研究提供其空间和交往情况的重要材料。

访谈方面，笔者针对十名在创智天地内工作的人员进行了访谈。人员的工作单位包括 EMC 中国卓越研发集团、盛庞卡信息技术公司、上海瑞启科技发展有限公司、上海市大学生科技创业基金，工作职位包括经理、工程师、人力资源、项目管理和实习生。这样的样本选择基本对应了创智天地园区内机构和人员的分布情况，同时又在工作性质上有一定差别，能以较好的、多角度的反映园区内的交往状态。访谈根据半结构化提纲进行。事先笔者仅仅设定了有关园区内交往情况和空间感知等必须设计的话题，并未准备完整的问题列表或标准答案。笔者在访谈中根据受访人员回答进行协调，以鼓励受访者就话题自由发挥，并根据对话内容随时调整提问的内容、顺序和措辞。访谈全程进行录音。

---

① 徐思彦，李正风．公众参与创新的社会网络：创客运动与创客空间［J］．科学学研究，2014，12：1789-1796.

二、创新园区的规划设计对交往的影响

(一)区位功能

城市区位与园区功能基于园区的规划性特点,在各类要素之间,决定其根本性质的要素往往是它的城市区位和功能定位。城市区位决定了园区集聚了怎样的资源,这影响了园区的比较优势和文化;而功能定位则决定了园区的发展方向,同时也是对园区性质的最好描摹。为了研究这两个因素对于个体沟通交往的意义,笔者选取了园区官方的宣传材料、相关报道和论文三类资料进行研究,同时向受访对象询问对园区的工作生活、功能定位和地理位置的看法和感受。

根据创智天地园区开发建设主体——上海杨浦知识创新区投资发展有限公司的资料,在介绍园区概况时,园区官方首先给出的就是区位的介绍:创智天地园区南邻五角场,北靠三门路,东联江湾体育场,西靠上海财经大学,位于上海的大学密集区(见图1)。

图1　创智天地区位图

(来源:http://www.kic.net.cn/)

在概况的第二段、第三段和最后一段,官方分别介绍了园区在政策、产业结构和发展目标上的定位。首先,创智天地园区是杨浦区"三区联动"政策的核心,是杨浦区的公共活动中心、创新服务中心和示范性功能区。其次,园区的产业构成是信息技术产业、现代设计产业和现代服务业。最后,园区发展的目标是形成创业、金融、创新服务和咨询服务的平台。①

① 创智天地园区官网 http://www.shcztd.com/.

而创智天地官网[①]的介绍，首先强调的也是区位，即位于城市副中心、众多高校环绕于旁这两点。在功能定位上，同样强调园区是"三区联动"的政策载体，再强调其产业定位，最后提出园区的文化是"硅谷科创精神"和"左岸创意文化"的融合。

从上述材料来看，区位被认为是园区最具有特色和价值的因素，而且基本与园区的功能定位相符。五角场为园区提供了充分的公共活动空间，周遭的多所大学则为创新服务和知识产业提供了人力和智力资源的支撑。正是这种相符，使得受访者得以与官方对区位和功能的表述达成了共识。

"我也曾经在张江的高新园区待过，但是显然，创智天地园区要比张江的好得多。张江的园区很明显就是国家特意划出来的一个地方，四周什么都没有，一到里面工作就像与世隔绝了。但是在创智天地不一样，旁边就是五角场和大学路，有很多餐馆、商场、咖啡厅，很明显的感觉自己在城市里面，有很多可以去的地方。"（见图2）A2在访谈中这样表述她在创智天地工作生活的感受。在她看来，创智天地是一个没有区隔感的园区，在地理上，它与五角场、大学路等繁荣的商业场所相连接，在文化上，则与校园文化和小资文化所交融。这不仅为在园区工作的人员提供了物理上的便捷，更为他们提供了心理上的舒适。

这种由区位带来的心理状态对于个体的交往行为有着极为重要的影响。以A2和B4提到的张江高科技园区（见图2）作为对比，张江高科技园区的定位与创智天地园区极为相似，都旨在发展信息产业和文化创新产业。但是，由于张江高新园是1999年"聚焦张江"的政策主导下诞生的，一开始的规划即偏向于产业集聚，相对忽视配套的生活设施和商业场所，导致该园区的区隔感明显。仅从区位的角度来说，即使张江园区在日后着力在高科技园区中区建设配套的服务区、教育区和生活区，该园区仍然处在办公用地的包围之中，无论从哪个角落进入或者向外观看，都明显感知自己身处于一个有鲜明、单一的工作导向的空间，从而产生了严重的区隔感。

这种区隔感使得身处其中的个体缺乏生活在城市中的"在地感"，也抑制了除必要性交往以外的其他交往活动，B3就在访谈中表示："我在张江实习的时候一般下了班都会赶快回宿舍的。虽然风景不错道路也宽阔，比学校这边安全多了。但是在那边就有一种比较荒凉的感觉，就像我们说交大是闵大荒一样，张江那边就是江大荒，倒是有河有树的，但是至少得走500～600米才看得见一家适合吃饭的地方，谁能在那里多待呀。"

---

① 创智天地官网 http://www.kic.net.cn/.

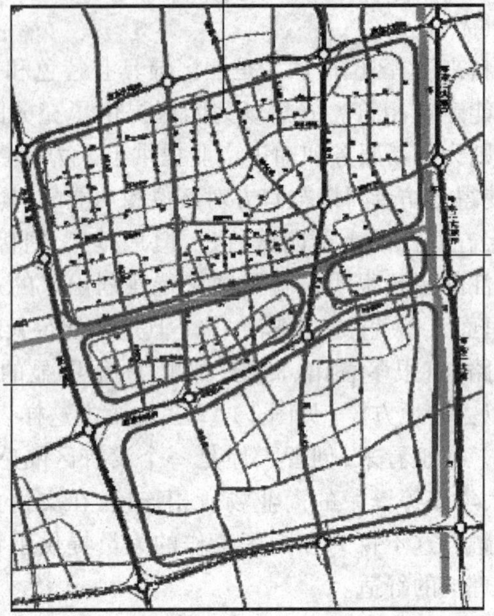

图 2　张江高科技园区区位图

（来源：http://www.envir.gov.cn/info/2007/200774457.htm）

与之截然相反的就是，在谈及对工作生活和地理位置的感受时，所有的受访者都提到五角场为其带来了很多的便利和舒适。因此，对个体交往来说，这种区位的因素的价值首先在于促进了自主性交往。除了技术岗位的 B1、B2 以外，所有的受访者在谈及在何处用餐时，都表示会去五角场。B3 的解释是“这里可以吃饭的地方多，可以和同事到处‘拔草’。而且吃完还可以去逛逛商场”。正是由于五角场所提供的丰富、多元的餐饮和购物体验，激发了创智天地员工进行会餐、购物等自主性交往的意愿。而除五角场以外，江湾体育场也是促进自主性交往的重要区位因素。江湾体育场是上海的第三大体育场，可以为健身、跑步、篮球、足球、羽毛球等十多类运动提供场所。在访谈中，所有的男性受访者都表示有在江湾体育场进行运动的经历，而职业为工程师的受访者则表示运动是他们的主要业余活动。这些都表明创智天地所处的城市区位显著地促进了自主性交往的频率。

在较为高质量地满足了生存需求之后，创智天地的区位特征和功能定位进一步满足了员工在归属和成长上的需求，而这为个体之间的交往提供了文化和身份的认知。

除了五角场和江湾体育场以外，另外一个重要的区位因素是大学。创智天地与复旦大学、上海财经大学的距离均在三公里左右，而与同济大学的距离则在五公里左右。这些大学都具有丰厚的文化底蕴和良好的文化氛围。除了为创智天地的园区输送众多员工和实习生以外，大学也为园区提供了一种人文取向和精英取向的文化归属，并且为个体"强连接"形的社会交往提供了有效的网络和接口。

在有关地理位置的问题展开之后，A1、A2、A3 和 A5 都表示，园区附近的大学为他们提供了很好的文化氛围和丰富的文化活动。从北京调来的 A2 表述道：

"园区这边的学校真的挺多的，我有时候感觉自己只要闲下来就还像是个学生。像复旦晚上经常有讲座，我加了你们学校和学生会的微信公号，有时候晚上会去听听哲学或者经济的讲座。这些活动都挺有意义的。"

除了听讲座这类的活动以外，一些有复旦学习经历的受访者则与学校有更深层次的连接。复旦毕业的 A3，她在园区内的社交圈主要是两个圈子：一个是频繁工作联系的同事圈，另一个则是校友圈。

"入职了之后交朋友的机会一般就是兴趣活动嘛，如果要深交下去肯定是有都觉得有意思好玩的活动。不过我们这些复旦人脑回路可能不太一样，会讲什么自由而无用啊，所以会去做一些公益活动。"

这名受访者谈到她在园区最重要的一次交友经历时如此说道。这位受访者在自己的朋友圈中看到有学弟发布了一个为盲人制作有声书的志愿者募集推送，她报名参加了这一活动。在这个活动之中，她结识了另一名同在创智天地园区工作的复旦校友(即 A1)。两人虽不在同一家公司，但是却互相视作关系最为亲密的朋友。

园区的功能定位也能为个体交往活动提供身份归属，而这种归属主要的表现在于职业认知。它首先建构于基于地理的"三区联动"政策具有意义的可沟通性，能够让园区中的个体明显感受到区位因素的存在与影响。其次，这种归属感建构于园区的产业结构和文化定位。园区的信息产业和科创文化同样具有极强的可沟通性，这一方面帮助园区的个体完成了自己的职业想象，另一方面则在园区范围内建构了一种具有社区属性的文化共同体①。

首先，当受访者谈及自己的职业是什么时，除了以职业名称进行定义以

---

① 李红艳，熊立，储雪林．高科技园区文化的三重架构[J]．预测，2004，03：62-65.

外，受访者都会提及自己从事的是高技术类(High-Tech)[①]工作(除A4、A5)。技术岗位者会以企业和项目的高技术性质来进行描述，非技术岗位者则会以服务对象和传播信息的高技术性质来描述。从事人事的A1就这样表示：

"虽然我是哲学系毕业的，但是我现在也感觉自己像个理工科的了。比如安排开会或者发邮件，我会经常想想有没有什么程序可以帮我自动化一下。"这表明，包含技术优先和技术密集倾向的高技术文化成为园区内各类员工所认可的一种职业文化。

其次，有关园区功能的共识使受访者能够通过参与共同的社区活动形成文化共同体。受访者在谈及园区功能定位时的回答基本相同——创智天地是服务信息产业和创新创业活动的园区。基于这种定位，使得身份各异的个体愿意参加参加园区工会、创业孵化器和各家公司所举办的社交、培训和文娱活动。在这些活动之中，不同的个体都称之为"在园区举办""园区成员"参加的活动，这表明园区已经成为其中成员共享的社区想象。

再次，在这些活动之中，园区的个体一般会通过微信进行交友，这种与陌生人交友的举动甚至成为一种仪式性的活动，是个体具有"开放、好奇和挑战精神"的象征，而这正是所谓包含了"硅谷科创精神"的文化共同体所驱动的。

(二)机构设置

消费场所与企业安置对园区的空间规划来说，各类设置的机构是其中观层面思考的对象。这既能考察园区的规划倾向，同时也为园区个体之间不同的交往提供了展开的场所。

创智天地园区的机构设置主要可以分为两类：一类是以体育、餐饮和育婴类为主的消费机构，另一类则是以创业孵化、初创公司和跨国企业为主的工作机构。两类机构共同增加了园区个体交往的频率和内容，既拓宽了交往的空间，也提供了极具发展性的议题。

园区一共有54家餐饮机构，18家育婴类机构和9家体育类机构，这些机构为个体交往提供了实质性的公共空间。园区所有的写字楼都拥有至少一家可供闲坐交流的咖啡馆，无论是从园区的哪家机构出发，不到10分钟就可以寻找到有空位的、可供交流的场所。江湾体育场则通过体育馆、看台、球场和空地为企业和组织提供了从户内到户外、从小型到大型的空间。这使得自主性交往和社会性交往都具有充裕而适宜的空间。

这些机构的呈现方式也在交往的议题上形成了具有发展性的空间。尤其是体育和育婴机构，这两者组成了一种具有发展性的意象，为中产阶级的

---

① 叶明．论高技术文化[J]．科学学研究，1994，02：10-18.

生活了提供一个理想的模型。体育和育婴机构的呈现主要基于两种方式：一种是实体店面和广告。在位居整个创智天地园区中心的下沉式广场中，迪卡侬、天才宝贝等体育和育婴机构的广告占据了园区实体广告主要面积，此外，无论从哪里望向广场，两侧育婴机构的店面和江湾体育场也都可以被看到，这使得两类机构的呈现具有极强的物质支撑。另一种呈现方式则是依赖两类机构的潜在用户。有两类人群经常出现在下沉式广场：一类是母子或父子，另一类则是运动者。这两类人群均以有意向性的形象呈现了体育和育婴机构的存在。园区个体则基于这两种呈现展开了他们具有对理想生活的想象：

"下沉式广场我挺喜欢的，会是一个原因吧。经常往那里看看。草地上就有很多小朋友、小狗啊，还有很多人在那里跑步或者做瑜伽。这里有运动场地有卖婴儿用品的还有做早教的，健康啊、家庭啊都能满足，我觉得整体还是很宜居的。"A2 在被问及是否会选择在园区长期生活工作后这样回答(见图 3)。这些能满足中产阶级在生活、健康和家庭需求方面的消费机构，为园区的个体提供了想象未来理想生活的质料，这种想象驱动了个体在交往中更频繁、更深入地探讨和体验相应的活动。上文提到的受访者就表示，这种观看启发她改变了对生活方式的认识和选择，她开始认同并谋划追求一种"经常运动"的、"可以享受带孩子乐趣"的生活，而她的追求也在同事之间形成了共鸣，她的下属 A1 甚至在园区中就遇到了日后成为她丈夫的人。对于个体交往状态来说，在这种甚至能促成家庭结合的认同和谋划之中，首先的影响就是个体参与运动类自主性活动频率的增加，其次则是为个体的交流和沟通提供了有关生活方式的议题，这些议题既增加了潜在的交往机会，也直接产生了相当多的社交机会。这些都是建基于园区的机构设置之上。

工作机构的设置则提供了一个理想事业的想象。园区共有 10 家大型跨国公司，两家创业孵化公司(Innorspace 和 IPO 俱乐部，前者偏向于服务创业团队，后者偏向于服务中小型的初创公司)和数十家初创公司。这种机构设置隐含了一家创业公司的理想发展轨迹，即在孵化器的帮助下，从创业团队发展为初创公司，再从中小型公司发展为可以公开募股的大中型公司，最后成长为大型的跨国公司。无论是创业者还是打工者，也无论是公司高层还是中层，园区所有的个体几乎都可以分享这种轨迹所提供的成功意象。而这种成功意象驱动了园区不同职业和不同层级的个体以事业发展为主题进行广泛交流，而这种交往往往能打破正式组织的壁垒。创业者会希望倾听大中型企业的成功经验，而已位居中层或高层的程序员和经理也会对投资、扶植甚至参与创业公司产生兴趣，而具有中介性质的创业孵化公司就会成

图3　下沉式广场一角

（来源：作者拍摄）

为这个网络的接口。

在创业孵化公司工作的A5表示，即使是服务一些细胞型的企业，只要通过一些超短期的、跨组织的培训和投资，这个企业就能获得很多园区内的人脉和信息资源："进入园区的圈子其实是很容易的，只要你有ambition，这不仅会吸引投资人，而且有些企业的架构师也会定期来参加我们公益类的培训课程。这些人虽然已经有稳定工作了，但也是很乐意去捕捉和体验一些创业资源的。这时候创业团队其实是可以挖人的，哪怕不是正式入职，创业团队也能用比较弹性的方式找到人帮忙的。"

（三）硬件设计

基础设施与公共空间为了满足"三区联动"的政策要求，创智天地园区在建筑上的设计理念可以概括为三点：空间多元、功能复合和风格多样。[①]而这些理念的目的就是提高交往频率、满足不同交往需求并形成多元交往意向。

首先，为了提高交往频率，园区采用的主要是"小街块密路网"的设计（见图4）。园区使用不同的植物将园区的道路区隔成100～200平方米不等的小地块进行开发。这种设计鼓励将步行作为主要可行的交通方式，并且

① 乔东华，陈建邦．营造"创智天地"［J］．时代建筑，2009，02：76-79.

为行人提供了丰富的路线选择。在这样的设计之下，一方面便利了交通，确保了园区移动的畅通性，另一方面也增加了人与人之间偶遇的机会，从而从整体上提高了交往发生的频率。

其次，为了满足不同的交往需求，园区则主要采用了多元空间的设计方法。从室外到市内，园区一共提供了包括广场、街道、座位、内庭院、咖啡馆、Loft 和工作隔间等在内的近十多种空间。这些空间既能满足不同规模和不同功能的交流，同时也能充分保障逗留和散步空间的情况下有效催生“不经意”的交往。

第三，为了形成多元的交往意向，园区在建筑的功能和风格上注重了复合和多元。修缮后的江湾体育场体现了园区的历史和传统，这座始建于 1933 年的老建筑承载了从民国开始的上海记忆，对于上海的原住民来说，在这里能找到故乡感，而对于“新上海人”来说，这座建筑则是自己融入这座城市的象征和标志。园区内的 IT 办公楼则体现了园区的现代和高科技风格，这些参考了硅谷企业设计风格的办公楼用严谨分明的几何形状，为这里的工作人员提供了从事知识经济和高技术产业的身份认知。此外，园区向大学区和五角场延伸的创智坊则采用了立面的外形设计，这体现的是多样和灵便户型风格，而该风格则是青年人群进行交往和居住的热门选择。这样多元的风格和复合功能为意义网络提供了大量可以沟通的接口，使得各类人群都可以从中获得认同感和归属感。

图 4　小街块密路网

（来源：作者拍摄）

最后，园区通过注重物理形态的设计为交往提供了足够的心理驱动。第一，园区建筑基本都采取玻璃外墙的设计，使得人群之间看与被看的机会大大增加，从心理上打破了交往的壁垒感。第二，园区的建筑之间的空地都为开阔的矩形，具备可用性和规则性，是适宜人们停留和活动的“正空间”。这两种物理形态有效地给园区带来了交往的活力与空间。

（四）小结

综合上述研究，笔者得出这样的结论：创智天地园区的空间规划促成个体之间形成了社区归属感、文化认同感和个体成长感杂糅的交往状态，这种交往状态具有以高技术为导向、以生活和事业为议题、能跨组织和职业产生且发生频率和机会较大的特点。

三、个体交往状态对创新的价值与意义

根据创新的定义，交往不仅仅影响着创新的质量和数量，交往也可以直接产生创新。因此，为了研究交往状态对创新的价值和意义，本次研究除了将园区的交往状态与现有的相关研究进行逻辑推导外，还注重挖掘交往对于创新的直接影响。经过访谈，笔者发现，在创智天地园区内，个体的交往对创新的生产、扩散和潜能都有重要的影响。

（一）工作交往

启发与刺激工作交往作为一种超空间的必要性交往，其创新的结果往往与所属企业的组织方式和组织文化息息相关。在创智天地园区内，大多数受访者将流行的组织文化归类为个人主义和高技术主义的企业文化。而通过访谈，笔者发现，在这种文化下，园区的工作交往方式可以有效促进创新的生产。驻于创智天地内的跨国企业部门大多是研发中心，因此，技术创新本身就是园区内企业所追求的工作结果。为了尽可能地实现技术创新，跨国企业的研发部门一般采用的就是有利于技术创新和改进的项目制来组织工作[①]，这些项目的工作目标大多是要求优化一项程序或软件。在这种情况下，上述发生在由程序员组成的工作小组中的交往，往往就成了创新的来源。以某企业的软件研发部的工作会议为例：一次会议开始的时候，首先，所有的与会人员会收到一封来自项目管理部门负责人的邮件。邮件会告知与会人员会议的主题和场所，而这些是有研发中心总经理和几位高级工程

① 张锦平．面向项目制造型企业的质量改进研究和应用［D］．厦门大学，2009.

师（主要是该中心的首席工程师）确定的。不同的主题会匹配不同的场所。如果主题主要是布置工作（即针对某项程序或功能的改进与增加），那么会议场所就会选择在一个有讲台的会议室中进行。这个会议室从前门到后门的陈设极像大学的教室，从前往后依次是显示器、居于左侧的讲台、居于右侧的活动白板以及五到八排带可活动靠背椅的书桌。而如果主题是讨论工作的具体开展，那么会议则会在一个有中心办公桌、可活动白板和十多个可活动靠背椅的会议室举行。当第一类会议开始，总负责该项目的高级工程师会结合显示器上的 PPT 进行工作目标和分工介绍，其余的参与者则在讲台"下面"听讲并记录。一般工作的目标会介绍优化的标准或新功能的要求，当有参与者进行反驳或者提问，反驳一般是基于用户体验，而提问则一般是基于工作方法。这时，主讲者会通过白板进一步进行解释，通过绘画、书写代码来表达自己对于目标的定义与看法。这种行为有可能会促进参与者直接基于白板的内容提出创新意见，而这是被允许和鼓励的。一旦该达到目标的方法和过程有一定的自由裁量空间，就会产生第二类会议。第二类会议有些是参与者自发发起的，这时主导的参与者一般不采用邮件的方式，而是直接走到座位上告知同事。除了通知的义务外，发起会议的主持人还会先将白板移动到长型会议桌的一侧中间，当会议开始的时候，所有的参会者一般会面对该白板聚集而坐。这种会议召开的内容要么是首席工程师征询建议，要么是包括首席工程师在内的其他工程师说服同组成员采用自己的算法和代码。会议开始时，主持人会先将主要采用的算法、代码和效果呈现于白板上，然后在征询团队的意见。有时，团队的其他成员会在座位上建议修改具体的某行代码或效果，有时，也会直接在白板上进行修改。这种工作交往的状态是具有竞争性的，一般坐在越靠近白板座位的工程师也越是强势的、技术精通的。一旦自己的意见被小组采纳，提出意见的该工程师会获得一定的成就感和较高的参与感，并且同事也会对他提出的建议表示礼貌性的赞许。一般来说，实习生会坐在最外侧，甚至是相对白板的另一侧，因为从实际操作来说，实习生在学校学到的算法一般不会被应用到工作中，而实习生也一般没办法提出太好的建议。但一旦实习生选择了靠近白板的座位，甚至提出了意见，这名实习生往往会被认为完全融入了这支团队，并会接收到更多的工作任务。这样的工作交往方式能够有效启发和刺激创新行为，原因就在于：第一，这种会议方式使得创新内容的决策权掌握在了每个参与者手中。由于上级所下达的指令一般只是确定标准，所以，"授课型会议"一般都会转换为"头脑风暴型会议"，而在第二类会议当中，创新的内容直接由个体员工在交往中产生，而工作交往的质量与频率则决定了创新的质量与幅度。第二，园区的会议室设置鼓励了工作交往的产生，从而启发和刺激了创新的内容生产。由于每个会议室都具有可活动的桌椅和白板，这使得在团队面前描绘自己心中的效果和代码成为一个有趣的挑战。白板的可书写设置启发了成员更好更多地生产创新内容，而白板和桌椅的可活动性则伴随着一种及时性和竞争性，最终刺激了每一位成员都参与到创新的生产之中。第三，这种工作交往可以形成鼓励创新并传播创新的文化氛围。由于最终在白板上留下自己的建议是一种易展示和体验的荣誉，这种会议所形成的文化具备了鼓励创新的效果。这种会议同时也为参与者提供了极强的参与感，这也让创新和鼓励创新的思维与文化极易传播到新成员之中。

（二）社会交往

保障与满足社交活动对编织信息网络和社交网络有决定性作用，而回顾交往与创新关系的文献可知，这两个网络的密度和复杂程度对创新的生产和扩散有重要的作用。在创智天地园区中，有社区归属感的、以事业为延展的、跨组织的社会交往有效提高了这两个网络的密度和复杂度。这保障了创新拥有足够繁密的信息网络，同时，由此构成的社会网络也满足了创新者所需的园区的社交网络建构于两个单位：一个是范围在单个组织内的俱乐部，另一个则是跨组织的微信群。在访谈中，所有的受访者都是这两类单位中的一员。园区内的公司基本都会成立以体育、艺术和公益为主题的俱乐部（员工称之为“club”）。这些俱乐部的成员即是公司的员工，通过访谈发现，几乎所有的员工都会出于健康和社交压力，加入体育类的俱乐部，这成为链接组织内弱联系的接口。而公益类的俱乐部则会成为强联系的接口，根据受访者的了解，这是由于在公益活动中，成员是共同的价值观和成就感的分享者，因而容易产生较强的情感链接。

跨组织的微信群同样也适用这个规律：由体育活动产生弱连接，由公益活动产生强连接。由于园区的成员在交往中分享着社区归属感，因此，基于园区的场地，跨组织的成员之间会通过建立微信群来联系具有相同体育、艺术和兴趣的个人。由于园区的空间能充分满足各类自主性活动，并且园区共享由大学提供的文化认同，这类由微信群编织的社交网络有极其繁多的接口，几乎覆盖到了园区的每个个体。再加上由于微信群内的新成员往往是由熟人引荐，且具有较为相似的水平和兴趣，微信群产生的活动往往比俱乐部还要频繁，对园区社会网络密度的影响也比俱乐部还要强大。

园区的信息网络则建构于创业孵化的培训和学习。Innorspace 和 IPO Club 会定期展开讲座、茶会、论坛和集训营等活动，这些活动的主题涵盖了生涯规划、创业指导、商业发展、金融投资、科学技术和艺术人文。在这些活动之中，基于共同的成功事业意向，跨组织和跨职业的人群产生了频繁的社交。这些社交编织了有关园区技术、观念、知识和资源的信息网络，这些信息网络一方面为创新提供了信息保障，一方面也为创新提供了扩散的渠道。除此之外，这些活动还形成了个体进行职业流动的社交网络。一位受访者在访谈中谈道，在工程师之间存在偏好定期更换公司的职场文化，这被工程师当作增加个人价值、提高职业水平的机会，而在园区之中，由园区孵化公司乃至园区工会所组织的活动让这种工作流动非常便利，对有意愿的个体来说，可能“只要去听听讲座，发发名片就好了”。这种较强的流动性提高了社会资本，也有利于创新的扩散。

四、结论

本文从空间规划出发，考察了基于空间影响的个体交往状态，并研究了这种交往状态对创新产生了怎样的影响。本文通过访谈展现了创智天地园区内个体的交往状态，并探讨了这种状态与空间和创新的关系。

首先，以“三区联动”核心和科创产业为定位，创智天地能极好地将功能定位与区位因素相匹配。五角场的繁华为园区的个体提供了丰富便利的生活体验，也让他们共享了舒适的小资情调。复旦、上财和同济三所大学则为园区带来了成熟而深厚的文化源流，在其浸润之中，园区的个体普遍选择了“人文”和“精英”作为认同的取向。而甲骨文、EMC 和 Splunk 等著名的高科技跨国公司的密集存在，则让个体易于感知自己所在的园区是一个以科创产业为主体的园区。这些区位因素鲜明地对应着倡导生活社区、大学校区和科技园区融合的“三区联动”政策，也鲜明地表达着园区以信息技术和科技创新为主的产业结构。组织和个体以此达成了有关园区功能、形象和文化的共识，使得个体对园区产生了身份归属感和文化认同感，最终促成了以高技术为导向、具有社区属性且自主性交往频繁的个体交往状态。

当研究进一步缩小视角，转向中观层面的机构设置时，发现园区的消费与工作机构层次性的、有指向性地为园区个体提供了理想生活和事业的意象。种类丰富而宣传有效的餐饮、运动和育婴机构提供了一个中产阶级从入职到成家的完美人生景观，而创业孵化、初创公司和创业公司则为所有具备商业抱负的个体提供了理想事业生涯。以生活和事业两者为议题，创智天地园区的机构设置催生出了具有个人成长感的、跨组织和职业的交往状态。

在微观的层面上，园区则以多元空间、复合功能和多样风格的设计方法保障了产生交流所需要的空间、机会、意象和心态。小街块密路网和多元空间设计为交往提供了发生的机会和延续的享受，而从江湾体育场挖掘出的城市历史感伴随着纽约流行的 Loft 风格，则为交往提供了足够多的意义接口。这些与中观和宏观层次的空间规划共同为园区形成了一个较为良性的交往状态。

通过进一步访谈，笔者发现，具体的交往行为与创新有着直接的联系。“授课型会议”和“头脑风暴型”会议启发和刺激着创新的内容与文化，微信群、俱乐部和创业孵化活动则编织着利于创新形成和扩散的信息与社交网络。这表现了园区的交往状态对创新有着全方位的影响，而该结果也对创新园区的建设产生了一些积极的启示：

一是空间因素可以全面影响个体的交往状态，而个体交往状态则可以全面影响创新的效果。因此，创新园区应将空间因素视作构建良好创新生态环境的重要环节，并在空间设计和规划时采取促进沟通交往的取向。

二是在宏观层面上，创新园区应选择能在意象上凸显其功能定位的城市区位，在个体之间形成功能、形象和文化的共识，以此来作为促进沟通交往的基础。

三是在中观层面上，除了选择符合功能定位的工作机构，还应注重设置能为园区提供理想生活和事业的意象的机构组合，以此来为沟通交往提供可持续的、发展性的议题。

四是在微观层面上，创新园区应注重采取人性化的设计理念，以保障交往充分展开为重要考虑因素，尽量实现空间多元、功能复合和风格多样的设计结果。

参考文献：

[1] 格莱泽．城市的胜利[M]．刘润泉，译．上海：上海社会科学院出版社，2012.

[2] 雅各布斯．美国大城市的死与生[M]．金衡山，译．南京：译林出版社，2006.

[3] 扬·盖尔．交往与空间[M]．何人可，译．北京：中国建筑工业出版社，2002.

[4] 卡斯特．网络社会的崛起[M]．夏铸九，译．北京：社会科学文献出版社，2001.

[5] 钟坚．世界硅谷模式的制度分析[M]．北京：中国社会科学出版

社,2001.

[6] 钟书华．科技园区管理[M]．北京:科学出版社,2004.

[7] 庐原义信．外部空间设计[M]．尹培桐,译．北京:中国建筑工业出版社,1984.

[8] C. 亚历山大．建筑的永恒之道[M]．赵冰,译．北京:知识产权出版社．

[9] 三区联动:三元一体的创新战略[N]．文汇报,2007-09-18,009.

[10] 肖玲．大学城区位因素研究[J]．经济地理,2002,03:274-276.

[11] 刘宁．大学园区对城市发展的影响研究[D]．上海:华东师范大学,2014.

[12] 钟书华．科技园区管理[M]．北京:科学出版社,2004.

[13] 胡兰．创新型园区:国家高新区的中坚力量——科技部火炬中心主任梁桂谈创新型园区建设[J]．中国高新区,2009,06:13-16.

[14] 陈彬彬．创新科技园区交往空间设计研究[D]．长沙:湖南大学,2010.

[15] 王胜光,刘会武．关于如何建设国家创新型科技园区的思考与建议[J]．中国高新区,2009,06:17－18.

[16] 李景欣．中国高新技术产业园区产业集聚发展研究[D]．武汉:武汉大学,2011.

[17] 夏光,屠梅曾．“三区联动”的内涵、机制剖析及理论演进脉络[J]．科学学与科学技术管理,2007,09:102-108.

[18] 李淑．我国大学科技园区技术创新的制度结构分析[D]．长沙:湖南大学,2011.

[19] 张晓菲．西方人际传播理论研究评析[D]．武汉:武汉大学,2005.

[20] 周俭．城市住宅区规划原理[M]．上海:同济大学出版社,1999.

[21] 姜玉艳．有利于激发交往的住宅小区户外空间设计研究[D]．重庆:重庆大学,2006.

[22] 张炳光．论创新的目的、标准、要素和定义[J]．福州大学学报(哲学社会科学版),2007,05:17-21,57.

[23] 肖希明．知识创新的信息保障模式与运行机制[J]．佛山科学技术学院学报(社会科学版),2004,01:90-93.

[24] 王斌．知识转移机制与创新绩效关系的实证研究[J]．情报科学,2012,01:90-94.

[25] 严成樑．社会资本、创新与长期经济增长[J]．经济研究,2012,

11:48-60.

[26] 王婷婷. 创新扩散的要素与农民个体态度改变[D]. 上海:复旦大学,2009.

[27] Jan Nill. Dif Fusion as Time Dependent Result of Technological Evolution, Competition, and Policies[J]. Journal of Cleaner Production, 2008, 16 (S1):58-66. //刘茂长,李柏洲. 技术创新扩散化理论研究综述[J]. 中国科技论坛,2012,05:68-73.

[28] 徐思彦,李正风. 公众参与创新的社会网络:创客运动与创客空间[J]. 科学学研究,2014,12:1789-1796.

[29]李红艳,熊立,储雪林. 高科技园区文化的三重架构[J]. 预测,2004,03:62-65.

[30] 叶明. 论高技术文化[J]. 科学学研究,1994,02:10-18.

[31] 乔东华,陈建邦. 营造"创智天地"[J]. 时代建筑,2009,02:76-79.

[32] 张锦平. 面向项目制造型企业的质量改进研究和应用[D]. 厦门:厦门大学,2009.

[33] 东方网. 中共上海市委上海市人民政府关于加快建设具有全球影响力的科技创新中心的意见[EB/OL]. http://shzw. eastday. com/shzw/G/20150526/u1ai149939. html,2015-2-25.

[34] 创智天地园区官网[EB/OL]. http://www. shcztd. com/.

[35] 创智天地官网[EB/OL]. http://www. kic. net. cn/.

附录:受访人情况

代号(A为非技术类,B为技术类)	职务	公司	性别	访谈地点与时间	访谈时长
A1	人力资源运营专员	Splunk	女	Jamica Blue(创智天地店),2016年4月29	21分34秒
A2	人力资源主管	Splunk	女	Jamica Blue(创智天地店),2016年4月30	19分45秒

（续表）

代号（A 为非技术类，B 为技术类）	职务	公司	性别	访谈地点与时间	访谈时长
A3	项目经理	EMC	女	微信语音，2016 年 5 月 2 日	22 分 50 秒
A4	项目管理实习生	EMC	女	邮件与语音，2016 年 5 月 2 日	10 分 1 秒
A5	项目经理	Innor Space	女	微信语音，2016 年 5 月 5 日	24 分 10 秒
A6	创业志愿者	上海大学生科技创业基金会	男	猫空咖啡（大学路），2016 年 5 月 3 日	27 分 30 秒
B1	软件工程师	VMware	男	微信语音，2016 年 4 月 20 日	18 分 34 秒
B2	高级软件工程师	EMC	男	微信语音，2016 年 5 月 10 日	20 分 7 秒
B3	运营管理实习生	CloudChef	女	微信语音，2016 年 4 月 22 日	26 分 15 秒
B4	高级储存发展部实习生（vanced Storage Development）	EMC	男	微信语音两次，2016 年 4 月 17 日，2016 年 5 月 24 日	25 分 18 秒，10 分 53 秒

亲密与生疏：人际传播中的移动社交软件应用

——以合肥市90后大学生与父母交流情况为例

（陶　荣　徐美玲　安徽大学）

摘　要：在当前的移动互联网时代下，移动社交软件已成为人们日常生活中不可或缺的一部分，传统的人际传播移动社交软件也面临着巨大的挑战。作为新的移动社交时代下成长起来的一批人，大学生无疑是拥有碎片时间最多的一个群体。同时，他们拥有相对较高的知识水平，对世界充满好奇，也敢于尝试，愿意接受新事物。那么对于大学生的父母，移动社交软件的使用情况会不会在子女的影响下变得活跃起来也是一个未知的问题。因此，本文以安徽大学、安徽医科大学、合肥工业大学、中国科学技术大学这四所大学的学生为研究对象，运用深度访谈与问卷调查相结合的方式，通过对大学生移动社交软件使用状况进行调查，探索大学生是否会利用移动社交软件平台与父母进行日常交流，以及影响大学生和父母社交软件交流的因素又有哪些，以期为研究当今的社交软件对于最亲近的父母与子女的关系以及人际传播提供一定借鉴。

关键词：社交软件；碎片化；私密传播；精准传播

一、研究背景

随着手机的全面普及和移动互联网的高速发展，移动终端作为人们必不可少的沟通交流平台，越来越受到各个行业的关注。伴随着微信、陌陌等产品的产生，社交软件作为移动终端上一个新兴的端口，在近些年来发展迅猛。移动社交软件是指依附于移动终端，为用户提供信息交流沟通服务的应用软件。中国互联网络信息中心（CNNIC）发布《2015 年中国社交应用用户行为研究报告》,本报告显示,截至2015年底,国内手机网民规模已达6.2亿。报告指出,交流沟通类应用依然是手机的主流应用,在所有应用中用户规模和使用率均排第一。CNNIC把国内的社交应用类型主要分为即时通信工具、综合社交应用、图片/视频社交应用、社区社交应用、婚恋/交友社交应用和职场社交应用等六大类。其中即时通信工具的使用率最大,占手机网民的90.7%;在这种市场环境下,移动社交软件用户的使用意愿及其影响因素将是一个值得深入研究的问题。

从实践角度出发,我们大学生基本上是处在一个与父母交流的瓶颈期,对于最原始的人际传播来说,父母与子女的关系莫过于最简单也最为直接,但是在新媒体的冲击下,更多的学生群体已经将电话短信等传统媒体抛之脑后,那么取而代之的社交软件究竟是哪些呢?而且这些社交软件也必须是一个父母与子女双方都满意且经常使用的,才可以完成这样的一个人际传播的过程。当社交软件盛行的今天,有一些现象也值得我们去深思,父母与子女交流呈现次数越来越少、时间越来越短的情况。微信等社交软件在缓解这样的尴尬境地之后有没有出现一些不利的因素也是值得我们用实践去验证。

大众传播向来受到学术界的重视,而人际传播研究受到轻视。本人也看了很多关于人际传播的书籍以及论文,希望此次问卷调查研究能够为人际传播注入新鲜的血液。从宏观历史的角度考虑问题,做到客观公正用数据说明问题,使本次人际传播研究既扎根于理论基础,也符合实际、充满人情味。

二、文献探讨

随着新媒体技术的不断发展以及应用在人际传播中的这样一个事实,国内外重视大众传播的研究者们逐渐将自己的关注点放到了异军突起的新媒体。

在现有的研究成果中,鲜有人去主动探寻在以新媒体为主的社交软件对于人际传播的重要性,当然,也就更少有人去研究人际传播的问题。20世纪六七十年代,西方传播学出现了一批人际传播研究论著,如迈克尔·E·罗洛夫的《人际传播:社会交换论》、泰勒的《人际传播新论》等著作先后在学术界引起一阵轰动。随之,意义理论、建构理论、社会交换理论等逐渐被应用于学术研究以及社会实践。在我国,关于人际传播的研究就更加稀少,知网资料库中输入人际传播的论文期刊也大多数是研究特定的微信与人际传播的关系，没有一个特定的例子来分析说明在新媒体的冲击下社交软件的发展情况。很多光靠理论并不能解决的问题就需要运用实际的调查来分析说明。

三、研究方法

本篇论文的写作主要采用问卷调查法和访谈法。

首先，本文采用了问卷调查法，选取了合肥的部分高校学生作为研究对象，共发放了400份问卷，收取了392份问卷。问卷调查法能突破时空限制，在广阔范围内对众多调查对象同时进行调查，便于统计处理与分析数据，直接便于对调查结果进行定量研究，也可以更好地保护受访者的隐私。

其次，笔者也采取了一部分的访谈法，选取了16位学生进行访谈，8位男生、8位女生，在问卷调查的基础上作进一步的分析。访谈法可以更加深入地探讨，从而提出更加有针对性的问题以帮论文地更好开展。

四、研究内容

(一)解决问题：移动社交软件冲击下的人际传播渠道的扭曲

人际传播又称人人传播、人际交流，是人类最原始、最基本、最重要的一种传播形式。人是一种社会性动物，不能脱离社会独自生存，而人类社会最重要的一个特征就是交流。查尔斯霍顿库利曾在论著中表示，“一个人要成为一个人，必须要通过某种表达；若脱离表达，就不可能有更高形式的存在”。

人与人之间的传播交流也因为媒介的改变而发生着翻天覆地的变化：传统的面对面的沟通交流已逐渐被以“微信”为代表的各种移动社交软件所取代，人们之间的互动模式也逐渐由实体转向了虚拟的手机交往。通过手机产生的人际交往与现实人际关系有着千丝万缕的联系，同时也影响着人们的日常沟通与生活。人际传播不再是单纯的人与人之间的传播，加入社交软件的洪流之中，沿着这条思路走，人际传播在新媒体传播技术的推动下必将走向全景式、部落化传播。本文旨在总结社交软件中的人际传播的优势是沟通便利、人性化、私密、轻松和有效，相应也存在着延时、多义、情感泛化等劣势；进而将手机中的人际关系与现实中的人际关系进行对比，从传播情境、传播主体、传播中介、传播角色、传播过程和传播对象详细分析了手机中的人际关系新特质；最后详细探讨了通过社交软件进行人际传播对子女与父母交流所产生的积极意义和消极影响。随着手机的全面普及和移动互联网的高速发展，移动终端作为人们必不可少的沟通交流平台，越来越受到各个行业的关注。

（二）研究重点：社交软件对人际传播直接影响的具体表现

1. 社交用户中网络重度用户较多，社交应用导流入口效应凸显

就收回的问卷进行了基本的统计分析，我们可以看到图1中关于移动社交软件中的使用时间，两个小时到三个小时的人占总数的32.65%，而超过三个小时的人则占到34.69%，一个小时以内的人占总数的11.22%。这样三个数据的深层含义我们需要分析一下，在当今的社交软件盛行的情况下，大学生的生活碎片化直接导致软件使用时间的无限延长，网络依存症的现象已经不仅仅是电脑前面的"键盘侠"，手机软件上网也逐渐成为主流。而这些光是花费在社交软件上的时间数据就已经足以令人感到可怕。

对于社交软件的使用情况笔者也进行了一些深度访谈，在笔者采访的16位同学当中，有14位同学认为使用社交软件与父母进行沟通交流已经是一个潮流，并且把父母会社交软件当作是一件值得骄傲的事情；有12位同学认为社交软件可以拉近自己与父母的关系，简单的一个表情问候即可以消除自己与父母沟通时的尴尬，也可以愉悦身心，是一件两全其美的事情。

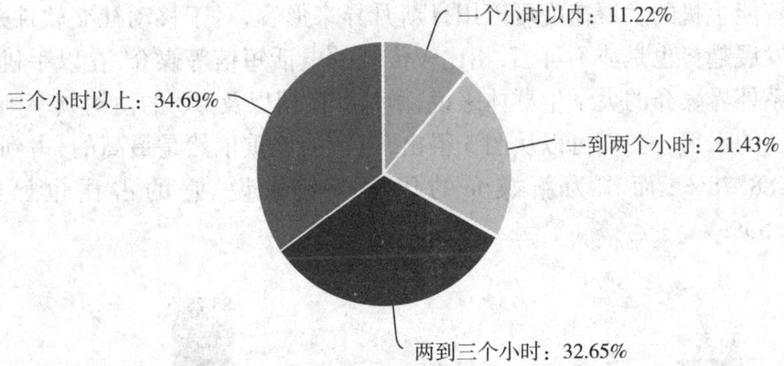

图1 平均每天使用社交软件的时间

2. 沟通交流、关注生活热点及兴趣是使用社交应用的主要目的

传统的人际传播是二者面对面进行交流，谈论一些共同感兴趣的内容，如果传播双方兴趣点契合，那么这个传播过程则会更加顺利，如果出现对方不感兴趣的话题则可能导致传播结束，那么使用社交软件与父母交流的主要内容会围绕哪些问题呢？笔者进行了统计与分析，见图2：

在社交软件使用中，父母与子女的聊天内容中闲话家常占到总数的92.86%，而对于学习近况和在校的有趣经历则分别占到66.33%和56.12%，生活费和其他则分别占37.76%和12.24%。我们在日常与父母交

流中不会因为某些特别的事情去联系父母，可能只是一个简单的问候而引起一些闲话家常的问候。一些有趣的校园经历则更可能会发生在女生身上，在笔者采访的16位同学当中，其中有7位女同学均表示会经常给爸妈打电话报告她们在学校的经历以及一些有趣的事情，即使与父母身处异地也可以及时交流。

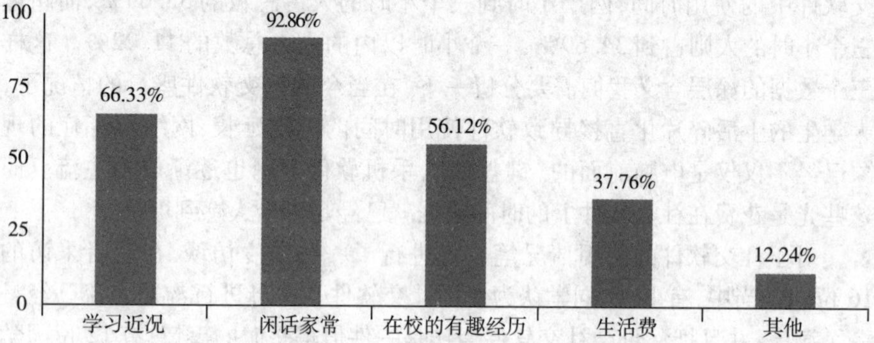

图2 父母与子女之间交流的主要内容

3. 不同社交应用的使用行为和目的差异明显，传统媒介仍占较大比重

智能手机的发展速度可以用日新月异来形容，对于移动社交软件来说，它的发展趋势也是势不可当，相比较传统的电话短信等媒介，在以手机为主要联系外界媒介的大学生群体来说，微信和微博以及QQ的使用频率则处于一个高的水平。我们可以从图3得出，电话的比重依然是最高的，占到总数据的88.78%；而作为新媒介的代表微信来说，它的占比也已经达到76.53%。

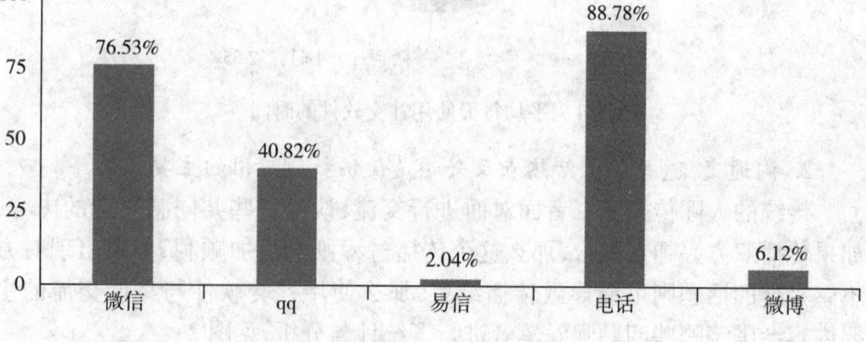

图3 父母与子女沟通媒介占比

(1)微信对比QQ和微博等媒介的优势

新兴的社交软件中，我们最不陌生的应当是微信了，2011年横空出世的

微信依靠其多样化的功能、强大的社交关系链、便捷的传播平台、私密精准的传播方式，成为当前移动社交工具的佼佼者，目前已拥有高达6亿的用户量，且这一数字还在持续增长。笔者曾经对比过微信使用人群以及QQ人群的特点，微信其与手机号直接绑定，而QQ却没有这个注册标准以至于QQ的使用人群普遍是没有拥有自己的手机的青少年，微信使用人群则大部分集中在中老年以及拥有自己手机的用户。微博以6.12%的占比基本上没有影响力。对于微博的使用情况笔者也进行了一些访谈，分为中老年人群体和青年人群体，中老年人年龄多集中在大约40到50周岁，青年人以大学生群体为主。

(2)传统媒体势头依然强劲，新媒体冲击逐渐加大

在传统媒体包括电话、短信等媒介的人际传播中，通常的对话模式是子女打电话或者发短信给父母，父母需要在手机或者电话前面来等待子女的呼叫，但是随着生活节奏的加快，特别是大学生这样一个群体，他们的时间更多地集中在像手机里的APP而不是一个定点定时的通话。电话的占比仍然最高也反映了在现在的大学生与父母交流中传统媒体的优势依然明显，主要原因可分为以下几点：

① 父母使用新媒体的频率较低，电话更加容易联系到父母。

② 电话交流虽然不能面对面地看到对方，但可以听见对方的声音，也符合传统的人际交流特点。

③ 语言类的符号比表情更加生动形象更加容易打动人，引起情感共鸣。

(3)交流时间相对固定，多集中在晚间

碎片化的时间分布特点决定了大学生的交流方式更多地集中在手机，而且也分布得不规则，比如他们可能更多地集中在晚上，所以和父母进行交流的时间也更多地集中在晚上这个时间段。84.69%的晚间占有率以及午间11.22%的占有率，这个数据也基本上属于正常的范围，因为早上和下午父母和子女分别处在上班和上学的时间段，所以正常的交流基本上处在晚上。

在这样一个新型的环境下，高校大学生作为勇于尝试新鲜事物的群体，成为使用微信的中坚力量，加之微信集众多优点于一身，促使他们更乐于使用这种新型的网络工具来代替以往传统的传播交流方式。这潜移默化地对大学生的生活方式产生了影响。

(二)研究发现：新老媒体联动拓展人际传播新形式

1. 新老媒介融合交流因素共同促使人际传播和谐发展态势

在调查中，笔者发现绝大多数大学生在使用社交软件与父母进行交流的时候更多地倾向于使用例如语音这个特性，因为在传统的电话交流方式

中，主要是靠语音通话来进行的，其在新的社交软件比如微信、QQ 里面，这个特性也被发扬光大。其具体融合表现在以下几个方面：

首先，微信、QQ 语音和电话媒体语音都是一种以声音为介质的传播方式，更加亲密，而且隐私性安全性都比较高，所以当他们选择交流方式时，最先想到的就是利用社交软件中的语音功能。70.41% 的数据可以很好地说明在社交软件中更多的大学生选择用语音来与父母联系（见图 4）。

其次，利用文字交流也是间接的使用短信和书信的一种方式，微信、QQ 以及微博等也很好地满足了子女与父母之间由于害羞或者其他原因而造成的通过文字来抒发感情的这个诉求点，而且也取得了很大的成功。文字的占比为 53.06%，仅排在语音之后，也是一个重要的方式。

当然，传统媒体与社交软件之间也存在着不可逾越的沟坎，比如社交软件中加入的视频方式，在传统的电话、短信、书信的交流中，是不可能完成的。调查结果显示 44.9% 的人选择用视频与父母交流，既可以满足面对面交流的方便舒适，也可以达到传统媒体无法达到的沟通效果，增进父母与子女的感情。

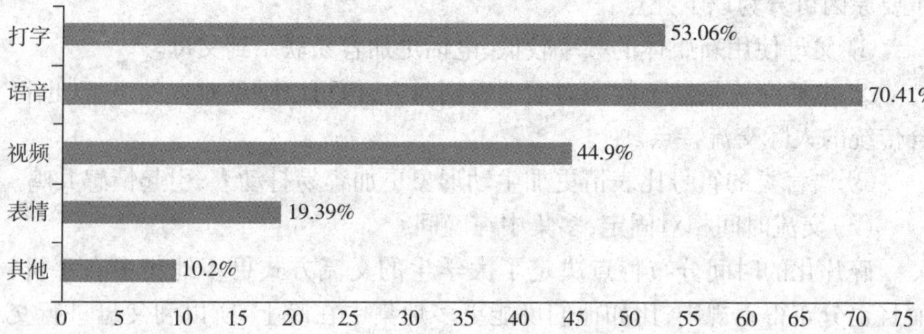

图 4　社交软件交流使用方式占比

2. 移动互联网时代，在社交平台上结识新朋友已经成为常态

当调查对于社交软件使用情况时，结果差距拉开得很大，61.22% 的人觉得社交软件是很有趣的，对于促进父母与子女的交流十分有益；选择否定答案的人数只占到了 9.18%，也就是觉得无趣。当然在排除其他因素、不受干扰的情况下，我们认为，社交软件的消费者满意度整体处于一个很高的水平（数据见图 5）。

另外，笔者在对中老年人进行访谈的时候问到这样一个问题：你觉得微信或者 QQ 对于你的社交圈以及人际传播圈有没有产生过影响？10 位受访者的回答均是一样：增进了他们与外界的交流，也增加了他们的日常人际交往。比如多年没有举行的同学聚会，又如现在的电子请柬逐渐兴起，他们收到了更多的请柬，这使他们走出家门，和更多的人打交道。

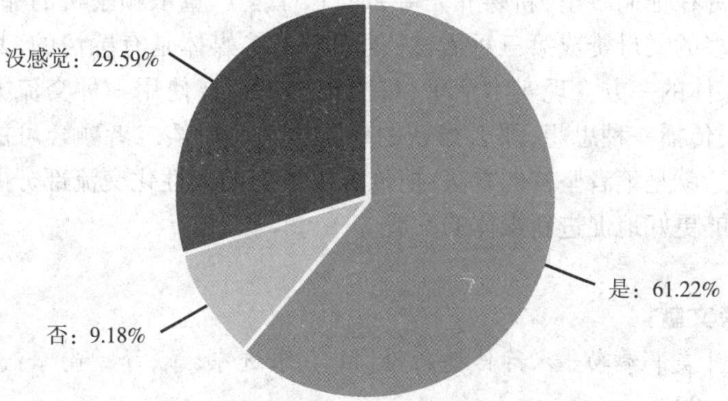

图5　用户对社交软件的反馈与评价

五、研究结论与建议

结论：我们不断地把人类传播的重点放在了社会传播的角度，却忽视了人际关系中最重要的亲子关系，当我们把研究视角放到这种关系上时，可以发现手机里面的社交软件确实给父母的交流带来了便利，并且增进了亲子双方的感情和共同话题。其提升了父母与时代的契合度，让新媒体的发展更加深入人心，同时也促进了新媒体与传统媒体的融合。当我们在为这样的进步感到欣喜时，却发现子女与父母之间的交流已经从传统的对话发展到隔着冰冷的机器发语音或者发个随意的表情来抒发自己的感想。这种传播关系确实增加了父母与子女的互动，不过也产生了一些令人担忧的现象：

（1）父母与子女交流过多依赖社交软件，把交流重点放到手机上面，造成了很多父母现在也存在着一定的手机依存症。绝大多数父母把手机 APP 当作消遣娱乐的好去处，而忽视了现实生活中的娱乐方式。

（2）对于子女来说，这样与父母交流也未必是一种好的方法，比如更加沉浸在手机的世界，却可以把这样的行为当作是爱父母的表现。

建议：笔者一直坚信任何事情皆有度，当传统媒体无法适应节奏更快的社会时，需要出现一些必要的媒介加以补充，不仅可以促进社会的发展，还可以促进媒介的不断更新，但是当一味地去使用新兴的事物而舍弃旧有的事物时，也未必就可取。比如，父母之间单纯地使用电话来进行交流，首先这并不是一种对新事物的接受，当然，现实生活中不排除这样的例子，父母可能会由于自身的问题无法使用新媒体，但也并不会影响双方的交流频率与深度，也有一些父母是因为拒绝接受新媒介，他们认为自己对新媒介无法接受，因为在他们眼里，新媒介是导致自己子女严重依赖手机的罪魁祸首。当然，更多的父母赞成第三种看法，他们对传统媒体是有感情的，其是倾向于传统媒体的一方。现实生活中，可能根本不存在使用一种交流方式可以很好地去传播一种思想，那么当新的事物出现的时候二者融合可能会碰撞出火花，这就是笔者坚持的看法：把传统媒体中的人性化交流部分融入新媒体中，能够更好地促进新媒体的发展。

参考文献：

[1] [美] 泰勒. 人际传播新论[M]. 朱进东，等，译. 南京：南京大学出版社，1992.

[2] [美] 罗洛夫. 人际传播：社会交换论[M]. 王江龙，译. 上海：上海译文出版社，1991.

[3] 严许瑛. 手机人际传播研究[D]. 浙江：浙江工业大学，2013.

[4] 郭敏. 新媒体背景下的人际传播变迁研究[D]. 郑州：郑州大学，2013.

[5] 冯蓉. 移动社交软件用户使用意愿影响因素研究[J]. 湖南工业职业技术学院学报，2015，15(3)：9-11.

[6] 武上力，张艳如，王云鹤. 移动社交时代下自媒体之比较研究[J]. 新媒体研究，2015，1：27-28.

[7] 许建涛. 浅析微信对QQ的继承与发展[J]. 传媒e时代，2013，6：134-135.

附表：移动社交软件对90后大学生与父母交流沟通影响的调查问卷

当今，移动社交软件越来越普及，很多家长为了与孩子沟通也开始主动使用微信等社交软件。然而，其使用移动社交软件交流的情况如何呢？下面是我设计的问卷，为了了解父母与子女之间的媒介使用情况。我主要是调查合肥市的四所大学大学生与异地的父母之间交流的媒介使用情况。

1. 你的性别[填空题]

____

2. 你的年龄[填空题]

____

3. 你的父母年龄[填空题]

____

4. 平均每天使用社交软件的时间[单选题][必答题]

○ 一个小时以内
○ 一个到两个小时
○ 两个小时到三个小时
○ 三个小时以上

5. 一天当中，你会选择哪一时间段与父母沟通交流[单选题][必答题]
○ 早上
○ 中午
○ 下午
○ 晚上

6. 每次与父母聊天的时间[单选题][必答题]
○ 五分钟以下
○ 十分钟到三十分钟
○ 三十分钟到一个小时
○ 一个小时以上____________

7. 与父母聊天的频率[单选题][必答题]
○ 一天一次
○ 一周二到五次
○ 一月一次
○ 其他____________

8. 所选与父母聊天时间段的因素[单选题][必答题]
○ 自己空闲
○ 父母空闲
○ 双方均有时间
○ 不考虑任何因素

9. 更倾向于与父母中的哪一方进行沟通交流[单选题][必答题]
○ 父亲
○ 母亲
○ 两方一样

10. 平时会选择什么方式与父母沟通（本题如果不使用社交软件即进入第 14 题）[多选题][必答题]
□ 打电话
□ 发短信
□ 微信、qq 等社交软件
□ 其他

11. 父母会使用以下哪些社交软件[多选题][必答题]
□ 微信
□ qq
□ 易信

☐ 电话

☐ 微博

12. 在选择用社交软件与父母聊天时，常用哪一种方式[多选题][必答题]

☐ 打字

☐ 语音

☐ 视频

☐ 表情

☐ 其他________________

13. 相比电话、短信等传统交流方式，使用社交软件是否更加拉近了与父母之间的距离[单选题][必答题]

○ 是

○ 否

○ 没感觉

14. 与父母聊天的内容[多选题][必答题]

☐ 学习近况

☐ 闲话家常

☐ 在校的有趣经历

☐ 生活费

☐ 其他________________

15. 子女与父母沟通交流时，哪一方会比较主动[单选题][必答题]

○ 子女

○ 父母

○ 都主动

○ 都不主动

16. 在与父母聊天时，你的感受是什么[单选题][必答题]

○ 非常有趣

○ 有趣

○ 一般

○ 无聊

○ 非常无聊

感谢你的填写！

后　记

连绵阴雨之后，草绿叶红，风清气爽。又遇上这故人般熟识的秋天，如期而至的还有这已然成册、即将出版的论文集。

从安徽大学新闻传播学院首届研究生论坛，到安徽省第八届新闻传播学科研究生论坛；从最初面向本院研究生自主筹备的学术活动，到现在面向海内外各高校相关学科研究生的享誉国内的学科论坛，十多年的时光已然过去。安徽大学新闻传播学院始终在不懈的努力之中，紧密联系学科前沿，开阔学科视野，希冀为广大新闻传播学科的研究生们提供一个切磋交流、求道解惑的平台。

在媒介技术的革命性突破与现实社会产生的激烈碰撞中，人们的日常生活、社会生产与交往结构随之发生重大变革。以新媒体为核心的传播媒介将人类带入了一个全新的时代，新改革时代的到来也为新闻传播的发展带来了新的机遇和挑战。基于此，本届论坛以“交往·媒介·互联：新改革时代的新闻与传播”为主题面向国内外高校征稿，收到来自中国人民大学、复旦大学、北京大学、澳门科技大学、武汉大学等众多高校的青年学者和研究生的论文200余篇。经过多位专家学者的匿名评审，数十篇优秀论文脱颖而出。在论坛一天半的嘉宾现场指导和切磋交流之后，如今这些论文静候出版。在此，谨向各方的支持表达诚挚的感谢。

本次论坛得到了国内受众研究领域的权威机构中国广视索福瑞媒介研究的支持，这也是本论坛首度与业界合作。感谢中国广视索福瑞媒介研究执行董事、总经理徐立军先生对新闻传播学科教育和研究的关注支持，感谢中国广视索福瑞媒介研究华东区客户服务总监、上海分公司总经理赵长军先生的全场参与。

同时，感谢兄弟院校对论坛的关注和勉励，感谢合肥工业大学出版社对论文集出版工作一如既往的支持。当然，还要感谢在本届论坛筹办和论文集编审期间无私奉献的学院同仁和研究生会的同学，由于他们的努力、付出与热情，本次论坛才得以圆满落幕。

来路多有眷恋，未来依旧可期。唯愿在学术探讨的路途上，我们的论坛可以与你结伴而行，一路向前。

蒋含平

（安徽大学新闻传播学院副院长　教授）

2017 年 10 月

图书在版编目(CIP)数据

交往·媒介·互联:新改革时代的新闻与传播:安徽省第八届新闻传播学科研究生论坛论文集/蒋含平主编.—合肥:合肥工业大学出版社,2017.9

ISBN 978-7-5650-3527-2

Ⅰ.①交… Ⅱ.①蒋… Ⅲ.①新闻学—传播学—文集 Ⅳ.①G210-53

中国版本图书馆 CIP 数据核字(2017)第 217100 号

交往·媒介·互联:新改革时代的新闻与传播

——安徽省第八届新闻传播学科研究生论坛论文集

蒋含平 主编　　　　责任编辑 张 慧

出 版	合肥工业大学出版社	版 次	2017 年 9 月第 1 版
地 址	合肥市屯溪路 193 号	印 次	2017 年 11 月第 1 次印刷
邮 编	230009	开 本	710 毫米×1000 毫米 1/16
电 话	总 编 室:0551-62903038	印 张	35.75
	市场营销部:0551-62903198	字 数	548 千字
网 址	www.hfutpress.com.cn	印 刷	安徽联众印刷有限公司
E-mail	hfutpress@163.com	发 行	全国新华书店

ISBN 978-7-5650-3527-2　　　　定价: 68.00 元